“岭南教育文库”· 教育历史著作类

广东教育史

（上卷）

王建军◎著

广东高等教育出版社
Guangdong Higher Education Press
·广州·

图书在版编目（CIP）数据

广东教育史. 上卷/王建军著. —广州：广东高等教育出版社，2021. 9

ISBN 978 -7 -5361 -6981 -4

Ⅰ. ①广… Ⅱ. ①王… Ⅲ. ①地方教育 - 教育史 - 广东 Ⅳ. ①G527. 65

中国版本图书馆 CIP 数据核字（2021）第 028860 号

出版发行	广东高等教育出版社 社址：广州市天河区林和西横路 邮编：510500 营销电话：（020）87554152 http://www. gdgjs. com. cn
印　　刷	广东信源彩色印务有限公司
开　　本	787 毫米 ×1 092 毫米 1/16
印　　张	43. 5
字　　数	730 千
版　　次	2021 年 9 月第 1 版
印　　次	2021 年 9 月第 1 次印刷
定　　价	108. 00 元

MULU

目录

第二编　近代的广东教育·上

绪　论

《广东教育史》分上下两卷。上卷讨论的是自远古至清代的广东教育发展进程，由王建军撰著；下卷讨论的是中华民国和中华人民共和国时期广东教育的发展进程，由熊贤君撰著。两卷统合起来，意在展现广东教育发展的全过程，揭示广东教育发展演变历程的特质与规律，为今天的教育发展提供借鉴。

今之广东，在几千年的历史长河中，经历了漫长的演变过程。广东自古隶属于岭南，自秦汉至隋朝，广东的边界一直处于动荡之中。直到唐懿宗咸通三年（862）将岭南道分为岭东道和岭西道，岭南分东西自此才有雏形。宋初在岭南置广南路，宋太宗时分广南东路和广南西路，“广东”这个历史概念才渐渐流行。明初设广东道，后改为广东等处行中书省，并将海北海南道改隶广东，广东成为全国十三行省之一。明洪武九年（1376），朱元璋改行中书省为承宣布政使司，广东承宣布政使司下辖广州府、肇庆府、韶州府、南雄府、惠州府、潮州府、高州府、雷州府、廉州府、琼州府、罗定州等十府一直隶州，“广东”一名至此基本固定下来。清代始置广东省，增置了连州和嘉应州，共辖十府三直隶州。这一建制一直延续至今，只是原廉州府所辖地区后来划归广西壮族自治区，海南岛后来也单独置省，广东省的历史格局基本保留。

行政区划的逐步演变，本质上体现为文化的凝聚。自古而然的岭南文化，因其地理气候条件的特殊性，在中华文化中形成别具一格的文化特色。千百年来，尽管不断有北方汉民南下及中原文化的渗透，岭南文化总是以它的包容性和创新性，吸纳精华，与时俱进，形塑出独具特色的广东本土文化。我们所要讨论的广东教育，就是这样一种在本土文化光照下逐渐成形的亚文化。

一、广东教育史的研究取向

那么，怎样来看待广东教育的形塑过程？

由于受中国文化和中国历史传统及大一统政治体制的影响，中国教育发展的特征，首先是建构了一个民族的和国家的核心教育，然后再将这种核心教育逐渐弥散融合至各地，形成了区域教育趋同性的鲜明特色。受其影响，今天的研究者在研究区域教育史时很容易误入歧途：一是将某一区域的行政区划当作不言而喻的分析单位，然后将各种教育史料分门别类往里填充；二是将国家教育对这一区域的渗透当作历史评价的唯一标杆，从而消解了区域教育发展的复杂性和多样性。

广东文化史的研究就遭遇了这样的困境。学者程美宝在分析这种现象时指出，自明清以来，广东的各级地方志书，包括文人文集乃至通俗读本，都在强化一种模式化的表述套路，即历代绵延不绝的中原移民不断维系和加强了广东与华夏正统文化的联系，“北人南移说”和“中原教化论”成为广东文化不断进步的主要原因。“在上述文化渗透论的框架下，一部广东文化史，实际上也是一部广东移民史”。受这样一种表述套路的影响，人们对广东文化发展的认识也在不断强化和巩固“国家”观念。特别自明清以来，正是这样的一类文化人在做着广东文化的代言人，在极力为广东文化寻求正统性，使后继的研究者们“很容易掉进这些文献的作者的思维陷阱之中”。程美宝指出：“由于历史学家无可避免地要仰赖文字史料，因此，所谓‘地域文化’，实际上也是以维护中国文化为己任的士大夫或知识分子眼中的地域文化……这些看起来很‘地方’的文献，实际上表现的是从上而下的‘国家’意识的渗透和从下而上的对‘国家’意识的理解和创造。”①

同样地，对广东教育发展的认识也深受这一表述套路的影响，在历史上形成了“国家教育在广东”的研究范式。例如，唐代韩愈被贬潮州，正乡音，兴学校，激励了潮人的笃学热情。宋代苏轼评价道：“始潮人未知学，公命进士赵德为之师，由是潮之士皆笃于文行，延及齐民，至于今，号称易治。”② 就是说，潮州地区的学校建立与教育发展完全得力于

① 程美宝：《地域文化与国家认同：晚清以来“广东文化”观的形成》，北京：生活·读书·新知三联书店 2006 年，第 60，316 页。

② 曾楚楠：《韩愈在潮州》，广州：暨南大学出版社 2015 年，第 14 页。

韩愈的南来。对于这种说法，元代的吴澄就曾提出过质疑："或谓潮人始未知学，自韩文公为刺史，而后士皆笃于文行。夫韩未至潮以前，固已有赵德其人，恶得谓之未知学乎?"[①] 但这一质疑并未引起人们的注意，甚至还可能启发了后来的史学家，"中原教化论"在明以后更成为阐述广东教育发展的话语模式。明嘉靖十四年（1535），身为巡按御史的戴璟作《广东通志初稿》，认为：

> 岭南僻处荒徼，秦汉以来，尝为奸雄桀黠窃据而有之，后虽剪艾蓬蒿，混一正朔，然此时纷纷奔走于军旅甲兵之事，尚何论俎豆陈诗书哉。自锡光守交趾，任延守九真，建学校，导礼义，而岭表华风胎胚于此。逮宋范仲淹请天下皆立学，部使者选有道为之师，不足取诸乡里宿学之士，于是广之乡邑有不置学者鲜矣。仰惟我朝稽古定制，凡郡县皆设学。是故联之师儒以优其养，示之卧碑以严其防，习之经术以端其趋，进之选举以达其材，专之宪臣以董其事，加之箴亭以激其进，而学校之规于斯为尽。[②]

文中所提到的锡光、延光（任延）俱为东汉朝官，自他们之后"华风"才得以在岭南植根。再经宋代的广为置学，明代的郡县立学，广东教育才得以辉煌。戴璟此处所言，以国家教育为正统，以中原文化为导向，以广东教育融入大一统体制为价值取向，打造了一个"广东教育史"。

对这一历史观，也有持不同意见者。嘉靖四十年（1561），出生于广东香山（今广东中山）的黄佐编《广东通志》，其论述民风教化之历程则是另外一种思路：

> 广（州）本俚乡，风俗丕变，日新而月盛，实非一朝风化所能成。盖自杨孚、董正学古高蹈，故其民朴而有文；自罗威、唐颂厚彝伦，笃行谊，故其民敬颐而亲亲；自冯元通经登膴仕，故其民博于学；自梁观国以丽敦俗，故其民重正道而陋缁黄；

① 吴澄：《潮州路学记》，（嘉靖）《广东通志》卷三十七《礼乐志二·学校下》。
② （嘉靖）戴璟：《广东通志初稿》卷十六《学校》。

自崔与之以清风高节为世师表，故其民守名节而乐恬退；及宋末二王入广，中原文献随之，名宦硕士，多占版籍而长子孙，人文益焕然矣。国朝百余年间，礼教渐摩，名德辈出，缙绅之家，以不学无礼为耻，以导欲诲淫为戒。[1]

黄佐在这里并没有否认中原文化对广东的影响，但他将广东民俗的进步首先归功于广东本土居民的道德觉醒和道德实践。文中所提到的董正、罗威、唐颂皆为东汉时期广东人，梁观国、崔与之皆为南宋时期广东人，由于他们的道德实践而影响了广东民风的“文”化。加之南宋王朝退避广东，将大量的中原文献带进广东，使广东的“名宦硕士，多占版籍而长子孙”。至明代百年的礼教在民间社会的推广，最终取得了“礼教渐摩，名德辈出”的教化效应。黄佐之视角，完全是从古代广东人自身的教育需求入手，由广东民间风俗的日渐月摩，并吸取中原文化而铸成了一部“广东教育史”。

权衡两种历史观，其实正可以给我们研究广东教育史一个全方位的角度。从历史发展的进程看，国家教育机制也确实一直在以强势影响着和支配着区域教育的发展走向。从官学，到书院，到科举，从教学内容到办学理念，国家教育机制都在各地顺利地复制和落实。但任何区域的教育发展，实际上都呈现着两股力量的碰撞与交融，即国家教育机制和地方教育机制。虽然在场域的关系冲突中，国家教育机制始终处于主导地位，但地方教育机制并不是被动地适应和消极地应对。地方基层社会，通过家族宗族、商人集团、乡绅等民间组织形式，借助地方文化和教育资源，依据地方和民间社会发展的需要，运用他们的创意和能量，也在积极争取更多的教育资本，以便获取更多的文化权力。可以这么说，两股力量的冲突与交融，才构成了区域教育发展的历史走向。如果我们的研究只是习惯于从朝廷政策和官府作为入手，形成由上而下的表述套路，就不能很好地揭示区域教育发展的本真。

事实上，广东教育发展本身就是复杂而多元的。以个人读书价值取

---

① （嘉靖）《广东通志》卷二十《民物志一·风俗》。

向为例，古代读书人固然多数是为了依附政治体制，但也有少数人并不愿意顺应国家教育机制。例如前文中提到的董正就是“数被辟命，皆不就”，其“赋性高洁，贫寒不戚，志在规俗。躬耕以足衣食，暇即讲诗书，陈礼法，远近多从之游”①。北宋梁观国甚至“取所作科举文畀诸火，以自治身心为工夫”，“每朝廷贬谪正人至广，必求见焉”②。南宋人简克己，远游湖湘，师事张栻，“既得其传，退归杜门”③。南海人田知白，以老成闻名于乡，地方官府请他出任书院首席，他以病辞，“再往叩之，则遁矣”④。像这样一类人的求学取向，与国家教育的价值取向显然不是十分合拍。如果历史研究仅以国家教育机制为唯一评价尺度，则显然不合适。

即使是顺应国家教育机制，广东基层社会也表现出不同的诉求和手段。古代广东的社会发展，以动荡和整合为主色调。频繁的政局动乱，中原移民的不断南下，广东境内三大民系的形成与迁徙，明清经济的发展，都给广东基层社会带来了一个最基本的问题，那就是十分重视家族和宗族的重组和巩固，以“建立起自己在帝国秩序中的合法身份”⑤。南下的中原移民，不少家族为官宦之家或望族之门，他们依仗家学渊源，借助中国文化的正统命题和身份标志，努力维护和提升自己的社会地位和身份。广东土著的原住民，也通过各种历史机遇和合法的手段，开发沙田，修筑祠堂，编撰族谱，科举入仕，以获得跻身于与中原士人同列的身份标志。而其中追求一种具有文化的、约定俗成的、经久不变的、有合法保障价值的科举身份，成为提升宗族地位的重要标志。由此，各

① 黄佐：《广州人物传》卷一《汉征士董公正》，广州：广东高等教育出版社1991年，第9页。

② 黄佐：《广州人物传》卷六《宋归正先生梁公观园》，广州：广东高等教育出版社1991年，第115页。

③ 黄佐：《广州人物传》卷七《宋乡先生简公克己》，广州：广东高等教育出版社1991年，第133页。

④ 黄佐：《广州人物传》卷七《宋乡先生谭公凯》，广州：广东高等教育出版社1991年，第141页。

⑤ 萧凤霞、刘志伟：《宗族、市场、盗寇与疍民——明以后珠江三角洲的族群与社会》，载《中国社会经济史研究》2004年第3期。

色人等，各类宗族，为此而充分调动宗族的、民间组织的各种资源，采取各种合法的、不合法的手段，创办书院家塾，鼓励子弟读书应举，以争夺这样的教育资本。

正由于争夺教育资本的利益驱动，广东基层社会对国家教育机制的顺应表现出两种不同的态度。例如，明代广东是宗族教育兴起的时期。明正德十六年（1521），魏校任广东提学副使，禁毁淫祠，大兴社学，在他的敦促下，广东全省创办社学500所。社学的创办对宗族教育乃至乡村建设都是有利的，但魏校一离开广东，这些社学“而后莫克修举，寖以废坠，其学地归于势家之所侵没者多矣”[①]。所谓“势家”，主要就是那些努力加强宗族建设的士大夫之家。这些豪门宗族为侵夺社学之地，不惜废坠官府所办社学，以壮大宗族经济和教育实力。这显然是不合作的态度。当然也有相反的例证。广东基层社会为了提升民间的教育能力，也会积极主动地协助官府创办教育机构。清乾隆年间，南海的莲峰书院年久失修，乡绅们主动出钱出力将其修复。南海知县为此写道：“至丁丑，一士民议欲修复，共推值事，忠诚勤敏，家办公，矢神视事，故人心乐助刻金七百余，筑作三阅，乃遂落成。”[②] 道光年间，怀集县梁村乡绅倡导创办文社以按期举行乡课，为募捐，“爰邀同时数十人，先行沿门劝签，随即发部各堡遍捐焉”[③]。梅州试院容量有限，不能满足民间的教育需求，“常有千余人作墙外观者”，于是地方人士请求官府扩建试院，“梅州地瘠而民贫，一闻君言，率醵其私钱以成公举”[④]。海丰县义学年久失修，乡绅强烈要求官府修复，新任知县“未下车之前，邑中人已捐题，

---

① （嘉靖）戴璟：《广东通志初稿》卷十六《学校》。

② 张庆长：《重建莲峰书院序》，谭棣华等编：《广东碑刻集》，广州：广东高等教育出版社2001年，第346页。

③ 谢显顺：《梁村乡课文社序碑》，谭棣华等编：《广东碑刻集》，广州：广东高等教育出版社2001年，第715页。

④ 《重修梅州试院记》，谭棣华等编：《广东碑刻集》，广州：广东高等教育出版社2001年，第879页。

预谋建造矣"[1]。

进入近代后，广东教育仍然保留着鲜明的历史个性。在民国时期，特别是民国前期，广东国民政府强烈的改革愿望、强烈的本土化意识，一直引领和影响着全国各地。具有强烈革命精神的广东国民政府与北洋政府进行激烈的斗争，坚持广东本土化政策，教育上也不向北洋政府让步。例如当时主管教育的许崇清就强调："中国现下还在革命的时代。我们当这个时代处理教育问题，我们所最要留意的，有两件事。其一，就是因革命而解放的精力和因革命而激起的感奋，我们应该怎样保持着，即我们应该怎样保持这些因革命而解放的精力和因革命而激起的感奋。其二，就是我们发展我们理想的社会组织，应该怎样利用这些精力和感奋，即我们应该怎样利用这些精力和感奋去发展我们理想的社会组织。"[2]当时广东在教育上所做出的一些政策调整，诸如推行"教育行政组织的改良及统一""宗教与教育的分离""外国人经营学校的取缔""革除偏重书本的陋习，励行学校的社会化"，都是为了"保持广东人民因革命而解放的精力，因革命而激起的感奋"[3]，都体现了广东深厚的地方色彩和强烈的改革意识。

广东教育的这种敢为天下先的个性，并没有因为历史上"大一统"的趋势而失去自我，反而因为"大一统"而得到进一步强化。曾有著述指出：

> 中国农业及手工业生产技术、科学发明许多经由广东传到世界各地；国外的科技与文化艺术，很多也经由广东传进国内。广东是佛教最早由海路传入的地区，伊斯兰教、天主教、基督教也先经广东传入。西方传教士在传播教义的同时，也带来了

① 喻章：《建义学记》，谭棣华等编：《广东碑刻集》，广州：广东高等教育出版社2001年，第835页。

② 许崇清：《市民大学问题》，许锡挥编：《许崇清文集》，广州：广东教育出版社1994年，第404～405页。

③ 许崇清：《教育方针草案》，许锡挥编：《许崇清文集》，广州：广东教育出版社1994年，第418页。

西方先进的科学技术。特别进入近代，中西接触越加频繁，广东因其地理的关系，对西方科技文化与政治观念的接触与吸取尤居全国之先。因而，在广东产生了中国近代最早的留学生、最早的新闻报刊、最早的西医生、最早的医学和科学教材、最早的保险业、最早的资产阶级改良家与革命家等，许多科学技术（如飞机制造、摄影技术、西方军械科技等）也是广东最先从西方引进，对中国近代社会的发展发挥了巨大作用。[①]

漫长的广东社会发展史上有过多次的移民潮，改革开放以来，广东再次迎来移民热潮。移民潮能够在广东历史上一次又一次地形成，与广东的包容豁达精神是分不开的。以深圳市的腾飞为例，深圳人口来自全国各地，包括因工作关系而长期在深圳生活的外国人及我国港澳台地区同胞等，因而深圳是名副其实的移民社会。乐正曾指出："移民社会是一种特殊的社会实体，其主要特征是人口流动性大、社会开放、多元文化并存。人口年龄构成的年轻化，使深圳社会的这些特征更加明显。因此，尽管按地域特征来讲，深圳文化本属于岭南文化的范畴，但其典型的移民社会特征，使得岭南文化的影响反而相对较弱。在深圳，通用语言不是广东白话，也不是客家话或潮汕话，而是普通话。全国各地的饮食都能够在深圳找到市场，各地的风俗习惯和民俗文化在深圳也都能看到，一些西方的风俗、习惯、礼节、节日，如情人节、圣诞节和日常礼仪标准、社交用语等也被深圳人广泛接受下来。现在的深圳人，就其原住地来说，可谓五方杂处；就其风俗习惯来说，可谓兼容并包。"[②] 广东文化的这种开放性和多元化，为广东教育个性的张扬奠定了基础。

这些例证说明，区域教育的发展，其实就是国家教育机制与地方教育机制两股力量之间的博弈和妥协的结果。其冲突的实质是对该区域的文化资源进行再开发与再生产的利益分配。从这个意义上讲，无论是对

---

① 广东地方史志办公室编：《当代广东简史》，北京：当代中国出版社 2005 年，第 10 ~ 11 页。

② 刘国红：《深圳移民文化及其精神》，郁龙余主编：《特区文化论丛》（第二辑），深圳：海天出版社 2001 年，第 376 ~ 377 页。

国家，还是对地方社会，区域教育发展本身就是一种利益的追求。因此，要寻找广东教育发展的轨迹，重点应该从广东民间社会如何争夺教育资本中去探讨，广东教育发展的真正动力就源于此。鉴于此，采取自上而下的分析框架，论证“国家教育在广东”的研究取向就难以揭示广东民间社会的教育需求和教育实践，难以揭示广东教育发展的本土特色。只有将区域教育史的研究视角转为由下而上，选择“广东人争取教育资本”的研究取向，把关注点集中在对地方社会结构的演变上，透过对社会群体生存追求的考察，深入挖掘地方教育的文化精神，这是区域教育史研究寻找切入点的基本理论视点，也是深化区域教育史研究的根本出路。

二、寻找本土问题的思考

关注本土问题，是引导区域教育史研究本土化走向深入的重要切入点。所谓本土问题，是指影响一区域教育发展的具有历史意义的真实问题。也就是说，本土问题不能是来自既定概念的推衍，而唯有深入到地方社会的教育实践，才能真切感受。就广东而言，既然争取教育资本是广东教育发展的核心点，那么，不同时代的广东人在争取教育资本问题上产生了怎样的需求，采用了怎样的争取方式，对广东教育发展具有怎样的意义，这就是我们寻找本土问题的基本出发点。

首先，广东地方社会的民间组织争取教育资本的活动，应该是我们关注的重点。举个例子，如何看待清代广东涌现的联宗书院现象，这是研究广东教育史不可绕过去的问题。学术界有种观点，认为不能把这一类机构看作书院，理由是它们的前身是不合“礼制”的联宗祠，因避祸而改名为书院，实际上并不具有教育功能。这个理由只是依据书院的既定概念去看待这个现象，对这一现象背后所蕴含的教育意义未做深入探讨。这类联宗书院确实是由联宗祠发展而来。由于朝廷认为这类组织不合“礼制”，且带来了城市的治安问题，所以遭到了朝廷及地方官府的禁止。各地的联宗祠为了避祸，纷纷改名为书院、书室等。据《岭南冼氏宗谱》记载：“乾隆三十七年，巡抚张彭祖以城内合族祠类多把持讼事，挟众抗官，奏请一律禁毁，于是各姓宗祠皆题改为书院。我祠之以书院名亦由于此。”其实，在这种现象的后面，正反映了广东社会民间组织为争取教育资本的需求。在面临生存危机之时，这一类民间组织巧妙地利用了官方的文化策略，以书院之名得以保全。更值得我们注意的是，联宗祠在更名为书院后，广东官府没有再对这一类书院予以惩戒，而这一类书院也纷纷更定章程，努力强化其教育功能。这样既维护了朝廷所要推行的文化秩序，联宗组织也由此巩固了自己的社会身份和地位。所以，将联宗书院的兴起看作是清代广东书院发展所涌现的一个新生现象，恐怕更为准确，也能更好地理解广东教育发展的历史走向。那么，清代广东联宗书院的发展效果就是一个很有意义的本土问题。

其次，在争取教育资本的活动中，清代广东商人集团的教育诉求也是值得我们关注的。清代广东商人集团实力雄厚，尤其是盐商，他们将粤盐行销七省，纳饷70万两，仅次于淮盐，居全国第二位。于是他们希望借此能提升自己的政治地位和身份，希望能在援例授官的基础上，让他们的子弟也能获得读书应举的资格。他们所采取的行动方式就是积极支持地方官府创办教育。康熙四十九年（1710），两广总督府所开办的粤秀书院，就是以广东盐商的生息银两作为书院办学经费。作为回报，“清康熙六十年题准广东盐商子弟照淮浙河东之例，遇岁科二试，取进童生二十名拨入广州府学，分拨南海番禺二学肄业。雍正元年议准广东商籍生员乡试，另编卤字号”[①]。为了使自己的子弟能够获得更好的读书条件，广东商人集团积极与官府合作，乾隆二十年（1755），由盐运司范时纪及诸商捐建创办了越华书院，成为专为商籍子弟藏修息游之所。书院创办经费由官商共同捐银8 600两，其中官府捐1 700两，商人捐6 900两。以后在办学过程中，为弥补经费的短缺，自嘉庆至道光年间，官商又陆续捐银达16 000两。对其他书院，例如菊坡精舍、广雅书院、应元书院等，广东商人集团都予以了经济资助。

这是一个很典型的例子。广东商人集团凭借自己的经济资本，利用官商互动方式，以争取教育资本。“商籍”和“商学”的获得，极大地鼓舞了商人子弟求学中举的决心。即使在科举“商籍”名额取消之后，“入

① 阮元修、伍长华纂：（道光）《两广盐法志》卷二三《职官·署庙》附“选举”，道光十六年（1836）刊本。

场有志上进者，不得不各归原籍应试。本省之商人子弟则仍由民籍报考。近日文风翔盛，每秋试发榜，泥金报帖几满门墙”①。商人集团这样做有什么效果，有学者对自1820年以后广州地区的书院山长进行了统计，发现出生于广州本市的山长占了绝大多数，改变了以往外省籍山长占优势的状况。他认为：“至少在广州，这与商人在书院事务方面的活动增加有关。由于广州商人增加了对书院的捐助，他们就可能支持当地子弟作山长，而不是外省人。”② 这样看来，官、绅、商的互动是推动清代广东教育的关键条件。那么，清代广东官、绅、商互动的原因、方式、效果如何，也是很有意义的本土问题。

近代以来，广东民间社会捐助教育的行为更为普遍。宣统元年（1909），香港华商总会董事长刘铸伯等创办“铸伯义学”。到1924年，其所创办的“义学”多达40所。为表彰刘铸伯热心公益事业的精神，中华民国大总统黎元洪曾赠予他“乐善好施”的横匾，广东省省长朱庆澜在布告中予以表彰。广东省督军陆荣廷给予高度肯定：“据刘绅铸伯函称，窃以敝乡平湖村僻壤，风气固塞，学务不兴，地复瘠贫，人多失学处。此生活程度日高之时，代以智识不开之贫民，夫将何以自立，仆情门故里，言念之下，用是矜怜，爰解私囊，创办小学堂二［一］所，名曰：‘纪劬劳学校’，一则籍［藉］以教育贫民俾资自立，一则念家慈抚养教育之劳，底仆于成，乃有今日，爰命是名以留纪念，永志不谖。……该绅独立捐资，在平湖乡倡设学校、医院各一所，具见热心公益，殊甚敬佩，所请出示，保护自可照准，行布告，仰该乡各界人士等知悉，尔等须知设立学校、医院系为嘉惠贫民拯救疾苦起见，务各劝勉，维持以成善举，毋得籍［藉］端阻挠为要。”③ 广东人的这种乐善好施精神在新中国成立后，仍然薪火相传。20世纪90年代全省实现义务教育，

① 梁廷枏：《越华纪略》卷四《故事》。

② （美）蒂莱曼·格里姆：《广东的书院与城市体系》，（美）施坚雅主编，叶光庭等译：《中华帝国晚期的城市》，北京：中华书局2000年，第587~588页。

③ 陆荣廷：《平湖圩纪劬劳学校民国广东督军署布告第二十六号》，《宝安县教育志》编纂小组编：《宝安县教育志》（1106—1986），宝安县教育局1988年12月油印本，第43页。

实现了多少代广东人的梦想与夙愿，其中在很大程度上受益于这种精神。那么，广东民间社会热心捐助教育的动因及效果，也是一个值得关注的本土问题。

此外，还有乡绅阶层，特别是知识群体，在广东教育发展的进程中表现出了怎样的教育诉求？唐宋时期广东民间因推崇张九龄、崔与之等本土精英的气节而盛行的浩然之风对提升广东社会教育需求具有什么意义？明代陈献章、湛若水的教育诉求奇峰突起，但为什么未能在广东产生有影响的成规模的书院组织，而清代广东又为什么能够出现如学海堂、菊坡精舍、广雅书院等影响一代学风的书院？其间除了明清两朝书院政策的差异外，与广东本土知识群体的教育追求有没有关系？这些都是影响广东教育走向的本土问题。

比如清中后期广东社会流行的学风，就与学海堂所倡导的经史实学有极大的关系。广州学海堂的开办，带动了许多书院竞相仿效，开始在教学中增添古学，加课经史性理词章，不唯讲读八股时文。例如，李黼平主掌东莞宝安书院讲席，其考试规程就效仿学海堂的做法。陈澧创办菊坡精舍，他明确表示："澧既应聘，请如学海堂法，课以经史文笔。学海堂一岁四课，精舍一岁三十课，可以佐之，吾不自立法也。"[①] 陶福祥主禺山书院讲席，"禺山向以制艺、试帖课士，福祥参酌山堂（指学海堂）、菊坡章程，加课经史、性理、词章，省外生徒奔凑就学，一时称盛"[②]。梁鼎芬先后主讲丰湖书院、端溪书院、广雅书院，均"进院之日，告诫诸生，勿只重帖括，要向远大处想，以陈东塾先生集顾亭林句'行己有耻，博学于文'相训勉"[③]。这种学风的流行，在广东开创一种不唯科举的教育风气。不唯科举却又不反对科举，即使如康有为这样的激进派也还是钟情于科举。有一个例子，当时入读万木草堂的学生，大多对参加科举考试不感兴趣，"于是有父兄的家庭，大不以为然。谓不过考还读甚么书，如果要入万木草堂，

---

① 陈澧：《菊坡精舍记》，黄国声主编：《陈澧集》第一册，上海：上海古籍出版社2008年，第96页。

② （民国）《番禺县续志》卷二十三《人物志六》。

③ 许寿田：《葵霜遗范忆述示两儿》，《广东文征续编》第一册，香港：广东文征编印委员会1986年，第267页。

则学费就不给了。康先生乃力劝同学们，不要如此以妨碍前途。谓：‘我且过考，诸君何妨强力为之，以慰父兄之心呢。’往后乃逐渐改变，且获得不少秀才举人。”① 这种“考八股与讲学术奇特混合的现象”呈现出晚清广东包容性和多元性的教育特色，也是很值得推敲的本土问题。只有深入探讨广东本土精英的学术追求，我们才可能洞悉古代广东教育发展的历史特质和演变趋势。

当代广东教育发展也不是一帆风顺的。“文化大革命”及之前的17年，广东教育资金一直短缺。改革开放后，教育资金短缺的状况有了很大的改善。广东海外华侨捐款家乡教育事业蔚然成风，捐资办学的义举盛况空前。据不完全统计，全省从1978年到2000年，海外华侨、港澳同胞向广东省捐款捐物，总额折合人民币达300多亿元，占全国侨捐总数的70%。其中，捐资兴学者近50亿元，兴建扩建大中小学校近20 000间，占全省中小学校总数的60%。香港长江实业（集团）有限公司董事局主席李嘉诚1979年动议捐资兴办汕头大学。当他听到汕头市政府有创办汕头大学想法的时候，便承诺捐资兴办继厦门大学之后由境外华人实业家创办的第二所综合性大学。他说：

> 我认为今日祖国的状况，要使民族素质提高，国民生活改善，从而跻于康强之列，必须大力发展科技。但要使科技的水平提高，则首先要有良好的专业教育，造就大批学有所长的建国精英，分担各部门的实际工作。否则，空谈理想，高呼口号，终究于世无补。因此，我产生了在汕头创办高水准大学的动机。正在这时候，吴南生先生、庄世平先生和我商榷办汕大的计划，他们的崇论闳议，和我的初衷不谋而合。②

众擎易举。江门市五邑大学的创办，海外华侨的出钱出力也是无法计量。广东海外华侨、港澳同胞关心桑梓教育，长期乐此不疲，这是一

① 夏晓虹编：《追忆康有为》，北京：中国广播电视出版社1997年，第244页。

② 钟明华、冯增俊等：《教育现代化的伟大实践——广东教育发展30年》，广州：广东人民出版社2008年，第116页。

种文化现象。中国地方教育史总课题组在“总序”中指出：

> 研究地方教育史，自然会涉及各地教育发生、发展与本地区自然环境、生态环境之间的关系。自然环境、生态环境会影响到人类的生存状态，进而对人们教育的模式、程度、内容与方法等，对民俗、民风，对人的气质、性格、品位、情趣的形成以及人才的数量与分布都会产生一定的影响。……自然环境同时也影响着一方的文化艺术、宗教信仰、民居建筑，这些又都是教育的外部条件，间接地影响着地方教育的发展。至于人文环境、社会结构对教育的影响，应当说更为直接，更为广泛。诸如区域历史文化变迁中经济的升沉消长、政治的争斗沿革、文化的滋生变异、民族的纷争融合、人口的增减流动、战争的起伏动荡等等，可以成为教育发展的外部环境与制约条件，影响着教育的方针、内容和方法。①

要追寻这些问题，近些年来在学术界流行的区域体系、文化网络、乡绅社会、中层理论、场域理论等，都可以给我们很多的学术启示和观察问题的视角。只有善于运用适合问题特征的被世界学术界普遍承认的可靠办法对本土问题进行研究，才能有助于我们从多角度去发现本土问题，有助于本土教育理论走向世界。

例如，美国学者施坚雅认为在分析中国社会时只以明清官僚体制下产生、调整而形成的行政区划作为理解空间的唯一框架是不妥的，“一个地方的社会经济现象更主要地是受制于它在本地以及所属区域经济层级中的位置，而不是政府的安排”，由此他提出了“区域体系的分析方法”②。美国学者杜赞奇提出了“权力的文化网络”概念。他认为中国古代乡村的民间组织通过“宗教信仰、相互感情、亲戚纽带以及参加组织

---

① 周玉良主持全国哲学社会科学“九五”规划国家级重点课题“中国地方教育史研究”总序。

② （美）施坚雅主编，叶光庭等译：《中华帝国晚期的城市》，北京：中华书局2000年，中文版前言第1页。

的众人所承认并受其约束的是非标准"[①] 而形成特有的具有权威性的地方文化价值，这样的"文化网络不仅沟通了乡村居民与外界的联系，而且成为封建国家政权深入乡村社会的渠道"[②]。研究区域文化，"权力的文化网络正是要揭示国家政权深入乡村社会的多种途径和方式"[③]。法国学者布迪厄则提出了"场域—资本—惯习"互动关系框架。布迪厄认为，大社会是由无数个小社会世界组成，这些小社会世界就是一个个的小场域。场域是各种利益相关者通过较量和斗争而形成的关系网络，处于场域中的各利益相关者因所据资本的差异而处于不同的位置。场域形成的根本动力是争夺资本的冲突，其目的是改变或巩固在场域中的位置。文化资本也是引发场域冲突的要素之一，处于场域中的各个行动者以其所持有的文化资本来争取权力。文化资本以身体化的、客观化的和制度化的三种形式构成，这种构成依赖于行动者本身所形成的惯习，即性情倾向系统而决定。

这些分析视角很有意义。无论是区域体系、文化网络、乡绅社会、中层理论，还是场域理论，都启示着我们要将研究的视角转向社会基层，转向争取教育资本的行动者，转向个体、家族、宗族、社区与官府、国家之间围绕教育资本的关系互动。这样的互动必然是本土的，是地方性的。处于社会基层的各类利益相关者，都会利用各种历史机遇，采用各种策略，运用各自拥有的资源，相互之间进行博弈和妥协，达到维持或提升其或在场域、或在网络、或在区域中的位置的目的。因此，我们要借鉴这些研究视角，学会从各利益相关者之间的关系中观察问题，从各行动者之间的冲突中寻找问题，从相互制约的机制中认识问题。

三、广东教育发展的主轴与路标

作为区域教育史的研究来讲，最终目的就是要把一区域内各历史时期所发生的各种教育现象整合进历史叙述之中，使区域教育史显示出其发展的主轴，并呈现出区域教育发展的整体趋势，构建一个具有本土教育发展特色的解释系统。

---

①②③（美）杜赞奇著，王福明译：《文化、国家与权力：1900—1942 年的华北农村》，南京：江苏人民出版社 2003 年，第 15 ~ 16 页。

葛兆光谈到中国文化史研究状况时，感到“文化史至今是一个边界不清、脉络不明的领域，究竟怎样写文化史，换句话说文化史的主轴与路标是什么？实在是一个很犯踌躇的事情”①。他粗略地分析了中国文化史著作的写法，认为大致可以分为两种类型：一是分门别类的平行叙述，政治制度经济思想学术文艺风俗，甲乙丙丁，一二三四，逐一开列出来；二是以时间为纲的纵向叙述，顺着历史写各个文化领域的转变。对比新近出版的《法国文化史》，他认为中国文化史研究的症结所在，“似乎他们都把‘中国’当做不言而喻的基础，因此，迄今为止的各种中国文化史著作，都不像《法国文化史》那样，对‘国家’的文化形塑和‘文化’的国家认同，有太明确与较清楚的论述”②。

在葛兆光看来，一个国家文化的发展是逐步形塑的，一个民族对某种文化的认同也是逐步形塑的。这句话很值得咀嚼。任何一种文化的发展，都有着其本身的发展规律，透过其萌发到成熟的过程，可以洞察出其明晰的边界和清楚的主轴，以及显示出阶段性的路标。因而一个学科史的写作，就应遵循这样的历史暗示，突出和强化学科本身发展的阶段性和连续性，揭示这一学科发展的主轴和路标。

区域教育史研究也应该是这样。区域教育史研究的任务，简而言之，就是研究一区域教育制度产生、发展及其演变的历史。区域教育史的纵轴是十分清楚的，流淌着的时间即是。横轴看似是一省之区域，实则不完全是这样。横轴有二，一是看得见的，一是看不见的。看得见的横轴是现在的行政区划，20 世纪 90 年代前海南省属于广东的一个地区，1989 年海南建省后，就不再是广东教育史审视的区域。看不见的横轴是区域教育史研究的边界，那就是人类社会如何通过组织的形式和手段推动教育活动的展开。历史证明，只有通过组织的活动才可能对整个社会的教育活动起到规范和引领的作用，而任何教育创新也必须通过制度的提炼和保障才可能深刻地作用于社会。这个组织的形式和手段，在中国古代，具体就表现为学校、书院、科举制度，在近代以来则表现为不同层次、不同类别的教育机构。这些组织形式如何在一个区域内形成和发展并形

①② 葛兆光：《文化史应该怎么写》，载《中华读书报》2012 年 6 月 20 日。

成特点，就是区域教育史研究的主轴。围绕着这些组织与制度的产生和变革，区域内的社会成员、地方官员以及教育家的需求也应该纳入研究的范围。

要确立广东教育发展的主轴，关键在进行了大量的细致的基础性研究后，应该着手进行宏观的解释系统的构建工作。这个解释系统应该是独特的，具有个性的，符合本区域教育发展历史规律的。如果区域教育史著作只是按照全国教育史著作的研究框架和思维方式，只是按照历史时代将古代各地的官学、书院、科举，近代以来小学、中学、大学状况罗列一番，陈述一通，这样的研究成果还是缺乏本土特色。

要确立广东教育发展的主轴，主要应从两个角度去把握：一是广东地方社会对教育资本的意识与争取；二是广东地方教育机制如何运用文化策略去顺应国家教育机制。就是说，我们在强调应重点关注民间教育需求，考察地方教育实践的同时，还要注意国家教育机制在其中的主导作用。区域教育的历史发展，从总体上讲，是蕴含在对国家教育机制和国家正统文化的深刻理解之中。基于此，所谓广东教育发展的主轴，就是广东地方社会为提升教育资本而认同国家教育的历史过程。

从历史进程看，广东地方社会确实是在逐步认同和争取国家的教育资本。这里仅以一些数据为例。广东的书院，据刘伯骥的统计，宋代是26 所，元代是 8 所，明代是 168 所，清代是 411 所[①]；据《中国书院史》的统计，宋代是 39 所，元代是 9 所，明代是 156 所，清代是 342 所[②]。两者在数字上有所出入，但明清书院的激增趋势是很明显的。明清的社学，明嘉靖四十年（1561）的数字是 216 所，清雍正年间的数字是 297 所[③]。广东科举获得进士身份，唐代 38 人，宋代 566 人，明代 883 人，清代 1 050 人。在这些数字的后面，反映出的是古代广东地方社会对国家教育资本的认同，也反映了广东地方社会教育需求增长的强烈与普遍。

根据这样一个历史趋势，广东教育发展的里程碑式的路标就不能简单地以朝代顺序作为阶段划分的标准，也不能以中原移民的历史作为阶

① 刘伯骥：《广东书院制度沿革》．商务印书馆 1939 年。
② 李国钧主编：《中国书院史》，长沙：湖南教育出版社 1994 年。
③ 李绪柏：《明清广东的社学》，载《学术研究》2001 年第 3 期。

段划分的依据。构建广东教育史研究的解释系统就应该从考察民间社会的教育走向入手，采取由下而上的研究视野去寻找真正能体现广东教育发展的路标。

根据我们的看法，在广东，真正能体现广东教育发展轨迹的路标有五个：一是从远古至宋元时期，体现为儒、佛、道教育的开展；二是明代，体现为宗族教育的兴起；三是清代，体现为书院网络的形成；四是民国时期，体现为现代教育价值的地方特色；五是中华人民共和国时期，体现为现代教育体制的构建。

从远古到宋元，这是古代广东教育发展的奠基时期。之所以要把这么长的时间段归为一个阶段，是因为如果不从更广大的时间和空间来考察，不容易把握广东教育发展的特质。广东教育在这一时期的发展，总体还是处于自然生态时期，处于萌发生成时期。民间社会对教育资本的追求，这一时期还处于模糊阶段。另外，广府民系、客家民系和福佬民系的形成经历了一个漫长的过程，粤语、客家话和福佬话也是在唐宋或宋元时期才逐步定型，三大民系的教育需求也还处于价值多元的阶段。这样，道教、佛教、儒学教育在这一时期相继展开。广东自古“尚巫信鬼”风气很盛，因而道教教育在广东很有市场。当时以罗浮山为中心，包括南海太守鲍靓，之后又有葛洪，都成为道教教育的积极推行者。其次是佛教教育，以六祖慧能为代表，也在广东产生很大的影响。当然，中原文化自汉代以来也一直在慢慢地向广东渗透，儒学教育取向随着中原移民、朝廷仕宦、贬谪官员的不断南来，开始在广东慢慢地扩展开来。三教并立，说明这一时期的广东民间社会的教育价值取向还处于自然状态。

明代是古代广东教育崛起的时期，基层社会的教育动力来源于宗族获取教育资本的强烈欲望。从明初开始，广东一批以治世为己任的士大夫，先有南海的唐豫、香山的容悌舆、新会知县丁积及陈献章，积极推行乡约乡礼，大兴书院家塾。后有提学副使魏校的鼎力推动，再经广东民间精英黄佐、霍韬、方献夫、湛若水、冼桂奇、庞嵩、何维柏、庞尚鹏等相继着力，借用国家正统所能提供的资源，通过撰族谱家训，修建宗祠，加强宗族教育，积极支持子弟读书应举等手段，以提升宗族的地位。这一努力不仅使广东涌现了一批士大夫家族，而且逐渐形成了士大夫文化主导的乡村社会秩序。在这样的氛围下，广东本土学术精英强势崛起，地方官学遍布各府、州、县，书院数量名列全国第三，进士人数进入全国中游水平。这些变化说明广东民间社会的教育价值取向已经明朗化，基层社会的教育资本意识，应该说到明代有了较明确的认识。

清代，这里不分前中期和晚期，而是将清朝作为整体考察。这是广东传统教育发展的成型时期，基层社会的教育动力来源于官、绅、商的互动。清朝书院政策由抑制变为控制发展，书院成为清朝统治者控制地方教育的主要手段。各级官府在积极创办书院的过程中，推动书院走向官学化和城市化。但民间社会的绅、商阶层的教育诉求在互动中也得到了很好的表达，并能在较大的空间得到体现，大批的联宗书院与各级官办书院构成了一个具有内在层级结构并具有互动功能的书院网络。这说明国家教育机制与地方教育机制终于形成合力，国家政权通过书院网络开始有效地深入乡村社会，形成了对岭南地区文化教育发展进行引导和规范的社会机制。而绅、商阶层所主导的书院，包括大馆等教育组织，在顺应国家教育机制的同时，也能适当地保留教学的独立性。这种相对宽松的教育取向和教育机制，这种既坚持了国家教育的统一性又保持了地方教育多样性的特征，是广东传统教育逐步形塑成型的标志。

广东传统教育的成型，到晚清时期表现得更为明显。鸦片战争以后，广东基层社会认同传统教育资本的意识依然强烈，报考科举的热度持续高涨，甚至出现了应元书院这样的应试科举的品牌书院。但同时，由于相对宽松的教育风气，加之西方文化的影响，进行教育资本自我更新的需求也在基层社会弥漫滋长。道光年间学海堂所兴起的朴学学风，至这时又有了菊坡精舍、广雅书院的助阵，洋务学堂也在推动着教育风气的多样化，呼唤变法的万木草堂也崭露头角，传教士创办的格致书院也落脚生根。这种新旧并存的教育格局，突出地体现了不定一尊、多元并存的广东教育本土特色。

民国时期是广东教育与中央政府教育价值认同冲突最剧烈的时期。北洋政府教育部在广东教育当局那里，并没有太高的认同感，其政策也得不到雷厉风行的执行。相反，追求一种具有弹性、能够彰显个性的现代教育制度，广东教育界则尽力而为。譬如，1922 年新学制的颁行，广东教育界功不可没。早在 1919 年全国教育会联合会在山西太原召开的第五次会议上，便有关于建立新学制的一系列议决案。1920 年 10 月，全国教育会联合会决定第七次会议于1921年“双十节”在广州召开，主题就是改革学制系统。于是，广东省教育会投入大量人力物力，力求对全国教育会联合会第七次会议讨论主题有较大的贡献。广东省教育会会长汪精卫是挂名会长，主要工作由副会长金曾澄负责。金曾澄决心在学制系统方面精心准备，做出东道主应有的贡献。他说：“本省教育会以第七次联合教育联合会业已定于本年双十节在粤举行，自应及时依照议决案，组织学制系统研究会。”① 广东省教育会随即成立学制系统研究会。研究会由省教育会正副会长及评议员全体71人组成，并聘请全省小学以上各校长18人，大学及专门学校毕业，曾研究教育者9人，教育行政人员14人组成。学制系统研究方法是由全体会员按专题并参酌各国学制分部研究：初等教育部10人，中等教育部10人，师范教育部10人，高等、专门、大学部共10人，分日讨论。各部之间相互沟通配合，定时将经各部研究的进展和结果举派代表提交联席会议。然后将联席会议讨论的结果制成草案和说明书，于当年8月1日提交全国教育大会讨论。最终在广东文本基础上形成的“壬戌学制”，即1922年的“新学制”得以颁布。而对北洋政府公布的“爱国”“尚武”“崇实”“法孔孟”“重自治”“戒贪争”“戒躁进”的《教育要旨》，广东方面则不予认同，不理不睬，在广东教育界得不到反映。

中华人民共和国成立，广东现代教育体制才得以展现新的容貌。特别是改革开放以来，广东教育以先行试点的方式，不断为中国教育改革探索新路。从总体上看，从新中国成立到20世纪结束，在高度中央集权之下，广东教育自始至终与国家教育大政方针保持高度一致，在教育价值认同上，绝没有龃龉摩擦之处。但在改革开放后，如何做到在与国家文化教育价值保持高度认同的同时，又能凸显广东文化教育特有的秉性，这是广东教育发展正在深入探讨的重要课题。

这样的设想，能否体现广东教育发展的本土化特色，能否揭示广东教育发展的历史个性和历史内在脉络，是一件值得尝试的事情。从总体而言，努力挖掘地方社会促成教育变化的潜能，是区域教育史研究寻求突破的关键。

---

① 金曾澄：《广东提出学制系统草案之经过及其成立》，《新教育》第4卷第2期。

第一编

古代的广东教育

第一编

[illegible]

秦汉至清前期，这是中国传统教育的发展时期。地处岭南的广东教育虽然在起步之时落后于中原地区，但随着社会生活和社会生产的进步，教育的需求也在不断地被激活。在国家教育机制的促成下，广东本土精英群体的涌现，终于带来了明代广东教育的崛起，至清朝而趋于成熟定型。所以，秦汉至清前期的广东教育发展，实际上已经走完了一条传统教育发展的完整之路。当然，由于岭南文化的影响，广东地方教育机制在逐步认同国家教育机制的同时，也呈现出鲜明的地方特色。这也是古代广东教育的魅力所在。

第一章　秦汉至隋唐广东教育的兴起

从中国教育发展的进程来看，至秦汉时期，中国传统教育已经经历了许多的风风雨雨。从夏、商、西周的“学在官府”，到春秋战国的“私学”兴起，再到秦汉学校制度的重构，再经魏晋南北朝的教育探索，至隋唐时期教育制度已经趋于完备，中国传统教育无论是在理论层面还是在制度层面上都已经初步定型。然而广东教育在这一时期却是大大地落伍了。

明代广东学者郭棐著《粤大记》，在追溯广东远古史后说，广东古文明在中华文明的光照下逐渐形塑，走过了一段由唐虞时代的“狉狉棼棼”，至汉、唐以来的“郁然焕然”[①] 的过程。这个思路很有意思，我们考察古代广东教育的发展，也应该注意广东教育在这一过程是如何渐趋成型和丰满的。然而这个过程的基点则源自广东社会教育需求的觉醒，它是如何被激活被引领应该是我们考察秦汉至隋唐广东教育发展的主题。

第一节　秦汉广东教育需求的酝酿

教育是伴随着人类的产生而产生的。正如人的发展是由初始的自然人而逐步成长为社会人一样，人类教育的发展也是伴随着人类的成长由原始的自然形态向制度化的社会形态逐步过渡。秦汉广东教育需求的酝酿也就是这一过渡的起步。

一、古越文明的教育基础

认识古代广东教育，首先要从认识古代广东入手。古代广东并不是自古已然，而是慢慢形塑而成。古代的广东教育也是慢慢形塑而成的，这是我们认识广东教育的起点。

古有一种说法，广东古属百越之地。所谓百越，是古代南方越人的总称，分布在今浙、闽、粤、桂等地，因部落众多，故总称百越。同时，古代粤、越通用，所以人们常爱将古之百越指代今之广东，其意实是指代岭南。岭南之地包括今之广东、广西和海南。从历史上看，这五岭之南，无论是从地理环境还是从气候条件，确实与岭北之地，特别是中原之地有着截然的差异。五岭似一天然的屏障，分隔南北。郦道元说：“古人云：五岭者，天地以隔内外，况绵途于海表，顾九岭而弥邈，非复行路之迳阻，信幽荒之冥域者矣。”[②] 宋人毛晃说：“荆扬虽地接百粤，然界

---

① 郭棐：《粤大记》卷二《事纪类·武周开粤》，广州：中山大学出版社 1998 年，第 6 ~ 7 页。

② 郦道元著，陈桥驿校证：《水经注校证》卷三十六《温水》，北京：中华书局 2007 年，第 834 页。

以五岭，诸山连亘，自川蜀至明越山之北，水皆北流，其南皆南流，以入南海。亦不甚远，并为中国。”[①] 因此，大禹巡迹，南至荆扬而止步。禹贡九州，并未包括岭南。秦始皇始定天下为三十六郡，也并未囊括五岭之南。秦汉时期，人们用“岭南”“南越”“南粤”来指代今之广东、广西及海南开始流行开来。秦末赵佗立国，自封“南越王”，《史记》也以“南越”立传。[②] 班固著《汉书》，以“南粤”之名记载岭南史事。[③]

可能因为其远，更可能因为其奇，在古人的印象中岭南便成了“化外之地”“方外之地”“夷蛮之邦”。这些称呼其实表达了当时中原人对岭南的一种文化隔膜，又因其文化优越感而赋予岭南以“蛮”的定义，以示对岭南“未开化”的轻蔑。《礼记·王制》中说：“南方曰蛮，雕题交趾，有不火食者。”这是古人对南蛮之人的直观印象。所谓雕，刻也；所谓题，额也。雕题即纹面。对交趾的解释则有很多的说法，其中《舆地志》的解释比较合理：“其夷足大指开析，两足并立，指则相交。”[④] 其实这些现象无非是岭南人生存条件所使然。岭南之地山高水远，河汉纵横，高温多雨。人们为攀登之便捷，为涉水之利索，为免湿热之烦恼，赤足行走成常态，自然影响了人体骨骼的生长。

从广义上讲，这便是一种文化的生成。“文化，就其发生学的意义说，是一定地理—气候条件下特定的人类集群为适应自然求得生存的一种设置”[⑤]。不同自然生态造就了不同文化形态的人类群体，形成了不同的生活模式和思维方式，从而带来了人类文化的多样性景观。岭南文化就是在这样一种特定地理—气候条件下人类生存发展的产物。

学者司徒尚纪著有《广东文化地理》，后又有《岭南历史文化地理——广府、客家、福佬民系比较研究》一书问世，对广东的文化地理环境有很深入的研究。他指出：“广东地处我国南疆，北枕五岭，南濒大海，是一个相对独立的地理单元。这造成它既封闭又开放的地理区位，

---

① 毛晃：《禹贡指南》卷二，陈建华、曹淳亮主编：《广州大典》第65册，广州：广州出版社2008年，第150页。

② 《史记》卷一一三《南越列传》，第2967～2978页。

③ 《汉书》卷九十五《西南夷两粤朝鲜传》，第3847～3859页。

④ 胡守为：《岭南古史》（修订本），广州：广东人民出版社2014年，第21页。

⑤ 王钟陵：《中国前期文化—心理研究》，重庆：重庆出版社1991年，第465页。

极利于孕育和发展富有地域特色的文化体系。”① 他主要从这几个特征来阐述广东地理环境对广东文化形成的影响。第一，北岭南海的阻隔，导致了广东与外界世界的历史隔膜状态，增加了自己的封闭性，但又为形成岭南人的独特生活习俗和语言创造了条件。第二，广东又恰处在我国南海航运枢纽位置，这样又为岭南文化增强开放性创造了条件。第三，广东跨中亚热带、南亚热带、热带和赤道带，加上地形影响，又兼具寒带、温带、亚热带和热带等垂直地带性特点，形成水平和垂直两个方向上复杂的地理景观。这既带来了自然资源丰富的优点，又同时具有自然环境恶劣的缺点，使生存于此的岭南人创造出五彩缤纷的物质和精神文化。第四，广东境内，北为山地丘陵，中部为冲积平原和三角洲，南临大海，为创造三种亚文化并存状态奠定了文化区域差异的基础。

生活在这一自然环境中的广东先民，很早就开始了物质文明和精神文明的创造。据最新的考古发现，广东人类活动史大致与北京猿人同期。处于南江流域的广东云浮市郁南县磨刀山，2012 年考古专家在此发现了旧石器时代的早期遗存。在出土的 350 件石器中，有手镐、手斧、砍砸器、小尖状器、凹缺刮器等。根据石制器特征与工艺技术、石器地点的地貌特征与阶地地层堆积，考古专家初步判断该地点群的时代最早可至中更新世，即旧石器时代早期。旧石器时代分为早、中、晚三期，早期时间跨度最大，距今约 20 万年至 200 万年。南江旧石器文化面貌与广西、湖南旧石器遗址相似，广西遗址的年代距今约 70 万年，湖南遗址的年代距今约 50 万年。以这二者做参考，南江旧石器早期遗存在 50 万年至 70 万年。也就是说，使用这些石器的广东人大致与北京周口店的“山顶洞人”同期。②

接下来，便是在广东曲江县（现韶关市曲江区）出土的“马坝人”头骨化石。这已是旧石器时代中期，距今约 13 万年，它属于早期智人化石。属于旧石器时代晚期的物品，广东出土了罗定下山洞、饭甑山，曲江桂绿岩、骑马石，封开罗沙岩垌中岩等洞穴的人类肢骨或牙齿的化石。这个时期距今大约 10 万年至 2 万年。进入新石器时代，存有广东人生活

① 司徒尚纪：《广东文化地理》，广州：广东人民出版社 2001 年，第 1 页。
② 《羊城晚报》2014 年 7 月 11 日，A13。

印迹的，早期的遗址有阳春独石仔、封开黄岩洞、英德青塘墟，以及粤北始兴、阳山、粤西罗定、怀集的洞穴，还有以潮安石尾山、陈桥村为代表的贝丘遗址。这个时期距今大约1.2万年至8 000年。新石器中期的遗址主要分布在韩江流域和珠江三角洲地区，著名的贝丘遗址有增城金兰寺下层、东莞万福庵下层，沙丘遗址有海丰的沙坑、深圳的大梅沙、珠海的后沙湾、中山的龙穴、香港的深湾、澳门的黑沙，山岗遗址有南海的西樵山。这个时期距今大约7 000年至5 000年。新石器晚期在广东主要分为两个经济生活类型：一是以农业为主要经济形态的石峡类型，以曲江石峡遗址为代表；二是以捕捞、渔猎为主要经济形态的珠江三角洲地区类型。[①]

我们概述这一过程是要说明，远在几十万年以前，广东先民就在这片土地上休养生息，教育也就在这片土地上萌发。教育伴随着人类的产生而产生，人类为适应环境、认识自然以求得生存，就会有意识地通过语言相互沟通和交流，教育的因子就在这种潜移默化中自然地发挥着作用。岭南地区的原始人也就在学会生存的教育过程中不断进化。

人类初始的教育活动是十分原始的，那时还没有文字、没有学校，只是靠着人们的口耳相传。年长的一代将人类积累的生活和劳动的经验传授给新一代。他们教育后代如何制造和使用简单的劳动工具，如何互相团结进行集体的采集和狩猎的生产活动，如何寻找和保存天然的火种，如何维系群体部落的团结和安全，如何遵守群体内部的道德规范、风俗以至习惯法，等等。原始人群在长期艰苦的集体劳动和生活的斗争中，改造着自然和他们自己。[②]

“在原始社会里，教育是复杂的和连续的。这时教育的目的在于形成一个人的性格、才能、技巧和道德品质，一个人是通过共同生活的过程来教育自己的，而不是被别人所教育的。家庭生活或氏族生活、工作或游戏、仪式或典礼等都是每天遇到的学习机会；从家里母亲的照管到狩猎父亲的教导，从观察一年四季的变化到照管家畜或聆听长者讲故事和

---

① 黄淑聘：《广东族群与区域文化研究》，广州：广东高等教育出版社1999年，第15～22页。

② 王建军：《中国教育史新编》，广州：广东高等教育出版社2014年，第2页。

氏族巫士唱赞美诗，到处都是学习的机会。”①

这种原始状态的教育是自然的，是非制度化的，它面向生活，面向生产。从广东原始人生活遗址所出土的文物看，大量的是就地取材的石制品和陶器，主要是生产工具和生活用品。其生产工具的地区分布特点体现了原始人群教育的痕迹，“生活于平原地区的以农耕为主，所发现的生产工具一般较大而厚重，以适应于农耕，石䦆长达31厘米，石铲长为24厘米，更长的双肩有柄石铲可达37厘米，双肩有段石锛亦有18厘米，还有石刀、石镰等，完全适合于农业经济”；“濒海临河的居民则以捕捞、渔猎为主，以采集为辅，没有明确的农业活动迹象，所发现的石制生产工具较细小，仅用于砍伐树木。还发现有网坠、鱼钩等，遗址中多见贝壳、鱼骨等遗弃物”②。

其生产工具的加工技术也能体现当时教育的痕迹。例如，南江流域磨刀山出土的手斧采用了两面加工技术，这在考古史上具有重要意义。有专家指出，手斧主要出土于非洲和亚欧大陆西端，因此有西方学者以青藏高原为界，将东西方分为“手斧文化圈”和“非手斧文化圈”，并认为前者较后者更为先进。然而近年国内出土的一系列手斧正冲击着这一论调，如今广东的考古发现也再次对西方的人种优劣论产生冲击。③

这种原始状态的教育又是开放的。广东的青铜时代要晚于中原地区，大约在公元前12世纪，即商代中晚期，广东开始接受商文化，特别是楚越青铜文明的影响，逐渐形成具有独特风格的广东青铜文化。从广东出土的青铜器看，有的器形完全是中原或楚地的风格，有些虽吸收了邻近地区青铜文化的一些特点，但又体现出岭南地区浓郁的地方特征。文化的交流和融合，滋润了教育的开放性，这为广东教育的发展奠定了良好的基础。

但由于山高、水多、临海等地理环境，加之水生动物资源丰富，广

---

① 联合国教科文组织国际教育发展委员会编著，华东师范大学比较教育研究所译：《学会生存——教育世界的今天和明天》，北京：教育科学出版社1996年，第26~27页。

② 黄淑聘：《广东族群与区域文化研究》，广州：广东高等教育出版社1999年，第30~31页。

③ 《羊城晚报》2014年7月11日（A13）。

东先民的经济形态主要以渔猎、采集为主，农业痕迹不显著，家畜驯养也不发达。即使到了新石器晚期，有些地区如粤北已经有了一定的农业生产，但广东境内的耕地面积十分稀少，人们主要还是依赖渔猎、采集生存。这种生活方式下的文化与中原地区的农业文明显然有着巨大的差异，以致到了唐宋时期，中原士人对岭南的自然生态和民风习俗还感到惊讶好奇。

岭南的湿热气候令中原士人谈虎色变。岭南多有“炎土”“炎方”“炎州”等称谓，宋代人李璆贬官英州（今广东英德），看到“岭南既号炎方，而又濒海，地卑而土薄。炎方土薄，故阳燠之气常泄；濒海地卑，故阴湿之气常盛。二气相搏，此寒热之疾所由以作也”①。由此而诱发的瘴虐，被中原士人视之畏途。唐代韩愈贬潮，对前来送行的侄孙韩湘写下“知汝远来应有意，好收吾骨瘴江边”② 一句，应是一个典型的写照。

岭南的民风习俗则为中原士人所诟病。东吴时期薛综在一则上疏中谈及：岭南之地，“山川长远，习俗不齐，言语同异，重译乃通，民如禽兽，长幼无别，椎结徒跣，贯头左衽，长吏之设，虽有若无”③。唐人所著《隋书》也说：岭南之地，“其人性并轻悍，易兴逆节，椎结踑踞，乃其旧风。其俚人则质直尚信，诸蛮则勇敢自立，皆重贿轻死，唯富为雄。巢居崖处，尽力农事。刻木以为符契，言誓则至死不改。父子别业，父贫，乃有质身于子。诸獠皆然”④。唐人杜佑称：“五岭之南，人杂夷獠，不知教义，以富为雄。”⑤ 另外，岭南之人尚巫信鬼不信医，也使中原士人很震惊。宋代诗人秦观被贬雷州，看到海康县人们以求巫代医的现象，惊叹地说：“骆越风俗殊，有疾皆勿药。束带趋祀房，用史巫纷若。弦歌荐茧栗，奴主洽觞酌。呻吟殊未央，更把鸡骨灼。”⑥

---

① 释继洪：《岭南卫生方》卷上《李待制瘴疟论》。

② 韩愈：《左迁至蓝关示侄孙湘》，《韩昌黎全集》卷十，北京：中国书店1991年，第163页。

③ 《三国志》卷五十三《薛综传》，第1251页。

④ 《隋书》卷三十一《地理志下》，第888页。

⑤ 《通典》卷一八四《州郡十四·古南越·风俗》。

⑥ 秦观：《雷阳书事三首》，周义敢等编注：《秦观集编年校注》卷十四，北京：人民文学出版社2001年，第322页。

论其原因，古人多认定皆因中原礼义教化尚未泽润于此。唐人韩愈有一段话：“衡之南八九百里，地益高，山益峻，水清而益驶，其最高而横绝南北者岭。郴之为州，在岭之上，测其高下得三之二焉，中州清淑之气，于是焉穷。”① 其意是说，中州清淑之气至郴州而穷，更何况五岭之南。

然清代人范德玉却对人们视岭南为“蛮服”的偏见予以了反驳。他在为范端昂《粤中见闻》所作序言中说了如下的话：“慨粤自赵佗谓居蛮夷久，人遂执为定论，不思证以《水经注》，则陶水之诸有尧宫，而舜奏九成于韶石。斯时粤已入职方，且禹迹扬州，厥贡瑶、琨、篠荡、齿草、羽毛，率弗异今之粤产，安得偏信粤为蛮服，谩无纪载乎？”② 其意是说，《水经注》已经证明尧、舜都到过岭南，当时岭南已纳入中国版图。禹巡视扬州，岭南所上贡品跟今天没什么两样，怎么能偏听偏信岭南为“蛮服”呢？

两种观点孰是孰非，似乎都不重要。任何特定环境下的文化生成，皆是自然条件向人的内在素质所内化而成。广东古代民风习俗是不发达农业文明下的产物，是岭南地理—气候条件下人们学会生存的产物。虽然有其陋俗的一面，但也就意味着随着农业生产的逐步推广，其文化转型也必然展开。广东古代的教育发展也就这样一页一页地翻开。

二、南越国的汉越文明碰撞

教育的发展总是蕴含在社会治理之中，而社会治理需要文明的引领。更确切地说，社会治理需要先进文明的引领。秦汉时期南越国的治理可以算是在这方面开了个好头。

秦朝时期的岭南治理，起初只是一种象征性的。“秦始皇二十六年，定天下为三十六郡，郡置守、尉、监。南越非三十六郡之限，别置南海尉以典之。以屠睢为南海郡尉，史禄为南海郡监。”③ 此时的岭南并不在

---

① 韩愈：《送寥道士序》，《韩昌黎全集》卷二十，北京：中国书店 1991 年，第 288 页。

② 范德玉：《粤中见闻序》，范端昂著，范志岳校注：《粤中见闻》，广州：广东高等教育出版社 1988 年，第 1 页。

③ 郭棐：《粤大记》卷二《事纪类·武周开粤》，广州：广东人民出版社 1998 年，第 6 页。

三十六郡之列，秦始皇只是在这里设置了南海郡尉和南海郡监，以示国家政权的威慑力。

史禄在此期间做了一件很有意义的事情，即在海阳山（今广西兴安县境）主持开凿了一条长达60里、宽约2丈的“灵渠”。这条引湘江入漓江的人工运河，成为秦汉至隋唐期间中原入粤的重要渠道。

但屠睢在这儿的治理未见其效，反而想凭借武力征服岭南土著，这激起了岭南土著的反抗。不久，粤人乘夜打败了屠睢的军队。于是秦军增派兵力，由任嚣、赵佗两尉统领，很快控制了岭南。秦始皇三十三年（前214），秦朝廷“发诸尝逋亡人、赘婿、贾人略取陆梁地，为桂林、象郡、南海，以谪遣戍”[①]。为了更好地控制岭南，秦朝廷以谪徙汉民至岭南，并在岭南设置了桂林（今广西桂平）、象（今广西崇左）、南海（今广州）三郡，促成了岭南汉越杂处的初步格局。

今广东境内的大部属南海郡，下辖番禺、四会、龙川、博罗四县，郡治番禺。此外，湛江等地属象郡，粤西有一部分属桂林郡，粤北部分地区则属长沙郡。这是广东历史上第一次被正式纳入国家行政建制。

当时，任嚣为南海郡尉，赵佗为龙川县令。赵佗对龙川的社会治理在历史上留下了痕迹。赵佗乃真定（今河北正定）人。他在担任龙川令期间，采取了和集百越的政策，缓解了南迁汉民与粤人之间的矛盾。秦二世元年（前209），“（赵）佗知中国劳极，使人上书求女无夫家者三万人，以为士卒衣补。始皇可其万五千人。于是，百姓离心瓦解”[②]。所谓百姓离心瓦解，是说龙川社会汉粤矛盾逐步被消解，汉越杂处进一步深入岭南社会生活。

不久，任嚣去世。公元前206年，已继任南海尉的赵佗乘秦末动乱，派兵封锁横浦（大庾岭）、阳山（今广东阳山县境）和湟溪（连江口）三个关口，断绝南北交通，并武力兼并桂林郡和象郡，在岭南地区建立南越国，定都番禺，自号南越武王。

汉高祖刘邦处理这一问题采取了和解策略。在天下初定的情况下，

---

① 《史记》卷六《秦始皇本纪》。

② 郭棐：《粤大记》卷二《事纪类·武周开粤》，广州：广东人民出版社1998年，第7页。

刘邦以和藩方式来处理南越的称国问题。“高祖有天下，知（赵）佗能和集百越，恐遂为南边患。十一年（前196）五月，使其臣楚人陆贾来授（赵）佗玺绶。诏曰：‘越人之俗好相攻击。前时秦徙中县之民南方三郡，使与百越杂处。会天下诛秦，南海尉（赵）佗居南方长治之，甚有文理，中县人以故不耗减，越人相攻击之俗益止，俱赖其力。今立佗为南越王。’”①

刘邦对赵佗和集百越的做法予以了肯定，称赞其治理“甚有文理”，使秦时迁徙的“中县之民”不耗减，越人相攻击之俗有所改善，汉越杂处局面基本稳定。于是承认南越国的地位，封赵佗为南越王。

南越国在古代广东教育发展进程中的意义，在于它第一次推动了汉越文明的融合。赵佗在社会治理中推行和集百越政策，首先表现为尊重岭南土著的民情风俗。陆贾来使，见赵佗“魋结”，像越人一样梳椎形发髻，弃冠带，从越俗，蹲着见人，在给汉文帝的信中自称“蛮夷大长”，这些表现都说明赵佗的生活习俗已趋越化。他立国置相，用的是越人土著吕嘉。《粤记》中说：“（吕）嘉本越人之雄，（赵）佗因越之所服而相之，而南越以治。今从之。”② 这些做法对和集百越都具有正面意义。

其次，赵佗及其南越国对汉代文明也是极为推崇。赵佗无理对待陆贾，陆贾给予其严词忠告，他马上“蹶然起坐”，谢陆贾曰：“居蛮夷中久，殊失礼义。”后留陆贾数月，交谈甚欢，赵佗由衷地说：“粤中无足与语，至生来，令我日闻所不闻。”于是接受朝廷封予的南越王号，称臣于汉。自后，赵佗“自是岁修职贡”，南越国“于边关与汉互通市物”。汉高祖刘邦去世后，执政的吕后对南越国推行了不恰当的政策，导致汉、越关系恶化。吕后去世后，文帝再派陆贾赴番禺跟赵佗修好。赵佗呈信文帝，表示“改号不敢为帝”③，并在广州越秀山“因冈作台，北面朝汉，圆基千步，直峭百丈，顶上三亩，复道回环，逶迤曲折，朔望升拜，

① 梁廷枏：《南越五主传》卷一《先主传》，李默、林梓宗、杨伟群点校：《岭南史志三种》，广州：广东人民出版社2011年，第217~218页。

② 梁廷枏：《南越五主传》卷四《四主传》，李默、林梓宗、杨伟群点校：《岭南史志三种》，广州：广东人民出版社2011年，第234页。

③ 梁廷枏：《南越五主传》卷一《先主传》，李默、林梓宗、杨伟群点校：《岭南史志三种》，广州：广东人民出版社2011年，第215~225页。

名曰朝台”[①]。

这种政策的施行，对促进汉越文明的融合发挥了积极作用。这不仅使岭南地区沿袭了秦朝的政治制度，而且也吸收了汉王朝的政治制度和文化影响。南越国的后几代君主基本都坚持了臣服汉朝的政策。第四代君主赵兴甚至请求“内属”，于是汉朝廷“乃先赐南越丞相吕嘉银印，及内史、中尉、太傅印，余官仍听（赵）兴自置。除南越黥、劓刑，令用汉法。其俗尚不便者，悉为新改”[②]。这样就在行政治理层面进一步认同了汉代文明。

在生活层面，南越国丞相吕嘉“宗族仕宦为长吏者七十余人，其子尽尚王女，女皆嫁王子弟宗室，又与苍梧秦王赵光结为婚姻”[③]。越人贵族尚且乐与汉人贵族婚姻，对推动汉越文明的融合更具有实质意义。

汉武帝元鼎五年（前112），南越国丞相吕嘉因不愿“内属”，起兵杀南越王、王太后及汉使，汉武帝于是派兵征讨南越国，并一举收复了岭南。

南越国历王五代，历时93年。在这期间，南越国总体处于稳定状态，与汉朝大体保持着友好往来，推进了岭南行政治理的进程，汉越文明的融合为社会治理发挥了引领作用。这些对于古代广东教育需求的酝酿具有积极意义。明人郭棐著《粤大记》，在记述南越国历史后，他发了一番感慨：“予最嘉赵佗，椎结匹夫耳，乃能闻言而悟，向义而趋，明于彝分，以小事大，有文王服殷之诚；炳于几先，变逆为顺，有大《易》明哲之识。”[④]

三、两汉时期广东教育需求的初步激活

吸取秦始皇在岭南只设置桂林、象、南海三郡的教训，汉武帝元鼎六年（前111），汉朝廷废南越国，在岭南设置了南海、苍梧、郁林、合浦、交趾、九真、日南、儋耳、珠崖等9个郡。郡县的增多，当然是为

---

① 郦道元著、陈桥驿校证：《水经注校证》卷三十七，北京：中华书局2007年，第873页。

②③ 梁廷枏：《南越五主传》卷四《四主传》，李默、林梓宗、杨伟群点校：《岭南史志三种》，广州：广东人民出版社2011年，第234页。

④ 郭棐：《粤大记》卷二《事纪类·尉佗称藩》，广州：广东人民出版社1998年，第11页。

了适应人口的增长需要，更是为了行政权力向岭南地区的辐射与深入。为了便于监督各郡官吏，朝廷在苍梧郡广信（今广东封开）设置交趾部，设立交趾刺史，专门纠核岭南九郡。西汉末，将儋耳、珠崖并入合浦郡。东汉时改交趾部为交州，领7郡：其中南海郡7县，苍梧郡11县，郁林郡11县，合浦郡5县，交趾郡12县，九真郡5县，日南郡5县，共计56县。今广东省境内大都属南海郡管辖，但南海郡也只有7个县，即番禺、博罗、中宿（今清远）、龙川、四会、揭阳、增城。粤西有一部分属于苍梧郡、合浦郡，粤北部分则成为荆州的桂阳郡和扬州的豫章郡的一部。从总体看，粤西、粤北的郡县数量相对较多，而中部、东部的郡县设置较为零星。

行政架构的西密东稀，北多南少，很大原因是由当时人口分布的状况所决定。秦汉时期，粤北和粤西地区是内地入粤的主要通道，粤北、粤西地区的人口比较集中，经济比较发达，因而郡县的设置比较多。而粤中、粤东地广人稀，故只有一郡七县。当然，两汉时期，由于汉军留戍落籍，或贵族官僚的流放，或人民避乱，也极大地促成了南海郡人口的增长。据《汉书·地理志》和《后汉书·郡国志》统计，汉平帝元始二年（2），南海郡人口为94 253人。到东汉顺帝永和五年（140），南海郡人口达250 282人，增加了156 029人，增长了约166%。这样，汉代岭南地区的社会治理便较普遍地展开。

1. 汉代岭南官员的社会治理

汉代是中国传统教育体制的定型时期。汉武帝接受了董仲舒“兴太学”“重选举”“罢黜百家，独尊儒术”的文教政策建议，于建元五年（前136）始置《五经》博士。又二年，采公孙弘建议置太学，其后又兴郡国学。平帝元始三年（3）王莽定地方官学制度：“立官稷及学官。郡国曰学，县、道、邑、侯国曰校。校、学置经师一人。乡曰庠，聚曰序。序、庠置《孝经》师一人。”①

但汉代广东在教育制度化的进程中并没有开始起步。其地方学校的构建，仅见于史书记载者，一则是东汉建武中元年间（56—57）出任桂阳太守的卫飒，“郡与交州接境，颇染其俗，不知礼则。（卫）飒下车，

① 《汉书》卷十二《平帝纪》。

修庠序之教，设婚姻之礼。期年间，邦俗从化”[①]。另一则是东汉顺帝（126—144）时期的栾巴，“四迁桂阳太守。以郡处南垂，不闲典训，为吏人定婚姻丧纪之礼，兴立学校以奖进之，虽干吏卑末，皆课令习读，程试殿最，随能升授”[②]。这两则记录都发生在包括今粤北地区的桂阳郡。当时桂阳郡的治所在今天的湖南郴州，其所办学校面对的主要是衙门中的吏人，地点肯定是在郡治郴州，广东境内当时尚没有学校应该是没有疑义的。

但这并不能说明汉代广东的教育处于停滞状态。凡有人群的地方，就会有教育的需求，关键是能否用先进的文明去引领、激活这样的教育需求。汉代广东的教育发展就处在这样的历史阶段。

岭南地区农业文明不发达，导致当时的生产方式和生活方式都多少带有原始生态的痕迹。教育发展的起点首先应该是促进生产方式和生活方式的文明进步，而任职岭南的汉代官员恰好在这个问题上承担了他们的使命。由于史料的稀缺，我们只能从星星点点的记载中窥见汉代岭南官员在社会生产和生活方面注意引导土著居民，帮助土著居民改善旧风俗，学会文明生存。岭南民间社会的教育需求就是在这样的引导中一点一点地被激活。

西汉征和（前92—前89）年间，罗弘被任命为交趾刺史，“始发苍梧，春征冬息，咨询疾苦。太守墨暴者，多解黄绶，肉袒请罪”。可见罗弘是个廉正清明、关心百姓的官员。他所至之处，必“缮缉城社”，即加强地方基本设施建设，如番禺（今广州）城内的道路相传就是他所整治的。[③]

锡光，汉平帝时任交趾太守，史书谓其“教道民夷，渐以礼义”[④]。例如越俗婚娶无法，锡光便要求他们大致以年龄相配，民间才开始正夫妇之伦，教化大行。后面又有任延，东汉建武年间为九真太守，九真俗

① 《后汉书》卷七十六《循吏列传·卫飒》。

② 《后汉书》卷五十七《栾巴列传》。

③ 郭棐：《粤大记》卷十一《宦迹类·罗弘》，广州：广东人民出版社2014年，第289页。

④ 郭棐：《粤大记》卷十一《宦迹类·锡光》，广州：广东人民出版社2014年，第291页。

以射猎为业，不知牛耕，任延教他们铸铁为农具，垦开田畴，百姓充给。另外，“骆越之民，婚娶无礼法，不识父子之性、夫妇之道。（任）延移书属县，使男年二十至五十，女年十五至四十，皆以年齿相配。其贫无礼聘者，令长吏以下各省俸禄以赈助之。同时相娶者二千余人。是岁风雨顺节，谷稼丰衍。其产子者，始知种姓，咸曰：使我有是子者，任君也。多名子为任”①。

前文所述卫飒任桂阳太守，桂阳境内的含洭（今广东英德境内）、浈阳（今广东英德境内）、曲江（今广东曲江）三县，离郡治郴州远至千里，吏事往来，辄发民乘船。每一吏出，徭及数家，百姓苦之。“（卫）飒乃凿山通道五百余里，列亭传、置邮驿，于是役省劳息，奸吏杜绝，流民稍还，渐成聚邑……（卫）飒理恤民事，居官如家，其所施政，莫不合于物宜。视事十年，郡内清理。曾约《史记》要言，以类相从，为《史要》十卷，南土莫不传诵。”②

接任卫飒的是茨充，东汉建武年间任桂阳太守，“民懒惰，少蹑履，皆徒跣，盛寒时足多剖裂，春温或至脓溃，（茨）充教之编织麻草作屦。不知耕稼，（茨）充教民种植桑、柘、麻、纻之属。劝令蚕织，示以采桑饲眠之法。民得利益，至今岭南知桑蚕织履之方，皆（茨）充之化也”③。

许荆，东汉和帝时任桂阳太守，“郡滨南州，风俗脆薄，不识学义。（许）荆设丧纪、婚姻制度，使知礼禁。有兄弟争财互讼者，对之叹曰：‘吾荷国重任，而教化不行，咎在太守。’顾使吏上书陈状，欲诣廷尉。兄弟感悔，各求受罪。诸不养父母、兄弟分析，因此皆还供养者千余人”④。

东汉桓帝时，周憬任桂阳太守。乐昌县西有一武溪，惊湍激石，流数百里，鸟飞不渡，兽不能临。周憬至郡，组织壮夫挑移磐石，投之穷

① 《后汉书》卷七十六《任延传》。

② 郭棐：《粤大记》卷十一《宦迹类·卫飒》，广州：广东人民出版社2014年，第291～292页。

③ 郭棐：《粤大记》卷十一《宦迹类·茨充》，广州：广东人民出版社2014年，第292页。

④ 郭棐：《粤大记》卷十一《宦迹类·许荆》，广州：广东人民出版社2014年，第294页。

鋆，夷高填下，凿截回曲，顺导经脉。由是小溪尽平，大道充通，舟人安流，行旅安途。熹平三年（174），曲江为其立庙。[①]

贾琮于东汉灵帝中平元年（184）为交趾刺史。当时交趾民众因赋敛过重而聚众造反，贾琮到任后招抚流散，减免徭役，诛斩渠帅为大害者，简选良吏试守诸县。岁间荡定，百姓以安，巷路为之歌曰：“贾父来晚，使我先反。今见清平，吏不敢饭。”[②]

以上数例不为多，但也能使我们从一个侧面窥见当时岭南官员对土著居民生产、生活的教化自觉，确实对激活岭南社会的教育需求具有积极意义。罗弘所至之处皆“缮缉城社”，锡光以礼义教导民夷，任延教民铸铁为农具垦荒，茨充教民知桑蚕织履之方，卫飒辑《史要》在南土传诵，周憬治理武溪，都是在以先进的农业文明引领岭南人民的生存之道。特别是在伦理层面，人们为感激锡光、任延正夫妇之伦、父子之性，因此为儿子多以“任”字取名。许荆的治理使千余家原来不养父母、兄弟分家的人知错而改。贾琮惩恶安民，百姓以安，故有民谣在巷路传颂。这星星点点，民间社会的教育需求就在这样的社会治理中逐步酝酿激活。

2．汉代广东的察举

汉代广东官府推动教化还有一个重要手段就是察举。察举亦称荐举，是汉代选拔人才、补充官吏的重要制度之一。察举制是由地方官根据一定的科目和标准考察选拔人才，向朝廷推荐，经皇帝亲自策问，按成绩高低授予不同官职的选官制度。汉文帝曾用“策问”办法考察被荐者的才干学识，这是汉代选举制度的开端，但也只是偶尔为之。汉武帝元光元年（前134），下令各郡国举孝廉一人。由各地官府察举贤才，从吏民子弟甚至是平民子弟中选拔优秀人才为官吏，这是举孝廉的开始，也是所谓察举制的正式开始。

察举的科目主要有贤良方正、孝廉、秀才、明经等科。“贤良”与“方正”词义相近，都是贤德正直之意，“贤良方正”是指选拔对国家之治能直言进谏之士。“秀才”指才华优异的人才。“孝廉”是指能孝悌、

---

① 郭棐：《粤大记》卷十一《宦迹类·周憬》，广州：广东人民出版社2014年，第294～295页。

② 郭棐：《粤大记》卷十一《宦迹类·贾琮》，广州：广东人民出版社2014年，第295页。

力田者或廉洁的官吏。“明经”则指明晓儒家经典之人才。此外，汉代还曾实行征辟制度，皇帝下诏直接聘来做官谓之“征”；由公府、郡县召举为幕友谓之“辟”。实施征辟制，旨在“多取管属贤士之有才能操守者”。

汉代广东察举的具体情况史书无载。各地方志中有对各代选拔人才的档案材料，这里仅用道光《广东通志》的记录为依据。该志将汉代所选人才分为两类。一类为“制举”，即朝廷下令所推举的人才，共12人。其中西汉武帝朝1人、成帝朝1人、东汉光武帝朝1人、明帝朝1人、章帝朝1人、安帝朝1人、灵帝朝1人、献帝朝3人，年代无考2人。相比较而言，东汉制举显然比较正常。另外，这12人，以“茂才”（即秀才）科推举的有7人，以“贤良”科推举的有1人，以“孝廉”科推举的有3人，另有1人多记为“明经”科，而道光志认为是因为上疏而被光武帝录用。另一类为“辟荐”，即地方考核所征辟的人才，共5人。其中灵帝朝2人，献帝朝2人，年代无考1人。

汉代广东所推举的17人，分别为南海郡的番禺3人，南海4人，揭阳1人；桂阳郡的浈阳（今英德）1人，曲江1人，桂阳（今连州）1人；苍梧郡4人，其中广信（今封开）3人；合浦郡（今广西廉州）2人。人才分布比较均衡，可见今属广东境内的各郡都着手了这一工作。

3. 汉代广东民间社会教育需求的觉醒

从史料看，古代广东民间精英的事迹也是从汉代开始着笔的。在历史上留下痕迹的汉代广东人物大多都是官府察举的对象。这些人物之所以被举荐或征辟，皆由于他们的德行或学识。他们学诗书，守孝道，新风俗，陈礼法，体现了在生产方式和生活方式的文明进程中社会教育的觉醒。

杨孚，字孝元，南海人，章帝朝举贤良对策上第，拜议郎。和帝继位，欲用兵匈奴，杨孚奏言反对：“愿陛下绳美祖宗，毋轻用武。”永元十二年（100），朝廷因天旱而议论政令得失，杨孚上疏批评朝廷在道德引导方面做得不够，指出：“且郡邑侵渔，不知纪极，货赂通于上下，治道衰矣。宜诏中外臣民，均行三年通丧，而吏治必务廉平，以劝选举之士。”[①] 杨孚还考察岭南生物品性，著成《南裔异物志》一书。

陈临，南海人，家居海岛，奋志不同蛮俗。郡举孝廉。永建（126—131）中，官至苍梧太守，推诚而理，导人以孝悌。民有遗腹子为其父报怨而杀人者，为官府所捕。陈临了解到他尚无后嗣，令其妻侍狱中，至其妻怀孕后再施行刑法。郡人歌曰：“苍梧府君恩广大，能令死囚有后代，德参古贤天报赉。”[②]

董正，番禺人，生活在东汉后期。史书谓其“少有令姿，耽意术籍。年十五通《毛诗》、三《礼》、《春秋》，遂以学行知名。公府以其有用世才，常诣其庐，畴咨理道。数被辟命，皆不就”[③]。其不应官府征辟，皆因董正“赋性高洁，贫寒不戚，志在规俗。躬耕以足衣食，暇即讲诗书，陈礼法，远近多从之游”[④]。

罗威，番禺人，生活在东汉后期。从小便守孝道，父亲去世后，奉母能尽色养之道。遇寒，常以身先温被席；夏月，必撤帐而卧，以引蚊虫。口不挂俚亵之言，足不及富贵者之门。先世遗以负郭之田，力耕以自给。邻家牛数犯其田中庄稼，罗威割下未成熟的稻谷偷偷放进其门，牛家知之，自是收敛莫敢犯。出门遇老人、孩童，必负载于途。“邑人化之，孝慈成俗”[⑤]。

唐颂，番禺人，生活在东汉后期。性至孝，父母丧，于坟左为小庐，事之如生者凡六年。终身衣不纯采，非祭不近酒肉，忌日必斋肃以祭。有司察孝廉，被举为郁林郡布山令（今广西桂平市西南）。赴任，施以仁和之政，挫强拊柔，民感其仁。[⑥]

---

① 杨孚：《请均行三年丧疏》《谏止用兵疏》，屈大均辑，陈广恩校：《广东文选》上，广州：广东人民出版社 2008 年，第 19 页。

② 郭棐：《粤大记》卷二十二《献征类·陈临》，广州：广东人民出版社 2014 年，第 662 ~ 663 页。

③④ 黄佐：《广州人物传》卷一《汉征士董公正》，广州：广东高等教育出版社 1991 年，第 9 页。

⑤ 黄佐：《广州人物传》卷一《汉征士罗公威》，广州：广东高等教育出版社 1991 年，第 19 页。

⑥ 黄佐：《广州人物传》卷一《汉孝廉布山令唐公颂》，广州：广东高等教育出版社 1991 年，第 23 页。

另外还有吴砀，揭阳人，汉末察孝廉，为安成（今河北境内）长。[①]邓宓，番禺人，有谋略权勇，武帝元狩末，举茂才，后任南海郡丞、日南太守。为官善于柔远，民夷怀之。[②]何丹，浈阳人，成帝鸿嘉初，乡里举茂才，为含洭（今广东英德境内）长。其为官慈祥恩爱，爱民如子。[③]黄豪，南海人，少好学，年十六，能通《论语》《毛诗》。弱冠，诣交趾部刺史举茂才，因寓广信（今封开），教授门徒。后任官约己简节，粗衣蔬食，所得俸秩悉赐贫民。凡所判决，一县称平。[④]郭苍，曲江人，富有文学，东汉灵帝朝举茂才，为荆州从事。曲江为前桂阳太守周憬立庙，由郭苍撰《神汉桂阳守功勋铭》。[⑤]

上述这些人物在学成之后，或居家，或为官，都能志在规俗，取得"邑人化之""远近多从之游"的效果。这是来自广东民间社会的星星之火，足以说明汉代广东民间社会的教育需求初步被激活。

第二节　魏晋南北朝广东教育需求的延展与深化

汉代广东被激活的教育需求，在魏晋南北朝得到了进一步的延展与深化。魏晋南北朝社会的最大特点就是动乱。自东汉末建安元年（196）曹操迁献帝于许昌，到隋文帝开皇九年（589）杨坚灭陈统一中国，在这近400年的时间内，统一的时间不足四分之一。当时大部分政权的寿命都比较短暂，而且都处于不断的内乱和外患之中。动乱的社会，自然冲击

---

① 郭棐：《粤大记》卷十九《献征类·吴砀》，广州：广东人民出版社2014年，第532页。

② 郭棐：《粤大记》卷二十《献征类·邓宓》，广州：广东人民出版社2014年，第583页。

③ 郭棐：《粤大记》卷二十《献征类·何丹》，广州：广东人民出版社2014年，第583页。

④ 郭棐：《粤大记》卷二十《献征类·黄豪》，广州：广东人民出版社2014年，第584页。

⑤ 郭棐：《粤大记》卷二十三《献征类·郭苍》，广州：广东人民出版社2014年，第688页。

了汉代已经僵化了的教育秩序，儒学再也没有登上独尊的宝座。为了寻找治国的药方，人们纷纷从沉寂已久的先秦诸子学说中去翻造新的武器。名法思潮、魏晋玄学、佛教、道教相继风行一时，史学、文学、律学、武学、家谱学、书学、算学、医学等普遍受到了人们的重视。这样，“独尊儒术”政策自然不能适应社会发展的实际需求了，中国传统教育进入到一个反思探索的历史阶段。

广东地处南隅，虽说所受动乱的影响相对中原地区为小，但所隶政权也似走马灯。先是东吴，后有西晋、东晋，再则南朝的宋、齐、梁、陈，加之割据军阀与土著居民的内乱不断，岭南地区也是处于动荡之中。但魏晋南北朝时期思想领域的相对宽松，为岭南多元思想的发育提供了滋生的土壤。所以在汉代广东教育需求被激活的基础上，魏晋南北朝时期广东民间的教育需求开始趋于多元发展。

一、广州成为岭南地方权力中心

魏晋南北朝的广东还处在形构过程中。但有一个突破性的进展，那就是建安十五年（210），交州徙治番禺（今广州市）。据史书记载，交州州治开始迁址番禺城南五十里，居住条件差。建安二十二年（217），交州刺史步骘来到赵佗旧治处，这里负山带海，博敞渺目，高则桑土，下则沃衍，林麓鸟兽，于何不有。步骘登高远眺，睹巨海之浩茫，观原薮之殷阜，乃曰：“斯诚海岛膏腴之地，宜为都邑！”于是迁州番禺，筑立城郭。[①] 岭南地方权力中心移至番禺，为提升广东凝聚力奠定了很好的基础。

接着，东吴时期，分合浦以北为广州，合浦以南为交州。广州管辖南海郡6县、苍梧郡（含今广东、广西一部分）11县、郁林郡9县、高凉郡（今恩平）9县、高兴郡5县、桂林郡6县、合浦北部尉3县，交州管辖交趾、九真、日南、合浦、珠崖等郡。广州一名至此形成。

西晋全国仍为州、郡、县三级制。广州领10郡68县，南海郡（今珠江三角洲、惠州、潮汕、梅州一带）6县，临贺郡（今属广西）6县，始安郡（今属广西）7县，始兴郡（今广东韶关、连州一带）7县，苍梧

---

① 郦道元著、陈桥驿校证：《水经注校证》卷三十七，北京：中华书局2007年，第873页。

郡（含今肇庆一带）12 县，郁林郡（今属广西）9 县，桂林郡（今属广西）8 县，高凉郡（今茂名一带）3 县，高兴郡（今阳江一带）5 县，宁浦郡（含今湛江一带）5 县。

东晋时广州辖 13 郡 109 县，有南海郡、东官郡（今深圳市）、新会郡、苍梧郡、晋康郡（今肇庆市）、新宁郡（今新兴县）、永平郡、郁林郡、晋兴郡、桂林郡、高凉郡（今茂名一带）、宁浦郡（今湛江市）、义安郡（今潮州市）。所增置郡虽然多在粤西，然粤东始设义安郡，这是一个重要发展。而始兴郡（今韶关、连州）此时则划归荆州管辖。

南朝四个政权对郡县都有所增加，但主要还是放在粤西地区，这一带既是广西入粤的重要通道，经济比较发达，又是俚、僚居住区域。为了加强统治，这些政权都通过增设郡县来笼络和制约俚、僚贵族。例如宋、齐时期，广州辖 17 郡 136 县，其中有南海郡、苍梧郡、晋康郡、新宁郡、永平郡、高凉郡、新会郡、东官郡、义安郡、宋康郡、绥建郡、海昌郡、宋隆郡、齐康郡（今徐闻一带）、乐昌郡、广熙郡、海昌郡。始兴郡划归湘州管辖，高兴郡（今化州一带）、合浦郡（今茂名一带）则划归越州管辖。

广州成为岭南地方权力的中心在古代广东行构的过程中具有重要意义，对广东教育需求的激活也同样重要。政治中心对社会治理的力度肯定要高于其他边远地区，有利于社会精英的集结，有利于加强文化的交流与传播，这些都对民间社会的教育需求影响更为直接。当然，从总体来看，魏晋南北朝广东行政区划的演变态势还是体现为西密东稀，其人口分布也还是呈现出西多东少、北多南少的态势。这种态势直接影响了魏晋南北朝广东教育发展的格局。

二、地方官府教化功能的加强

行政区划的西密东稀，直接影响了地方官府教化功能的发挥，使魏晋南北朝的地方教化也明显体现为自粤北、粤中、粤西逐步展开。

1．粤北地区的社会教化

粤北地区毗邻内地，自汉代以来这里是官府教化开展得最为有效的一个地区。至少从现有文献来看，魏晋南北朝时期还是粤北地区的教化比较有起色。粤北地区原属桂阳郡。东吴时期，李肃为桂阳太守，分郴州以北为北部，始兴以南为南部，随俗而治，吏民悦服。[1] 东吴甘露元年（265），分桂阳南部为始兴郡（今广东韶关、连州），这样对粤北地区的治理更有针对性。尹虞，西晋永嘉初为始兴太守，“治民弭盗，弛张有法。每以忠义励士，莫不效命。闺范肃穆，郡民化之”[2]。徐豁，东莞人，南朝宋元嘉元年（424）任始兴太守，三年，朝廷遣使巡行四方，并使郡县各言损益。徐豁据此上奏表陈三事：一言人户随丁输米，宜量减其课，以恤民穷；二言凿坑采矿，工役劳苦，宜准银课米以便民；三言中宿县（今清远）俚民丁粮过重，宜计丁课米，公私兼利。[3] 这些建议对于减轻粤北地区人民的负担，改善人民的生活极为中肯。檀和之，南朝宋元嘉十六年（439）为始兴内史，“在郡课耕桑、靖狱市，吏治明果，境内肃然，士民敬之”[4]。

2. 粤中地区的社会教化

粤中地区教化的崛起，与广州成为岭南地方政权的中心之一有很大关系，粤中地区的教化自此能受到广州刺史以及南海太守的更多关注。虞授，东吴时期任广州刺史，“轸恤灾旱，申理幽滞，广民爱之。行部所至，密擒寇贼。劝相农桑，阖境大治”[5]。东吴时期陆胤任交州刺史、安南校尉，他看到南海郡岁有飓风瘴气之害，通过治理，收到了风气绝息、商旅平行、民无疾疫的效果。南海地区每遇秋天雨少，海水倒灌，水味变咸。陆胤又指导民众导引泉水，民得甘食。南海城北的甘溪，就是当年陆胤指导所疏通。陆胤在岭南还做了一件事，即著《广州先贤传》一书，将汉代广东先贤董正、杨孚、罗威、唐颂、顿琦等载入史册，为广

---

① 郭棐：《粤大记》卷十一《宦迹类·李肃》，广州：广东人民出版社 2014 年，第 297 页。

② 郭棐：《粤大记》卷七《宦迹类·尹虞》，广州：广东人民出版社 2014 年，第 152 页。

③ 郭棐：《粤大记》卷十《宦迹类·徐豁》，广州：广东人民出版社 2014 年，第 261 页。

④ 郭棐：《粤大记》卷八《宦迹类·檀和之》，广州：广东人民出版社 2014 年，第 182 页。

⑤ 郭棐：《粤大记》卷七《宦迹类·虞授》，广州：广东人民出版社 2014 年，第 152 页。

东民间教化树立了本土的榜样。[1] 这一作为对于推动社会教化具有重要意义。南海以及广州官员开始注意通过表彰本土道德楷模来引领民间风俗，这表明地方官府的社会教化理念提升了一个台阶。东晋隆和（362）中，南海太守袁宏表彰行谊，大兴风教。其访求世族，条列行谊。他看到汉征士番禺董正，学行著在南土，乃上报朝廷，董正于是为朝廷所旌表。[2] 南梁时期，王僧孺为南海太守，下教求士，其僚属一番话讲得很有意思，谓广州之地“风序泱泱，衣簪斯盛。其川岳所产，岂直明珠、大贝、桂蠹、翠羽而已哉，孝实人经，则有罗威、唐颂；学惟业本，又闻陈元、士燮。自是高尚独往，相望于峭岩；怀仁抱义，继踪于前史”[3]。这位下属其实在告诉王僧孺，广州民间孝德盛美，人才济济，在引领着民间风俗的方向，官府教化应循着这样的路子展开。南齐永明（483—493）中，范云先任始兴内史，打击不法豪强，整顿弊政，后迁广州刺史，遣使祭孝子如南海的罗威、唐颂，苍梧的丁密、顿奇之墓，以图引领风俗。[4]

这里还要特别讲讲为官者本身的自律清廉，这其实也是一种对广东民间社会的无形教化。上文提到的汉代杨孚在给朝廷的建言中就强调“吏治必务廉平，以劝选举之士”，就是说地方官员的作为其实就是人才成长的一面镜子。对广东来说，这个问题尤其现实。“广州包带山海，珍异所出，一箧之宝，可资数世”[5]，因而来广东为官者常常以权谋私，中饱私囊。“南土沃实，官此者常致巨富。世云：‘广州刺史但经城门一过，便得三千万’”[6]；“南海有蕃舶之利，珍货辐辏。旧帅作法兴利以致富，

---

① 郭棐：《粤大记》卷八《宦迹类·陆胤》，广州：广东人民出版社 2014 年，第 179 页。

② 郭棐：《粤大记》卷十三《宦迹类·袁宏》，广州：广东人民出版社 2014 年，第 363 页。

③ 黄佐：《广州人物传》卷一《汉征士罗公威》，广州：广东高等教育出版社 1991 年，第 19 页。

④ 郭棐：《粤大记》卷十三《宦迹类·范云》，广州：广东人民出版社 2014 年，第 364 页。

⑤ 郭棐：《粤大记》卷十《宦迹类·吴隐之》，广州：广东人民出版社 2014 年，第 259 页。

⑥ 郭棐：《粤大记》卷十《宦迹类·王琨》，广州：广东人民出版社 2014 年，第 262 页。

凡为南海者，靡不捆载而还”[1]。这些贪婪行为使百姓苦不堪言，在社会上造成了极坏影响，“每蕃舶始至，大帅必取象、犀、瑇瑁、明珠，上珍而售以下直。沿袭为常，蕃人厌苦之，谙不敢言”[2]；“先时宰守每多贪秽，采求不知纪极，珠遂渐徙于交趾郡界。于是行旅不至，人物无资，贫者死饿于道”[3]。这种现象在魏晋南北朝时期遭到一批正直官员的抵制。

吴隐之可以说是这一方面的标杆性人物。他于东晋时期出任广州刺史，赴任途中至离广州二十里的石门。此处有水曰“贪泉”，意味凡喝此泉者皆怀无厌之欲。吴隐之则对随从说：“不见可欲，使心不乱。越岭丧清，吾知之矣。”他酌而饮之，因赋诗曰：“古人云此水，一歃怀千金。欲使夷齐饮，终当不易心。”他说到做到，在任职广州期间，清操逾常，食不过菜及干鱼而已，帷帐器服皆附外库。归舟之日，装无余资。其妻刘氏赍沉香一斤，吴隐之见了，即投于水。至家，数亩小宅，篱垣仄陋，不蔽风雨，嫁女也只能靠卖一犬以办嫁妆。[4] 刘宋朝初年，朝廷派王镇之出任广州刺史，宋高祖谓人曰：“王镇之少著清绩，必将继美吴隐之。岭南之弊，非此不康也。”王镇之至广州，“在镇不受俸禄，萧然无营。去官之日，不异始至”[5]。萧劢，南梁时期任广州刺史，“广州边海，旧饶，外国舶利多为刺史所侵，每年舶至不过三数。及（萧）劢至，纤毫不犯，岁十余至”[6]。南梁时期的王劢，先为南海太守，后行广州府事，“越中饶沃，前后守宰例多贪纵，（王）劢独以清白著闻”[7]。

---

① 郭棐：《粤大记》卷九《宦迹类·卢钧》，广州：广东人民出版社 2014 年，第 218 页。

② 郭棐：《粤大记》卷九《宦迹类·韦正贯》，广州：广东人民出版社 2014 年，第 219 页。

③ 郭棐：《粤大记》卷十《宦迹类·孟尝》，广州：广东人民出版社 2014 年，第 258 页。

④ 《晋书》卷九十《吴隐之传》。

⑤ 《宋书》卷九十二《王镇之传》。

⑥ 郭棐：《粤大记》卷十三《宦迹类·萧劢》，广州：广东人民出版社 2014 年，第 365 页。

⑦ 郭棐：《粤大记》卷十《宦迹类·王劢》，广州：广东人民出版社 2014 年，第 263 页。

3. 粤西地区的社会治理

粤西地区为俚、僚比较集中的地区。六朝时期，岭南越人多被称为俚人和僚人，在粤西和南路地区占人口很大比例。《宋书·夷蛮传》云："广州诸山并俚僚，种类繁炽，前后屡为侵暴，历世患苦之。"① 三国时期万震著《南州异物志》，内称："广州南有贼曰俚，此贼在广州之南，苍梧、郁林、合浦、宁浦、高凉五郡，中央地方数千里。"这些人聚居在今之广东、广西相连的深山险要之地，自成聚落，"往往别村，各有长帅，无君主，恃在山险，不用王。自古及今，弥历年纪"②。《晋书·陶璜传》中说："广州南岸，周旋六千余里，不宾属者乃五万余户，及桂林不羁之辈，复当万户。至于服从官役，才五千余家。"③ 所谓不宾属者，即未纳入郡县编户者。到梁朝，仅粤西冼氏统领的山洞部落就达十余万家。

为了更好地治理粤西地区，六朝统治者主要采取了两方面的措施。一方面，在俚汉杂居的地方把俚人纳入郡县编户，即以原来俚人部落和溪洞为基层单位，设立"左郡""左县"。例如刘宋后期新增左县 7 个，齐末新增左郡 20 个，左县 55 个。这样既有利于征收赋税，又有利于"以孝义训诲溪洞蛮俗"。另外，在交州和广州分界之地另立越州，州治合浦，以威镇俚僚。又把高凉郡升为高州，还在"川源深远"的西江和南江，设西江督护和南江督护，"专征讨之"④。

另一方面，从东晋开始，统治者实行"以俚治俚"的政策，大量敕封俚人渠帅，"（东晋）岭外酋帅，因生口、翡翠、明珠、犀象之饶，雄于乡曲者，朝廷多因而署之，以收其利。历宋、齐、梁、陈，皆因而不改"⑤。南朝敕封的俚人，爵位至公、侯，官职至将军、刺史、太守、县令等。对有功者赐给仪仗、汤沐邑，授予统治几个州的军政大权。朝代更替，这些俚人渠帅的官职、爵位不变，或由子孙世袭。

魏晋南北朝时期受命粤西地区的官员也有社会治理很成功的例子。

---

① 《宋书》卷九十七《夷蛮·林邑国》。

② 转引自胡守为：《岭南古史》（修订本），广州：广东人民出版社 2014 年，第 226～227 页。

③ 《晋书》卷五十七《陶璜传》。

④ 《南齐书》卷十四《州郡志上》。

⑤ 《隋书》卷二十四《食货志》。

例如杨方，少好学，博习《五经》。东晋时期补高凉（今广东阳江西）太守，其“为政清简，吏民怀之。在郡积年，以《诗》、《礼》化俗”[①]。又如冯融，新会人，世为罗州（今广东化州）刺史，至冯融，已为三世守牧。莅政于岭南少数民族地区，冯融很注意用礼义威信引领其俗，并招徕学者文士，相与为诗歌，蛮中化之，使乡间墟市，也日闻弦诵之声。土著酋长信服其政，人民安居乐业。为了更好地凝聚少数民族人心，冯融走了一步高棋，即促成其子、高凉（今广东阳江西）太守冯宝与罗州土著大姓冼氏通婚。[②]

高凉郡俚人女渠帅冼夫人“世为南越首领，跨据山洞，部落十余万家”。她自幼贤明，多筹略，“在父母家，抚循部众，能行军用师，压服诸越。每劝亲族为善，由是信义结于本乡”。他的哥哥为南梁州刺史，经常持强侵掠旁郡，冼夫人多所规劝，使周围郡县“怨隙止息，海南、儋耳归附者千余洞”。她与高凉太守冯宝结婚后，“戒约本宗，使从民礼。每共（冯）宝参决辞讼，首领有犯法者，虽是亲族，无所舍纵。自此政令有序，人莫敢违”。

冼夫人历梁、陈、隋三朝。在梁朝，她支持陈霸先平定侯景之乱，“岭表大乱，夫人怀集百越，数州晏然”。在陈朝，立 9 岁儿子为阳春郡守，其全力辅佐。时广州刺史谋反，冼夫人发兵拒境，帅百越首领迎朝廷军队，叛军溃散。“后遇陈国亡，岭南未有所附，数郡共奉夫人，号为圣母，保境安民”。至隋朝，冼夫人又遣其孙率众迎接隋使入广州，岭南悉定。以后又多次帮助隋朝政府平定内乱，安抚俚僚，所至皆降。[③]

从粤北、粤中、粤西的社会治理看，魏晋南北朝时期较之两汉，其范围和力度都有了明显的进步。从关心民众的生活疾苦到对俚、僚土著的治理，从官员的自律廉正到表彰本土精英，这些对深入激活广东民间社会的教育需求都具有正能量的意义。

---

① 郭棐：《粤大记》卷十三《宦迹类・杨方》，广州：广东人民出版社 2014 年，第 362 页。

② 黄佐：《广州人物传》卷二《南梁刺史冯公融》，广州：广东高等教育出版社 1991 年，第 36 页。

③ 《隋书》卷八十《谯国夫人传》。

三、流寓岭南士人的教育作为

魏晋南北朝时期广东教育发展还有一个推动力，那就是流寓岭南的士人。这部分人包括两种类型：一类是因中原动乱、政局不稳而避地岭南的士人；一类是朝廷贬徙的谪臣，例如东晋一代宗师谢灵运、宋文帝之长子刘劭、《神灭论》作者范缜等等。这些士人流寓岭南，著书立说，设馆授徒，活跃了岭南地区的文化交流和文化传播，为古代广东教育的开展增添了色彩。

东吴时期，沛县龙坑（今安徽蒙城东南）人桓晔，家传《欧阳尚书》。汉末初平（190—193）中，天下大乱，桓晔与袁忠避难会稽。建安元年（196），孙策破会稽，桓晔与袁忠从海路至交趾，往来南海，当地人受其教化，“至闾里不争讼”①。

北海人刘熙，“博览多识，名重州党，建安中，荐辟不就。避地交州，往来苍梧、南海，客授生徒数百人”②。刘熙的私学看来影响还是很大，中原地带的学者也慕名前往。来自汝南南顿（今河南项城）的程秉，少明《周易》《诗》《书》，又师事郑玄。“后避乱交州，与刘熙考论大义，遂博通《五经》”③，后为东吴太子太傅。来自沛郡竹邑（今安徽宿州北）的薛综，也在这一时期“依族人避地交州，从刘熙学”④，后为东吴选曹尚书。来自南阳（今属河南）的许慈“师事刘熙，善郑氏学”⑤，后为蜀国博士。

东吴骑都尉、会稽郡人虞翻，因得罪孙权流放番禺，据说今广州光孝寺就是当年虞翻的旧居。虞翻得家学，于《易》十分精熟，据他自己说：“前人通讲，多玩章句，虽有秘说，于经疏阔。臣生遇世乱，长于军旅，习经于枹鼓之间，讲论于戎马之上，蒙先师之说，依经立注。”又说：“所览诸家解不离流俗，义有不当实，辄悉改定，以就其正。”又说：“经之大者，莫过于《易》，自汉初以来，海内英才，其读《易》者，解

---

① 《后汉书》卷三七《桓晔传》。

② 郭棐：《粤大记》卷十三《宦迹类·刘熙》，广州：广东人民出版社2014年，第360页。

③ 《三国志》卷五十三《程秉传》。

④ 《三国志》卷五十三《薛综传》。

⑤ 《三国志》卷四十二《许慈传》。

者率少。”[①] 可见他对自己的学问十分有自信。他罪放番禺后，“寓南粤王建德故园，（虞）翻处罪放，讲学不倦，门徒尝数百人”[②]。

南朝时期，宫廷多变，对获罪朝臣，朝廷常以岭南为贬徙之所。这些人也在岭南留下了文化传播的足迹。刘宋朝的沈怀远，吴兴武康（今杭州西北）人，因牵涉刘劭弑宋文帝一案，贬徙广州。沈怀远不仅长于文学，亦善音律，在广州期间著有《南越志》，记载岭南风土人情。其所创乐器，“造绕梁，其器与箜篌相似，（沈）怀远后亡，其器亦绝”[③]。

伏曼容，平昌安丘（今山东安丘西南）人，早孤，与母兄客居南海。少笃学，擅长《老子》《易》，倜傥好大言。在南海“聚徒教授以自业”，南朝宋昇明（477—479）末，为南海太守。至石门，效东晋吴隐之作《贪泉铭》以明志。著有《丧服集解》《论语义》等。[④]

江总，济阳考城（今河南民权东）人，侯景动乱时避难广州投奔其舅，流寓岭南数年。在广州时，与欧阳纥交往甚密。后欧阳纥谋反被诛，江总将其年幼的儿子欧阳询“收养之，教以书计”[⑤]。

仅仅几例，已可见到古代广东开馆授徒的热闹景况。这些私学的门徒，少则一人，多则数百。所授内容，简则有学问基本功的“书计”，繁则有《易》经之玄奥。这些私学现象的初步显现，也能让你听到古代广东教育萌发的前奏。

四、广东人物的教育成就初现

当然，当时主办教育者并非只有外来人士，广东本土人士创办教育的记录也在这一时期显现。例如邓文进，南阳人（今属河南），其祖徙家广州。家族“素雄于财，至（邓）文进独折节读书，以故士之流徙者竞趋其门，（邓）文进皆馆谷之”[⑥]。人们慕其喜好读书而趋其门，邓文进

---

① 《三国志》卷五十七《虞翻传》注引《翻别传》。

② 郭棐：《粤大记》卷十三《宦迹类 · 虞翻》，广州：广东人民出版社 2014 年，第 361 页。

③ 《宋书》卷十九《乐志一》。

④ 《南史》卷七十一《伏曼容传》。

⑤ 《陈书》卷二十七《江总传》；《旧唐书》卷一九八上《欧阳询传》。

⑥ 郭棐：《粤大记》卷八《宦迹类 · 邓文进》，广州：广东人民出版社 2014 年，第 187 页。

不仅一一收纳门下，还管吃管喝。

又有邓鲁，桂阳（今连州）人，南朝宋元徽年间（473—477）举秀才，为郡小吏。当时朝廷馆阁文帙遭火，诏郡国悉上民间所藏。郡遣邓鲁进图籍至京师，宋帝以其有功，予以嘉奖。不久桂阳郡缺太守，朝廷任命邓鲁出任。邓鲁履职，有惠泽于民。齐永明中卒，民思其德，立庙祀之。①虽然邓鲁未有办学，但他收集文献图籍，也是为教育发展创造条件。

同是桂阳人的廖冲，博学，能文辞，于经史无所不通，饬身修行，乡闾称之。以儒术知名，仕梁为主簿、西曹祭酒。时梁武帝好儒学，招徕天下名士，廖冲名列其中。梁元帝为湘东王时，廖冲为王国常侍。见梁元帝及其诸子皆奢侈荒淫，浩然挂冠归隐连县（今连州）北的静福山。廖冲托迹黄老，以炼丹服气为名，幽栖自适，不复知有尘世事。②

还有因察举而为官者，也皆能勤于职守，施以仁和之政。例如张魴，始兴郡人，涉猎经传，善事父母。遇旱灾，谷食荒贵，分赍贫穷，乡闾戴之。东晋明帝太宁（323—325）初，举孝廉。咸康（335—342）中，为含洭（今英德）县令。鉴前令贪暴，节俭自持，视民如子，蔚有惠政。三年化行，民歌颂之。③又有张岊，封川人，少而醇厚，为乡曲所誉。南齐朝举为秀才，初仕晋兴令，材明敏有吏干，累迁安昌郡守。④

这一时期广东本土人物的著述成就，更是为广东教育发展书写出新的一章。比较突出的要数王范，南海人，好读书，有鉴识，德行为州闾推重。西晋时，行九品官人法，州设大小中正，俱以本土人为之。刺史熊睦推荐王范为广州大中正，选举人才，第其高下，皆惬舆论。当时秘书丞司马彪著《九州春秋》，王范认为此书对岭南风土人情记录不足，于

① 黄佐：《广州人物传》卷二《南宋太守邓公鲁》，广州：广东高等教育出版社1991年，第29页。

② 黄佐：《广州人物传》卷二《南梁王国常侍廖公冲》，广州：广东高等教育出版社1991年，第34页。

③ 郭棐：《粤大记》卷二十《献征类·张魴》，广州：广东人民出版社2014年，第585页。

④ 郭棐：《粤大记》卷二十五《献征类·张岊》，广州：广东人民出版社2014年，第758页。

是著《交广二州春秋》。太康八年（287）表上之，众皆称服，由是名动京师。据史家黄佐评价说，以后黄恭著《交广记》，沈怀远著《南越志》，顾微、裴渊各著《广州记》，大都依据王范所录。后面范瑗的《交州先贤传》、陆胤的《广州先贤传》、嵇含的《南方草木状》等书，也是在借鉴参考王范之书的基础上写就的。①

黄恭，东晋时期的南海人，少性恬漠，履尚清洁。为官府所重，录为记室参军，后为封山令，甚有治材，然非其所好。州察孝廉，举为佐著作郎。父忧去职，便不愿再征辟，在家乡教授生徒，发明圣籍，乡里推重。后补广州大中正，于是在“搜缉王氏《交广春秋》，补其遗漏，以君亲伦理为重”② 的基础上写成《交广记》。

这些教育成就，进一步营造了魏晋南北朝时期广东的教育环境，进一步激活了广东民间社会的教育需求。特别是广东本土人物的这些教育作为，彰显了广东人才的历史实力。

五、罗浮山宗教教育中心的形成

魏晋南北朝时期，广东教育氛围进一步凝聚，道教徒和佛教徒不断地集结于广州，借助岭南重鬼信巫的民风民俗，在罗浮山形成了一个宗教教育的中心。

“粤中山水，必首罗浮”③。罗浮山，位于广东省中南部的惠州市博罗县西北，为我国十大名山之一，堪称“百粤群山之祖”和“岭南第一山”，素有蓬莱仙境之美誉。

罗浮山传说是由罗山和浮山组合而成，罗山固在本土，浮山则由蓬莱浮海而来。古人记载：“蓬莱有三别岛，浮山其一也。太古时，浮山自东海浮来，与罗山合，崖岩皆为一。然体合而性分，其卉木、鸟兽，至今有山海之异，浮山皆海中类云。”罗浮山之美，其群峰葱郁，神皋奥沃，海天变幻，独特神异，“雨则二山相合，晴则二山相离，尝有白云如

---

① 黄佐：《广州人物传》卷二《晋广州大中正王公范》，广州：广东高等教育出版社 1991 年，第 26 页。

② 郭棐：《粤大记》卷二十三《献征类·黄恭》，广州：广东人民出版社 2014 年，第 689 页。

③ 檀萃：《楚庭稗珠录》，鲁迅、杨伟群点校：《历代岭南笔记八种》，广州：广东人民出版社 2011 年，第 205 页。

水，汪洋数十百里，诸峰漂散，如有海在于山中然者”[①]。相传罗浮山有432峰，每一峰都由一神人主之。但这一数字未被确认。宋道士邹师正曾绘有《罗浮指掌图记》，图已失传。清代人檀萃依其文字描绘游览路线，并参考前人游览笔记，均未能穷尽432峰之名。檀萃询问一邹姓道士，其答复曰：“长年隐者未易遍览，况士大夫暂至倏还，旬日而罢，安能周知？然则即使扶筇而入之，不过领略其万一。不如往来江上，凝睇终日，为得其大概矣。”檀萃于晴朗之日，但见晴云收敛，群峰豁露，深静之气，彻人胸襟。[②]

这样一个神秘幽深而又令人向往之地，在古代广东教育起步之时，自然成为人们读书、养性之圣地。秦汉时期，南越社会巫觋活动频繁，民间社会流传着太多关于罗浮山的神奇故事。如秦时千岁之翁安期生在罗浮山，曾采涧中菖蒲服之成仙。汉时朱灵芝南来隐居罗浮，修炼太清神丹，九鼎功成。华子期居罗浮治泉源，拜师研习《隐仙灵宝方书》，功成后一日能行五百里，力举千斤。东郭延自秦时便隐居增城山，数百岁如壮者，常服灵飞散，能在暗室中夜书，能役使鬼神，能逆知人死生。一日，数十人乘虎豹来迎之，遂诣昆仑山仙去。[③] 这些神话的流行，驱使人们纷纷到罗浮山寻道、养生、读书、著述。

秦汉时期，罗浮山已经成为道教胜地。黄巾起义后，道教在中原遭到镇压和禁止，岭南之偏安正好使其成为道教公开传播和发展的地区。牟融《理惑论》说：“是时灵帝崩后，天下扰乱，独交州差安，北方异人咸来焉，多为神仙辟谷长生之术，时人多有学之者。”[④] 两晋南朝时期，岭南的道教徒相当活跃，其中有多位竟是州郡长官。胡守为在《岭南古史》中指出，道教上清派的重要成员陶弘景的家族就是一个道教世家，其家族成员有多人在东吴、两晋担任交州刺史或广州官员。另外，东晋

---

① 仇巨川：《羊城古钞》卷八《罗浮山》，广州：广东人民出版社 2011 年，第602，605 页。

② 檀萃：《楚庭稗珠录》，鲁迅、杨伟群点校：《历代岭南笔记八种》，广州：广东人民出版社 2011 年，第 208 页。

③ 《罗浮山志会编》卷四《人物志・仙一》，续修四库全书本。

④ 僧祐编撰，刘立夫、胡勇译注：《弘明集》卷一《牟子理惑论》，北京：中华书局 2011 年，第 6 页。

时期的邓岳、刘宋朝的程道惠都是道教徒，都出任过广州刺史。这些人与众道士活跃在广州，大抵与岭南盛产丹砂和菖蒲有关。[①] 罗浮山因此成为道教徒求丹修道的理想之地。

据《罗浮山志会编》记载，交趾太守桃俊于“汉末弃官入增城山中学道，遇东郭延，事之”。西晋怀帝永嘉年间，南海太守鲍靓，“尝行部入海，遇风，饥，取白石煮食以自济。以女妻葛洪。（葛）洪居罗浮，（鲍）靓昼临民政，夜尝往来山中，或语论达旦。人见其来，门无车马，独双燕往还，怪而候之，则双履也”[②]。这些传言亦实亦悬，然此言中所谓葛洪，倒实有其人。葛洪，丹阳句容（今属江苏）人，自小好学，家贫，躬自伐薪以贸纸笔，寻师问义，不远数千里。很快以儒学知名，其究览典籍，尤好神仙导养之法。其从祖葛仙翁有炼丹秘术，授弟子郑隐，葛洪从郑隐学，悉得其法。后师事南海太守，成为鲍靓女婿，并授业于鲍靓。[③] 这是他第一次隐居罗浮，他在山中建东西南北四庵，优游导养，著书不辍，据说《抱朴子》就完成于这一时期。葛洪在《抱朴子内篇·金丹》中指出：“余所以绝庆吊于乡党，弃当世之荣华，必欲远登名山，成所著子书，次则合神药，规长生故也。”葛洪年老，又第二次上罗浮。《晋书·葛洪传》中说：葛洪“选为散骑常侍，领大著作，（葛）洪固辞不就。以年老，欲炼丹以祈遐寿，闻交阯出丹，求为句漏令。帝以洪资高，不许。（葛）洪曰：‘非欲为荣，以有丹耳。’帝从之。（葛）洪遂将子侄俱行。至广州，刺史邓岳留不听去，（葛）洪乃止罗浮山炼丹”[④]。论及这一段历史，胡守为的《岭南古史》对其有较深入的考证，他的结论是：“说阴长生、葛玄、郑思远、葛洪等，都曾在罗浮山炼丹，更言阴长生居于铁桥，葛玄居于飞云顶，单道开居于石室，苏元明居于青霞谷，有虚有实，不能尽信，但罗浮山确一直是金丹派的重地，可得证明。”[⑤]

---

① 胡守为：《岭南古史》（修订本），广州：广东人民出版社 2014 年，第 319～324 页。

② 《罗浮山志会编》卷四《人物志·仙一》。

③ 郭棐：《粤大记》卷十三《宦迹类·葛洪》，广州：广东人民出版社 2014 年，第 361 页。

④ 《晋书》卷七十二《葛洪传》。

⑤ 胡守为：《岭南古史》（修订本），广州：广东人民出版社 2014 年，第 297 页。

随着航海技术和航海工具的进步，循海路经扶南而进入中国的印度僧人，自六朝以来开始增多。他们大都以岭南为落脚点，很多是经广州而北上。南方佛教于是兴盛，罗浮山一带便也成为佛教徒立足传教之地。据《罗浮山志会编》载，东晋哀帝时期，沙门支法防随同南海太守袁宏同登罗浮山，“释教之兴始此”。南梁时期，智药禅师自天竺国泛海来到韶州曹溪水口，闻水香，掬而尝之，曰：“此湖溯流上必有胜地。”寻之，遂开山立石“宝林”，即今之南华寺。后又在韶州开月华寺、檀特寺、灵惊寺，在罗浮山创宝积寺。他“朝游罗浮，暮返檀特”。景泰禅师，“来罗浮薙草为室居焉。始至山中，其徒以无水难之。师笑而不答，已而，卓锡于地，泉涌数尺，流汲不竭，人号为卓锡泉，水甲岭南”。时有王氏在广州建王园寺，广州刺史萧誉好佛，常召景泰禅师论道，“朝游南海，暮返罗浮，时谓圣僧”[①]。隋唐时期，罗浮山依然是佛门胜地，僧禅优游罗浮者络绎不绝。

这样的幽居之地，也驱使儒家学者优游其间。据《罗浮山志会编》载，早在汉初，陆贾出使南越国，便登临罗浮。东晋南海太守袁宏也与沙门支法防游览罗浮。南齐时期，广州刺史王镇之爱罗浮丘壑之胜，筑室凤凰洞之南，携子弟读书其中。南宋时期，竺法真因避乱家居岭南，常游罗浮，记罗浮物产甚全。[②] 还有吴兴人章华，家本农夫，至（章）华独好学，与士君子游处，颇通经史，善属文。侯景之乱，游岭南，居罗浮山寺，专精习业。[③]

唐宋以降，罗浮山依然成为学者的向往之地。唐代常衮贬潮州刺史，路经罗浮，捐赀垦田，以供罗浮游士。李翱知循州，奉特牢祀罗浮，并因改葬王野人，在罗浮山佛寺南岗作《解惑》辩之。刘禹锡贬连州刺史，至罗浮山登飞云峰顶，观半夜日出。[④]唐代人刘轲，博学，无所不通，尝流离郴、湘，最后在韶州安家，继而入广州。贞元、永贞年间（785—

---

① 《罗浮山志会编》卷五《人物志·释》。

②④ 《罗浮山志会编》卷六《人物志·名贤一》。

③ 黄佐：《广州人物传》卷二十三《南陈太市令章公华》，广州：广东高等教育出版社1991年，第578页。

805），闻寿春杨生寓罗浮讲授《春秋》，刘轲杖策从之游数年。[①] 刘轲在给马植的一封信中说："杨生以传书为道者也。三代圣王既殁，其道尽留于《春秋》。《春秋》之道，（刘）轲以不下床而求之，其在（杨）生矣。每一讲问，疑周公、孔子、左丘、公、穀迴环在坐，假（杨）生之口以达其心也。"元和（806—820）初，刘轲才离开罗浮。[②]

在宋代，罗浮山更成为学者名宦所向往之地，足迹所至，皆留下吟咏诗赋。据《罗浮山志会编》载，周敦颐于熙宁年间为广州转运判官，提点刑狱，曾游罗浮，坐卧白莲池上，乐而忘返。苏轼多次登临罗浮山，在他再贬海南时，将家安置于罗浮之下。罗从彦于绍兴年间任博罗县主簿，于罗浮山澄心静坐，穷天地万物之理，究古今事变之归，尤为切实。宋绍兴间丞相留正、秘书张宋卿曾共读书于罗浮山水帘洞及梅花村。郑玠于淳祐年间知博罗期间，慕罗浮之胜，遂结庐罗浮山幽居洞后，读书听松以为乐，并以幽居野人自号。[③]

这么一个集道、佛、儒为一体的读书圣地，在官学教育尚未展开的广东，确实成为当时岭南的学术教育中心。其宗教教育和世俗教育并行，表现出鲜明的自然、多元的教育基调，奠定了古代广东教育价值多元的基础。

第三节　隋唐广东教育制度化的起步

公元589年，隋文帝灭陈，结束了魏晋南北朝近400年的动乱割据局面，在全国建立了统一强盛的隋王朝。公元618年，李渊、李世民父子借助隋末农民大起义的力量，在长安称帝，建立了唐朝政权。两个朝代共历时320多年。这一历史时期，是我国古代社会政治、经济和科学文化进一步发展的全盛时期，也是我国传统教育进一步发展和完善的时期。

---

① 黄佐：《广州人物传》卷二十三《唐侍御使刘公轲》，广州：广东高等教育出版社1991年，第599页。

② 郭棐：《粤大记》卷二十二《献征类·刘轲》，广州：广东人民出版社2014年，第690页。

③ 《罗浮山志会编》卷六《人物志·名贤一》。

隋唐统治者继承了魏晋南北朝教育探索的成果，在整个思想文化领域中采取了尊儒崇佛重道的文教政策，给文化教育领域带来了一股清新开放的风气。在教育体制的建构方面，除了设置多样化的中央官学外，也加强了地方官学的创办力度。唐代建朝之初，唐高祖便诏令“诸州有明一经以上未仕者，咸以名闻。州、县及乡皆置学”[①]。太宗时期，要求各地设立地方医学。开元二十六年（738），玄宗敕令“令天下州、县，里别置学”[②]。于是，在唐代逐步形成了州、县、乡、里四级制的地方教育制度。朝廷还对地方学校的学生人数做了明确的规定，大都督府、中都督府和上州为60人，下都督府和中州为50人，下州为40人，上县为40人，中县、中下县各35人，下县为20人。[③] 广东教育在这样的政策导向下，也开始了制度化的起步。

一、“岭东”历史概念的形成

古代广东发展到唐代，在行政区划方面已有雏形，其州县的设置更为普遍。加之隋唐广东的地方官员，包括流贬官员，他们的教育作为更为自觉。这些条件共同提升了隋唐广东的教育环境。

首先看看广东行政区划的变迁。隋初，设广州、循州（今惠州）两个总管府统领各州。大业三年（607），改州为郡，番州改南海郡，循州改龙川郡，潮州改义安郡，高州改高凉郡，端州改信安郡，泷州改永熙郡，封州改苍梧郡，合州改合浦郡，崖州改珠崖郡。这9个郡隶属扬州。连州改熙平郡，隶属荆州。

唐时，将全国分为十道，至玄宗开元时又分十五道，岭南道就是其中之一。岭南道共设45州，分属广州、桂州（今广西桂林）、容州（今广西北流）、邕州（今广西南宁）、安南（今越南河内）五广都督府。高宗永徽（650—655）以后，五府皆隶于广州长官，称五府经略使，由广州刺史兼任。肃宗至德元年（756），升五府经略使为岭南道节度使。懿

① 《资治通鉴》卷一九〇《高祖武德七年二月》，北京：中华书局1956年，第5 976页。

② 《资治通鉴》卷二一四《玄宗开元二十六年正月》，北京：中华书局1956年，第6 832页。

③ 《新唐书》卷四十四《选举志》。

宗咸通三年（862），岭南道划分为岭东道和岭西道，岭南自此东西分治，“岭东”历史概念的形成对于整合广东教育实力具有重要意义。

另外，州县的普遍设置也是促进教育制度化的重要条件。州县的设置表明政府的行政权力的深入，也为地方官员实施教化奠定基础。唐初高祖武德年间广东州县达到最高的27州（包括海南岛），至贞观年间大加省并，广东剩下22州95县，远胜于东晋南朝时期。天宝元年（742），改州为郡，广东有24郡93县。乾元元年（758）又改郡为州，以后再无变动。但州县的东西分布还是不平衡。广州以东、以北（含广州）面积占全省面积一半，但只有广州、韶州、连州、潮州、循州等5州31县。广州以西（包括海南岛）面积也占一半，却有19州62县。这种格局显然是历史传统的延续。广州以西地区是内地入粤的重要通道，加之这一带又是传统俚人居住区域，为了酬赏、笼络各地豪族，自汉晋南朝以来便在这一地区尽量析置州县，以致形成了唐代广东的这种格局。州县设置的增多，为教育触角深入民间社会奠定了基础。

唐代广东还有一件很值得书写的大事，即大庾岭通道的开通。大庾岭通道的开凿对广东人口分布的改变具有重要意义。大庾岭新道是唐代宰相张九龄主持开凿的。他在任时深感大庾岭古道崎岖难行，“岭东废路，日苦峻极”，“以载则曾不容轨，以运则负之以背”，“而越人绵力薄材，夫负妻戴，劳亦久矣”，严重妨碍了岭南社会经济的发展，于是上奏朝廷请求开凿新道。玄宗开元四年（716），张九龄组织民夫开凿，“缘磴道，披灌丛，相其山谷之宜，革其坂险之故”，“则已坦坦而方五轨，阗阗而走四通，转输以之化劳，高深为之失险。于是乎镰耳贝胸之类，殊琛绝赆之人，有宿有息，如京如坻”[①]。这条新道的开通，使中原士民进入广东可沿陆路经大庾岭新道，过南雄，下浈水，再转到广州等地。明朝人邱濬赞曰：“兹路既开，然后五岭以南人才出矣，财货通矣，中原之声教日近矣，遐陬之风俗日变矣，公之功于是为大！”[②]

大庾岭通道的开凿使广东人口分布格局发生了变化。在贞观年间

---

① 张九龄：《开大庾岭路记》，屈大均辑，陈广恩校：《广东文选》上，广州：广东人民出版社2008年，第548页。

② 邱濬：《广文献公开大庾岭路碑阴记》，屈大均辑，陈广恩校：《广东文选》上，广州：广东人民出版社2008年，第570页。

（627—649），广州户数达 1.2 万多户，在广东各州中居第一位。当时在万户以上者还有潘州（今茂名一带）、辩州（今化州一带），可见粤西地区人口居多。大庾岭通道开通后，粤北地区的人口增长速度很快。天宝元年（742），广州达 4.2 万余户，韶州达 3.1 万余户，连州达 3.2 万余户，居广东前三甲。粤西人口的增长速度也很强劲，当时超过万户者有康州（端溪）、春州（阳春）、高州（电白一带），超过九千户的有循州（惠州）、新州（新兴）、端州（高要）、恩州（恩平），可见人口大州主要还是集中在粤西一带。而且，虽然韶州、连州人口绝对数仅次于广州，但人口密度则远超过广州。粤西的新州、端州、泷州（今罗定一带）、康州的人口密度也超过广州。潮州依然是人口稀少，才四千余户。整个人口分布继续呈现出西多东少、北多南少的格局。

二、唐代广东教育环境的进一步改善

谈到唐代广东教育环境的改善，对地方官吏的整顿是一项重要举措。唐初，萧龄之为广州都督，将广东地方官员的不良行为上奏朝廷，他指出：岭南州县多用土人任官，不顾宪章，惟求润屋，其婚嫁资需，即税人子女，百姓怨苦，数叛。且都督、刺史多居庄宅，经旬月不至府，词讼皆委判官省理，民无所措手足。又首领娶妻，不限多少，肆情侵夺，纵欲殃民。乞严禁断。表上，从之。蛮俗称便，威惠大行。[①] 萧龄之所言之土人任官，即指粤西一带俚汉豪族出任都督、刺史之类。他们只顾世袭滥权，不顾国家法律，胡作非为。萧龄之的奏折受到朝廷的重视，由土人世袭滥权的现象得到了有效治理，蛮俗称便，威惠大行。如广州都督王方庆见管内诸州首领多贪纵，百姓有到官府称冤者，府官已先受首领贿赂，未曾鞫问。“（王）方庆乃集止府僚，绝其交往，首领纵暴者，悉绳之，由是境内清肃”[②]。天宝年间，卢奂为南海太守，“时南海郡利兼水陆，环宝山积。刘巨鳞、彭杲相替为太守、五府节度，皆坐赃巨万而死。乃特授（卢）奂为南海太守。遐方之地，贪吏敛迹，中使市舶亦不

---

① 郭棐：《粤大记》卷十《宦迹类·萧龄之》，广州：广东人民出版社 2014 年，第 264 页。

② 郭棐：《粤大记》卷十《宦迹类·王方庆》，广州：广东人民出版社 2014 年，第 266 页。

干法，人用安之”①。

此外，地方官员教导当地居民改善陋俗的做法也在继续。开元年间，宋璟任广州都督，“广人以竹茅茨屋，多火，（宋）璟教之陶瓦筑堵，列邸肆，越俗始知栋梁而免延烧患。恩州苗帅作乱，遣五府总管临之以甲卒，开谕以恩信，革心降服，夷落大宁”②。

唐代谪贬广东的官员也对广东教育的发展卓有贡献。清代人阮元谓：“唐以前得罪至岭南者，皆迁徙为民。至唐时，始谪为宦，有责授、左授之分，长流、配流之目。”③ 就是说，流徙制度乃是继承前代做法，贬降制度则是唐代的新制。流徙是将有罪之官吏削职为庶民、贱民，贬降则是把犯轻罪或有过失的官吏降秩贬级，例授偏远之地。“唐代流贬广东有史籍可考者，流人将近300人（次），左降官近200人，其中皇亲国戚37人（家），宰相49人（次），此外还有一批高官显贵、名士高人”④。这些人中多有硕学大儒，他们流放广东依然钟情教育，对广东居民多有影响。

贞元十九年（803），韩愈贬为阳山令。当时有南海人区册，喜读书循理，人乐从之游。家徒四壁，只堆满书卷，挟卷呻吟无少倦。时下笔为词章，千百言衮衮不休。自郡守以下，皆重其文采。区册认为道丧学绝，无所依归，遂冒险前往阳山师从韩愈。韩愈亟称许之。⑤ 明代人郭棐也说：“贞元十九年，监察御史韩愈以言宫市，极论天下根本，为幸臣所谗，贬阳山令。（韩）愈大儒也，以道自任，世方之孟轲。（区）册以道丧学绝，无所依归，遂冒险往阳山师（韩）愈。（韩）愈亟加称许，及

---

① 郭棐：《粤大记》卷十《宦迹类·卢奂》，广州：广东人民出版社2014年，第268～269页。

② 郭棐：《粤大记》卷九《宦迹类·宋璟》，广州：广东人民出版社2014年，第210页。

③ 道光《广东通志》卷三《前事略三》。

④ 汪廷奎主编：《广东通史·古代上册》，广州：广东人民出版社1996年，第597页。

⑤ 黄佐：《广州人物传》卷三《唐乡先生区公册》，广州：广东高等教育出版社1991年，第44页。

（区）册归省其亲，为文送之，其见重于（韩）愈者如此。”[①]

宪宗元和十年（815），刘禹锡贬连州刺史，在任四年，重视教育，扶植后进，甚至连江浙以南学子也有“以进士书刺者，浩不可纪”，由此连州文风一时蔚起。连州九疑村有个书生周鲁儒，自幼苦读，“持一刺来谒”，刘禹锡把他列为宾籍，和他探讨学术，“益引古事以相劘切”。后周鲁儒被荐举上京参加科举考试，刘禹锡还特意赋诗送别：“宋日营阳内史孙，因家占得九疑村。童心便有爱书癖，手指今余把笔痕。自握蛇珠辞白屋，欲凭鸡卜谒金门。若逢广坐问羊酪，从此知名在一言。”[②]

唐代广东教育环境的改善，进一步调动起广东居民的教育需求。他们因应科举制度的召唤，习礼乐，工诗赋，即使遭遇乱世也不改其志。韦昌明，循州龙川人。虽然家素饶富，但韦昌明励志读书，工于诗律辞赋，长庆（821—824）中进士及第。[③] 杨环，南海人，力学工诗，隐居罗浮山，咸通（860—874）末登进士。拜官后，见时事日非，即拂衣归隐。在广州越秀山，时有韦隐居、黄隐居，与杨环莫逆，时人称“南滨三隐”[④]。据《唐才子传》载，韶州翁源县人邵谒，原为县衙门小吏，因工作失误为县令所逐，遂发愤读书。“书堂距县十余里”，邵谒不修边幅，“平居如里中儿未冠者”，“野服，苦吟，工古调。咸通七年（866）抵京师，隶国子监”[⑤]。张鸿，连州桂阳人，天祐（904—907）末年进士。知运祚将易，遂隐遁不出，天下闻而高之。[⑥] 陈拙，连州人，少肄习礼乐，

---

① 郭棐：《粤大记》卷二十三《献征类·区册》，广州：广东人民出版社 2014 年，第 691 页。

② 刘禹锡：《送周鲁儒赴举诗》，《刘禹锡集》卷三八，上海：上海人民出版社 1975 年，第 377～378 页。

③ 郭棐：《粤大记》卷二十三《献征类·韦昌明》，广州：广东人民出版社 2014 年，第 691 页。

④ 黄佐：《广州人物传》卷三《唐校书郎杨公环》，广州：广东高等教育出版社 1991 年，第 58 页。

⑤ 辛文房：《唐才子传》卷八《邵谒》，哈尔滨：黑龙江人民出版社 1986 年，第 157 页。

⑥ 黄佐：《广州人物传》卷三《唐进士张公鸿》，广州：广东高等教育出版社 1991 年，第 62 页。

尤长于诗。天祐元年（904）擢进士及第，授著作郎。[①] 邓恂美，连州人。有敏才，工诗赋。时湖南朱昂博学，号“朱万卷”，士类无当意者，独推逊（邓）恂美。天祐（904—907）中，与孟宾于并为李若虚荐入洛阳，擢进士。[②] 黄损，字益之，连州人。少慷慨有大志，筑室于静福山，匾之曰：天衢。读书吟啸其中，罕与浮俗接，以积学绩文闻于时。尤善于诗，每遇山水会意处，操笔留题殆遍。[③]

以上人士，多为连州人，其次为广州、循州、韶州，从中也大致能窥见唐代广东教育环境的变迁，粤北地区明显占据优势，其次是粤中地区。这里还要注意的是此时学者比较多地因应着科举制度的需要，实质上反映了广东地方教育制度化趋势的出现。

三、唐代广东地方学校的创办

唐代广东地方学校的创办，能搜集到的相关史料实在是零星分散。流传下来的广东地方志多为明清时期所作，其记载地方学校的创办也多从宋代起笔。按宋人之观点，广东地方学校，晋唐以来无闻无睹。“当稽考载籍，自晋唐以来，守兹土者，名臣巨公，不为少矣。治效伟绩，班班见于方策，大抵多以清白称。至于劝学育才，作新人物，则寂然无闻。考寻学校之迹，宜其无睹也”[④]。此话可否当真，我们可以依据零星史料做一分析。

在广州，高宗龙朔年间（661—663），孙仁师因功授广州都督，王勃在为其作传记时称赞广帅“明婚冠于县邑，布庠塾于闾阎”[⑤]。但这是文学语言，可信度不高。然另一则史料，谓南海人卢宗回，“少时读书，日

---

① 郭棐：《粤大记》卷二十四《献征类·陈拙》，广州：广东人民出版社 2014 年，第 721 页。

② 郭棐：《粤大记》卷二十四《献征类·邓恂美》，广州：广东人民出版社 2014 年，第 721 页。

③ 黄佐：《广州人物传》卷四《南汉尚书仆射黄公损》，广州：广东高等教育出版社 1991 年，第 63 页。

④ 章粲：《广州府移学记》，《元大德南海志残本》附录二，广州：广东人民出版社 1991 年，第 162 页。

⑤ 王勃：《常州平原郡开国公行状》，董浩编：《全唐文》卷一八五，北京：中华书局 1983 年，第 1 886 页。

夜忘寝食。同舍生见其所作，嫉之，假以他事殴（卢）宗回。宗回逊谢，恬不与校，由是为乡邻所重。举元和十年（815）进士”[①]。这条材料中出现了“同舍生”“不与校”，说明卢宗回所入学校不是南海县学，就是广州州学。

在韶州，元和（806—820）末，刺史张蒙“修广庠序”，“梗化者莫不濯心焉”[②]，当时韶州办有学校，当没有疑问。

在连州，孟宾于“少聪颖，游乡校，力学不怠。父以家贫，且（孟）宾于无他兄弟，力止之。宾于进曰：众星不如孤月明，牛羊满山畏独虎。父奇其志。晋天福九年（944）登进士第”[③]。这里的“游乡校”，当可证明连州其时已有学校。

在封州，懿宗咸通（860—873）末，张裼贬为封州司马，“封民语不可解，（张）裼时以文义教之，渐知读书，士子日来请益，与论文章无倦时”[④]。封州当时办有学校，也是没有疑问的。另外，乾符五年（878），封州刺史白鸿儒应广东科举状元莫宣卿嫡孙莫立之的请求，撰写《莫孝肃公诗集序》，文中提到，莫宣卿“甫七岁，资识豁然。手不释卷，过目辄成诵。入郡庠，从游于梁明甫先生”。白鸿儒还说：“及今公族子姓言动气象，尤有公之遗风，虽乡曲五尺童子与夫田野愚夫愚妇，皆重公名，莫不喜谈乐道之。凡游于庠序者，罔不贤其贤；守其宗祀者，莫不亲其亲。得非状元公神化之所感也耶！”[⑤] 这里讲的“入郡庠”“凡游于庠序者”，当不会是修辞手法的文学语言。

在雷州，柳仲郢贬雷州刺史，“至郡，尽心民事，以所抄经书训

---

① 郭棐：《粤大记》卷二十四《献征类·卢宗回》，广州：广东人民出版社2014年，第718页。

② （嘉靖）《广东通志》卷四六《周君巢传》。

③ 郭棐：《粤大记》卷二十四《献征类·孟宾于》，广州：广东人民出版社2014年，第720页。

④ 郭棐：《粤大记》卷十《宦迹类·张裼》，广州：广东人民出版社2014年，第269页。

⑤ 白鸿儒：《莫孝肃公诗集序》，董浩编：《全唐文》卷八一六，北京：中华书局1983年，第8 590～8 591页。

士”[①]。以所抄经书训士，这已经是比较正规的授课了。

在端州，郑端义为端州太守，“务农重学，常筑石城，民永怀之”[②]。

在梅州，《舆地纪胜》载，兴宁“县学”二字乃曲江公书，模自博罗有年矣。[③] 曲江公乃张九龄，模自博罗，应该说明当时博罗县和兴宁县曾有县学。

史料中反映最多的还是潮州的办学。饶宗颐撰《潮州志》，以及今人的研究成果[④]，都对唐代潮州兴学历程进行了很好的梳理。

第一个有办学记录的是太宗朝被贬为潮州刺史的张玄素。据郭棐《粤大记》载：太宗朝的张玄素“历太子少詹事，迁右庶子。时太子承乾事游畋，不悦学。玄素累谏，不纳。太子怒，遣刺客伺之。会被废，玄素坐，除名为民。顷之，诏授潮州刺史。玄素不鄙夷远民，闻命即就道履任。抚摩困穷，兴建学校，悉心以勤民事。继而徙邓州”[⑤]。张玄素任潮州刺史是在太宗贞观十八年（644），这是唐代潮州兴学最早的记录。

第二个有办学记录的是高宗仪凤二年（677）任潮州刺史的常怀德。嘉靖《广东通志初稿》载：常怀德于“唐高宗仪凤间为潮州刺史，以礼义教民，民皆化之”[⑥]。

第三个有办学记录的是代宗朝的常衮。大历十四年（779）闰五月，宰相常衮贬河南少尹，六月再贬潮州刺史。《粤大记》谓：常衮，京兆人，天宝末进士及第。性狷洁，不妄交游。由太子正字历中书侍郎、同门下平章事，以事贬潮州刺史。（常）衮自惠入潮，人名所驻岗为丞相岭。捐赀垦田，以供罗浮游士。莅州兴学教士，潮俗为之丕变。士类尊

---

① 郭棐：《粤大记》卷九《宦迹类·柳仲郢》，广州：广东人民出版社 2014 年，第 219 页。

② 郭棐：《粤大记》卷十《宦迹类·郑端义》，广州：广东人民出版社 2014 年，第 273 页。

③ 阮元：《广东通志·金石略三·唐一》，广州：广东人民出版社 2011 年，第 69 页。

④ 曾楚楠：《常衮与潮州》，《第三届潮学国际研讨会论文集》，广州：花城出版社 2000 年，第 356～367 页。

⑤ 郭棐：《粤大记》卷十一《宦迹类·张玄素》，广州：广东人民出版社 2014 年，第 300 页。

⑥ （嘉靖）戴璟：《广东通志初稿》卷十一《循吏·常怀德》。

敬之，曰："此芴中人，不当滥污师席者也。"由是争传诵其文字。然常衮颇苛细，以清俭自贤。建中初，杨炎辅政，起为福建观察使，闽人由（常）衮知学。①

地方志中对常衮的办学予以高度评价。明嘉靖《潮州府志》："常衮，京兆人，德宗初以宰相贬潮州刺史。兴学教士，潮俗为之丕变。"② 清顺治《潮州府志》："常衮，京兆人，德宗初由宰相贬潮州刺史。道惠州，所驻岗名为宰相岭。抵潮兴学校，潮人由衮知学云。"③

当然，潮州办学影响最深远的是韩愈。韩愈，字退之，河南南阳人。元和十四年（819）因谏宪宗迎佛骨，贬为潮州刺史。韩愈在潮州待了8个月，因祭鳄鱼、正乡音、兴学校而为潮州士民所念想，其中尤以兴学校为后世所瞩目。韩愈刺潮州期间，看到当地"人史目不识乡饮酒之礼，耳未尝闻鹿鸣之歌"，其原因在"此州学废日久，进士明经，百十年间，不闻有业成贡于王庭，试于有司者。人吏目不识乡饮酒之礼，耳未尝闻《鹿鸣》之歌。忠孝之行不劝，亦县之耻也"。韩愈认为，治理潮州最重要的是"不如以德礼为先，而辅以政刑也。夫欲用德礼，未有不由学校师弟子者"。韩愈通过走访，发现当地人赵德堪当此任："赵德秀才，沉雅专静，颇通经，有文章，能知先王之道，论说且排异端而宗孔氏，可以为师矣。"于是毅然举荐他"请摄海阳县尉，专勾当州学，以督生徒，兴恺悌之风。刺史出己俸百千以为举本，收其赢余，以给学生厨馔"④。韩愈起用赵德，恢复州学，并捐出自己的俸禄以之生息，为办学之资，此一壮举激励了潮人的笃学热情。

韩愈离潮，以平生所作文授予赵德，赵德据此编韩愈《文录》，盛赞韩愈"圣人之徒欤！其文高出，与古之遗文不相上下。所履之道，则尧、舜、禹、汤、文、武、周、孔、孟轲、扬雄所授受"。于是努力收集韩愈文章，"僻处无备，得以所遇，次之为卷，私曰《文录》，实以师氏为请，

---

① 郭棐：《粤大记》卷十一《宦迹类·常衮》，广州：广东人民出版社2014年，第301页。

② （嘉靖）《潮州府志》卷五《官师志·常衮》。

③ （顺治）《潮州府志》卷四《官师部·常衮》。

④ 韩愈：《潮州请置乡校牒》，《韩昌黎全集》外集卷五，北京：中国书店1991年，第498～499页。

益依归之所云”[①]。

韩愈在潮州的时间与常衮等人差不多，其办学业绩恐怕也极为有限，潮州人民却记住了他。其缘由，一则赵德为其所编《文录》，扩大了韩愈在潮州的教育影响；二则北宋真宗咸平二年（999），陈尧佐贬潮州刺史，在其写的《招韩文公文并序》，称“唐元和十四年，昌黎公愈以刑部侍郎出为潮州刺史，至郡专以孔子之道教民，民悦其教，诵公之言，箴公之文，绵绵焉迨今知学者也”[②]，将韩愈潮州办学的历史地位予以彰显。再接下来，苏轼为韩愈撰写墓碑，感念其精神，称：“始潮人未知学，公（韩愈）命进士赵德为之师，由是潮之士皆笃于文行，延及齐民，至于今，号称易治。”[③]

对这种说法，元代吴澄曾提出质疑：“或谓潮人始未知学，自韩文公为刺史，而后士皆笃于文行。夫韩未至潮以前，固已有赵德其人，恶得谓之未知学乎？”[④] 但这一质疑并未引起人们的关注，相反人们对苏轼的说法一再认同。清代人史起贤在《昌黎书院碑记》中称：“盖唐代以前潮人未知学，自公始置乡校，延天水进士赵德为之。人被诗书礼乐之化，后有海滨邹鲁之称。则是公之大造于潮，苏文原非溢美。”[⑤] 潮人甚至立书院以祭祀韩愈，韩山、韩江、韩木之名称也纷纷流传于世。

另外，在循州，也有李翱的办学记录。李翱于贞元十四年（798）登进士，元和（806—820）中，杨於陵节度岭南，辟李翱为幕府，咨访得失。杨於陵在执政中进止有常度，始终不失其正，李翱匡弼之力居多。李翱后任循州文学，以其所素讲明者，与士人共相砥砺，一方矜式之。[⑥]

---

① 赵德：《昌黎文录序》，屈大均辑，陈广恩校：《广东文选》上，广州：广东人民出版社 2008 年，第 254 页。

② 陈尧佐：《招韩文公文并序》，曾楚楠：《韩愈在潮州》，北京：文物出版社 1993 年，第 66 页。

③ 苏轼：《潮州韩文公墓碑》，王永照选注：《苏轼选集》，上海：上海古籍出版社 1984 年，第 408 页。

④ 吴澄：《潮州路学记》，（嘉靖）《广东通志》卷三十七《礼乐志二 · 学校下》。

⑤ 史起贤：《昌黎书院碑记》，曾楚楠：《韩愈在潮州》，北京：文物出版社 1993 年，第 154 页。

⑥ 郭棐：《粤大记》卷六《性学渊源 · 李翱》，广州：广东人民出版社 1998 年，第 137 页。

郭棐在论及此事时说："（韩）愈贬阳山令，历潮州刺史，（李）翱摄循州文学，其教渐渍于广之南。广人得闻性学之奥，实二氏为开先焉。"①郭棐是从理学在广东发展的角度讲这番话，但从中也看到李翱在循州开办了学校。

从以上记述看，唐代广东的教育制度化确实已经有了起步。虽然当时广东有24州，此处所载不过区区9州，而且这些学校开办的时间可能很短，可能还达不到常规化的程度，但官办学校的形式确实在广东出现了，这是没有疑义的。从唐代广东官办学校的分布看，以粤北、粤中为重点，西及端州、封州，南及雷州，东及潮州，很有点全省辐射的态势。从秦汉至隋唐，广东教育由民间教化层面逐步上升到学校制度化层面，教育作为一项专门的社会活动开始呈现，这对于提高广东教育的效应，促进人才培养，推动社会教化都具有十分重要的意义。

四、唐代广东的科举

1. 隋唐时期的科举制度

中国古代选士制度发展到隋唐，发生了重大变革，改选举为科举，这是古代选士制度的一大分界线。

科举制度是指朝廷允许普通士人自愿向官府报名，经过分科考试，根据成绩从中选拔人才，分别任官的一种选士制度。科举制度的特点是专门用考试的办法来挑选人才，而不是由地方察举。两汉、魏晋南北朝时期的选士，虽然也有考试，但是以地方考察选举为主，考试只是用以决定授予官职的高低，而不影响被荐者入仕的资格。这是两种制度的区别之一。选举制度是由地方察举，关键是靠官府的推荐，而科举制度则是自愿报名，"怀牒自列于州县"②，这是两种制度的区别之二。由此看来，科举制度较之选举制度，轻门第，重才学；在衡量人才优劣上有一个统一而较为客观的标准，为庶族地主奋发上进创造了有利的条件。在当时的历史条件下，应该说是比较进步，比较合理，比较符合历史发展要求的。

---

① 郭棐：《粤大记》卷六《性学渊源》，广州：广东人民出版社1998年，第146页。

② 《新唐书》卷四十四《选举志》。

隋唐之所以在选士制度上实行了重大变革，是有其深刻的社会原因的。魏晋以来，由于士族把持政权，并借九品中正制来保证他们的政治特权，给封建皇权和社会发展带来了极大的负面效应。到隋唐时期，士族已失去了政治上的垄断地位，庶族地主的势力进一步加强，以门第取人的九品中正制自然不适用了。隋朝统治者为了加强皇权，满足庶族地主参政的要求，以解决地主阶级内部的矛盾，于隋炀帝大业二年（606）始置进士科，开创了科举制度。唐代进一步继承并发展，使科举成为选拔人才的主要制度。科举制的实行，选士大权集中于封建朝廷，由礼部、吏部直到皇帝亲自掌握，有力地限制了士族特权的膨胀，有利于防止封建割据势力的产生。而且，选士有了统一的标准和措施，使天下士大夫一心一意奔于此途，在社会上形成一股向心力，这对于笼络天下人才是十分成功的。当年唐太宗尝私幸端门，见新科进士缀行而至，高兴地说："天下英雄，入吾彀中矣。"赵嘏也有这样的诗句："太宗皇帝真长策，赚得英雄尽白头。"[①] 这些都说明了科举制度对巩固封建统治的巨大作用。

唐高祖武德四年（621），诏令"诸州学士及早有明经及秀才、俊士、进士，明于理体，为乡里所称者，委本县考试，州长重覆，取其合格，每年十月随物入贡"[②]，确定了唐代科举考试的基调。经过一段时间的实践，最终形成一套"投牒自应"的考试制度。

唐代科举考试的考生主要由两部分组成：一部分称为"生徒"，指中央官学的毕业生，由国子监考核合格报送尚书省，准备参加礼部主持的省试；另一部分称"乡贡"，指非中央官学出身的读书人，包括自学者和地方官学的毕业生，由个人向州县报名，经州县考试合格报送尚书省，准备参加礼部主持的省试。如遇有皇帝自诏的"制举"，考生则既不经学校挑选，也不经省试录取，可以直接参加皇帝主持的朝廷考试。

唐代科举有"常科"与"制举"之别。常科每年定期举行，设科繁多，较为常行的有秀才、进士、明经、明法、明书、明算六科。由皇帝自诏而临时设考者叫"制举"，是为了待非常之才，"其所以待之之礼甚

① 王定保：《唐摭言》卷一《述进士上篇》。
② 王定保：《唐摭言》卷一五《杂记》。

优，而宏材伟论非常之人亦时出其间”[1]。

各地赴京参加礼部的省试，有举额的规定。朝廷根据州郡之大小来决定举额之数目，一般来说，大郡每年选送三人，中郡每年选送二人，小郡每年选送一人。至唐中期以后，对各道各州选送名额有了较为固定的规定。《唐摭言》卷一《会昌五年举格节文》载武宗会昌五年（845）的规定，东监、同州、华州、河中府进士科各30人，明经科各50人；凤翔、山南西道、山南东道、郑滑、廊坊、陕虢等北方道州和江南、浙东、浙西、荆南、湖南、江西、淮南、西川、东川等南方各道进士科各15人，明经科各20人；福建、黔府、桂府、岭南等地进士科各7人，明经科各10人。

2. 唐代广东进士分析

广东地处岭南，举额数目的劣势直接影响了唐代广东进士的录取。根据道光年间的《广东通志》统计，有唐一代广东考取进士共35人。今人撰著的《广东通史》统计为36人，其中韶州9人，广州8人，连州8人，潮州3人，封州3人，循州3人，康州1人，端州1人。另外，制科有9人，其他各科有12人。[2] 从地区分布看，粤北的韶州、连州由于是中原人士入粤重要通道，得中原文风最早，所以科举成绩显著。西江地区的封州、端州、康州也成绩不俗。广州则集中在南海5人、番禺2人、东莞1人。这个数据与唐代广东各地区学校开办的格局相吻合。

从时间上看，唐代广东进士，绝大部分都是在玄宗朝（712）以后。就是说唐代中后期，广东的学校教育才渐渐具有基本规制，人才培养开始逐步显现起色。

由于史料的缺乏，唐代广东的州县试如何运作，已不得其详，只能留待以后考察。但当时广东人期盼金榜题名的心情还是可以使我们感受到他们的教育需求。卢宗回，南海县人，元和十年（815）进士。卢宗回在及第之前曾游长安，慕名访长安慈恩塔，见到进士题名碑，留下一首励志诗：“东来晓日上翔鸾，西转苍龙拂露盘。渭水冷光摇藻井，玉峰晴

① 《新唐书》卷四十四《选举志》。

② 汪廷奎主编：《广东通史·古代上册》，广州：广东人民出版社1996年，第595页。

色随栏干。九重天阙参差见，百二山河表里观。暂辍去蓬悲不定，一凭金界望长安。”①

莫宣卿，封州开建人，大中五年（851）进士。他当年参加科举考试心情十分激动，一夜睡不安稳，一直是伴随着滴漏之声迎候拂晓：“建礼俨朝冠，重门耿夜阑。碧空蟾影度，清禁漏声残。候晓车舆合，凌霜剑佩寒。星河犹皎皎，银箭尚珊珊。杳蔼祥光起，霏微瑞气攒。欣逢明圣代，长愿接鹓鸾。”② 及第之后其心情则截然不同，一股豪气注满笔端：“笔阵才交万乘箭，一声雷震便升天。榜中姓字当头立，箧里文章概世传。红杏香中呈绣服，绿杨堤畔着金鞭。九衢莫怪人争看，才子风流正少年。”③

在唐代广东科举人才中，出现了一名状元，即封州的莫宣卿。但需要予以澄清的是，莫宣卿并不是进士科状元，而是制科考试第一名。莫宣卿“首魁天下”是在宣宗大中五年（851），而诸多史料又显示，这一年的进士科状元是李郜，于是形成谜团。今人许友根著《唐代状元研究》，对这一问题进行了探讨，可以提供给我们参考。许友根依据唐人白鸿儒《莫孝肃公诗集序》，文中说：“唐宣宗大中五年，龙集辛未，设科求贤。合天下士对策于大廷，胪传以莫公宣卿为第一。”许友根提出了三点理由：其一，从考试时间看，进士科考试在每年的十一月至来年的三月举行，放榜已进春季。然莫宣卿及第后，柳珪有《送莫仲节状元归省诗》，其中有“想到故乡应腊过，药栏犹有异花香”两句，这不符合进士科放榜时间。其二，从考试地点看，进士科的省试是在尚书省的礼部南院举行，制科考试则在皇宫殿廷。莫宣卿是“对策于大廷”，说明他参加的是制科考试。其三，从及第授官看，唐代进士及第后，还需经吏部考选，而莫宣卿是马上授官，“初典翰林，未服官政，后以母老，具表陈情，乞官外补，以便就养。上可其奏，赐官台州别驾”。据此三点理由，

---

① 卢宗回：《题慈恩寺塔》，屈大均辑，陈广恩校：《广东文选》下，广州：广东人民出版社 2008 年，第 515 页。

② 莫宣卿：《省试乘月听残漏》，屈大均辑，陈广恩校：《广东文选》下，广州：广东人民出版社 2008 年，第 623 页。

③ 莫宣卿：《及第自咏》，屈大均辑，陈广恩校：《广东文选》下，广州：广东人民出版社 2008 年，第 516 页。

许友根认定莫宣卿不是进士科状元，而是制科第一名。但他又指出，唐人称“状元”一词并不严谨。徐松《登科记考》卷二十二大中五年“制举”条，在引用白鸿儒之《莫孝肃公诗集序》和柳珪《送莫仲节状元归省诗》后加按语云：“制科第一，据此亦得称状元。”①

在唐代广东科举人才中，郭棐认为能与天下英雄相媲美，并能“巍然为一代树赤帜”者当推张九龄。张九龄为韶州曲江人，中宗景龙元年（707）擢进士第二名。为官正直清廉，在主持吏部试时“常与右拾遗赵冬曦考次数四，号称详平”；“时天长节，百僚上寿，多献珍异，惟（张）九龄进《千秋金鉴录》五卷，言前古兴废之道”②。其《上封事疏》，特别强调朝廷应重视地方官员的选拔和任用，“盖氓庶所系，国家之本务。本务之职，反为好进者所轻”，这绝对不可得。“故臣愚以为，欲理之本，莫若重刺史、县令。此官一重，智能者可行，正宜悬以科条，定其资历：凡不历都督、刺史，有高第者，不得入为侍郎、列卿；不历县令，有善政者，亦不得入为台郎、给舍。”他强调人才的选拔要注重基层考察，“今若刺史、县令，精核其人，即每当管之内，应有合选之邑，先委考其才行，堪入品流，然后送台；台又推择，据所用之多少为州县之颠最。一则州县慎其所举，必取入官之才；二则吏部因其有成，无多庸人之数”。如果仅以“二诗一判定其是非，适使贤人君子从此遗逸，斯亦明代之阙政，有识者之所叹息也”③。

张九龄之气节为世尊为“曲江之风”。为官正直清廉是古代广东人所崇尚的教育风骨。秦汉至隋唐，广东人物为官勤民，皆为史家所歌颂，张九龄可以说是其中杰出代表。唐代科举人才中具有此等品格者，郭棐还提到：“则姜公辅之谠谏，张仲方之勋业，刘瞻之耿介，咸负伟特才。而赵德以儒雅，刘轲以文藻，黄损以宏博，蔚有声称。不愧经明行修之实，又皆闻曲江之风而兴者也。”④ 此处所言姜公辅，辅佐朝廷，才高有

① 许友根：《唐代状元研究》，长春：吉林人民出版社2004年，第291～294页。

② 郭棐：《粤大记》卷十六《献征类·张九龄》，广州：广东人民出版社2014年，第430页。

③ 张九龄：《上封事疏》，屈大均辑，陈广恩校：《广东文选》上，广州：广东人民出版社2008年，第20～22页。

④ 郭棐：《粤大记》卷四《科举》，广州：广东人民出版社2014年，第71页。

识见，每进见，敷奏详明，德宗器之。官至谏议大夫、同中书门下平章事，遇有皇帝错误，也敢于直言相谏，遭遇贬黜也不辞。[①] 张仲方乃张九龄从孙，为官正直，贞确自立，绰有祖风，白居易称："仲方为人，温良冲淡，恬然有君子德。立朝直清贞亮，肃然有正人风。在官宽重易简，绰然有长者体。宠辱不惊其心，喜怒不行于色。"[②] 刘瞻，连州人，官至刑部尚书、同中书侍郎平章事。其为官耿直，遭遇贬黜。为人廉约，律身苦节，所得俸禄以余济亲旧贫困者，家不留储。[③] 另外赵德、刘轲、黄损则以学识高雅、洁身守志、自立卫道为风尚，所以郭棐谓"皆以闻曲江之风而兴者也"。

3. 南选

唐代广东选拔人才，除了科举这一途径外，还实行过一种称为"南选"的任官制度。南选亦称南铨，是由朝廷派遣的选补使主持的不定期选拔当地科举及第而未授官者，以及考察现官或前官以填补阙官的选官制度。

《新唐书》卷四十五《选举志下》中说："高宗上元二年（675），以岭南五管、黔中都督府得即任土人，而官或非其才，乃遣郎官、御史为选补使，谓之南选。"[④]《唐会要》卷七十五中说："上元三年（676）八月七日敕：桂、广、交、黔等州都督府，比来所奏拟土人首领，任官简择，未甚得所。自今已后，宜准旧制，四年一度，差强明清正五品以上官，充使选补，仍令御史同往注拟。"

南选的实施，即每隔三四年朝廷派出五品以上朝官为选补使，随同监察御史赴岭南道选拔土人为官，如发现可任五品以上高官的，则由选补使会同当地都督府向朝廷具报，听候皇帝"制授"。这一选官制度，就地取材，程序简便，节省开支，方便选人，也减少省、司事务，尤其是

---

① 郭棐：《粤大记》卷十六《献征类·姜公辅》，广州：广东人民出版社 2014 年，第 433～434 页。

② 郭棐：《粤大记》卷十七《献征类·张仲方》，广州：广东人民出版社 2014 年，第 457 页。

③ 郭棐：《粤大记》卷十六《献征类·刘瞻》，广州：广东人民出版社 2014 年，第 434～435 页。

④ 《新唐书》卷四十五《选举志下》。

把考察偏远地区州县官吏大权从都督府收归中央，加强了朝廷对岭南道的控制和管理，改变了南朝以来豪族势力世袭为官的格局，对岭南社会的发展具有积极意义。

南选的实行，据《唐会要》卷七十五所载，玄宗天宝十三载（754）七月敕，如闻岭南州县，近来颇习文儒，自今以后，其岭南五管内白身，有辞藻可称者，每至选补时，任令应诸色乡贡，仍委选补使准其考试，有堪及第者，具状闻奏。如有情愿赴京者，亦听其前资官并常选人等，有词理兼通、才堪理务者，亦任北选，及授北官。

代宗大历十四年（779）十二月，敕：南选已差郎官，固宜专达。自今已后，不须更差御史监临。

德宗兴元元年（784）十一月，岭南选补使、右司郎中独孤愐奏，伏奉建中四年（783）九月敕，选补条件所注拟官，便给牒放上至上都赴吏部团奏，给告身。敕旨，准敕处分。

德宗贞元十二年（796）十一月，敕：岭南、黔中选，旧例补注讫，给票放上，其俸除手力纸笔团除杂给之外，余并待奏申敕到后，据上日给付。其福建选补司宜停，其桂广泉建福贺韶等州，宜依选例称补。

宪宗元和二年（807）八月，命职方元外郎王洁充岭南选补使，监察御史崔元方监焉。

敬宗宝历二年（826），容管经略使严公素奏，当州及普宁等七县，乞准广韶贵贺四州例南选，从之。

文宗开成五年（840）七月，潮州刺史林郇阳奏，州县官请同漳汀广韶桂贺等州吏曹注官。敕旨：潮州是岭南大郡，与韶州同，宜下吏部，准韶州例收阙注拟，余依。林郇的意思是取消潮州南选的做法，像广州、韶州等地一样，由吏部铨选官员。这个意见得到了皇帝的批准。但这一年的十一月，岭南节度使卢钧上奏不同意这个意见。他指出，自本道得自选属吏，得到了本土人物的大力支持。卢钧强调，海表择吏与江淮不同，非谙熟士风即难搜求。韶、广二州官僚，每年吏部选授，道路遐远，瘴疫交侵。所选之人若家事任持，身名真实，孰不自负，无由肯来。更以俸入单微，每岁号为比远，所来之人，若非下司贫弱令史，即是远处无能之流。比及到官，皆有积债。十中无一，肯识廉耻。所以卢钧要求，其潮州官吏，伏望特循往例，不令吏部选注，具委本道求才。这一请求也得到了朝廷批准。①

五、五代时期南汉政权的广东教育

907—960 年，中原地区出现动乱，先后出现了后梁、后唐、后晋、后汉、后周五个小王朝，中原以外地区则分裂为吴、南唐、吴越、楚、闽、南汉、前蜀、后蜀、南平、北汉等十个小国，是为五代十国。广东于此一时期在历经后梁、后唐、北汉短暂波动后，于 917 年割据为南汉国，至 971 年宋兵入广州，前后经历了 55 年。

南汉国疆域广阔，除了拥有今广东、广西、海南全部地域外，还据有了今湖南、贵州、云南三省的一部分，共辖 3 府 64 州 218 县，是五代时期十国中版图最大的政权。

南汉之立国，得力于一批人才的襄助。梁廷枏指出，南汉国较之当时其他割据政权，“创乘五十余载，视他国运祚较长。虽曰天实为之，抑微之数人者，不及此”②。即如果没有几个贤臣匡扶朝政，这个政权恐怕更趋短命。其人才之聚集主要由于晚唐的动乱，“中朝士人以岭外最远，可以避地，多游焉。唐世名臣谪死南方者，往往有子孙，或当时仕宦遭乱不得还者，皆客岭南”③。在南汉立国初期，这些竞相入岭的中原人士多在刘氏政权中身居要职，为南汉国制度设计贡献巨大。其中有杨洞潜者，始兴人，原仕唐，后为南汉高祖所挽留，于是向高祖建言，谓“刺史不宜用武夫，当广延之州人士置之幕府，选刺诸州，俾宣政教，则民阴受其福。高祖从之。由是，名流毕集，分任得宜，岭表获安”。在杨洞潜的推动下，“是时，国业初创，诸多简陋，因陈上吉凶礼法，请立学校、开贡举、设铨选，一依唐制，百度粗有条理”④。

立学校之事史料未见，科举选士则在南汉国有记载。乾亨四年（920）五月，南汉政权采纳宰相杨洞潜的建议，“置选部贡举，放进士、

---

① 王溥：《唐会要》卷七十五，北京：中华书局 1955 年，第 1 369 ~ 1 371 页。

② 梁廷枏：《南汉书》卷九《列传第三》，李默、林梓宗、杨伟群点校：《岭南史志三种》，广州：广东人民出版社 2011 年，第 304 页。

③ 《新五代史》卷六十五《南汉世家》，北京：中华书局 1974 年，第 810 页。

④ 梁廷枏：《南汉书》卷九《列传第三》，李默、林梓宗、杨伟群点校：《岭南史志三种》，广州：广东人民出版社 2011 年，第 307 页。

明经十余人，如唐故事，岁以为常”[①]。

梁廷枏的《南汉书》对当时所取进士也有所记载。在该书卷十一，有《简文会传》：“高祖用杨洞潜议，首开进士科，如唐故事，擢（简）文会第一，累官尚书左丞。”有《钟允章传》：“高祖时设科取士，举进士及第，累迁中书舍人。”卷十三，有《胡宾王传》：“韶州曲江人，少即肆力问学，浏览极博，驰声远近。喜中宿峡山水奇胜，远绝人境，读书其中。经史疑义，皆有发挥。已而，第进士甲科，累官中书舍人。”

据今人著作《广东通史》统计，南汉政权可考进士有8人：南海的简文会、陈渥，番禺的钟允章，曲江的王宏、胡宾王，广西的梁嵩、周邦，咸宁的王诩。此外，五代时内地各政权都鼓励岭南士人北上参加科举考试，广东人登进士第者有7人，分别是番禺的何泽，韶州的何承裕，连州的黄损、孟宾于、邓恂美、骆仲舒、孟椵。[②] 这样的地区分布与唐代广东的学校教育布局基本吻合。

但南汉国对科举人才并不重视。南汉政权统治者骄奢淫逸，残暴凶狠，或兴土木穷极奢华，或极暴性残戮无辜。清人梁廷枏作《南汉书》，痛斥南汉统治者“荒纵如殇帝，曷怪乎萧墙之祸之速也”[③]。特别是为了满足淫欲，南汉统治者极力扩充宦官队伍，“凡群臣有才能及进士状头，或僧道可与谈者，皆先下蚕室，然后得进，亦有自宫以求进者，亦有免死而宫者，由是宦者近二万人。贵显用事之人，大抵皆宦者也，谓士人为门外人，不得预事”[④]。将士人视为门外人，不得预事，在这样的主导思想下，其教育的业绩便可想而知了。

黄佐著《广州人物传》，论及五代广州，悲愤地说：“呜呼，五季之世，天意晦盲，贤人退隐，其得位者，大都椎埋攻剽之徒耳。”[⑤] 椎埋，

① 《新五代史》卷六十五《南汉世家》，北京：中华书局1974年，第812页。

② 汪廷奎主编：《广东通史·古代上册》，广州：广东人民出版社1996年，第675页。

③ 梁廷枏：《南汉书》卷一《本纪第一》，李默、林梓宗、杨伟群点校：《岭南史志三种》，广州：广东人民出版社2011年，第261页。

④ （道光）《广东通志》卷四《前事略四》。

⑤ 黄佐：《广州人物传》卷四《南汉尚书仆射黄公损》，广州：广东高等教育出版社1991年，第64页。

以椎杀人而深埋之也；攻剽，抢夺也。南汉统治者就是这样一群杀人越货之强盗。郭棐对此也深有同感，他说："自唐季迄五代，可谓无道之世也已。视篡弑为饮食，弃彝伦如弁髦，豺狼冠缨，而鸾凤伏窜。"[①]

回顾秦汉至隋唐的广东教育发展历程，宋代王与之在《广州重建学记》中有这么一段话："惟南粤去王都为最远，至仁如唐虞，有所不能柔。汉、晋、隋、唐，虽号为一统，然德薄化浅，声教不能暨朔南岳。牧民臣虽清白如吴隐之，刚正如宋广平，咸著治绩而庠序之事阙焉，是宜裒衣博带射策决科之士，不能与闽蜀侔盛也。"[②] 其言谓宋代以前的广东教育处于落后状态，甚至不能与福建、四川相比。这固然也是事实，但从广东教育本身的发展来看，其路径的曲曲折折，其实有一条主线贯穿其中，那就是广东教育需求的觉醒。

从这段历史来看，教育需求的觉醒其实质就是指教育需求的提升。生活在不同文明状态之下，教育需求的层次和程度是不一样的，所以教育需求的觉醒是在区域文明不断进步中而不断提升的。从这个角度我们就能理解汉越文明的融合对古代广东教育发展的意义，就能理解从秦汉至隋唐广东官府社会治理的教育意义，就能理解这一时期广东民间社会善于吸取中原文化以不断提升本身文化权力的意义。这一过程确实是曲折漫长的，其路径曲折表明其觉醒之慢，然觉醒之慢并非坏事。岭南文化与中原文化之碰撞，有赖于两种生产、生活方式的相互调适，有赖于两种文化的相互认同和适应，才能慢慢地激活社会的教育需求。这样的教育需求是广东本土的，是具有中原文明引领又带有岭南特色的自然生态，它对于形塑古代广东教育具有积极意义。

---

① 郭棐：《粤大记》卷二十五《献征类・李谨微》，广州：广东人民出版社2014年，第760页。

② 王与之：《广州重建学记》，广州市文史研究馆编：《羊城风华录》，广州：花城出版社2006年，第29页。

第二章　宋元时期广东教育的肇基

古代广东民间社会的教育需求觉醒至宋元时期有了一个质的飞跃。其核心表现就是广东文化精神在这一时期开始为社会所意识，所思考，所提炼。这一飞跃的形成，得益于国家教育机制为广东提供了一个很好的发展平台。宋太宗时期将广南路分为广南东路和广南西路，“广东”这个行政区划终于有了个雏形。加之地方官学的普遍设置，科举制度的有效推行，使广东教育制度化终于有了个基本格局。生活于这一地区的人们借用这个平台，因文化心理的认同而逐步形成了自己的文化精英群体。他们与地方官府通力合作，逐步从国家教育机制中寻求地方所需要的文化养料，从而为广东文化精神的形成奠定了基础。

第一节　宋代广东的教育环境

960年，赵匡胤推翻后周，建立北宋，结束了五代十国的封建割据局面。1126年，北宋京城为金兵所破，北宋灭亡。次年宋高宗赵构在南京（今河南商丘）称帝，以后南逃，建都临安（今杭州），是为南宋。1279年，南宋为元朝所灭，整个宋朝共经历319年。

宋代是古代岭南开发的重要时期。有学者指出，特别是南宋迁都临安之后，“王朝中心的转移，急剧地扭转了华南历史的进程。从此，王朝政权不再把广州当成奇珍异宝的百货店，而开始认真地希望把广州的精英整合到王朝之内”[①]。这个观点很值得我们参考。

一、广东经济与人口的增长

宋初在岭南置广南路，宋太宗把广南路分为广南东路和广南西路。北宋元丰年间，今属广东省境内的，广南东路有广州、连州、韶州、南雄州、循州（今龙川）、惠州、梅州、潮州、新州（今新兴）、南恩州（今阳江）、封州（今封开）、贺州（今属广西）、端州（今高要）、康州（今德庆）、英州（今英德）共15州40县。广南西路则有高州、化州、雷州。南宋时期改端州为肇庆府、改康州为德庆府、改英州为英德府，又增置香山县，化州新增石城县（今廉江），恢复遂溪、徐闻两县。从行政区划看，原来行政建制比较稀少的广州以东地区，则有了循州、惠州、潮州、梅州等。粤东、粤西、粤北的行政建制比较均衡，这对于官学的设置比较有利。另外，今属广东的大部分地区归属已经比较集中，广州这个政治中心的辐射能力能够较好地影响广东各地。人们也已经将广南东路简称为“广东”，广东之名始定于此。

另外一个值得注意的要素是人口的增长。两宋时期是广东人口增长的又一个历史时期，特别是宋高宗避金南渡，导致了历史上又一次中原人士南迁的浪潮。大部分的南迁人士沿大庾岭顺北江而下，散居于今珠江三角洲各地。比较具有代表性的便是传说的南雄珠玑巷南迁移民，特别是南宋绍兴元年（1131）以罗贯为首的97户33个姓氏人家举家南迁至广州一带。这些人当中不少是官宦富裕人家，他们家学渊源，至性嗜学，很重视教育家族子孙，也因此惠及同乡。他们定居广州及珠江三角洲一带后，不仅积极支持地方官府兴办官学，而且也积极兴办书院。另一部分则由福建南移，落籍于今韩江三角洲一带。闽学在粤东的传播就得力于这些移民的努力。

南迁浪潮使广东人口有了明显的增长。大批北方人士经大庾岭入粤，使南雄州、韶州人口大增。据《太平寰宇记》《元丰九域志》记载，仅北宋前期，即太宗太平兴国至神宗元丰（978—1078）的百年间，南雄户籍数由8 368户上升至20 339户，新增11 971户。再至南宋嘉定年间

---

① （香港）科大卫著，卜永坚译：《皇帝和祖宗——华南的国家与宗族》，南京：江苏人民出版社2009年，第36页。

(1208—1224)，南雄州人户达到33 639户，又增长了13 300户，居广东各府增长率之首。广州在元丰初年（1078）人户为143 259户，至南宋淳熙年间（1174—1189）达185 713户，一百年间户数净增4万多。潮州人户在理宗端平年间（1234—1236）为135 998户，较元丰时期的74 682户差不多翻了一番。[①] 广南西路的雷州在南宋淳熙年间有68 309丁，比元丰年间的人口似有成倍的增长。高州在绍熙年间（1190—1194）有26 486户，也比元丰年间增长1倍多。[②]

人口的增长，加速了广东土地的开发和经济的发展。特别在南宋时期，粤北、粤东北局势比较动乱，导致人口散亡，经济衰退。而广州、潮州等地区相对安定，沿海土地有了一定的开发，人口增长，经济也开始超过粤北。

当然，两宋时期的广东与全国其他地区相比，还是处于比较落后的地位。广南东路的面积达170 576平方公里，然耕地面积只有315万亩，垦殖指数仅达0.18%。北宋人对当时全国18路的轻重次序进行了划分。宋代诸路中，北宋时分为五等，有轻重、远近之别，即如元祐二年（1087）文彦博在论及官员差遣除授次序时所说，河北、陕西、河东三路为重路，成都府路次之，京东西、淮南又其次，江南东西、荆湖南北、两浙路又次之，二广、福建、梓、利、夔为远小。[③] 广东被朝廷视为“远小”之路，这在一定程度上反映了当时广东在全国的地位。宋南渡之后，诸路才不再分等。

二、宋代的重文政策

宋代广东教育的发展与宋代的重文政策是分不开的。《宋史》中说：“五季乱极，宋太祖起介胄之中，践九五之位，原其得国，视晋、汉、周亦岂甚相绝哉？及其发号施令，名藩大将，俯首听命，四方列国，次第削平，此非人力所易致也。建隆以来，释藩镇兵权，绳赃吏重法，以塞

---

① 金强：《宋代岭南谪臣》，广州：广东人民出版社2009年，第41页。

② 汪廷奎主编：《广东通史·古代上册》，广州：广东人民出版社1996年，第816页。

③ 李昌宪：《中国行政区划通史·宋西夏卷》，上海：复旦大学出版社2007年，第42页。

浊乱之源。州郡司牧，下至令录、幕职，躬自引对，务农兴学，慎罚薄敛，与世休息，迄于丕平。”①

因“陈桥兵变”而“黄袍加身”的宋太祖，有鉴于唐末的藩镇割据，着力于加强中央集权，以确立君主权威和国家系统。在这个过程中，宋代统治者意识到文教支持系统对巩固专制统治的重要作用，因而实行着“兴文教，抑武事”的方针，在全国上下形成文武分离的格局。重文轻武，抑制豪门，强化皇权，并积极吸引庶族地主参政，提高读书士子的地位。其措施，首先从中央到地方，实行以文制军，用文官代替武官，掌管军事大权。太祖对赵普说：“五代方镇残虐，民受其祸，朕今用儒臣干事者百余人，分治大藩，纵皆贪浊，亦未及武臣十之一也。”② 乾德三年（965），宋太祖得一蜀镜，背刻“乾德四年铸”，朝中宰相皆不知所由，唯学士窦仪指认出是前蜀王衍的年号。太祖对此十分感慨：“作相须读书人。”③ 由是要求政府各级官吏以文人充任。为了壮大士人队伍，宋朝廷十分重视学校教育和科举制度，扩充科举录取名额，提高文人学者的地位，以鼓励读书士子奋发进取。宋太祖时李昉知贡举，仅选取了 11 人，太祖不悦，召复试于进武殿，取诸科 96 人，皆赐及第，开一创例。太宗即位时复试礼部所上合格人姓名，取进士 109 人，诸科 207 人，屡试落第 15 次以上者 184 人，共 500 余人。自此，每年取人皆有数百。太宗一朝科举取录人数达近万人。真宗朝以后，科举及第人数有增无减。④ 宋代统治者这样做，不仅是调解统治集团内部矛盾的需要，而且也是笼络士子和控制思想的需要。宋真宗为此专门写有《劝学诗》：“富家不用买良田，书中自有千钟粟。安房不用架高梁，书中自有黄金屋。娶妻莫恨无良媒，书中有女颜如玉。出门莫愁无随人，书中车马多如簇。男儿欲遂平生志，六经勤向窗前读。”最典型地体现了宋代统治者以富贵名利笼络士子的心态。

为了推行重文政策，宋代统治者刻意尊孔崇儒，重视佛道。宋太宗

---

① 《宋史》卷三《太祖本纪三》。

② 《宋史纪事本末》卷二《收兵权》。

③ 《宋史》卷三《太祖本纪三》。

④ 参见乔卫平：《中国教育制度通史》第三卷，济南：山东教育出版社 2000 年，第 19～22 页。

竭力提倡“用文德礼治”，“尊周孔之礼”。宋真宗更是积极倡导儒学。他亲临孔庙行礼，加谥孔子为“玄圣文宣王”，并撰写《文宣王赞》，称颂孔子为“人伦之表”，孔学是“帝道之纲”。他还命人校定儒经，编注疏义，颁行各地，作为官方指定教材。对佛教，宋太祖为争取南方僧侣的支持，对佛教采取保护政策，修佛寺，造佛像，刻印大藏经，促进了佛教的发展。太宗认为佛教“有裨政治”，在开封特设译经院，在各地大兴寺院，大度僧尼。到真宗时佛教最盛，全国僧侣达46万人。宋真宗在撰写《崇儒术论》的同时，又作《崇释论》。宋王朝对道教亦大加提倡，真宗时封老子为“太上老君混元上德皇帝”，命人收编道书4 300多卷。徽宗任用道士直接参与政治，立道级26级，秩位比于中大夫至将士郎，享有特权。

宋代重文政策的实施，进一步壮大了主要来自庶族阶层的文人队伍，也进一步扩大和巩固了地方乡绅阶层的地位与势力，因而建构新的伦理纲常理论以维护这一文化秩序的社会需要便凸显出来。随着儒、佛、道三教的融合，理学便应运而生。

理学也称道学，起于北宋，盛于南宋。北宋周敦颐首先提出将佛教、道教思想吸收到儒学理论中来，把佛、道的禁欲主义与儒学伦理纲常的教条融为一体，倡导人们既做忠臣孝子，又具有安贫乐道、清心寡欲的处世精神。这一理论为宋代理学的形成奠定了基础。嗣后，张载、程颢、程颐等人对理学的思想做了进一步的发展和充实。后经南宋朱熹从理论上加以总结，集其大成，最终完成了我国古代社会后期特定的官方哲学——程朱理学的体系。

程朱理学断言，“天理”是独立于天地万事万物之外的客观实体，是先天地而存在的，是永恒的，是至高无上的。它不仅是天地万物之源，而且也是社会秩序和人的心、性所应遵循的法则。天地万物，乃至社会伦理纲常皆派生于“天理”。据此，治理国家，上至皇帝朝廷，下至乡村社会，皆要服从天理，信奉天理。这样，乡村领袖便成为帮助皇帝治理国家的主体。更为重要的是，认识天理、掌握天理的士人阶层就成为帮助皇帝和引领乡村领袖的唯一合适人选。所以，有学者指出，理学不是士人阶层远离政治的精神寄托，更不是用来对抗国家权力的“批判的哲学”，而是要求赋予乡村社会富民阶层文化权力，要求皇帝保护富民阶层利益，同时也要求富民阶层支持国家权力的伦理秩序，是要求原本分离的土豪阶层与专制政权重新和解共生的权力分配的文化机制。[①] 这一理论为朝廷文教政策如何有效地渗入民间社会，民间社会在配合国家教育机制的同时如何争取文化权力，设计出了一个完满的框架，算是在先秦儒学的基础上跨出了实质性的一步。

宋代理学家欲建构伦理纲常文化秩序的努力，在南宋末年终于为统治者所认识。宋宁宗于嘉定二年（1209）诏令学校立周子（敦颐）祠，并诏赐朱熹为"朱文公"。嘉定五年（1212）令学校以朱熹所著《论语集注》《孟子集注》作为法定教科书。宝庆三年（1227），理宗加封朱熹为"信国公"。淳祐元年（1241）正月，理宗颁诏正式确立程朱理学的官方学说地位，认定朱熹所著《四书章句集注》"本末洞彻"，使"孔子之道益以大明于世"，命学官将周敦颐、张载、程颢、程颐、朱熹等"列诸从祀，以示褒奖之意"[②]。至此，朱熹在中国思想史上的地位被初步确立，程朱理学成为巩固宋朝统治的思想文化工具的性质和作用也被确认。

三、国家教育机制的有效介入

从宋代广东的情况看，理学的乡村实践确实是广东教育制度化奠基的重要推动力。至少有三方面的因素推动着理学在广东的乡村实践：第一，有一批理学家任职广东，对提升民间社会的教育需求发挥了积极影响；第二，有一批谪宦贬官在广东留下了足迹，他们以其学术风范和人格魅力影响了广东社会的教育需求；第三，广东地方官员加强以教化为主导的社会治理，以推动教育需求的增长。

1. 理学家对提升广东教育需求的影响

两宋时期，一批理学家任职广东。这些人虽为从政，然所至之处皆讲学传道不倦。郭棐在《粤大记》中肯定了周敦颐、罗从彦、张栻、林光朝、刘爚这五位理学家对广东理学传播的影响，他说：

> 后周濂溪先生来为转运判官，改提点刑狱，南士从学者，各因其性而牖之。罗从彦继至，为博罗薄，于罗浮山静坐，语学者看喜怒哀乐未发气象，尤为吃紧。嗣是张南轩经略广南，

---

① 吴铮强：《科举理学化》，上海：上海辞书出版社2008年，第249页。

② 《宋史》卷四二《理宗本纪三》。

教学者先于义利之辨，朱子谓与性善、养气之论同功。林光朝究心正学，为经略而抚盗安民。刘爚讲明性学，任常平而清心革弊。其得于道者均也。[①]

周敦颐，字茂叔，湖南道县人，是北宋理学创始人之一，学者称其为濂溪先生。黄庭坚称："先生胸怀洒落，如光风霁月。廉于取名而锐于求志，薄于傲福而厚于得民，菲于奉身而燕及茕嫠，陋于希世而尚友千古。"熙宁元年（1068），周敦颐为广东转运判官，改提点刑狱，曾先后到过潮州、韶州、肇庆、南恩州等地。"既至，以洗冤泽物为己任，虽瘴雾险远，不惮艰苦，必缓视徐按，务得其平。广人从游其门者，皆能因其性之所近而有所得。尝登罗浮山赋诗，后人想见其风采"；"而广、惠各郡，皆有濂溪先生祠。盖先生之学精纯莹彻，直探体道"[②]。

罗从彦，字仲素，南剑（今属福建）人，学者称其为豫章先生。罗从彦从学于杨时，又曾问学于程颐，朱熹是他的再传弟子，所以罗从彦是宋代理学由二程发展到朱熹的一个关键环节。南宋绍兴壬子年（1132），罗从彦以特科任博罗县主簿，"筑室于罗浮山，澄心静坐，穷天地万物之理，以及古今事变之归。其语学者静中看喜怒哀乐未发气象，尤为所自得者"[③]。

林光朝，字谦之，兴化军莆田人。师从理学家吴子正，专心圣贤践履之学，通《六经》，贯百氏，言动必以礼，四方来学者达数百人。"南渡后，以伊、洛之学倡东南者，自（林）光朝始"。历官广东提点刑狱，颇有政绩。[④]

理学家张栻其时也到过广东。张栻，字敬夫，人称南轩先生。张栻受学于理学家胡宏，后来与朱熹等交游密切，与朱熹、吕祖谦并称"东

---

① 郭棐：《粤大记》卷六《性学渊源》，广州：广东人民出版社 2014 年，第 149 页。

② 郭棐：《粤大记》卷六《性学渊源·周敦颐》，广州：广东人民出版社 2014 年，第 140 页。

③ 郭棐：《粤大记》卷六《性学渊源·罗从彦》，广州：广东人民出版社 2014 年，第 140～141 页。

④ 郭棐：《粤大记》卷六《性学渊源·林光朝》，广州：广东人民出版社 2014 年，第 141 页。

南三贤”。其父张浚因得罪秦桧，于绍兴十五年（1145）被贬谪江州，再贬连州。张栻便随父一起到了连州，“父（张）浚贬连州居住，（张）栻随侍。筑室以讲学，广士人多从之游，如简克己辈，皆有所自得焉”①。

刘爚，字晦伯，建阳人，与弟从学于朱熹，后又从朱熹在武夷山讲道读书，怡然自适，筑“云庄”山居。后知广东德庆府，大修学校，奏便民五事。后又提举广东常平，致力于地方经济治理，频向朝廷奏义仓之弊、客丁钱之弊、小官奉给之弊、举留守之弊、吏商之弊。召入奏事，首论：“公道明，则人心自一，朝廷自尊，虽危可安也；公道废，则人心自二，朝廷自轻，虽安易危也。”②

这五位理学家在广东足迹所至，皆留下了讲学传道的痕迹，其流风余韵成为促进宋代广东书院的兴办、提升广东民间社会教育需求的强大催化剂。

2. 谪宦贬官对提升广东社会教育需求的影响

还有一类值得我们重视的官员，便是当时的谪宦贬官。雍正年间修纂的《广东通志》中说：“仕宦谪籍，岭南尤众，岂非以古荒服地，而蛮烟瘴雨之乡欤?”③ 正是地处偏远，环境恶劣，所以广东依然成为朝廷安置流人谪宦的聚集地。整个两宋，仅见于史籍的岭南地区谪宦即有400多人。宋哲宗绍圣（1094—1098）以后，先后有30多名“元祐党人”流放岭南，其中包括苏轼兄弟、秦观、黄庭坚等一批著名文人。北宋宰相被贬流放广东者就有卢多逊、寇准、丁谓、蔡确、刘挚、章惇、苏辙等，其他贬官更是不计其数。以致有人戏言：“岭南之人见逐者，不问官高卑，皆呼为相公，想是见相公常来也。”④ 在这些贬官中，有一部分人流放而不丧其志。他们以“达则兼济天下，穷则独善其身”为人生坐标，通达自然，超越苦难，坚守政治操守和文化品格，并尽可能为老百姓做点好事。

---

① 郭棐：《粤大记》卷六《性学渊源·张栻》，广州：广东人民出版社2014年，第142页。

② 郭棐：《粤大记》卷六《性学渊源·刘爚》，广州：广东人民出版社2014年，第143页。

③ （雍正）《广东通志》卷四三《谪宦志》。

④ 金强：《宋代岭南谪臣》，广州：广东人民出版社2009年，第45页。

在这些人物中首推者当是苏轼。苏轼，字子瞻，号东坡，四川眉县人。苏轼一生为官坎坷，屡次外放为官。绍圣元年（1094），变法新党复起之后，苏轼更是贬官至岭南的惠州、儋州等地。《宋史·苏轼传》记载："绍圣初，御史论轼掌内外制日，所作词命，以为讥斥先朝。遂以本官知英州，寻降一官；未至，贬宁远军节度副使，惠州安置。居三年，泪然无所芥蒂，人无贤愚，皆得其欢心。又贬琼州别驾，居昌化。"他在广东期间，无论是在惠州，还是在海南琼州，都随遇而安，无所芥蒂。无论官员百姓，皆得其欢心，受到广东人民的敬仰。北宋元符三年（1100），苏轼贬往海南，途经遂溪兴村，当他看到这里的山川景致，便对旁边的乡民陈梦英说："此地景致优美，当有文明瑞祥之兆。"《雷州府志》中说："宋元符庚辰，苏公轼南迁山儋，徒廉道经兴村，宿净行院，回顾山川谓乡民陈梦英曰：斯地景胜，当有文明之祥。既去，月余瑞芝生于其地，诸儒遂即其地建书院。"① 遂溪文明书院这种戏剧性创建过程，典型地体现了苏轼在广东的教育影响。

其次是包拯。包拯"徙知端州。岁贡砚，前守缘贡，岁率数盈十倍，以遗权贵。（包）拯至，革其弊，惟充贡数而已。秩满，不持一砚归。其清介如此"②。一砚之微，既显包拯的执法之严，又显包拯的律己清廉。道光《肇庆府志》中还记载，端州城东四十里羚羊峡口外江中就是当年"包拯掷砚处"。在端州城内有"包公井"七口，是宋仁宗康德年间包拯知端州，"病民之汲于江，作七井以便其用"，其水清冽。③ 包拯去世后，神宗熙宁年间，端州即建起包公祠。理宗淳祐七年（1247），肇庆府学教授吕中在府学建祠堂，合祭周敦颐和包拯。元代王揆撰《包孝肃公祠记》，他惊异地看到，包拯在端州的业绩至今还为人们所传颂，虽然地方志未载其事迹，但"海隅之民，户诵人咏，至于今称之"④。

其他的谪宦贬官，在广东或倡学，或化民，对提升广东社会的教育需求发挥着正能量的影响。如张浚，绵竹人，唐代宰相张九龄之弟张九

① （万历）《雷州府志》卷十《学校志·书院》。

② 郭棐：《粤大记》卷十《宦迹类·包拯》，广州：广东人民出版社 2014 年，第 272 页。

③ （道光）《肇庆府志》卷二《舆地二》。

④ （道光）《肇庆府志》卷七《建置三·包公祠》。

皋的后代。被贬居住连州，“（张）浚在连，馆濯缨堂，尝登列秀亭，眺览自适，构书院于嘉鱼坊”[1]。又如寇准，乾兴元年（1022），被贬为雷州司户参军，“在雷州踰年，教民开渠引吕塘水，灌东洋田万顷”[2]。姚铉，庐州合肥（今安徽合肥）人。太平兴国八年（983）进士甲科，自两浙转运使贬连州文学，“（姚）铉文词敏丽，善笔札，藏书至多，颇有异本。……虽被窜斥，犹佣夫荷担以自随”[3]。郑侠于熙宁七年（1074）贬至英州，既至，居住于一所倾颓已久的寺庙内。英州百姓无论贫富贵贱，都对他礼敬三分，争遣子弟从其问学，并帮助他筑屋，让他从破庙中迁出。[4] 莫汲，湖州人，绍兴间为国子监正，秦桧恶其主张，于绍兴二十五年（1155）贬谪化州，“郡士之秀，多从其学”[5]。

仅举数例。从谪宦贬官个人来说，这一经历是他们人生的不幸。但由于他们的人格操守，他们的教育作为在客观上又成为广东人民的福祉，被历史所铭记。

3．地方官员加强以教化为主导的社会治理

当然，任职广东的地方官员在提升民间社会教育需求方面的作为也同样出色。宋代广东地方官员的社会治理目的更为明晰，即大力表彰本土的典型人物，着力推动理学的乡村实践。例如南海人霍玮，笃志向学，跟随镇南节度推官马存学习，宋哲宗元祐年间（1086—1094）入太学。当时朝廷要求在孝、悌、睦、姻、任、恤、中、和八种德行表现优秀的“八行”人中察举，霍玮当选，官至广东海丰县尉。同时被察举的还有东莞人王知。[6] 另据郭棐记载，大观（1107—1110）初，朝廷下令“八行之选”，诏下二年，岭南 15 郡无应选者。当时任南雄州知州的范处厚悉心

---

① （万历）《广东通志》卷二十二《广州府·流寓·张浚》。

② 郭棐：《粤大记》卷十《宦迹类·寇准》，广州：广东人民出版社 2014 年，第 271 页。

③ 《宋史》卷四四一《姚铉传》。

④ 《宋史》卷三二一《郑侠传》。

⑤ （万历）《广东通志》卷五十二《高州府·流寓·莫汲》。

⑥ 黄佐：《广州人物传》卷六《宋国学生霍公玮》，广州：广东高等教育出版社 1991 年，第 108 页。

搜访，得谭焕、欧阳钰、许牧三人，以其行闻，为一路殊选。[①]

这里值得一提的是时任广州知州的章楶。他于绍圣（1094—1098）初知广州，看到民间习俗积久，卒未能化，日夜责躬，思以导之。他认定教化所始，莫先于学，人伦之序，莫始于教。于是在将广州州学由靠近僧尼寺的城西迁往城东的番山之前，日与学士诸生讲论《六经》。他在讲学中屡屡告诫诸生，学习的目的不仅仅是会写文章，能发议论，博取科名，获得富贵，“此皆世俗之所谓贵。彼所谓贵者，非良贵也。君子之所以异于众人者，以存其心。心之所涵，四端而已。不诚其意，不足以正心。不正其心，不足以齐家。至于治国平天下之道，一本诸心而已矣。诸生其勉焉。夫丧良心而逐外物，君子谓之惑；循虚名而忘实行，君子谓之盗。盗可为乎哉？惑可久乎哉？诸生与帅友朝夕讲论德谊，正心以明善，丕变如鲁之国，是太守之所望”[②]。从章楶的所思所为正可看到，宋代广东官员已经在借助理学理论，从根子上引领社会风俗，加强社会治理。

南宋时期，广州发生了一起为史家所注目的事件，即在淳祐年间举行了一场乡饮酒礼。推动这一事件的主角是时任广州知州的方大琮，郭棐评价其：“淳祐二年（1242）帅广，凡六年，以儒饬吏，以政化俗。乡饮酒礼久废，大琮极意振起，所请宾佐必其年高有德足以表率一乡者，礼乐器服，悉还古制。终日，宾主拜七十有奇，曰：‘此明廷养老旌善之典，奈何不敬？’”[③] 在所请嘉宾中有南海人林橐，时年九十四，以“静修”闻名，广帅方大琮行乡饮酒礼，尊他为“大宾”。林橐到场，“威仪可则，终席无倦容。大琮称为卫武公之流”[④]。由于乡饮酒礼久未举行，为了使参与行礼宾主能秉古心，行古道，方大琮召集民间精英共同商定

---

① 郭棐：《粤大记》卷十一《宦迹类·范处厚》，广州：广东人民出版社 2014 年，第 308 页。

② 郭棐：《粤大记》卷十三《宦迹类·章楶》，广州：广东人民出版社 2014 年，第 375 ~ 376 页。

③ 郭棐：《粤大记》卷九《宦迹类·方大琮》，广州：广东人民出版社 2014 年，第 225 ~ 226 页。

④ 黄佐：《广州人物传》卷七《宋乡先生谭公凯》，广州：广东高等教育出版社 1991 年，第 141 页。

丁祭仪文，“宏纲细节，必考必据”。遇有争议处，大家咨询方大琮意见，方大琮以“吾从周”为据，“于是议始定”[①]。这一事件对于儒学礼仪在广东的振兴意义重大，李昴英据此还向朝廷疏请为方大琮追谥。[②]

方大琮在执政广州期间，还先后设置了“二献祠”和“四先生祠”，以祭祀广东本地贤达。淳祐（1241—1252）间，方大琮在学宫建祠堂，祭祀崔与之与张九龄，因张九龄谥文献，崔与之谥清献，故该祠堂命名为“二献祠”。张九龄为唐代人，前文已有介绍，是唐代广东标杆性人物。崔与之则是宋代增城人，“少卓荦有奇节，不远数千里游太学。绍熙四年（1193）举进士。广之士由太学取科第，自（崔）与之始”。历仕光宗、宁宗、理宗三朝47年，淡泊名利，易退难进，其座右铭为：“无以嗜欲杀身，无以货财杀子孙，无以政事杀民，无以学术杀天下后世。”[③]这是历史上广东第一次为本土人物建祠立祀。

淳祐甲辰（1244），方大琮又复立“四先生祠”，祭祀古成之、李昴英、郭阊、温若春等四人。古成之，本惠州河源人，五代时避地增城。动乱之时并不懈怠学习之志，而是结庐罗浮山，力学不殆，淹贯群籍。“宋兴，广州举进士者，自（古）成之始”[④]。李昴英，番禺人，宝庆元年（1225），再荐于乡，明年廷试，获探花。居官尽心职守，仗义疏直，惠爱民众。因得罪权贵，贬斥京外。晚年隐居广州文溪，著述讲学，名重一时。[⑤] 郭阊，番禺人，淳祐甲辰（1244）登进士第，任监察御史，“知无不言，纠正奸邪，不避权要，其所弹击，公论莫不快焉”[⑥]。温若

---

① 李昴英：《广帅方右史行乡饮酒记》，屈大均著，陈广恩校：《广东文选》（上），广州：广东人民出版社2008年，第559页。

② 李昴英：《请祀李韶方大琮状》，吴道镕等：《广东文征》（一），广东文献编印委员会编印，香港：香港中文大学出版部1973年，第101～102页。

③ 黄佐：《广州人物传》卷八《宋观文殿大学士崔清献公与之》，广州：广东高等教育出版社1991年，第163页。

④ 黄佐：《广州人物传》卷五《宋知县古公成之》，广州：广东高等教育出版社1991年，第88页。

⑤ 黄佐：《广州人物传》卷九《宋吏部右侍郎李忠简公昴英》，广州：广东高等教育出版社1991年，第182页。

⑥ 黄佐：《广州人物传》卷九《宋右正言郭公阊》，广州：广东高等教育出版社1991年，第199页。

春，番禺人，淳熙十三年（1186）领乡荐，会试皆不第，凡三十五年，而志益坚。嘉定十三年（1220），廷对，特奏名第一人，赐同进士出身。出任潼川、英德学官，皆有成绩。①

与此同时，淳祐五年（1245），杨大异提点广东刑狱兼庾事，公署韶州，“访张九龄曲江故宅，建相江书院以祀九龄”②。咸淳年间（1265—1274），南海县官府又在南海县学设祠祭祀崔与之，乡人也在其故第与广州白云山设祠祭祀崔与之。宋末，东莞县学内增建“六君子堂”，祭祀周敦颐、程颐、程颢、张载、朱熹、张栻等六位理学家，并以本地贤达张九龄、余靖、崔与之配享。③

除了对科举名人进行表彰外，对民间耆老，宋代地方官员也注意树立榜样。广州人谭凯性恬静，不妄言，读书务自得，不为纷华所动，崔与之与他交往很深。在赴任淮南时，崔与之将谭凯推荐给广州守帅杨长孺。杨长孺得信喜曰：“敬老尊贤，以风励世俗，吾心也。”因之尊为“学老”。冬至日，杨长孺诣学谒先师毕，率众官员聚拜明伦堂，杨长孺忽退立西偏，命两名吏役扶着谭凯进来，杨长孺先拜，继而副手及其他官员一一参拜。④ 这一举动不同凡响，地方首长率衙门众官员参拜民间贤达，无异于一种无声的号召。同样的，后来方大琮在广州建濂泉书院，要求李昴英推荐元老为首席，李昴英说：“是邦老成人，无如田知白者。”方大琮亲自去请，田知白以病推辞。方大琮再次登门，田知白则躲避外出了。⑤

由此看来，宋代广东地方官员的社会治理亮点频频，社会教化确已深入到理学的乡村实践，这对于提升广东文化精神无疑是一个重要推手。

---

① 黄佐：《广州人物传》卷九《宋秘书郎温公若春》，广州：广东高等教育出版社 1991 年，第 177 页。

② 郭棐：《粤大记》卷九《宦迹类・杨大异》，广州：广东人民出版社 2014 年，第 225 页。

③ （嘉靖）《广东通志》卷十九《广州府・六君子堂》。

④ 黄佐：《广州人物传》卷七《宋乡先生谭公凯》，广州：广东高等教育出版社 1991 年，第 141 页。

⑤ 郭棐：《粤大记》卷二十五《献征类・田知白》，广州：广东人民出版社 2014 年，第 763 ~ 764 页。

四、广东地方教育需求的增长

宋代广东地方教育需求的增长有一个突出的现象，就是民间社会开始认同理学，学习和传播理学。广州人梁观国志行淳懿，乡试不第，退取经书熟诵之，叹曰："圣贤垂教，乃使人哗于口吻，诞于纸笔，小而干泽，大而迷国，此荆舒用以盲聩天下者，可守而不变哉！"于是将所作科举之文焚毁，以自治身心为工夫，一言一动，必与古人合。凡有朝廷贬谪广东之"正人"，必求见焉。理学家胡寅贬谪新州（今广东新兴），梁观国与之交往甚密，深得胡寅赞赏，其逝后，胡寅亲自为其撰墓志铭。[①]以自治身心为工夫，这是梁观国与胡寅交往甚密的内在动因，而这正是理学的精髓。理学其实是一个生命之学，在"天理"被赋予了宇宙主体的地位后，理学使人的生命价值开始摆脱权力和财富的束缚，而追求与自然法则一样的永恒。这样的理论给长期受制于科举功名束缚的士人以耳目一新的感觉。

正由于此，宋代广东人开始走出去，拜师理学家。例如，广州人简克己、高要人黄执矩远游湖湘，师事理学家张栻；潮阳人郑南升、郭叔云追随朱熹达48年之久，直至其去世；东莞人翟杰师从理学家罗从彦；南海人陈去华拜师理学家陆九渊。有学者考证，宋代广东学者中拜师理学家者应该有13人，"这十三人中，按师门分，传程朱之学者：周舜元、李用、郑南升、郭叔云、翟杰；传张栻'南轩之学'者：简克己、黄执矩；传陆九渊'心学'者：陈去华；师承不明者：邵继贤、梁百揆、梁仲钦、陈益新、陈庚"[②]。

这些学者返回广东，开门讲学，对理学的传播发挥了积极作用。例如在韶州，周舜元于乾道六年（1170）任韶州知州，即于州学讲堂的东序，建祠堂祭祀周敦颐，并以二程配焉。

在广州，简克己，师事张栻数年后，退归杜门，不妄与人交。崔与之任职邕州，往来谒见，皆向简克己执弟子礼，北面再拜，克己受之。

---

① 黄佐：《广州人物传》卷六《宋归正先生梁公观国》，广州：广东高等教育出版社1991年，第115页。

② 张其凡：《宋代岭南主要理学人物缕述》，《宋代人物论稿》，上海：上海人民出版社2009年，第483～493页。

廖德明帅广日，也会去拜访简克己，并经常请他到州学讲论旧学，每谛听必拱立。简克己性喜启迪后进，门塾、里巷子弟肄业过其门者，必呼之于前，历问所业，举《语》《孟》要语为之讲解。有通习者，抚而劝奖之。不通者，辄加警诲，其勤过于父师。士无长少咸呼“简先生”[①]。陈去华回到广州后，开馆授徒，广州学者皆从之游而行北方之学。[②] 番禺人梁百揆于嘉定十年（1217）中进士，在朝廷任官，嘉定十七年（1224）引疾乞休，退隐广州禺山，自此从事讲学，辟异端，彰圣学，有功名教，学者称之为“端懿先生”[③]。

在东莞，翟杰，绍兴五年（1135）第进士，以体认天理为宗，后任化州司户。乞休回乡后，在东莞建桂华书院，集四方英俊，相与讲学穷经，邑人士皆知向学。[④] 李用在东莞建竹隐精舍，初业科举，及读周、程诸书，即弃之。杜门潜心理学，非亲友、婚祭不出。如是者将三十年，而践履日益熟。士之从学者，馆无虚日。自号竹隐，人因称竹隐先生。李昴英闻其贤，就见之，与语终日，李用未尝有懈容。李昴英出而语人曰：“吾今乃见有道君子。”李昴英进其书于朝，诏授校书郎。李用说：“著书岂为干禄计哉！”不受而归。人乐从之游，以故多所造就。[⑤] 东莞人陈庚，第进士而无复求仕，隐居“东湖家塾”，研习道德性命之学，学者多师之，邑人亦尊之为“月桥先生”。邑宰尝延以为儒师，造门问政。[⑥] 又有东莞人黎献，富于学问，弱冠授徒，一依紫阳、白鹿规为教，士闻风来者，户外之屦恒满。[⑦]

---

① 黄佐：《广州人物传》卷七《宋乡先生简公克己》，广州：广东高等教育出版社 1991 年，第 133 页。

② 黄佐：《广州人物传》卷七《宋乡先生简公克己》，广州：广东高等教育出版社 1991 年，第 134 页。

③ 阮元：（道光）《广东通志》卷二七〇《梁百揆传》。

④ 阮元：（道光）《广东通志》卷二七〇《翟杰传》。

⑤ 黄佐：《广州人物传》卷九《宋竹隐先生李公用》，广州：广东高等教育出版社 1991 年，第 203 页。

⑥ 黄佐：《广州人物传》卷九《宋乡进士陈公庚》，广州：广东高等教育出版社 1991 年，第 214 页。

⑦ 陈伯陶：《宋东莞遗民录》卷下《黎献传》，上海：上海古籍出版社 2011 年，第 518 页。

我们在反思古代广东教育需求不断增长的历程时，对宋代广东民间社会推崇理学的自觉应尤加注意。由于理学的重要目标指向了乡村实践，所以广东社会精英热衷理学，传播理学，这正是广东教育崛起的契机。它表明古代广东社会的教育需求产生了质的飞跃，人们的学习追求更明确地指向了人心伦理和乡村秩序。据此我们可以作出这样的判断，理学开始成为人们的追求目标，这是古代广东教育崛起的深层动力。

第二节　宋代广东的地方官学

宋代广东地方官员的社会教化意识最根本的还是体现在官学的创办上。一个很明显的事实，宋代广东地方官学的创办已基本普及于绝大部分州县。至少从明、清时期所修的广东地方志来看，其追溯广东各地官学的源头，绝大部分都是始自宋代。其根本缘由，是宋代朝廷的地方官学政策比较给力，广东地方官员的兴学措施比较到位。

一、地方官员的教育意识增强

为了强化地方学校培养人才的职能，北宋仁宗庆历四年（1044）、神宗熙宁四年（1071）、徽宗崇宁元年（1102），朝廷先后颁发了三个兴学令，其重点都在促进州县兴学。这些兴学令的主要精神，一在敦促各地州县普遍立学，打破了原来只限上郡藩镇置学的禁令；二在扩大了学校的养士功能，州县学校实行升贡制度；三在完善了地方官学的经费制度，保障了学校的正常运作。经过三次兴学运动的连续推动，宋代地方官学的创办逐渐形成气候。

宋代广东地方官员的教育意识也明显有了质的飞跃。蒋之奇，这位来自江苏宜兴的仕宦后代，于元祐元年（1086）出任广州知州。他看到韶州曲江在唐代还出了张九龄、姜公辅这样的杰出人才，而番禺这样的古都会却未见人才辈出，觉得十分费解。通过回顾广州历史，他认为根本原因是“教养之道未尽其方耳”。他看到，广州前有南越国，赵佗“以蛮夷大长老夫自处”；后有南汉国割据一方，“穷奢侈，酷刑罚，诛近世，戮群弟，以至失国”。他认为：“其治蹇浅，不足称列，夫岂暇遑庠序之事哉？此其所以历年之久，而未有魁伟卓越之士闻于时者，亦理然也。”

蒋之奇在广州任上的教育举措，至少有两件事值得称道：一是他致力扩建了广州州学，期望“自斯学之成，会朝廷适除教官，专诲导之任。隆栋挺桷，屹其山立；褒衣峨冠，坌其云至。由今以往，将见人伦益以明，礼义益以起，而士之秀异者，亦益以出，则岂惟中州之人哉”①；另一件便是宣扬了历史上任职广州的廉洁官员，“南海饶宝货，为吏者多贪声。（蒋）之奇取前代牧守有清节者吴隐之、宋璟、卢奂、李勉等十人，绘其像，建‘十贤堂’祀之，冀变其习”②。

其继任者章楶，前文已有介绍，他十分重视民俗教化问题，并认定要维新风俗，须从教育抓起。由是他将州学从毗邻寺庙的西城搬迁到了东城。他对广州难出人才现象也提出了同样的问题：“二广据五岭之南，凡四十余州，而番禺为巨镇，至于士人知名者独少，而业文擢第，及劣于他州，其故何哉？”他总结了三个原因：一是广东地区自秦汉以来，常为奸雄窃据之地，地方长官忙于弹击豪强，钼剪寇盗，无暇教化之事；二是广东民风趋利薄义，礼法无制；三是许多地方官员不能廉己正身，使百姓无所视效。章楶也继续着手州学的完善，力欲从教化入手，“使广之风俗丕变如齐、鲁之国，是太守之所望也”③。

这两位广州知州在思考着同一个问题，很有意思。这种思考典型体现了宋代广东地方官员在社会治理方面，由文明生活方式和农业生产方式的引领开始深入到社会教化和人才培养的层面。或者说，广东地方官员更加重视社会教化和人才培养的治理工作。这是古代广东教育需求深化的产物。

有思考就有更自觉的行动。从广东情况看，在庆历兴学之前，广东地方官学还属少数，只有潮州和连州开办了州学，以后又有高州、新州、封州几个州学的创办。兴学诏令下达后，广东闻风而动，广州、韶州、英州、南雄州、雷州、琼州、南恩州都相继创办了州学。至徽宗时期，

---

① 蒋之奇：《广州州学记》，《元大德南海志残本》，广州：广东人民出版社 1991 年，第 158 ~ 159 页。

② 郭棐：《粤大记》卷十《宦迹类 · 蒋之奇》，广州：广东人民出版社 2014 年，第 275 页。

③ 章楶：《广州府移学记》，《元大德南海志残本》，广州：广东人民出版社 1991 年，第 160 ~ 164 页。

端州、循州、梅州、惠州、化州、康州等州学也都相继开办。宋代广东县学的开办一般较迟。至北宋末，广东只有海丰、阳春、新会、高要、阳山等几所县学，其他县学大都开办于南宋时期。

二、粤中地方官学

北宋庆历年间，朝廷要求各地兴学。当时广州还没有州学，郡守于是借助夫子庙权当校舍，这可以视为广州州学创办的起点。皇祐二年（1050），经略使田瑜将州学迁徙到州署的东南并加以扩充。熙宁元年（1068），由于广州城增扩东城，于是又把州学迁徙至国庆寺的东部。熙宁四年（1071），太守程师孟又进一步将州学扩充完善。元祐元年（1086），蒋之奇任职广州。次年仲春，州学行释典礼，蒋之奇看到的广州州学“堂庑庳陋，隅奥侧陋，师生所庐，曾莫攸处，讲肄之次，寝以毁废，怵然于心，思所以完葺之”[①]。于是由漕司筹集资金，集合番禺、南海官府之力，将州学讲堂、议道堂等扩充修葺。

修建广州州学，还有一个人出力很大，即刘富。据《广州人物传》所载，刘富为南海人，当时担任“将作主簿”，即负责土木建筑的总管。熙宁元年（1068），广州知州张田徙郡学于国庆寺东，未及营造而去世。刘富于是纳资献材，勠力以自效。在营建殿堂、廊宇次第将完成之时，转运使陈安道觉得学校太低矮狭窄而停止了。在继任官员程师孟、蒋之奇进一步将州学修建完工后，刘富又卖去了自己在城郊之田，将所得五十万资于学。这一行动又感动了怀化将军辛押陀罗，他是个少数民族的酋长，也捐资赞助广州州学的修建，并另外增建了学舍以供蕃俗子弟之愿学者。[②]

但州学所在地有一个缺点，即靠近市场和寺庙。于是在绍圣三年（1096），知州章楶又一次将州学迁徙至城东南。据章楶所言，当时的州学在中城之西，与寺庙为邻，也与市场很近，人多杂乱，喧哗嘈杂，绝不是个读书的场所。“一日，诸生百有五十一人以状来请，极道郡学迁置

---

① 蒋之奇：《广州州学记》，《元大德南海志残本》附录二，广州：广东人民出版社1991年，第156页。

② 黄佐：《广州人物传》卷十九《宋试将作主簿刘公富》，广州：广东高等教育出版社1991年，第460页。

非宜，条其所以然之状，愿输金于官，择地而徙焉。总会所输之钱，凡百有二十余万，漕台所助者半之。于是为之相攸经画，参考阴阳家之说，咸曰牙城东南隅，有驻泊都监官庙，直番山之前，而风水且顺，建学聚徒，此其吉地也”①。这次州学的迁徙之地，“面大江，枕番山”，基本奠定了广州州学的规模。以后在乾道三年（1167）、淳熙三年（1176）、淳熙四年（1177）、嘉定元年（1208），各任官员都对广州州学进行了扩充、修葺，使“庙学一新”②。

广州州学的建成，对士人鼓舞极大。宋人王与之为此撰写《广州重建学记》，其中谈道：“郡博士日与诸生登忠恕堂，明一贯之道，讲论齐家治国平天下之要，于正心诚意间，移孝为忠，尽臣子之大节，上不负天子，下不负贤师。帅所以教化作成者，异日扬王庭，立名节，姓名光史册，如张曲江、姜日南、余襄公者，不一而足，又岂止读纸上语、工文词、取科第、抗衡上国而已哉?”③

嘉定元年（1208）陈岘知广州军州事，兼管内勤农使，充广南东路经略安抚使、马步军都总管。在任内，广学宫，治城濠，“郡号多士，贡额才十三，（陈）岘为请于朝，嘉定三年，增额为二十五。帅广三年，政务宽简，民甚德之”，政务之暇，又委托州文学齐琥、监盐仓季端仁编《南海志》。④

在广州所属各县，南海县学创办于嘉定二年（1209），“知县宋钧创建于县东六十步，前瞰城濠，背枕远碧。千佛塔立其右，如文笔卓然；越台山拥其左，若屏障森列。陈经略岘拨金斗场，岁收地基钱一百贯，添助养士。施田及请买到赡学田，共四十余顷”。淳祐四年（1244），经

---

① 章粢：《广州府移学记》，《元大德南海志残本》附录二，广州：广东人民出版社 1991 年，第 161 页。

② 陈大震：《南海志》卷九《学校》，《元大德南海志残本》，广州：广东人民出版社 1991 年，第 58 页。

③ 王与之：《广州重建学记》，广州市文史研究馆编：《羊城风华录》，广州：花城出版社 2006 年，第 30 页。

④ 郭棐：《粤大记》卷十一《宦迹类・陈岘》，广州：广东人民出版社 2014 年，第 314 页。

略方大琮见学校年久失修，又拨款重修改建。[1]

番禺县学原来附设于州学的“西庑”，淳祐元年（1241），“知县诸葛钰始相地县东南五里，前睨大江，后脉云峰，山水明秀”，于是与乡大夫李昴英商量建学事宜。提举李鉴闻而嘉之，首捐钱千缗以为倡。经略刘伯正、运使刘克庄也相继捐钱以响应，乡间名士也加入捐款行列。番禺县学经半年施工落成，“行舍菜礼，奉安圣师，会僚佐以落之”。提举李鉴又拨官田四百多亩作为学田，以助养士。以后经略方大琮又在临江之处建亭，匾额“浴沂”，以为士子游息之所。[2]

东莞县学原在县东南二里，南宋淳熙十三年（1186），知县王中行在视察时发现，“有闾于榛营间者曰学也，栋宇绵蕞，弦诵寂寥，今几何年矣。余领邑未阅月，邑士群以为言，诘其地，以一二对。率众往视，与故址相唯呵，其孰从违与？有自东矫而南去邑余百步，正与黄岭相宾，主中夷外。旷地属黎氏，余一叩得之”[3]。在黎氏慷慨捐赠下，东莞县学迁徙至新地。开禧二年（1206），又将大成殿迁徙至县学之西。县学旧有图书阁，被风雨摧毁。嘉熙二年（1238），知县许巨川重建经史阁。[4] 许巨川原掌教广州州学，“笃志训诲，学者有所矜式，人士感之，建生祠于泮宫东”。后为东莞令，下车即谒学以礼。他不仅将县学校舍予以修缮，而且“邑务虽繁，必与诸生讲解以励术业。复立小学以训童蒙”[5]。

增城县学于南宋开禧年间（1205—1207）建于城西北登高峰下，“旧建四斋，开禧间并为二。嘉定二年，复改为四：乃以博文、果行、移忠、履信名斋”[6]。

---

① 陈大震：《南海志》卷九《学校》，《元大德南海志残本》，广州：广东人民出版社1991年，第62～63页。

② 陈大震：《南海志》卷九《学校》，《元大德南海志残本》，广州：广东人民出版社1991年，第63页。

③ 王中行：《迁学记略》，（道光）《广东通志》卷一三八《建置略十四·广州府二》。

④ 陈大震：《南海志》卷九《学校》，《元大德南海志残本》，广州：广东人民出版社1991年，第63～64页。

⑤ 郭棐：《粤大记》卷十一《宦迹类·许巨川》，广州：广东人民出版社2014年，第319页。

⑥ （嘉靖）《广东通志》卷三十六《礼乐志一·学校上》。

香山县学于南宋绍兴二十六年（1156）始建于城东一里连峰山下，淳祐四年（1244），主簿宋之望徙迁于县西南，滨于城濠。景定二年（1261）洪天骥知香山县，“至之日，以教养人才为首务，修复大成殿，明伦有堂，主敬、修身、宝贤、登俊有斋，皆捐俸入为之，敛不及民”①。梁益谦于端平（1234—1236）中为香山县令，“首重学校，课督士子，增学田二顷二十有六亩。疏南濠之水以灌陂田。捐俸置赈仓，民德之，为立德政碑”②。

新会县学于北宋庆历（1041—1048）中创建，清远县学于淳祐四年（1244）由县令杨观建于县治东南。③ 怀集县学则只记载“建自宋”三字。④

宋代广州还开办了小学。熙宁四年（1071）三月，诏诸州、军置小学。崇宁元年（1102）八月二十三日，令州县置小学，十岁以上皆入学，五年立课试法。政和四年（1114）十一月二十一日，州郡小学分三舍，其宗子之在外者亦如之。复建宗子小学。朝廷令下，广东也有行动。熙宁年间，广州学西有训蒙堂学舍四十间。嘉定十四（1221）年，广州学教授许巨川请都转运使刘自强在州学左辟地，为屋二十四楹。宝祐元年（1253），经略使李迪迁于州学之西，与训蒙堂相接。淳祐十年（1250），雷州知州擢教授郭梦龙立小学。

上文讲到的怀化将军辛押陀罗曾要求在广州州学“置别舍，以来藩俗子弟，群处讲学”⑤，至此也大体落实。徽宗大观二年（1108），广南东路的贺州前摄州学教授曾鼎旦奏言：“广州藩学渐已就绪，欲乞朝廷择南州之纯秀练习土俗者，付以训导之职，磨以岁月之久，将见诸番之遗子弟仰承乐育者相望于五服之南矣。”旋诏：“以曾鼎旦充广州藩学教授，

---

① 郭棐：《粤大记》卷十一《宦迹类·洪天骥》，广州：广东人民出版社 2014年，第 320 页。

② 郭棐：《粤大记》卷十一《宦迹类·梁益谦》，广州：广东人民出版社 2014年，第 322 页。

③⑤ （嘉靖）《广东通志》卷三十六《礼乐志一·学校上》。

④ （同治）《怀集县志》卷二《建置志·学校》。

其应合行事件并依也。”[1]

三、粤北地方官学

韶州治曲江（今韶关市）。景德三年（1006）韶州始建先圣庙，至和二年（1055），知州胡牧在此基础上始建州学。北宋仁宗时期，王之才知韶州，乐善好修，敏而有才，熙宁七年（1074），将州学修葺一新，建阁匾曰：稽古。其“日与弟子员讨论讲解，崇奖秀异，俾之进业”[2]。南宋时有州学教授汤露，“教授韶州，士多崇信”。当时前任修治州学尚未完工，汤露节缩经费继续修缮，使工程顺利完成。[3] 韶州属下的曲江县学，南宋绍兴（1131—1162）初建于城东南隅大鉴寺之左。乐昌县学，原在县城西门外，临河，淳熙十五年（1188）知县曾造迁建于东门外拱秀坊。乳源县学，在县治东门外吴塘，乾道三年（1167）始建，淳熙十四年（1187）寇毁，知县曾造复建。翁源县学，在县北高岭下，创始无考。仁化县学，在县治西，南宋嘉定三年（1210）始创，后毁于寇，便改建于县治东，淳祐元年（1241）县丞郑轸复建于旧所。淳祐九年（1249），汤露撰文称赞郑轸的兴学之举，他说：“我朝文化，庆历极盛，韶之县各立学，独是邑缺然。”后经过几任县令的努力，至郑轸终于规模成型，“讲经有堂，肄业有斋，圣哲中处，从祀在旁”。他感慨道：“人心有仁，如桃李有仁，虽困塞于风雪凄冽之候，必有萌芽于阳和敷畅之初。”[4]

英州治浈阳（今英德市）。庆历（1041—1048）年间郡守王仲达创建州学于大庆山。南宋吴懿德嘉定二年（1209）第进士，曾任英州教授，后为新会知县。[5]

连州治桂阳（今连州市）。州学于咸平六年（1003）始建书堂于城内

---

① 苗书梅等点校：《宋会要辑稿·崇儒二·郡县学》，开封：河南大学出版社2001年，第95~96页。

② 郭棐：《粤大记》卷十一《宦迹类·王之才》，广州：广东人民出版社2014年，第305页。

③ 郭棐：《粤大记》卷十一《宦迹类·汤露》，广州：广东人民出版社2014年，第317页。

④ （嘉靖）《广东通志》卷三十六《礼乐志一·学校上》。

⑤ 郭棐：《粤大记》卷十《宦迹类·吴懿德》，广州：广东人民出版社2014年，第278页。

东南隅，崇宁年间（1102—1106）迁于联壁坊。政和四年（1114），知州欧阳震复迁于东园。乾道八年（1172）遭兵祸，郡守陈某于是又将州学迁回东南隅书堂故址。时人赞曰：“侯能因乾道之旧，缮治册艭，焕然一新，取田之在官者仅三百亩，以助教养，可谓知所先务矣。”端平元年（1234），知州留元长复迁建于列秀亭旁。迁址之理由，时人陈晋接著文说：“连郡山水之秀名天下，盖自唐贤以记咏发之，由是文风四振，为名进士者代不乏人，至国朝尤盛。”然近来人物稍不如昔，人们议论，认为州学僻于一隅，气象郁结，而城南的列秀亭，则是“丞相紫岩先生张公尝所滑憩之地，而匾牓则其子宣公南轩先生之手泽也。其地爽垲而平衍，一水萦迴，四山环揖，宛然古类宫规制，殆天造神设，若有所待者”。于是人们请求知州，并踊跃捐金，乐助其成，由是才有了州学的落成。连州所属阳山县学于北宋崇宁年间（1102—1106）建于县治之东岗，连山县学于南宋淳熙八年（1181）建，但于咸淳二年（1266）毁于兵祸。[1]

南雄州治浈昌（今南雄市）。北宋庆历年间（1041—1048）创于小东门外，但未有进一步营建。直到治平二年（1065）才由知州陈侁奉诏所建。大观二年（1108）知州范处厚重修。南宋嘉泰年间（1201—1204）知州刘箓再次重修。南雄州属下的保昌县学在州学西南，南宋淳祐元年（1241）知县汪应午自光孝寺改迁于此。淳祐十一年（1251），知县赵崇再次撤而新之。始兴县学则只有“随县治迁徙不常”一句。[2]

四、粤东地方官学

惠州治归善（今惠州市）。北宋宣和六年（1124），第进士的陈鹤随后任惠州佥判，当时“惠俗僻陋，士风不振”，陈鹤到任后，“大兴学校，（陈）鹤亲典教事，执经者数十百人。鹤乃捐佥判厅所得盐仓箩头利是钱置学田，以增廪。又置学官，自后文士彬彬。惠之倡学，实自（陈）鹤始”[3]。其州学于南宋淳熙二年（1175）由州守张孝贲再建，宝庆二年（1226），文学椽王胄建学门于东南隅，其上为丽泽亭。淳祐二年（1242）毁。惠州属下的博罗县学，端平年间（1234—1236）由州守刘焕、县簿李醇翁始建，淳祐（1241—1252）中，州守谢蘧修之，县令王旦建瑞光

①② （嘉靖）《广东通志》卷三十六《礼乐志一·学校上》。

③ （嘉靖三十五年）《惠州府志》卷十一《名宦·陈鹤》。

楼。咸淳（1265—1274）中，县令洪伯清辟地而新之。海丰县学，原在县城西偏，北宋康定二年（1041）县令谭昉始迁建于县治之东南隅。余靖在文中赞道："今之县令惟以断笞杖、督赋租为称职耳，其能劝学以警俗者几何哉！"但谭县令却能于政事之暇日习俎豆，所以敦风俗、兴学校，所以励善良、严祀事。他见原学校地处偏僻，屋宇昏暗，于是与诸生商量建新学，"诸生闻之，愿倾私楮以赞其成，遂状其事得请于州，徙祠舍于邑之东南隅，伐山敛材，易葵以瓦，冕服王藻，仪容大备，孔子南向以为先师，十哲坐塑以为从祀，册其器以荐乎牢醴，垩白其堂以业乎讲诵"。河源县学，原在县治东南，乾道四年（1168）知县薛彦博迁于邑北隅，端平元年（1234）知县林魁辰建于县北一里，淳祐二年（1242）知县夙子兴修之。张栻于乾道四年（1168）撰文记述河源县学的迁建，他对官府办学的目的予以了强调："士之居焉者大抵操笔习为文辞，以求应有司之程耳。嗟夫！是岂国家所望于多士之意哉？"他强调，国家设学之目的，根本在教人尽其性而为人伦之至，"在家则孝弟、雍睦之行兴，居乡则礼逊、廉耻之教行，一旦出而立朝则致君泽民，事业可大。三代之风，何远之有？岂不盛欤，又岂可不勉欤"[①]。

循州治龙川（今龙川县西南）。北宋循州史料缺失。南宋时，宋煜于淳熙年间（1174—1189）知循州，当时岭南各地的学校校舍都很简陋，宋煜到循州，"即撤而新之，循人士始自力于学"[②]。这说明循州州学在北宋已经创建，只是较为简陋。循州下辖的龙川县学，只注明在城北敖山下，未载创建时间。长乐县学，南宋绍定年间（1228—1233）由县令叶拳始建于七都之龙冈，淳祐（1241—1252）初由县令林朝孙修之。兴宁县学于嘉定（1208—1224）中始建于县东百步，咸淳四年（1268）由主学卢龙跃修之。[③]

潮州治海阳（今潮州市）。潮州州学旧址在西郊，北宋咸平（998—1003）中徙建城南，庆历年间（1041—1048）迁于东冈之湄，元祐四年（1089）迁于湖山之麓。元祐五年（1090）王滌知州事，养士治民，一以

①③ （嘉靖）《广东通志》卷三十七《礼乐志二·学校下》。

② 郭棐：《粤大记》卷十一《宦迹类·宋煜》，广州：广东人民出版社2014年，第315页。

韩昌黎为师。元祐七年（1092）又将州学迁于州之东南隅。南宋建炎二年（1128）以神霄宫为学，绍兴八年（1138）毁于兵，绍兴十一年（1141）由知州徐璋重建，历经五迁终于定址。绍兴二十一年（1151），知州张元振建前门、中门，上为御书阁及讲堂，来学者日众。淳熙十六年（1189）知州丁允元创六斋，并拨田租三百六十五石于学，以赡士。庆元四年（1198）知州林票增置二斋。这一年，朱熹门人廖德明任潮州通判，“日与庠校师生讲明圣贤心学之要，……使民皆以其暇日讲习礼义”。又出面请朱熹书写“拙窝”，合周敦颐的《拙赋》刻在金山的摩崖上。郑良臣于淳祐二年（1242）任潮，增置田税于州学及韩山书院，以为养士费。景炎三年（1278）毁于兵祸。潮州属下的海阳县学旧附州学右，绍兴年间（1131—1162）知县陈坦迁至州治西，景炎三年（1278）毁于兵。潮阳县学在县东南，绍定三年（1230）知州孙叔谨建，景炎中毁于兵祸。揭阳县学在县治东，绍兴十年（1140）置县即建学，淳祐六年（1246）知州陈圭重修，景炎三年（1278）毁于兵祸。①

梅州治程乡（今梅州市）。州学建于北宋徽宗时期。初在市场后，又迁至东南隅，乾道九年（1173），知州黄德复迁于城之西北天庆观。淳熙十二年（1185）知州黄朁建梯云桥于学前。庆元六年（1200）知州刘焕增学宫，新十哲像，创小学四斋，弦诵之声日闻于前。以后教授张如圭、林若谷相继建大成殿，绍定三年（1230）毁于寇。学正郑奇将学校迁于贡院旧址，本路使赵师楷、知州叶敷荣共建成大成殿、两庑、戟门，匾讲堂曰：明道。嘉熙三年（1239）毁于寇，淳祐元年（1241），知州李鉴迁于城东南。②

五、粤西地方官学

端州（后改肇庆府）治高要（今肇庆市）。府学原在县治东，崇宁年间（1102—1106）行三舍法，因原址狭隘，于是将学校迁至城东富文坊，经历任郡守毛衍、林景章、张渐等人的努力，学校终成规模。南宋绍兴年间（1131—1162）郡守李麟、郑起沃等又增创。其时，林杆任肇庆府

---

① （嘉靖）《广东通志》卷三十七《礼乐志二·学校下》，（嘉靖）《潮州府志》卷五《官师志》。

② （嘉靖）《广东通志》卷三十七《礼乐志二·学校下》。

学教授，当年在太学与之友善的林孝泽来肇庆巡视，“不入官舍而馆于学”。一日，林杆对林孝泽说：“公宜他徙，毋重困我。”要求林孝泽离开府学，不要影响了学校的教学秩序。[①] 黄公度于绍兴十五年（1145）通判肇庆府，摄南恩州守，治事之余，以读书著文为乐，“又增学廪，择秀民与之登降揖逊，学者用勤。邦人像而祠之”[②]。张宋卿，博罗人，绍兴丁丑（1157）以《春秋》魁南省，擢进士。正色立朝，权贵欲内交者，谢绝之。出为肇庆守，礼贤兴学。[③] 肇庆府属下的高要县学原附于府学，北宋政和六年（1116）郡守毛衎将府学迁走，将此地设为县学。四会县学旧在金冈山下，南宋咸淳元年（1265）迁于县治东南，建大成殿、戟门，景炎年间（1276—1278）建堂、斋、号舍。[④]

南恩州治阳江（今阳江市）。州学于北宋庆历四年（1044）始创于城南，绍圣年间（1094—1098）知州丁琏徙于城内东南隅。丁琏有《徙南恩州学记》，文中谈道：“恩平古郡，汉属合浦。旧学去城南几三里，荒汀敝废，廊室不支，垣墉倾圮，士人患之。”不久漕使大夫溥公按部至此，偕曹判冯公登望海台，因指城隅之东曰：“此山水川回合，风水之佳，宜徙学以就焉。”于是立即行动，鸠工抡材，徙旧增新，不日而就。州学“蔽守有门，步趋有廊，圣师有殿，斋祠有厅，经籍祭器有库，讲义有堂，正录有位，生徒胄子有斋庖”[⑤]。南宋淳熙年间（1174—1189）知州梁球建大成殿，嘉定年间（1208—1224）知州陈岳、郑浦重修殿、庑、堂、斋，增置祭器。傅雱在州学御书阁敬挂孔子像后说：“今南恩自朝廷复兴庠序以来，士人之峩冠博带，争趋场屋者几千人，其间笃志肄业者固亦不少，而书名桂籍者独未闻有破荒之士，岂潮之人可以劝激而南恩独不然哉？窃尝勉以陈君孜孜之意，而复表以名笔、真像，使邦人

① 郭棐：《粤大记》卷十《宦迹类·林杆》，广州：广东人民出版社 2014 年，第 276 页。

② 郭棐：《粤大记》卷十一《宦迹类·黄公度》，广州：广东人民出版社 2014 年，第 310 页。

③ （崇祯）《肇庆府志》卷一九《名宦传·张宋卿》。

④ （嘉靖）《广东通志》卷三十七《礼乐志二·学校下》。

⑤ 丁琏：《徙南恩州学记》，《广东文征》（一），香港：香港中文大学出版部 1973 年，第 83 页。

益知向风，则行将见有志之士彬彬焉出，他日掇取巍科翕赫海岭者，岂潮之人独擅名于峤南哉！”① 南恩州属下的阳春县学，只记载于庆历四年（1044）建在南城外，其兴废情况不详。

新州治新兴（今新兴县）。州学于北宋天禧年间（1017—1021）创建，南宋嘉定（1208—1224）中郡守杨承祖重修。赵汝勉在文中记载，新州初建泮宫于郡城南，气象宏伟，栋宇壮丽，面势得溪山之胜。然历三十多年风雨凋零，学校破败。郡守杨承祖叹曰：风化之本，观瞻弗称，守之责也。退而谋更新之。新校舍落成之日，居民“阖境奔走聚观，心目忻快”②。

康州（后改德庆府）治端溪（今德庆县）。府学原在城东，北宋元丰四年（1081）迁建于府治东。庆元（1195—1200）初郡守赵师璗置书、买田。南宋绍定、淳祐年间郡守陈宿、冯光继增学田。

封州治封川（今封开县东南）。州学于北宋康定元年（1040）创建，皇祐年间（1049—1054）毁于寇，于是迁于城东北。其后历三次迁建，最后还是在城东北地重修。③

化州治石龙（今化州市）。州学旧在州治南，南宋嘉定二年（1209）郡守范良辅迁于城外。咸淳六年（1270），教授赵蜚英迁于城南，后毁于兵，海北海南道佥宪吕沆重建。④

雷州治海康（今雷州市）。州学于庆历四年（1044）建于城外西湖之东，嘉祐八年（1063）郡守林昆修缮。靖康元年（1126），郡守李域迁于天宁寺西，绍兴十年（1140），郡守胡宗道复徙于寺西北。贾洋在记载这一迁建过程时说：“惟雷阳介在海濒，洊更寇攘，学校荒弛。太守胡公来镇是邦也，下车之初，首谒宣庙，见其地形湫隘，殿宇隳败，喟然兴叹，窃有意于作新。念军旅之后，顾惜民力而未遑。平居燕闲，僚属之间一语一言，未尝不以为歉。儒冠之士，闻风而靡，聚语曰：贤太守留意于吾道如此，吾属学夫子之道者也，可不动心乎？乃相率诣府庭，请各出私钱，自推乡闾宿学老儒者以董其事，众共协力，鸠工拣材，即城之西北隅，得地爽垲，愿改创焉。择绍兴十年十一月二十九日己巳立殿。胡

① （嘉靖）《广东通志》卷三十七《礼乐志二·学校下》。

②③④ （嘉靖）《广东通志》卷三十七《礼乐志二·学校下》。

公欣然可其请，且戒之曰：毋撤民屋庐，毋侵民畦畛，毋夺民三农之时。众受命：惟谨。故不费公家一金，不调编户一氓，靡督靡期，弗误弗扰，曾不逾时而告成。”[①] 以后，州学又有多次迁建和整修。乾道六年（1170），郡守戴之邵知雷州，沿海筑堤建闸，以御碱卤之患，保障灌溉之饶，被民称为“戴公堤”。又迁州学至海康县西，自书《进学说》以勉学者，还请求理学家张栻为兴学写记以重申学习的意义。[②] 淳熙四年（1177），郡守李苑修整堂、斋，设长谕分教。嘉泰四年（1204），郡守李皎重修塑像，郡守徐应龙、郑温建云章阁。嘉定年间（1208—1224）徐应龙知雷州，“为政宽厚，爱民如子，劝农兴学，雷人颂之”[③]。嘉定四年（1211），郡守郑公明、教授郑炀又将州学更新之。宝庆二年（1226），郡守陈大纪、郡丞曹宏父修殿堂书阁。薛直夫于嘉熙元年（1237）知雷州，到任后开辟科举考场，增加贡士考房，修建苏轼、苏辙祠，修理堤渠，建桥立市，“始雷人不知医药，病则召巫祷神而已，乃置惠民药局以疗民疾。有仁者之政，民立生祠”[④]。雷州属下的海康县是从徐闻县分出来的，因而未独立置学，开始附于州学，其后寄于遂溪文明书院。“海康儒学，宋以前未之建，学官生徒就遂溪之文明书院为学，儒籍则附诸府”[⑤]。遂溪县学始建于县治西，由于地低湿，乾道四年（1168）迁于县旁，宝庆元年（1225）再迁于县西登俊坊。徐闻县学始建于县讨岗村。[⑥]

高州治电白（今高州市东北）。由于州治于元代时迁茂名，所以黄佐的《广东通志》和光绪《高州府志》，都对高州州学的介绍以“旧在电白县治”开头，然后就介绍其在元代时期的迁徙。可能的事实是，两宋时期高州州学曾经存在，因后来的迁徙致原址不存，史料因之缺失。其下辖的茂名、电白二县的县学也都缺乏两宋时期的材料。[⑦]

---

① （嘉靖）《广东通志》卷三丨七《礼乐志二·学校下》。

② 郭棐：《粤大记》卷十一《宦迹类·戴之邵》，广州：广东人民出版社 2014 年，第 313 页。

③ 郭棐：《粤大记》卷十一《宦迹类·徐应龙》，广州：广东人民出版社 2014 年，第 316 页。

④ 郭棐：《粤大记》卷十一《宦迹类·薛直夫》，广州：广东人民出版社 2014 年，第 321 页。

⑤ （万历）《雷州府志》卷十《学校志·书院》。

⑥⑦ （嘉靖）《广东通志》卷三十七《礼乐志二·学校下》。

从以上介绍看，宋代广东的地方官学已涵盖了所有的州和绝大部分的县。地方官学是朝廷在地方实施教化和培养人才的平台。这一工程在宋代的落实，如果我们将其放在理学的乡村实践这一大趋势下看，可以发现，国家教育机制在这方面成为主导力量。就是说，为了推进理学的乡村实践，朝廷运用制度的力量直接干预和影响着广东民间社会的教育需求走向。这就是宋代广东地方官学普遍化的意义。

第三节　宋代的广东书院

除地方官学外，宋代广东教育的发展还有一支力量在兴起，那就是书院。书院是中国古代社会后期出现的新型教育组织。书院之名最早见于唐代，但只是藏书之所。作为教学性质的书院始于五代南唐的白鹿洞书院，大盛于宋代，延续于元明清。从总体上讲，书院教学的目的在于自由研究学问，讲求身心修养，是理学家或学者的讲学之所。在书院学习，学生得到的只是一种社会承认，而不是科举身份。

书院不属于国家官学系统，至少在宋代，书院的兴起不是来自国家的力量。宋代书院大盛，主要是传播理学的需要。两宋时期，理学家们借助书院这个平台研究理学，传播理学，同时也推动了书院这种有别于官学的教育机构兴盛起来。由于它能够成为地方官员施以教化和民间社会倡导学术的最佳平台，因而对于地区教育的发展具有特殊的意义。

一、广东书院的兴起

宋代广东书院的发展要晚于其他地区。北宋初期，书院开始在湖南、江西、河南等地兴起，但也有限。宋初的所谓“四大书院”或“六大书院”闻名天下，不过是因为朝廷的赐书重视，并没有特别的学术成就。随着朝廷的三次兴学运动，书院也就衰微了。广东地区于此时期所载于史志者，只有英德的涵晖谷书院。景德年间（1004—1007），英德郡守王仲达在涵晖谷东创建涵晖谷书院，“隐士石汝砺著《易解》于此”[①]。就是说这是为名儒石汝砺专修的读书著述之所，庆历、天禧年间还进行了

① （嘉靖）《广东通志》卷三十八《书院》。

修缮。这大概是广东最早的书院了，但因史料缺载，不知其详。

南宋孝宗、光宗时期，理学家朱熹、张栻、吕祖谦、陆九渊等人在湖南、江西、福建、浙江地区兴办书院，辩论学术，使得书院学术讲学开始成熟。但此一时期，广东地区仍然很少建置书院。直到宁宗（1195—1224）的“嘉定更化”解除了对理学的压制，并转而提倡理学，书院的兴办才开始在全国成为潮流。是时，广东地方官员顺应时势，积极参与书院的创办，如禺山书院（嘉定年间）、番山书院（淳祐四年）、相江书院（乾道六年）、丰湖书院（宝祐二年）等相继而兴，书院创设才略见普遍。[1]

宋代广东书院的性质有官办与私立两种，以官办为主。官办之书院一是为祭祀理学家，为传播理学而设，如广州濂溪书院，“为宋周敦颐立，以曾为广州转运判官也”[2]。二是为聘学者讲学而建，如广州禺山书院，“府学后旧有禺山书院，宋嘉定间建，梁百揆讲学于此”[3]。三是为纪念某名人读书业绩，如宋绍兴年间丞相留正、秘书张宋卿曾共读书于罗浮山水帘洞，以后在此地建张留书院以资纪念。宋寺丞郑玠知博罗期间，曾读书于罗浮山幽居洞后，后来其子康佐守惠州，建郑公书院。[4] 私立书院则为教导家族及乡里子弟而设，主要集中在今之顺德，其时地属南海。如羊额书院，“旧在顺德县羊额堡，宋淳熙间卢沧建”。金峰书院，“在顺德县古楼堡金峰地藏院侧。文献公后张氏迁寓于此，宋时有仕至学录者，致仕归，建院以诲里中子弟”[5]。

据刘伯骥《广东书院制度沿革》的统计，宋代广东书院大致有26所。李国钧主编的《中国书院史》统计的广东书院共39所（皆含海南）。数字之间相互有所出入，为了能对宋代广东书院有个整体印象，这里仅以刘伯骥的统计介绍如下（见表2－1）：

---

① 刘伯骥：《广东书院制度沿革》. 商务印书馆1939年，第18页。

②⑤ （嘉靖）《广州府志》卷二十八《学校下·书院》。

③ （同治）《番禺县志》卷十六《建置略三·书院》。

④ （嘉靖三十五年）《惠州府志》卷八《学校志·书院》。

表2-1　宋代广东书院一览表

书　院	创办时间	地址	创建者
涵晖谷书院	景德年间	英德南山	知州王仲达建
梅城书院	宣和三年（1121）	嘉应州	谪宦刘元城建
张留书院	绍兴年间	罗浮山水帘洞	张宋卿、留正同学于此
豫章书院	绍兴年间	博罗县西北	罗从彦讲学处
蜕斋书院	绍兴年间	高明北城外	名儒谭惟寅建
鳌峰书院	嘉泰初	龙川鳌山	循州守梁克俊建
禺山书院	嘉定年间	广州府学后	梁百揆讲学于此
番山书院	淳祐四年（1244）	广州府学	经略使方大琮建
羊额书院	淳祐年间	顺德羊额村	卢沧建（私立）
濂溪书院	淳祐六年（1246）	曲江帽峰麓	提点杨大异建
丰湖书院	宝祐二年（1254）	惠州城西南	州守刘克刚建
三沙书院	景定二年（1261）	龙川东山寺	谪宦吴潜讲学于此
濂溪书院	景定五年（1264）	四会城	县令宋有万建
平湖书院	咸淳七年（1271）	雷州西湖	知州陈大震建
义斋书院	咸淳年间	顺德大罗村	黎淳翁建（私立）
九峰书院	咸淳年间	顺德陈村	区仕衡建（私立）
鼎斋书院	咸淳年间	顺德马宁堡	进士麦雷奋建（私立）
濂溪书院		广州府城春风桥北	
东坡书院		琼州城北	纪念苏轼谪昌化而建
文明书院		遂溪县西南	纪念苏轼过此
松明书院		石城	纪念苏轼过宿于此
濂溪书院		南恩州北	纪念周敦颐
金峰书院		顺德古楼	学录张古翁建（私立）
望高书院		龙川五马峰下	尚书王汝砺建
星岩书院		高要宝月台	包拯建
翔龙书院	景炎年间	吴川县南	陆秀夫建（相传）

资料来源：刘伯骥：《广东书院制度沿革》. 商务印书馆1939年，第19~20页。

从表2－1所列来看，官办书院占主流，这主要源于地方官员的理学热情。他们借助书院这个平台宣传理学，传播理学，正好与理学的乡村实践潮流相吻合。而少数私立书院以教授乡里家族子弟为务，实际上也是迎合了理学的乡村实践潮流。所以宋代广东书院的兴起与理学在广东的传播是同步的。

二、广东教学型书院的创建

真正体现书院功能的是其教学职能。在宋代广东书院中，具有教学职能的书院相当少，而只有这些书院才能代表书院的发展方向。

1. 相江书院

曲江的相江书院原名为濂溪书院，乃是从祭祀周敦颐的濂溪祠发展而来。韶州乃广东提刑狱使治所，周敦颐任广东提刑狱使在韶州逗留了差不多一年。由于他慎刑爱民，传授理学，深得人们的敬仰，于是有了相江书院的产生。史书中说："相江书院旧在府学东，宋乾道庚寅（1170），知州周舜元建，祀濂溪先生周敦颐。淳熙十年（1182），教授廖德明增修。淳祐中，提刑杨大异改建于帽峰之麓，滨于相江。宝祐二年（1254），提刑吴燧请于朝，赐额'相江书院'。"[1] 可见，最早是在州学内建了濂溪祠，后来杨大异改建为濂溪书院，因皇帝匾额而定名为"相江书院"。

杨大异改建书院还有一段故事。南宋淳祐五年（1245），杨大异被任命为广南东路提点刑狱。临行前，经师方铁庵来见他，说，我不是来庆贺你高升，而是祝贺你得到与濂溪先生一样的官位。当年周敦颐在韶州待了十个月，其暮年之事，必有遗泽可考而未之见也。现在广州已有书院，韶州尚缺，这是老天爷期待你干的事啊。这一年冬天，杨大异到达曲江，立刻翻查相关资料，寻访濂溪遗迹，发现昔日的濂溪祠相当简陋。第二天他召集官员商量筹建书院之事，大家一致赞同选择一个风景优胜之地创立书院。经过考察，杨大异最后确定在帽峰之麓、相江之滨修建濂溪书院。淳祐六年（1246），濂溪书院落成。书院建筑庄重素雅，右边是五间祠堂，接着就是五间讲堂。左右两边是学生住的斋房，各有五间。

---

① （同治）《韶州府志》卷十八《建置略·书院》。

院子里还凿井辟地，广植松竹，环境清幽。书院不但各种设备一应俱全，而且兼有教学和祭祀的功能，教师以传授理学为要旨，并祀周敦颐，以程颢、程颐、朱熹、张栻配享，吸引远近士子前来肄业。杨大异感慨地说："先生在五羊逾半载，曲江几一年，泽如此其深也。先生图书得二程而尊，得朱张而明，后来诸贤相与讲论相继之，学如此之硕大光明也。吾徒弟以此身之所当行者，体而求之，则极固在我而有余师矣。苟舍夫理气身心之切于我者，而驰骛于幽深旷荡之境，或牵于势利情欲之私，则此极既离且无以为生矣。继自今其勿替引之，则庶乎此道之脉，可寿于无穷。"[①] 濂溪书院于宝祐二年（1254）被赐额"相江书院"，成为宋代广东影响最大、规制最为完备的一所书院。

2. 元公书院

潮州也有一所祭祀周敦颐的书院。北宋熙宁四年（1071），周敦颐以广东转运使的身份巡历至潮州，留有《题大颠堂》一诗。170 多年后，淳祐九年（1249），他的后人周梅叟任职于潮州，为纪念其先祖周敦颐，在潮州创建了元公书院，遗址在今潮州市上水门内北太平路东侧一带。《三阳志》中说："元公书院，淳祐己酉，内讲兵部周侯梅叟所创。……相攸郡庠之西，割教官公廨之半，砌石为桥，堂曰'遵道'，山长、堂长位于祠之左右，其外敞二间，扁曰'明道'、'公溥'，皆侯笔也。斋庐有四，曰'中、正、仁、义'，祠曰'光风'、'霁月'。……规模与韩山书院钧。"[②] 元公书院与州学相邻，割用了州学教授办公处所的一半而建成。元公书院同样设有祠堂和斋舍，规模和韩山书院相仿。周梅叟刊刻周敦颐全集以广其流传，声明书院的教学宗旨就是讲明义理之学，并不提倡学子专门攻读科举应试之学。因书院的祠堂太狭窄，又紧挨着衙门，容纳不下前来祭祀行礼的师生，知州陈炜于宝祐二年（1254）前后又对书院予以了拓宽。[③]

3. 韩山书院

韩山书院的前身是城南书庄。《三阳志》中说："韩山书院，仿四书

---

① 杨大异：《相江书院记》，陈谷嘉、邓洪波主编：《中国书院史资料》上册，杭州：浙江教育出版社 1998 年，第 165 ~ 167 页。

② 《永乐大典》卷五三四三《潮州府》第 45 页"书院"引《三阳志》。

③ 《永乐大典》卷五三四三《潮州府》第 45 页"书院"引《三阳图志》。

院之创，地在州城之南，乃昌黎庙旧址也。淳熙己酉，丁侯允元迁其庙于水东之韩山，其地遂墟。淳祐癸卯，郑侯良臣以韩公有造于潮，书院独为阙典，相攸旧地而院之。外敞二门，讲堂中峙，扁曰城南书庄。后有堂，扁曰泰山北斗，公之祠在焉，旁立天水先生赵德像。翼以两庑，四辟斋庐：曰由道，曰行义，曰进学，曰勤业。山长、堂长位于祠堂之左右。”①

韩山书院也是由祠而改建。北宋元祐五年（1090），潮州知州王涤修建“昌黎伯庙”，以纪念韩愈治潮之功。淳熙年间，知州丁允元把昌黎庙迁到河东双旌山，旧址就废弃了。淳祐三年（1243），潮州知州郑良臣借此地建讲堂，挂上了“城南书庄”的牌匾。讲堂后面是祠堂，称为“泰山北斗”，祠韩愈，配祀天水先生赵德像。四边各辟一所斋房，分别叫作“由道”“行义”“进学”“勤业”。山长、堂长的居室紧挨着祠堂，厨房、粮仓等设施也一应俱全。在韩山书院创建之前，附近已有盍簪亭、八贤祠、南珠亭等建筑，祠、亭与书院互相辉映，构成了独特的人文景观。

韩山书院还形成了一套教学管理模式，“洞主，郡守为之；山长，郡博士为之。职事则堂长、司计各一员，斋长四员，斋生以二十员为额。春秋二试，则用四书讲义。堂、计、斋职以分数升黜，一如郡庠规式”②。洞主由潮州知州兼任，山长由州学教授兼任。书院的具体工作则由堂长、掌管钱粮出入的司计负责，堂长、司计以及斋长都由学生担任。书院每年招收20名生徒，春秋二试，用四书讲义。堂长、司计、斋长的升降，均参照州学的模式，以分数高低来决定。

韩山书院建成后，受到潮州历任官员的关注。淳祐七年（1247），知州陈圭亲自到书院讲学。“淳祐乙巳，陈侯圭以复斋嫡嗣来守是邦，尤加切意。春秋课试，亲为命题，讲明四书及濂、洛诸老议论，以示正学之标的。捐金市朱文公所著书，实于书庄，与师友共切劘之。又刊复斋所书《仁说》于二壁，以广诸生之见闻。拨钱一千五百贯，置田益廪，增塑周濂溪、廖槎溪二先生像，并祠其中。”③ 陈圭其父陈宓（复斋）乃朱熹门人，因而他任潮州知州，十分重视在韩山书院推崇理学。他亲为春秋二试的命题，并结合四书讲明周敦颐、程颢、程颐、朱熹等人的思想

①②③ 《永乐大典》卷五三四三《潮州府》第45页“书院”引《三阳志》。

主张，以示正学之标的。陈圭还捐钱购买朱熹的书籍，充实书院藏书，在韩愈祠堂增加周敦颐、廖德明的塑像，并将其父所著《仁说》一文刻于书院两壁。

由此看来，潮州地区书院虽然以韩愈为主要祭祀对象，但其学术倾向还是以传播程朱理学。曾兼任韩山、元公两书院山长的吕大圭也是朱熹的再传弟子，他对两所书院的教学与学术同样颇有建树。他的著作在潮州刊刻就有五种之多，其中《三阳讲义》就是他在潮州专为州学或书院学生编写的教学用书，而《孟子说》《春秋集传·（春秋）或问》《易集解》《孝经本旨》四种解说儒家经典的著作也作为学生的主要参考用书。

三、广东书院的祭祀文化

书院虽以教学为主要职能，但祭祀为其最重要的职能。书院祭祀具有多种功能，最重要的一项就是揭示学术源流、标明讲学宗旨。书院注重祠贤，而讲学宗旨又往往以祠祀的先贤为依归。特别是以理学大师为祭祀对象的书院，其祭祀对象就标志着书院讲学的宗旨。由于书院多把本学派的创始人或与该书院有着密切关系的重要人物加以供祀，用以提高书院的地位，表明书院的学派特色与学术标向。所以，通过书院的祭祀系统，即可明了其学术源流的起承转合。刘伯骥称：“书院以祀贤为第一义，无论有无课讲，祀贤为决不可少之事。宋元两代的广东书院，差不多纯为祀贤祠。这是后来书院，也多有这种性质。当时所祀名贤，以宋代五子为首，流寓或地方的名贤次之，名宦又次之。”①

理解了书院的这个职能，我们就能理解宋代广东书院发展的路线图。著名理学家周敦颐任职广东，巡视各地，曲江、四会、广州、南恩州、潮州等地都留下了他的足迹，所以这些地方都建有纪念他的书院。

惠州的丰湖书院也是祭祀先贤的产物。为了纪念曾在罗浮山乃至在惠州留有遗迹的学宦官员，淳祐四年（1244），惠州州守赵汝驭在原来的聚贤堂中建十二先生祠，祭祀包括陈尧佐、苏轼、古成之、张宋卿、留正在内的 12 位先贤。而理学家罗从彦曾任职惠州，宝祐二年（1254），

---

① 刘伯骥：《广东书院制度沿革》．商务印书馆 1939 年，第 395 页。

惠州州守刘克刚将此地改建为丰湖书院，以祭祀罗从彦。“宝祐甲寅州守刘克刚改为丰湖书院，以堂为夫子燕居，塑豫章先生之像于晞是堂，别为十二先生祠于堂之后，又于其西构六君子堂。其南辟四斋，又南立三门，简生徒有志尚者讲习其中，俾州学教授兼山长事以领之。”[①] 豫章即罗从彦之字。

苏轼在广东也影响深远，因而在他居住过的惠州、琼州，以及他从惠州贬往琼州所经过的雷州地区，后人都建有祭祀他的书院，如惠州的丰湖书院，雷州的文明书院、平湖书院，高州的松明书院，琼州的东坡书院，等等。

可见，祭祀先贤成为宋代广东书院发展的主流，这不仅为广东书院文化注入了岭北学术渊源，同时也向一地区的文化发展进行辐射。郭棐在《广东通志》中说：

> 书院不列于学宫而精庐学堂讲舍，夫亦因俗为制，要在作人，非以标异也。秦越人之为医，随地屡迁，君子取其意，故有宋之白鹿、鹅湖，遂为学士嚆矢。其在岭南，经略方大琮治藏书室，而番山书院始开，若潮之韩山为韩愈，韶之相江为周敦颐，石城之松明为苏轼，茂名之茂山为晋高凉守杨方，雷州平湖为寇莱公，大抵善建不拔，其在人矣。[②]

所谓“其在人矣”，一是说宋代书院主要由地方官员的政绩行为为主导，二是说宋代广东书院是因韩愈、苏轼、周敦颐、罗从彦、寇准、杨方这些祭祀对象而起。从这里可以看到，这些祭祀对象以岭北学者为主体。宋代广东书院的学术标榜主要以岭北理学家为号召，以传播理学为学术旨趣，这给岭南文化的发展注入了中原文化的养料。当时广东本土的祭祀对象只有曲江的相江书院祭祀张九龄，增城的菊坡书院祭祀崔与之，潮州的韩山书院祭祀赵德，且不处于主祀地位。这说明广东书院文化还处于外来化学习阶段，这是广东书院，也是广东教育发展的初始阶段。而一旦岭南文化的发展产生质的飞跃，书院这个平台将成为广东教育发展的利器。

---

① （嘉靖三十五年）《惠州府志》卷八《学校志·书院》。

② 郭棐：（万历）《广东通志》卷七《藩省志七·书院》。

第四节　宋代广东的科举

宋代广东教育走向制度化还有一个作用力，那就是这一时期的广东人已经更广泛地参与到科举考试之中。唐、五代共342年，广东共出进士41人。两宋共319年，广东共出进士566人。仅从这数字，就能从一个侧面看出科举制度已深深地影响着广东教育的发展。这与全国形势有相似之处。学界认为，自宋代开始，古代中国进入科举社会，朝廷、士大夫及学术文化经由科举而紧密结合。人们的社会身份和地位的高低不再以血统和出身为划分，而代之以是否考中科名，并以科第的高低为依据。①

经过隋唐科举考试的实践，宋代科举不仅在制度上趋于完善，例如“三年大比”制的确立，殿试的“皇恩浩荡”，锁院、糊名、誊录等考试规则的操作，使科举制度朝着客观和严密的方向前进。而且在政治影响上更深入社会生活，例如上有宋真宗“书中自有黄金屋”的《劝学诗》，下有“朝为田舍郎，暮登天子堂”的民间共识，科举由此更深刻地影响着人们的教育价值取向。

一、宋代科举的解试

宋代科举考试，在唐代州县试和省试的基础上，增加了由皇帝主持的殿试。宋太祖曾得意地对大臣说：“昔者，科名多为势家所取，朕亲临试，尽革其弊矣。”② 至太宗时期，又进一步扩大录取名额，极大地调动起读书士子的科举热情。

科举热情的基础在地方。地方考试在府、州一级举行，考试合格者由州县官府发解到京城参加礼部的“省试”，故而府、州一级的考试称为“解试”。应试者报考解试、省试，宋代在继承隋唐保任制度的基础上，

---

① 刘海峰、李兵：《中国科举史》，上海：东方出版中心2004年，第155页。

② 《宋史》卷一五五《选举志一》。

进一步明确了投纳家状、保状、结保的规定。士子参加解试，须 3 人结为一保；参加省试，须 10 人结为一保，“所保之事有七：一、隐忧匿服；二、曾犯刑责；三、不孝不悌，状迹彰明；四、故犯宪条，两经赎罚或未经赎罚为害乡里；五、籍非本土，假户冒名；六、祖、父曾犯十恶四等以上罪；七、身是工商杂类及曾为僧道者，并不得取应。违者，本人依条行遣，同保人殿两举”①。

府、州解试，按照一定的比例和名额录取参加省试的考生，这种比例和名额经朝廷分配给各地，称为“解额”。解额的分配，大体是按十分之一的比例确定，即有 100 人参加考试，得解的人数为 10 人，也有个别地区给予十分之二的特殊关照。由于史料缺乏，宋代广东的解额数不是很具体。有一个数字，北宋仁宗嘉祐三年（1058），广南东路解额 97 人，广南西路解额 38 人；嘉祐五年（1060），广南东路解额 84 人，广南西路解额 63 人。② 以广南东路为例，依照比例推算，这两次参加解试的人数大致各有八九百人。以当时广南东路 15 州计，平均各州参加解试的人数在 56～65 人。当然，由于各州人口及教育水平的不平衡，这个数字不可能平均分割，所以这只是一个大致的计算。

《元大德南海志》记载了广州的解额数，十分珍贵：“先是士之与计者十有二，嘉定庚午（1210），增为十有五。端平元年（1234），又增其二，为十七。淳祐二年（1242），又增其三，为二十。宝祐二年（1254），又增为二十一。咸淳辛未（1271），张镇孙廷试魁天下，遂复增其二，足为二十三名。”③ 广州最早的解额数是 12 人，如果按照 10∶1 的比例计算，广州参加解试的人数最初应该常在 120 人以上。南宋时期，随着报考人数的不断增加，于是自南宋理宗嘉定年间开始便有了解额数的不断递升。咸淳七年（1271）南海县人张镇孙一举夺魁，为示鼓励，广州解额数再创新高。当然，这已经是南宋末年了。

但广州应解人数与解额数之比绝对不是 10∶1，这一点我们还可以从当时设置贡院的情况得到印证。北宋广东的府、州解试原无定所，为应

---

① 《宋会要》选举三之二五。

② 司马光：《贡院乞诸路取人状》，《温国文正公文集》卷三〇。

③ 《元大德南海志残本》卷九《旧志贡额》，广州：广东人民出版社 1991 年，第 77 页。

急，各州常假学校、寺庙和官府衙门举行，给考试带来诸多不便。于是朝廷要求各地兴建贡院。有人考证，广东在南宋时期建有三所贡院：一为南宋高宗年间（1127—1162）修建的潮州贡院，二为宁宗年间（1195—1124）修建的梅州贡院，三为理宗年间（1225—1264）修建的广州贡院。[①] 广州贡院其实并不始建于理宗年间，据《元大德南海志》记载，它实际始建于高宗绍兴二十七年（1157）：

> 贡院，旧无定所，诏岁寓于佛庐。绍兴二十七年，林都运安宅摄州事，即伪刘清虚洞建东西二院，西以贡乡曲之英，东以宾类试之士。淳熙元年，经略司马伋，增修楹庑于西。士益盛，履满不能容。庆元五年，欲以二院合为一，乃相地学之东偏，创类试之所。嘉泰元年，遂合为一院。嘉定十二年，经略留恭，增屋五间。端平三年，经略彭铉，撤而新之，袤而广之，凡五百间。其后士风浸盛，淳祐十年，经略赵汝暨，辟州治酒库地增广之。院之前，旧为雄略指挥，悉辟之。南直泮水，阔余五丈，瓷以石，出入场屋者便焉。[②]

就是说，广州贡院最早于1157年借当时的清虚洞而建起了东西两院。以后贡院不断增修扩张，说明广州参加解试的考生不断增多。至端平三年（1236），贡院的房间已达500间。而当时的解额数才17人，二者之比已接近30∶1了，其竞争程度可想而知。随后士风浸盛，于是又将官府酒库及雄略指挥的衙署“悉辟之”，可以想见报考人数还在不断攀升，以求适应。

我们再看看潮州解试的情况。据《三阳志》所载，潮州贡院原在城北之五里。南宋初年动乱，贡院被毁，每遇考试，多借寺庙之地。绍兴二十年（1150），开始借州学故址营建贡院。这时考生不到2 000人，已经感觉考场狭窄，于是再扩建。“阅数举又不足以纳郡士”，在乾道年间，数任郡守都进行了贡院的改建和扩建。“淳熙改元（1174），试士仅三千人，至嘉泰甲子（1204）科，中场四千余人。自后人物日盛，地窄无以

---

① 刘海峰、李兵：《中国科举史》，上海：东方出版中心2004年，第212～213页。

② 《元大德南海志残本》卷九《旧志贡院》，广州：广东人民出版社1991年，第76～77页。

容”。嘉定年间将贡院迁往“北郭之外”，规模甚是宏伟，“门庭轩豁，郛庑宽舒”。然考生数“日增于昔，至戊子（1228）举已六千六百余人。而地势僻，士尤以为不便”。潮州郡守于是再次筹款迁址改建，多次扩容，“而试席终以窄隘为病”。至淳祐十一年（1251），考生已达万余人，于是在景定甲子（1264）再次迁建于“平准、迁善二坊，复就外各架东西四庑以连接之。自是应试之士，坐案从容，无有逼窄之患”。潮州考生如此之众，然其解额数只有20名。经过争取，终于在端平年间（1234—1236）增加了2名。“自是就试者日益众，今终场至万以上人。司文衡者每以遗材为叹，枢密包公恢将漕日请于朝，乞增十名得解额。旨增一名”①。

宋代解试还包括另一种形式，即类试，又称作牒试或转运司试。这是由诸路转运司对本路现任官员亲属进行的一种发解考试。《宋史·选举志一》记：“士有亲戚仕本州，或为发解官，及侍亲远宦，距本州二千里，令转运司类试，以十率之，取三人。”由于转运司俗称漕司，故也称为漕试。绍兴二十七年（1157）广州首建贡院，将东院用来“宾类试之士”。庆元五年（1199），欲东西二院合一，广州又在州学之东另“创类试之所”。《元大德南海志》记载了广州漕试的解额数：“漕试：旧不满八百人，贡额十有二，视乡举为甚优。”

当时两广的漕试还有一种类别，称为摄试，以选拔摄官。所谓摄官，亦称权局、差摄，是地方官府中的幕职官。南宋人周去非在《岭外代答》中说：“二广试场有三：曰科举，曰铨试，曰摄试。今铨试废矣，唯摄试、科举而已。岭外科举尤重于中州，盖有摄官一门存焉。”② 宋制，凡两广诸路州县幕职官缺，则选差有官人或罢任待阙人、举人等临时代理。摄试每两年一次，由转运司主持，以两举进士不中者参试，以合用摄官人数为额。这实际上给应科举者多了一个机会。周去非又进一步说：“二广两得解士人许赴漕司试，摄以阙员为额。缀名者，漕司给公据，服绿

① 《永乐大典》卷五三四三、五三四五《潮州府》，《贡院》《解额》引《三阳志》。

② 周去非著，杨武泉校注：《岭外代答校注》卷四《试场》，北京：中华书局1999年，第168~169页。

参南选，出而莅民矣。今律，所谓假版官是也。摄官有三等：一待次摄官，二正额摄官，三解发摄官。待次历两任无过，漕司再任公据印纸为正额。又两任无过，漕司解发吏部，补迪功郎，自是通行仕路矣。”① 服绿，即着绿色官服，为九品以上官。假版官，非正式任命之官。摄官分三等，凡获两次文解的举人，经漕试合格，为待次摄官；历两任无过升为正额摄官，再历两任无过则解送吏部补迪功郎，“自是通行仕路矣”。

府、州解试在各地举行，必然会伴随着参差不齐、冒籍舞弊的现象，导致所发解人员素质低下的弊端。于是朝廷要求各路加强复试。《宋史·选举志》载：“先是，州郡乡贡未有复试。会言者谓冒滥之弊，惟在乡贡，遂命漕臣及帅守于解试揭晓之前，点差有出身倅贰或幕官专充复试。尽一日命题考校，解名多者，斟酌分日。但能行文不谬、说理优通、觉非假手即取，非才不通就与驳放。如将来省复不通，罪及元复试漕守之臣及考校官。”②

宋代广东录取举人多少，缺乏具体的材料。

二、广东进士状况分析

根据道光《广东通志》的统计，北宋广东共登第进士 189 人，南宋广东共登第进士 377 人，两宋广东进士总数为 566 人。根据《广东通史·古代上册》的统计，广东各州进士数如表 2－2 所示。

表 2－2　宋代广东各州进士统计表　　单位：人

时期	广州	韶州	连州	南雄	英州	惠州	循州	潮州	梅州	端州	南恩	封州	康州	雷州	化州	高州	琼州
北宋	29	27	46	18	2	7	9	37	1	4		2	5			2	
南宋	135	22	10	30		23	21	73	3	26	2	2	4	7	3	9	7

注：端州在南宋时改名为肇庆府，康州在南宋时改名为德庆府，英州在南宋时改名为英德府。

① 周去非著，杨武泉校注：《岭外代答校注》卷四《摄官》，北京：中华书局 1999 年，第 170 页。

② 《宋史》卷一五六《选举志二》。

从以上数字看，北宋时进士数居前两位者是连州和潮州，南宋时进士数居前两位者是广州和潮州。广州和潮州在广东教育中的领先地位至南宋时期已经奠定。

当然，广东的科举地位在全国还是处于落后状态。北宋全国进士共 19 259 人，广东才 189 人，占比不到 1%；南宋全国进士共 23 198 人，广东才 377 人，占 1.6%。但就广东自身比较，南宋较之北宋还是有所进步的。北宋会试共举行 69 科，广东平均登第进士 2.7 人；南宋会试共举行 49 科，广东平均登第进士 7.7 人。

对此，广东人还是很自豪的。明代人郭棐对宋代广东科举的成就持赞扬态度，他说："盖宋以文明启治，熙宁而后，罢诗赋，崇经学，国之养士与士之自养，恂恂然惟明经敦行，他艺不得以杂之。故吾广人士，彬彬奋起。"奋起之表现，不仅在于进士数量远胜于唐代，而且在于人才质量群星璀璨。南宋时期的第一次科举考试——建炎二年（1128）的"龙飞榜"，潮州人王大宝便夺得榜眼。郭棐接着说："若夫榜元，则有许申（大中祥符三年献赋颂，擢第一）、陈希伋（元祐六年举明经行修第一）、张镇孙。省元则有张宋卿、姚宗宏、谭必子。获一甲则有谢言、冯元、王大宝、李谔、张书言、莫天祐、崔与之、李昴英、郑奎英、赵必瑑、刘裒然。"他接着列举了宋代广东父子登科者有 9 对，另有父子同榜的赵崇讪、赵必瑑。兄弟登科者有 10 对，另有兄弟同榜者 2 对。兄弟三人先后登第者有 2 家，另有父子三人登第者 1 家。祖孙三代甚至四代者有唐元、唐静、唐炎；王式、王陶、王履古；邓戡、邓堂、邓弼亮；许申、许因、许闻一、许弁。其余如特奏名、乡贡也不乏知名于世者。[①]

宋代人李昴英在《淳祐重修南海志序》中写道："惟广素号富饶，年来浸不逮昔，而文风彪然日以张。虽蕉阜桄林之墟，蛎田蟹窟之屿，皆渠渠斋庐，币良师以玉子弟，弦歌琤相闻，挟艺待试上都者数甚啬，每

① 郭棐：《粤大记》卷四《科第》，广州：广东人民出版社 2014 年，第 97～98 页。

连联登名，与中州等。惜人士重于簦笈远游，只乡举一途，故仕进者鲜。”① 李昴英认定，广州文风彪然，不论在哪里，都能听到弦歌之声。虽然进京赴考者甚少，然金榜题名之势不亚于中州。只可惜广东人多停留于乡试一途，赴京会试的积极性不高。

为什么宋代广东人赴京省试的积极性不高？除了路途遥远、开支巨大外，省试录取率极低恐怕也是一个重要原因。知封州（今封开）军州事的柳材在一则奏折中说道：“惟陕西、河东、河北、荆湖北、广南东西路州军举人，近年中第者或一二。窃以科举既频，天下之士诚奔走之不易，而岭外尤为遐僻。每随计动经五七千里，往来不啻百余程。跋履道途，蒙犯风雪，比至京师，扶持困踬之不暇，使与郊圻安燕之士角其艺能，固不可得也。既而不第，孤寒之路，最为蹭蹬。干进且难，往往废学。”司马光在引述了柳材的观点后，以北宋仁宗嘉祐三年（1058）省试及第的比例为例，进一步说明了这种情况：国子监考生录取比例为5：1，开封府考生录取比例为6：1，而广南东路考生97人，及第3人，比例为32：1，广南西路考生38人，及第1人。嘉祐五年（1060）省试录取比例，国子监为4：1，开封府为4：1，广南东路考生84人，及第2人，比例为42：1，广南西路考生63人，无一人及第。其他偏远诸路录取比例大致如两广。②

三、广东的特奏名及诸科

为了牢笼士人，宋代科举还设立了特奏名制度。宋太祖开宝三年（970），在礼部录取进士之后，宋太祖令礼部贡院复核未被录取举人情况，将进士科及诸科考试达15次以上，且本次考试终场的106人，特赐本科出身。这一做法至北宋中叶形成定制，称为特奏名及第，又称恩科及第。特奏名入仕者之官位虽然比正奏名进士低，一般是授予州、府官学的助教一职，但这一制度为科场失意者带来很大希望，使读书应举的

① 李昴英：《淳祐重修南海志序》，屈大均著，陈广恩校：《广东文选》上册，广州：广东人民出版社2008年，第258页。

② 司马光：《贡院乞诸路取人状》，《温国文正公文集》卷三〇。

前途显得更为光明，促使那些潦倒不第的士人为博得一官而老死不休。

据道光《广东通志》统计，宋代广东特奏名进士共292人，其中北宋72人，南宋220人（未将存疑数统计在内）。各州特奏名进士数字如表2-3所示：

表2-3　宋代广东各州特奏名进士统计表　　单位：人

时期	广州	韶州	连州	英州	南雄	惠州	潮州	新州	康州	南恩	端州	钦州	琼州
北宋	1	24			20	2	22				1	1	1
南宋	26	58	56	1	41	13	12	3	1	3		4	2
合计	27	82	56	1	61	15	34	3	1	3	1	5	3

资料来源：（道光）《广东通志》卷66-67。

宋代广东第一个获得特奏名进士的是海阳人刘默，他于北宋景祐元年（1034）及第，这时宋代科举已开考第39科。潮州海阳县在北宋的特奏名进士中成绩不错，一路领先。然而至南宋，奋起直追者却是位于中原入粤重要通道的韶州、南雄州、连州，其特奏名进士名列三甲。以县为单位计算，排在前三位的是南雄州的保昌县61人，韶州的曲江县42人，乐昌县34人。这从一个侧面反映了宋代广东人的科举情结，也说明了粤北地区教育传统之深厚。能够连续15次赴京省试，特别是在宋英宗治平三年（1066）正式确定“三年大比”后，特奏名进士的毅力尤为值得钦佩。

宋代科举还有诸科设置，是指进士科以外的各科考试，包括九经、五经、三礼、三传、三史、学究、开元礼、明法等科，通称明经诸科。熙宁四年（1071），根据王安石等人的建议，取消明经诸科。元祐元年（1086），司马光将明经与进士合为一科，至此，唐宋两代盛行的明经诸科便不再存在。此外，还有武举科目的设置。由于史料缺乏，宋代广东的诸科与武科的考试情况不得而知。

四、广东地方精英的崛起

宋代广东科举人物的成批涌现，不仅推动了众多父子、兄弟登科的科举家族的产生，而且在社会上形成了一个以科举人物为主体的精英群体。他们以岭南文化为依托，吸取中原文化的养料，逐步打造出广东的文化精神。

1. 宋代广东的科举人物

广东文化精神的孕育根基于代代广东人自强不息的精神和正直之志。宋代古成之之所以为当代人所景仰，正由于此。宋初，干戈甫息，科举初开。朝廷认为岭南文风未振，每次考试，广南路只以一人推荐，所以宋初的几科考试，广东只有一人登第，分别来自连州、潮州、桂阳州。宋代广州的第一个进士是古成之，雍熙元年（984），古成之被举为贡士。为鼓励古成之赴京考试，地方督、抚亲自劝驾，故而有诗誉此荣光："寰中有道逢千载，岭外观光只一人。"次年春，古成之上京师礼部试。据传闻，有司奏以梁灏第一，古成之第二。有人对广南人居其上而嫉妒，于是邀请古成之夜饮，密置哑药于食中。第二天黎明胪唱，古成之喑不能应。这一科是宋太宗第一次唱名赐第，认为古成之传呼不应，怒其不恭，命扶出，然惜其才，因宣谕曰："卿宜勉学，以图后举，朕将虚席待卿。"有人劝古成之讼以自明，古成之殊不色憾，曰："司命者迟速有定，非人所与也"。古成之返乡后坚持学习，端拱（988—989）初再举登第，名列十九。宋太宗此时已听闻上次置药之事，欲置于法，古成之申救，谢无有，太宗嗟赏之。[①]

广东人的自强不息精神还表现为三世甲科之中。连州的唐元于雍熙二年（985）便金榜题名，其子唐静受家学影响，十岁能文章，大中祥符八年（1015）中进士。其孙唐炎登景祐元年（1034）进士，"三世甲科，湟川（广东粤北地区）前此所未有也"[②]。曲江人王式三代也不甘落后，王式于天圣二年（1024）登第，其子王陶紧随其后，于天圣五年（1027）中榜，其孙王履古也于元祐三年（1088）第进士。与王式同榜，广东已有8人题名，其中曲江就有6人，其余2人来自始兴。在宋代开科不长的

① 黄佐：《广州人物传》卷五《宋知县古公成之》，广州：广东高等教育出版社1991年，第88页。

② 黄佐：《广州人物传》卷五《宋大理评事唐公静》，广州：广东高等教育出版社1991年，第105页。

时间，广东读书人的整体实力已开始显现。

广东人的正直之志又来自科举人物淳朴笃实家学之风的孕育。南海人黄勋，自小家贫，借人之书，凡遇纸张断裂、被虫蛀蚀之处，皆留意补缉，故书香之家皆乐假之观。绍兴二年（1132）“登进士第。郡守李陵素重勋，为之新其第宅，名所居巷曰‘擢甲’”①。番禺人曾槐、曾机兄弟二人，皆力学修行。后来两兄弟在乡里办学，执经者踵门，其督促学生读书，规范、品行、学业均按官学的要求和规定。“适大比，兄弟联荐，其门充贡者八，耸动州里”②。南海人林修，听闻黄庭坚贬官涪州（今四川涪陵），令其孙前往拜师。黄庭坚修书一封，劝林修为儿孙办学。林修有感于黄庭坚之言，在家族创“义斋”，延贤师以教子弟及诸生。隆兴（1163—1164）中，其孙因此登第。③ 南海人刘镇三兄弟，皆登进士第。“初，兄弟自为师友，及相继而显，邦人荣之，赠以诗曰：‘三子皆黄甲，一门无白丁。’有司名其所居坊曰丛桂，里曰贤巷，以旌之”④。李肖龙，增城人，天资幼悟，未弱冠，经义文辞迥出俦辈。其父李光发尝叹曰：“吾白首场屋，晚科入仕，非吾志也，汝其勉之，以光吾门。”李肖龙益发淬砺力学，遂登辛未进士第。⑤

宋代广东科举人物的水平也为当时人所侧目。南海人黄洞，胸襟豁达而博于学，自经史百家，以及浮屠、老子之书，罔不究心焉。乡试中试而省试落榜，然不为落魄。广州知州蒋之奇以才自负，历来瞧不起岭南人，闻其名，遂与之相往还，谈古今，罄底里，终日由由然不相舍也。

---

① 黄佐：《广州人物传》卷六《宋知州黄公勋》，广州：广东高等教育出版社1991年，第124页。

② 黄佐：《广州人物传》卷七《宋知汉阳军曾公槐》，广州：广东高等教育出版社1991年，第145页。

③ 黄佐：《广州人物传》卷十九《宋县主簿林公修》，广州：广东高等教育出版社1991年，第454页。

④ 黄佐：《广州人物传》卷七《宋随如先生刘公镇》，广州：广东高等教育出版社1991年，第149页。

⑤ 黄佐：《广州人物传》卷九《宋太社司令李公肖龙》，广州：广东高等教育出版社1991年，第211页。

时或出笔札互唱酬，蒋之奇自以为不及。当时苏轼贬谪被安置在惠州，时往来于南海，黄洞常与之游。[①] 还有一个让蒋之奇叹服的人物是丁琏，番禺人，“少有才名，杜门读书，如坐山谷，讲明经学，远近从之受业者罗屦于外”。元丰二年（1079）中进士。蒋之奇一日与丁琏泛舟同游广州，交谈不多时，惊曰：“君问学精博，中州士不如也。”[②]

有一传说，张镇孙，南海人，少攻苦读书，博学强记，在州学中已有名气。当时广州有童谣：“河南人见面，广州状元见。”河南即珠江南岸，因江面辽阔，两岸互不见人。有司闻此童谣，因构“见面亭”以俟之。文溪李昴英未达时，读书海珠，以大魁自期，尝与同志数人结“龙头会”。有人梦弯长弓射江，江为竭者，李昴英占之，曰：“应是谶者，其张氏子乎。”此时的张镇孙方弱龄，听后谓同舍生曰：“安知非仆？”闻者姗笑之。至廷试放榜，张镇孙果为状元。其年大江忽竭，往来相通，两岸相望能辨眉目，人始悟所谓“见面”之说。[③] 当时江面是否枯竭，官府是否真筑有“见面亭”，至今都不得而知。包括李昴英所占之梦是否真有那么一回事，都可姑妄听之。但张镇孙的自信和考试结果却有这么回事，所以可算作花絮吧。

宋代科举有一规则，进士得第须先进诗以谢恩，皇帝再赐诗，进士再和之以进。张镇孙的《谢恩诗》是这样写的：“当宁宵衣务得贤，草茅何足副详延。天人语要垂清问，仁敬陈言上奏篇。愧乏谋猷俾天览，忽惊姓字首胪传。乾坤大德知难报，誓秉孤忠铁石坚。”宋度宗御赐《状元以下诗》：“临轩再策岂虚文，要语诒谋敢弗遵。昭格天心惟至敬，封培邦本在深仁。详延喜见洋洋对，来誉知为蹇蹇臣。始进便当思远到，会须华国有儒珍。”张镇孙是这样和的：“圣主游心六艺文，先皇成宪自常

---

① 黄佐：《广州人物传》卷六《宋乡进士黄公洞》，广州：广东高等教育出版社1991年，第113页。

② 黄佐：《广州人物传》卷六《宋知州丁公琏》，广州：广东高等教育出版社1991年，第110页。

③ 黄佐：《广州人物传》卷十《宋经略安抚使张公镇孙》，广州：广东高等教育出版社1991年，第216页。

遵。天人亲屈九重问，岭海同归一视仁。已添胪传魁众俊，复叨燕衎逮微臣。终身袛佩丁宁训，远到功名愿自珍。”①

陈尧佐于北宋咸平元年（998）贬为潮州通判。在潮州两年多时间，注重倡导教育事业，开化地方风气，“修孔子庙，作韩吏部祠，以风示潮人”，“选潮民秀者劝以学”。后再度入京为相，仍记挂着潮州。曾有一批赴京参加科举考试的潮州考生，归潮前，陈尧佐赠诗勉励：“休嗟城邑住天荒，已得仙枝耀故乡。从此方舆载人物，海滨邹鲁是潮阳。”②“海滨邹鲁”一说的源头就在此。

2. 宋代广东科举人物的风骨

宋代广东人科举入仕皆能很好地发扬张九龄忧国忧民的高风亮节，在政坛上展现出岭南人物的风骨。明代人郭棐评价宋代广东人物，列举了其中的六位代表人物：“冯章靖之儒雅，余襄公之勋业，王礼书之谠奏，崔清献之德望，李忠简之直节，郭正言之廉介，俨然与中朝豪杰抗衡，岂但标岭海之芳躅乎！”③ 这六人，乃是南海人冯元（谥章靖）、曲江人余靖（谥襄）、潮州人王大宝（官至礼部尚书）、增城人崔与之（谥清献）、番禺人李昴英（谥忠简）、番禺人郭阊（官至右正言）。

冯元，南海人，自幼嗜学，师从硕学大儒孙奭通五经大义。及弱冠，强立博览，为词章沉郁有思，出入衣儒服，习矩步，行为举止皆端庄有礼，乡人为他的品行所感化。不妄交游，与当时很有学识的三人相友善，群居讲学，号“四友”。大中祥符元年（1008），第进士。为官三十年，先后为真宗、仁宗讲学，精通礼乐典章制度，成为朝廷顾问的主要对象，是宋代岭南以进士致官通显的第一人。④

余靖，曲江人，天圣二年（1024）中进士，入仕后积极参与“庆历

① 罗天尺：《五山志林》卷六《宋赐进士诗》，林子雄点校：《清代广东笔记五种》，广州：广东人民出版社 2006 年，第 130 ~ 131 页。

② 陈泽泓：《潮汕文化概说》，广州：广东人民出版社 2013 年第 2 版，第 252 页。

③ 郭棐：《粤大记》卷四《科第》，广州：广东人民出版社 2014 年，第 97 页。

④ 黄佐：《广州人物传》卷五《宋户部侍郎冯章靖公元》，广州：广东高等教育出版社 1991 年，第 96 页。

新政”，三次出使契丹，三次任职岭南，为安定岭南贡献极大。其“为人刚劲，而言语恂恂，不见喜怒，所言不烦碎。前后经制五管，皆有惠爱。在兵间，未尝废书”[①]，成为自唐代张九龄之后的岭南第一大政治家。

王大宝，海阳人，建炎二年（1128）廷试进士第二，入仕 43 年，“居官仅七稔”，在官悉心力，正色立朝，知无不为，屡遭诬陷，为皇帝所誉为“有淳深之学，刚毅之操，顷在言路，不畏强御，直谅之声闻天下”[②]。

崔与之，增城人，第进士后任官，历仕光宗、宁宗、理宗三朝 47 年，淡泊名利，易退难进，其座右铭：“无以嗜欲杀身，无以货财杀子孙，无以政事杀民，无以学术杀天下后世。”曾经连州，书数语曰：“有才者固难得，苟无德以将之，反为累尔，穷达自有定分，枉道以求之，徒丧所守。”人以为名言。明代人黄佐赞其：“每言‘官职易得，名节难全。’跻仕四十七年，未尝一玷弹墨。爱君忧国之诚，老而不息，真纯臣也。爱韩琦‘寒花晚节’之句，筑菊坡以自适，复以名其居。”[③]

李昴英，番禺人，第进士后任官，不久其父去世，“既葬，筑室墓下，聚宗族子弟讲学，若将终身焉。累召不起”。淳祐间再度入朝，知无不言，被理宗誉为“南人无党”。因得罪权贵，贬斥京外，太学生群起送行，有“庾岭梅花清似玉，一番香要一番寒”之句，闻者壮之。归之日，父老争执彩帜郊迎焉。晚年隐居广州文溪，著述讲学，名重一时。黄佐评价其“平居温然，接物宽而有容。至于临大节，处大难，毅不可夺，虽鼎镬在前，不摄也”[④]。

郭阊，番禺人，淳祐甲辰（1244）登进士第，任监察御史，“知无不

---

① 郭棐：《粤大记》卷十七《献征类·余靖》，广州：广东人民出版社 2014 年，第 463 页。

② 郭棐：《粤大记》卷十七《献征类·王大宝》，广州：广东人民出版社 2014 年，第 467 页。

③ 黄佐：《广州人物传》卷八《宋观文殿大学士崔清献公与之》，广州：广东高等教育出版社 1991 年，第 163 页。

④ 黄佐：《广州人物传》卷九《宋吏部右侍郎李忠简公昴英》，广州：广东高等教育出版社 1991 年，第 182 页。

言，纠正奸邪，不避权贵，其所弹击，公论莫不快焉”。迁右正言，向皇帝力陈听言、容言之道。悉心忧国，所言皆军国大事，不及其私。[①]

从这六人进士及第的时间看，从北宋到南宋，可见广东精英的浩然正气纵贯两宋，足以与中原豪杰相抗衡。正如郭棐所论：“嗟嗟六先生者，其真五岭间气之钟灵，百代士林之仪表乎。”[②]

其实这六人只是宋代广东民间精英群体的代表。其他入仕为官者很多都能勤于治理，力行教化。例如，番禺人丁琏，中进士后任连州知州。郡多水害，丁琏依地势筑堤防，民甚便之。阳山境内多盗贼，丁琏设计捕获，阖郡以宁。[③] 李昴英发起创建了番禺县学，又支持促成了东莞县学的创建。[④] 韶州乳源邓氏三世登第，邓戡于天圣五年（1027）登进士，其子邓堂登皇祐五年（1053）进士，其孙邓弼亮登元祐三年（1088）进士。邓弼亮担任新兴县令，“力行教化，不尚刑罚”[⑤]。增城人李肖龙，进士入仕，曾任循州兴宁簿，摄长乐县。邑多大户，凌小民以取富。李肖龙至，首重其罚，立团保之法，使乡隅各自为兵，人皆相识，无敢为盗者。又禁邪巫，正婚娶，劝学校，课农桑，一境安之。[⑥]

从宋代广东科举人物所展示的风骨看，他们对朝廷正以效忠，对百姓勤以惠民，清廉守节，为人刚劲，临大节，处大难，毅不可夺。广东文化精神就在这种风骨流芳中铸就。

3. 菊坡学派的形成

宋代广东地方精英的崛起，最终形成了一个具有地方文化特色的菊

---

① 黄佐：《广州人物传》卷九《宋右正言郭公闻》，广州：广东高等教育出版社1991年，第199页。

② 郭棐：《粤大记》卷四《科第》，广州：广东人民出版社2014年，第97页。

③ 黄佐：《广州人物传》卷六《宋知州丁公琏》，广州：广东高等教育出版社1991年，第110页。

④ 陈大震：《南海志》卷九《学校》，《元大德南海志残本》，广州：广东人民出版社1991年，第62~63页。

⑤ （道光）《广东通志》卷四四《人物志》。

⑥ 黄佐：《广州人物传》卷九《宋太社司令李公肖龙》，广州：广东高等教育出版社1991年，第211页。

坡学派。菊坡一名，源自崔与之晚年隐居广州，筑“菊坡”以自适，复以名其居。后李昴英侍讲经筵，向理宗提及崔与之风范，“理宗思其风烈，嘉叹久之，大书‘菊坡’二字，赐其家”①。菊坡学派由此而为世所公认。

学者张其凡在《菊坡学派：南宋岭南学术的主流》② 一文中对菊坡学派的形成与发展做了深入的探讨。菊坡学派的开山祖是崔与之，其学术影响不仅在岭南，而且在全国都有公认。清初，黄宗羲、全祖望编《宋元学案》，卷七九《丘刘诸儒学案》中收入崔与之，其学派传承是：崔与之—洪咨夔—程掌。清人冯云濠、王梓材编《宋元学案补遗》卷七九，补入“崔氏同调：谭凯、刘镇、温若春、吴纯臣”，“崔氏家学：崔璲”，“崔氏门人：洪咨夔、李昴英、黄镛，菊坡续传：李肖龙”。菊坡学派的第二代掌门人当属李昴英。李昴英曾回忆其师从崔与之问学的情形：“菊坡先生老于乡，余与杨侯（汪中）日撰杖屦，起居言动，必见必闻。”李昴英弟子不少，较有名者有：陈大震、李春叟、何文季、曾士倬等。李昴英的门人弟子，从其问学，研习“菊坡之学”，多为羊城名士。他们在宋末多参加了抗元斗争，入元以后，以“遗民”自居，结伴隐居，义不仕元。

“菊坡学派”是岭南历史上第一个学术流派，它表明岭南的学术文化从唐代的“点”发展为宋代的“面”。其重事功，讲气节，易退难进，甘于淡泊，在思想上接近陈亮、叶适的事功学派，而又独树一帜。正如文天祥于宝祐四年（1256）所称曾士倬“扣其所宗，则传菊坡法衣，密文溪讲席者也。当布衣时，春宫一疏，已能发菊坡之所欲言，他日为天子御史，直气凛凛，必能赤文溪帜！悠悠风尘，安得若人”③。“菊坡”指

---

① 黄佐：《广州人物传》卷八《宋观文殿大学士崔清献公与之》，广州：广东高等教育出版社 1991 年，第 163 页。

② 张其凡：《菊坡学派：南宋岭南学术的主流》，《宋代人物论稿》，上海：上海人民出版社 2009 年，第 458 ~ 470 页。

③ 张其凡：《菊坡学派：南宋岭南学术的主流》，《宋代人物论稿》，上海：上海人民出版社 2009 年，第 462 页。

崔与之，“文溪”指李昴英，文天祥此言正可以揭示菊坡学派的流传与风格。这一学派后来成为明代陈献章“江门学派”的思想源头之一。

如果说唐代广东出现了张九龄、姜公辅这样的杰出人才，那么，宋代广东则是涌现出一个精英群体。如果说唐代张九龄首次彰显了岭南人物的俊伟风骨，那么，宋代广东的精英群体则将其发扬光大，融汇成一种岭南文化的浩然正气。这种风气日渐弥漫，为广东教育土壤的营建提供了丰润的文化养料。

第五节　元代广东教育的艰难困守

元朝的军队是于1279年在广东境内才最后消灭了南宋，至1368年朱元璋建立明朝，广东处于元代的时间是最短的。这里用“艰难困守”来定位元代的广东教育，是因为宋末元初广东的社会秩序所遭受的破坏最为惨烈，新社会秩序的恢复又最为迟缓，广东民间社会对元朝民族歧视政策的感受也最为深切。在这样的情势下，虽然元代的广东教育不再呈现出突破性亮点，但基本保持了宋代广东教育的格局。

一、广东的教育环境

1. 元代广东的行政区划

元朝在今广东境内分设广东道和海北海南道，将宋代的广南东路建置为广东道，隶江西行省，将宋代的广南西路、沿海九州军立为海北海南道，隶湖广行省管辖。属江西行省管辖的有广州路、韶州路、惠州路、南雄路、潮州路、德庆路、肇庆路、英德州、梅州、封州（今封开县东南）、连州、循州（今龙川县）、新州（今新兴县）、南恩州（今阳江市）、桂阳州（今连州市东），属湖广行省管辖的有雷州路、化州路、高州路，共10路8州。各行省的政治、经济中心在行省治所，这样无形中将广州这个南方重镇的地位给降低了，广东形构过程中的凝聚力客观上受阻。

2. 元代的“四等人制”

元代统治者在全国实施“四等人制”的民族歧视政策。忽必烈统一全国后，在政治上将全国人分为蒙古、色目、汉人、南人四等，从法律、任官、科举、教育等各方面予以等级分治，从而保障了蒙古贵族所拥有的种族特权。

为什么要这么做？以游牧为业的蒙古民族入主中原，以武力冲击着汉民族以农业文明为基础的纲常秩序。然而当他们立足中原之际便发现他们正面临着四大实际问题：一是其人数不如汉民族，二是其文化水准不如汉民族，三是其原有军事管理体制不能适应政治管理的需要，四是其畜牧经济与汉族的农业经济格格不入。于是，蒙元统治者逐渐为中原文化所吸引，从而开始了走向文治的进程。

由于汉人儒士的努力，元代在文教方面推行了尊孔崇儒政策。世祖、成宗时期就已确立了崇奉孔子的政策，武宗又加封孔子为“大成至圣文宣王”，把孔子之道视为“垂宪万世”的法则。仁宗时期恢复科举，规定科举考试从“四书”“五经”中出题，以朱熹集注为标准，最终确定了程朱理学在我国古代社会后期的统治地位。

但元代并未独尊儒术。忽必烈的文治更不是要走全盘汉化之路，他在即位初的几个诏书中已经很清楚很明白地宣示：他的治国绝不会抛弃蒙古民族的“祖训传国大典”“烈祖之规”“列圣之洪规”[①]。入主中原的蒙古统治者，面对先进的华夏文明，不能不借鉴新的典章制度以推动全国性的政权建设。但借鉴的目的绝不是更快地融进或同化于汉民族之中，而是为了提升蒙古文化的优势地位，以维护和巩固蒙古贵族的统治地位。

元朝实施的“四等人制”正是为强化蒙古贵族特权而采用的极端措施。《草木子》中说：“元朝自混一以来，大抵皆内北国而外中国，内北人而外南人。以至深闭固拒，曲为防护，自以为得亲疏之道。是以王泽之施，少及于南。渗洒之恩，悉归于北”；“台省要官皆北人为之，汉人、

① 《元史》卷四《世祖纪一》。

南人万中无一二。其得为者，不过州县卑秩，盖亦仅有而绝无者也”①。黄佐说，元代对付南人，“置儒于娼丐之间”②。在这样一种民族歧视政策主导下，其文治思路具有包容性与排他性并存的特点。在面对各种先进文明能为我所用时，蒙古统治者能以一种开放型文化的包容性去对待它；然而当需要固守民族礼俗坚守种族特权时，他们又表现出封闭型文化的排他性。这一特点深刻地影响了元代文治的进程。

3. 元代的书院政策

至元二十八年（1291），朝廷在下令江南诸路设立小学的同时，强调凡是在先儒过化之地，名贤经行之所，只要有人愿意投资办学，就允许其创办书院。这里，对“先儒”“名贤”的资格虽未做限定，但这个“允许”却是有条件的。元代创办书院，须向地方官府乃至朝廷层层申请，地方官府首先要考察其办学条件，然后报由朝廷审核。这中间，有关书院的办学宗旨、山长的素质、书院校舍的大小、学田的数量，朝廷都有明确的规定。达不到规定的标准，就拿不到朝廷的批文，书院也就开办不了。在书院管理上，元代朝廷也明显加强了对书院的控制。书院的山长与地方官学的学正、教谕一样，须经礼部或行省及宣慰司任命或备案，并授官衔、领官俸。书院生徒一改自由择师受教的传统，须由地方官府的考核。官办书院经费也由官府负责，待遇与学校一样。在教学内容上，书院也与官学无异，均以程朱理学为主。书院官学化的趋势开始出现。

元代广东书院的发展自然不能摆脱这一体制的束缚。这种状况给元代广东书院的发展所带来的影响是双重的。

一方面，由于私人不能随意创办书院，学者不能自由讲学，导致元代广东新办书院的数量趋少。这些新办书院主要集中在珠江三角洲及沿海一带，其中东莞1所，由地方乡绅创办的聚秀书院；顺德1所，由解元

---

① 叶子奇：《草木子》卷之三上《克谨篇》，北京：中华书局1959年，第55，49页。

② （嘉靖）《广东通志》自序。

岑蒙正在延祐年间创办的翠岩书院；番禺1所，由家族拓建的玉岩书院；新会1所，由知县沈寿在至正年间创办的古冈书院；海北（今雷州市）1所，泰定年间创办的濂泉书院；遂溪1所，彭从龙在至顺年间重修了文明书院；海丰1所，海丰书院。

另一方面，由于元代朝廷对书院的控制加强，又促使地方官府更为关注书院的发展，使广东书院的发展走向更为规范。入元后，广东书院在规制上逐渐完备，不少书院的山长都由朝廷任命，书院经费也得到保障。如遂溪文明书院，宋末毁于兵，元泰定甲子（1324），提举卢让复建，未就而去。至顺辛未（1331），彭从龙重修殿、堂、斋、庑，立山长，置学田，春秋祭礼咸备。[①] 另外，曲江的相江书院、潮州的韩山书院、惠州的丰湖书院、琼州的东坡书院、雷州的平湖书院、海北的濂泉书院、海丰的海丰书院、新会的古冈书院等，在立山长、置学田、春秋祭礼等方面都趋于更加规范和完备。从这个角度说，元代广东书院的发展在质的方面比两宋时期有了明显的进步。

4. 元代的科举政策

元代重吏轻儒，迟迟不行科举，歧视南人，饱学之士的出路不及粗通文墨的吏人。元代科举的廷试始于仁宗延祐二年（1315），其试贡制度规定，蒙古、色目人考两场：第一场，试经问五条，从《四书》中出题，用朱熹的章句集注。第二场，试策一道，限五百字以上。汉人、南人考三场：第一场，试明经经疑二问，从《四书》中出题，用朱熹的章句集注，限三百字以上；试经义一道，在诗、书、礼、易、春秋中选治一经，五百字以上。第二场，试古赋诏诰章表内科一道。第三场，试策一道，限一千字以上。同时规定："蒙古、色目人愿试汉人、南人科目，中选者加一等注授。蒙古、色目人作一榜，汉人、南人作一榜。"[②] 其录取规定，蒙古、色目、汉人、南人各占四分之一。南人每科录取75人，其中湖广18人，江浙28人，江西22人，河南7人。至元末共开16科，取进士共

---

① （万历）《雷州府志》卷十《书院》。

② 《元史》卷八十一《选举志》，第2019页。

1 057 名，其中取南人 264 名。“科目取士，止是万分之耳，殆不过粉饰太平之具。世尤曰无益，直可废也”①。

黄佐在《广东通志》中记载元代广东进士有 4 名，郭棐的《广东通志》记录为 9 名，阮元的道光《广东通志》中记载有 32 名，但不可信。黄佐在记叙这一时期的广东科举时说：“元罢博学宏词，颛设进士科。分蒙古、色目人为左榜，汉人、南人为右榜，右榜进士恩赐视左榜减半。吾广登进士者亡几。左衽乱伦，易儒为吏，尚志之杰肯竞造其廷哉？吾人盖有卓见矣。”黄佐是说广东士大夫之有志者不愿应朝廷试，所以登进士者绝少。还有一个原因，“元以夷狄，专尚吏牍。皇庆三年始行科举。而吾广不设试闱，投牒惟往江右”。由于广东分属湖广和江西，所以广东不设考场，元代广东未行地方解额试。黄佐举例说，比如张阳明、何庆宗都是中举于江西乡试，所以“吾广多不与”②。

二、广东民间士人的教育坚守

在这样的困难环境下，元代广东的教育发展举步维艰。好在宋代所形成的教育风气还在发挥着影响，这种风气激励着广东士人的教育坚守，这是我们理解元代广东教育的重要视角。

明初吏部尚书张度，年轻时生活在元代，其家本在番禺。番禺有乡曰黄岐角，皆姓张。环居之，室庐栉比，灯火连接，而读书之声相闻。有名张飞一者，通《周易》，能荟萃诸家之说而折中之。广之士大夫推其为宗师，号曰“黄岐张氏易”。其孙于《易》学尤精，张度拜其为师，由是成名。张度于元季举茂才，为高要县学教谕。遭乱，弃官归，杜门读书，而业益进。明洪武五年（1372）登科第。③ 在动乱之时，番禺的黄岐角却灯火相接，读书之声相闻。这就是教育的坚守。

区适，南海人，以博学多闻称，里人羡之，多造门求讲解，从之游

① 叶子奇：《草木子》卷之四下《杂俎篇》，北京：中华书局 1959 年，第 82 页。

② （嘉靖）《广东通志》卷十一《选举表上》。

③ 黄佐：《广州人物传》卷十一《吏部尚书张公度》，广州：广东高等教育出版社 1991 年，第 282～283 页。

者数百人。因其号登洲，乡间称为登洲先生，其乡也因之改名为登洲乡。区适家为官宦之家，然其抱道不仕。有人劝其觅官，他说："吾南人，操南音，安能与达鲁花赤相俯仰邪！"家素饶于财，曾遇岁大饥，出粟四千余石，为粥以饲贫民。"故老相传，今训蒙《三字经》，（区）适所撰也"①。区适抱道不仕，以教育为志，这就是教育的坚守。

罗蒙正，家住新会，勤学强记，诸史百家无不成诵。县尹沈寿创"古冈书院"，聘罗蒙正于师席，一时学者闻风云集。未几，为高州文学，秩满，归，仍授徒于书院。至正年间，科举开武科，有人劝他借此机会进身于巡检之职，他不屑就，以诗答曰："儒冠不是将军具，只作当年措大看。"② 宁可当穷书生，也不去当这名不副实的武官，这就是教育的坚守。

东莞的情况就更为典型。清末人陈伯陶著《宋东莞遗民录》，搜集了20多位入元不仕的东莞人士。这些人此心同，此理同，认定都是宋世之民，以身许国，百折不回，"不幸宗邦沦丧，销声匿迹，肥遁以终其身"③。书中所载人物，个个悲歌壮志。如赵良骥，入元后绝无仕进之意，虽身为布衣，而忠节常存，义不北面，视人世之富贵利达直等之微尘纤埃。其日训子侄读书，曰："学以明心见性，非徒取功名。况吾家为大宋之裔，岂可甘心臣仇而涂炭衣冠耶？"赵良骏，"生值厓门之变，痛悼独深，终身誓不仕，惟以诗书自娱"。李春叟入元后，"自是绝意仕进，横经讲学，以道自任"。翟龛，"宋亡，悲愤杜门不出，建楼曰聚秀，延士讲习其间"。何文秀闻厓山之变，恸哭成疾，遂隐卧不出，逢人谈国事，则慷慨扼腕，有"满目山河长是泪""容身天地生何补"句。临卒，戒子孙不得复仕。刘玉，入元不仕，自以家世仕宋，不忘故君，酒酣赋诗，一字一泣。黎子可，至正中，以博学宏文举为潮州路教授。子可毅然辞

---

① 黄佐：《广州人物传》卷十《元登洲先生区公适》，广州：广东高等教育出版社1991年，第264页。

② 黄佐：《广州人物传》卷十《元南恩州教授罗公蒙正》，广州：广东高等教育出版社1991年，第267页。

③ 陈伯陶：《宋东莞遗民录》序，上海：上海古籍出版社2011年，第408页。

曰："此何等时，尚恋此一片青毡耶？吾得优游林壑，于志遂矣。"终元之世，竟不复仕。[1] 这样的教育坚守慷慨悲壮。

还有海阳人张奂，"潜心性理之学，玩味经旨，衣冠俨然，端坐终日，从游受业者众。家居严肃，冠婚丧祭，一遵文公家礼，潮人多化之"[2]。这也是教育的坚守。

理解了元代民间社会的教育坚守，我们就能理解元代的广东教育是在怎样的条件下艰难跋涉的。由于它的坚忍，由于它的困守，至少将宋代广东所兴起的教育格局基本维持了下来。这就是元代广东教育发展的价值所在。

三、粤中地区崇教风气犹存

粤中地区主要是广州路。至元十三年（1276），元朝军队攻入广州，屯兵学校，广州路学"毁拆殆尽，所存惟一大成殿，学士寻亦解散"。宣慰使完颜正叔来到学校，看到这幅惨状，叹曰："教养之地，不可不葺。"于是与副使吕恕商议，随即命令提举尹圣任等负责修葺两庑及明伦堂。至元三十一年（1294），在提举王献、熊炎，教授陈黄堂的努力下，建造了"大学诸生坐斋之所"的养贤堂和"小学诸生坐斋之所"的养蒙堂，以及学廪四间、祭器库四间等。元贞元年（1295），宣慰使塔剌海见大成殿卑陋，决定"撤而新之"，由教授朱元荐亲自监督施工。延祐六年（1319），监司朵儿只与宪使卜天璋决定重新改建大成殿，由路学教授陈学礼亲自监督施工。新落成的大成殿"规模雄伟，甲于江、广两道"。泰定元年（1324），宪使密兰、经历韩涣、教授陈性存，又在广州路学增建了云章阁，以存放"御宝诏书"。泰定二年（1325），宪使答哈到任，追缴到广州路学多年学田的欠款，于是又命令路学教授吕弘道再次修葺路学，后又增建神祠三间，使办学条件进一步完善。对学校的重视，也表现在对学田欠款的追缴上。教授吕弘道发现租种学田的农户多年少交租

---

① 陈伯陶：《宋东莞遗民录》，上海：上海古籍出版社 2011 年，第 467，468，475，506，508，514，518 页。

② （嘉靖）《潮州府志》卷七《人物志·张奂》。

粮租钞，更有南海县良村的10顷学田被本处豪民占据，只象征性交纳一点租粮，且连年拖欠。吕弘道“不为势夺利诱，申闻宪司”，宪使答哈秉公执法，命宣慰司官员查问核实，迫使豪民退还田产，并要求南海县官府核实欠交款数，追回欠款。所以广州路学每年可收租米三千石。①

元代广州路下辖7县。宋末连年战乱，广州路属的各县学也同样遭兵火涂炭，基本夷为废墟。入元以后，广州路属的各县学都有陆续开办。据大德《南海志》，至元三十年（1293），南海县学和番禺县学移至广州西城高桂坊的菊坡祠故址，两校共建。后来再各分一半，东边属南海县学，西边属番禺县学。②

东莞县学在宋末毁于兵祸，至元二十八年（1291），乡绅黎有龙重建经史阁。至元年间，东莞县学遭遇兵火，长编巨帙荡为灰烬。在当时右武薄书、视诗书为刍狗的风气下，东莞诸生向官府请求修建尊经阁，官府敷衍，只筹得二百缗归于学。“众人落落相视，有难色。校书黎君友龙喟而叹曰：筑室道谋，是用弗集，此吾责也，焉敢辞！慨然举公家之费悉归公堂，退而发私囊，出己力，大兴工役，栋梁椽瓦，咄嗟取办，涓吉会众工，亲执策督役，至辍食废寝。不三月间，俨然复旧观，而轮焕一新”③。大德五年（1301），廉访使赵兴祖檄县尹彭振重修县学。当时赵兴祖到县学祭拜孔庙，嗣后巡视校舍，周行廊庑，徘徊咨嗟，顾诸生而言曰：“兹化本也，奈何芜秽若是，其何以敦薄俗？吾所职者刑也。古者，刑以弼教，教化明则刑可措矣。且勉励学校，吾事也，其可后？”于是他督促县尹立即着手翻新学校。④

增城县学在元末毁于兵祸。本地乡绅李肖龙是宋咸淳年间的进士，

---

① 陈大震：《南海志》卷九《学校》，《元大德南海志残本》，广州：广东人民出版社1991年，第58～60页。

② 陈大震：《南海志》卷九《学校》，《元大德南海志残本》，广州：广东人民出版社1991年，第62～64页。

③ 李春叟：《东莞县学尊经阁记》，（嘉靖）《广东通志》卷三十六《礼乐志一·学校上》。

④ 翟龛：《修学记》，《广东文征》（一），香港：香港中文大学出版部1973年。

曾任兴宁簿摄长乐县事，兴学课农，四境晏然。入元后不仕。他见增城县学废阙，至元二十五年（1288），在其甥郑聪家立孔子牌位，私祀孔子，郑聪遂以其宅为学，邑人因之彬彬有弦诵声焉。[1] 至顺三年（1332），县尹左祥迁于城西冲霄门外面向凤凰台而创建增城县学。元代学者揭奚斯对左祥的作为十分赞赏，他说："左君治香山，既能以兴学为首务，今又以治增城，弗弃其民矣。二邑之士亦皆能有以立其身矣乎。"注：嘉靖《广东通志》卷三十六《礼乐志·学校上》香山县学依宋代学校旧址，至元二十二年（1285），县尹王天祥修明伦堂。泰定三年（1326），县尹左祥因其地势低矮遂将学校迁往莲峰山下的宋代旧址而修复。据《广州人物传》，新会人周修，谦恭循礼，博通经史。既冠，邑令闻其贤，辟为县学训导。周修疾恶如仇，得罪贼帅黄斌，时诸生之在门者，咸相与图谋相救，但周修不赞成，遂遇害。[2] 从这一则记载看，新会县学确是开办了。清远县学和怀集县学则只有"元季毁"几个字。

另外，依元制，令蒙古、色目人年小质聪者，置蒙古小学，选儒人为学正，令背诵《孝经》《小学》，习汉人字。当时广州置有蒙古学，以宋代训蒙堂旧址为之。元季堂毁。

四、粤东地区兴学热潮不减

在惠州路（今惠州市），惠州路学于至元二十五年（1288）重修，至元二十九年（1292），廉访佥事张处恭再修之。泰定二年（1325），教授刘惟清修大成殿及明伦堂，天历年间张廷实修戟门。归善县学于泰定元年（1324）由惠州路同知暗都剌始建，郡博士黄光祖迁建于白鹤峰东南，元季毁。博罗县学至元初只剩戟门，至元三十一年（1294）廉访张处恭令刘亨重建，元末毁。海丰县学和河源县学只有"元季兵毁"的记载。[3]

循州（今龙川县）下辖三个县，由于史料是按明代行政区划归类，

① 李春叟：《朝议大夫李君墓志铭》注引《增城志》，《宋东莞遗民录》卷下，上海：上海古籍出版社 2011 年，第 485 页。

② 黄佐：《广州人物传》卷十九《元训导周公修》，广州：广东高等教育出版社 1991 年，第 466 页。

③ （嘉靖）《广东通志》卷三十七《礼乐志二·学校下》。

所以不见循州州学的开办记录。龙川县学至元二十年（1283）毁于兵，延祐二年（1315）复建，至正末又毁于兵。长乐县学于至元年间二十七年（1290）随县治迁徙，乃建于县治西。兴宁县学则只有“元末兵毁”几个字。[①]

在潮州路（今潮州市），潮州路学于至元二十一年（1284）由总管丁聚建讲堂、斋舍，至顺三年（1332），总管王元恭砌石为泮池，教授郑晖易棂星门以石。潮州路下辖3个县。海阳县学，元代不复建，生徒都附读于路学。潮阳县学，先是有县尹崔思诚建大成殿，至正九年（1349）知县雷杭建明伦堂及两斋。林泉生对此撰文说，潮州地区是韩愈兴教之地，潮阳县学虽然其他设施较好，“惟师生讲习之室隘陋弗称，（雷）杭惧韩氏之流风善教因是而坠，为作斯堂，广弟子员，日视其业”，他由衷地赞扬“潮阳之政知所本哉”[②]。揭阳县学只记有“元重建”三个字。

在梅州（今梅州市），梅州学于至元十七年（1280）毁于寇，元贞二年（1296），佥事张处恭重建，未竣，大德元年（1297）佥事忽剌出成之。

在书院的修复和规范方面，潮州地区的书院成效比较显著。至元十五年（1278），元军攻打潮州，韩山书院的讲堂、庙宇以及附近的亭台都破坏得荡然无存。随后，广东宣慰使月的迷失和潮州路总管丁聚在百业待兴的情况下，很快地进行了韩山书院的整修工作。《三阳图志》中说：“越路之东，对望有亭曰南珠，祀本郡九贤也。至元戊寅，兵火后亭院无遗。迨二十一年甲申，复建书院，山长一员主之。寻复立夫子燕居室于公祠之前，神位皆西坐东向，因地势也。泰定乙丑，仍构庙于书院燕居之南，徙公之旧祠遗像，北坐南向。至顺辛未夏，郡守亚中大夫宁轩王侯元恭至谒祠，周旋顾瞻，谓诸生曰：‘夫子西坐东向，文公背夫子而坐，又且面浮屠之钟楼，次序位置，皆有未安。非所以尊圣贤也！’即议改创新祠。迁公像于燕居室之后，以天水先生赵公德、文惠陈公尧佐坐堂上左右配享。两庑之东西，则以前代贤守王侯涤、李侯迈、丁侯允元、

---

①② （嘉靖）《广东通志》卷三十七《礼乐志二·学校下》。

廖侯德明、郑侯良臣、林侯寿公、陈侯圭从祀，所以表有功也。书院之前复创旧南珠亭，祀本郡九贤，所以崇有德也。书院后有池，广十余丈，深亦丈余。复僦工填塞，建堂于其上，扁曰‘原道’。堂之两庑，辟二斋：西曰‘由道’，东曰‘进学’，以为诸生肄习之所。”①

这一段话大致将韩山书院在元代的修复过程进行了介绍。至元戊寅即1284年，韩山书院得以重建，并且在韩愈祠堂前面增加了一间“燕居室”，里面供奉着孔子及“四师”，即颜回、曾子、子思、孟子的牌位。泰定乙丑即1325年，在燕居室之南建庙，将韩愈像移至此。

至顺辛未即1331年夏天，潮州路总管王元恭来此拜谒，见到孔子、韩愈之塑像次序、位置皆有误，非所以尊圣贤也。于是决定扩修韩山书院。扩建后的书院，祠庙、讲堂、斋舍等一应俱全。在书院文化方面，韩山书院除了祭祀韩愈，以赵德、陈尧佐配享外，还将历朝对潮州文教卓有贡献的官员王涤、李迈、丁允元、廖德明、郑良臣、林寿公、陈圭等以及本郡的九贤配享。

次年，元代大儒吴澄应韩山书院山长陈文子特请撰写了《潮州路韩山书院记》。吴澄在文中说：书院“爰撤旧构新，韩祠燕居，位置相直，宽袤齐等。后有深池广十丈许，粪土实之，建讲堂其上，扁曰原道。两庑辟斋舍馆诸生。日食之供有庖，岁租之入有廪，教官之寝处，祭器之储藏，一一备具，宏敞壮伟，倍加于前”。至此，城南书庄正式更名为韩山书院。吴澄在记中写道：“予谓书院之肇基也，以韩子之能文见于道也。书院之增修也，以王侯之能有志于教也。潮之士其如之何，必也学韩子之学，业精行完，进进而贤，则奚翅贡于王庭，如韩牒所期而已。”②

元末潮州政局动荡，韩山书院再次遭遇战火的破坏。待局势刚刚稳定，至正二十六年（1366），西夏人王翰（那木翰）出任潮州路总管。他看到韩山书院所在地不利于宣教活动的开展，于是将韩山书院迁建于潮

① 《永乐大典》卷五三四三《潮州府》第45页“书院”引《三阳图志》。

② 吴澄：《潮州路韩山书院记》，谭棣华等编：《广东碑刻集》，广州：广东高等教育出版社2001年，第240页。

州城内大隐庵旧址（今潮州城南小学）。“韩山书院旧在城南外七里许。至正壬辰（1352）火，遗址鞠草，名存实亡也。丙午岁（1366），灵武王公以江西省左右司郎中兼郡守事，追修故典，相其地非礼法之所，乃毁城西大隐庵而迁焉”①。

潮州的另一所书院——元公书院在宋元战火中则幸免于难。于是将元公书院暂时用作地方庙学（路学）。至元二十九年（1292），广东道肃政廉访使张处恭巡视潮州路后，在潮州城内另建文庙，使元公书院的教学场地得以空出。接着，潮州路总管陈祐主持恢复了元公书院的教学。过了两年，广东道儒学提举熊炎委托元公书院山长张圭英、石国珍负责书院的修缮工作，“乃勤垣墉，乃涂墍茨，乃立祠像。不逾旬月，欠者悉备。于是祠堂之间五，讲堂之间三，翼列四斋，前峙门庑，复旧观而新之，视旧有加焉。仲丁舍菜新祠，观者敬叹”②。至顺二年（1331），王元恭在修复韩山书院的同时，见元公书院前“民居杂蹂，污秽亵渎”，于是对其周围环境进行了清理，“环以粉垣，仍改创两庑，粉饰正堂，轮奂可观矣”③。

除了这两所书院外，到元代后期，潮州路又多了一所官办的得全书院。得全书院是由得全堂（祠堂）发展而来。书院遗址在今潮州市西平路南段以西。原来，宋代名臣赵鼎遭秦桧迫害，在绍兴十年（1140）被贬逐，安置在潮州。他在潮州居住的房子称为“得全堂”。不久，赵鼎再次遭到朝廷贬斥，潮州官民仰慕其忠义气节，很好地保存了他在潮州的住所，立祠祭祀。宋元交替，祠堂渐渐荒废了。元代至正二年（1342），赵鼎的六世孙赵继清有心要恢复得全堂，于是请求朝廷派他到潮州任职，并如愿担任了潮州路推官。赵继清赴任潮州后，勤于职守，整理刑狱，并希望能给潮州士子提供一个读书的好去处。于是，他拿出一笔津贴，

---

① 刘嵩：《重建韩山书院记略》，曾楚楠：《韩愈在潮州》，北京：文物出版社1993年，第151页。

② 姚达泉：《重建元公书院记》，《永乐大典》卷五三四三《潮州府》“书院”引《三阳志》。

③ 《永乐大典》卷五三四三《潮州府》“书院”引《三阳志》。

在得全堂原址上将祠堂修整扩建成一所配备齐全的得全书院，书院有供祀赵鼎的祠堂、讲堂、门楼、围墙等。

为什么元代潮州的兴学热潮能持久？吴澄以潮州路学的修建为例阐述了这么一个道理。他认为潮州兴学很不容易，“（吴）澄谓他郡之修学常事也，潮郡之修学则非常事也”。因为一般任职广东的官员往往见利眼开，宁可毁节坏名也安于落污泥而不悟，忘其职责所在。而这次潮州路学的修建则是官民合力的产物。“潮人以为卑小弗称王祀先圣之仪，悉愿更造。以民则蔡景献石柱三十，以官则判官小云赤海牙助缗钱一千。既有其资，乃议迁孔庙于学之右。天历庚午春，佥事任侯仲琛又率诸官捐俸，命群士输材，于是大成之殿不日而巍然其隆也，廓然其敞也。”潮州士人认为路学过于“卑小”，于祭祀先贤之仪不般配，于是有了扩展潮州路学的动议。于是先有百姓捐石柱三十，继而有官吏的捐俸，吴澄由此指出：“澄尝考古验今，审视天下之故而知，在上之教固能导率其下，以革易其所习；在下之俗亦能感动其上，以转移其所为。”他认为，潮州府学的修建证明了“下之俗亦能感动其上”的道理。进而广之，如果“潮之士果能明经，果能修行，虽隐处未仕，人人望而敬之。官于潮者，倘见如此之士，虽有缪戾，亦必颇有惭怍。虽未幡然改悔，亦必少戢其纵恣”。所以，“潮士之学足以转移其上”①。他所要强调的是，民间社会的教育热情影响到了地方官员，才有了潮州路学的修复。这就是我们所强调的，元代广东民间社会的教育坚守。

五、粤北地区官学乱中维持

在连州（今连州市），连州学只记载有“元因之，又毁于兵”，下辖的连山县学于“至治三年（1323），知县何再兴仍故址创建”②。

在桂阳州（今连州市东），州学不见记载，其管辖的阳山县学于“至元二年（1265）徙于连州四角塘，元季毁于兵祸”。

在韶州路（今韶关市），韶州路学在大德三年（1299）由总管张杰、

① 吴澄：《潮州府学记》，（嘉靖）《广东通志》卷三十七《礼乐志二·学校下》。

② （嘉靖）《广东通志》卷三十六《礼乐志一·学校上》。

曲江县令程准重修学舍，至大二年（1309），廉访使张昕增学田。教授董养贤对此颇有感慨，他说，政本于教，教先于养，三代以为善治也。廉访使张公为学校增学田，“于是，学官、吏胥、学职暨讲读诸生廪给，昔无者今有，昔薄者今厚，岁有羡余田，此置大成乐器、祭器，置十三经、十七史、通鉴、通志诸书，余又以供岁修之费，教养兼备，流惠无穷，伟哉！侯之德也”[①]。其他属县的县学则情况不妙，史书记载十分简单。如曲江县学延祐间毁，致和元年（1328）重建。乐昌县学只记载“元末兵毁”。仁化县学，元延祐六年（1319）廉访使张世荣置学田，至正末兵毁。乳源县学“至正十二年（1352）又兵毁”。英德县学“元末兵毁”[②]。

在南雄路（今南雄市），南雄路学于泰定四年（1327）达鲁花赤管教化的增而广之，至元五年（1339）总管杨益置学田，至正七年（1347）通判孙三宝修崇文阁、两庑、斋舍。保昌县学于至元十七年（1280）由教谕谭莹修，至正十五年（1355）达鲁花赤柯都刻林再修，元季兵毁。始兴县学随县治迁徙不常，天历二年（1329）主簿郑康斗将学校迁至县西。刘岳申记述了学校兴建过程的艰难，郑康斗不仅奠定了学校地基，而且筹得五十余亩学田，还确定12家居民为之洒扫，“使来者知其为之难而继之”，“郑君于此可谓知为政之本矣”。元统年间县尹杨奋坚建堂、庑、仪门，元季兵毁。[③]

六、粤西地区官学兴废交替

粤西地区情况有点不妙，至少史料给我们的判断是如此。在肇庆路（今肇庆市），肇庆路学于元季修葺，后毁于兵。高要县学，元代兴废无考。四会县学，元末摧圮。在新州（今新兴县），新州州学于大德中由知州高芝重建殿、斋。在南恩州（今阳江市），阳春县学在元季圮坏。阳江县学元季毁于兵祸。在德庆路（今德庆县），德庆路学于至元末由教授林舜咨建大成殿、尊经阁，同知王荣祖建明伦堂，总管孙辅臣增修。泷水县学于大德年间由县尹陈铎将学校由开阳乡迁至城南三里。在封州（今

---

① 董养贤：《学田记》，（嘉靖）《广东通志》卷三十六《礼乐志一·学校上》。
②③ （嘉靖）《广东通志》卷三十六《礼乐志一·学校上》。

封开县东南)，封川县学只有“元修葺”三字。开建县学元季毁于兵。在化州路（今化州市)，化州路学于天历二年（1329）由佥事吕沆重建。越十七年，至正五年（1345）吕沆复任，与州判游宏道重修。吴川县学于元至正九年（1349）由主簿唐必达、教谕吴仲元修建。石城县学于皇庆间随县迁于高峰铺东黄村，天历年间随县迁于新和驿，元季兵毁。高州路原治电白，元大德八年（1304）迁路治于茂名，茂名县学也随迁在路治之东隅。电白县学在元季兵毁。信宜县于元至正十四年（1354）置县，县尹陈卜颜察儿因之建立县学。[1]

在雷州路（今雷州市)，雷州路学在至元三十一年（1294）被划为廉访司的属地，延祐六年（1319）廉访使卜达世礼、李元仲展地改建尊经阁，学校才恢复。据张图南撰文说，卜达世礼在视察了路学状况后感慨地说：“宣明勉励，吾责也。学为教养风化所自出，而可缓乎？新之美之，岂不在我！”李元仲也表示：“学校以教养为本，宜亟其成。”二公志同意合，将兴学放在首位，于是发动诸生在社会募捐，并亲自饬工致期，程督不懈，终于使学校规模一新。[2] 至正年间廉访使梁克中、经历樊益俊又拓而广之。海康县学原附于文明书院，至大德六年（1302）才独立置建，教谕凌光谦在迎恩坊后建学。凌光谦在文中说，雷州路有海康、徐闻、遂溪三县，独海康无学，诸生借读于郡学，名不副实，甚所非宜。于是他在官府的支持下，寻得迎恩坊后城隍庙废址，并购得旁边一民屋，动员师生、官员捐资，经数年努力，终于有了正式的县学。[3] 县学建成后，海康才有了举进士的历史，出现了“圣王征儒用文学，翩翩五士起海角”[4] 的盛况。至正六年（1346)，学校又予以重修。遂溪县学依宋代旧址，皇庆元年（1312）教谕周孔孙予以重修。徐闻县学于大德元年（1297）随县治迁徙，于县治之西的宾朴村李氏家塾创建学宫。由于场地狭隘，与县学不相称，大德八年（1304)，县尹郑闻重修。

---

① （嘉靖）《广东通志》卷三十七《礼乐志二・学校下》。

②③ （康熙）《雷州府志》卷五《学校志》。

④ 范椁：《赠海康举进士者诗》，（嘉靖）《广东通志》卷三十七《礼乐志二・学校下》。

从元代广东各地区官学修复的情况看，元代广东教育发展的势头虽然不及两宋，但其艰难困守的风骨却顽强地表现出来了。在今广东境内的10路8州，大部分路（州）学及县学都有修复的记载。当然，对其开办的程度我们不能估计过高，特别是那些在史书中只有“元季毁”几个字的县学，可能就是有名无实。

第六节　广东三大民系文化的形成

所谓民系，也称族群，是同一民族内部由于文化特质的差异而划分的群体。[①] 按学界较为认同的观点，衡量一个民系的形成，大致有三个标准：其一，在某一时空背景中，生活着一个稳定的居民共同体；其二，这一稳定的居民共同体必须形成一种独特的心理素质和文化范式，以及自我认同的意识；其三，这一稳定的居民共同体必须形成一种有别于周边其他民系的方言系统。[②]

岭南是古代南下移民的重点区域之一。《汉书·高帝本纪》中说：“粤人之俗，好相攻击。前时秦徙中县之民南方三郡，使与百粤杂处。”[③] 自后历汉、晋、南朝、唐、宋，移民高潮一波接一波地波及广东。这些南移的北方汉民与广东土著居民相互交流、碰撞和融合，依据各自生活地理环境的条件，逐渐在不同区域融汇成各具特色的又相对稳定的居民共同体，促成了古代广东三大民系文化的产生，即广府、潮州、客家文化。黄佐著《广东通志》，有《民物志》一篇，论及粤之风俗，指出：“民之生也，函水土之气，狃渐靡之气，习而刚柔，善恶之性成焉，风俗

---

① 司徒尚纪：《岭南历史文化地理——广府、客家、福佬民系比较研究》，广州：中山大学出版社2001年，第1页。

② 王东：《论客家民系之形成》，司徒尚纪：《岭南历史文化地理—广府、客家、福佬民系比较研究》，广州：中山大学出版社2001年，第2页。

③ 《汉书》卷一下《高帝本纪一下》。

自兹异矣。”① 这些因生活磨砺、相异而成的民系文化，共同展示了岭南文化的复杂性、多元性和令人神往的风情。

学术界对广东三大民系的研究已有相当的成果，本书之关注点为三大民系的形成与教育发展的关系。可以这么说，广东三大民系的形成与古代广东教育的形塑是同步的，因而其内在关系值得我们重视。

一、广府文化

广府民系以珠江三角洲最具代表性，又以广州为中心，其分布遍及整个粤中和粤西、粤西南部。这个地区有珠江三角洲平原，有长长的海岸线，有起伏不平的丘陵，还有不少山区地带。广府民系的形成有一个历史的过程。一般来说，构成广府民系的南迁汉人主要是由粤北、粤西进入广东的。特别是唐代大庾岭的开通，极大地促进了岭南与岭北的交流，粤北更成为入粤的主要通道。两宋时期，特别是南宋，中央政权的南渡再一次带动了南下移民，传说中的南雄珠玑巷居民集中南迁就是这时比较突出的事件。这些主要落户在珠江三角洲地区、西江和漠阳江流域的移民，往往聚族而居，结成村落，逐渐连成一片，逐步形成与其他族群相区别的广府民系。

广府民系以广州方言为标准音。在汉文化进入广东之前，岭南地区就存在属于壮侗语系的古越族语言。周朝以后，楚方言开始传入，与南越族语言发生融合，形成新方言。秦汉以后，大批中县人进入广东，中原汉语开始推广。再经南朝、唐、宋，大批汉人迁入，经过长时间的互相交流、融合，而产生出粤语方言。

广府民系主要生活在海陆交错的珠江三角洲地区，整治沙坦，聚族扎根，不断开拓，养成了广府文化的进取、务实、包容的性格。因中原文化和外来文化的持续滋润和影响，迁徙至此的中原世家望族始终怀着一种特殊的感情，一种为着家族、为着乡里和谐相处的教育意识，所以兴学重教成为广府文化的重要特征。阮元著《广东通志》，论及广府风俗，多引前代著述。如黄佐所言：“自汉末建安至于东晋永嘉之际，中国

---

① （嘉靖）《广东通志》卷二十《民物志》。

之人避地者多入岭表，子孙往往家焉。其流风遗韵，衣冠气息，熏陶渐染，故习渐变，而俗庶几中州。”又如引地方志谓，南海县“缙绅尚气节，崇礼让，士耻奔竞，重儒雅，冠婚丧祭，衣冠之族多行家礼”；番禺县“邑士以通经学古为尚，震撼云霄，多跻通显”；东莞县“士喜豪侠，矜气节，多以功名著声建节”①。

二、潮州文化

潮州民系主要分布在粤东南韩江三角洲及周边地区，以潮州为中心。在新石器时代，广东东江以东和福建九龙江以南的滨海地区存在着文化内涵大体一致的几何纹陶文化。在中国南方几何纹陶文化中自成一区，考古学家称之为粤东闽南区。商周时期，这一区域的土著居民为百越族一支，曾创造了“浮滨文化”和本地区早期的青铜文化，并与中原文化特别是楚文化发生接触。秦属南海郡管辖，秦发数十万军队屯戍五岭，据说其中有史禄率领的军队留驻揭阳岭。晋代汉人继续南迁，义熙九年(413)，析东官郡置义安郡，领海阳、海宁、潮阳、义昭、绥安五县，义安成为粤东闽南的中心。隋唐设潮州郡，潮州古文化开始繁荣，至宋代兴盛。

潮州方言以潮州话为标准音。在两晋第一次移民高潮前，潮州地区居民基本上是闽越族人。唐代潮州经济发展较快，元和（806—820）末人口增至1万多户，潮州方言开始形成。两宋时期大批闽人进入粤东，后人将宋以后入潮的闽人称为“福佬”，即福建佬，以别于此前迁入的“河东佬”。潮州方言受到漳州、泉州闽语的影响，语言融会而形成与闽南方言同一属系的潮州方言。

潮州背靠南岭，面朝大海，生活在这种环境中的潮州人勤劳俭朴，刻苦自励，精于商务，对外抱团。潮州文化在形成过程中，又受到韩愈兴学传统的影响，文风颇盛。所以史书记载：“潮届岭表，山海之气得其正者为英奇，偏者为杰骜，而菑畬农夫与渔盐驵侩相杂而处。顾其敬宗睦族，建祖祠，殖祠田，诗书吟诵，彬彬焉，固所称‘海滨邹鲁’哉。

---

① （道光）《广东通志》卷九十二《舆地略十·风俗一》。

若夫负气好讼，往往为九邑据有。”[①] 明代人黄佐著《广东通志》，论及潮州风俗，他作出了这几个评价：“君子外鲁内慧，小人外谨内诈”；“其俗尚文而趋利”；“士矜功名，商竞刀锥，农安惰弃”；“士笃于文行，民化于礼义，穷乡陋巷，弦歌之声相闻，亦号‘海滨邹鲁’”；“时科不乏人，文风与中州颉颃”[②]。学者陈泽泓论及潮州文化心态，用了“二重性”这么一个评语。他特别强调了宋代潮州文风之盛，除了大批士子科举中榜，还造就了不少科举世家。如许申一门13进士，刘允一家5进士，张夔一家3进士，吴昊一门10进士，赵师正兄弟三人登科子孙四人继之。相传宋孝宗曾向王大宝问起潮州风土民俗，王大宝答以“地寒栽松柏，家贫子读书，习俗至今”[③]。

三、客家文化

客家人最密集之地是梅州地区，其次是粤东和粤北山区。客家人的主体是南移汉人的后裔。客家先民原居住于黄河流域和长江流域，秦统一岭南时，部分戍卒与“中县人”留居粤东山区，这是客家的第一批先民。两汉至六朝，大批汉人进入广东，有一部分定居粤东、粤北山区。这里自然条件较好的可种之地、可耕之野多为土著居民和先至汉民所占据，凡迟来者，只好深入粤东、粤北山区和内河上游盆地垦畬拓荒，自耕自食。在比较闭塞的山居环境中，他们使用中原汉语，保持传统的宗族观念、文化礼俗，形成特殊的社会生活区域，客家已成雏形。唐宋时期，因避乱、谋生、征戍、做官等原因进入粤东、粤北山区的内地汉人数量更多。他们迁入之后，往往聚族而居，且世代不易，在梅州、惠州、南雄州、韶州等地形成较为深厚的基础，与闽西、赣南连成一片，成为我国客家人最密集的居住区。

客家方言是汉民族中最具稳定性的方言，它以梅州方言为标准音，

① （乾隆）《潮州府志》卷一二《风俗》。

② （嘉靖）《广东通志》卷二十《民物志·风俗》。

③ 陈泽泓：《潮汕文化概说》，第2版．广州：广东人民出版社2013年，第333～342页。

比较多地保留了中原古音古字和古汉语特色。客家人无论走到哪里，都不改变自己的方音，祖传谚语有“宁卖祖宗田，莫忘祖宗言”。

客家民系的南迁汉民更为艰难。罗香林在《客家源流考》中列举了众多家族的迁徙史，兹引述两例。一例为兴宁黄陂曾氏族谱：“惇，官封鲁国公。宋政和壬辰年，由南丰徙福建宁化石壁下居焉。生子仲辉，辉子桢孙佑孙，因宋元兵扰，不能安居，由宁化徙广东长乐县家焉。现居兴宁、梅县、平远、镇平、五华、龙川、惠州、河源、和平、广州、新宁等县之曾姓，皆为此祖之后。”另一例为和平徐氏族谱：“吾祖德隆，实积之六世孙。王父曰喧，为宋宁宗时都统，扼于权奸，去位，卜居于豫章之吉水。孙男二：道隆、德隆，均先后为度宗时提刑。解组未几，元兵南下，道隆起兵勤王，力战而父子俱殁。德隆则随宋帝度岭而南。迨宋祚已绝，义不臣元，遂择龙川乌龙镇居之。”[①]（按：乌龙镇即今和平县）客家人在这样艰苦的迁徙生活中养成了重文尚武、重义轻利、厚学薄商、以郡望自矜的文化性格。黄佐在《广东通志》中描写程乡县居民“敦尚质实，惟知树艺，重本薄末，商贾百工技艺皆不能解，远人擅之”[②]。在艰苦的生存斗争中，浓厚的家族观念是客家文化的核心。客家先民以中原士族为主体，战乱流亡多以家族为整体进行迁徙，完整地保留着中原“衣冠望族”的文化意识和宗法制度。为了家族兴盛，代代相传，他们宁愿过着艰苦封闭的自给自足的生活，保留着族谱、家谱，在大门的门楣上大书本族堂号以表彰祖宗盛德，促后世继往开来，光宗耀祖。所以一旦生活安定，客家人便极为重视家族的文化教育，家族中或设公学，或聘塾师，鼓励子弟读书，形成以读书上进为荣、不读书不识字为耻的观念。

从广东境内的三大民系文化的特点来看，历代南迁汉民中的“衣冠望族”所具有的家族尊严和气派并未被逃亡生活所销蚀。相反，中原文化所倡导的文化意识和宗法意识成为他们在迁徙之地安身立命的精神支

---

① 罗香林：《客家源流考》，北京：中国华侨出版社 1989 年，第 20 页。

② （嘉靖）《广东通志》卷二十《民物志》。

柱。这不仅为广东三大民系文化的形成奠定了充满正能量的基础，而且也为广东教育发展注入了丰润的文化养料。宋元广东教育的奠基就已经显示出三大民系文化的魅力。

回顾宋元时期广东教育的发展，我们可以看到，由于广东民间教育需求的不断增长，广东民间的本土精英已经由点向面扩展，一个本土精英群体业已成长。这对于推动广东社会认同国家教育机制，促成教育的制度建设，都具有积极的效应。虽然这一时期广东的官学、书院、科举等都还处于初兴之时，但广东社会的教育价值取向趋于儒学主流的势头已在社会蔓延。这为明代广东教育的兴起奠定了良好的基础。

第三章　明代广东社会的教育需求

明初改广东道为广东等处行中书省，并将海北海南道改隶广东，广东成为全国十三行省之一。明洪武九年（1376），朱元璋改行中书省为承宣布政使司，广东承宣布政使司下辖广州府、肇庆府、韶州府、南雄府、惠州府、潮州府、高州府、雷州府、廉州府、琼州府、罗定州等十府一直隶州，广东一名至此基本固定下来。从明代的广东建制来看，广东在全国的地位明显上升。

从教育发展的角度看，广东行政建制的基本独立和完善，对有效地整合和提升明代广东的教育实力具有积极意义。无论是从教化的角度，还是从人才培养的角度，明代广东在历史进程中都是一个重要的转折时期。尤其是这一时期本土学术精英的崛起，有效地提升了广东文化的品牌，并推动了广东书院发展进入全国先进行列，促进广东文教局面实现了历史的飞跃。明末清初屈大均曾撰《广东文集》，在其序言中对此做出了这样的评价："广东居天下之南，故曰南中，亦曰南裔。火之所房，祝融之墟在焉，天下之文明至斯而极。极故其发之也迟，始然于汉，炽于唐宋，至有明乃照于四方焉。故今天下言文者必称广东。"[①] 此话说得有点玄乎，但从中也可看出广东教育发展至明代确实有了质的飞跃。

① 屈大均：《广东新语》卷十一《广东文集》，北京：中华书局 1985 年，第 316 页。

第一节　明代广东的教育环境

教育的发展离不开社会环境的支持。一省教育环境的构成，朝廷的政策导向当然是首要的因素，但经济、文化、人口，乃至民情风俗也是影响教育走向的重要因素。我们只有对这些方面做综合的考量，才能对明代广东的教育发展有深刻的认识。

一、朝廷的地方教育政策导向

洪武元年（1368）正月初四日，朱元璋在应天即位，定国号为大明，建元洪武，正式宣告了明朝的建立。朱元璋起于布衣，这个当年横笛牛背的牧童，经过十几年的艰苦奋战，终于成了称孤道寡的皇帝，取得了君临天下的最高权力。为了能保住皇帝的宝座，让朱家子孙世代保有这大好河山，明太祖充分显示出了他的统治才能。他总结了元朝灭亡的教训，继承了汉唐以来的统治经验，并结合自己的实际经验，在政治、经济、文化等方面进行了系统的大刀阔斧的改革，最终把一切权力都集中到自己手中，实现了中央对地方的高度控制。这些政策和措施，也在一定程度上保护了农民的生产积极性，对安定社会、医治战争创伤、繁荣经济都起到了一定的积极作用。之后的成祖、仁宗、宣宗基本上继承了洪武时期的政策，吏治比较清明，并在一定程度上让老百姓休养生息，社会经济继续向上发展，因而出现了史家所称颂的“仁宣之治”。明代的文教政策就是在这样的条件下所奠定。

为了在全国上下迅速恢复儒家纲常的文化秩序，明朝统治者竭力推崇程朱理学的正宗地位，屡次表彰程朱后裔及其门人，确定了非“四书”“五经”之书不准读，非程朱理学之说不许讲的基本原则。国家取士规定从“四书”与“五经”中命题，以八股制义为定式，“代圣人立言”，一切要以朱熹的《四书集注》为标准答案。明成祖永乐十三年（1415），敕命翰林学士胡广等编纂《五经大全》《四书大全》《性理大全》，颁行天下，作为钦定的教本。与此同时，明代统治者对思想、文化和教育领域中的不同学派，则横加排斥和压制，并大兴文字狱，以达到钳制思想的专制效果。

另外，明代统治者对兴办学校教育予以了充分的重视，明太祖朱元璋对此尤为用心。他认为："古昔帝王育人材，正风俗，莫先于学校。"[①] 早在 1358 年，他就命宁越知府王宗显"开郡学"。又在 1365 年，下令在京都元集庆路儒学的基础上筹建中央国子学。1367 年，在筹建明朝之际，朱元璋下诏明确指出："今天下初定，所急者衣食，所重者教化。衣食给而民生遂，教化行而习俗美。足衣食者在于劝农桑，明教化者在于兴学校。学校兴则君子务德。"[②] 可见明太祖的治国方略是把兴学校与恢复经济放在了同等地位。另外，明太祖深感人才在治国中的重要作用，他说："贤才，国之宝也。……贤才不备，不足以为治。"[③] 然而，"天下官多缺员"[④] 是当时一个突出的矛盾，这对于决心在幅员辽阔的大明帝国建立起一套权力集中、运转自如的统治政权的明太祖来说，这一矛盾使他深感焦虑。尽管明太祖屡次派人"分行天下，访求贤才"，甚至在法律中强行规定"寰中士大夫不为君用"为一大罪名，"诸司敢不急公而务私者，必穷搜其原而罪之"，当时有很多"被征不至，皆诛而籍其家"[⑤]。但结果仍不尽如人意。当时所征人才不仅在数量上，而且在质量上都远远不能满足明朝政权的需要，这就迫使明太祖下决心大兴学校，培养新的人才。洪武元年（1368），明太祖明确指出："学校养贤育材之所。"[⑥] 次年，又强调说："大学育贤之地，所以兴礼乐，明教化，贤人君子之所自出。古

① 《明太祖实录》卷四十六，台北："中央研究院历史语言研究所"校印 1962 年，第 925 页。

② 《明太祖实录》卷二十六，台北："中央研究院历史语言研究所"校印 1962 年，第 388 页。

③ 《明史》卷七十一《选举志三》。

④ 《明太祖实录》卷七十，台北："中央研究院历史语言研究所"校印 1962 年，第 1295 页。

⑤ 《明史》卷九十四《刑法志》。

⑥ 《明太祖实录》卷三十四，台北："中央研究院历史语言研究所"校印 1962 年，第 615 页。

之帝王，建国君民，以此为重。朕承困弊之余，首建太学，招来师儒以教育生徒。”① 同时在实践上，不惜投入大量人力和财力，并身体力行，大倡兴学，从而奠定了明朝官学教育的基础。

在倡办中央国子监的同时，明太祖十分重视地方学校的创建。洪武二年（1369），明太祖有感于长期的战乱所带来的士风日下、社会道德日衰的状况，特地下诏各地办学。他说：“治国以教化为先，教化以学校为本。京师虽有太学，而天下学校未兴。宜令郡县皆立学校，延师儒，授生徒，讲论圣道，使人日渐月化，以复先王之旧。”② 自此，明代府、州、县开始普设学校。为了保证地方学校办有成效，明朝政府规定：“府设教授，州设学正，县设教谕，各一。俱设训导，府四，州三，县二。生员之数，府学四十，州、县以次减十。师生月廪食米，人六斗，有司给以鱼肉。学官月俸有差。生员专治一经，以礼、乐、射、御、书、数设科分教，务求实才，顽不率教者黜之。”③ 这就从教官编制、学生人数、学生待遇、教学内容诸方面对地方学校提出了具体要求，从制度上改变了以往各朝地方学校无严格制度，守令得人则兴、去官则罢的松散现象。洪武十五年（1382），“又颁禁例十二条于天下，镌刻卧碑，置明伦堂之左。其不遵者，以违制论”④，体现了明朝中央对地方学校的重视和控制。另外，为了善施教化，明太祖下令于边疆和特殊地区设卫学，或令少数民族上层贵族子弟入国学，体现了明太祖欲使边疆土官子弟“知君臣父子之义，而无悖乱争斗之事，亦安边之道”⑤ 的意图。

接着，明太祖又在城镇乡村广设社学。洪武八年（1375），太祖谕旨中书省：“昔成周之世，家有塾，党有庠，故民无不知学，是以教化行而风俗美。今京师及郡县皆有学，而乡社之民未睹教化。宜令有司更置社

---

① 《明太祖实录》卷四十，台北：“中央研究院历史语言研究所”校印 1962 年，第 812 页。

②③④ 《明史》卷六十九《选举志一》。

⑤ 《明太祖实录》卷二三九，台北：“中央研究院历史语言研究所”校印 1962 年，第 3476 页。

学，延师儒以教民间子弟，庶可导民善俗也。”[①] 社学起源于元代，是元代统治者推行教化的民间组织。明太祖借鉴这一形式，力图将皇权的触角延伸到社会最基层，以实现对全国的有效控制。太祖手谕下达后，各地闻风而动。据道光《琼州府志》：“明初诏天下五十家设一社学，延生员有学行者训军民子弟。正统、景泰间，复檄诸郡选良士主社学以训童蒙。旧志载成化间，琼州社学共一百七十有九，琼山八十有一。”[②] 偏远之海南岛尚且如此，当时全国社学之普遍可略见一斑了。

于是，明代学校体制形成了三级网络，学校网点的分布遍及全国各地。《明史》中说：“无地而不设之学，无人而不纳之教。庠声序音，重规叠矩，无间于下邑荒缴，山陬海涯。此明代学校之盛，唐宋以来所不及也。”[③] 这样的政策大环境为广东教育环境的构成提供了很好的政策导向支持。

二、广东人口的增加

教育的对象是人。就一省教育环境来说，人口的多寡决定着教育的规模和氛围。按照孔子“庶、富、教”的观点，人口因素是一地经济建设和教育发展的基础。所以考察明代广东人口集聚情况是我们认识其教育发展的入口。

广东自古人口稀少，而且呈现着“西多东少，北多南少”的人口分布格局。直到隋朝，珠江三角洲每平方公里也还只有0.5～1.0户。人口最稀疏的地方在粤东，东江流域、兴梅和潮汕一带，每平方公里在0.5户以下。唐代珠江三角洲尚未筑堤垦荒，人口仍较北江、西江、漠阳江流域稀疏。潮汕地区仍属犯人流放之地，人口仍旧稀少。宋元时期，随着珠江三角洲和潮汕平原筑堤围垦，广东农业日益发达，经济繁荣，外来人口显著增加，广东人口分布的重心也呈现着南移的趋势。至明代，珠

---

① 《明太祖实录》卷九十六，台北：“中央研究院历史语言研究所”校印1962年，第1655页。

② （道光）《琼州府志》卷七下《建置志·书院》。

③ 《明史》卷六十九《选举志一》。

江三角洲进入大规模开发阶段，佛山镇成为著名的制铁中心，因而进一步吸纳内地人口南迁。潮汕地区经两百多年的开发，也比以前富庶多了，吸引了更多的人，特别是闽人进入。高州府和肇庆府也因土地开发而吸引了大批农民的迁入。广东人口分布的重心已经发生变化，有学者依据明代洪武二十六年（1393）的统计再加以修正，统计出广东各地人口密度如表3－1所示。

表3－1　明代洪武年间广东各府人口密度表

（面积单位：平方千米；人口单位：万人；人口密度：人/平方千米）

地区	面积	民籍人口	军籍人口	总人口	人口密度
广州府	36 192	116.8	12.1	128.9	35.6
潮州府	20 398	44.8	2.0	46.8	22.9
南雄府	4 788	8.7	0.3	9.0	18.8
肇庆府	32 676	56.5	2.4	58.9	18.0
惠州府	37 740	14.0	2.0	16.0	4.2
韶州府	17 970	10.3	0.3	10.0	5.9
高州府	14 018	14.2	0.3	14.5	10.3
廉州府	16 790	9.7	1.7	11.4	6.8
雷州府	8 053	29.1	1.7	30.8	38.2
琼州府	33 900	57.5	0.7	58.2	17.2
合计	222 525	361.6	23.5	385.1	17.3

资料来源：曹树基：《中国人口史》第四卷，上海：复旦大学出版社2000年，第242页。

人口的积聚和增加，对行政方面的直接影响就是州县数量的增加。广东布政使司在洪武二十六年（1393）共领10府7州60县，以后逐渐有所增加与调整，至明末，广东共有10府1直隶州8州78县。

广州府原领南海、番禺、东莞、增城、香山、新会、清远、阳山8县，洪武十四年（1381）复置连州，辖连山、阳山二县，景泰三年（1452）置顺德县，弘治二年（1489）由番禺划地置从化县，弘治六年（1493）置龙门县，弘治十一年（1498）置新宁县（今台山市），嘉靖五年（1526）置三水县，万历元年（1573）从东莞析出新安县，共辖1州15县。

肇庆府明初领高要、四会、新兴、阳春、阳江5县，洪武九年（1376），降德庆府为德庆州，隶肇庆府，辖封川、泷水（后废）、开建3县。成化十一年（1475）增置了高明县，成化十四年（1478）增置了恩平县，嘉靖三十六年（1557）增置了广宁县，万历十六年（1588）还增置了开平县，共辖1州11县。

韶州府领曲江、乐昌、英德、仁化、乳源、翁源6县。

南雄府辖保昌、始兴2县。

惠州府初辖归善、博罗、海丰、龙川、长乐（今五华）、兴宁、河源7县，正德十三年（1518）增置和平县，隆庆三年（1569）增置长宁（今新丰）、永安（今紫金）2县，崇祯六年（1633）增置连平州（今连平县），隶惠州府，辖河源、和平2县，所以至明末共辖1州10县。

潮州府原领海阳、潮阳、揭阳、程乡4县，成化十二年（1476）增置饶平县，嘉靖四年（1525）增置大埔、惠来2县，嘉靖四十一年（1562）增置平远县，次年又增置了普宁、澄海2县，崇祯六年（1633）增置镇平县（今蕉岭），共辖11县。

高州府于洪武七年（1374）十一月降为州，洪武九年（1376）四月复为府，领茂名、电白、信宜、吴川、石城5县，洪武十四年（1381）置化州，隶高州府，领吴川、石城2县，所以共辖1州5县。

雷州府辖海康、徐闻、遂溪3县。

罗定州于万历五年（1577）始设，直隶广东布政使司，将原来的泷水县废除，另置东安（今云浮）、西宁（今郁南）2县。①

另外，廉州府辖1州2县，琼州府辖3州11县。

行政区划的增加，对教育影响的一个直接效果就是要相应地增加府、州、县学，使官办学校普及于更广大的地区。

明代在县以下则实行里甲制度。明代统治者为了将王朝的统治秩序

---

① 《明史》卷四五《地理志六》。

直接深入到社会的最底层，对里甲制度的建立卓有成效。据《明史·赋役志》介绍："以一百一十户为里，推丁粮多者十户为长，余百户为十甲。甲十户，名全图。其不能十户，或四五户若六七户，名半图。城中曰坊，近城曰厢，乡都曰里。"嘉靖《增城县志》卷二《坊都》中介绍："在城为坊，坊有坊长，长各有甲，甲各十户。在乡为都，都有里长，长各有甲，甲各十户。"嘉靖《翁源县志》卷一《里图》则说："今凡邑建里以统图，图以分甲，仿古制也。里图定而版籍明矣。"当然，各地乡村基层组织的建制不尽相同，但大致规范基本在里甲制度的框架之内。

各地人口的多寡直接表现为里甲的数量，也直接影响着各地社学发展的规模。明代广东各府的里数在不同时期有所变化，这里引用一个统计数据，可以帮助我们对当时各府编户情况有个大致的了解（见表3-2）。

表3-2　明代广东各府里数一览表

府名	广州	韶州	南雄	惠州	潮州	肇庆	罗定	高州	廉州	雷州	琼州	合计
里数	1 378	89	51	199	653	409	51	217	70	188	450	3 755

资料来源：吴宣德：《明代进士的地理分布》，香港：香港中文大学出版社2009年，第271~274页。

里甲制度的完善，使明代的教育触角可以延伸到社会的最底层，为社学的建立奠定了基础。州县里数的多寡，又直接影响着各府、州、县教育的规模。

三、广东的经济发展

人口的增长必然要求经济的发展。"国多财则远者来，地辟举则民留处，仓廪实则知礼节，衣食足则知荣辱"，管子在《牧民篇》中的遗训流传深远，确是道出了经济发展与教育发展的关系。从明代广东的经济情势看，广东地区，尤其是珠江三角洲一带的经济较之宋元有了长足的进步。各府土地的开发直接促进了人口的积聚和经济的增长，农业的商品化又带来了墟市的增多，导致广东的经济实力有了本质的提高。

明初，针对元末社会的动荡、赋役繁重、民不聊生的景况，朝廷制订了一系列促进农业生产的政策和措施。洪武初，明廷规定："令各处荒闲田地，许诸人开垦，永为己业，俱免杂泛差科。三年后并依民田起科税粮。”洪武十三年（1380），又诏陕西等布政司及广州等府，“民间田土，许尽力开垦，有司毋得起科”①。“起科”，即国家征税。为了鼓励荒地的开垦，朝廷规定三年内不得征税。此外，朝廷还颁布了诸如安辑流人、移民垦荒、置办屯田、兴修水利、轻徭薄赋、劝课农桑的措施，督促各级官吏加强管理。广东地方官府在朝廷政策的推动下，也采取了积极的作为。如南雄知府以城东隙地，建桑园十亩，教民种桑，“自是民皆知以养蚕为业”。又如雷州通判“筑圩岸，开万顷田，岁获丰熟，民赖其力”。其他如海康知县、遂溪知县、博罗知县也都有兴修水利之举，“民享其利，追思不忘”②。

粤西瑶区的开发是个很能说明问题的例子。粤西瑶民聚居的罗定地区“东界新兴，南连阳春，西抵郁林、岑溪，北尽长江与肇庆、德庆、封川、梧州仅界一水，延袤千里，万山联络，皆瑶人盘踞”。万历以前，这里仅设泷水一县，政府管理往往鞭长莫及。万历五年（1577），明政府撤泷水县，改设罗定直隶州，直接归布政司指挥，下设西宁和东安两县，在交通关隘之处还设置四个千户所，使行政权力深入到瑶区。紧接着，兴修水利、垦殖荒地、招募流民的工作得以顺利展开。东安知县“筑城立社，垦田编里，备极周详”。西宁知县“上下川原，身经险阻，擘画精详”，“筑圮城，凿山通圳，绕廓东西数十里，缘亩导流，灌田数百余顷。开西山等处林莽以成周行”③。万历年间，两广总督凌云翼在粤西开通了一条以罗定为中枢的新驿道，使粤西经济开发由沿海地区延伸至与广西相邻的群山之中。两广总督刘尧诲在罗定“度田五万八千四百七十亩，招徕流移二千四百二十四人，费银一万一千六百数”。罗定“万历未开州以前，其土著与瑶、壮杂处，自开州以后，四方来占籍者日众”④。

贫困瑶区尚且如此，富庶之地如珠江三角洲，其沙田开发在明代进

---

① 《明会典》卷一九《户部四》。

② 《大明一统志》卷七十七至八十二。

③ 颜广文：《古代广东史地考论》，广州：中山大学出版社2007年，第68～69页。

④ （民国）《罗定州志》卷一《风俗》。

入实质性阶段。这一带原是汪洋一片，长期以来，由西江、北江、东江上游所带来的泥沙在这里不断淤积，形成沙坦，三角洲由此不断地陆地化。将沙坦整治成可耕种的沙田，就成为当时珠江三角洲农业发展的主要动力。“珠江三角洲的历史首先是广袤的冲积平原的形成以及土地开垦的历史。唐宋以前，三角洲发育缓慢，基本上属于海陆交错的地区，宋代之后开发加快，直到明清时期才因为大规模的沙田开发而真正形成了大片的田地和密集的村镇”①。至万历二十年（1592），广州府的耕地面积已达到104 005顷，所属各县的田地数在万顷以上者有南海、东莞、番禺、新会4县，五千顷以上者有增城、顺德、香山、清远、三水5县。

广东其他各府的耕地开发也有显著增长。至万历年间，惠州府的田地数达46 309顷，肇庆府达38 584顷，琼州府36 753顷，潮州府36 002顷，高州府17 910顷。超过万顷的县有韶州府的乐昌、肇庆府的高要，其余的如惠州府的归善、海丰，耕地面积都在9 000顷以上。如果从垦殖率来看，到明末，广州府的垦殖率达到22.4%，南雄府为15.34%，肇庆府为12.01%，潮州府为11.96%，雷州府为11.73%，高州府为8.23%。②

沙田的大量开垦进一步促进了人口的聚集，也促进了农业集约经营的产生和发展。当时珠江三角洲地区农户除了生产水稻、小麦、薯类、豆类等粮食作物外，还出现了专门种植桑、茶、麻、棉、甘蔗、水果、油料、烟草、蔬菜、药材等经济作物区，此外还有专门的花木园艺业和池塘养鱼业。经济作物的生产又为手工业发展提供了原料，活跃了农村经济，促进了生产与消费的分离，原料与成品生产的分离，为商品资本的活动提供了条件。

商品市场的流通带来了墟市的发展。广东在明初的墟市尚少，到嘉靖年间，已发展到441个，其中广州府有墟市136个，韶州府9个，惠州

---

① 冯江：《祖先之翼——明清广州府的开垦、聚族而居与宗族祠堂的衍变》，北京：中国建筑工业出版社2010年，第57页。

② 王双怀：《明代华南农业地理研究》，北京：中华书局2002年，第128－132页。

府37个，潮州府41个，肇庆府69个，高州府57个，廉州府19个，雷州府7个，琼州府66个。[①] 从嘉靖到万历，墟市又有增加，如顺德的墟市从11个增加到36个，东莞由12个增加到29个，南海由19个增加到25个，新会由16个增加到25个。在这些墟市中，有些专业性墟市已经形成，如合浦的珠市、罗浮的药市、东莞的香市。加之手工业的发展，例如冶铁业，就成就了佛山这个集镇的发展。佛山作为一个聚落，相传肇始于汴宋，在元代还只是一个渡口，但到明代景泰年间，其陡然崛起，已是四方商贾萃集，"民庐栉比，屋瓦鳞次，几万余家……农勤耕稼，工擅炉冶之巧，四远商贩，恒辐辏焉"[②]。明代中叶的霍与瑕说："两广铁货所都，七省需焉。每岁浙、直、湖、湘客人腰缠过梅岭者数十万人，皆置铁货而北。"[③]

经济的发达带来了广东地区的繁荣。安徽休宁人叶权万历年间来广东，自南雄至广州，但见"岭间车马相接，河上舟船相望，人气盛而山毒消"，一派兴旺景象。在广州城，见到"广城人家大小俱有生意，人柔和，物价平，不但土产如铜锡俱去之外江，制为器，若吴中非倍利不鬻者，广城人得一二分息成市矣。以故商贾骤集，兼有夷市，货物堆积，行人肩相击，虽小巷亦喧填，固不减吴阊门、杭清河坊一带也"[④]。刑部主事王临亨在万历二十九年（1601）过大庾岭时，"此岭独以横截南北，为百粤数千里咽喉，犀象、珠翠、乌绵、白氎之属，日夜辇而北以供中国用，大庾之名遂满天下"[⑤]。

海外贸易的开展，也成为明代广东经济发展的一个因素。即使面对葡人东来，倭患日炽，广东官员仍坚持加强管理，不予废止。万历二十九年（1601），刑部主事王临亨来广东审案，亲见与外国商船交易的场

① （嘉靖）《广东通志》卷二十四至二十六。

② （乾隆）《佛山忠义乡志》卷一。

③ 转引自罗一星：《明清佛山经济发展与社会变迁》，广州：广东人民出版社1994年，第50页。

④ 叶权：《游岭南记》，《贤博编》，北京：中华书局1987年，第41，43～44页。

⑤ 王临亨：《粤剑编》卷四《志游览》，北京：中华书局1987年，第96页。

面："西洋古里，其国乃西洋诸番之会。三四月间入中国市杂物，转市日本诸国以觅利，满载皆阿堵物也。余驻省时，见有三舟至，舟各赍白金三十万投税司纳税，听其入城与百姓交易。"这是在广州，其时澳门已成为外商集结之地，"西洋之人往来中国者，向以香山澳中为舣舟之所，入市毕，则驱之以去。日久法弛，其人渐蚁聚蜂结，巢穴澳中矣。当事者利其入市，不能尽法绳之，姑从其便，而严通澳之令，俾中国不得输之米谷种种，盖欲坐而困之，令自不能久居耳"①。

经济的繁荣，生活的安定，自然要求以稳定的社会秩序为保障，从而激发了广东社会更迫切的教育需求。

四、广东人文环境的改善

人口因素和经济因素的改善，为教育发展提供了良好的条件。而对教育需求的考察还应深入到明代广东人文环境。教育的发展离不开社会风气的滋养，也离不开社会文化建设的推动。考察明代广东的人文环境，可以从两个层面进行，即民风民俗和精英文化。

首先看民风民俗。嘉靖十四年（1535）戴璟出任广东巡按御史，很注意考察广东各地民风，其作《广东通志初稿》，专辟《风俗》一卷。戴璟《明史》无传，其他史书对其介绍也极少，《粤大记》对其在广东的治理业绩有一段介绍，评价甚高："百粤地远法疏，吏窳民惰，公肃纪贞度，洁躬爱民。尝曰：御史正己以格物，己苟弗正，物何能格，民何以蒙实爱乎？时诸州污吏望风解印绶去。所画为条约，多切民隐，官民传诵，目为《戴公出巡录》。又裒叙粤故为《广东通志》，其文丽，其事核，而一方文献大备。其政有体要，不求赫赫之名，而揽辔澄清之风，于斯称最焉。"②

《广东通志初稿》之《风俗》所论，可能会有片面之处，但对我们大致了解明代的广东民风还是有所启迪。戴璟看到，在广州府城，由于地

① 王临亨：《粤剑编》卷三《志外夷》，北京：中华书局 1987 年，第 91 页。

② 郭棐：《粤大记》卷九《宦迹类·戴璟》，广州：广东人民出版社 2014 年，第 246 页。

方官府不断地提倡和表彰民间贤士，“故其民朴而有文”，“敬愿而亲亲”，“民向于学”，“重正道而陋黄缁”，“守名节而乐恬退”；但同时，“郡城之俗尚文华而少质实，外邑穷乡多俭啬而勤苦”。韶州府“习朴而不杂，淳而不漓”，“岁不事游宴，日用饮食之外，珍奇之货不售焉”，但“惟士多愿悫，少浮华，可进于善”，受本地先贤影响，“而仕者多尚气节矣”。南雄府“士性质朴，民俗简俭，商无厚利，工无巧技。人强吏懦，青紫相属。务农者少，逐末者多”。惠州府“郡人好儒，文物不下他州。然为商者少，务农者多，市井交易早聚晚散，其细民妇媪则有担负蔬薪出于市者。乡落之民，每当月夜聚于野外，浩歌率用俚语。民亦多好祀”。潮州府则唐有韩愈、宋有廖德明等先贤的引领，“文学之士彬彬辈出，遂有海滨邹鲁之称。凡家畜图籍，人习礼让，虽穷乡隘巷，弦歌之声相闻也”。肇庆府“土薄民贫”，故农务田亩却收入甚微；“士则业诗书，文风雅重，性习简朴，民鲜末游，居室器用简素无华”。高州府“地旷民稀，俗尚简俭，耕稼而食，桑麻而衣”，“然民被礼让之化，衣冠相尚，冠礼亦间行，祭祀则效古学校，有俊秀之士”。雷州府“风俗颇淳，圣训浸濡，人多尚学，用度稍足皆知课子弟以诗书，而士夫之家惟循礼范武卫之门”①。从以上论述来看，广东民风古朴，勤力农商，崇尚礼让，人多尚学，这应该是明代广东民风的主流。这对于教育的发展具有正面意义。

再看精英文化层面，明代广东可谓是异军突起。“岭南人物，至明号称极盛”②，此话并非夸张。郭棐有一段话将明代广东名人辈出的状况表达出来：“我朝白沙陈先生以自然为宗，以忘己为大，以无欲为至，不离日用，而见鸢飞鱼跃。其教人一以主静。甘泉湛先生游其门，独得其宗，所著《心性图说》，默契周、程二氏之旨。其教以随处体认天理为要。一时从学白沙之门，则有东所张诩、壶山梁景行、南洲林光，皆能发明先生自然之蕴者也。近祀若南海陈激衷、中离薛侃、素予刘模、古林何维柏、弼唐庞嵩、肖斋杨传芳、惠江叶时、宝潭钟景星、艾陵林烈、曙台

① （嘉靖）《广东通志初稿》卷十八《风俗》。
② （乾隆）《番禺县志》卷十五《人物三》。

唐伯元，均有志于圣学也者。”[①]

郭棐此论，谓陈献章、湛若水为领军人物，而闻风影从者则是一个粤军群体。“白沙之学”的出现，在整个广东文化发展过程中具有标志性的意义。陈献章受到陆九渊思想的影响，主张打破程、朱思想的垄断，强调通过自己的独立思考、消化、融会、贯通，来明辨是非。他提倡“心学”，认为“为学当求诸心必得。所谓虚明静一者为之主，徐取古人紧要文字读之，庶能有所契合，不为影响依附，以陷于徇外自欺之弊，此心学法门也”[②]，从而形成了独具岭南特色的非正统的思想体系，即学贵自得、学宗自然、明心见性、践履笃实的思想体系，开创了明儒“心学”的先河。其弟子湛若水在这一基础上，又提出了“随处体认天理为宗”。其门徒愈众，影响愈大，世称“陈湛学派”“江门学派”。其地位在学术史上独居一席，后人谓：“粤中先师如唐之赵，如宋之梁与陈，荜路蓝缕，以启山林，尚未登大儒之坛也。白沙陈文恭公者出，超然自得，其学虽出于吴康斋，而别为一家，粤中学统，殆莫之或先也。白沙授之甘泉，其门户益盛，受业著录四千余人，当时称为‘广宗’。同时与阳明分讲席，当时称为‘浙宗’。终明之世，学统未有盛于二宗者，而河汾一辈之学，几至遏而不行。”[③]

学派彰显，促进学风渐浓，读书风气在广东盛行。如《广东新语》载：“东莞陈琴轩先生琏，致仕后。开万卷堂，书多秘馆所无。四方学者至，必馆谷之。而丘文庄（丘濬）于琼州学宫为石室，藏书以惠学者。”[④] 其他如正德年间，南海方献夫以吏部员外郎谢病归，于西樵山构筑石泉精舍，恭储御赐书籍，“藏书甚富”[⑤]。其在广州城西的府邸有

① 郭棐：《粤大记》卷十四《献征类·理学正传》，广州：广东人民出版社2014年，第403页。

② 陈献章：《书自题大塘书屋诗后》，孙通海点校：《陈献章集》卷一，北京：中华书局1987年，第68页。

③ 全祖望：《端溪讲堂策问一》，朱铸禹汇校集注：《全祖望集汇校集注》，上海：上海古籍出版社2000年，第1852页。

④ 屈大均：《广东新语》卷十七《万卷堂》，北京：中华书局1985年，第466页。

⑤ （嘉靖）《广东通志》卷三十八《礼乐志三·书院》。

"赐书楼"，"藏明伦大典处也"[①]。香山黄佐在广州有"宝书楼"。番禺李韩，"以克己自命，号曰过斋，积书数千卷，公余则检阅其中"[②]。博罗张萱，"生平无他嗜，独癖书，老而弥笃，藏万卷"[③]。顺德潘光统，"雅好图史，作'怡馨堂'、'飞云阁'为藏书之府"[④]。虽然明代广东藏书尚无法与江浙等文化发达地区相媲美，但文化积淀确实已经开始起步。

在文学上，明代广东开始在全国文坛崭露头角。据屈大均《广东新语》所载，明初由孙蕡、王佐、赵介、李德、黄哲五人组织结成的"南园诗社"，合称"南园五子"，与当时高启为首的"吴四杰"、林鸿为首的"闽十才子"齐名。后有王渐逵、伦以训发起的越山诗社，有郭棐、王学曾发起的浮丘诗社，晚明则有陈子壮发起的诃林净社，陈子壮还集合陈子升、欧主遇、欧必元、区怀瑞、区怀年、黎遂球、黎邦瑊、黄圣年、黄季恒、徐棻、僧通岸等人修复了南园旧社。[⑤]

在史学上，明代广东出版了三部全省性通志。嘉靖十四年（1535），广东巡按监察御史戴璟主编了《广东通志初稿》，这是现存的最早的广东通志。二十几年后，两广总督谈恺聘请黄佐在上本通志基础上"重加搜集"，嘉靖三十九年（1560），《广东通志》70卷问世。万历年间，两广总督陈大科认为距黄佐志又过去了40多年，许多新发生的"与时政攸关"的事情必须有所记载，于是由南海士人郭棐主编的《广东通志》成书于万历三十年（1602）。其他如广州、韶州、惠州、潮州、肇庆、高州、廉州、琼州、南雄等府志以及诸多县志，也均有编撰。地方志的普遍撰写，体现了广东社会的相对稳定和广东文化的渐趋成熟。

在政坛上，明中期活跃着丘濬、梁储、方献夫、霍韬、海瑞、翁万达、唐胄等一大批粤籍名臣，在政坛上发出了广东的声音。丘濬和庞尚

---

① （同治）《南海县志》卷十一《金石略一》。

② （乾隆）《番禺县志》卷十五《人物·李韩》。

③ （道光）《广东通志》卷二百九十一《列传·张萱》。

④ 郭棐：《粤大记》卷二十四《献征类·潘光统》，广州：广东人民出版社2014年，第753页。

⑤ 屈大均：《广东新语》卷十二《诗社》，北京：中华书局1985年，第355页。

鹏在中国经济思想史上有着重要地位，翁万达、陈璘、袁崇焕在明代军事史上有举足轻重的分量。明末的抗清斗争也是由陈子壮、张家玉、陈邦彦等广东籍官员领导，士兵则多由广东绅民组成，真正具有“广东军民”的含义。明代广东仕宦大都崇尚气节，昂扬士气，郭棐对此高度评价：“我粤人贻光相垣者，炳炳赫赫若此，讵非山川之灵，钟于隽杰，必为君子，而不为小人；必有益于国，而不负于国，岂他省可得而较轩轾耶？”①

第二节　宗族社会的发展及其教育需求

明代广东的教育环境，最根本的还是体现在宗族社会所萌发的教育需求。明洪武年间，朝廷通过编制户籍、收集军兵等方式，在全国推行里社制、里甲制和里老人制等政策，以加强乡村教化，地方官绅也合力在乡村推行乡约保甲制。受到朝廷编籍政策的影响，一大批因编户入籍、疍民上岸的居民获得了拥有土地、参加科举的权利，这实际上给广东的乡村社会带来了一个格局重组的机遇。所谓格局重组，实质上表现为社会资源的重新分割。传统的世家大族需进一步巩固和扩充家族资本，新入籍的家族要借这一机遇来争夺有限的社会资源，宗族这种具有竞争力的组织便应运而生。为了更好地争夺有限的社会资源，成为宗族社会发展的深层动力，宗族社会的教育需求就萌发在这样的动力之中。

一、宗族的文化资本积累

按一般的理解，宗族是一个有确认的共同祖先，有统一的祭祀仪式，有共同的财产，并可分为族、房、支等组织系统的继嗣团体。宗族以血缘为纽带，通过对共同祖先的认同及祭祀，以统合族人，达到地缘社会文化的构建和争取家族的正统合法性。有学者指出：“明清以后在华南地

① 郭棐：《粤大记》卷十六《献征类·相垣勋业》，广州：广东人民出版社2014年，第453页。

区发展起来的所谓‘宗族’，并不是中国历史上从来就有的制度，也不是所有中国人的社会共有的制度。这种‘宗族’，不是一般人类学家所谓的‘血缘群体’，宗族的意识形态，也不是一般意义上的祖先及血脉的观念。明清华南宗族的发展，是明代以后国家政治变化和经济发展的一种表现，是国家礼仪改变并向社会渗透过程在时间和空间上的扩张。”①

明代中叶以后，宗族制度在广东明显地普及开来。屈大均曾描述当时的情形，说道：

> 岭南之著姓右族，于广州为盛。广之世，于乡为盛。其土沃而人繁，或一乡一姓，或一乡二三姓。自唐宋以来，蝉连而居，安其土，乐其谣俗，鲜有迁徙他邦者。其大小宗祖祢皆有祠，代为堂构，以壮丽相高。每千人之族，祠数十所。小姓单家，族人不满百者，亦有祠数所。其曰大宗祠者，始祖之庙也。庶人而有始祖之庙，追远也，收族也。……其族长以朔望读祖训于祠，养老尊贤，赏善罚恶之典，一出于祠。②

从这段话中可以看到，宗族资本首先表现为具有标志性的文化产品，例如祠堂、族谱、家训等。祠堂是宗族的标志，是宗子通过祖先祭祀来统合亲族的场所。“家族制度奚所肇乎？自族中尊祖、祖各有祠始。盖明禋祀以致孝享，聚宗族而修伦常，舍祠莫属”③。族谱则是对本宗族的先世来历及衍生脉络的记载，是对基于血缘宗亲关系的确认。家训则是维系家族成员的道德准则和行为规范。这些文化产品是宗族组织的制度体现，是体现一个宗族社会地位的象征，而其要者当数祠堂。

嘉靖三十一年（1552），韶州府乐昌县举人骆尧知撰《骆氏祠堂记》，开篇言曰：“祠堂关系重矣，祀先祖于斯，讲家训于斯，明谱牒于斯，会宗族于斯，而行冠告嘉莫不于斯。”他阐述了家族建祠堂的经过，然后

---

① 科大卫、刘志伟：《宗族与地方社会的国家认同——明清华南地区宗族发展的意识形态基础》，载《历史研究》2000 年第 3 期。

② 屈大均：《广东新语》卷十七《祖祠》，北京：中华书局 1985 年，第 464 页。

③ 《岭南冼氏宗谱》卷三之六《重修大宗祠碑记》。

说："吾人之心必固以孝享而聚，若夫聚而无礼，犹弗聚也；是必登斯堂者，祀神有节，而致爱致懿焉。长幼有序而起敬起让焉，诚如是也，则神无不格矣，人无不和矣。"①

宋元以前，庶民之家不得建祠立庙，明代才开始实行品官立庙制。成化十一年（1475）规定："宜令一品至九品各立一庙。"② 嘉靖十五年（1536），礼部尚书夏言上《请定功臣配享及令臣民得祭始祖立家庙疏》，世宗采纳了他的意见。于是自明中叶以来，兴祠堂、修族谱、撰家训在珠江三角洲一带十分盛行，"明世宗采大学士夏言议，许民间皆得联宗立庙，于是宗祠遍天下"③。

很清楚，要联宗立庙，非得借宗族中的科名人物方能正名于地方。香山士人黄佐之家族自元末迁至广东，一直"潜而弗耀"。直到其祖父黄瑜于景泰七年（1456）中举，家族才有了建堂祠、撰家谱的行动，"讲习之暇，则修堂祠，营居室，凡椟主之制，祭祀之仪，冠婚丧葬，必仿文公《家礼》行之"④。顺德名宦梁储出身寒微，于成化十四年（1478）中会元，官至内阁首辅，其族人才开始建造"五岭祠"。南海名宦霍韬于正德九年（1514）中会元，嘉靖四年（1525）正月，霍韬决定创石头霍氏大宗祠："时公无居室，与兄振先谋曰：'君子将营宫室，宗庙为先。'乃建大宗祠。"⑤ 并于嘉靖八年（1529）编印了《霍渭厓家训》。庞尚鹏则是在隆庆年间罢官回乡期间，才着手《庞氏家训》的撰写。南海丹灶的方氏家族，自宋末迁居南海，直到方献夫于弘治十八年（1505）进士及第，才开始在广州城购地建祠堂，同时在老家修建始祖、始迁祖的祠堂。

---

① 骆尧知：《骆氏祠堂记》，谭棣华等编：《广东碑刻集》，广州：广东高等教育出版社 2001 年，第 94 ~ 95 页。

② 《明宪宗实录》卷一三七，台北："中央研究院历史语言研究所"校印 1962 年，第 2 576 页。

③ （民国）《佛山忠义乡志》卷九《氏族志·祠堂》。

④ 冯江：《祖先之翼——明清广州府的开垦、聚族而居与宗族祠堂的衍变》，北京：中国建筑工业出版社 2010 年，第 53 页。

⑤ 霍韬：《石头录》，北京图书馆编：《北京图书馆藏珍本年谱丛刊》第 45 册，北京：北京图书馆出版社 1999 年，第 229 页。

万历三十年（1602），其家族购得广州粤秀山一处土地，作为宗族的公产，奉祀始祖宗元，附祀南海、新会、东莞各始迁祖，成为联合各地方氏的合族祠。[1] 冼桂奇也是在及第入仕后才修建大宗祠，立宗法、行家训、修族谱，对冼氏宗族大力进行建设和整合。庞嵩则是在致仕后，“既归，茹淡服勤，建祠祀先，联族以恩，处乡以睦”[2]。这些事例说明，宗族中只有拥有科名人物，才能以宗祠、族谱、家训这些文化产品为中心来强化宗族的向心力。因此，期盼宗族成员金榜题名便成为宗族整合的强大动力。

二、宗族的经济资本积累

当然，在宗族整合的后面还有更强大的动力，那就是宗族经济资本的积累。宗族的发展需要坚实的经济基础做后盾，祭祀需祭田，赡族需族田，社学需学田，这都意味着经济资本的雄厚直接关系到宗族组织的稳固。

要获取雄厚的经济资本，科举入仕无疑是一条捷径。明代科举制度的改革，最重要的是承认了生员、举人的身份，使士绅阶层在乡村整合成一个政治的整体。生员、举人的资格不仅是终身的，举人、岁贡、监生还获得了直接选官的资格，并且享受着优越的政治地位和特殊的经济待遇。洪武年间规定，现任官员之家，“悉免其徭役”；致仕官员，“复其家，终身无所与”；生员，除了有廪粮、学田、膏火等收入外，还优免本身及家中二丁之役。明中叶发展为“论品免田”。正德年间规定，京官三品以上免田四顷，五品以上三顷，七品以上二顷，九品以上一顷，外官递减。嘉靖二十四年（1545）又定《优免则例》，对各品官员的优免役粮和人丁都做了具体规定，包括举、监、生员都可优免役粮二石、丁二人，致仕官员则可优免本品的十分之七[3]。这些经济待遇对宗族经济资本的积

---

① （光绪）《方氏家谱》（不分卷），《祠》。

② 郭棐：《粤大记》卷十四《献征类·庞嵩》，广州：广东人民出版社 2014 年，第 396 页。

③ 罗一星：《明清佛山经济发展与社会变迁》，广州：广东人民出版社 1994 年，第 88 页。

累显然是很有利的。

但宗族经济资本仅靠官员的正途收入是远远不够的，要经营庞大家族的各项运作，还必须扩大家族产业。明代广东家族产业的积聚，主要依靠两种方式：一是开发和占有沙田，一是经营工商业。无论是开发沙田，还是主导墟市，具有科名的官宦宗族在竞争中占有明显的优势。

开发沙田，本有朝廷的鼓励政策，但由于对沙田的所有权尚不明确，且三年内不需课税，因而沙田成为宗族之间扩充经济资本的主要争夺对象。这种竞争在当时的东莞、顺德、南海、新会、香山等地表现得十分激烈。其原因，霍韬是这样分析的："东莞、顺德、香山之讼，惟争沙田，盖沙田皆海中浮涨之土也，顽民利沙田交争焉。"他又形象地说明这一现象："盖沙田皆海中浮土，原无税业，是民所由争也。语曰：一兔在野，众共逐焉，无主故也；积兔在市，过而不问，有主也。海中沙田，野兔之类也；其争也，逐兔也。"①

由于占有沙田获利显著，许多势豪之家采用不正当手段予以抢夺。惯用的手段有"占沙"和"抢割"之说。屈大均说："粤之田，其濒海者，或数年或数十年，辄有浮生。势豪家名为承饷，而影占他人已熟之田为己物者，往往而有，是谓占沙。秋稼将登，则统率打手，驾大船，列刃张旗以往，多所伤杀，是谓抢割。斯二者，大为民害，顺德、香山为甚。"采用"占沙"和"抢割"等手段，以纳税为名抢占他人已整备成熟的沙田，或抢夺田中收获物，只有势豪之家才有这种实力。屈大均说：这些新开垦的沙田，"三年即成子田，子田成熟后报税，其利颇多。然豪右寄庄者，巧立名色，指东谓西，母子相连，则横截而夺之，往往搆讼，至于杀人"②。

还有一种手段，即唆使养鸭户残害庄稼，使开发沙田者无获而放弃。霍韬在一则公文中揭露："宦家子弟见小利忘厚祸，阴为畜鸭顽民窝主，

---

① 霍韬：《渭厓文集》卷十《两广事宜》，《四库全书存目丛书》集部第69册，济南：齐鲁书社1997年，第324页。

② 屈大均：《广东新语》卷二《沙田》，北京：中华书局1985年，第52~53页。

顽民恃宦家子弟为水山，恣恶无忌，因畜鸭而残民之稼，民不敢告，曰某宦族主之也。”[①]

再就是主导墟市，强行抽税。万历二十九年（1601），刑部主事王临亨奉命到广东审案，谈到广东墟市，“一月之中，为市九日，其豪右因以抽税。今税已属公家，公家所得者百一耳。尝闻一小墟岁收可得百金，仅纳银八钱，其大者可推矣”[②]。

宗族经济资本的积聚可以南海石头乡的霍氏家族为例。在霍韬于正德年间成为会元，特别是官至吏部右侍郎后，霍氏家族便大量积聚族产。他采用“减价买田”的方式，在各处强占了很多沙田。他本人还积极插手了冶铁业生产，所至之处无往不利，连其儿子霍与瑕也说：“先文敏尚书当其为吏部时，气焰烜赫，若佛山铁炭，若苍梧木植，若诸县盐鹾，稍一启口，立致富羡。”[③] 他的子侄更是利用豪势之家的背景，横行乡里，以致霍韬也不得不在家信中屡次提醒其家族成员：“予每戒家人勿生事，勿求官司，勿得罪乡里，过人口舌，何为又去卖盐，又开银矿，又去做沙，皆不知足也。”他在另一封家书中又说：“予累有戒谕，今后田土不许再经营了，沙田不许再做了，家业不许再增了，如何又与人做香山沙，可是不尊戒隅！尔兄弟只在外干闲事，推罪名我身上，我只一身岂能为尔兄弟担受许多罪名，岂不伤心哉！”[④] 正因为如此，从正德十年到嘉靖十一年（1515—1532），南海石头霍氏积聚了丰厚的族产，岿然居南海各宗族之首。正如石头霍氏族谱所称：“吾石头宗视诸宗为著，宫保文敏公实大倡之。……嘉靖四年，文敏公始建宗祠祀始高曾祖，而以群祖配之。于是修茔墓，建社学，定家训，祭祀有田，赡族有田，社学有田，乡厉

---

① 霍韬：《渭厓文集》卷十《两广事宜》，《四库全书存目丛书》集部第69册，济南：齐鲁书社1997年，第323页。

② 王临亨：《粤剑编》卷二《志土风》，北京：中华书局1987年，第76页。

③ 罗一星：《明清佛山经济发展与社会变迁》，广州：广东人民出版社1994年，第52页。

④ 霍韬：《渭厓文集》卷七《家书》，《四库全书存目丛书》集部第69册，济南：齐鲁书社1997年，第168，173页。

有田，彬彬乎备矣。”[1]

这些事例说明，宗族文化资本的积累可以更好地帮助宗族获取经济权力，加速和巩固宗族经济资本的积累。虽然富商大贾也可以凭借财力积聚族产，但力量有限，只有功名人物加官位者，才能对族产有更大力度、更大范围的整合。

三、宗族的社会资本积累

宗族组织的整合并不是以经济资本积累为最终的追求目标，而是指向宗族的社会资本。简单地说，宗族社会资本就是宗族的社会声望，它由权力、特权、身份、圈子等要素所构成。立志获取这样的社会声望，根本改变低下的社会身份，就成为宗族成员奋力科举的最朴素的愿望。官至吏部右侍郎的霍韬，其先祖原以孵鸭为业，景泰年间其家族都还是靠着“昼则鬻布于市，暇则作扇，市取值以起家”。连霍韬在家训中也强调：“洪武之初，业焙鸭，日得利什佰，遂起家，人称‘霍鸭氏’。”[2] 但霍韬立志要使家族“做第一等人事，做第一等人物，占第一等地步”[3]，终于在嘉靖四年（1525）考中进士，官至吏部右侍郎。其有子 9 人，除四子、五子早殇外，其余 7 人全部获取生员身份，其中二子登进士，七子、九子中举人，二子的孙子、曾孙、重孙皆中举，霍氏宗族成为南海名门望族。

万历朝官至户部右侍郎总督漕运的李待问，其先祖由宣德年间从里水迁至佛山，以冶铁为业。“明初编立图甲，先到诸族得占籍为地著”[4]。由于李氏家族到达佛山时间较晚，与明初已立籍的“土著”相比，李氏只能属于“侨籍”，在社会上没有地位，经常受到“邻豪”欺侮。至八世

① 罗一星：《明清佛山经济发展与社会变迁》，广州：广东人民出版社 1994 年，第 120 页。

② 霍韬：《渭厓文集》卷十《家训续编·先德十六》，《四库全书存目丛书》集部第 69 册，济南：齐鲁书社 1997 年，第 352 页。

③ 霍韬：《渭厓文集》卷七《家书》第十二，《四库全书存目丛书》集部第 69 册，济南：齐鲁书社 1997 年，第 168 页。

④ （民国）《佛山忠义乡志》卷九《氏族志》。

祖，因冶铁而成富户，然李氏虽有财力，却仍备受欺侮。于是八世祖要求子孙加紧读书，到九世、十世，终于有了子孙进入府学、县学。十世李待问、李升问于万历癸卯中举，李待问于次年再登进士，官至户部尚书。李待问于是开始着手大宗祠的修建和族谱的修撰，李氏家族的地位也扶摇直上，至崇祯年间，李氏家族又有 1 人中举，10 人岁贡，成为佛山的名门望族。

东莞袁崇焕的先祖历代在西江以贩木为生，袁崇焕立志要改变这种家族状况。由于东莞科举竞争激烈，袁崇焕只有到其家庭经营木材贩运的广西藤县冒籍考试。由童生试到进士，一共用了 20 年。一旦及第后，袁崇焕返回东莞祭祖，赋诗曰："少小辞乡国，飘零二十年。敢云名在榜，深愧祭无田。邱陇棠梨在，衣冠手泽传。夕阳回首处，林树郁苍烟。"[①]

潮州府海阳县的薛氏自宋淳熙年间由福建迁居海阳龙溪，家道一直清苦，直至第十三世薛侃兄弟，在父亲延师督课下，终于高榜进士，兄弟子侄中有 3 人中进士，4 人中举，多人为太学生、府学县学生员。薛侃后师事王阳明，将阳明心学传播闾里，声名大振，薛氏也成为潮汕望族，"一时海内莫不称有薛氏云"[②]。

广东沿海原有许多疍户，"以舟楫为宅，捕鱼为业，或编蓬濒水而居"；明初采取登记入籍的措施，将他们转化为承担国家赋役的编户齐民。"洪武初编户立里长，属河泊所，岁收渔课"；这些人于是取得了拥有土地、参加科举的权利。"广中近年亦渐知书，或登陆附籍，与良民同编，亦有取科第者矣"[③]。除了编入户籍，明朝廷还将他们收编入水军，"洪武十五年三月癸亥，命南雄侯赵庸籍广州疍户万人为水军。时疍人附海岛，无定居，或为盗寇，故籍而用之"[④]。这些转化为军户的子弟有着强烈改变社会身份的愿望，如东莞"谢辉，字明甫，旧隶戎籍，手不释

---

① 袁崇焕：《袁督师遗集·登贤书后回东莞谒墓》，《丛书集成》148 册。

② 翁万达：《贺竹居薛大夫第宅新成序》，《翁万达集》，上海：上海古籍出版社 1992 年，第 37 页。

③ （嘉靖）《广东通志》卷六十八《外志五》。

④ 《明太祖实录》卷一四三。

卷，家贫无油，尝在城守击柝间，对月辄引书读，景泰庚午乡荐，始脱戎行”[①]。有学者研究，明代中期以后，珠江三角洲地区兴起的许多著名大族，相当多数是籍隶军户。尤其是明代广东一些著名的士大夫，如梁储、海瑞、黄佐、庞尚鹏、何吾驺、黄士俊等，都出生于军籍家庭，这一现象并非偶然。[②]

科举身份的获得，使这些名门望族的社会声望有了根本的提升。特别是那些入仕为宦者，往往会以共同利益为纽带，以共同区域为基础，形成一个以科名相高的士大夫群体，以主导地方社会。仅以明代广东南海地区为例，当时所涌现的科名人物，梁储官至内阁首辅、太子太师、文渊阁大学士、华盖殿大学士，伦文叙官授翰林院编修、侍讲，伦以训官授南京国子监祭酒，方献夫官至吏部左侍郎、礼部尚书、太子太保，霍韬官至太子少保、礼部尚书协掌詹事府事，梁焯官至兵部职方司员外郎，冼桂奇官至南京刑部主事，庞嵩官至南京刑部郎中，何维柏官授御史、吏部左侍郎、吏部右侍郎、南京礼部尚书，庞尚鹏官至浙江巡按、福建巡抚、左副者御史。这些官位显赫的南海士大夫内以联姻，外以宦绩，相连成势，互抱为团。这些人当中有多人曾任吏部左、右侍郎，当时任命广东官吏均由他们亲自点拨或参与考成提拔，所以广东地方官府对这一群体的利益也多有照顾。这样的政治效应，又进一步刺激了广东社会宗族成员的科举积极性。

这个整合过程说明，教育在推动宗族资本的积累过程中具有重要的意义。取得科名的人物，尤其是进入仕途的官宦家族，他们可以在短期内使同一血缘的分散的家庭整合成完整意义的宗族，并使之在地方上具有显赫的地位，成为功名望族。所以，明代广东教育兴旺的地区往往就是那些宗族社会发达的地区。就一州县而言，其社学、书院创办较力者，以及科名人物显著者，也往往出自当地的大家族。可见，明代广东教育需求的深层孕育就在这宗族社会的整合过程中。

---

① （崇祯）《东莞县志》卷五《人物志·谢辉》。

② 刘志伟：《从乡豪历史到士人记忆》，载《历史研究》2006 年第 6 期。

第三节　明代广东乡村社会教化的努力

宗族社会的崛起，给明代广东带来一个直接的影响，便是广东乡村社会兴起了一股教化的热潮。有学者指出，“教化”的过程，亦即文字普及的过程，即依据宋儒家礼的正统资源，以乡约、家训一类的文件主导乡村文化秩序。其例，“明代大儒陈献章在地方上的影响之一，就是在乡村社会树立了儒家的正统，广东新会县潮连乡的文献记曰：白沙弟子之在吾乡者实繁有徒，如区越、李翰、马贞、马国馨、潘松森、宋容重、卢应等，类皆学有师承，藉以化民俗。依赖师承哲理获得的能力，通过文字的传播来改变时俗，明清时期称为教化”①。

一、宗族社会的教化需求

改变时俗的需求，来源于宗族社会意欲主导乡村文化秩序的愿望。这种愿望首先萌发自对家族前途的担忧，传统世家大族期望子孙能传承家业，克彰先德。新会士人伍骥之先祖为宋代翰林典章，前四世官达显耀，至元末动乱家道衰退，又屡遭非横，至永乐间才遇世道升平科举入仕。他在《伍氏诫子书》中历数家世之源流，阐述其人生之责任：“然吾奉守祖宗基业，虽颇有盈余，而服用不过布素，不求华美。所务者修坟墓、奉蒸尝以报本，法祖宗、循礼义以修身，积寸土、勤三时以裕家，礼贤士、买诗书以教子，此一生行己之大略也。”他希望子孙能够体悟父辈之苦心：“但愿淳等绳祖武、体父心、睦亲姻、丰祭养、笃同气、戒妇言、勤读书、慎交友、守基业、立功名，准此十事，余可类推。思前人创业之艰难，期今日继述之无忝，斯为孝子，斯为孝孙。”②

---

① 科大卫、刘志伟：《宗族与地方社会的国家认同》，载《历史研究》2000 年第 3 期。

② 伍骥：《伍氏诫子书》，谭棣华等编：《广东碑刻集》，广州：广东高等教育出版社 2001 年，第 435 页。

新崛起的宗族也同样从创业的艰难思虑着守业的重要，正如庞尚鹏在给好友卢梦阳的信中说："独念子弟童仆习于燕安溺于浮靡，三年之后不知有宗族，十年之后不知有农桑，萧墙之外便为胡越，此其势所必致者，恐不可不逆为之虑也。"[①] 霍韬在《家训》中写道："立家极难，败家极易，祖考尝为其难矣，兄弟子孙毋为其易也哉！"[②] 其居京为官，也屡屡致书家人："子弟守礼安分，保家业不坠，我望足矣。"[③] 这些言论体现出士大夫对宗族命运的格外关注，由此他们不仅十分重视完善宗族制度的建设，而且十分关注宗族在乡村社会中的主导作用，以确立宗族在乡村社会中的权威地位。

这种愿望又与明朝廷的里甲制度建设相吻合。早在洪武年间，朝廷陆续颁布了诸如《大明律》《教民榜文》等文件，要求各处乡村人民，每里一百户内立坛一所，祀五土五谷之神，并推行"乡饮酒礼"，在乡村落实"孝顺父母，尊敬长上，和睦乡里，教训子孙，各安生理，毋行非为"的道德规范，以实现"序长幼、别贤否、厚风俗"的社会秩序。正统十四年（1499），广东南海农民黄萧养发动叛乱，使明王朝进一步认识到借助士绅建立乡村组织的重要性，于是把广东地区的大多数居民纳入王朝统治体系，在更广大的乡村社会建立起王朝统治秩序。嘉靖八年（1529），朝廷正式确立乡约制度，要求"每州县村落为会，每月朔日，社首社正，率一会之人，捧读圣祖《教民榜文》，申致警戒"[④]。

与之相应，弘治、正德、嘉靖年间，在广东，广州府地区涌现了一批如陈献章、梁储、黄佐、霍韬、方敬夫、湛若水、冼桂奇、庞嵩、何

---

① 庞尚鹏：《百可亭摘稿》卷上《书柬·简星野卢方伯》，《四库全书存目丛书》集部第129册，济南：齐鲁书社1997年，第264页。

② 霍韬：《渭厓文集》卷十《家训序》，《四库全书存目丛书》集部第69册，济南：齐鲁书社1997年，第327页。

③ 霍韬：《渭厓文集》卷七《家书》，《四库全书存目丛书》集部第69册，济南：齐鲁书社1997年，第168页。

④ 杜荣佳：《明代中后期广东乡村礼教与民间信仰的变化》，载《中国社会经济史研究》1992年第2期。

维柏、庞尚鹏等身兼朝廷要职的士大夫，在潮州府地区则出现了薛侃、翁万达、林大春、林大钦、唐伯元、林熙春等一批有地位的本地士大夫，他们十分希望在家乡建立起稳定的乡村社会秩序和文化规范，因而积极主导了广东地区的宗族组织建设。诚如霍韬所言："夫天下之治乱系士风，士风沦丧，望天下之治可以复古不亦难乎？故不自揣力量之不足，窃欲与诸君共敦古道云尔。"[①] 他们就是抱着这样一股热情，或修乡约乡礼，或撰家谱家训，或建书院讲学，在当时广东地方掀起了一股教化革新热潮。"一些在明初成为明王朝编户的家庭，几代之后，涌现出一批在学术和政治领域能够在全国范围产生影响的士大夫，他们在把地方文化同王朝正统拉上关系的过程中，扮演着主导性的角色。他们因应着王朝国家规模和统治方式的改变，在本地社会进行了一系列文化的创造，确立了地方社会的王朝秩序和文化规范"[②]。

在这股乡村社会教化的热潮中，乡村士大夫与地方官员合力，采用行乡约、毁淫祠、撰家训、严惩戒等手段，较成功地将宗族规范推广至乡村社会。

二、行乡约

所谓行乡约，即通过制订乡之公约，将宋儒所倡导的礼俗规范推广至乡村社会，以整顿和改革巫鬼迷信、愚昧落后之风俗。正如薛侃所言："《吕氏乡约》经朱子增损，具在可法，然考当时，要皆乡士大夫不远而集。其后行之者，或因人因地合众维持，详略精粗，故不能一。然皆足以反朴还淳，拨流俗以归于正也。国朝每里百户之内，令民立坛事土谷之神，就中祭祀行会，读抑强扶弱之誓，务在恭敬神明，和睦乡里，以厚风俗，此乡约意也。"[③] 其目的是要在乡村社会建立起一套推行乡约、

① 霍韬：《渭厓文集》卷六《与朱贰守》，《四库全书存目丛书》集部第69册，济南：齐鲁书社1997年，第137页。

② 刘志伟：《从乡豪历史到士人记忆》，载《历史研究》2006年第6期。

③ 薛侃：《乡约》，陈椰编校：《薛侃集》卷十一，上海：上海古籍出版社2014年，第391～392页。

乡校、社仓、保甲制度的基层社会组织。

洪武年间，南海县平步乡士人唐豫依据《朱子家礼》，在家乡推行《乡约》。唐豫与同乡周祖生、周祖念、刘子羽、何淮、刘子高等人，在乡里誉为“平步六逸”，尝相与定乡约。其目的：“尝读蓝田《吕氏乡约》，千载而下，蔼然仁厚之风使人兴起。余等幸为太平之民，可无一言以为乡闾规范乎！因为立约，与乡人守之，庶存古人风致之万一也。”《乡约》共十条：第一、第二条，涉及有关赋税问题；第三、第四、第六、第七条，分言冠、婚、丧、祭四礼；第五条讲“礼，父在，子虽老犹立”；第八条，议礼尚往来、乡里和睦；第九条叙读书、禁赌等有关个人修身之事；第十条述“出入务相周知”。由于他们六人皆德行尊严，衣冠严肃，故他们所倡导的民规民约，乡人信守行之，“行之一年，争讼蔑息，久之，颓俗渐革，一时公卿间皆尊重（唐）豫”①。

永乐年间，香山县士人容悌与也在家乡推行教化。据嘉靖《香山县志》卷6《黎献志》载：容悌与，性质醇厚，学博行修，士大夫咸推重之。居家有礼，与昆弟立祀先谨祠堂之制，创立春秋二祀，八房之祖考皆与焉。母陈氏病风瘫，他躬侍汤药十三年，无顷刻忘懈。及母殁，哀毁逾礼，邑人称为孝行先生。他强调，虽寒族贫家，而仁义礼乐不可以不兴，否则不可谓之人也！表达了用儒家礼仪教化乡村的愿望。

成化年间，新会县的陈献章在推行乡约方面颇有建树。他以道学见知于时，人称“陈道统”。他设门授徒，及门弟子达一百多人，遍布全省各地。特别是新会知县丁积登门拜访，以“吾得所师矣”而拜师求教，使陈献章的化民成俗的理念得以实施。据地方志载：“成化中，知县丁积与白沙陈献章酌为《礼式》而揭示之，分巡陶鲁、提学赵瑶皆有文移举行，曰：近年民伪日滋，礼教寖坏。以新会观之，品节不修，上下无别。大则害义，小则伤财。害义者无分，伤财者致窘。无分则僭乱作而名器

① 黄佐：《广州人物传》卷十三《乐澹先生唐公豫》，广州：广东高等教育出版社1991年，第322～323页。

轻，致窘则恩爱衰而盗贼生。此而不禁，谁之咎也。今遵高皇帝礼制及朱子家礼修举而正之，若冠礼祭礼则但举其废坠而已。至于婚嫁论财，费用不经，侈服无度，丧葬饮酒焚尸，凡此皆宜速改。”①

丁积治理县事，严禁赌博、盗窃，凡遇犯者，除法律惩戒外，还在其家大书“某赌博、某窃盗之家”，待其悔改后再行揭去。如是良家子弟陷于赌博之中，丁积便将这些人集中在学校，使日诵小学书，亲为讲解，以期变化其气习。为促使乡村社会移风易俗，丁积“为申明洪武礼制，参为文公冠婚丧祭之仪，使民有所据守。每乡择老成者数人主之，月朔进问于庭，优礼其能者。郡老马广为众所推让，侯于元日进（马）广于庭，率诸乡老再拜谢之。春秋祭祀，品物牲牢极其精洁，役者悉令沐浴更衣，然后将事。俎豆既陈，侯周视行列，必极其整方止”②。

潮州地区行乡约的风气也比较盛行。潮州有开元寺，自唐朝开元建寺以来，“凡际圣旦令节，先期一日，文武官僚，咸习仪此中”。明代以来，“进二庠师，弟子及缙绅耆老，朔望诣寺中，申圣谕，讲乡约，期在化民成俗，童叟争观，听者盈庭”③。

在潮州府饶平县黄冈乡，也有实施乡约的举动。早在正统年间，郡守王源就已举行乡约，但当时未建乡校为行约场所。弘治间，郡守叶元玉以废崇真堂旧址建乡校一所，并推举了约正一人，约副二人，“隐士陈致忠讨论其规议，入约者数百余人，衣冠裒然有先民风”。不久，约正、约副先后去世，叶郡守聘刘远为约正，另聘两名约副。“然岁月积久，约士凋残，有司亦视乡校为停驂庖厨之馆”，乡约活动也一度停滞。正德间，有司同务德化，奋然作兴。叶郡守捐俸银五两，修葺乡校，作先师四配神龛，而附蓝田、考亭于左右焉。继续聘刘远为约正，新聘两位约

---

① （万历）《新会县志》卷二《礼教》。

② 陈献章：《丁知县行状》，孙通海点校：《陈献章集》卷一，北京：中华书局1987年，第101～102页。

③ 《潮州府重修镇国开元禅寺记》，谭棣华等编：《广东碑刻集》，广州：广东高等教育出版社2001年，第220～221页。

副，“凡预约者月朔皆深衣，俟于乡校如故事，行礼咸相砥砺，毋斁以副郡邑化民俗之意”。刘远感慨地说：“自今以往，使在上皆若是之化导，下之人皆若是之自立，而各乡皆若是之立约，则先正典刑具在，务讲解而习行之，毋徒饰虚文为美观焉。将见合郡下吏不烦而民不扰，共跻乎圣世太平仁寿之域矣，岂特黄冈之一乡而已哉。”①

也是在同一时间，正德十四年（1519），薛侃回到家乡揭阳。有乡族久讼不已，薛侃为之调解，乡人悦焉。于是薛侃告之以行乡约之意，众人皆称善。“遂约为十事，呈府给照，使民心易一。公差入乡，必会约而行，自是强有所摄，弱有所扶，会时又细为之讲发。数年以来，官无一卒入乡，乡无一词在官，租粮早完，鼠窃屏息，置物弗守，遗失可追，居者日裕，逃者日归，民甚便之”②。薛侃行乡约，首先得到官府支持，因此在行约之所正墙，居中悬“圣谕”，两边各列“县谕”和“申戒”。各乡设约长、约副、约正、约史、知约、约赞等，约会于每月朔望举行。每逢约期，乡人齐集，鸣鼓三通，先由约正读“圣谕”“县谕”，再由约长宣誓：“自今以后，凡我同乡之人，祗奉戒谕，齐心合德，同归于善。若有二三其心，阳善阴恶者，神明诛殛！”众人答曰：“若有二三其心，阳善阴恶者，神明诛殛！”约会具体内容，有彰善与纠过两项。由约史或众人列举行善之人事或有过之人事，再由约史记录于彰善簿和纠过簿。约长、约副、约正再予以表彰或劝勉。③

嘉靖五年（1526），御史季本贬官揭阳，“以化民为事，约为规条。乡立约长以总其教，约副以助其决，约正司训诲，约史主劝惩，知约掌约事，约赞修约仪。月朔会民读约讲义，数约复为一总约，以察诸约之邪正。月终，轮二人至县，传训诲语。行之一年，风俗移单，境内以

---

① 刘远：《黄冈乡校记》，（康熙）《潮州府志》卷十二《艺文》。

② 薛侃：《乡约》，陈椰编校：《薛侃集》卷十一，上海：上海古籍出版社 2014 年，第 392 页。

③ 薛侃：《乡约》，陈椰编校：《薛侃集》卷十一，上海：上海古籍出版社 2014 年，第 381～382 页。

宁”[1]。薛侃也说：季本“布令之初，从违且半，行之逾岁，盗息讼简，奸无所容，时临各约巡视，善士扬眉，恶人涤虑，社学师生日夜习诗演礼，盖庶乎弦歌之意，识者以为三代可以立回”[2]。

嘉靖九年（1530），香山士绅黄佐在广州著成《泰泉乡礼》，为明代广东乡村社会推行乡约提供了极好的范本。郭棐谓其“尝作《乡礼》，寓保甲之法，乡邦赖之”[3]。

《泰泉乡礼》全书共七卷，分乡礼纲领、乡约、乡校、社仓、乡社、保甲、士相见礼七款，参朱子家礼、陆氏家训、吕氏宗法、白沙陈氏、宁都丁氏、义门郑氏家范及琼山丘氏仪节等范本而成。黄佐强调：“夫情比于礼而乡治矣，俗成于乡而天下治矣。”所以乡礼旨在“敬身明伦，讲信修睦。主乡约以励规劝，而谨乡校、设社仓则豫教与养，秩里、社联、保甲则重祀与戎。身心既淑，礼乐备举。凡以约其情而治之，使乡之人习而行焉”[4]。

黄佐所订乡礼，乃把乡礼视为士大夫团结宗族乡里的制度，“凡乡礼纲领在士大夫表率宗族乡人，申明四礼而力行之，以赞成有司教化。其本原有三，一曰立教，二曰明伦，三曰敬身”。其具体要求，“立教以家达乡”，“明伦以亲及疏”，“敬身以中制外”[5]。此路径，均从一己一家出发，由内而外，由亲致疏，由家达乡，是一套“亲亲尊尊之制，比间族党之交，律己教人之法”，目的是要建立以礼为中心的家族乡里社会秩序。

为了实现这一目的，黄佐力图从制度层面来建构基层社会制度，即

---

① 屈大均：《广东新语》卷九《乡约》，北京：中华书局1985年，第288页。

② 薛侃：《乡约》，陈椰编校：《薛侃集》卷十一，上海：上海古籍出版社2014年，第392页。

③ 郭棐：《粤大记》卷二十四《献征类·黄佐》，广州：广东人民出版社2014年，第744页。

④ 黄佐：《泰泉乡礼·原序》，《景印文渊阁四库全书》第142册，台北：台湾商务印书馆股份有限公司2008年，1987－1989年。

⑤ 黄佐：《泰泉乡礼》卷一《乡礼纲领》，《景印文渊阁四库全书》第142册，台北：台湾商务印书馆股份有限公司2008年，1987－1989年。

所谓“五事”：

> 既行四礼，有司乃酌五事，以综各乡之政化教养及祀与戎，而遥制之。一曰乡约，以司乡之政事；二曰乡校，以司乡之教事；三曰社仓，以司乡之养事；四曰乡社，以司乡之祀事；五曰保甲，以司乡之戎事。乡约之众，则编为保甲，乡校之后，立为社仓，其左为乡社。各择有学行者为乡校教读，有司聘之。月朔教读申明乡约于乡校，违约者罚于社。入谷于仓。约正、约副则乡人自推聪明诚信为众所服者为之，有司不与。[①]

这是一套集政治、教育、经济、军事管理为一体的基层社会制度。其组织机制，乡约置约正一人，约副二人，月轮一人为直月。乡校设教读一人，社学则每月稽考教读，善恶以闻直月。社仓由保甲看守，立乡老掌管，而与教读、约正等共同出纳。乡社则筑土为坛，以祀五土五谷之神，设社祝一人主之。春秋二祭，不许“扮神跳鬼”，以为盛会，致使男女混杂。乡社是乡村组织的核心，“立乡约，延教读，编保甲，建社仓，皆告于社”；“凡民自他境来，初预乡约、保甲者，谓之入社”。乡社乃是执行赏罚制裁之所，凡犯乡约之过者，“约正等督令什五之家，公同甲总，以其人拱立于社，伐鼓十声，社祝唱跪，犯者跪，抗声攻之，曰：某人有某过，犯而不改，罚赎汝罪，入谷若干于社仓，尚冀汝自今改于其德”[②]。

《泰泉乡礼》成书后，备受士人青睐，时称“医世良药”。广东左布政使徐乾曾命工翻刻通行，但未及落实，徐已调任。于是有番禺、南海、新会诸县“冠带耆民”数人以“乡礼兴而盗贼息，教化行风俗厚”为由，再请有司准行乡礼，严立乡约、乡校、社仓等，各家置取乡礼书一部，“俾其讲读，民皆知教，悉依礼式躬行，则风俗有转移之机，共享雍熙悠

---

① 黄佐：《泰泉乡礼》卷一《乡礼纲领》，《景印文渊阁四库全书》第142册，台北：台湾商务印书馆股份有限公司2008年，1987－1989年。

② 黄佐：《泰泉乡礼》卷五《乡社》，《景印文渊阁四库全书》第142册，台北：台湾商务印书馆股份有限公司2008年，1987－1989年。

久之治”。嘉靖十四年（1535）正月，广东右布政使李中“举行四礼，札付府州县严立乡约”，“乡校、乡社、社仓、保伍，各具约长、约副姓名以闻”，即将《乡礼》遍发所属州县，“每里各给一部，使之家喻户晓”①。

黄佐后来撰写《广东通志》《香山县志》，又将《泰泉乡礼》的内容融入其中，意欲借助地方志的作用，使乡约之制成为后世治理乡村社会的范本和原则。

三、毁淫祠

所谓毁淫祠，就是捣毁未被传统祀典登录的祠庙，其与正祠相对。“所谓淫祠，就是指与朝廷所编纂的祭祀典籍（祀典）里所记载的祠庙，即与通称的正祠不同，未被祀典登录的祠庙”。② 明廷规定，在里一级的祭祀对象，有里社坛、乡厉坛，各户有祖先及灶神。除此之外，凡尚巫信鬼，僧道祭祀，以及广东各地流行的迎神赛会和放水灯等活动中扮神跳鬼之风俗，都属于禁止之对象。其目的就是要在乡村社会复兴儒家礼教，以正民风民俗。

成化年间，新会知县丁积在推行教化过程中就有“尽毁邑中之淫祀，而以礼教禁民之邪”的举动。弘治二年（1489），顺德知县吴廷举“下车首兴学校，毁淫祠”，“凡可以激风俗者悉举行之”。并详列“禁淫祠条约”，指出龙江、龙山二堡“香权归巫祝，谄谀又甚，亵渎尤多”，顺德就大良诸堡“野鬼淫祠，克間列巷，岁时祭赛，男女混淆”，要求通县百姓“四时八节，各祭宗祖，春祈秋报，共祭土谷”。在这次行动中，顺德共毁淫祠 225 所，用来改建社学。吴廷举强调乡社学乡属，以训诲子弟，示教乡民。③

嘉靖元年（1522），广东提学副使魏校在广东捣毁淫祠，对促进明代

---

① （嘉靖）《广东通志》卷四十《礼乐志五·乡礼》

② 井上徹：《魏校的捣毁淫祠令研究——广东民间信仰与儒教》，载《史林》2003 年第 2 期。

③ （嘉靖）《广东通志》卷五十《列传七·吴廷举》。

广东乡村社会的教化进程有着正面效应。郭棐在《粤大纪》中记载：

> 魏校，字子材，（直隶）昆山人。弘治乙丑进士。正德末为广臬提学副使，教士以德行为先，不事考较文艺，辄行黜陟。首禁火葬，令民兴孝，乃大毁寺观淫祠，或改公署及书院，余尽建社学。教童生虽以经书，然三时分肄歌诗、习礼、演乐。自洪武中归并丛林为豪氓所匿者，悉毁无遗。僧尼亦多还俗，巫觋不复祠鬼，男子皆编为渡夫，风俗之为丕变。其崇正僻邪之功，前所未有也。任广郡庠生陈激衷、从化庠生林克忠教诸生静坐，谓之坐斋。著《体仁说》，令学者内省气象，自中达外，如春风之和，乃见仁体。每晨入见，稽其所得而详为之开导。诸童生率其教，端立拱手，绳趋尺步，歌诗、习礼，咸知向往。[①]

从这段话可以看出，魏校在广东所行之事，重在毁淫祠、禁火葬、僧尼还俗、建社学书院。他目睹了广东巫师邪术的盛行："今有等愚民自称师长火居道士及师公师婆圣子之类，大开坛场假画地狱，私造科书，伪传佛曲，摇惑四民，交通妇女，或焚香而施茶，或降神而跳鬼。修斋则动费银钱，设醮必喧腾闾巷。暗损民财，明违国法。甚至妖言怪术，蛊毒采生，兴鬼道以乱皇风，夺民心以妨正教。弊固成旧习，法实在所难容。"[②] 魏校看到，淫祠邪术的盛行，祸害之根在夺民心，妨正教。他在广州城内捣毁淫祠及建立社学的命令中说：

> 照得，广城淫祠所在布列，扇惑民俗，耗蠹民财，莫斯为盛。社学教化首务也。久废不修，无以培养人材，表正风俗。当职怵然于衷，拟合就行，仰广州府抄案委官，亲诣坊巷，凡神祠佛宇不载于祀典、不关风教，及原无敕额者尽数拆除，择

① 郭棐：《粤大纪》卷六《宦迹类·魏校》，广州：广东人民出版社 2014 年，第 146～147 页。

② 魏校：《辟异端以崇正道》，《庄渠遗书》卷九《岭南学政》，《景印文渊阁四库全书》第 1267 册，台北：台湾商务印书馆股份有限公司 2008 年。

其宽敞者，改建东西南北中东南西南社学七区，复旧武社学一区。仍量留数处，以备兴废举坠。其余地基堪以变卖、木植可以改造者，收贮价银工料在官，以充修理之费。斯实崇正黜邪，举一而两便者也。[1]

为此，魏校令广州府属的地方官对城内街坊进行调查，将未被祀典记载，与教化无关，朝廷也没有赏赐敕额的神祠、佛寺全部捣毁。又命令临近广州的高明、四会、增城、新会、从化、新宁六县的教谕、训导对番禺、南海两县农村的淫祠状况进行调查。在操作层面，魏校令广州右卫指挥李松为监督，将佛寺的铜像熔化卖掉，以此为本钱铸造先贤遗像。在没收淫祠的神位、座案、炉瓶、钟鼓等在今后仍然可使用的物品的同时，魏校令僧侣、道士中没有度牒者还俗，持有度牒者归属城内的光孝、玄妙等寺、观，将其置于朝廷的僧纲司、道纪司的管理之下。另外，他又发文给广东雷州府，指出“所在淫祠布列，巫觋盛行，而雷郡尤甚”，要求地方官府“通查境内淫祠及废寺观，尽数拆毁，以祛数百年之惑，变卖地基，收贮材料，以兴社学”[2]。他在给南雄府的禁令中要求“有司宜严加禁约，悉毁外神，则专祀先祖”。与此同时，又将捣毁令再发送到雷州西邻的廉州府，详细指示根据当地的实际情况捣毁淫祠的方法和要求设置取代淫祠的社学。

魏校在打击淫祠的同时，与“兴正学”结合起来。作为与淫祠抗衡的手段，魏校在推行祭祖的同时，还有效地利用了朝廷所设立的里社、社学及乡约等。在给番禺县、南海县、东莞县的文书里，魏校强调应该设立社学、建立里社实施乡约，将民间的信仰统一管理起来，并加强对人们实施教化。魏校将粤秀山的观音阁、迎真观、悟性寺、仁孝废寺分别变为濂溪、明道、伊川、晦庵四书院，分别奉祀宋代理学家周敦颐、

---

① 魏校：《毁淫祠以兴社学谕》，《庄渠遗书》卷九，《岭南学政》，《景印文渊阁四库全书》第1267册，台北：台湾商务印书馆股份有限公司2008年。

② 魏校：《为毁淫祠以正风化事》，《庄渠遗书》卷九《岭南学政》，《景印文渊阁四库全书》第1267册，台北：台湾商务印书馆股份有限公司2008年。

程颢、程颐、朱熹等，将迎道观之左的天竺寺改为崇正书院，令广州府属学校的学生分属各书院。又将广州城内的定林寺、真武庙、五显庙、西来堂、大云寺和小府君庙、大王庙、小天妃宫改建成七个社学，同时恢复了武社学。

很清楚，魏校在广东推行的教化改革，主要通过捣毁淫祠，打击僧、道、巫等非儒势力，倡建社学和书院，改变民风民俗，努力建立一种合乎儒家规范的地方秩序。为什么要这么做，魏校在《谕民文》中对此做了如此表述："近见得广东一省系古南越，地称邹鲁，民杂华夷，文献固有源流，淫邪尚当洗涤，与其治于为恶之后，不若化于未恶之先。况民有彝伦，本乎天性，好善恶恶，皆出自然，奈何闾阎有便安之习，教化无切实之功，相染为风，遂成弊俗。苟不晓谕叮咛，何以转移变化?"[①] 魏校具体提出六条要求：第一，教子弟以兴礼义；第二，禁火化以厚人伦；第三，辟异端以崇正道，民家只许奉祀祖宗神主，不许私自奉祀外神；第四，敦朴俭以保家业；第五，息争讼以免刑罪；第六，化愚顽以息盗贼。魏校强调："今之各里社学，馆舍浅狭，诵读虽存，礼学尽废。故特建各隅社学大馆，以为诸生学习礼乐之所。以礼乐读诵互相启迪，务求作新，以期化民善俗，育才成治。"[②]

魏校毁淫祠的举动有效地推动了广东乡村社会的教化进程，在各地得到积极的响应。《惠大记》中说："惠尚淫祠，昔人谓粤之遗俗，然未有能易之者，至是始毁之尽。即之为社学，为书院，而弦歌俎豆其中，民用不惑，邪辟正崇，庄渠之功。"[③] 有一则小插曲可以予以佐证，《广东新语》中谓："翟一东先生宗鲁，初为诸生，以博罗延庆寺逼近泮宫，上书督学魏公校曰：凤鸮不并树而栖，兰棘不同林而植。今泮宫实压招提，庠声嚣于梵音，青衿杂于左衽，非所以息邪反经、崇儒贞教也。徙寺他

① 魏校：《谕民文》，《庄渠遗书》卷九《岭南学政》，《景印文渊阁四库全书》第1267册，台北：台湾商务印书馆股份有限公司2008年。

② 魏校：《申明社学条谕》，《庄渠遗书》卷九《岭南学政》，《景印文渊阁四库全书》第1267册，台北：台湾商务印书馆股份有限公司2008年。

③ （嘉靖）《惠大记》卷二《迹考下》。

所，以其地广学宫便。魏公从之，谓此议可行于天下。”[①] 所以史家称：“由是观之，移风必自易俗始。吾粤之俗，昔号淳朴，淳朴之过而弊流焉。故敬狎鬼神，则受巫觋之欺……然提学得一魏校而巫鬼顿革。……赞曰：世变风移，政由俗革，政之具臧，民曷敢逆。”[②]

四、撰家训

家训是民间教化材料，是世家大族为修身齐家，以儒家家族伦理观念为正统，对家族子弟行为习惯进行劝导的读本。然延至明代，家训中融进了强制性的家规成分，具有对违反者予以惩罚的作用。

明代广东世家大族在宗族整合过程中，便有了撰写家训的举动。如霍韬于嘉靖八年（1529）编印了《霍渭厓家训》，冼桂奇在嘉靖二十九年（1550）开始修撰《冼氏家训》，隆庆五年（1571）庞尚鹏完成了《庞氏家训》的撰写。归善人叶时“平居恂恂守礼，与吴孺人相敬如宾，家庭之间，戢戢如也。又著《阳教书》以训男，著《阴教书》以训女，集古先正格言以训初学子弟。惠阳称家范者，以叶氏为首”[③]。

为了适应宗族社会的发展，明代广东的家训呈现出与宋儒家礼有所不同的特点，即其重点不在礼仪，而在家族的维系。特别是对于族产的管理，家训制定者予以了特别的关注。他们从家族实际利益出发，更多地强调对家族成员的训诫。

这一特点在霍韬的《霍渭厓家训》中表现特别明显。他在家训中强调：“家之兴由子侄多贤，家之败由子侄多不肖。子侄贤不肖，莫大于勤惰奢俭，其教则由父兄世之。不肖父兄以禽犊视子侄，多事姑息，致子侄多不肖，以败其家，不可不戒。”[④]

其《家训》共 14 篇，包括田圃、仓厢、货殖、赋役、衣布、酒醋、

---

① 屈大均：《广东新语》卷九《请迁寺》，北京：中华书局 1985 年，第 295 页。

② （嘉靖）《广东通志》卷二十《民物志一·风俗》。

③ 郭棐：《粤大记》卷十四《献征类·叶时》，广州：广东人民出版社 2014 年，第 401 页。

④ 霍韬：《渭厓文集》卷十《家训前编》，《四库全书存目丛书》集部第 69 册，济南：齐鲁书社 1997 年，第 328 页。

膳食、冠婚、丧祭、器用、蒙规、汇训等章；其中有十篇以生业和家计为题，经济色彩相当浓重。如在《家训》提到的“人家养生，农圃为重，末俗尚浮，不力田，不治圃，坐与衰期”；“聚百口以联居，仰赀于人岂可也？冠婚丧祭，义礼供需，非货财不给”；“居家生理，食货为急”；“本可以兼末，事末不可以废本”①，等等。因此，他将“习农事”作为本族子弟社学学习的重要指标，他在一封家信中要求：“自今我家有不肯力田者遗不孝论。家长还，每年春初力耕一日，耘时力耘一日，获时力获一日，为子侄劝。……各兄弟俱要尽力农作，以劝子侄。如子侄不肯耕，斥出！所以奉圣主教化也。圣上敕谕俱传与乡间父老知之，社学生如不司农事，不许入社学，以坏风气；家中子侄不肯力农，不许入祠堂，以警顽惰。此法却要着实遵守，社学时时申明，不许沮挌。”② 强烈地体现着对经济齐家的关怀。

当然，除浓重的经济成分外，《霍渭厓家训》还包括了一些以传统道德教化子弟的家族家规。如要求子弟以做到“行检高下”，以“敦崇道德，言行足师表于世，为第一等”；“居官廉勤，尽忠体国，不顾家私，为第二等”；“务农力穑、勤俭干家、秉公无私、入孝出弟、不得罪宗族乡党，为第三等”；“好逸恶劳、惑乱世教，为不入等”；要求乡间父老“亦互相劝勉，共敦古风，勿蹈浮俗”；等等。霍韬认为，只要子孙“世慎守焉”，就将永葆家业。

随后不久，霍韬任职南京，又作续训 16 篇。续编内容包括雍睦、友爱、敦睦、家教、婚娶、子弟、子侄、俭德、慎德、嗣世不肖、世载秽德、奕世儒宗、奕世清德、阴陟、先德等章。为了家族的稳固，霍韬在许多家书中也不断提出训诫子侄的要求，作为家训的补充，例如：

> 访得与瑶去年在书院抗拒先生，可发回大宗祠前，朔日会

---

① 霍韬：《渭厓文集》卷十《家训前编》，《四库全书存目丛书》集部第 69 册，济南：齐鲁书社 1997 年，第 327 ~ 330 页。

② 霍韬：《渭厓文集》卷十《家书》，《四库全书存目丛书》集部第 69 册，济南：齐鲁书社 1997 年，第 169 ~ 170 页。

众，打二十棍，回报请体，刚押去。如再抗拒，送县监了问。拟子孙违犯教令罪名，斥出，不许入膳。

今后各子侄不许各取小厮跟随。……除旧仆外，如有新来的，皆送石头大厓验过，堪用乃许收用。如不送验，擅自收用，及各生擅取小厮跟用，系生员，掌院人呈送提学道，将生员降青衣，罚念《礼记》白文一部，烂熟乃收复。昔系童生，发回石头牧牛挑粪一年，亦罚念《礼记》一部，乃许回书院。如不遵禁令，仍又故犯，以子孙违犯教令律，送宪司，问罪枷号三个月，斥出，不许共膳。此例一粘四峰书院，一粘石头祠堂，俱着颜体，打书禁令示，仍存此作家训。

四峰书院不许交接外人进内宿歇。各生出广考试，须叔辈一人押去。事毕押回，不许独自出入，违者罚念《书经》白文一部。①

同是南海士人庞尚鹏的《庞氏家训》也是从维系家族利益出发，然而其家训中的训诫成分较少，更多的是对家族成员的劝导性规范。诚如他在序言中讲道：

予作家训成，或谓予曰："有治人无治法，子孙贤恶用是哉。如有不肖，虽耳提面命，且奈何？"予应之曰："家有贤子孙，因吾言而益思树立，何嫌于费辞？如其不贤，即吾成法具存，父兄因而督责之，使勉就绳束，犹可冀其改图也。若前无辙迹，使索涂冥行，其不至于法守荡然几希矣。今就其日用必不可废者授以绳尺，非有甚高难行之事，正欲其易而易知，简而易能。故语多朴直，使愚夫赤子皆晓然无疑。"古称成立之难如升天，覆坠之易如燎毛。我祖宗既身任其难，为后世计，谘

① 霍韬：《渭厓文集》卷十《家书》，《四库全书存目丛书》集部第69册，济南：齐鲁书社1997年，第173页。

尔子孙，毋蹈其易，为先人羞。[1]

不难看出，他修家训的目的，是要做到“吾成法具存，父兄因而督责之，使勉就绳束，犹可冀其改图也”，以训导教化族人，使其不为先人之羞。其《家训》共10款69条，内容包括“务本业”“考岁用”“遵礼度”“禁奢靡”“严约束”“崇厚德”“慎典守”“端好尚”“训蒙歌”及“女诫”等章。举凡士农工商各业、冠婚丧祭四礼、日常生活及待人接物等无所不包。

关于“务本业”的要求，如“孝友勤俭四字，最为立身第一义，必真知力行，奉此心为严师，就事质成。反躬体验，考古人前言往行，而审其所从，必思有所持循，无为流俗所蔽”；“学贵变化气质，岂为猎章句、干利禄哉。如轻浮则矫之以严重，偏急则矫之以宽宏，暴戾则矫之以和厚，迂迟则矫之以敏迅，随其性之所偏，而约之使归于正，乃见学问之功大。以古人为鉴，莫先于读书”；“子弟以儒书为世业，毕力从之。力不能则必亲农事，劳其身，食其力，乃能立其家。否则束手坐困，独不患冻馁乎？思祖宗之勤苦，知稼穑之艰难，必不甘为人下矣。前代举贤以孝弟力田列制科，使人人业，其官皆习，知民隐，岂忍贼民以自封殖哉”；“民家常业，不出农商，通查男妇仆几人，某堪稼穑，某堪商贾，每年工食衣服，某若干，某若干，各考其勤能，果否相称”。

关于“考岁用”的要求，如“每年计合家大小人口若干，总计食谷若干，预备宾客若干。每月一次照数支出，各另收贮。务令封固仓口，不许擅开，以防盗窃。其支用谷数，仍要每次开写簿内，候下次支谷之日，查前次有无余剩若干，明白开载查考”。

关于“遵礼度”的要求，如“冠礼、婚礼，各量力举行。丧葬送终为大事，礼宜从厚，亦当称家有无。一切繁文及礼所不载者，通行裁革”。

关于“禁奢靡”的要求，如“待客品物本有常规，如亲友常往来，

[1] 庞尚鹏：《庞氏家训》，陈建华、曹淳亮主编：《广州大典》第61册，广州：广州出版社2008年。

即一鱼一菜亦可相留”。司马温公曰：“先公为郡牧判官，客至未尝不置酒。或三行，或五行，不过七行。酒沽于市，果止梨、栗、枣、柿，肴止脯醢菜羹，器用磁漆。当时士大夫皆然。”“会数而礼勤，物薄而情厚。今后客至淆不必求备，酒不必强劝。淡薄能久，宾主相欢，但求适情而已。本房人众，客至欲遍请，恐力不能及。听临时轮流请陪，以省繁费，各不得视彼此为厚薄，致相猜嫌。”

关于“严约束”的要求，如“田地财物，得之不以义，其子孙必不能享。古人造钱字，一金二戈，盖言利少而害多，旁有劫夺之祸。其聚也，未必皆以善得之，故其散也奔溃四出，亦岂能以善去。殃其身及其子孙。多藏必厚亡，老子之名言，信矣。人生福禄自有定分，惟择其理之所当为，力之所能为者。尽其在我，俟命于天。此心知足，虽蔬食菜羹，终身有余乐。苟不知分量，曲意求盈，虽欺天罔人而不顾，有不颠覆者乎？若能勉给岁月，不以饥寒遗子孙。此身之外，皆为长物，何自苦为”；“累世乡居，悉有定业。子孙不许移家住省城，三年后，不知有农桑，十年后不知有宗族，骄奢游惰，习俗移人，鲜有能自拔者”。

关于“慎典守”的要求，如“蒸尝房屋、田地、池塘，不许分析及变卖，有故违者，声大义攻之，摈斥不许入祠堂”。

关于“崇厚德”的要求，如“处宗族、乡党、亲友，须言顺而气和。非意相干，可以理遣，人有不及，可以情恕。若子弟童仆与人相忤，皆当反躬自责。宁人负我，无我负人。彼悻悻然，怒发冲冠，讳短以求胜，是速祸也。若果横逆难堪，当思古人所遭更有甚于此者。惟能持雅量而优容之，自足以潜消其狂暴之气”。

关于“端好尚”的要求，如“士农工商，各居一艺。士为贵，农次之，工商又次之。量力勉图，各审所尚，皆存乎其人耳。予家训首著士行，余多食货农商语，皆就人家日用之常，而开示途辙，使各有所持循。若该载未尽，当就善言而推广之”①。

---

① 庞尚鹏：《庞氏家训》，陈建华、曹淳亮主编：《广州大典》第61册，广州：广州出版社2008年。

由于《庞氏家训》既切合广东宗族社会商业持家的需要，又更符合宋儒家族伦理规范，因而在珠江三角洲地区流传开来。其《家训》刚出来，其“遵礼度”一款即有四条“已入乡约通行”[①]。后来，一些士绅在修家训时也多以此为参考。清朝康熙年间，石湾霍氏霍殿邦在“家箴附引”中就讲道，“自来说家训者，必曰庞公。夫惺庵庞公之作家训也，大而纲常伦理，小而事物世故，靡不有训。理有大而必明，事虽小而必悉；根乎人情，允宜土俗，孝子慈孙，率履不越；是以世泽维新家声丕振在南海遂称右族”[②]。

五、严惩戒

所谓严惩戒，就是通过制约性惩戒，对家族成员强制执行家族伦理规范，将儒家正统礼教着力灌输，使其内化为日常生活的行为习惯，形成一种民间普及礼教的教化力量。

这种惩戒教育一般是伴随着祭祀礼仪进行。祭祀礼仪的核心内容是根据《朱子家礼》四时举行的家庙祭祀，“一循文公家礼”写入许多族谱、祠堂碑记中，表明宗族社会是很认真地要通过建立合乎宗法规范的宗族制度，把自己与士大夫的正统联系起来。同时，明代广东乡村社会又依据现实需求，借助正统化的文化资源，增加了一些有利于巩固宗族权力和威信的做法，以在祭祀礼仪上强烈地表现出来。

其惩戒的做法在各地有轻重之别。黄佐所编《泰泉乡礼》，规定乡民每月要按明朝法律到社坛拜祭，其间约正在神坛前带领乡民发誓：“约正某等，敢率同约者誓于里社之神。自今以后，凡我同约之人，祗奉戒谕，孝顺父母，尊敬长上，和睦乡里，教训子孙，各安生理，毋作非为。遵行四礼条件，毋背乡约。齐心合德，同归于善。若有二三其心，阳善阴恶者，神明诛殛。”众人必须随声呼应：“若有二三其心，阳善阴恶者，

---

① 庞尚鹏：《庞氏家训》，陈建华、曹淳亮主编：《广州大典》第61册，广州：广州出版社2008年。

② 转引自罗一星：《明清佛山经济发展与社会变迁》，广州：广东人民出版社1994年，第95页。

神明诛殛。”① 这种做法意在通过每月拜祭的训诫及发誓，以图逐步内化为乡民的内心自觉。

还有一种做法则是于祭祀活动中增加说教的环节，以达到扬善惩恶的教育目的。例如南海金鱼堂陈氏，其族长“一切以身任之，每朔望拜于祠，肃训礼义，教导诗书，有罪过者数而责焉。公是公非，人罔不服，是以族人虽繁，而无至于大过，深得古者尊祖、敬宗、睦族之道”②。

《庞氏家训》则要求家族成员于祭祀活动中各述所闻，对善恶、勤惰之行为表达自己的看法，以激起家族成员的反思和共鸣：

> 每月初十、二十五日，凡本房尊长卑幼，俱于日入时为会。各述所闻，或善恶之鉴戒，或勤惰之当勤勉，或义所当为，或事所当已者，彼此据己次第言之，各倾耳而听，就事反观，勉加点检，此即德业相劝，过失相规之意。

惩戒之激烈者当属南海石头霍氏。霍韬从增殖族产的利益出发，对宗族成员的功最做了量的规定。霍韬规定，“凡子侄，人耕田三十亩”，“年二十五受田，五十出田”。“凡耕田三十亩，岁收，亩入十石为上功，七石为中功，五石为下功，灾不在此限。”如果从事货殖业，“凡岁报功最，以田五亩，银三十两为上最；田二亩，银十五为中最；田一亩，银五两为下最”。对此业绩，霍韬采用每年考核、三年大考的形式，其所撰《霍渭厓家训》有关于“报功最”的仪式规定：

> 兄弟侄岁报功最。元旦谒祠堂毕，参家长毕，众弟子侄参拜毕，乃各陈其岁功于堂下。
>
> 凡岁报功最，设祖考神位中堂。家长侧立，兄弟以次序立两廊，以次升堂，各报功最。报毕，趋两廊序立。
>
> 凡岁报功最，中最下最，无罚无赏。若无田一亩，无银一

① 黄佐：《泰泉乡礼》卷二《乡约》，《景印文渊阁四库全书》第142册，台北：台湾商务印书馆股份有限公司2008年。

② 转引自罗一星：《明清佛山经济发展与社会变迁》，广州：广东人民出版社1994年，第127页。

两，名曰无庸。司货者执无庸者跪之堂下，告于祖考曰：请宥之。无庸者叩首，谢祖考，乃退。明年又无庸，司货者执无庸者跪之堂下，告于祖考曰：某某今又无庸，请罚。家长跪，告于祖考曰：请再宥之。无庸者叩首谢祖考，乃退。明年又无庸，司货者执无庸者跪之堂下，告于祖考曰：某某三岁无庸，请必罚。家长乃跪，告于祖考曰：某某三岁无庸，请罪。乃罚无庸者。荆二十。乃令之曰：尔无庸，不得私畜仆婢，以崇尔私，用图尔后功。①

这种做法确实对宗族子弟是一个督促。霍氏还有一个“会膳”制度，规定每逢朔望合族男女集中大宗祠同餐共膳。会膳按尊卑长幼以齿序坐，行礼参拜，家长根据“旌善簿”公布各人的善与过。餐前要宣读“祭文”，祭文对男女族人均有一条道德训条加诸其身，对各种不良行为的后果，祭文都予以了骇人的诅咒。这对于没有文化或少有文化的族人，尤其是妇女，其震慑力是相当大的，是道德价值内化的有效形式。

在惠州博罗县则有翟先生的一种做法。翟先生砥砺节行，居处必恭，行必古礼之循，来学日众。于堂下置茅茨三间，中间一间为“收放心”，来者居之旬日，放心收矣，乃升堂；西边一间为“有过”，东边一间为“改过”。凡遇有过者拨入西边房，“知改移之东，能改复升堂，学者遵教惟谨”②。

综上所述，明中叶以后，在广东，尤其在珠江三角洲地区，在官绅合力推动下，通过行乡约、毁淫祠、撰家训、严惩戒等手段，积极展开了地方教化活动。这一发展进程虽缓，但历永宣至正嘉朝百余年的演进，渐见其效。黄佐在《广东通志》中描述明代百余年的教化之后的变化说：“国朝百余年间，礼教渐摩，名德辈出，缙绅之家，以不学无礼为耻，以

① 转引自罗一星：《明清佛山经济发展与社会变迁》，广州：广东人民出版社1994年，第105页。

② 屈大均：《广东新语》卷十《翟先生善教》，北京：中华书局1985年，第313页。

导欲诲淫为戒……三尺童子皆知绳趋矩步，以闲其邪心；畎亩之民，山歌野唱，亦悠然有自得之趣。”①

这场教化活动的意义在于其由此在广东乡村社会逐渐形成了士大夫文化主导的社会秩序。它不仅有效地强化了地方宗族的整合力，提高了地方文化的正统性，而且充分展示了广东士大夫在乡村教化活动中的主导地位。这种主导地位的争取与维持，从根本上体现了明代广东社会的教育需求。

① （嘉靖）《广东通志》卷二十《民物志一·风俗》。

第四章　明代广东的书院

如果说宋元时期是广东书院发展的草创阶段，那么，明朝广东书院就进入了大发展阶段。

据刘伯骥先生的统计，明代广东书院的总数达168所，仅次于江西、浙江，在全国位居第三。但在明代的17朝中广东书院的发展并不平衡。从洪武年间至弘治年间共10朝，广东书院只创建了18所。正德年间开始有了起色，至嘉靖年间出现迅猛发展的势头，创建书院多达78所。随后的隆庆年间书院发展出现回落，只创建了4所。但在万历年间又一次高涨，创建书院达43所。天启年间再度回落，只创建了1所书院。直到崇祯年间又有所复苏，创建的书院达16所。①

李国钧主编的《中国书院史》统计，明代广东有书院129所，其中正德8所，嘉靖66所，隆庆4所，万历37所，其他时期共14所，在全国书院中排名第三。②

近年出版的《中国教育通史·明代卷》中对广东书院数字也有一个统计。从洪武初至弘治末137年间，广东新建书院共24所。随后在正德年间创办了9所，嘉靖年间80所，万历年间46所。整个明代广东共建书院217所，如果加上今属海南的琼州府21所，实际达到238所，在全国书院中名列第二。③

---

① 刘伯骥：《广东书院制度沿革》，商务印书馆1939年，第38～39页。

② 李国钧主编：《中国书院史》，长沙：湖南教育出版社1998年，第556页。

③ 宗韵主编：《中国教育通史·明代卷》，北京：北京师范大学出版社2013年，第481页。

这三个数字虽有所出入，但有一个趋势却很清楚，明代广东书院的发展出现了两个高潮期，即嘉靖朝和万历朝。这种状况与明代全国书院发展的态势基本是吻合的。

第一节　广东本土精英的崛起

如果说宋代广东书院的兴起主要得力于岭外知识精英的传播理学，那么明代广东书院的勃兴则是依靠本土知识精英之力。陈献章、湛若水、薛侃等一批广东本土精英先后开办书院讲学，为明代心学的发展推波助澜，加之地方官员的鼎力相助，使广东书院发展在嘉靖朝兴起高潮。

一、陈献章讲学的开拓作用

明代前期书院的发展为什么会归于沉寂？其原因大致如下：第一，明朝廷实施重官学轻书院的文教政策。明王朝实施“世治宜用文”的文教政策，把重点放在了发展官学教育上，令全国府、州、县皆设儒学，并要求各地普设社学。《明史·选举志》载，明初令各地“皆立学校，延师儒，授生徒，讲论圣道”，仅仅经过 15 年，已达到“无地而不设之学，无人而不纳之教”的效果。与之相应，对书院则采取了冷落的政策。明人钱德洪在《修复慈湖书院记》中说：“明兴，议革天下山长，归学徒于县学，而先生祠祀遂废。”[①] 这里讲了两件事，先是明朝廷改书院山长为训导，将书院主持人纳入国家官僚体系，不久又下令革罢书院训导，归学徒于县学，书院实际落入自生自灭的境地。第二，明朝廷实施“科举必由学校”的文教政策。在发展官学的同时，明廷还进一步强化了学校教育的科举导向，确定了“科举必由学校”的原则，入官学读书成为获得科举考试资格的唯一前提。这样的政策导向驱使学子纷纷涌入官学，书院遭遇社会的冷落。第三，明朝统治者推崇程朱正统，大行文字狱，

---

① 钱德洪：《修复慈湖书院记》，陈谷嘉、邓洪波主编：《中国书院史资料》上册，杭州：浙江教育出版社 1998 年，第 547 页。

严格钳制言论。成祖朱棣组织编撰《四书大全》《五经大全》《性理大全》，颁行天下，规范以至僵化学者的头脑。在此种学术氛围之下，明初诸儒几乎全宗程朱理学，缺乏学术创新。至此，追求自由学风的书院几乎完全丧失了它的生存空间，大大阻碍了书院的发展。

明初广东的书院也在这种大环境下处于低迷状态。从洪武初至弘治末（1368—1505）这130多年的时间内，广东所建书院极少。据《广东通志初稿》所载，韶州府的相江书院在元末动荡中被毁，明洪武元年（1368），韶州知府徐炳文重建相江书院，但不久改为元公祠，只保留其祭祀功能。不久又废，永乐年间才由参政、知府等官员重建。广州濂溪书院原在广州府偏北，日久失修。正统二年（1437），都指挥佥事张玉、布政使刘永清等官员商议，将书院迁至广州城南的药洲西，并建有演极堂、两廊、斋舍等。新会的阁新书院，是弘治十年（1497）由佥事为陈献章所建。成化十一年（1475），南雄府知府见诸生无肄业之所，于是购民地兴建大中书院，建有明德堂、作贤楼、亭、号舍等。潮州府的韩山书院，在弘治年间由同知购买民地拓而新之，主要用于祭祀名贤，但也建有讲堂、斋舍等。肇庆府恩平县的凤凰书院，是弘治年间由提学创建。雷州府海康县的平湖书院，在弘治年间重修。海康县的怀坡书院，在正德十三年（1518）由郡守兴建。但也有很多书院或改为官学，或废置。如惠州府的丰湖书院是宋代创建的老书院，洪武初被改为县学。潮州府的元公书院，在弘治六年（1493）由知府改为行察院。其他如惠州府的青湾书院、张留书院、傲峰书院、东山书院等，均被废置。①

当然，在明初这些有限的书院中，地方官员的作为还是有值得称道之处。例如广州的濂溪书院，于正统三年（1438）由地方官员协力修复，"仿其规制，易旧为新，暨诸僚属咸捐俸廪，下及耆民勤相助役。祠之左右创建斋舍，左居郡之秀民，右居武官子弟"，很有规模。天顺、成化年间，地方官员为解决市场喧哗影响书院学习环境问题，在书院四周砌围

① （嘉靖）《广东通志初稿》卷十六《学校》。

墙，疏莲池，立爱莲亭，书《爱莲说》揭于楣，书院环境大为改观。[①]

南雄府知府江璞于成化十一年（1475）建大中书院，书院位于学宫之左，郡城之右，巾山北峙，天马南翔，岚光霱态，隐映东西。书院有池有亭，有堂有楼，书舍数十间，为诸生讲习之所。楼之左右二亭，一亭联曰：丽日祥云，高山仰止；一亭联曰：光风霁月，活水源头。[②] 很有一番超凡脱俗的味道。

私立书院则有韶州府乐昌县的白思谦所创建的凤山书院。白氏先祖自长沙定居乐昌已十余世，先祖最大的愿望就是能在居住之地大建书斋，聘请名师益友，令家族子弟读书其间。永乐二十年（1422），白思谦在乐昌凤凰山建构凤山书院，“两阁在前，东额以‘经文’，西额以‘纬武’。内分为左右两旁，制仿经义、治事二斋，讲堂居中，后为魁星楼，楼下数武而亭立焉”。白思谦对此十分欣慰，“可以慰先人造就之志，并以答朝廷乐育之恩”[③]。

但以上数例，难掩明前期广东书院发展的寂寥。陈献章的讲学活动，打破了这种沉寂景况。陈献章，字公甫，别号石斋，广东新会白沙里人。正统十二年（1447）举乡试，两赴礼部会试，不第。于是放弃举业，至江西崇仁，师从理学家吴与弼。半年而归，居白沙里，筑春阳台，静坐其中，潜心读书，数年不出门户。成化元年（1465）改春阳台为小庐山书屋，与弟子讲学其中。后复游太学，因赋诗而名震京师。归而四方来学者日进。又为朝廷所征召，疏乞终养，授翰林院检讨而归。自后陈献章居家授徒，教以澄心端坐，于静中养出端倪。黄宗羲谓其学术：“先生学宗自然，而要归于自得。自得故资深逢源，与鸢鱼同一活泼，而还以握造化之枢机，可谓独开门户，超然不凡。”[④] 其学说强调“以道为本”

---

① 陈谷嘉、邓洪波主编：《中国书院史资料》上册，杭州：浙江教育出版社 1998 年，第 493 ~ 494 页。

② （嘉靖）《南雄府志》下卷《学校》。

③ 白思谦：《凤山书院记》，陈谷嘉、邓洪波主编：《中国书院史资料》上册，杭州：浙江教育出版社 1998 年，第 492 ~ 493 页。

④ 黄宗羲：《明儒学案·师说》，北京：中华书局 2008 年，第 4 页。

和“道通于物”，认定“心具万理”，“学贵自得”，人们于日用常行中虚心涵养，舍繁求约，静坐久之，便能见吾心之体隐然呈现。这一主张强调自我体悟，注重人的主体精神，较之朱熹强调天理外求的主张，无异是一种思想的解放，促使明代学术朝着渐入精微的心学理路推进，故而“道价响天下，四方学者日益众，往来东西两藩部使以及藩王岛夷宣慰，无不致礼于先生之庐”①。

陈献章虽然没有正式创建书院，但他在家乡所构建的读书之所，如小庐山书屋、碧玉楼、江门钓台和嘉会楼，都成为与门人宾友讲学论道的场所。他还利用家里的二顷田，与弟子们过着半农半儒、躬耕食力的生活，带有质朴自然的教学特色。陈献章收徒，无论贵贱，来者不拒，“无远近，无贵贱，咸来问学，先生怡然随问而答，初不强括之，亦未尝轻拒人也”②。陈献章教学形式多样，方式活泼，或诗歌传道，或书信解惑，或优游山水，或投壶共饮，激鸢飞鱼跃之心态，启体悟自得之机妙。“随其资品高下，学力浅深，而造就之，循循善诱，其不悟者不强也”③。陈门弟子遍布岭南岭北，远及江苏、浙江、江西、福建、湖北、湖南、四川，省内则遍及新会、南海、番禺等 17 个县。《明儒学案》中的《白沙学案》就收录了及门弟子 10 人，再传弟子 1 人，皆有所成就。流风所被，竟成一江门学派。

白沙心学的崛起，极大地推动了明代广东本土学术的发展，成为明代广东书院崛起的一大契机。来自江西吉水的罗侨说：“数十年来岭南士风一变者，先生启之也。凡今天下莫不知有白沙先生，得其片纸只字讶以为荣。呜呼，先生岂但风一方而已哉，实足风天下风后世也！”④ 罗侨

① 张诩：《白沙先生行状》，孙通海点校：《陈献章集》附录二，北京：中华书局 1987 年，第 870 页。

② 李承箕：《寿石翁陈先生六十一诗序》，孙通海点校：《陈献章集》附录四，北京：中华书局 1987 年，第 924 页。

③ 张诩：《白沙先生行状》，孙通海点校：《陈献章集》附录二，北京：中华书局 1987 年，第 881 页。

④ 罗侨：《书白沙先生全集后》，孙通海点校：《陈献章集》附录三，北京：中华书局 1987 年，第 890 页。

此言后经湛若水之推动竟成现实。

二、湛若水与西樵山学术中心的确立

明初书院沉寂的状况至正德、嘉靖年间才有所改观。《明史》中说："成、弘以上，学术醇而士习正，其时讲习未盛也。正、嘉之际，王守仁聚徒于军旅之中，徐阶讲学于端揆之日，流风所被，倾动朝野。于是缙绅之士，遗佚之老，联讲会，立书院，相望于远近。"① 明人沈德符也说："自武宗朝（正德年间）王新建以良知之学行江浙两广间，而罗念庵、唐荆川诸公继之，于是东南景附，书院顿盛，虽世宗力禁，而终不能止。"②

为什么书院讲学会在正德年间出现转机？

明中叶以来，明初淤积、潜伏下来的社会内部矛盾日渐突出，宦官势力膨胀，政治走向腐败。政治腐败，阶级矛盾、民族矛盾以及统治阶级内部的矛盾日益尖锐激烈。到了正德年间，各种矛盾更是空前激化。当政的明武宗朱厚照是个荒唐的皇帝，其即位时还不满 14 岁，据史书记载，他是一个精力充沛、好兵事、耽游乐的人。皇帝所重用的以刘瑾为首的 8 个宦官，号为八党，每天狗马鹰犬、歌舞角抵，并发展到干预政治。为了对付 8 个宦官，文官集团集合了内阁大学士、科道言官、九卿朝廷诸臣，可谓是阵容强大，同仇敌忾。但在君主专制政治体制下，文官集团与宦官之间斗争的胜负完全取决于皇帝。正德皇帝不仅没有诛杀八党，反而任命刘瑾为司礼监太监。刘瑾得以掌揽朝纲，为所欲为，凡与刘瑾不合者，皆被降职、去职以至廷杖。兵部主事王守仁上疏救戴铣等，触忤刘瑾，被谪贵州龙场驿丞。正德二年（1507），刘瑾矫召榜奸党于朝堂，颁示天下，共 54 名京官名列其上，被强令致仕。③

政治理想的破灭和精神世界的寻求寄托，使当时士大夫终于转到讲习心性学问的道路上来。特别是王守仁，因贬谪贵州龙场，万里孤游，

---

① 《明史》卷二三一《东林诸儒传》。

② 沈德符：《万历野获编》卷二十四《书院》，北京：文化艺术出版社 1998 年，第 649 页。

③ 谷应泰：《明史纪事本末》卷四十三《刘瑾用事》，北京：中华书局 1977 年，第 636 页。

深山夷境，静专澄默，功倍寻常，故胸中益洒落。一旦恍然有悟，顿悟“良知”之旨。他认为社会政治的动荡是由于道德的沦丧，道德的沦丧是由于学术不明，而学术的不明是由于程朱理学的流弊所造成的。在他看来，已经被衍化成烦琐僵化教条的程朱理学，它的精粹之处已被淹没，成了束缚思想的僵死教条，已不能拯救人心了。要救正人心，必须要用一种直截了当的简易方法，促成人们去追求内在的心性。为此，他提出“破心中贼”的目标和唯在心中“自得”圣人之道的治学方法。正德三年（1508），他在贵阳龙场构建龙冈书院，提出“良知”之旨。正德四年（1509），他主讲贵阳书院，开始提出“知行合一”。正德五年（1510），奸臣刘瑾被处决，王守仁回任京官。此后，王守仁出行各地，随处讲学，在江浙、江西、两广，所到之处必开书院，由是四方学子闻风而动，东南一带相互效仿竞办书院。王学于是风靡天下，盛极一时，成为明中后期的“显学”。明朝书院发展由此走向鼎盛，广东书院在这样的情势下也得以复苏。

与王守仁讲学相呼应的主要人物是湛若水。《明史》中说：“若水初与守仁同讲学，后各立宗旨，守仁以致良知为宗，若水以随处体验天理为宗。守仁言若水之学为求之于外，若水亦谓守仁格物之说不可信者四。又曰：阳明与吾言心不同。阳明所谓心，指方寸而言。吾之所谓心者，体万物而不遗者也。故以吾之说为外。一时学者遂分为王、湛之学。”①

湛若水，字元明，广东增城人，人称甘泉先生。他寒窗苦读十余年终获中举，然在接下去的会试中落第。弘治七年（1494），落第回乡的湛若水，慕陈献章之名前往江门求学。在老师的指引下，他绝意科举，潜心学问。在江门6年，他深得陈献章真传，构建了以“随处体认天理”为核心的理论体系，继承和发展了先师的心学，进一步发展岭南学术。

湛若水弘扬先师学说的主要方式，就是通过书院讲学。早在正德元年（1506），湛若水就与正在北京金台书院讲学的王守仁同台会讲。正德五年（1510），刘瑾伏诛，王守仁回到北京，湛若水又与王守仁、薛侃、

① 《明史》卷二八三《湛若水传》。

吕枘在大兴隆寺等处相与讲学。王、湛的这一次北京讲学活动，标志着明代心学的门户分野，以及明代书院讲学之盛的开始。

正德十年（1515），湛若水服母丧回乡。以后7年，湛若水都滞留在家乡，先是在家乡增城建明诚书院，后在南海西樵山大科峰之南的天峰之下创办了云谷书院、大科书院。

湛若水把西樵山作为"退居求志之地"①，他"筑室于西樵山大科峰下，日与泉石猿鹤优游，非问学之士不接，安闲恬淡"②。黄宗羲谓其"卜西樵为讲舍，士子来学者，先令习礼，然后听讲，兴起者甚众"③。湛若水所建书院，必以宣扬白沙之学为主旨，加之其理论的创新，使白沙之学的学术影响力进一步扩展。西樵山也由此成为明代广东的学术中心，各地求教论学的学者纷纷来此安营扎寨。

首先来西樵山与湛若水切磋学问的是南海士人方献夫。据《西樵志》载："（湛若水）服阕谢病，自增城入西樵，构大科书院，聚徒讲学。著大学、中庸策以示南海方献夫，献夫亦作大学、中庸原复焉，谕各不一。久之作《格物通》，以补《大学衍义》所未备。"④

方献夫，字叔贤，号西樵，弘治十八年（1505）中进士，他没有做官就回家养母。不久，母亲病逝，在家服丧三年。刘瑾曾"矫召京官养病三年不赴部者，革为民；未久者，严限赴京听选。瑾知科道等官忤己者，养病避祸，故严禁锢之"⑤。可能由于这个禁令，方献夫丁忧结束即赴阙，授礼部主事，进为吏部员外郎。此时，"阳明起自谪所，为主事，官阶亚于西樵。一日与语，西樵有当于心，即进拜称弟子"⑥。王守仁官

① 湛若水：《大科书堂训》，《湛甘泉先生文集》卷六。

② 罗洪先：《墓表·湛若水》，《湛甘泉先生文集》卷三十二。

③ 黄宗羲：《明儒学案》卷三十七《甘泉学案一》，北京：中华书局2008年，第875页。

④ 马符録：《西樵志》，济南：齐鲁出版社，1996。

⑤ 谷应泰：《明史纪事本末》卷四十三《刘瑾用事》，北京：中华书局1977年，第636页。

⑥ 黄宗羲：《明儒学案》卷三十《粤闽王门学案》，北京：中华书局2008年，第655页。

阶低于方献夫，然两人一经论学，方献夫便虚心拜王守仁为师。不久，方献夫借病辞官归里，并于正德十二年（1517）在西樵山石泉洞东建石泉精舍读书讲学，“寻谢病归，读书西樵山中者十年”①。后来，方献夫把嘉靖皇帝的赐书安置在石泉精舍，并改名石泉书院。据《西樵志》载，“正德壬申，方子（方献夫）为吏部文选，谢病归，丁丑构紫云楼、沛然堂于此，曰石泉精舍，后廓之恭贮赐书，改称书院。”②

接着是霍韬来西樵山建书院。霍韬是正德九年（1514）中进士，他没有接受朝廷的选用，直接回到家乡成婚，接着到西樵山构筑四峰精舍，会同家族兄弟子侄读书。直到嘉靖初，才入朝任职。据《明史》载：“霍韬，字渭先，南海人。举正德九年会试第一。谒归成婚，读书西樵山，经史淹洽。世宗践阼，除职方主事。”③ 嘉靖初，霍韬入朝供职。世宗皇帝三赐御书于山中，霍韬便将精舍扩建为书院。回朝时，霍韬将书院交给他最信任的弟弟霍尹先以及好友郭肇乾管理。郭肇乾曾求学于湛若水门下，日闻心性之旨，造诣颇深。书院后来转交叶春及掌管，叶春及曾拜庞嵩和薛侃为师，笃信良知之学。可见四峰书院对王、湛两派学说都有所传承。此外，霍韬还在广州的粤秀山麓创办了慎德书院，以及南海的石头书院。

这样，在西樵山，霍韬的四峰书院就与湛若水的云谷书院、大科书院和方献夫的石泉书院互相辉映。嘉靖初年，湛若水、方献夫、霍韬三人相继入朝为官，同时尊显。这又反过来进一步抬高了西樵山的学术地位，吸引了大批来自岭南甚至全国各地的有志者到此求教。据《广东新语》载：西樵山“中有书院三。其曰石泉书院者，方文襄所营，在紫云峰。曰大科书院者，湛文简所营，在大科峰。曰四峰书院者，霍文韬所营，在鸡冠、紫姑、龙爪、聚仙四峰之间。当时三书院鼎足而立，三公讲学其中历十年。世宗御极，相与应诏而起。方为内阁辅臣。霍为太子

① 《明史》卷一九六《方献夫传》。

② 马符録：《西樵志》，济南：齐鲁出版社 1996 年。

③ 《明史》卷一九七《霍韬传》。

少保礼部尚书，入弼东宫。湛为南京兵部尚书，参赞机务。同时尊显”[1]。

西樵山学术地位的确立，使白沙之学的旗帜进一步增强了学术感染力。加之湛若水“平生足迹所至，必建书院以祀白沙”[2]，使以白沙之学为标杆的岭南心学大放异彩。嘉靖二十九年（1550），湛若水又在广州白云山创办白云书院、天关书院，在增城县创办龙潭书院、独冈书院、莲洞书院等。

在湛若水、方献夫、霍韬等人构书院兴讲学的带动下，岭南士子筑室西樵山、罗浮山等岭南名山之中，或讲学，或暗修，聚集朋友门徒，宣传并推动着江门心学、甘泉心学、阳明心学的发展。方献夫曾就西樵山讲学授徒情况致信王阳明：“西樵山中近来士类渐集，亦颇知向方，但未见有实得力者。大抵此学真是数百年绝学，非卓有实见者难以言矣。甘泉大有倡率讲明之意，近构学舍数十于山以延学者，将来必有成就，此亦一盛事也。”[3] 可见当时西樵山书院讲学之盛。

来到西樵山问学者，有陈激衷。陈激衷，字元诚，南海人。人们谓其行不疾趋，容无遽色。少为郡庠生，担任释奠掌佾，即指挥学校典礼乐舞之职，遂善歌《鹿鸣》诸诗，声若金石，闻者乐之。尝与方献夫兄弟讲学。方献夫著《大学原》《中庸原》，“（陈）激衷以为扩前圣所未发，因劝有司梓之”[4]。

与方献夫论学者还有多人，《广东新语》中说：“方文襄尝与王青萝、邓敬所、何古林讲学西樵，甘露连降三日。青萝诗云：同德之磋，如气之和。同心之涵，如露之甘。”[5] 王青萝即王渐逵，何古林即何维柏，邓

---

① 屈大均：《广东新语》卷十七《西樵三书院》，北京：中华书局 1985 年，第 466 页。

② 黄宗羲：《明儒学案》卷三十七《甘泉学案一》，北京：中华书局 2008 年，第 875 页。

③ 方献夫：《西樵遗稿》卷八《柬王阳明》，《四库全书存目丛书》集部第 59 册，济南：齐鲁书社 1995 年，第 143 页。

④ 郭棐：《粤大记》卷十四《献征类 · 陈激衷》，广州：广东人民出版社 2014 年，第 393 页。

⑤ 屈大均：《广东新语》卷一《甘露》，北京：中华书局 1985 年，第 22 页。

敬所其人不详。

何维柏，字乔仲，号古林，南海人，官至南京吏部尚书。其学以无欲之教为宗，而忠孝实行，出处大节，可为世范。他于“嘉靖十年辛卯举于乡，下第归，入西樵古梅洞，澄心静坐，日读《白沙集》，思见端倪。时霍文敏、方文襄常过访洞中，语多默契”。他在嘉靖十四年（1535）中进士，做过御史、巡按，但很快辞官不做，“复入樵与刘素予模、王青萝渐逵、陈尧山激衷为莫逆交，门人从远方来者，履常满”。后又复出，再削籍家居，“四方从游者众，大会于广孝寺，发明白沙宗旨，名其居为天山草堂，又辟河南胜地为天山书院，以处从游之士”①。

王渐逵，字鸿伯，番禺人，世居萝山。家贫，母亲对他说：“儿欲以读书佐食乎？”王渐逵跪泣曰：“儿力不能农，巧不能工贾，惟力学可代耕。”乃苦志钻研。后中举第进士，授刑曹主事，以母病致仕，家居三十几年。在小云谷精舍中，与何维柏等人解疑辨难，又筑室青萝山下，“晚年究心理学，粹然一根于心，何古林诸老咸推重之”②。

霍韬之弟霍任此时也登上西樵。霍任，字尹先，南海人，“弱冠补诸生，两应举不利，辄谢去，习静西樵山中，绝玩好，断戏谑，与人一以真诚，毫无矫饰。尝从王文成、湛文简游，穷究理奥，所学日邃”。哥哥霍韬在朝官至礼部尚书，他却“托迹溪谷间，与白沙高弟邓德昌辈，泉石自娱，不与世事”③。

霍韬的另一个弟弟霍杰也是如此。霍杰倜傥不凡，脱然世外，自负巨板入西樵，独栖锦岩中，日出采蕨和粟炊之。“闻湛文简讲心性之学，移书辩论，久之信服，愿执弟子礼。方文襄与论古今名贤，无当意者。

---

① 郭棐：《粤大记》卷十四《献征类·何维柏》，广州：广东人民出版社2014年，第394～395页。

② 郭棐：《粤大记》卷十四《献征类·王渐逵》，广州：广东人民出版社2014年，第396～397页。

③ 郭棐：《粤大记》卷二十二《献征类·霍任》，广州：广东人民出版社2014年，第672页。

文襄笑曰：真古之狂也”[①]。

又有顺德人陈谟，其父号东山先生，师从湛若水隐居西樵山烟霞洞，后带陈谟也上西樵山跟随湛若水受业。陈谟听圣贤之学，脱然有悟，遂构屋于烟霞洞后，名其亭曰：仰止。其设置睡床十分短小，不敢安寝，稍微闭闭眼，便起坐读书。曾警醒自己说：“谟，汝离父母远从学，可悠悠虚度乎？”[②]

又有东莞人钟景星，字叔辉，闻甘泉湛先生讲心性之学，遂往师焉。日益饬躬励行，随处体认，务得其中正之的而向往之。从其入京师数年，晚复游于天关书院。[③]

嘉靖十九年（1540），75 岁的湛若水致仕归乡。正逢其弟子洪垣巡按广东，于是为其在广州府城东北建天关书院。洪垣命广州府学教授集府学诸生“五日十日一会讲于天关焉”，以从甘泉之教。自后，湛若水便活跃在广州一带讲学，春居罗浮山的朱明书院，夏居西樵山的大科书院，秋居广州的天关书院，冬居增城的甘泉书院。

这一时期，其他学者也纷纷在广州创建书院。如南海人士伦以谅在粤秀山创办迂冈书院，陈锡在白云山创建天游书院，香山人士黄佐家族在粤秀山创办泰泉书院、矩洲书院，[④] 其本人致仕后又创办粤洲草堂，“既归，卜筑粤洲草堂，远近学者从之游”[⑤]。

嘉靖三十八年（1559），南海人庞嵩致仕归乡，在罗浮山讲学，拜湛若水为师。庞嵩，字振卿，曾讲业于罗浮山，从游者云集。后师从王守仁，主讲过新泉书院。拜湛若水为师后，湛若水视其与吕枏南北并列，

---

① 郭棐：《粤大记》卷二十二《献征类·霍杰》，广州：广东人民出版社 2014 年，第 673 页。

② 郭棐：《粤大记》卷二十二《献征类·陈谟》，广州：广东人民出版社 2014 年，第 673 页。

③ 郭棐：《粤大记》卷十四《献征类·钟景星》，广州：广东人民出版社 2014 年，第 398 页。

④ （嘉靖）《广东通志》卷三十八《礼乐志三·书院》。

⑤ 郭棐：《粤大记》卷二十四《献征类·黄佐》，广州：广东人民出版社 2014 年，第 744 页。

"尝言吕泾野在北，庞弼唐在南，二子者，中分吾道而治，可谓不孤"，命其主天关书院讲席。①

嘉靖三十九年（1560），湛若水离世，庞嵩遵嘱与陈唐山、林艾陵、刘素予、黄莱轩、何古林等人定期每年的二、四、八、十一月在天关书院举行天山讲易之会之外，还于每年的二月、五月、八月、十一月群聚各书院学者会讲。"甘泉殁，（庞嵩）居天关理厥家事。甘泉立有常饩以待四方学者，公代主之。每岁每月，率诸学子为会，当道诸公及里中缙绅群至会讲，公每出己意，发明宗旨。"②

以上种种，大致可窥见正德、嘉靖年间西樵山、罗浮山、粤秀山一带书院讲学之盛况，白沙心学、甘泉心学、阳明心学在这里都得以传播。现据刘伯骥《广东书院制度沿革》所统计，将明代广东部分学者所创办书院列表如下（见表4－1）：

表4－1　正德、嘉靖年间西樵山、罗浮山、粤秀山部分书院一览表

书　院	创建期	地址	创建者
明诚书院	正德十年（1515）左右	增城	湛若水
云谷书院	正德十二年（1517）	西樵山	湛若水
石泉书院	正德十二年（1517）	西樵山	方献夫
大科书院	正德十四年（1519）	西樵山	湛若水
泰泉书院	嘉靖二年（1523）	广州城北	黄佐
四峰书院	嘉靖二年（1523）	西樵山	霍韬
甘泉精舍	嘉靖十六年（1537）	罗浮山朱明洞	湛若水
天华精舍	嘉靖十六年（1537）	罗浮山	湛若水
弼唐精舍	嘉靖十七年（1538）	罗浮山黄龙洞	庞嵩
白山书院	嘉靖二十四年（1545）	广州城北	伦以训

① 屈大均：《广东新语》卷十《弼唐之学》，广州：广东人民出版社1985年，第309页。

② 郭棐：《粤大记》卷十四《献征类·庞嵩》，广州：广东人民出版社2014年，第396页。

续上表

书　院	创建期	地址	创建者
天山书院	嘉靖二十七年（1548）	南海小港	何维柏
天关书院	嘉靖二十九年（1550）	广州城东	湛若水
龙潭书院	嘉靖三十八年（1559）	增城	湛若水
镇海书院	嘉靖年间	广州粤秀山下	王渐逵
复所书院	嘉靖年间	英德南山	杨起元
矩洲书院	嘉靖年间	广州西门外	黄衷
迂冈书院	嘉靖年间	广州粤秀山下	伦以谅
慎德书院	嘉靖年间	广州粤秀山	霍韬
独冈书院	嘉靖年间	增城甘泉都	湛若水
莲洞书院	嘉靖年间	增城清湖都	湛若水
赤山书院	嘉靖年间	广州赤山冈	李待问
长春书院	嘉靖年间	顺德龙江	邓浩

资料来源：刘伯骥：《广东书院制度沿革》. 商务印书馆 1939 年，第 26 ~ 32 页。

三、薛侃与阳明心学在粤东的发展

明代广东的另一个学术中心是在潮州。白沙之学的兴起，也影响了粤东地区，据有关资料所载，潮人从学白沙者，有吴向、赵相、杨潜斋、杨玮兄弟、林岩、余善等十余人。这些人绝意仕途，潜心“生命之学”，成为明代潮学的先导。但随之，阳明之学风起云涌，在潮州学者中产生巨大影响，郑一初、薛侃、杨思元、杨骥、杨鸾、薛俊、薛侨、薛宗铠、薛宗铨、翁万达、林文、余善、陈明德、吴继乔、林大钦、陈思谦等人，建书院，设精舍，聚徒讲学，使潮州王学在明代独树一帜。[1] 正如王阳明所言：“潮在南海之涯，一郡耳。一郡之中，有薛氏之兄弟子侄，既足盛

① 杨子怡：《薛侃与明代潮州学》，《第三届潮学国际研讨会论文集》，广州：花城出版社 2000 年，第 387 页。

矣，而又有杨氏之昆季。其余聪明特达，毅然任道之器，以数十。”① 而在这些学者中，学术造诣最深、对书院讲学推动最力者首推薛侃。

《明史·薛侃传》说：“薛侃，字尚谦，揭阳人。性至孝，正德十二年成进士，即以侍养归。师王守仁于赣州，归语兄助教俊。俊大喜，率群子侄宗铠等往学焉。自是王氏学盛行岭南。”② 正德九年（1514），薛侃在南京师从王守仁，自此成为阳明学的一名忠实信徒。正德十二年（1517）登进士第后，继续跟随王守仁在赣州学习，并成为他的得力助手。正德十三年（1518），薛侃之兄薛俊、之弟薛侨、之侄薛宗铠都来到赣州师事王阳明。王守仁带兵出征，请薛侃管教他的儿子王正宪，并代理巡抚官署日常事务。在这期间，薛侃与数十同门“相与讲聚不散”，并“日进请益发明，以迪初学。风声鼓动，四方学者远集，沨沨乎洙泗之遗，大有功于师门也”③。薛侃的积极传播阳明学说，独有心得，为促成潮州王门学派的形成奠定了良好的理论基础。

与此同时，潮州地区的书院讲学也日益兴盛。当时白沙之学在此比较流行，薛侃好友杨骥、杨鸾兄弟就曾拜湛若水为师。“杨鸾，与其兄骥从学于湛甘泉先生，毅然有向往之志。丙子（1513），兄弟同举乡试，复从甘泉与西樵，服膺‘随处体认天理’之教，务求自得。及还潮，甘泉赠之文，深期之。”④ 正德十一年（1516），杨骥入京参加会试，由薛侃介绍，赴赣州从学于王阳明。杨鸾则继续在金山（今潮州市区）玉林书院读书。正德十二年（1517），杨鸾请陈明德讲学玉林。陈明德为海阳辟望（今澄海）人，号海涯，崇尚白沙之学，弃举子业苦心厉行。“是年春，（杨）鸾及龚、谢二友延致海涯先生于玉林，讲明正学。复得刘大章、廖朝肃、

① 黄宗羲：《明儒学案》卷三十《粤闽王门学案》，北京：中华书局 2008 年，第 654 页。

② 《明史》卷二〇七《薛侃传》。

③ 饶宗颐：《薛中离年谱》，黄挺编：《饶宗颐潮汕地方史论集》，汕头：汕头大学出版社 1996 年，第 482 页。

④ 郭棐：《粤大记》卷二十二《献征类·杨鸾》，广州：广东人民出版社 2014 年，第 673 ~674 页。

郑大衷交相丽泽，又得邱、饶二友讲学，王改斋辈亦往来，各遗珠玉。”①

正德十四年（1519），薛侃与杨骥回到家乡。“发明合一之旨，锐浣旧习，直培本根，以圣人为必可师，万物皆吾一体，一时士友翕然兴起”②。次年，薛侃与杨骥、杨鸾兄弟讲学于金山玉华书院。玉华书院最早于天顺年间由知县陈瑄所建，陈明德曾讲学于此。玉华书院有精舍，有玉华堂，当年杨骥、杨鸾读书之所北山书屋也在此。这一年，杨鸾也转投于王阳明门下。陈德明在薛侃影响下也开始研习阳明之学，嘉靖七年（1528）王阳明南征来粤时，陈明德在广州与其相见。

嘉靖三年（1524），薛侃因母亲去世归乡奔丧。不幸的是，他的哥哥薛俊因丧母过度悲伤也去世了。这样，刚刚同榜考上进士的幼弟薛侨、薛俊的长子薛宗铠叔侄俩，也必须回乡守孝。此后三年，薛侃兄弟子侄在桑浦山，依仗山中的天然岩洞，创办了中离书院，日与士友讲习不辍。四省同志闻风远来，至不能容。于是各自架屋以居，会文考德，兴发益多。黄佐在《中离山记》中记述了“中离山”之名的由来：“聚处四面生徒，讲习正学，于时竹居子（薛侨）筑东山之岩曰一真岩，东泓子（薛宗铠）筑石门之麓曰大中岩，三山并耸，中通外直，有似于出，遂名曰中离山。”其时，当地名宦如季本等“日诣离山，互相讲论”；乡士大夫黄国卿、成子学、郭维藩、林光祖、杨日赞，与陈德明、郑万化皆“罔不离山是游，景行行止。而士之以文学显、以德行称者，彬彬多出其门；中离子孙，亦皆心学相传、科第流芳，方兴而未艾也”③。薛侃对此也十分欣慰，赋《离山书院》诗一首：“晨昏二十四敲钟，声徹前峰并后峰。试问岩前诸学士，已闻尝与未闻同？”④

---

① 饶宗颐：《薛中离年谱》，黄挺编：《饶宗颐潮汕地方史论集》，汕头：汕头大学出版社 1996 年，第 480 页。

② 饶宗颐：《薛中离年谱》，黄挺编：《饶宗颐潮汕地方史论集》，汕头：汕头大学出版社 1996 年，第 485 页。

③ 饶宗颐：《薛中离年谱》，黄挺编：《饶宗颐潮汕地方史论集》，汕头：汕头大学出版社 1996 年，第 492 页。

④ 饶宗颐：《薛中离年谱》，黄挺编：《饶宗颐潮汕地方史论集》，汕头：汕头大学出版社 1996 年，第 493 页。

嘉靖七年（1528），薛侃再度入京师。嘉靖十年（1531），他遭诽谤而削职回乡。次年，筑书院于桑浦山的宗山，建祠祀王阳明，旁为精舍，延请陈德明担任主讲。宗山书院“中为祠堂，左为讲堂，右为经楼，为宴会厅，翼而环之以书舍，萃生儒肄业，可居百人，诚一方之胜也”[①]。薛侃讲学于此，从游士子上百人。潮州府同知刘魁慕其学术，录其讲学为《研几录》，“谋诸同志梓而受之，用作于观者”[②]。

晚年，薛侃游罗浮山，后至惠州丰山永福寺，从游者数十人。来自东莞、博罗、江右、福建、广州等地的学子负笈而至，日与之西湖论学，作《西湖记》，“惠人于是广见闻，知法门自有真矣”[③]。

还有一些潮州士子游宦在外，与王阳明的弟子交往而接受阳明学说的也为数不少，如林大钦、陈思谦等。这些士人构成了潮州王门学派的基本队伍。他们当中不少人又继续从事书院教育，使阳明学说在潮州蔚然成风。如杨惟执，揭阳县人。嘉靖十年（1531），他追随薛侃到宗山书院学习。后考中嘉靖十六年（1537）举人，官至严州府同知。又有归善（今惠州）人叶时，庞嵩在罗浮山讲学，从之游。中离薛侃来惠州讲学，他邀请薛侃在西湖禅林住下，与之讲辩，益信良知之学。[④] 还有澄海人唐伯元，也是先后师事江门、甘泉、中离。[⑤] 这里还有一个感人的事例。当时，海阳布衣黄保，听了薛、杨诸子讲述阳明学说，极其向往，竟然在暮年命其子黄梦星往越中师事王阳明，说：“我不要求你考取功名，你只要能像这几位先生一样，听王阳明讲道，领悟其中真谛，即使我只能喝

---

① 饶宗颐：《薛中离年谱》，黄挺编：《饶宗颐潮汕地方史论集》，汕头：汕头大学出版社1996年，第511页。

② 饶宗颐：《薛中离年谱》，黄挺编：《饶宗颐潮汕地方史论集》，汕头：汕头大学出版社1996年，第516页。

③ 饶宗颐：《薛中离年谱》，黄挺编：《饶宗颐潮汕地方史论集》，汕头：汕头大学出版社1996年，第518页。

④ 郭棐：《粤大记》卷十四《献征类·叶时》，广州：广东人民出版社2014年，第401页。

⑤ 郭棐：《粤大记》卷十四《献征类·唐伯元》，广州：广东人民出版社2014年，第402页。

粥饮水，摔死在阴沟里，也感到心满意足了。”阳明学在潮州影响之深于此可见一斑，一如王阳明自己所说：“海内同志之盛，莫有先于潮者。”

在书院讲学之风的影响下，潮州学风也有了很大的改善。海阳有个虞山书院，乃是海阳县学诸生所建。其缘由，嘉靖年间，有虞山人陈察，曾任南京太仆少卿，因言事贬官海阳县教谕，以身率教潮士，引导学子重在身心日用中悟道。诸生感其言，观其所为，乃相与叹曰：“吾师之所教者，无难也。吾反而求之于吾心耳，于语言文字之间，求之非所急也。”于是诸生退而力学敦行，忘饥与渴，孜孜焉，日愧其行之不逮于言，言之不符于心也。道路相遇咸相语曰：“向者我潮之士，峩冠博带，一事于威仪容止，语言文字之粗。自夫陈子之教兴，士皆务实行而去色，庄崇朴素而厌华侈，尚谦让而卑矜伐。”陈察其实并未意识到他的言论会有多大影响力，但他的行为却使学生观而感化。及陈察离任而去，海阳诸生相率建构虞山书院，日相与聚会而劝勉，勿坠是学也，于今五载矣。[①] 这是一个很有意思的例子，说明潮州学风已趋向内在的身心修炼。

黄佐对潮州学派评价甚高：

> 余尝思之，中离学有渊源，师靖轩，宗阳明，以忠信不欺为主本，以良知良能为实学，其有得于孔孟正传之深者乎。盖其学本至诚，未有诚而不动者。当时名宦若季彭山、刘晴川诸君，日诣离山，互相讲论。乡士大夫若黄子国卿，成子子学，郭子维藩，林子光祖，杨子日赞，杨子惟执，处士若陈明德、郑万化，罔不离山是游，景行行止。而士之以文学显、以德行称者，彬彬多出其门。中离子孙亦皆心学相传，科第流芳，兴而未艾也。虽然，方今道学大朗，人心复古，中离一倡群和，皆有志于圣贤之学，而独能穷其秘。此所以擢巍科，擅芳誉，而名重于天下。[②]

---

① 盛端明：《虞山书院记》，（康熙）《潮州府志》卷十五《艺文》。

② 黄佐：《中离山记》，（雍正）《揭阳县志》卷七。

四、地方官员的书院作为

正德、嘉靖广东书院的崛起，与地方官员的努力也有极大关系。任职广东的地方官员多是理学门徒，他们于任职之所，积极倡办书院，一方面借以纪念地方先贤或流寓谪宦，一方面又为宣崇正学，各立师承以标其作官作师之旨。

例如惠州府河源县有倡南书院，乃是正德戊寅（1518）由知县郑敬道创建。郑敬道看到，宋代古成之第进士，张宋卿魁南宫，皆为惠州人，都成为宋代南越科举求第之倡导。书院之名寓以此意。[①]

正德、嘉靖间，提学副使魏校在广东毁淫祠、兴社学的举动也对书院发展起了积极作用。在废祠兴学的过程中，魏校把粤秀山周围的观音阁、迎真观、悟性寺、仁孝废寺分别变成濂溪、明道、伊川、晦庵四书院；将迎道观之左的天竺寺改为崇正书院，祭祀周敦颐、程颢、程颐、朱熹等理学家。另外，他还在海丰、陆丰两地分别创办了文山、西峰、清明、桂林四书院，以及惠州的濂溪书院、兴宁的探花书院。[②] 作为广东地区的提学副使，魏校的兴学命令和行动，激励了广东地区的地方官修建书院的积极性。

嘉靖二十四年（1545），潮州知府郭春震、大埔知县曾广翰欲在大埔南安寺旧址建书院，然此处已为势豪所据，乃命人申报，力追还官。林廷莹在《汇川书院记》中说："侯因旧废南安寺，今为豪据，乃命邓生天禄等，详始末呈县、申府，力追还官，扫旧庐而拓以民之隙地，集工于市，取材于林，伐石于山，陶瓦砖于治，爰命驿丞张逵董其役。自经始以迄落成，匝三月。匾曰：汇川书院。前门一座，中构堂三间，左、右号舍各八间，及构丽泽堂于其后，以号舍左右各四间，翼以廊。号舍又各三间，西隙构亭，匾曰：观物；东隙构社学，匾曰：端蒙社学。"[③]

宣扬白沙之学、甘泉之学又是嘉靖时期广东地方官员创办书院的动机之一。嘉靖十年（1531），御史吴允祥在广州粤秀山创办白沙书院，他

① （嘉靖）《广东通志初稿》卷十六《学校》。
② （嘉靖二十一年）《惠州府志》卷七《学校志》。
③ 林廷莹：《汇川书院记》，（嘉靖）《大埔县志》卷八《文章志》。

强调："凡教化之事，有征信而易从者，莫若乡先生。乡先生白沙陈公者，为我明正学之宗。天下后世犹将诵其诗、读其书而尚论之者，而况其乡里流风余韵尚存，后生耳闻目睹而亲之者乎。"[①] 嘉靖十九年（1540），巡按御史洪垣、知府符锡为湛若水建甘泉书院于韶州府曲江。嘉靖三十一年（1552），增城知县何艮重修明诚书院。

据刘伯骥《广东书院制度沿革》所统计，正德、嘉靖年间广东官办书院如下（见表4－2）：

表4－2　正德、嘉靖年间广东官办书院一览表

府	书院	创办时间	地点	创办者
广州府	濂溪书院	嘉靖年间	广州	提学使魏校
	明道书院	嘉靖年间	广州	提学使魏校
	伊川书院	嘉靖年间	广州	提学使魏校
	晦庵书院	嘉靖年间	广州	提学使魏校
	白沙书院	嘉靖十年（1531）	广州	巡按吴允祥
	粤洲书院	嘉靖十四年（1535）	广州小北门	巡按戴璟
	正学书院	嘉靖三十四年（1555）	广州	知县刘廷元
	羊额书院	嘉靖年间	顺德	提学使魏校
	凤凰书院		顺德	知县曾仲魁
	尊韩书院		阳山县	
	丞相书院		连州	
	南轩书院		连州	
	菊坡书院		增城县	
	阁新书院		新会县	
	象山书院	嘉靖二十二年（1543）	新会县	知县何廷仁
	崇文书院	嘉靖十七年（1538）	清远县	佥事李文凤
	仁山书院	嘉靖二十四年（1545）	香山县	知县邓迁
	三江书院	嘉靖三十八年（1559）	三水县	知县陶守训

① 湛若水：《粤秀山白沙书院记》，孙通海点校：《陈献章集》附录四，北京：中华书局1987年，第940页。

续上表

府	书院	创办时间	地点	创办者
韶州府	涵晖谷书院	嘉靖元年（1522）	英德县	
	龙山书院	嘉靖元年（1522）	英德县	知县张慎
	颐贞书院	嘉靖十一年（1532）	英德县	知府何世纶
	会英书院	嘉靖三十五年（1556）	英德县	知县谌廷诏
	明经书院	嘉靖年间	曲江县	官立
	仰止书院	嘉靖三年（1524）	乳源县	官立
	濂溪书院		乐昌县	
	龟峰书院	嘉靖十九年（1540）	乐昌县	知县张监
	濂溪书院	嘉靖元年（1522）	乳源县	知县于祥
	翁山书院	嘉靖十九年（1540）	翁源县	知县
	濂溪书院	嘉靖六年（1527）	仁化县	知县于祥
惠州府	濂溪书院		惠州府	提学使魏校
	豫章书院		博罗县	提学使魏校
	探花书院	嘉靖十五年（1536）	兴宁县	知县方述鼎
	桂林书院	嘉靖年间	陆丰县	提学使魏校
	文山书院	嘉靖年间	海丰县	提学使魏校
	清明书院	嘉靖年间	海丰县	提学使魏校
	西峰书院	嘉靖年间	海丰县	提学使魏校
	仰止书院	嘉靖二十年（1541）	龙川县	分巡佥事雍澜
	观澜书院	嘉靖二十五年（1546）	河源县	知县黄锦
	倡南书院	正德十年（1515）	河源县	知县郑敬道
	崇文书院	嘉靖二十五年（1546）	河源县	知县黄锦
肇庆府	崧基书院		肇庆府	提学使魏校
	濂溪书院	嘉靖四年（1525）	高要县	知府曹直
	仰湖书院	嘉靖三十六年（1557）	高要县	都御史吴桂芳
	澹庵书院		新兴县	提学使魏校
	道一书院	嘉靖四十三年（1564）	新兴县	佥事李材
	凤凰书院		恩平县	
	三洲书院		德庆州	
	兴文书院	嘉靖十三年（1534）	四会县	知县谢文南

续上表

府	书院	创办时间	地点	创办者
南雄府	西清书院	正德十六年（1521）	南雄府	知县倪宗正
	正学书院	嘉靖三十四年（1555）	南雄府	知府高冕
潮州府	茶阳书院	嘉靖九年（1530）	大埔县	知县方琦
	汇川书院	嘉靖二十五年（1546）	大埔县	知县曾广翰
	北城书院	嘉靖二十二年（1543）	潮阳县	知县刘景韶
	虞山书院	嘉靖年间	潮州	郡守汤昪
雷州府	崇文书院	嘉靖二十三年（1544）	海康县	知府罗一鸾
	怀坡书院	正德十三年（1518）	海康县	知府王秉良
	平湖书院	嘉靖年间	海康县	知府林旭
	崇文书院	嘉靖三十三年（1554）	遂溪县	知县张天叙
高州府	拱极书院	嘉靖二十五年（1546）	高州	州守欧阳烈
	高明书院	嘉靖年间	高州	推官袁怡
	宝贤书院	嘉靖年间	化州	知州毕竟立
	同人书院	正德九年（1514）	泷水（罗定）	知县欧一清

资料来源：刘伯骥：《广东书院制度沿革》．商务印书馆1939年，第26~38页。

第二节　广东书院发展的曲折之路

嘉靖朝出现的广东书院发展盛况未能持续下去。其原因，明廷先后对书院的四次禁毁行动给书院的发展罩上了阴影，广东名儒湛若水、薛侃的离世也使岭南的学术发展陷入低潮，致使明中后期的广东书院发展走过了一段起起落落的曲折之旅。

一、明代的四次禁毁书院

早在嘉靖八年（1529），明世宗就曾经指责王守仁，认为他自以为是，诋毁先儒，聚徒讲学，坏人心术。近年来士子传习邪说，都是因他而起。皇帝的调子既定，朝中当权派于是开始寻找机会以遏制书院讲学的影响。嘉靖十六年（1537），御史游居敬直接点名弹劾南京吏部尚书湛若水，斥责湛若水“倡其邪学，广收无赖，私创书院”[①]。《明通鉴》卷五十七也载有此事：“时御史游居敬论劾王守仁、湛若水伪学私创，故有是命。”游居敬还提议朝廷禁毁王阳明、湛若水的著作，拆毁他们私自创建的书院，禁止各地儒学生员外出远游，影响学业。明世宗将这一提议交吏部讨论。吏部的处理意见是，湛若水潜心研究经学，希望追迹古人，他的学说并非全是谬谈，相反，其中对儒家经传还多有发明，因而不宜禁绝。对各地书院，凡是未经朝廷批准设立的应予以禁毁。世宗觉得吏部的这个意见比较恰当，于是同意慰留湛若水，只是要求拆毁其私自创建的书院，并进一步规定，今后再有私自创建书院者，各地巡抚御史要及时参奏处理。《万历野获编》卷二《讲学见绌》也说：“御史游居敬又论南太宰湛若水，学术偏陂，志行邪伪，乞斥之，并毁所创书院。上虽留若水，而书院则立命拆去矣。”这是明代的第一次禁毁书院。这次的禁毁书院对广东书院的发展影响不大。

第二次是嘉靖十七年（1538）。吏部尚书许赞再次上疏，指斥“抚按司府多建书院，聚生徒，供亿科扰”，批评各级地方官员多将朝廷官学丢弃不管，反而大费周章创立书院，耗费钱财，鼓动讲学，因而要求将禁毁书院的行动扩大到全国范围，要求所有教官、生员一律到官学教学或学习，“诏从其言”[②]。《皇明大政纪》中对此事记述稍详：“嘉靖十七年五月，毁天下书院。吏部尚书许赞上言，近来抚按两司及知府等官，多将朝廷学校，废坏不修，别起书院，动费万金，征取各属师儒，赴院会讲，初发则一色制装，及舍供亿科扰尤甚。日者南畿各处，已经御史游

①② 陈谷嘉、邓洪波主编：《中国书院史资料》上册，杭州：浙江教育出版社1998年，第810页。

居敬奉行拆毁，人心称快，而诸未及，宜尽查算，如仍有建者，许抚按据奏参劾。帝以其悉心民隐，即命内外严加禁约，毁其书院。”①

从以上可以看出，两次禁毁书院实际上是一次连续的行动。第一次只限于湛若水在南畿各处的书院，而第二次则进一步扩大范围，对“诸未及”者，“宜尽查算”。为什么要连续查禁书院？从表面看，是由于学术上的原因。查禁者斥王、湛之学为“邪学”“伪学”“学术偏陂”。因为王、湛之学与当时官方所推崇的程朱之学不合拍，尤其是王守仁之学说更与朱学相左。这当然使一群维护程朱正统学说的权贵心里不舒服。但这不舒服的后面，恐怕并不仅仅是由于学术的分歧。专制时代，本不容学术言论的自由，更何况王、湛之学又是反现实、反科举的，其讲学所造成的声势又“倾动朝野”。这当然使某些权贵对这派“妖孽”“伪学”之徒不能熟视无睹。所以两次禁毁书院的后面，实质上还是政治上的原因，只不过借了“伪学私创”和“耗资万金”的口实罢了。正因为此，这两次连续禁毁书院，并不能使多为达官显贵的“王门弟子”所折服。相反，他们在禁毁之后更起劲地创办书院，尤其是徐阶升任内阁首辅后，更是竭力倡办书院。《万历野获编》中说：“嘉靖末年，徐华亭以首揆为盟，一时趋骛者，人人自托我道，凡抚台莅镇，必立书院，以鸠集生徒，冀当路见知。”②

第三次禁毁书院是在万历七年（1579），操刀者是张居正。世宗死去，朝野政治斗争又趋于激烈。万历元年（1573），张居正在权臣争斗中胜出，取得首辅的职位，并开始在政治、财政方面进行改革。在教育方面，张居正从重实学的角度，主张发展官学教育，对书院聚徒讲学、崇尚空谈的风气十分反感。万历三年（1575），他在《请申旧章饬学政以振兴人才疏》中就说过：“圣贤以经术垂训，国家以经术作人。若能体认经书，便是讲明学问，何必又别标门户，聚党空谈。今后各提学官，督率

① 陈元晖：《中国古代的书院制度》，上海：上海教育出版社 1981 年，第 78 页。

② 沈德符：《万历野获篇·书院》卷二十四《书院》，北京：文化艺术出版社 1998 年，第 649 页。

教官生儒，务将平日所习经书义理，着实讲求，躬行实践，以需他日之用。不许别创书院，群聚徒党，及号召他方游食无行之徒，空谈废业，因而启奔竞之门，开请托之路。违者，提学御史听吏部督察院考察奏黜，提学按察司官听巡按御史劾奏，游士人等许各抚按衙门访拿解发。”[①] 张居正“不许别创书院”，是他认定书院必是“群聚徒党”“空谈废业”之地，这完全是从政治角度得出的结论。但在当时，他并未找到机会将禁毁书院付诸行动。

万历五年（1577）张父病故，张居正恋于权私，不愿回籍服丧，引起举朝官员的一致非议，惹出了一场轰动朝野的“夺情”风波。张居正权倾一时，将敢于直谏的官吏或廷杖，或降斥，或废黜，导致了与朝野绝大多数官员在情绪上的尖锐对立。《明史》卷二一三说：“居正自夺情后，益偏恣。其所黜陟，多由爱憎，左右用事之人多通贿赂。”《明鉴纲目》卷七也说：“张居正自夺情后，知天下不与己，思以威权劫之。”万历六年（1578）三至六月，张居正回江陵归葬其父，目睹并觉察到地方人心民情及乡宦人等对他的普遍反感。加之因反对夺情而被黜的官员又多为江浙一带的人，而这一带历来讲会风气很盛，于是便有了万历七年（1579）禁毁书院的事件。《明神宗实录》卷八三中说：“万历七年正月戊辰，命毁天下书院。原任常州知府施观民以科敛民财，私创书院，坐罪着革职闲住。并其所创书院及各省私建者，俱改为公廨衙门，粮田查归里甲。不许聚集游食，扰害地方。仍敕各地巡按御史提学官查访奏闻。”据《明史》《明通鉴》中所载，这次禁毁书院主要为应天等府书院64处，其规模比前两次更大，其手段更为严厉。亲历此事的万历二年（1574）进士赵南星在《赵忠毅公文集》卷六中指出，自夺情之事发生后，“楚相不忠不孝，实有狂秦坑楚之志，而势不得行，乃发怒于书院。又令督学少进多绌，将使天下胶口而不敢议，束手而不敢动”。这就很清楚地表明，张居正的禁毁书院，既打击了一大批异己的在野势力，又达到了压制思想舆论的目的。

---

① 张居正：《请申旧章饬学政以振兴人才疏》，《张文忠公全集》奏疏卷四。

第四次禁毁书院是在天启五年（1625），起因于明末宦官集团与士大夫集团的斗争，操刀者为太监魏忠贤。这次是东林书院首当其冲，进而殃及其他书院。《明史·魏忠贤传》中说："吏部郎顾宪成讲学东林书院，海内士大夫多附之，'东林'之名自是始。既而'挺击'、'红丸'、'移宫'三案起，盈廷如聚讼。与东林忤者，众目之为邪党。天启初，废斥殆尽，识者已忧其过激变生。及忠贤势成，其党果谋倚之以倾东林。"① 可见这次事件也完全是政治斗争的结果。早在万历三十二年（1604），顾宪成、高攀龙重修东林书院，讲学之余，往往"讽议朝政，裁量人物"，招致了朝中一群小人的忌恨。天启初年，邹元标和冯从吾又在北京宣武门内建首善书院，更为招恼了专权的宦官魏忠贤。加之东林党人左光斗、杨涟等弹劾魏忠贤，使党派斗争进一步激化。权倾一时的魏忠贤为进一步打击东林党人，剪除异己，不仅禁毁东林书院，而且将所有书院都疑为东林同党而一律严令禁毁。禁毁东林书院令是在天启五年（1625）的八月，实际拆毁东林书院是在天启六年（1626）的四月底。拆毁之时，"抚按檄邑令某，尽毁圣庙书室，东林遂为瓦砾区"②。继之，"御史徐复阳请毁讲学书院，以绝党根。御史卢承钦又请立东林党碑。海内皆屏息丧气"③。被列入东林党人名单者凡 309 人，生者削籍，死者追本，已经剥夺者禁锢。这就是历史上有名的东林党案。

由此观之，明代四次禁毁书院，虽然各次情况有所不同，但实质上都是君主专制制度与自由讲学之间的矛盾斗争尖锐化的反映。它表现为统治者力图控制书院，旨在加强专制统治。诚如王船山在《书院》一文中所说："率以此附致儒者于罪害之中，毁其聚讲之所，陷其受学之人，钳网修士，如防盗贼。"而书院讲学的后面，也多少代表着一定的政治倾向乃至政治力量。故而有禁毁，也就有反禁毁，由此矛盾斗争而构成了明代书院的沉浮。

---

①③ 《明史》卷三〇五《魏忠贤传》。

② 《东林书院志》整理委员会整理：《东林书院志》卷一《建置》，北京：中华书局 2004 年，第 4 页。

二、明中后期广东书院的动荡

广东书院处于这一禁毁风波之中也历尽动荡。前两次的禁毁行动直指王守仁、湛若水，但最后经吏部所议，嘉靖皇帝采取了“慰留湛若水”的态度，广东书院在这次禁毁行动中损失较小。相反，在地方官员的支持下，广东书院于此时还有所发展。第四次禁毁行动则由于广东书院与“东林党议”少有瓜葛，因而魏忠贤与东林党人政争的决斗，广东书院未受到波及。

但万历年间的禁毁行动却给广东书院以致命打击，郭棐在《岭海名胜记》中载：“万历中，宰忌讲学，毁及院舍，有司奉行，急若风火，西樵、独流祸烈，一时儒绅飒然丧焉。若大科、若铁泉、玉泉、天阶诸舍，皆被毁拆。独云谷以白沙祠存，四峰以西庄祠存，石泉恭贮赐书，有司不敢毁。而名贤寤寐之地，遂为烟蔓之场。”① 可见，西樵山的书院在这次禁毁行动中首当其冲，仅存的三所皆因有祀朝廷所命大儒之祠和皇帝赐书，得以幸免外，其余如大科书院、铁泉书院、玉泉书院、天阶书院等，皆被拆毁。当年名贤大儒讲学之地，遂为烟蔓之场。

遭此重创，广东私立书院元气大伤。随着湛若水、薛侃等人的相继离世，广东学术也渐入低谷，当年广东书院讲学的盛况已风光不再。不久张居正死去，全国政治环境又相对宽松，书院发展又开始兴复。崇祯即位，魏忠贤被黜职，惧罪自缢，书院又相继恢复。《东林书院志》卷一载：“戊辰崇祯改元，二月，御史刘公士佐请复天下书院，奉旨各处书院宜表彰者，着提学官尽行修复。”②

广东的书院在这之后也渐渐有所复苏。郭棐在《广东通志》中说：“万历己卯，辅臣张居正恶士之口，非奉诏所建者悉数毁之。是时，缙绅先生俱以讲学为讳。云夫子产不毁乡校，书院何罪而以为戮也？今渐复，其广州府书院二十，韶州书院九，南雄书院五，惠州书院七，潮州书院五，肇

① 郭棐：《岭海名胜录》卷十三《西樵山记》。

② 《东林书院志》整理委员会整理：《东林书院志》卷一《建置》，北京：中华书局2004年，第4页。

庆书院五，高州书院三，廉州书院四，雷州书院四，琼州书院九。”①

这一时期的书院主要为官办。地方官员创办书院的目的各异。有的是为了加强督课劝学，有的是为了纪念先贤，有的则是为了表达某种愿望。

高州府茂名县于笔架山对面有墨池书院，为万历年间由教谕张鸿捐俸创建，并在明伦堂左凿池构建了文昌阁，以彰显读书的意义。书院景致优美，当地人李元若有诗赞曰：“闻说名家有墨池，喜今开对笔山奇。撑云倒影池塘里，错拟前峰洗笔时。”墨池对笔山并非虚拟，墨池书院所对之笔架山还真有所笔山书院，原名南岳书院，由知府吴国伦所建，后废。万历年间，曹志遇出守高州，下车伊始，课试诸生。乃谋于僚佐、县令曰：百工居肆以成其事，士专帖括必资类聚乃能熏陶德性，论难经义，书院之设，有司不能辞也。于是乃借南岳书院旧基重建书院，又以笔架山峙前而取名笔山书院。②

潮州府程乡县有锦江书院，为天启元年（1621）由知县林欲昂所建，以纪念潮惠嘉兵备道陆典。陆典于万历年间执政潮州，万历四十五年（1617）程乡县闹饥荒，陆典开仓赈灾，救济难民，为奸徒攻讦，程人德之。陆典执政期间，又勤于课士，曾捐俸为师生廪饩。去任后，程乡县乡绅以陆典所捐课士经费置产建祠祀之，林欲昂在此基础上创建锦江书院。③

在高州府，电白县知县吕允礽创办了一所广生书院，并在书院内取凿围建了一个放生池，以突出书院意旨。④

这些官办书院，在万历八年（1580）以后数量虽然较为可观（见表4-3），但书院的学术生气却是逐渐衰落了。

---

① （万历）《广东通志》卷七《藩省志七》。

②④ （光绪）《高州府志》卷一四《经政二》。

③ （光绪）《嘉应州志》卷一六《学校》。

表 4-3　隆庆、万历、崇祯年间广东部分官办书院表

府、州	书院	创办时间	地点	创办者
广州府	龙德书院	万历八年（1580）	广州承恩里	知县冯渠
	营道书院	万历年间	广州豪贤街	按察徐用检
	同文书院	万历二十三年（1595）	清远	官立
	凤冈书院	崇祯元年（1628）	三水县	知县蒋献奇
	凤台书院	崇祯十三年（1640）	增城	知县陆清源
南雄府	宏道书院	隆庆元年（1567）	南雄州学西	知府周思文
惠州府	东山书院	隆庆五年（1571）	惠州长乐县	按察使张子宏
	天泉书院	万历二十五年（1597）	惠州	参议周应治
	静观书院	隆庆六年（1572）	博罗罗浮山	知县吴日强
	文明书院	万历年间	惠来县	官立
潮州府	冠山书院	隆庆六年（1572）	澄海冠山	知县蔡楠
	景韩书院	万历九年（1581）	澄海县	同知何敢复
	龙首书院	万历四十六年（1618）	潮阳北门外	知县朱本
	文昌书院	万历年间	潮阳	知县王训
	文光书院	崇祯八年（1635）	潮阳	知县漆嘉止
	锦江书院	天启元年（1621）	程乡县	知县林欲昂
	文起书院	崇祯二年（1629）	揭阳县	知县冯元飚
	瑞光书院	崇祯三年（1630）	饶平县	知县邓全慎
	凤栖书院	崇祯十三年（1640）	潮州	巡抚李云鸿
肇庆府	端溪书院	万历元年（1573）	高要县	佥事李材
	�书院	万历元年（1573）	高要县	知县王民顺
	文峰书院	万历十六年（1588）	高要县	知府郑一麟
	广云书院	万历二十三年（1595）	高要天宁寺右	总督戴耀
	铎阳书院	万历二十八年（1600）	高要	知府陈濂
	景星书院	万历三十一年（1603）	高要天宁寺左	总督戴耀
	瞻淇书院	万历三十七年（1609）	高要	知府江中楠
	龟峰书院	万历二年（1574）	阳江县	佥事李材
	借山书院	万历六年（1578）	阳江县	贬官沈继山
	文昌书院	万历年间	四会金冈山	官立
	文昌书院	崇祯六年（1633）	德庆州	知州商朝仕

续上表

府	书院	创办时间	地点	创办者
高州府	朋来书院	万历十四年（1586）	高州	藩使徐觉齐
	笔山书院	万历四十八年（1620）	高州	知府曹志遇
	南岳书院	万历四十三年（1615）	高州	知府吴国伦
	墨池书院	万历年间	高州明伦堂左	教谕张鸿
	志学书院	万历十五年（1587）	电白县	知县魏钟宁
	广生书院	崇祯二年（1629）	电白城西	知县吕元礿
	正疑书院	万历二十五年（1597）	吴川县	知县周应鳌
	江阳书院	万历二十五年（1597）	吴川县南	知县周应鳌
	丽泽书院	万历二十六年（1598）	信宜县	知县周世臣
	石龙书院	崇祯十一年（1638）	化州	知州赵仕锦
雷州府	起秀书院	万历十五年（1587）	遂溪县	知县欧阳豪
	贵生书院	万历十九年（1591）	徐闻县	知县熊敏
	文会书院	万历三十年（1602）	海康县	守道袁茂英
	雷阳书院	崇祯九年（1636）	雷州城西	知府朱敬衡
罗定州	南征书院	万历四十二年（1614）	罗定城东	州同章嘉
	典学书院	崇祯九年（1636）	罗定	知州谢天申
韶州府	崇德书院	万历年间	翁源西门外	官立
	桃溪书院	崇祯十二年（1639）	英德	知县吴永澄

资料来源：刘伯骥：《广东书院制度沿革》．商务印书馆1939年，第26～38页。

第三节　广东书院发展的特点

明代广东书院的发展，在正德、嘉靖时期呈现出一种生气勃勃的景致，而隆庆、万历以后则显现出一种沉闷之象。究其缘由，书院讲学恐怕是个根本因素，这也成为明代广东书院发展的显著特点。讲学之需求产生于岭南儒学的崛起，岭南儒学的崛起造就了广东书院的振兴，广东本土的学术大师便成为广东书院祭祀的学术资源，并最终成就了陈献章入祀孔庙，明代广东书院发展的历史地位也因此奠定。

一、广东书院发展的总体特点

正德、嘉靖时期，岭南学术异军突起，白沙之学、甘泉之学与粤东的阳明之学遥相呼应，带来书院讲学的兴盛。甚至在湛若水之后，其弟子以庞嵩为核心在广州，包括广东其他地区都还呈现讲学热潮。在广州，有何维柏主讲诃林书院，黄佐主讲白云书院，王渐逵主讲粤秀书院。外地则有薛侃主讲潮州金山书院，钟景星主讲东莞宝潭书院，叶时等在归善，叶絅斋在罗浮。星罗棋布，展现出一幅富有生气的书院讲学图画。然至庞嵩去世，此番景象则逐渐萧条，以至不再。

从表面看，明代广东书院讲学之风的衰落是由于陈献章、湛若水、薛侃、庞嵩等书院大师的离世而导致。然深究其因，有助于我们认识明代广东书院发展的特点。

首先，明代广东书院的崛起根源于学术的创新。陈献章、湛若水学说的崛起，正逢官方正统的程朱理学处于僵化之时，陈、湛的心学在一定程度上表达了人们力求思想自立创新的诉求，因而给学术界带来了一股清新之风。可以这么说，追求学术的创新成就了正德、嘉靖时期的广东书院。湛若水对书院的力倡，是因为他高举白沙心学的学术旗帜，学术的碰撞和融合成为广东书院发展的生命力所在。另一方面，我们还要看到，明代广东陈、湛学派的兴起又与广东乡村教化进程相表里。“随处体认天理”与乡村社会建构文化秩序正好合拍，民间社会精英要以自己的意愿投身乡村秩序的建设，以争取地方文化权力。这些因素的综合，导致了正德、嘉靖时期广东书院的崛起。

同理，隆庆、万历以后广东书院风光不再，根本原因是由于朝廷禁毁书院的政治高压。专制制度与自由讲学的水火不容，即使如湛若水这样的朝廷重臣，也因其讲学而致书院难逃厄运。正如前文所引郭棐对万历禁毁书院的评价：“是时，缙绅先生俱以讲学为讳。云夫子产不毁乡校，书院何罪而以为戮也?”昔日名儒大师讲学之地顿成烟蔓之场，其目的就是要断绝讲学之根。万历以后广东书院虽然还有所发展，但绝大多数都为官办，书院也多集中于府州县官署所在地。此时官员的创办书院，多为遵行朝廷旨意的督课劝学，因而气势萧条。仅以广州府地区为例，自隆庆以后至明末近80年时间，广州官办书院只有5所，私立书院只有4所。与正德、嘉靖60年的状况相比，真可谓天壤之别。

屈大均对此深有感触，他说：“甘泉翁尝谓阳明，昔夫子忧学之不讲，夫讲必有同不同，不必同所以求其同也，然后义理生焉。如彼二磨，其齿不齐，然后粟米出焉。故天地之所以能化生万物者，以阴阳变合之不齐也。”此话，屈大均不是无的放矢。在回顾明代广东书院走过的历程时，其心情是沉重的。他说湛若水“继往开来之心，为日不足，九十有五，犹悬桶于门以求规益。使天再假之年，敢自一息满足乎哉”[①]。屈大均的心是善良的，他认为如果湛若水还能活得再长点，或许会将讲学之风延续并形成规制，然这只是学者的一厢情愿。

所以，从整个明代广东书院发展的进程看，其精彩之笔在于它的学术性。虽然官府力量也在其中起着重要作用，但白沙之学、甘泉之学、阳明之学是渗透书院发展的生命之光。一旦这种书院文化失之于继承，虽然书院数量还有所增长，但色彩则大为暗淡了。

其次，从书院组织形式看，明代广东书院发展还处于自然形态的阶段。虽然广东出现了湛若水这样的理学大家，书院数量也处于全国前列，但并没有出现像白鹿洞这样的品牌书院，书院组织的高级形态并没有出现。明代广东的民间书院更多的还是家族式组织形态，从现有资料看，明代广东书院规章制度不多见。比较成型的有湛若水的《大科书堂训》，以及霍韬在家训中所设计的蒙养规训。但这些制度都还处于初始阶段，没有得到进一步的完善和推广。明代广东一些有学术影响力的书院，还主要是学者读书的场所。虽然其间有学者之间的学术交往与讲学，但范

① 屈大均：《广东新语》卷十一《讲学》，北京：中华书局1985年，第309～310页。

围有限，特别是没有形成如江浙一带已经规模化、制度化的书院讲会制度。官立书院也多是因官员的儒学热情，并没有形成常规性的教学制度。人亡政息，这也是明代广东书院未能走得更远的原因之一。

二、广东书院祭祀文化的本土化

但是，明代广东书院毕竟较之前代有了一个质的飞跃，那就是书院的祭祀文化开始走向本土化。

明代广东文教的悄然兴起，激发了岭南士人形塑地域文化形象的需要。这一点，我们可以从程乡县七贤书院的祭祀文化窥见端倪。潮州府程乡县原有双忠书院，后增祀改为五忠祠，最后在明末改建为七贤书院。刘广聪在《七贤书院记》中说："书院以讲学也，讲学若何？曰忠孝，曰节义，曰德行，曰文章，数者备而吾学无余憾矣。"怎样才能使讲学更具实效性，他看到："今夫学者兀坐索居，寡闻寂见，方寸中空空耳。一旦谈及忠臣义士，激烈肝肠，慨然勃然，至于足蹈手舞，而不知其所以然，盖至性动于所感也。"所以，他认为在书院祭祀七贤，使学者进院便能感知满墙先哲之像，熏染其道德文章之懿、忠孝节义之风，使士子入其堂俨然若见其人，以感应奋发，以潜移默化，使圣贤之志油然而兴。他说："仪型在目，可历历指曰：是其为抗疏诋佛，障百川回狂澜者；是其为屡谏新法，批鳞被逐而不失其正者；是其为志切勤王，即势穷力竭，历九死不移者；是其为杀身成仁，以神童作烈丈夫者；是其为贤相停骖，令人思慕不忘者；是其为元夜破昆仑，威震两粤而功德在人心者；是其为匹夫化乡人者。必将曰彼何人也，予何人也。且处士佥书，吾邑人也，吾何为让彼哉？则余修书院以讲学意也。"[①] 这七贤中，有5人是来自外省的精英，有两人则是产生于广东本土的精英。刘广聪在这里特别强调了本乡处士程佥书，认为表彰这样的本土榜样更能体现书院讲学的意义。这就是形塑地域文化形象的需要。

一县之士人是如此，一省之士人当然更需要这样的文化名片。陈献章巨大的学术声誉和岭学的崛起，正好提供了广东地域文教兴起的象征。

① （光绪）《嘉应州志》卷十六《学校》。

明代广东经济与文化的发展本身就需要有一面文化旗帜来代表，陈献章的出现，正好成为广东地域文化发展的一张文化名片。

陈献章讲学江门，首倡心学，正是明代学术的一大转变。史书中说："原夫明初诸儒，皆朱子门人之支流余裔，师承有自，矩矱秩然。曹端、胡居仁笃践履，谨绳墨，守儒先之正传，无敢改错。学术之分，则自陈献章、王守仁始。"① 陈献章率先打破明初学术的"此亦一述朱，彼亦一述朱"的教育格局，黄宗羲称："有明之学，至白沙始入精微。其吃紧功夫，全在涵养。喜怒未发而非空，万感交集而不动，至阳明而后大。"② 陈献章独立门户，一扫宋学拘泥守矩之陋习，倡导鸢飞鱼跃的活泼自得，打破了时代的学术僵局。至湛若水、王阳明相与讲学，心学遂大著于天下。

白沙心学的学术创新，使得岭南地域儒学得以崛起，从而成为书院心学化、本土化的学术力量。郭棐在《广东通志》中认定："我朝弦诵之士遍于遐陬，踵武于白鹿鹅湖者，则白沙陈献章主盟东土，自是郡邑学署盛于弘、正、嘉靖间矣。"③ 他在另一处说道："吾粤僻在炎徼，至汉始属版图。五百余年迄唐而有曲江张公以忠谠称，又有五百余年迄宋而有菊坡崔公以风节称。文章物采班班，与中土抗衡，而圣人中正之学，未之有讲也。暨我皇明御宇，表章正学时，则有若白沙陈先生出焉。"④

清初的屈大均也是持这样的学术史观："吾乡理学，自唐赵德先生始，昌黎称其能知先王之道，论说力排异端而宗孔氏者也。宋则梁先生观国，有《归正》一书，谓苏轼父子所为文，出入禅谛，饰以纵横，非有道者之著。胡侍制寅亟称之。明兴，白沙氏起，以濂洛之学为宗，于是东粤理学大昌。"⑤

---

① 《明史》卷二八二《儒林传一》。

② 黄宗羲：《明儒学案》卷五《白沙学案上》，北京：中华书局2008年，第79页。

③ （万历）《广东通志》卷七《藩省志七》。

④ 郭棐：《纂辑白沙至言跋》，孙通海点校：《陈献章集》附录三，北京：中华书局1987年，第920页。

⑤ 屈大均：《广东新语》卷十《白沙之学》，北京：中华书局1985年，第306页。

明代广东学术的崛起，极大地增强了广东士人的自信心，塑造广东文化形象的需求便自然成为广东书院发展的趋势。湛若水所到之处必建书院以祀白沙，就是要“一举而辟异端，扶正学，以化训乎乡里，以风动乎天下，以垂诸来世，亦观风之首务也”[①]。湛若水宣扬白沙之学，发展甘泉之学，又进一步推动了广东学术走向全国。

刘伯骥曾将自宋至明的广东书院祭祀人物作一列表。宋代有周濂溪、程颐、程颢、张横渠、朱熹、胡铨、罗豫章、张宋卿、吴潜、王汝砺、古成之、苏轼、苏辙、刘元城、崔与之、李昴英、罗孟郊、张浚、寇准、文天祥、陆秀夫等，明代则有陈白沙、王阳明、沈继山、丘浚、湛甘泉、薛侃、霍文敏、方献夫、庞嵩、李材、黄佐、杨起元、何维柏、海瑞、区大伦等。[②]

从刘伯骥所列的祭祀系统表可见，明以前广东书院祭祀的先贤差不多全是外来精英，本土的祭祀对象只有张九龄、赵德、崔与之、李昴英、张宋卿、古成之少数几人，明代则有陈白沙、丘浚、湛甘泉、薛侃、霍韬、方献夫、黄佐、何维柏、海瑞、庞嵩、黄佐、杨起元、何维柏、区大伦等，广东本土的精英成为书院主要的祭祀对象。明代广东书院祭祀系统由外来精英主导转为了本土精英主导的格局，陈白沙则为这一转折的转折点。促成这一转折主要有这样两个条件：一是白沙心学、甘泉心学等广东地域儒学的成熟；二是书院建置的主体，由宋元年间的地方官员的政绩行为主导，转而为正、嘉年间的任职朝廷的粤地士大夫群体的学术自觉主导。

自此，广东书院才真正拥有了本土的学术大师，有了本土的书院祭祀系统和学术标向。这一转折表明，广东本土的学术大师成为广东书院创兴的学术与象征资源，广东书院的学术标向转向了本土化，广东书院发展进入到自主成熟的新阶段。

---

① 湛若水：《粤秀山白沙书院记》，孙通海点校：《陈献章集》附录四，北京：中华书局 1987 年，第 941 页。

② 刘伯骥：《广东书院制度沿革》．商务印书馆 1939 年，第 397 页。

三、陈献章从祀孔庙的标识意义

陈献章的学术成功，广东地域儒学的崛起，触动了广东士子地域文化归属之心。史称："白沙初应聘，至广洲，由城南至藩台，观者数千万人，图其貌者以百数十计。市井妇孺，皆称为陈道统"[①]；"（白沙）葬于圭峰之麓，辛向之原，远近会葬者几千人"[②]。因而在陈献章逝世后，广东士人启动了疏请陈献章从祀孔庙的议程。

首先提出这一动议的是王学弟子、潮州的薛侃。嘉靖九年（1530），薛侃上《正祀典以敦化理疏》，请以"象山、白沙从祀"，称陈献章"博而能约，不离人伦日用，而有鸢飞鱼跃之机，虽无著述，观其答人论学数书，已启圣学之扃钥矣"。薛侃强调："数十年来，四方学子于文字功利之外，而知有所谓学山林、兴恬退之风，仕宦励廉节之志，良由我宪宗纯皇帝征聘献章，特授馆职，故风动若此。"故"伏乞将献章赐谥从祀"[③]。薛侃的上疏标志着潮州士人对陈献章作为广东地域文化象征的认同。

当然，薛侃此时提出陆九渊和陈白沙入祀孔庙，是为王守仁入祀铺路。陆九渊作为宋代心学的大家，陈献章作为明代心学的开拓者，如果能入祀成功，也就为确定明代心学光大者王守仁的学术地位奠定了基础。由于陈献章鲜有著述，结果陆九渊这次成功入祀，而陈献章入祀失败。

隆庆元年（1567），户部给事中魏时亮，议请薛瑄、陈献章、王守仁入祀孔庙，但没有结果。此后，王守仁的弟子徐阶任首辅，又再提出从祀孔庙的议题。但由于徐阶、高拱等人的政治内斗，导致这次入祀孔庙的主张，只有薛瑄成功入祀孔庙，陈献章、王守仁因为朝廷斗争而没有能够获得入祀的资格。

虽然陈献章还没有入祀孔庙，但其学术地位与影响还是逐渐得到朝廷的认同。万历二年（1574），诏建白沙祠，特赐额联并祭文肖像。祠中

① 屈大均：《广东新语》卷九《白沙逸事》，北京：中华书局1985年，第277页。

② 张诩：《白沙先生行状》，孙通海点校：《陈献章集》附录二，北京：中华书局1987年，第873页。

③ 薛侃：《正祀典以敦化理疏》，陈椰编校：《薛侃集》，上海：上海古籍出版社2014年，第169页。

赐额曰：崇正堂。联曰："道传孔孟三千载，学绍程朱第一支。"朝廷命翰林院撰文以祭，曰："恭惟先生五岭秀灵，潜心理学。宗濂洛之主静，弄月吟风；接洙泗之心源，鸢飞鱼跃。孝友出处，诏在当时。懿范嘉言，垂于后世。洵一代醇修，足为儒林矜式者也。朝廷重道，致祭于祠。灵明不昧，庶其来歆。"①

陈献章第三次从祀的提议在万历十三年（1585）提出。当时憎恶讲学的张居正正好去世，御史詹仕讲、王学曾上言，再次提起王守仁、陈献章入庙从祀的议题。礼部以事关重大，请敕多官详议以闻。虽然争议依然很大，但由于压制讲学的张居正刚被追究，为王学鸣不平者很多，神宗也想树立政治新格局，陈献章、胡居仁、王守仁最终得以同时入祀。

据清人陈锦《文庙从祀位次考》，陈献章是有史以来从祀孔庙的岭南第一人，也是迄今为止唯一的岭南人，在孔庙中排在"从祀先儒"的西二十七位，位置仅次于明代首位从祀孔庙的先儒薛瑄。

陈献章的岭南儒宗的学术地位得到了朝廷的确认。白沙学派的兴起，对于广东地区的文化自觉与自信，具有重要的历史意义。

一般的岭南民众和士人都如此认同和维护作为地域文化象征的陈献章，以陈献章弟子为主体的士人更是通过精心建构神圣话语和设置书院祭祀系统，形塑陈献章的神圣魅力，构筑广东地域文教骎盛——海滨邹鲁——的新形象。其弟子张诩在《白沙先生行状》中为陈献章的成功与岭南地域文教兴起赋予了神圣化的解释。张诩在《白沙先生行状》中为陈献章的降世设置了一种"黄云紫水"般的云雾缭绕的神秘气氛，他甚至谎称陈献章"左脸有七黑子如北斗状"②（朱熹的脸上也相传有七黑子）。但这种明显的谎言还是在岭南士子中得到或无意或有意的认同，并载入史册。《广东新语》《明史·儒林列传》皆照《白沙先生行状》记载流传，成为历史记忆。张诩建构神圣话语，并非仅是他对先师的一己忠

---

① 《诏建白沙家祠特赐额联并祭文》，孙通海点校：《陈献章集》附录四，北京：中华书局1987年，第933页。

② 张诩：《白沙先生行状》，孙通海点校：《陈献章集》附录二，北京：中华书局1987年，第868页。

敬之心，而且是粤地士人对岭南人文兴起的神圣化解释的需要，是岭南士人的群体文化归属的心理需要。“黄云紫水”的天象暗示、陈献章岭表儒宗的人事相应，共同构筑了“百越为邹鲁”的天象人事之基。新会县学宫就有一对联云：“圣人门青天白日，新会学紫水黄云。”正反映了广东士人对神圣话语的群体心理认同。张诩在《白沙先生墓表》以陈献章来标志岭南成为“海滨邹鲁”，他说：“是故星临雪应，天道章矣；哲人降生，人事应矣。于焉继孔氏绝学以开万世道统之传，此岂人力也哉？若吾师白沙先生盖其人也。”①

随着陈献章入祀孔庙，后来的学者与士人也都以陈献章来标志“海滨邹鲁”。如高明区大相称：“濒海应邹鲁，东南挺人儒。”② 万历壬子（1612），何熊祥在《重刻白沙全集序》中赞：“先生之学与濂、洛、关、闽之学并著，而先生之集亦与周、程、张、朱之书不朽。”③ 天启元年（1621），两广巡按御史王安舜在《重刻白沙先生全集序》中称：“岭南之有江门，犹营道之溢江、关之南山、河之洛、匡庐之白鹿也。”④ 把陈献章兴起的岭南儒学与宋代兴起的濂、洛、关、闽地域儒学的地位与意义相提并论，把陈献章时代的学术突破与周敦颐、二程兴起中断千年的儒学道统的地位相比类。这种对“海滨邹鲁”的企盼，正是广东士子的地域文化心理需要。

陈献章独立门户自创心学，聚徒讲学形成一江门学派，意味着岭南地域儒学（岭学）的崛起。相对于濂、洛、关、闽等地域儒学而言，岭学的崛起更多地激发了粤地士人群体的地域文化认同。粤人（特别是白沙弟子）通过神圣化的描绘与解释，使得陈献章成为岭南地域文化兴起的象征人物。

---

① 张诩：《白沙先生墓表》，孙通海点校：《陈献章集》附录二，北京：中华书局 1987 年，第 882 页。

② 区大相：《谒白沙祠》，孙通海点校：《陈献章集》附录四，北京：中华书局 1987 年，第 961 页。

③ 何熊祥：《重刻白沙全集序》，孙通海点校：《陈献章集》附录三，北京：中华书局 1987 年，第 902 页。

④ 王安舜：《重刻白沙先生全集序》，孙通海点校：《陈献章集》附录三，北京：中华书局 1987 年，第 904 页。

第五章　明代广东的官学与科举

明代国家教育机制对地方教育的干预主要是通过官学与科举两条途径。为了更好地整合这二者的力量，明代规定："科举必由学校，而学校起家可不由科举"；"府、州、县学诸生入国学者，乃可得官，不入者不能得也"①。这就是说，唐宋元的"怀牒自列于州县"之举在明代被取消，科举出身与学校生员资格被捆绑在一起。要取得府、州、县学生员资格，必须先通过童试的考选。要取得乡试或入读国子监资格，必须是府、州、县学的优秀毕业生。这一做法不仅以行政手段解决了历代科举与学校的矛盾，而且对控制地方教育也十分有利。

明代广东的官学与科举就是在这一体制下进行运作。

第一节　广东地方官学的开办

与宋元时期相比，明代广东的地方官学制度化发展有着明显的进步。官学制度化的首要表现就是府、州、县学开办的普遍和常规。这固然是由于朝廷的办学政策所使然，但也与广东地方官员的积极努力是分不开的。从明代广东地方兴学情况看，地方官员的办学自觉性更为高涨。朝廷办学政令甫一下达，各地官员闻风而动，对宋元以来固有的官学立即进行了修复，新设州县的立学工作也大部分是在第一时间内进行。所以，

① 《明史》卷六十九《选举志一》。

终有明一代，广东所辖府州县共97个，除开平于明末建县，尚未设学外，其余96个府州县都设立了官学。以今广东省境内为限，明代广东有府学8所，州学5所，县学65所。

一、广东的府、州、县学

依据嘉靖年间《广东通志初稿》卷十六《学校》所载，并参照各地府志，将明代广东府、州、县学的开办情况列表（见表5-1），可以大致反映明代广东地方官学的概貌。

表5-1 明代广东府、州、县学创建一览表

府、州	府州县学	初次创建时间	维修、拓建的时间	备注
广州府	府学	洪武初	宣德、正统、景泰、天顺、成化、嘉靖	
	南海学	洪武初	宣德、正统、景泰、成化、嘉靖	
	番禺学	洪武三年	永乐、正统、成化、弘治、嘉靖	
	东莞学	洪武五年	正统、天顺、成化、正德、嘉靖	
	香山学	洪武三年	正统、正德	
	增城学	洪武三年	宣德、正统、正德	
	新会学	洪武三年	宣德、正统、天顺、嘉靖	
广州府	清远学	洪武三年	宣德、景泰、嘉靖	
	连州学	洪武十四年	正统、景泰、弘治、正德	洪武十四年复置连州
	阳山学	洪武十四年		
	连山学	洪武十四年		洪武十四年设县
	顺德学	景泰三年		景泰三年置县
	从化学	弘治七年		弘治二年置县
	龙门学	弘治九年		弘治六年设县
	新宁学	弘治十一年		弘治十一年置县
	三水学	嘉靖六年		嘉靖五年置县
	新安学	万历元年		万历元年置县

续上表

府、州	府州县学	初次创建时间	维修、拓建的时间	备注
韶州府	府学	洪武初	永乐、正统、天顺、成化、嘉靖	
	曲江学	天顺七年	弘治、正德	
	英德学	洪武七年	天顺、成化、弘治、嘉靖	
	翁源学	洪武元年	正统、天顺、弘治、嘉靖	
	乐昌学	洪武三年	永乐、正统、正德	
	乳源学	洪武元年	天顺、成化、正德、嘉靖	
	仁化学	洪武二年	永乐、成化、嘉靖	
南雄府	府学	洪武二年	成化、正德	
	保昌学	洪武三年	正统、成化、正德	
	始兴学	洪武初	正统、景泰、天顺、成化	
惠州府	府学	洪武八年	永乐、正统、景泰、成化、弘治、正德	
	归善学	洪武十三年	宣德、正统、景泰、成化、嘉靖	
	博罗学	洪武初	永乐、正统、天顺、弘治、正德、嘉靖	
	海丰学	洪武十三年	天顺、嘉靖	
	河源学	洪武二年	正统、天顺、成化、嘉靖	
	龙川学	洪武四年	成化、弘治、嘉靖	
	长乐学	洪武三年	宣德、正统、成化、弘治、正德	
	兴宁学	洪武四年	正统、大顺、弘治、正德	
	和平学	正德十六年	嘉靖	正德十六年置县
	长宁学	万历元年		隆庆三年置县
	永安学	万历十一年		隆庆三年置县
	连平州学	崇祯六年		崇祯六年置州

续上表

府、州	府州县学	初次创建时间	维修、拓建的时间	备注
潮州府	府学	洪武三年	永乐、正统、成化、弘治、嘉靖	
	海阳学	洪武二年	永乐、宣德、正统、天顺、成化、弘治	
	潮阳学	洪武初	宣德、正统、景泰、天顺、成化、弘治	
	揭阳学	洪武三年	永乐、宣德、正统、天顺、弘治	
	程乡学	洪武五年	正统、成化、弘治	
	饶平学	成化十四年		成化十二年置县
	大埔学	嘉靖六年		嘉靖四年置县
	惠来学	嘉靖四年		嘉靖四年置县
	平远学	嘉靖四十三年		嘉靖四十一年置县
	普宁学	嘉靖四十二年		嘉靖四十二年置县
	澄海学	万历五年		嘉靖四十二年置县
	镇平学	崇祯六年	崇祯十一年修	崇祯六年置县
肇庆府	府学	洪武二年	宣德、天顺、成化、弘治、正德、嘉靖	
	高要学	洪武初	永乐、宣德、正统、景泰、天顺、成化、弘治、正德、嘉靖	
	四会学	洪武初	永乐、景泰、成化、正德、嘉靖	
	新兴学	洪武三年	正统、天顺、成化、正德	洪武三年改县
	阳春学	洪武二年	永乐、正统、成化、正德、嘉靖	
	阳江学	洪武初	成化、正德、嘉靖	
	德庆州学	洪武元年	正统、景泰、成化、弘治	洪武九年由府改州
	泷水学	洪武二十二年		后该县废置
	封川学	洪武二年	永乐、成化、弘治、正德、嘉靖	
	开建学	洪武三年	宣德、成化	
	高明学	成化十二年	弘治、正德、嘉靖	成化十二年置县
	恩平学	成化十六年	正德、嘉靖	成化十六年置县
	广宁学	嘉靖三十九年		嘉靖三十九年置县

续上表

府、州	府州县学	初次创建时间	维修、拓建的时间	备注
高州府	府学	洪武二年	景泰、成化、正德	
	茂名学	洪武二十四年	成化、正德	
	电白学	洪武初	成化	
	信宜学	永乐四年	正统、天顺、成化、正德	
	化州学	洪武初	宣德、正统、天顺、成化、正德	
	吴川学	洪武十四年	成化	
	石城学	洪武三年	成化	
雷州府	府学	洪武三年	永乐、正统、成化、弘治、正德、嘉靖	
	海康学	洪武三年	永乐、正统、成化、弘治、正德、嘉靖	
	遂溪学	洪武三年	永乐、正统、成化、弘治、正德、嘉靖	
	徐闻学	洪武三年	永乐、正统、成化、弘治、正德、嘉靖	
罗定州	罗定州学	万历五年		万历五年置州
	东安学	万历六年		
	西宁学	万历六年		

资料来源：道光《广东通志》卷一三七至卷一四四，万历《广东通志》卷七，光绪《广州府志》卷六十六《建置略三》，乾隆《潮州府志》卷二十四《学校》，崇祯《惠州府志》卷一一《学校》，同治《韶州府志》卷一六《建置略》，道光《肇庆府志》卷六《建置》，光绪《高州府志》卷十三《经政一》，康熙《雷州府志》卷五《学校》。

另外，琼州府所辖1府学3州学11县学，廉州府所辖1府学1州学2县学，也都在明代得到很好的修复和发展。

同时，明代在地方还设置了武学。洪武二十年（1387），礼部请立武学，设武举而未果。迨正统六年（1441），始设两京武学。万历十年

(1582)，令天下府、州、县皆设武学，生员提举官一体考取。明代广东武学的设置，因具体史料缺乏，此处不予展示。

由于表 5－1 统计以嘉靖《广东通志初稿》为基础，故各官学修复时间大都以嘉靖朝为最后期限。嘉靖以后的史料大都未能体现。从以上情况看，明代广东地方官学的修复或重建，大部分是在洪武年间完成的，很多甚至就是在明太祖颁布兴学政令的第二年，即洪武三年着手进行的。28 个新置州、县的儒学也都是在最短的时间内予以创建，这说明广东地方官吏对朝廷兴学指令是闻风而动。嘉靖年间黄佐高兴地说：

> 兴学教民成俗，至我明可谓至隆矣。洪武初，诏求师儒必赐纱绢以敦遣，而又令之赴京师共论治道，以安生民。访得真才为用，辄行重赏，且立儒户。自广及琼，纾其徭役，俾颛脩缮学，官若辛亥进士新会梁临，其贯籍可考也。永乐中，高要、灵山设学陈请，诏曰：此国家制治首务，毋得视为迂缓不切。即日下有司创建如法，其重学校如此。渐被以迄于今，蕉林荔墟悉为礼乐诗书之地，厥有徭哉！①

二、地方官员的兴学之举

从各地方志的记载看，明代广东地方官学的发展，与地方官员的责任心是分不开的。有相当部分的地方官员，为政一方，以兴学重教为己任，积极筹措经费，精心组织和督促立学工程，为地方教育事业的发展创造条件。

这里较为典型的要数号为“三广公”的陶鲁。陶鲁并非科举出身，他是广西郁林人，由父荫出任新会县丞，升知县，升府同知，升按察佥事，升副使，升按察使，官至湖广左布政使兼广东按察副使，辖治广西寇贼，由此获“三广公”称号。他长期在粤西、广西一带领导平乱，在平乱的过程中十分重视教化。他的一个基本理念是：“除寇贼，化之为先，杀之不得已也。故古贤之除剧贼也，先除戎器以戒不虞，后定比闾

① （嘉靖）《广东通志》卷三七《礼乐志二》。

族党以正民心，乃修庠序学校以崇民化。古贤之以安奠天下也，凡以格民也。”故其平定阳江县，即修阳江县学；平定恩平县，即修恩平县学；徙电白县，即建电白县学。他说：“吾以广化也。”①

对陶鲁的兴学举措，广东绅民予以了高度赞赏。陈献章有专文记载恩平县学的建设。成化丙申（1476），陶鲁时任按察副使，筹划恩平县的置县工作，将学校建设与官署建设同步举行。当时割阳江、新会、新兴各一千户，以恩平堡之地为基础，“城之中为治戎之所，东则县治，西则学宫。既成，诸子远近云集，学舍不能容。诵弦之声盈耳，过者叹曰：美哉，洋洋乎！昔为盗贼之垒，今为诗书之所，谁之力欤”②。

电白县学的建设也有陈献章的碑文记录。当时寇贼未殄，电白县学仅是草屋一间，陶鲁“每一过之，未尝不瞻顾徘徊，以学校之兴废为己责，而叹其力之未遑也”。越二年，一旦局势稳定，陶鲁立即向上报告，建议电白县城的重建应“首创学宫，次及诸役”，获批准。学宫于成化十五年（1479）三月动工，第二年八月竣工，“宫宇峩兀，门观轩敞，神像清严，器用具足，缭之以宫墙，饰之以丹漆，诚壮诚丽，遂为一郡学校之冠”③。

像陶鲁这样关注学校修复的地方官员还有很多。洪武元年（1368），征南将军廖永忠对广州府学的破败十分感慨，“顾而叹曰：学为教养之宫，此而弗理，何以宣化正德”。于是命中书掾高希贤依故址重修庙学，建先贤祠，辟射圃。④ 又如乳源县地处山区，原建学校礼殿卑陋，房梁毁坠，正德庚午（1510），知县李溥来“谒奠之余，蹙然不安。时瑶民倡乱，王师征剿，奏凯之余，侯下令曰：干戈定矣，尔壮者力农，少者力

① 霍韬：《三广公传》，屈大均辑，陈广恩校：《广东文选》卷十四，广州：广东人民出版社2008年，第672页。

② 陈献章：《恩平县儒学记》，孙通海点校：《陈献章集》卷一，北京：中华书局1987年，第37页。

③ 陈献章：《新迁电白县儒学记》，孙通海点校：《陈献章集》卷一，北京：中华书局1987年，第38～39页。

④ （嘉靖）《广州府志》卷二六《学校上》。

学，维其时”，于是组织人力修葺学校。[①] 再如开建县学位于城东偏狭之地，卑隘陋剥，士气不振，嘉靖三十八年（1559），知县陈廷举谒而叹曰：“是何足以时游息而起瞻向也，今日之政尚有急于此事耶?”即慨然以改建学校为己任。于是发动僚属、乡士大夫，终于在城外觅得一块胜地，组织起改建县学的工程。[②]

由于年岁久远，风雨侵蚀，也由于学校规制处于不断翻新之中，古代学校需要经常予以维修和拓建。因此终至明末，地方官学的修建工程往往就是一场接力赛，从中也能展现明代广东官员对兴学的责任心。这里仅举明代海丰县学的修建历程为例：

海丰县学于洪武十三年（1380）知县邓源重建，二十七年（1394）知县李严、正统六年（1441）知县林渭、十二年（1447）教谕郑珵、典史陈寿咸修之。天顺六年（1462）知县胡广修棂星门，成化己亥（1479）县丞陈日光重修。嘉靖壬午（1522）教谕周鼎、训导徐淹、宋秩改建文庙于东，徙明伦堂于西，凿泮池，建礼门。庚寅（1530）知县陈一善奉制建敬一亭，甲寅（1554）知县张济时修明伦堂，辟礼门，易柱以石建东斋。万历壬寅（1602）知县叶维荣、教谕林中梧建尊经阁于文庙后，改启圣祠于文庙东。乙卯（1615）教谕袁温改敬一亭于明伦之东北。嗣后修葺不一。今制，学东为先师庙五间，东西庑五间，戟门五间，棂星门三间；庙后为尊经阁，阁上祀文昌，阁下为教谕宅，阁东为训导宅；庙东为启圣祠，西为明伦堂、进德斋；西修业斋，东为明宦祠，西为乡贤祠，东北为敬一亭，前为宰牲所，堂下为泮池，次为礼门、射圃。[③]

从这一个例子，我们大概能初步了解古代官学的修缮情况。可以这么说，古代地方学校的颓败应该是个常态。不断地修缮，不断地拓建，不断地完善，这就成为史官笔下古代地方学校发展的基本模式。地方官员的教育业绩也就因为学校的拓建及修缮而名垂史册。

---

① （同治）《韶州府志》卷一六《建置略二》。

② （道光）《肇庆府志》卷六《建置二》。

③ （崇祯）《惠州府志》卷一一《学校》。

当然，这里又凸显一个问题，那就是修建经费的短缺。特别是在偏远贫困山区，经费不足成为学校难以维修的关键。于是，在偏远贫困州、县，我们也能看到有不少的地方官员慷慨解囊，主动捐资助学，并积极动员僚属及民众踊跃捐资，促成学校的修复。

据彭百链记载，永乐丁酉年（1417），雷州府学的明伦堂为暴雨所摧毁，很长时间都未能修葺。府学教授言于监察御史，“会监察御史周公叔达按临至府，谒见先圣礼毕，俯仰顾瞻，无以进诸生，乃语官属曰：文武之材胥由于学校，倾毁芜陋，非所以称朝廷教学之意。已而，雷卫指挥拓荣与知府事常士昌及其僚属各出私钱以为资”，府学修葺工程始于永乐辛丑（1421）冬十月，竣工于次年夏四月。①

据翰林侍读学士林文记载，成化年间，莆田人林永龄典翁源，“谒学庙而对属僚曰：是庙学自重建迄今岁滋久，圮坏日加，矧当时所建，盖苟完而未备，其增修实吾辈责也。遂谋诸知县陶鼎捐己俸，倡富而嗜义者助之。于是凡昔所未备者今皆备之”②。

据程文德记载，程文德于嘉靖十二年（1533）贬谪信宜县，拜谒学宫，见学宫门庑废圮，生徒无住所，叹曰：人文不振，固宜然矣！于是勘定新址，筹集经费，“暨学诸士咸请捐助而予倡焉，遂得百金，兼鬻故学地，称是材取于山甓市，陶工取于戍卒，不数月而庙庑堂斋焕然一新”③。

据博罗县学教谕徐璟所记，嘉靖十八年（1539），博罗县学为飓风所摧，庑、斋、堂以至门号皆摧毁殆尽。“辛丑（1541）冬，段侯来知邑，事谒庙泽堂，愀然不乐，乃亟为图，捐资若干金。檄耆民张必贵董其役，补蔽救坏，完旧益新。役始于二十一年（1542）仲冬，落成于次年季春。”④

明万历年间，肇庆府学与高要县学被洪水冲毁，“垣倾宇颓，博士无

① 彭百链：《雷州府学记》，（康熙）《雷州府志》卷五《学校志》。

② 林文：《翁源县儒学记》，（同治）《韶州府志》卷一七《建置略三》。

③ 程文德：《信宜县儒学记》，（光绪）《高州府志》卷十三《经政一》。

④ 徐璟：《博罗县儒学修学记》，（崇祯）《惠州府志》卷一一《学校》。

所止，而诸生失其依”。太守郑一麟立即拨出公费，并个人捐资，组织力量在六十天修复。“盖仅六十余日，而博士有所止，诸生有所依。公劝课犹故，若未尝被于水者”。更为令人感动的是，“工成于六十日，人以为速，公谓吾子弟亦废学六旬矣”①。

恩平县学之尊经阁日久圮坏，教谕车君谋之县令蔡侯，蔡侯当即拍板修建。于是有地主愿以其地献，诸生也群而趋之，“为费一百三十余两，率取之劝募，蔡侯、车君捐俸助之”②。

据刘子兴所记载，他历数司牧潮州府的官员，都以养士储才为先务，为潮州府学、海阳县学的学田努力捐资。如万历丁丑年（1577），海洋分巡道夏道南“乃捐赎金三百两为养士之需”；慈溪人孙光祖兼摄巡道事，也“复捐赎金百两，檄县官赎出开元寺田七百一十三亩，以赡两庠诸生；又核阳明先生祠租九十二石，并归于郡庠，以资享礼。由是阳明先生庙食于潮郡，祀事无废缺矣，诸生之课文厨馔无匮乏矣，诸生之寒素者，庶几无冻馁矣”③。

仅举数例，我们大致能够窥见明代广东部分地方官员重教兴学之政绩，特别是捐俸倡修、督课劝学的行为甚为可叹。

三、地方官学的办学经费

地方官学普遍设置，其办学经费从何而来？要让广大的教师、生员能够安心教学，解除其后顾之忧当是基本前提。对这一点，明太祖朱元璋倒是有过较为深入的考虑。洪武初年颁布兴学诏令时，就已经明确了地方官学师生的生活费问题，至十五年（1382）朝廷又有了进一步调整。《续文献通考》中说：“洪武十五年四月，赐学粮，增师生廪膳。”“初制，师生月廪食米，人六斗，有司给以鱼肉，学官月俸有差。至是命凡府、州、县租

---

① 杨起元：《肇庆府重修两学记》，谭棣华等编：《广东碑刻集》，广州：广东高等教育出版社 2001 年，第 639 ~ 640 页。

② 庞一德：《尊敬阁记》，屈大均辑，陈广恩校：《广东文选》卷十三，广州：广东人民出版社 2008 年，第 623 页。

③ 刘子兴：《潮州府海阳县两学田租记》，（光绪）《海阳县志》卷三十一《金石略二》。

入官者，悉归于学，俾供祭祀及师生廪膳。仍定为三等，府学一千石，州学八百石，县学六百石，应天府学一千六百石。各设吏一人，以司出纳，学生月给廪膳米一石。”

但在实际操作中，以廪米赋予师生，终归有诸多不便，以后便逐渐将廪米折算成银两。据万历《广东通志》中各府志的《赋役志》所载，各府、州、县学的仓米银，广州府学四百二十三两二钱六分，所属各州、县学共二千七百八十两九钱八分五厘九毫有奇；雷州府学四百七十八两八钱，所属各县学共三百三十两八钱五分；高州府学三百三十五两四钱，所属各州、县学共一千一十一两；肇庆府学三百五十五两八钱，所属各县学共一千六百五十五两七钱五分八厘三毫；潮州府学三百八十一两零一分四厘，所属各县学共一千九百一十八两二分六厘；惠州府学三百八十一两零二分四厘，所属各县学共一千八百三十二两四钱九分；南雄府学二百五十六两三钱五分，所属各县学共二百八十八两四钱一分三厘；韶州府学三百四十四两二钱五分，所属各县学共一千零三十二两四钱五分；罗定州学一百六十一两四钱，所属西宁县学一百二两三钱五分六厘，东安县学的仓米银史料无载。

这笔开支能否真正落实到各府州县，关键靠官学的学田。“学田专供修学及赡养贫士，其田与赋即在州县田赋之中，惟佃耕收租以待学政。檄发间，有山塘、围屋，统名曰田；所收有银有钱有粮，统名曰租。田之多寡，租之轻重，各学不齐”①。

学田的来源主要由官府调拨。从明代地方志看，记载学田的材料很少，仅根据嘉靖《广东通志》，韶州府知府唐升于嘉靖六年（1527）为府学置学田；嘉靖二十五年（1546）知府陈大伦为仁化县学增学田二十亩有奇；潮州府饶平县学有学塘二，学铺二六；惠来县学于嘉靖三十三年（1554）创学塘；肇庆府四会县知县罗愈于嘉靖十六年（1537）定四会县学的学田租银；高州府化州儒学的学田计一十一顷八十五亩四分，吴川县学有学田七顷八亩，嘉靖二十七年（1548）石城知县为石城县学置学

---

① （光绪）《惠州府志》卷九《经政一》。

田三十三亩。[①] 另有资料说，高州府知府张邦伊于万历十九年（1591）为高州府学置学田一，所在大坑大茶等处，岁入租银二十二两，以济贫生。[②]

但实际情况是，官学的学田收入很不稳定，特别是在贫困地区或遇到饥荒灾年，田租根本无法保障，学校经费便入不敷出。于是有些地方官员，包括民间人士为学校购买学田，以解决办学经费问题。康熙《雷州府志》中记载了几则地方官员在万历年间捐俸为学校置买学田的事例，例如海康知县沈汝梁在万历十年（1582）捐资为海康县学及雷州府学购置学田，万历三十五年（1607），廉州府推官邵兼捐银七十两，三十八年（1610）儒官莫天然捐银百两为府学和县学置买学田，另有府学和县学的训导、教授为学校置买商铺以收租银，等等。对此，尚书王弘诲有撰文说：沈公“虑诸士之有志者，率为贫窭所累，或艰于自供，或滞于婚丧而莫之助也，乃捐俸金一百两置买学田亩，以处邑庠之子弟矣。复捐俸七十金置买附廓田七顷归之府学，岁储租利，择其艰且滞者咸时给之”。又有教授余元岳撰文曰：莫天然“少游郡庠，晚归田里，富而好行其德，遂捐金一百两置学田，岁收租入官，以资诸生科举费。余初来职，会闻其事，心甚义之”[③]。

第二节　广东地方官学的教学管理

教学管理是地方官学贯彻朝廷文教政策的核心环节，所以明廷对此采取了一竿子插到底的做法。它通过提学官对地方官学教官及学生的督察，以及岁试、科试、贡监制等措施，督促各地方官学的教学遵循着朝廷文教政策的方向。广东当然也不例外。

---

① （嘉靖）《广东通志》卷三十六、三十七《学校》。

② （光绪）《高州府志》卷一三《经政一》。

③ （康熙）《雷州府志》卷五《学校》。

一、提学官的职责

明代管理一省教育的官员为提学官。明前期，地方官学的管理由府、州、县正官负责，巡按御史及按察司官也负有监督学校之责。但由于职责不专门，带来了地方教育的松弛。正统元年（1436），朝廷议准在布政使司下设立儒学提举司，专门管理地方学校，于两畿及十三布政司各置提督学校官一名。南北直隶由御史担任，十三布政司由按察司副使或佥事担任，人选由朝廷直接任命。由于明代省级不设学官，提学官便属一省教育管理之首脑，提督全省学政。所谓提督，即行监督之职。提学官职掌行事，奉敕专督学校，以防止地方人员奔趋抚、按二官，干扰荐举。各抚、按二司官，亦不许干涉提学官职掌行事。也就是说，提学官的职责是代表朝廷巡视所辖区域的地方官学，考核教官和生员，督促其学业，决定其进退，将选才与育才的大权集中于皇帝手中，以防止地方官员受贿枉法，任人唯亲。所以，提学官的设立，实际上是剥夺了自汉唐以来地方官府对教育的管理权，进一步强化了国家教育的宏观调控机能。

明代广东设提学副使一名。由于地广路遥，提学副使难以顾及偏远之地，正德十年（1515），朝廷决定琼州府的学政由海南道副使兼管。提学副使三年一任，其任务主要有三项：主持童生的入学考试，主持地方官学生员的岁、科两试，担任乡试的“外帘官”之一。提学副使到各府主持考试，称为“按临”。在按临的过程中，对地方教官进行考核。“提学之职，专督学校，不理刑名。所受词讼，重者送按察司，轻者发有司，直隶则转送巡按御史。督、抚、巡按及布、按二司，亦不许侵提学职事也。”①

广东提学使公署为提学道，在按察司东，即宋代漕运司西湖故址。旧为濂溪祠，湖上建有爱莲亭。正统二年（1437），提学副使林廷玉增辟为崇正书院。嘉靖元年（1522），提学副使魏校迁祠于粤秀山下。三年（1524），提学副使欧阳铎始移塞门，增筑照壁于其南，改书院，坊牌匾

① 《明史》卷六十九《选举志一》。

曰：一方表率。[1]

明代广东首任提学副使是彭琉。他原为翰林院编修，后任按察司佥事，被朝廷任命为提学副使巡视广东学政。同时被任命为山东提学副使的薛瑄有送彭琉赴任广东提学之诗："儒官新出禁林中，手捧天书按广东。岭表只今瞻使节，岛夷从此变华风。霜随白笔蛮烟静，马过青山瘴雨空。万里天威应咫尺，五云回首凤楼重。"[2]

魏校是明代广东提学副使中较为突出的一个。屈大均谓其"甫至任，不事考校文艺，辄行黜陟。尝使陈激衷、林克忠二人教诸生静坐，务见仁体。每晨入见，稽所得而开导之。大毁寺观淫祠，以为书院社学，使诸生三时分肄业、歌诗、习礼、演乐。禁止火葬，令僧尼还俗，巫觋勿祠鬼，男子皆编为渡夫。一时风俗丕变，其崇正辟邪之功，前此所未有也"[3]。

欧阳铎，字崇道，泰和人，正德戊辰进士。"寻改提学，承魏校之后，至则明礼教，崇行义，劝督有程，课试有常，谓养才如种木，株而植之，未必株而成之。子弟稍颖资，辄收之。学士文义疏拙，不即黜，屡试靡进，乃黜；即侻荡无行，亦不亟黜，累教不悛，乃黜。居二年，文体士习丕变，然未尝大声色，第潜移默动，有出于劝督之外者。"[4]

其他如江潮，字宗之，贵溪人，弘治中进士。历官广东提学副使，"以道自重，以礼授徒，蔚有知人之鉴"[5]。王世芳，苏州人，正德中进士。嘉靖九年任广东提学副使，"学问渊源，鉴识宏朗"[6]。

但也有对提学使工作提出非议之见。正统十年（1445），广东左参政杨信民上言："自设提调学校官以来，监临上司嫌于侵职，巡历所至，置

---

①② （嘉靖）《广东通志》卷二十八《政事志一》。

③ 屈大均：《广东新语》卷九《事语》，北京：中华书局 1985 年，第 286 页。

④ 郭棐：《粤大记》卷九《宦迹类·欧阳铎》，广州：广东人民出版社 2014 年，第 244～245 页。

⑤ 郭棐：《粤大记》卷九《宦迹类·江潮》，广州：广东人民出版社 2014 年，第 245 页。

⑥ 郭棐：《粤大记》卷九《宦迹类·王世芳》，广州：广东人民出版社 2014 年，第 245 页。

之不问。如广东诸处，阻山隔海，提学者不过岁一至耳。虽曰专职，徒为文具。请罢之便。”此一提议交礼部议论，礼部意见：各地岁、科试，自立提督考校，府、州、县提调正官每月朔望，应照例诣学考其勤惰。今乃彼此推调，略不加意，是非设官之过，实由旷职之弊。[①] 朝廷在这里强调，提学副使的职责主要是岁、科二试，地方正官还是应承担起教化一方的责任。

二、地方官学的教官管理

明朝政府规定，府学设教授一名，训导四名；州学设学正一名，训导三名；县学设教谕一名，训导二名。教授、学正、教谕分别是府、州、县学的主要负责人，并承担经史课程的教学，训导则是辅佐教官进行各科教学的教师。其官品，府学教授为从九品，其他学正、教谕、训导等都属于未入流。

除了教官之外，地方官学还配备有若干差役。比如斋夫、膳夫等。据嘉靖《广东通志初稿》所载：“各府州县儒学共六百五十三役。原编，斋夫每役银十二两，膳夫每役银十两，内广州府与南海、番禺、顺德、新会、三水六学膳夫每役原编二十两，今议减十两，俱照各学每役编银十两，斋夫照旧，每役编银十二两。凡府学膳夫四役，州学三役，县学二役。凡学官三员者，编六役，二员编四役，各学仿此。”[②] 此外还有儒学库子、儒学圣殿门子、儒学斗级等名目的差役，广东规定这一类差役，府学才有正式编制，各州县儒学则需“自编”。

新设置州、县的学校教官、生员则可能不能一次性补齐。例如万历五年（1577）新设置罗定州，下设东安、西宁二县。万历六年（1578）七月，设置东安、西宁二县学，朝廷决定：二县学先选教谕一员，俟人文渐盛，以次添设。其考取入学，准于新例外，初次量取一倍，以后照例考入。增廪名缺，俟作养有进，以次考补，不必取盈其数，亦不必以

---

① 《明英宗实录》卷一二八，台北：“中央研究院历史语言研究所”校印1962年，第2552～2553页。

② （嘉靖）《广东通志初稿》卷三十五《差役》。

他县拨补，致启幸窦。[1] 一直到万历十九年（1591），朝廷认为东安、西宁二县学文物渐盛，可适当增补廪生，于是决定将从化、新兴二学训导各裁革一员，移入东安、西宁二学。[2]

由于地方官学关系着国家统治人才的培养，于是各级教官的德才素质受到官府的高度重视，“司教之官，必选耆宿”[3]，成为朝廷对教官选用的基本要求。明代广东人担任教官优秀者，屈大均认为有六人。一是琼州府的海瑞，曾在陕西延平府南平县学任教谕，“以朱子白鹿洞五规乡愿忠信廉洁之。以孔子刚者之辩，孟子不见诸侯之守，日与诸生讲明。相见拜揖之外，不许将一物为贽”。另外还有杨守道，任金乡县学教谕，“以所余俸，置学田三百五十亩，以赡诸生”。博罗人翟宗鲁，任宣平县学教谕，“以典试四川所得聘金，建文明书院”。朱仕夔，为南宁府教授，“以苏湖科条以饬之”。林光，任平湖县学教谕，“以道为任，常上敦风化养廉耻一疏，其言恳切，勉学者穷源探本”。陈思贤，任福建漳州府学教授，临难有大节。[4] 可见，屈大均对教官素质所看重者，乃在学术水平与操守。

然朝廷对教官的考核，却重在与学生的科举成绩挂钩。洪武年间，朝廷专门制定有教官的考满制度。“太祖时，教官考满，兼覆其岁贡生员之数。后以岁贡为学校常例。二十六年，定学官考课法，专以科举为殿最。九年任满，核其中式举人，府九人，州六人，县三人者为最。其教官又考通经，即与升迁。举人少者为平等，即考通经亦不迁。举人至少及全无者为殿，又考不通经，则黜降”[5]。也就是说，教官考核以9年为一任，分为“称职”“平常”“不称职”三个等级。先是以岁贡生员之数为则，后定为“专以科举为殿最”，即在九年任期内，县学教谕所教生员

---

① 《明神宗实录》卷七十八，台北：“中央研究院历史语言研究所”校印1962年，第1681页。

② 《明神宗实录》卷二三六，台北：“中央研究院历史语言研究所”校印1962年，第4383页。

③⑤ 《明史》卷六十九《选举志一》。

④ 屈大均：《广东新语》卷九《事语》，北京：中华书局1985年，第286~287页。

能有3人考中举人，州学学正所教生员能有6人考中举人，府学教授所教生员能有9人考中举人，加之有“通经”的好成绩，便为称职。考绩后的处置按“称职者升，平常者复职，不称职者降”[①] 的原则办理。

明代地方学校教官的来源，主要是举人和贡生两大部分。但举人在会试落第后可以进国子监读书，致使举人多不愿在地方就教职。况且，国子监毕业后尚可在政府部门混上一官半职，这不论从品位、待遇还是从前途来看都远比地方教官强得多。“正统中，天下教官多缺，而举人厌其卑冷，多不愿就。十三年，御史万节请敕礼部多取副榜，以就教职。部臣以举人愿依亲入监者十之七，愿就教职者仅十之三，但宜各随所欲，却其请不行。”[②] 从中可见明朝廷在这一问题上的无能为力，地方教官的质量下降也就不可避免。成化十三年（1477），御史胡鳞上疏：“天下教官率多岁贡，言行文章不足为人师范，请多取举人选用，而罢贡生勿选。”礼部无奈，只好采取折中办法，决定地方教官照旧从贡生中选拔，又规定举人教官允许再次会试。虽然“自后就教者亦渐多矣”[③]，但可以看出，这种办法并不能根本解决地方学校教官缺员和质量低下的矛盾。这种状况在广东就有表现。戴璟在《广东通志初稿》中写道：“顷者巡历雷、廉等郡，则见士无奋志，人鲜雄材，甚至问杜杖伏猎而不知者，盖郡县多衰鄙。充师儒之官模不模范不范，使之然也。”[④] 戴璟的意思，雷州府、廉州府地区的人才稀少，士无奋志，与教官素质低下有直接关系。

崇祯年间，杨载鸣为《惠州府志》作《学校志》，对当时官学低迷的状况也很有感触，他说：“今学校之废久矣，其失有三。”第一个原因，他认为是“有司失其职也”。他看到自民间社会的党正、州长至于乡遂大夫，皆兼教治政令，甚至是长吏执掌大务，地方提调官反倒推卸教育责任，导致“终岁未闻登堂讲课，学宫颓垣，灌莽不一顾，甚者既廪不续矣，何暇论绳墨之外”。第二个原因，他认为是“学职之得人难也”。他

---

① 《明史》卷七十一《选举志三》。

②③ 《明史》卷六十九《选举志一》，第1680页。

④ （嘉靖）《广东通志初稿》卷十六《学校》。

看到地方官学的教官品级低下，极少有能够“秉道自尊立，有所化道兴起”者，而提学官也不能在这方面有效激发教官的积极性。第三个原因，他认为是“士之自待者浅也”。他看到所谓为士者流于世俗，见利而不见义。作者强调：“三者岂一方之患哉!”他希望通过作惠州学校志，能够起到“移风易俗，使道德同人才出，任治教者责也，而寔自士之身始”[①]的警醒作用。

三、地方官学的学生管理

明代地方官学的生员有名分的不同，也有数额的规定。“生员虽定数于国初，未几即命增广，不拘额数。宣德中，定增广之额：在京府学六十人，在外府学四十人，州、县以次减十。”就是说，京外各省的官学数额，府学四十，州学三十，县学二十。后来由于学生数额有增广，这些增广生与原定廪膳生在身份上便有了不同。“增广既多，于是初设食廪者谓之廪膳生员，增广者谓之增广生员。及其既久，人才愈多，又于额外增取，附于诸生之末，谓之附学生员。凡初入学者，止谓之附学，而廪膳、增广，以岁、科两试等第高者补充之。”[②] 学生既有廪膳生、增广生、附生之分，地方官学的学生管理就因此而展开。

1. 地方官学的入学考试

地方官学的入学考试称为童试，亦称童子试，是明代科举考试的第一级。考中即为生员，得入府、州、县学学习。

童试分为三级：县试、府（州）试、院试。县试由知县主考，府（州）试由知府（知州）主考，院试则由提学官主考。明代县试、府试、院试均只考一场。

报名参加童试的考生须在本县依“籍”报考，报名时需填写姓名、年龄、籍贯及父母、祖父母、曾祖父母三代履历，并需觅本县在学的廪膳生员保结，以证明其无冒籍、匿丧、顶替、假捏姓名，以及身家清白，非娼、优、皂、隶、奴仆及其子孙。县试过关后参加府试。府试报名与县试基本相同，只是保结之人需从全府、县学廪膳生员中由官府增派一

---

① （崇祯）《惠州府志》卷一一《学校》。

② 《明史》卷六十九《选举志一》。

人，对作保之人详加考察，以防原保从中作弊。府试录取者称作童生，童生通过由提学副使主持的院试方可成为生员。《明史》中说："生员入学，初由巡按御史，布、按两司及府、州、县官。正统元年始特置提学官，专使提督学政，南北直隶俱御史，各省参用副使、佥事。"① 提学副使录取生员数额大致按照各府、县学额进之数依成绩评定。万历三年(1575) 对录取数额有个较为明确的规定，即大府不过 20 人，大州县不过 15 人，如地方人才稀少，则四五名也不为少。当然，这不包括对附学生人数的限定。

生员亦即秀才。虽然其属于最低一级的科名，但在明代社会还是享有较好的待遇。顾炎武说："生员犹曰官员，有定额，谓之员。"② 自太祖时期始，朝廷就确定了官学生员享有免去丁粮、官役和差徭的优惠照顾政策。洪武初规定："给生员廪膳，并免其家差徭二丁。"③ 这种待遇，实际上已相当于吃皇粮。

此外，生员还可以参与府、州、县的事务，在地方上已成为可以影响地方社会的一种政治势力。海瑞，广东番禺人，世居琼山，他曾经回忆嘉靖初年在家乡时的感受："吾少时邻居，见闾阎父老，阛阓小民，同席聚饮，恣其笑谈，见一秀才至则敛容息口，惟秀才之容止是观，惟秀才之言语是听。秀才行于市，两巷人无不注目视之，曰此某斋长也。人情之重士如此，岂畏其威力哉？以为彼读书知礼之人，我辈村粗鄙俗为其所笑耳。"④

当然，明代给予生员如此优惠待遇，也不能由其为所欲为，关键看其学习如何。据顾炎武说："（洪武）二十七年庚辰，诏生员食廪十年，

---

① 《明史》卷六十九《选举志一》。

② 顾炎武：《日知录》卷十七《生员额数》，严文儒、戴扬本校点，上海：上海古籍出版社 2012 年，第 659 页。

③ 《明会典》卷七十六《礼部三十五 · 学校一》，《景印文渊阁四库全书》第 617 册，上海：上海古籍出版社 1987 年。

④ 海瑞：《规士文》，高时良：《明代教育论著选》，北京：人民教育出版社 1990 年，第 474 页。

学无成效者，罚为吏。”① 如果学无成效，不仅要罚为吏，削为民，还要追回廪米。宣德、成化、正统年间，朝廷都颁布了处罚学无成效生员的指令。正统年间，朝廷设提调学校官，其条例规定：“生员食廪六年以上不谙文理者，悉发充吏。增广生入学六年以上不谙文理者，罢黜为民当差。”② 地方志中也有对黜罚法的记载：凡生员食廪7年以上，学无成效者，发充吏。6年以下追还所给廪米，黜为民。如是增广生，则黜为民。又廪膳生受赃、奸、盗、冒籍及诸所犯事理重者，直隶发国子监膳夫，各省充附近儒学膳夫、斋夫。期满各为民，俱追廪米。犯轻充吏者免追。面对这样的处罚规定，生员对其在校的作为肯定要仔细掂量一下了。

2. 地方官学的教学管理规程

明代对生员在学校的学习有着明确的规定。首先是在思想上，朝廷颁布的“卧碑文”是不可违背的学规禁例。卧碑文于洪武年间颁布，因将其镌刻于卧碑而置于明伦堂，故而得名。卧碑文订有八条，令全国师生务必谨遵，“不遵者以违制论”。现将其主要内容转录如下：

> 第一，府、州、县生员，有大事干己者，许父母兄弟陈诉，非大事毋亲至公门；第二，生员父母欲行非为，必再三恳告，不陷父母于危亡；第三，一切军民利病，工农商贸皆可言之，惟生员不可建言；第四，生员才学优赡，年及三十愿出仕者，提调正官奏闻考试录用；第五，生员听师讲说，毋恃己长，妄行辨难，或置之不问；第六，师生当竭诚训导愚蒙，毋致懈惰；第七，提调正官务常加考校，敦厚勤敏者进之，懈怠顽诈者斥之；第八，在野贤人有练达治体敷陈王道者，许所在有司给引赴京陈奏，不许在家实封入递。③

其次，在教学管理上，明代地方官学也有一套比较完备的制度。由

---

① 顾炎武：《日知录》卷十七《生员额数》，严文儒、戴扬本校点，上海：上海古籍出版社 2012 年，第 660 页。

② 顾炎武：《日知录》卷十七《生员额数》，严文儒、戴扬本校点，上海：上海古籍出版社 2012 年，第 661 页。

③ 王圻：《续文献通考》卷六十《学校考·郡国乡学》。

于地方官学的任务主要是为乡试和出贡提供后备军，所以明代地方学校的教学很注重为科举考试做准备。地方官学的教学内容，以五经六科教授学生。洪武二年（1369），“诏天下府州县立学校，学者专治一经，以礼、乐、射、御、书、数，设科分教”[①]。以后有所调整，重点以礼、射、书、数四科为教。关于礼的课程，有经、史、律、诰、礼仪等，其中包括《明律》《大诰》，要求生员熟读精通，以备科举考试之用。关于射的课程，规定每月朔、望习射法。关于书的课程，要求生员依临名人法帖，每日习五百字。关于数的课程，要求务须精通《九章》之法。这些内容虽然较之国子监有所浅易，但按“务求实才”的要求看，还是注重了基本知识和基本技能的培养。

为更好地考察诸生的学习表现，明代地方官学有立三等簿的做法。所谓三等簿，即将生员的表现分三等立簿记册，以待地方官和提学官检查。凡生员德行优秀、文章艺业富赡并善于治事者，列上等簿；有德行而劣于经艺，或有经艺而短于治事者，列二等簿；经义、治事虽优长，但德行有缺者，列三等簿。非列于上等簿者，不得参加科举和岁贡。此规定在执行过程中稍有调整，但基本精神大致如是。[②]

地方官学也有月考、季考等规制，由地方学校教官主持。考试必需成本，且需分别优劣，应有适当鼓励，故嘉靖初年广东对官学季考的奖励额度做了具体规定：

> 看得府州县学生员多寡不同，合用考卷、笔墨、茶饼、花红等项，惠潮二府开报提学岁考一次，府学十两，县学有十两或八两，本府县季考一次银三两。高州府开报各县岁考定银三两，季考二两，或一县每年派银八两、二两不等。今量定为一例，如生员数有百名只赏五十名，以示激励。五十名将五名为上等，应纸五刀，笔二十支，墨十锭；外四十五名大约每名纸半刀，共二十二刀半，笔九十支，墨四十五锭，每纸一刀银一钱，笔一支银二厘五毫，墨一块银六厘。外茶饼银二钱，卷一

---

①② 《明会典》卷七十六《礼部三十五·学规》，《景印文渊阁四库全书》第617册，上海：上海古籍出版社1987年。

百份计银一两，通共银四两五钱五分五厘。如一百二十名者赏六十名，以六名为上等，一百四十名赏七十名，以七名为上等，其余俱照此递加递减。每年四季提调官照前章赏一次，余三季悬赏笔墨，递加递减，不许蔑视。学校废弛，提调亦勿浪费民财，曲徇人情，若非提调正官或不系亲自考校，即将前项银收贮，不许一概滥赏，各照后开汲数施行。[1]

戴璟这一规定的意图，一在规范教学开支，二在提供教学经费保障。但这一规定落实如何，未见其他地方志有记载。想必是身为广东巡按的戴璟希望能从经费方面为官学教学创造条件，故有此规定，并写进地方志，务期能得以延续。而这一规定也能帮助我们大致了解明代地方学校教学状况的一个方面。

四、地方官学的考试制度

1. 地方官学的岁、科试

对地方官学的生员来说，最重要的考试是岁试和科试。岁试和科试也称岁考、科考，是由提学官主持的考试。《明史》中说："提学官在任三岁，两试诸生。先以六等试诸生优劣，谓之岁考。一等前列者，视廪膳生有缺，依次充补，其次补增广生。一二等皆给赏。三等如常，四等挞责，五等则廪、增递降一等，附生降为青衣，六等黜革。继取一二等为科举生员，俾应乡试，谓之科考。"[2]

提学官到任的第一年为岁考。岁考是在校生员的成绩测验，廪膳生、增广生、附生都必须参加考试。地方教官将生员各类信息造册，包括补廪年月、所受处分、上次考试等次等，供提学官便览。岁考按六等分优劣，一二等皆给赏，并视有缺，依次补廪膳生或增广生，三等如常，四等则要受到杖笞一类的处罚。五等则廪膳生降为增广生，增广生降为附生，附生降为青衣。按规定，生员着蓝色服装，改穿青衣谓其身份降一等，与庶民仅隔一层，有点类似今天的"留校察看"。六等则黜革，即开除学籍。所以，岁考成绩关系到生员能否补入享受助学金待遇或受到降

① （嘉靖）《广东通志初稿》卷三十六《均平》。

② 《明史》卷六十九《选举志一》。

级、除名的惩罚。但在实际操作过程中，大率仅列三等，不行贬黜。

科考可以算得上是毕业考试，其目的是为选拔参加乡试的考生。明代文人艾南英在《应试文自叙》中说："其科考则三岁大比，县升其秀达于郡，郡升其秀达于督学，督学又升其秀达于乡闱。"科考就是提学官主持的选拔考试。科考也分六等，一二等方可参加乡试。明初乡试只限廪膳生，因而科考只取廪膳生参加乡试。后逐渐扩展到增广生，弘治十七年（1504）放宽到附学生，至此所有优秀的生员都可报名科考。

明代规定："生儒应试，每举人一名，以科举三十名为率。"[①] 因而提学官于各地科考的录取名额就有所规定。明代广东科考录取情况如何，还没有资料明确显示。但在戴璟的《广东通志初稿》中，有对各地科考录取者到省城参加乡试的交通补贴，从中大致可以看出，至少在嘉靖年间，对各府、县科试录取的基本状况（见表5－2）。

表5－2　明代广东乡试名额分配表

府	州县	资助标准	资助总额	折算人数	合计
广州府	府学	不资助			355人
	南海县学	不资助			
	番禺县学	不资助			
	顺德县学	每名银3钱	26两7钱	89人	
	东莞县学		22两2钱	74人	
	增城县学		6两6钱	22人	
	新会县学		14两4钱	48人	
	龙门县学		2两4钱	8人	
	从化县学		7两2钱	24人	
	新宁县学		3两3钱	11人	
	三水县学		11两	37人	
	香山县学	每名银4钱	4两8钱	12人	
	清远县学		5两6钱	14人	
	连州学	每名银5钱	4两	8人	
	连山县学		2两5钱	5人	
	阳山县学		1两5钱	3人	

① 《明史》卷六十九《选举志一》。

续上表

府	州县	资助标准	资助总额	折算人数	合计
南雄府	府学	每名银 7 钱	9 两 8 钱	14 人	24 人
	保昌县学		7 两	10 人	
韶州府	府学	每名银 7 钱	12 两 6 钱	18 人	62 人
	仁化县学		2 两 8 钱	4 人	
	翁源县学		3 两 5 钱	5 人	
	乳源县学		3 两 5 钱	5 人	
	始兴县学		4 两 2 钱	6 人	
	乐昌县学		4 两 2 钱	6 人	
	曲江县学		6 两 3 钱	9 人	
	英德县学		6 两 3 钱	9 人	
潮州府	府学	每名银 7 钱	49 两 7 钱	71 人	310 人
	海阳县学		39 两 2 钱	56 人	
	饶平县学		24 两 5 钱	35 人	
	揭阳县学		51 两 8 钱	74 人	
	潮阳县学		32 两 2 钱	46 人	
	程乡县学		7 两	10 人	
	惠来县学		6 两 3 钱	9 人	
	大埔县学		6 两 3 钱	9 人	
高州府	府学	每名银 7 钱	16 两 1 钱	23 人	90 人
	茂名县学		6 两 3 钱	9 人	
	电白县学		11 两 9 钱	17 人	
	信宜县学		3 两 5 钱	5 人	
	化州学		9 两 1 钱	13 人	
	吴川县学		11 两 2 钱	16 人	
	石城县学		4 两 9 钱	7 人	

续上表

府	州县	资助标准	资助总额	折算人数	合计
雷州府	府学	每名银8钱	12两8钱	16人	43人
	海康县学		12两	15人	
	遂溪县学		6两4钱	8人	
	徐闻县学		3两2钱	4人	
廉州府	府学	每名银8钱	12两	15人	31人
	合埔县学		4两8钱	6人	
	钦州学		4两	5人	
	灵山县学		4两	5人	
惠州府	府学	每名银5钱	15两5钱	31人	141人
	归善县学		8两5钱	17人	
	博罗县学		18两	36人	
	河源县学		5两	10人	
	海丰县学		9两5钱	19人	
	龙川县学		6两	12人	
	兴宁县学		2两5钱	5人	
	长乐县学		4两5钱	9人	
	和平县学		1两	2人	
肇庆府	府学	每名银5钱	16两5钱	33人	141人
	高要县学		7两5钱	15人	
	高明县学		9两	18人	
	四会县学		8两5钱	17人	
	新兴县学		3两	6人	
	阳江县学		6两5钱	13人	
	阳春县学		2两	4人	
	德庆州学		5两	10人	
	恩平县学		5两	10人	
	开建县学		2两5钱	5人	
	封川县学		2两5钱	5人	
	泷水县学		2两5钱	5人	

续上表

府	州县	资助标准	资助总额	折算人数	合计
琼州府	府学	每名银1两	55两	55人	257人
	琼山县学		47两	47人	
	澄迈县学		16两	16人	
	定安县学		19两	19人	
	文昌县学		20两	20人	
	乐会县学		9两	9人	
	会同县学		10两	10人	
	临高县学		12两	12人	
	崖州学		25两	25人	
	儋州学		13两	13人	
	感恩县学		5两	5人	
	昌化县学		5两	5人	
	万州学		11两	11人	
	陵水县学		10两	10人	

资料来源：(嘉靖)《广东通志初稿》卷二十六《均平》。

这里的总数，除了广州府学、南海县学、番禺县学外，总共是1 454人。估计广州府学、南海县学、番禺县学录取人数不会低于顺德县学，因而都有可能超过100人。这样广东科试的录取人数在1 800人左右。按照“每取一名举人，可有三十名考生”的规定来计算，当时嘉靖年间的广东解额数为75名，按规定可以有2 250人参加乡试。戴璟在这里肯定留有一定的余地。当然，这只是一个大致数字，它大概能使我们对明代广东科试情况有一个粗略的印象。

2. 地方官学的贡监制

明代规定，府、州、县学定期推荐少量优秀生员入读国子监，以造就高级官吏。其贡监制度，包括“岁贡”和“选贡”两种。“岁贡”指地方学校定期向国子监选送生员，其定例，洪武二十一年（1388）规定府、州、县学以一、二、三年为差。洪武二十五年（1392），定府学每年贡2人，州学每两年贡3人，县学每年贡1人，以后各朝基本以此为定例。岁贡又称挨贡，取其“廪膳年满无过，试中得贡”之意，即以食廪年深者依序充贡。这种做法又带来了所贡之士年既颓老，学行也未必优长的弊端，嘉靖以降便实行考贡之法，应贡一人，须选二人或数人由提学官考试，择优起贡。“选贡”则是因岁贡生质量下降，规定在岁贡之外，“不分廪膳、增广生员，通行考选，务求学行兼优、年富力强、屡试优等者，乃以充贡”，一般是三五年举行一次。

岁贡生必须是儒学的廪膳生员，而且是经过提学官科试之合格者，方可充贡。他们被送到京师后，还需经过礼部考试，方可进入国子监。如果考试不合格，不仅岁贡生要受到处罚，所在地的地方官及教官也要受到处罚。

由于岁贡生须赴京师，广东各地也有给予盘缠费的做法。戴璟为使这一支出更为规范，在《广东通志初稿》中对岁贡生的“盘缠费”予以了规定：“看得先年岁贡俱给盘缠银六十两，续该巡按吴麟增银五两，已得中制。仰各府查照分派县份收储，各州县亦每年照数收库，候有应贡生员。查给肇庆府学已经本院将学租银议定六十两，又于均平内加五两，似为琐碎。今后俱于学租银内总支六十五两外，各府州县学各加花红羊酒银一两，此外并不许生员过求县官妄费，永为定例。广州府学盘缠止于南海县派用。”[①] 从中也可见戴璟务实作风的一面。

第三节 明代广东的社学

社学的办学目标，按朱元璋的要求是“导民善俗”[②]，把教化当作治

① 嘉靖《广东通志初稿》卷三十六《均平》，第447页。

② 《明太祖实录》卷九十六，台北：“中央研究院历史语言研究所”校印1962年，第1 655页。

国的要务，要深入到基层社会的每一个角落。《潮阳县志》中说：“我圣祖御极之初，即诏天下府州县每五十家置一社学，延秀才教诲军民子弟，即古先圣王之遗意也。”① 这种教育机构将启蒙教育落实到基层，使修习儒家礼仪普及于乡民，显然是个很理想的设计。然在操作层面，至少为保证报考府、州、县学的生源具有现实意义。正是在这个意义上，在明代，上至朝廷，下至地方官府都予以了高度重视。据《广东通志》所载：“正统元年令各处社学，提学官及司、府、州、县官严督劝课，不许废弛，其有俊秀向学者许补儒学生员。饬提督广东学校、按察司官，古者乡闾里巷莫不有学，即今社学是也。尔凡提督去处，即令有司每乡、每里俱设社学，择立师范，明设教条，以教人之子弟。年一考校，择取勤效。仍免为师之人差徭。”②

一、魏校的社学设想

明代广东社学的发展，以魏校任提学副使期间为一大重点。魏校在捣毁淫祠的同时，将社学的建设放在同等地位，并将广州作为普及儒教的据点。他在公文中明确指出：

> 照得，省城番南二县各乡淫祠数多，原无社学。今欲兴革，必须委官方得集事，拟合就行牌，仰高明县教谕李士文、四会县教谕林启、增城县教谕易文彬、新会县训导萧浚、从化县教谕唐仁、新宁县训导倪廷玉，分诣各乡通查。一应淫祠尽数拆毁，收贮财料，变卖地基，兴建社学。凡可以便民者从宜为之。仍除地立社，以行乡约，其合用皂隶民壮，行二县取拨。敢有抗违阻坏风宪行事者，呈道重治。民间所延之师，逐一查访。③

他要求临近6县（高明、四会、增城、新会、从化、新宁）的教谕、训导进行协助，对番禺、南海两县进行调查，在此基础上建立了7所社

---

① （隆庆）《潮阳县志》卷九《官署志·社学》。

② 嘉靖《广东通志》卷三七《礼乐志二》。

③ 魏校：《为毁淫祠以兴社学事》，《庄渠遗书》卷九《岭南学政》，《景印文渊阁四库全书》第1267册，台北：台湾商务印书馆股份有限公司2008年。

学和一所武社学。他将广州石头庙巷的定林寺改建为中隅社学，将番禺县衙门西的真武庙改建为东隅社学，将城西西市街的五显庙改建为西隅社学，将南门外褥子巷的西来堂改建为南隅社学，将城北顺天门街的大云寺和小府君庙改建为北隅社学，将南门外永安桥西的大王庙改建为东南隅社学，将西城外蚬子步的小天妃宫改建为西隅社学，另外，将城北二牌楼街的李指挥人物的住宅改建为武社学。各社学分别设有校舍，附设有学田。

魏校的社学理想，是要将社学建成乡里诸生礼乐读诵之所。他认为当前社学的教学方向出现了偏差，把社学看作是科举能力的训练之地，让童蒙习文作对，而忽略了童蒙基本的道德行为的训练。“今有等生徒，安常习故，以为社学之教，皆非当世之急，只是多读书、熟作文、中举得富贵便了。”[①] 他认为人才之贤否系于风俗，风俗之美恶在于渐靡，所以社学的根本任务在于养成童蒙良好的道德行为习惯，他说：“社学之教，不专于念书对句，务要教其爱亲敬长、隆师亲友，习礼乐，养性情，守教法，禁游逸玩好，戒骄纵。如此教之，斯可变化气质，为大学之基本。”[②]

魏校的建社学，是要在州县城各隅建社学大馆。他看到：“今之各里社学，馆舍浅狭，诵读虽存，礼学尽废。故特建各隅社学大馆，以为诸生学习礼乐之所。以礼乐读诵互相启迪，务求作新，以期化民善俗，育才成治。”[③]

各隅社学的学师由州县提调官以礼相聘。每年正月十五日后为开学日期，州县提调官要向各里公示开学日期，由各里选择几位年长有礼之生徒先往社学大馆迎师，并将本里生徒名单交给社师。社师于隅内生徒，

① 魏校：《谕教读》，《庄渠遗书》卷九《岭南学政》，《景印文渊阁四库全书》第1267册，台北：台湾商务印书馆股份有限公司2008年。

② 魏校：《谕民文》，《庄渠遗书》卷九《岭南学政》，《景印文渊阁四库全书》第1267册，台北：台湾商务印书馆股份有限公司2008年。

③ 魏校：《申明社学条谕》，《庄渠遗书》卷九《岭南学政》，《景印文渊阁四库全书》第1267册，台北：台湾商务印书馆股份有限公司2008年。

各里点一二名或三四名，共凑六七十或百名，同一日坐斋肄业。每日晚，又让各里一名生徒带去次日坐斋生徒名单，归往其家报之。这样轮流往复，未轮着坐斋的生徒则在本里学舍或家里读书。

每日课程，魏校分早学、午学、晚学三个阶段。早学：社师向生徒讲解《童蒙训》或大学之道，讲解直白浅显，告知生徒怎样去做就是君子，怎样去做就是小人，不须屑屑讲解文义，然后让学生看或记诵所讲内容。午学：分命诗章，各以簿抄写。写毕，教以歌咏。众歌既成声，每班十人歌于先生之前。晚学：练习礼仪，然后教琴，或讲习六书、九数、五御之法，最后诵读《童蒙训》或教以古人嘉言善行，让其夜归后温习。每月朔望放假，但需行谒圣礼，每月初五、十二、二十、二十七日习射。此外，对生徒的课外行为自我约束也提出了具体要求。

魏校希望通过社学的推广，使乡村风俗能够有根本改变，他说："本职深爱尔民做好人，干好事，孝顺父母，尊敬长上，和睦乡里，教训子孙，守本分业，为太平民。不犯刑条，何等快活？不致祸败，何等安康？今乃愚信邪奸，好讼强凌弱，众暴寡，淫侈耗财，放纵败家，伤伦乱俗，有关风教。今特钦奉敕谕，兴复民间社学，训教童蒙，以为育才之本。"①魏校要求四民无论文武贫富，都有将子弟送入社学学习的义务，都应遵依社学教条，做到能从教化，朴实尚义，好诗好礼，善处彝伦，能和乡里，笃教子孙，足为一乡敬信者。

魏校的改革措施，应当说在当时还是很有效果，史称："嘉靖初，提学副使魏校大兴社学，以训蒙士，十郡一时兴起。"② 戴璟在《广东通志初稿》的评价也如是："至副使魏校始毁淫祠，大行改建。其规制有堂，有寝，有书舍、门屏，轩豁弘敏。每岁各举有学行者为教读，与童生正句读，习礼节，端容仪，暇则教之射。其教法俱有条款刊行。童生能进修者则进之学，故当是时，童蒙之习咸知揖让，闾巷里间蔼然，絃歌礼

① 魏校：《谕民文》，《庄渠遗书》卷九《岭南学政》，《景印文渊阁四库全书》第1267册，台北：台湾商务印书馆股份有限公司2008年。

② （嘉靖）《广东通志》卷二十《民物志一・风俗》。

教之风嗣是。而后莫克修举，寖以废坠，其学地归于势家之所侵没者多矣。”①

二、广东各地举办社学情况

明代广东社学的创办，并不是很连续，从统计数字看，它在成化、嘉靖、万历三朝，出现了三次高潮（见表5-3）。

表5-3 明代广东社学各朝开办数字表

洪武	永乐	宣德	正统	景泰	天顺	成化	弘治	正德	嘉靖	隆庆	万历	天启	崇祯	不详	合计
6					6	193	2	8	561		108			84	968

资料来源：《中国教育通史》第8卷，北京：北京师范大学出版社2013年，第402~403页。

明前期，广东社学的创办未能形成气势，仅有个别州县有所动作。隆庆《潮阳县志》载：“邑之有社学也，盖起于洪武八年奉诏创立者，其为学凡有五：一在射圃内，今废；一在城隍庙西，坐通渠之上，以渠通源泉取蒙养之义也，曰源泉社学；一在际留仓内，曰西隅社学，嘉靖三十三年知县黄休泰重建；一在南门外桥南，曰聚会坊社学，今废为民地；一在南门外薰亭东，曰南薰社学，后废为灵山驿。”② 直至成化元年（1465），朝廷再次诏令听凭民间子弟入社学，不可强制。成化十九年（1483），广东“布政使陈选作兴社学，朔望考其诵习，作训蒙文以助之”③，这可能是广东创办社学高潮兴起的原因。德庆州旧无社学，成化中督学佥事赵瑶命判官庄楷、知州管淳于城隍庙建养正社学，于赐禄里建程溪社学和菁莪社学，于富禄里建西源社学，于辣头建金定社学。④ 程乡县东、西、南、北四社学，俱于成化、弘治年间为知县刘彬所建。⑤

嘉靖初魏校促办社学，带来了明代广东兴办社学的第二次高潮。道

① （嘉靖）《广东通志初稿》卷十六《学校》。
② （隆庆）《潮阳县志》卷九《官署志·社学》。
③ （嘉靖）《广东通志》卷三十七《学校下》。
④ （嘉靖）《德庆州志》卷十二《学校》。
⑤ （康熙）《程乡县志》卷二《规制志·社学》。

光《南海县志》云："至嘉靖元年，广东提学魏校大毁淫祠，令府州县各立社学，广东社学之盛，自此始。"① 如番禺县，"嘉靖元年提学魏校尽毁淫祠，檄饬有司改建社学六十余所，今尤有存者"②。嘉靖《惠大记》在列举了各县社学数量之后，乃云："并嘉靖壬午提学副使魏校令所司悉撤淫祠改建。"③ 肇庆府高明县社学 40 余所，除 3 所为知县徐纯所建外，"余皆明嘉靖元年提学魏校檄县毁淫祠立，后以艰去，嘉靖七年知县陈坡踵行之"④。韶州府乳源县原有崇正社学，岁久颓废，学田为居民所侵。嘉靖二十八年（1549），督学欧阳石江先生命有司拆毁淫祠，崇尚正学。韶州知府符颖江至乳源县视学，询及社学，谕民尽还所侵社学之地，并督促县令：如不建学，是以塞责。知县于是亲自督工，社学于次年落成。社学大门题"养正"，东西斋凡四，东曰"整齐"，西曰"严肃"⑤。据成稿于嘉靖十四年（1535）的《广东通志初稿》统计，当时广东开办的社学共 695 所。

表 5-4　明前中期广东各地开办社学一览表

府名	广州	韶州	南雄	惠州	潮州	肇庆	高州	廉州	雷州	琼州	合计
社学/所	215	54	19	32	15	59	93	6	15	187	695

资料来源：戴璟：（嘉靖）《广东通志初稿》卷十六《学校》。

从明代广东社学发展情况看，地方官员的重视是社学发展的重要因素，因而其创办主体主要还是官府。例如位于广州府城的中隅、东隅、西隅、南隅、北隅、东南隅、西南隅、武社学等 8 所社学就是由官府所办，不仅在办学经费上给予照顾，对广州府城的各隅社学还予以了差役编制："每学原编夫一役，每役银四两。今议此后不过看守洒扫，二学共编一役，各编银二两。"由是明确南海的武林、南隅二学共一役，西隅、

① （道光）《南海县志》卷十一《建置略三》。
② （乾隆）《番禺县志》卷七《学校・社学》。
③ （嘉靖）《惠大记》卷二《迹考下》。
④ 《古今图书集成・职方典》卷一三四八。
⑤ （同治）《韶州府志》卷一八《建置略四》。

西南隅二学共一役；番禺的东隅、东南隅二学共一役，北隅、中隅二学共一役。[①] 像这样的社学，在府、州、县署所在地，由官府创办的比较多。至于偏远乡村，社学的创办则有乡绅申办，也有官绅合办。例如大埔县湖寮社学，旧在隆庆岩寺，嘉靖初由乡绅呈请改隆庆岩寺为社学。[②]

社学建置规模，大都由庙宇祠堂改建，一般都因陋就简，若非寺庙改建者，规模都不大。如崇祯年间高州知府姚继舜重建茂名六社学都很简陋，例如东郭社学“门堂各三间”，南高社学“门一座，堂三间”，西兴社学“堂三间，房一间”，北游社学“门三间，堂三间”，电白桥门社学在官商协力下稍有规模，也是“门堂室各三间”[③]。

社学教师由官府选“经明行修者”充任。由于社学主要承担童蒙之教，嘉靖初，魏校督学广东时强调：“教读不许罢闲吏员及吏员出身之官，或生员因行止有亏黜退者、丁尤者，及有文无行、教唆险恶之徒”[④]。黄佐将社学分为“大馆”和“小馆”，在城大馆，主张以“致仕教官及监生、生员学行尤著者以为教读”，在乡之小馆则“俱用儒士，不许罢闲吏役及非儒流出身之官或丁尤生员及因行止有亏黜退者”[⑤]。崇祯时考选社师，“因是广集儒童，择老成驯谨者，初试之课，再试之文。音必清亮，字必端楷，讲必贯串。令有家室者居之，给札，以巾履相谒见。议将旷地垦税，社给数金，俾糊其口”[⑥]。

社学的教学内容，按朝廷要求是要民间子弟诵读《御制大诰》，兼读《律令》。广东官府及乡村社会更重视让子弟学礼习礼，以推动乡村教化。成化中，刑部郎中洪钟强调：“广东程乡流移错杂，习斗易乱，宜及平时令有司立乡社学，教之诗书礼让。”[⑦] 嘉靖初，魏校强调社学应加强礼乐

---

① （嘉靖）《广东通志初稿》卷三十五《差役》。

② （乾隆）《大埔县志》卷四《学校志·社学》。

③⑥ 姚继舜：《建六社学总记》，（乾隆）《高州府志》卷一三《艺文志一》。

④ 魏校：《谕教读》，《庄渠遗书》卷九《岭南学政》，《景印文渊阁四库全书》第1267册，台北：台湾商务印书馆股份有限公司2008年。

⑤ 黄佐：《泰泉乡礼》卷一《乡礼纲领》，卷三《乡校》，第142册《景印文渊阁四库全书》第1267册，台北：台湾商务印书馆股份有限公司2008年。

⑦ 黄钊：《石窟一徵》卷二《教养一》。

读诵。黄佐作《泰泉乡礼》，引用了魏校的课程主张，但内容做了调整。他主张还是按三个时段安排教学："早学"教诵书，正句读，诵书内容定为讲解《孝经》《三字经》，次读《大学》《中庸》《论语》《孟子》等；"午学"教以歌诗和书、数，歌诗的内容为《诗经》中《鹿鸣》《菁莪》《关雎》《四牡》《伐木》《棠棣》《蓼莪》《采蘩》《采苹》《南山有台》《缁衣》《淇奥》以及古体律诗等，并每天楷体抄写所歌诗两篇；"晚学"重点温书，习礼仪。每月朔望放假，但须在假日演习诸礼或听审音乐、参与乡约讲会等。平日在家除温习所学外，要加强课外行为仪态督察和行为自我检束。①

黄佐要求将社学与乡村教化融为一体，他强调："教读任一乡风化。"社学教师在教读子弟的同时，承担着乡村教化的社会职责。在宣讲方面，社师于开馆之日，均要"楷书《谕俗》六条、《劝民》二事及《四礼条件》，皆正句读，使之传写，各分投劝谕，深山穷谷必至，务多方以化导之。《谕俗》六条：一曰教子弟以兴礼义，二曰禁火化以厚人伦，三曰辟异端以崇正道，四曰敦朴俭以保家业，五曰息争讼以免刑罪，六曰化愚顽以息盗贼。《劝民》二事：一曰劝农，二曰劝孝"②。每月的朔望宣讲，还要将朱子的冠、婚、丧、祭四礼向乡约之众讲明。社师还有上达民情的责任，"月朔，教读帅约正、约副之贤者，以次往见有司。有司赐座啜茶，问各乡风俗及民疾苦，礼教行否。四事未能，十害未屏，皆许直言，无隐言"③。乡村置有"簿书"制度，社师对乡约之众的"改过""扬善"记录在册，"其有好为异论、鼓众非毁礼义、不率教之人，亦以姓名闻于有司，有司严惩治之。如有变警，各乡教读使约正、约副报闻，亦如之"④。

三、广东民间社会对社学的期待

朝廷普设社学的政策得到乡村士大夫的拥护。陈献章在为程乡县社

①② 黄佐：《泰泉乡礼》卷三《乡校》，《景印文渊阁四库全书》第142册，台北：台湾商务印书馆股份有限公司2008年。

③④ 黄佐：《泰泉乡礼》卷一《乡礼纲领》，《景印文渊阁四库全书》第142册，台北：台湾商务印书馆股份有限公司2008年。

学撰文中指出："国朝开设学校，自胄监至于府、州、县，备矣。惟乡之社学不列于官，待有司而后兴。"就是说社学的创办主要靠地方官员的教育热情，所以他对于程乡知县"首以教化风俗为事"十分赞赏。弘治年间，程乡知县刘彬在县城周边东西南北之方位，"各就其地之便，建学宫一所，为社学四"。陈献章认为，社学之制对乡村教化极为有利，"此小子之学也。是学也，贫富贵贱，才不才共之，无所择于其人。学宫既成，侯以谕诸父兄，诸父兄咸喜。退，各以其子弟来受学"。陈献章高兴地说："天下之事，无本不立。小学，学之本也。保自然之和，禁未萌之欲，日就月将，以驯致乎大学，教之序也。然则社学之兴在今日，正淑人心、正风俗、扶世教之第一义也，何可少哉，何可少哉！"①

陈献章的观点，道出了当时地方官员与乡村士大夫力图推进乡村教化的意愿，也点出了设置社学的意义。因此，明代广东官员对创建社学还是有所作为的。

嘉靖间，佛山名宦冼桂奇回忆称：

> 吾乡固有社学四焉，盖督学庄渠魏公所毁诸淫祠改建者也。是时崇本务实，教化兴行，风俗改观，人才辈出。余时尚少，列诸生，歌诗习礼。今犹能记忆其盛。自庄渠公去后，教化不修，社学且废，二十余年矣。嘉靖庚子，婺源觉山洪公巡按我广，慨然以风俗为己任，查复各郡邑社学。学宪西州欧阳公、郡守西村胡公奉行惟谨，吾乡社学遂复修焉。社学师俱由郡守选经明行修者充之，其教先德行而后文艺，士习彬彬然，可观矣。先是社学匾额不存，觉山公乃取义命名，因方立教。曰蒙养，示养也；曰敦本，示立也；曰崇正，示趋也；曰厚俗，示风也。是故果行育德则蒙养端，履忠居信则本立固，释回反经则趋向正，隆礼由让则风俗昌，于以作圣，入神崇德广业，此

① 陈献章：《程乡县社学记》，孙通海点校：《陈献章集》卷一，北京：中华书局1987年，第30～31页。

其大务也。然则社学之设，岂徒阶利禄已哉？[1]

从冼桂奇的这段话看，当时社学的创办，带来了“教化兴行，风俗改观，人才辈出”的效果。他特别强调，巡按洪某为四社学命名：蒙养、敦本、崇正、厚俗正体现了社学教育的功能，说明当时社学的创办还是受到乡村士大夫的认同。

嘉靖年间，潮州府大埔县创办小靖社学，教谕吴篪著《小靖社学记》，其中阐述了他的教育理念，他说：

> 是其建学敷教，盖本于三物之义，不徒专以文艺也。乃今黉舍之中，师弟子所以程课黾勉者，类皆记诵词章之习，其能剽窃、装缀以成文章，即父兄夸羡，师友赞美，以为是足取科第，致荣显，学无余事，教有成绩矣。其于穷理修身之方，经世宰物之具，漠然不相干涉，使出为世用，安有俊伟、光明之事业？而开设学校，教育宾兴之意，岂本如是哉！今夫安定苏湖之规，明道熙宁之议，与夫近世名儒二业合一之训，其为法简明，其为说详尽，皆有裨于圣明作人之道。为师、弟子者，诚能参之以授受。志不易趋，务不迁业，而学为文章，必求诸心，不徒骋乎浮华之辞。至于选举考校，尤敦崇本实，以为风励作兴之机，则庶有真才实学者出，而不负朝廷教养之意矣。否则，师教不端，士习日坏，其何以育贤才、厚风俗、隆治化而成学校哉。[2]

吴篪此论，对当时学校教育只记诵词章，以剽窃、装缀成文，取科举，致荣显的学风予以了鞭挞。他强调社学之路，就应走敦崇本实、培养真才实学人才之路。

---

① （道光）《南海县志》卷一一《建置略三》。

② 吴篪：《小靖社学记》，（嘉靖）《大埔县志》卷八《文章志》。

第四节　明代广东的科举

明代科举在借鉴前代的基础上进一步完备。《明史》中说：“科目者，沿唐、宋之旧，而稍变其试士之法，专取四子书及《易》《书》《诗》《春秋》《礼记》五经命题试士。盖太祖与刘基所定。其文略仿宋经义，然代古人语气为之，体用排偶，谓之八股，通谓之制义。三年大比，以诸生试之直省，曰乡试。中试者为举人。次年，以举人试之京师，曰会试。中试者，天子亲策于廷，曰廷试，亦曰殿试。”①

一、明代乡试之制的确立

《明史》中说：“三年大比，以诸生试之直省，曰乡试。中试者曰举人。”② 科举乡试之制在明初还稍有点波折。洪武三年（1370），朱元璋决定开科举，以该年八月为始，使中外文臣皆由科举而赴京师。各省乡试于八月初九日初场，试以经义二道、四书义一道。复三日第二场，试以论一道。又三日第三场，试以策一道。中试者后十日复以骑、射、书、算、律五事试之。诏凡乡试中试者，行省咨中书省，判送礼部会试，额取举人百名。洪武四年（1371）朝廷又一次强调，各行省连试三年，自后三年一举，著为定例。又令科举凡词理平顺者，皆与选列，惟吏胥心术已坏，不许应试。但在洪武六年（1373），朱元璋又宣布科举暂且停罢，令有司察举贤才，必以德行为本，文艺次之。

直到洪武十七年（1384）才决定科举重开，并颁行科举成试。凡三年大比，举人不拘额数，从实充贡。八月初九日第一场，试以四书义三道，经义四道；十二日第二场，试以论一道，判五道，诏、诰、表、内科一道；十五日第三场，试以经史时务策五道。每逢子、卯、午、酉年举行两畿及各行省的乡试，辰、戌、丑、未年举行礼部会试，随后举行殿试。洪武三年制订的“三年大比”制，至此开始付诸实施。

①② 《明史》卷七十《选举志二》。

明代的乡试与前代在性质上有所不同。唐、宋、元时期的“乡试”是由地方官主持考选人才进贡给朝廷使用，其考试权归地方，是名副其实的“乡试”。自明代开始，乡试则是由中央以皇帝名义委派的主考官主持的“国家”考试，是国家正式科举考试的最低一级考试，是国家直接从地方选拔人才。

二、广东乡试基本情况

1. 广东乡试组织情况

明代乡试的行政组织机构较为健全。其依职责的不同分为内帘官和外帘官。内帘官由主考官 2 人和同考官 4 ~ 5 人组成，外帘官有提调官、监临官、供给官、收掌试卷官、弥封官、誊录官、对读官，巡绰、监门、搜检怀挟等俱有定员，各执其事。内帘官负责出题、阅卷及确定录取名次等工作，外帘官则负责具体考试事务。内帘官进入试院后，外帘官就将内院上锁封闭，内、外帘就不再接触，直到整个考试结束。

主考官是以皇帝名义派遣的大臣，同时，又以各省地方行政长官（布政使、按察使及以后的专任巡抚）为首席监考官。明初，两京乡试的主考官专任翰林，各省则于儒官、儒士中聘请“明经公正者”充任。至景泰三年（1452）则令布、按两司同巡按御史推选现任教官担任主考，资格为“年五十以下，三十以上，文学廉谨”者。教官主试，遂为定制，实行了相当长的一段时间。后有数次的争论与调整，至万历十一年（1583）诏定科场事宜，最终确定了由京官主考的原则，自此沿为永制。

广东乡试的贡院在广州越秀山的西竺寺旁。明初，因宋代所辟贡院在元末被毁，洪武甲子科乡试乃于光孝寺暂设棘围，一直持续了 16 科。宣德元年（1426），巡按御史金濂、右参政杨勉乃相中越秀山西竺寺故址，于此创建贡院。天顺五年（1461），巡按御史李良增辟都司园地而广之，中为至公堂、明清堂，甬道前为聚奎楼，左右为望楼。后面为内帘区，有试官房、提调监试官房、内帘掌卷房、执事官房（受卷、弥封、对读各五间）、厨库房。前面为外帘区，有巡绰厅，仪门、外门。又前为坊牌，临街匾曰：贡院。以后又用石子扩其甬道，辟其前衢，建坊牌二，左曰“考德”，右曰“宾贤”。[①]

---

① （嘉靖）《广东通志》卷二八《政事志一》。

嘉靖四十四年（1565），御史陈联芳复辟前池为直道，长数十丈，中创万里桥，左右建廊百余间，以方便考生集候唱名。万历辛卯（1591），左布政使张大忠提出席舍三年一修，所费不赀，应更易为瓦。庚子年（1600），御史顾龙祯于总裁房后左右翼开二亭，其规制视昔益备。①

清人仇巨川在《羊城古钞》中记载："明贡院宣德元年建于城北粤秀山麓西竺寺故址。"按仇巨川的看法："旧址近接粤秀山之正脉，其气最盛，故有明一代人文为特盛。"②

2. 广东乡试解额数

广东乡试取额数由朝廷决定。洪武三年（1370），定广东中额25人，洪武十七年（1384）定举人不拘额数，至洪熙元年（1425）始定乡试录取举贡数额：南京国子监及南直隶80名，北京国子监及北直隶50名，江西、浙江、福建各45名，湖广、广东各40名，河南、四川各35名，陕西、山西、山东各30名，广西20名，云南10名。即把全国各地分成几个档次，大约以5名差额依次递减。这种制度虽然因仁宗朱高炽身亡而当时未有实行，但却为后世录取配额制的实行奠定了基础。洪熙元年（1425）广东额数40名，宣德、正统年间限额与不限额常有反复，正统五年（1440）复定取士额，广东50名。景泰四年（1453）再定取士额，广东75名。万历四十三年（1615），奉诏广东增加5名（见表5－5）。③

表5－5 明代朝廷规定广东乡试解额数一览表

时期	洪武三年	洪熙元年	宣德年间	正统年间	景泰四年	成化年间	弘治七年	嘉靖	隆庆四年	万历元年	万历四十三年	天启元年
解额数/名	25	40	40	50	75	75	75	75	75	75	80	82

资料来源：吴宣德：《明代进士的地理分布》，香港：香港中文大学出版社2009年，第94～96页。

---

① （万历）《广东通志》卷七《藩省志七》。

② 仇巨川：《羊城古钞》卷八《光孝寺作贡院》，广州：广东人民出版社2011年，第572页。

③ （光绪）《高州府志》卷二八《人物一》。

表 5－6　明代广东各朝每科中举平均数

朝代	洪武	建文	永乐	宣德	正统	景泰	天顺	成化	弘治	正德	嘉靖	隆庆	万历	天启	崇正	崇祯	平均
中举数/名	46	51	121	54	48	92	75	75	75	75	75	75	75	80	80	81	74

资料来源：（道光）《广东通志》卷七十《选举表八》至卷七十六《选举表十四》。

从表 5－6 的数据看，永乐、景泰的中举人数偏高是很明显的，这是由于不限额政策所导致，其余年份总体属正常，特别是天顺朝之后基本是按照朝廷限额政策来执行。

终明一代，广东中举人数到底有多少？吴宣德的研究指出，明代广东举人共 6 800 人，但其又称，据广东通志及各府志所载的统计数为 6 967 人。[①] 本书以道光《广东通志》为据，明代广东举人总数为 6 902 人，这其中包括省外中试的 128 人，以及籍贯存疑的 167 人（这个数字会出现交叉重复统计的可能）。至于确数究竟是多少，还需要进一步研究才能确定。

3. 广东的武乡试

明代乡试又开武科。早在洪武二十年（1387）就有了令武臣子弟“于各直省应试”的谕旨，但武科举并未单独建立。宣德四年（1429）九月，巡按山东监察御史包德怀上疏：“人才之生，各有所长。苟有所长，皆可任用。今武职之家，除长子荫袭，其诸子岂无谙练武艺、才略出众之人？欲成功名，无阶可进。请开武科，除应袭之人及有过者，其余弓马谙熟、韬略精通者，许赴都司比试，拔其能者，兵部复试。”[②] 此议得礼部通过，但在操作层面并未制度化。直到天顺八年（1464），立武举法，武科举才逐步走向规范。《明史》中说：“正德十四年（1519）定，

① 吴宣德：《明代进士的地理分布》，香港：香港中文大学出版社 2009 年，第 98 页。

② 《明宣宗实录》卷五十八。

初场试马上箭，以三十五步为则；二场试步下箭，以八十步为则；三场试策一道。子、午、卯、酉年乡试。嘉靖初，定制，各省应武举者，巡按御史于十月考试，两京武学于兵部选取，俱送兵部。次年四月会试，翰林二员为考试官，给事中、部曹四员为同考。”①

武乡试仿文士乡试年，以十月为期。初九日初场，较其骑射，人发九矢，中三矢以上者合试。十二日二场，较其步射，亦发九矢，中一矢以上者为合试。十五日三场，试策二道，论一道。最后主考官将其文武成绩详配等第，其策论、弓马俱优者为上等，次弓马稍次者、次弓马既优但策论文藻不及者俱列中等，余并黜落。

从史料中很难判断明代广东武乡试的开科时间及录取情况，道光《广东通志》未收录武乡试的资料。据光绪《广州府志》，广东武乡试于景泰七年（1456）首次举行，至明末，共举行了45科。广州府在明代中武举人393名，另有70人年代无考。② 然其他府志一般都记录为嘉靖年间开科，如高州府武乡试中举才8人③。潮州府武乡试中举19人，但吴榕青核对石刻，发现有《历科武举题名》碑，上面所列嘉靖、万历潮州府武举人6人，为方志所未载。④

据清代顺德人罗天尺所记，对武科，县志载者寥寥。比如他的外祖父梁如虹，崇祯癸酉科中武举，县志无载。其家族中有嘉靖丁酉科的罗应世，隆庆丁卯科的罗中英，万历甲子科的罗治身，壬子科的罗龙光，丙子科的罗三才，县志俱失载。其他如桑麻乡的苏奠安于崇祯己卯科中武举，马滘乡的黎应珍于万历乙酉科中武举，县志俱无载。⑤

4. 广东乡试闻见点滴

乡试考场，群雄竞艳，有志者意欲夺魁，来自琼山的丘濬就是如此。

---

① 《明史》卷七十《选举志二》。

② （光绪）《广州府志》卷四十七《选举表十六》。

③ （光绪）《高州府志》卷二九《人物二》。

④ 吴榕青：《古代潮州教育碑刻资料集》（未刊稿）。

⑤ 罗天尺：《五山志林》卷四《传疑》，林子雄点校：《清代广东笔记五种》，广州：广东人民出版社2006年，第103，105页。

正统辛酉年（1441）广东乡试，丘濬认为此科解元必是自己，然在考完第二场，他询问来自番禺的陈政在经义考试中的试卷所作，听后惊曰：“解元属之子矣！”丘濬看到这次解元无望，于是放弃第三场考试离去。揭榜果然如此。丘濬于三年后乡试再试，乃得解元。

更多的传闻则是关于提学使在科试中的预言在乡试中是否实现。潮州人林大钦“嘉靖辛卯（1531）就试，督学王公奇其文，为荐于巡按御史吴公，更试《李纲十事》，考据详核，词旨凛烈，读之奕奕有生气。相与叹赏曰：此苏公笔墨、胡公封事也，必然大魁天下。明年上春官，连举进士状元及第，如二公言”[①]。这里的“就试”当是指科试，王公是时任广东提学副使的王世芳，吴公则是时任巡按御史的吴麟。科试由提学副使主持，王世芳在潮州府的科试中发现林大钦的文才，于是推荐给吴麟，经测试，两人共同认定林大钦必大魁天下。同年秋，林大钦抵省城参加乡试，果然中举第六名。嘉靖十一年（1532）赴京参加会试，后参加殿试，中状元。

贵溪人江潮提学广东，在巡视广东科试时，先考广州府，认为南海的霍韬很有实力，必定能成为这次乡试的解元。然而在按临潮州后，回来对霍韬说：“今科解元当是萧与成，汝次之。然汝当连魁天下，勋名大出萧上。”后来果然如此。还有一个提学副使罗某，在惠州府科试时，发现20岁的杨起元文才出众，认为今科解元肯定要出自惠州，第二年的乡试杨起元果然高榜解元。[②] 欧阳铎在各地科试中，就判断乙酉（1525）乡试的五经魁元，有潮州府的陈思谦、郑弘彝、李日林，琼州府的唐穆，唯有诗经魁元，他认为当在广州府，或是岑万，或是曾贯。及揭晓，皆如其言。他又预言，连州的张叔庠、廉州的王养民，都会在以后夺魁。果符其言。[③]

---

① 《薛中离年谱》，黄挺编：《饶宗颐潮汕地方史论集》，汕头：汕头大学出版社1996年，第512页。

② 屈大均：《广东新语》卷九《解元》，北京：中华书局1985年，第282～283页。

③ 郭棐：《粤大记》卷九《宦迹类·欧阳铎》，广州：广东人民出版社2014年，第240页。

还有一个传说，广东乡试，不以《大学》命题，其来久矣。有人说，如以《大学》命题，则贡院会有火灾；也有人说，主考官会遇祸患。尤其是忌讳《圣经》一章。[①] 当然，这只是传说，究竟是什么原因，不得而知。

5. 广东乡试的放榜

乡试放榜一般要求在八月底之前，琼州的丘濬说："今制，自初八日入场，至二十日以后揭晓，不过十余日。"[②] 发榜多用寅、辰日支，以辰属龙、寅属虎，取龙虎榜之意。此时又适逢桂花盛开，故俗称乡榜为桂榜。

放榜次日设鹿鸣宴，由布政司主持。这一天，主考、副主考、房考、监临、提调、内外帘官、提学使、新科举人共赴明伦堂，新科举人依次谒见各位考官，并歌《鹿鸣》诗，作魁星舞，然后开宴。

从嘉靖《广东通志初稿》看，广东对新科举人回乡也有安排："看得新中举人理当作兴，但名数未可预定，大约用度亦当酌处。今后每举人一名，花红酒席共用银二两，主席每桌银三钱，全设县份连教官共银一两八钱，裁减县份共银一两二钱。其贺礼送一羊一酒，作银五钱，永为定规。此项银于每年各项余剩就多留项下支用。"[③] 从这一规定看，各县对新科举人似有一个欢迎酒宴，并要送上贺礼，巡按御史戴璟从经费上予以规范。

三、广东进士的录取状况

1. 明代会试配额制

按照洪武十七年（1384）所颁科举定式，乡试举贡是不拘数额的，会试取士亦不分地区。由于全国各地文化水平高低差异很大，形成取士多取南士的局面。洪武三十年（1397），发生了礼闱取士过偏的现象，遂酿成礼闱取士的南北之争：考官刘三吾等所取 52 名皆南士，朱元璋以北人身份，怒其所取有偏，并亲自阅卷取录 61 名，皆北士。结果从一个极端走向另一个极端。取士数额的地区之争并没有得到妥善的解决，反而趋于明朗化。面对这些问题，如何从区域上加以平衡，需要有制度上的

---

① 屈大均：《广东新语》卷九《乡试命题》，北京：中华书局 1985 年，第 284 页。

② 张朝瑞：《皇明贡举考》卷之一。

③ （嘉靖）《广东通志初稿》卷三十六《均平》。

保证。明仁宗、宣宗时期，着手改革科举取士方法，在科举考试中推行录取配额制。

洪熙元年（1425），会试录取配额分南北卷（即两大区域）取录，其中南人占总录取额的十分之六，北人占十分之四。宣宗朱瞻基继位以后，就按这一分配比例录取。后来，对区域划分进一步做了调整，分为南、北、中卷（即三大区域），其中南卷包括应天及苏、松诸府和浙江、江西、福建、湖广、广东诸省，北卷包括顺天及山东、山西、河南、陕西诸省，中卷包括四川、广西、云南、贵州及凤阳、庐州二府和滁、徐、和三州。与此相应，录取比例也做了重新规定：南卷占总录取额的55%。北卷占35%，中卷占10%。宣德、正统期间，基本上执行这一方案。由于这一方案在区域划分和名额分配上相对来说更细致，更为合理些，也得到了统治阶级各集团及各地士人更多的认同和支持，因而成为明代科举考试的一项基本制度。

2. 广东在会试中的实力地位

广东会试安排在南卷，与同卷的江苏、浙江、江西、福建、湖广等省相比，广东的实力明显低一筹。

表5－7　明代广东各朝进士数一览表

	洪武	建文	永乐	宣德	正统	景泰	天顺	成化	弘治	正德	嘉靖	隆庆	万历	天启	崇祯	合计
次	7	1	8	3	5	2	3	8	6	5	15	2	16	2	7	90
人	35	2	105	5	10	21	27	91	67	56	180	28	140	20	96	883
均	5	2	13.1	1.7	2	10.5	9	11.4	11.1	11.2	12	14	8.8	10	13.7	9.8

资料来源：吴宣德：《明代进士的地理分布》，香港：香港中文大学出版社2009年，第56～58页。

这个数字反映了广东在会试中具有怎样的实力？据沈登苗研究，明代广东进士总数为857人，在全国19个政区中排名第13位。① 据吴宣德

① 沈登苗：《明清全国进士与人才的时空分布及其相互关系》，载《中国文化研究》1999年冬之卷。

研究，明代广东进士总数为883人，在全国16个政区中位列第12名。[①]两个研究虽然统计方式有所不同，但广东的排位序列基本相同，都处于中等偏下的位置。

另外，为了比较各地的科举竞争力，沈登苗依据明代全国进士总数24 814人，计算出全国各县的进士平均数为18人。以此为标准，统计出各地达标县的数量，广东进士超过18人的州县数为12个，在16个政区中排位第13。

表5－8　明代各地进士数超过18人的州县数一览表

	广西	甘肃	湖南	广东	四川	河北	陕西	山西	河南	安徽	山东	福建	湖北	江苏	江西	浙江	合计
县	101	34	67	83	131	133	80	96	111	59	104	58	63	53	79	76	1 328
达标	2	1	9	12	21	22	17	22	28	18	35	20	22	23	40	46	338

资料来源：沈登苗：《明清全国进士与人才的时空分布及其相互关系》，《中国文化研究》1999年冬之卷。

吴宣德则对明代各地各科中试率进行列表统计，最后计算出平均数。在16个政区中，广东各科中试率的平均数为3.6%，位列第11位（见表5－9）。

表5－9　明代各地各科中试率平均数一览表

地区	北畿	福建	广东	广西	贵州	河南	湖广	江西	南畿	山东	山西	陕西	四川	云南	辽东
中试率/%	9.7	9.4	3.6	0.8	0.4	6.8	11.1	15.7	7.0	4.6	4.1	5.7	1.0	13.9	0.3

资料来源：吴宣德：《明代进士的地理分布》，香港：香港中文大学出版社2009年，第61～63页。

依据吴宣德的研究材料，以南卷诸省为对象，将各地解额数与进士数的比率进行比较，也可以看出广东在全国科举竞争中的实力。

① 吴宣德：《明代进士的地理分布》，香港：香港中文大学出版社2009年，第67页。

表5－10　明代南卷各地进士及第率比较

地区	南畿	江西	福建	浙江	湖广	广东
解额数	11 150	9 139	7 927	8 447	8 115	6 821
进士数	3 892	2 756	2 337	3 444	1 501	883
及第率/%	34.9	30.2	29.5	40.8	18.5	12.9

资料来源：吴宣德：《明代进士的地理分布》，香港：香港中文大学出版社2009年，第96～97页。

从广东本身来看，明代的进士数较之唐、宋有了长足的进步，这在一个侧面体现了广东科举人才的实力，正如黄佐在论及广东士子参加会试表现时说："岭表髦士奋志积学，成化以后礼闱、廷对裒然举首者接武相望，而明道济时取重于天下者，亦未尝乏也。"① 此话确是事实，然相较于其他直省，广东的科举竞争力还是处于下风，在全国排位还是处于中等偏下。

四、广东科举结果分析

会试的优劣状况固然能够在一定程度上反映各省科举竞争的实力，但由于其涉及地区平衡等多种因素影响，其结果对评判一地的教育软实力并无多大意义。评价一地区的教育发展水平，还是以本省为对象，借助科举这个端口，可以窥见其中一些问题。

1. 广东各府科举比较

乡试集各府学子同台竞技，在中举有限额的前提下，乡试实际上就是各府、州、县科举竞争力的较量。当然，这一较量在科试时就已展开，各府、州、县学在科试结果中的差异在很大程度上影响着乡试结果。

表5－11　明代广东各府举人分布表

广州府	韶州府	南雄府	惠州府	潮州府	肇庆府	罗定州	高州府	廉州府	雷州府	琼州府	合计
3 228	154	102	459	1 073	526	29	255	90	142	549	6 607
48.9%	2.3%	1.5%	6.9%	16.2%	8.0%	0.4%	3.9%	1.4%	2.1%	8.3%	99.9%

资料来源：道光《广东通志》卷70～76。此统计未将籍贯存疑的167人与省外中试的128人列入。

① （嘉靖）《广东通志》卷一二《选举表下》。

表5－11这个统计数字不是很准确。道光《广东通志》是按照清代广东的行政区划进行统计的，清代所设置的嘉应直隶州，是由明代潮州府的程乡县、平远县、镇平县与惠州府的兴宁县、长乐县组合。表5－11在统计中，简单地将程乡、平远、镇平三县举人共58人归入潮州府，将兴宁、长乐二县举人共41人归入惠州府。另外，连州在明代属于广州府，在清代独列直隶州，于是将连州的数字归入广州府。这里的数字可能会有偏差，但做基本情况分析还是可行的。

从表5－11中数字看，广州府的举人数遥遥领先，几乎占全省比例的一半。其次是潮州府，再次是琼州府、肇庆府、惠州府。

明代广东进士及第状况也呈现出这样的格局。

表5－12　明代广东各府进士分布表

广州府	韶州府	南雄府	惠州府	潮州府	肇庆府	罗定州	高州府	廉州府	雷州府	琼州府	合计
486	12	7	45	155	54	3	39	13	11	58	883
55%	1.4%	0.8%	5.1%	17.6%	6.1%	0.3%	4.4%	1.5%	1.2%	6.6%	100%

资料来源：吴宣德：《明代进士的地理分布》，香港：香港中文大学出版社2009年，第271～274页。

从表5－12中数字看，广州府的进士数遥遥领先，占全省比例超过一半。其次是潮州府，再次是琼州府、肇庆府、惠州府。

2. 人口和经济大县具有较强的科举竞争力

各地的科举竞争力较量，说到底就是各地综合实力的较量。它综合了人口、经济、政治、文化、教育等各方面因素，最终从科举中表现出来。

从人口因素看，广州府和潮州府的人口密度居全省前两位，这一优势直接导致这两府所拥有的上县居多。吴宣德的研究根据许多材料划定了一个标准，即按编户数量，以40里以下为下县，41～99里为中县，100里以上为上县，将明代各县分为上、中、下三个等级。根据他的统计，明代广东有上县9个，中县18个，下县60个。

表 5－13　明代广东各府（州）拥有上、中、下县（州）数据表

	广州	韶州	南雄	惠州	潮州	肇庆	罗定	高州	雷州	廉州	琼州	合计
上县	5				3						1	9
中县	3		1	1		4		3	3		3	18
下县	8	6	1	10	8	8	3	3		3	10	60
合计	16	6	2	11	11	12	3	6	3	3	14	87

资料来源：吴宣德：《明代进士的地理分布》，香港：香港中文大学出版社 2009 年，第 271～274 页。

州县数量的多少，决定了府、州、县学的数量，也就在很大程度上决定了应试乡试的人数。特别是所谓上县和中县居多的府，生员数量自然具有优势。广东 9 个人口超过 100 里的上县，广州府拥有南海、番禺、顺德、东莞、新会 5 个上县，潮州府拥有海阳、潮阳、揭阳 3 个上县，琼州府则有琼山 1 个上县。这些上县的生员配额自然要高于其他的中县和下县。另外，弘治十七年（1504），朝廷将应试乡试资格的选拔又扩大到了附学生，这类附生在所谓人口众多、经济发达的上县中才可能较多。据《佛山忠义乡志》记载，隶属南海县的佛山，明代所及第的 9 名进士就有 7 人为附生，说明附学生已成为各地乡试的潜在考生群体，这进一步增强了上县考生群体的优势。从明代广州府举人的分布来看，居于前五位的正是这 5 个上县，其所占比例近 90%（见表 5－14）。可以这么说，明代广州府的科举竞争力主要体现于这 5 个上县。

表 5－14　明代广州府各县举人录取人数表

州县	南海	番禺	东莞	顺德	新会	香山	增城	连州	清远	三水	从化	新宁	新安	龙门	合计
人数	1 007	666	511	487	220	92	82	39	27	38	29	16	6	7	3 227
占比/%	31.2	20.6	15.8	15.1	6.8	2.9	2.5	1.2	0.8	1.2	0.9	0.5	0.2	0.2	99.9

资料来源：道光《广东通志》卷 70～76。此统计未将籍贯存疑 51 人，及省外中试 49 人列入。

明代广东的进士分布也体现了这么一个格局，其超过12名进士的县共有16个，其中排列在前九位的正是这9个上县（见表5－15）。

表5－15　明代广东各县超过12名进士的分布表

广州府						惠州府		潮州府				肇庆府		高州	琼州	合计
南海	番禺	顺德	东莞	香山	新会	归善	博罗	海阳	潮阳	揭阳	饶平	高要	四会	茂名	琼山	
166	85	82	75	12	39	15	16	59	32	32	12	21	13	17	41	717

资料来源：吴宣德：《明代进士的地理分布》，香港：香港中文大学出版社2009年，第271～274页。

乡试的解元分布还可以帮助我们从质量方面了解各地的科举竞争力，其结果还是由广州府和潮州府占据优势。明代广东乡试共开90科，除洪武二十年、永乐十五年、弘治十七年三科未见记载，在87科中，广州府拥有的解元高达54次，其次是潮州府17次。以县为单位，排在前五位的是，番禺16人，南海15人，顺德7人，东莞7人，海阳7人，也都是属于上县。

表5－16　明代广东乡试解元分布表

地区	广州府	南雄府	潮州府	惠州府	琼州府	雷州府	肇庆府	合计
解元数/人	54	2	17	6	5	1	2	87

资料来源：道光《广东通志》卷70～76。

由此可见，人口和经济因素确实是科举竞争力的重要因素。

3．宗族社会发展从根本上提升了地方科举竞争力

但人口和经济因素并非决定性因素，科举竞争力强弱的后面，实质上反映了一地区经济、政治、文化水平的综合实力。

法国学者布迪厄曾提出过"场域—资本—惯习"互动关系框架。布迪厄认为，大社会是由无数个小社会世界组成，这些小社会世界就是一个个的小场域。场域是各种利益相关者通过较量和斗争而形成的关系网络，处于场域中的各利益相关者因所据资本的差异而处于不同的位置。场域形成的根本动力是争夺资本的冲突，其目的是改变或巩固各利益相

关者在场域中的位置。文化资本便是引发场域冲突的要素之一，处于场域中的各个行动者以其所持有的文化资本来争取权力。布迪厄认为，资本是一种镶嵌在客体或主体的结构当中的力量，也是一种强调社会各界内在规律的原则。资本需要以时间，以客观化的、具体化的形式去积累。同时，资本也是以同一形式或扩大形式获取生产利润的潜在能力，即以这些形式进行自身再生产的潜在能力。所以，资本是一种扎根于事物客观性之中的力量。[①]

由此看来，文化资本就是一种重要的社会资源。传统的文化资本以科举取士为杠杆，将教育凭证的认定、经典的传承、意识形态的控制、民间教育资源的引导等各种要素统合了起来。民间社会只有获得了科举身份，才有可能帮助个人、家族、社区提升社会地位，才有可能为经济资本、社会资本的积聚创造条件。由于追求一种具有文化的、约定俗成的、经久不变的、有合法保障价值的科举身份，成为提升宗族地位的重要标志，因此，为了在争夺有限社会资源中占据主导地位，各色人等，各类宗族，为此而充分调动宗族的、民间组织的各种资源，采取各种合法的、不合法的手段，创办书院家塾，鼓励子弟读书应举，以争夺这样的文化资本。可以这么说，科举竞争力就是特定场域中文化资本争夺的产物。

明代广东科举竞争力提升的根本动力就来自于这种对场域资源的争夺。传统的世家大族需进一步巩固和扩充家族资本，新入籍的家族要借这一机遇来争夺有限的社会资源，宗族这种具有竞争力的组织便应运而生。宗族的构成，既是其家族经济实力的体现，也是其家族政治、文化实力的体现。宗族社会的文化、经济、社会资本积累的需求，有效地提升了宗族社会的教育需求，也就成为一地区科举竞争力提升的最强大动力。只有这种综合实力才能有效地打造地区的教育软实力，教育软实力才是营造科举竞争力的真正土壤。明代中期以来，广东的宗族组织整合

① 布迪厄：《资本的形式》，薛晓源、曹荣湘编：《全球化与文化资本》，北京：社会科学出版社2005年，第4页。

普遍地开展起来。在整合过程中，宗族借助王朝体制的文化规范，为宗族资本的积聚积极创造条件。由于广东各地区宗族组织发展的不平衡，即使在广州府，各县之间的宗族社会发展也不均衡，导致了各地科举竞争力的差异。

为什么明代广州府和潮州府在科举方面成绩斐然，根本原因是它们相比较于其他府，其宗族社会更为成熟。上文中所引屈大均言："岭南之著姓右族，于广州为盛。广之世，于乡为盛。"其乡当指南海、番禺、东莞、顺德、新会等人口超过 100 里的上县。这几个县的宗族社会十分发达，因而其科举成就也非同凡响。

潮州府的宗族社会也十分发达，嘉靖《潮州府志》中说："明兴，文运弘开，士渐知明理学，风俗丕变。冠昏丧祭多用文公家礼，故曰：海滨邹鲁。由今观之，士衿功名，商竞刀锥，工趋淫巧，农安惰弃。其在细民者，火葬、饭佛、轻生、健讼，邹鲁之风稍替焉。然营宫室必先祠堂，明宗法，继绝嗣，重祀田，比屋诗书弦诵之声相闻，彬彬乎文物甲于岭表。"①

明代广东第一个状元南海伦文叙家族就是这样一个科举鼎甲世家。伦文叙为弘治十二年（1499）会元，接着中状元。其次子伦以训为正德十二年（1517）会元，殿试榜眼。长子伦以谅为正德十五年（1520）解元，同年登进士。三子伦以诜于嘉靖十七年（1538）考中进士，真是一门四元。南海霍韬有子 9 人，除四子、五子早殇外，其余 7 人全部获取生员身份，其中二子登进士，七子、九子中举人，二子的孙子、曾孙、重孙皆中举。霍韬的兄弟共有子 10 人，其中也有 4 人获取生员身份。② 佛山李氏，万历三十一年（1603），李待问、李升问同时中举，次年李待问登进士，此后至崇祯年间，李氏家族又有 1 人中举，10 人岁贡。③ 在东

---

① （嘉靖）《潮州府志》卷八《杂志》。

② 罗一星：《明清佛山经济发展与社会变迁》，广州：广东人民出版社 1994 年，第 114 页。

③ （民国）《佛山忠义乡志》卷十三《选举志》。

莞，明代共有18个家族在三代以内至少产生了两个以上的举人。[①] 顺德北窖的碧江，有苏氏家族自北宋时在这里开基，历元、明而成大族。从嘉靖十四年（1535）至天启二年（1622），碧江共出了7名进士。

而科举考试难度最高的一甲进士，明代广东全省共6人，潮州府海阳的状元林大钦，广州府番禺探花涂瑞、南海状元伦文叙、南海榜眼伦以训、顺德状元黄士俊、南海探花陈子壮。另有顺德朱可贞还在崇祯元年（1628）高中武状元，这些人都集中在广州府和潮州府。

教育软实力对宗族、乡村教化建设又具有反作用力。科举风气的浓厚，必然推动民间社会的读书之风，也必然对孝悌礼让风气在宗族乡里的贯彻有正面效应，这正是当时乡村士大夫所期待的。黄佐在论及选举之利弊时对此有较为深入的论述，他首先指出，举业与德业并非是割裂、对立的关系。他看到有些人主张"舍艺讲道"，然扣其所学，则古今罔通；考其所行，则义利弗辨，他认为这就根本违背了"孔颜博约之教"的原则。他说："大学之道本于身，身主于心，心发于意，意萌于知，知起于物。物也者，大而道德性命之理，小而鸟兽草木之名，载于诗书，问于师友者皆是也。博学于文，思则得之，义理是嗜，情欲渐忘，闻一善言必思践焉，见一善行必思齐焉，视听言动遏绝非礼，则喜怒哀乐皆中节。以诵诗则能以意逆志，以读书则能得意忘言，以文会友而质诸师，则能修词立其诚，试于有司，发为经义论策，譬则活水有源，波澜自涣，润身泽民，由是而出。谁谓举业之文而非德业也乎?"黄佐在这里指出，要参加科举考试，必然要读儒家经典。儒家经典所讲的义利之理，礼义之节，必然会对一个人的情感产生影响。然后才能试于有司，发为经义论策，润身泽民，由是而出。这对乡村社会的教化当然是十分有利的。只有将读书与修身结合，"读书穷理，善有诸己，则意诚矣。其修词也，有意而言，意尽而言止。当其得意之际，若有神助焉。以其注措达诸政事，真可以自作元命，而民赖以生。是谓载道之文过化存神之道也"。如

① 郭培贵：《明代东莞地区的科举群体及其历史贡献》，明清珠江三角洲区域史国际学术研究会2008年。

果“学苟不积，理则不明，而徒以剿窃附和为之，是以始占一第，闾党咸藉光宠，已而赞毁相半，久之则不欲举其氏名，甚则以邑多显人为诟病，岂非违博约之教而致然”①。

综上所述，我们从明代广州府宗族资本构成的角度，分析其科举竞争力的增长，确实看到了宗族资本的积聚在其中所蕴含的力量。

① （嘉靖）《广东通志》卷一二《选举表下》。

第六章　明代广东教育家的教育思想

明代广东乡村社会教化的开展，促成了本土教育家的崛起。陈献章、湛若水、薛侃、黄佐等一大批教育家相互呼应，相互促成，不仅推动了乡村社会教化的深入，而且形成了独具特色的教育思想。本章就陈献章、湛若水的教育思想做一番探讨。

第一节　陈献章的教育思想

陈献章（1482－1500），明代思想家、教育家、书法家、诗人，广东唯一从祀于孔庙的明代硕儒。他的讲学独具特色，四方学者求学日众，逐渐形成一个“治心之学”的学派，史称江门学派，其教育思想也显现“治心之学”的色彩。著作被汇编成《白沙子全集》，现有中华书局于1987年出版的《陈献章集》。

一、陈献章的教育实践活动

陈献章祖籍河南太丘，其先辈曾在宋代做官，后因金人攻宋而南迁广东南雄，后来又迁到新会定居。陈献章在《与邓督府》信中称：“有田二顷，耕之足以自养。”① 家有田产200亩，男耕女织，算得上是小康之家了。陈献章的父亲陈琮在他出生前一个月去世，据白沙弟子张诩撰

① 陈献章：《与邓督府》，孙通海点校：《陈献章集》卷二，北京：中华书局1987年，第122页。

《白沙先生行状》记载，陈琮读书一目数行，善诗。陈献章的祖父陈永盛是一位崇尚自然、向往道家的读书人，“不省世事，好读老氏书”[1]。陈献章就出生在这样一个崇尚儒道的读书人家庭。由于陈献章父亲早逝，母亲对他的影响更大。他幼年体弱多病，在给皇帝的上疏中自称“无岁不病，至于九岁，以乳代哺”[2]。陈献章在慈母的谆谆教诲下，刻苦自励，表现不凡，“自幼警悟绝人，读书一览辄记”。当读到孟子“有天民者，达可行于天下，而后行之”[3]，慨然以此为志向。

陈献章弱冠入县学，正统十二年（1447），20岁的他应乡试，中试。第二年春天，陈献章到京师参加会试，中副榜，入国子监读书。景泰二年（1451），陈献章24岁，再次会试下第。景泰五年（1454），陈献章没再参加会试，而是前往江西临川，师从吴与弼。吴与弼（1391—1469），字子傅，号康斋，崇仁县莲塘（今抚州市崇仁县）小坡人，崇仁学派创立者。黄宗羲在《明儒学案》中将“崇仁学案”列为第一，可见其在明代学术史上的地位。与陈献章先后师从吴与弼的著名学者还有胡居仁、娄琼等。

陈献章在吴与弼门下求学只有半年，但吴与弼对陈献章的学术发展还是产生了很大的影响。陈献章后来在给赵提学的信中言：“仆才不逮人，年二十七始发奋从吴聘君学。其于古圣垂训之书，盖无所不讲，然未知入处。”[4] 这表明陈献章跟随吴与弼学习，对于儒家经典文献进行了初步而系统的梳理，较之以前仅仅是应试科举考试的读书，已经是一大进步。这与陈献章另一则自述相吻合：“予年二十七游小坡，闻其论学由廉洛关闽以上达洙泗。尊师道，勇担荷，不屈不挠，如立千仞之壁，盖

①③ 张诩：《白沙先生行状》，孙通海点校：《陈献章集》附录二，北京：中华书局1987年，第868页。

② 陈献章：《乞终养疏》，孙通海点校：《陈献章集》卷一，北京：中华书局1987年，第2页。

④ 陈献章：《复赵提学佥宪》，孙通海点校：《陈献章集》卷二，北京：中华书局1987年，第145页。

一代人豪也。”[①] 这么看来，吴与弼对孔孟至廉洛关闽的理学学统进行了系统的介绍，对陈献章后来闭门读书是有影响的。在张诩的白沙行状中，也同样记载有：“先生之始为学也，激励奋发之功多得之康斋。”[②] 可见，陈献章对周敦颐、二程、朱熹的著作进行了系统的研读，吴与弼的讲解和介绍不无其功，这为陈白沙更丰富了解和把握程朱理学的学统奠定了基础。

陈献章师从吴与弼，虽然对儒家学脉有了基本把握，但他还是自感“未知入处”。景泰七年（1456），29 岁的陈献章自临川回到家乡。为了能够静心自修，陈献章专门在江门白沙村小庐山麓之南，建成一间书舍，题名“春阳台”，作为读书静坐的场所。“先生初筑春阳台，日坐其中，用功或过，几致心病。”[③] 他足不出户，闭门读书，即使广东参议朱英求见也被陈献章回避。他甚至彻夜不寝地读书，困了就用热水洗个脚接着读。平日家人通过墙壁洞口给他送食，陈献章就这样度过了 10 年的读书光阴。

在 10 年阅读典籍的过程中，陈献章经历了由“此心与此理未有凑泊吻合处”的痛苦质疑，到“见吾此心之体隐然呈露”[④] 的欣慰收获。他由自己学习的经历感悟到自得之学的道理，“夫学贵自得也。自得之，然后博之以载籍”[⑤]。而自得的获得唯在静坐，“有学于仆者，辄教之静坐，盖吾所经历粗有实效者告知，非务为高虚以误人也”[⑥]。由静坐而自得，陈献章领略到“不知天地之为大，生死之为变，而况于富贵贫贱、功利

① 阮榕龄：《编次陈白沙先生年谱》，孙通海点校：《陈献章集》附录二，北京：中华书局 1987 年，第 806 页。

② 张诩：《白沙先生行状》，孙通海点校：《陈献章集》附录二，北京：中华书局 1987 年，第 879 页。

③ 阮榕龄：《编次陈白沙先生年谱》，孙通海点校：《陈献章集》附录二，北京：中华书局 1987 年，第 808 页。

④⑥ 陈献章：《复赵提学佥宪》，孙通海点校：《陈献章集》卷二，北京：中华书局 1987 年，第 145 页。

⑤ 阮榕龄：《编次陈白沙先生年谱》，孙通海点校：《陈献章集》附录二，北京：中华书局 1987 年，第 807 页。

得丧、屈信予夺之间哉”[1] 的“忘我而我大”的超然境界，于是，“静中养出端倪”的治学之方呼之而出。

成化元年（1465），陈献章38岁。这一年秋天，曾拜他为师的潘松森决意要见老师。陈献章终为学生拜师精神所感动，打开了紧锁10年的春阳台大门。自此，陈献章将春阳台改为书馆，亲笔题写“小庐山书屋”，开始了讲学生涯。江门、南海、顺德、三水等地的学生风闻而至，次年，曾为国子监同窗的上海陈肃远道登门行弟子礼，陈门一时为盛。

成化二年（1466）秋天，陈献章听从母亲建议再度抵达京师，进入国子监以备考。太学祭酒邢让有意考查陈献章的学问，让他作《和杨龟山〈此日不再得〉韵》诗。杨时，号龟山，北宋学者，一生精研理学，他以“此日不再得”为题，以孟子“反身而诚”理念告示同学，须珍惜光阴，勤奋自修，义利两分。陈献章的诗在杨时的基础上，着重提出了注重“心藏”，更强调方寸之间的枢纽作用。他批判学习文辞为道的做法，同时在义利两分上提出通过兀坐一室的静坐来开启道德觉悟之机。邢让看后大为惊叹，认为“龟山不如也”，以为真儒复出，扬言于朝。陈献章一时名震京师，京师名士如罗伦、章懋、庄永、贺钦等人都与之交游，贺钦甚至执弟子礼。

陈献章因此获国子监生历事资格，被安排在吏部文选清吏司实习，“日捧案牍，与群吏杂立厅事下，朝往夕返不少怠。郎中等官皆勉令休退，对曰‘某分宜然也’”[2]。虽然在吏部衙门只是做着日捧案牍、抄缮校核、封发递送的杂事，但陈献章依然是谨守职分地对待。

3年后，陈献章又一次参加礼部科考，再次落榜。于此陈献章彻底断绝了科举仕途的念头，秋天回到家乡，居碧玉楼。碧玉楼有联：“大海从鱼跃，长空任鸟飞。”陈献章于此设帐授徒，江门学派于此时渐趋成熟。张诩在白沙行状中说：“南归，杜门却扫，潜心大业。道价响天下，四方

---

① 陈献章：《李文溪文集序》，孙通海点校：《陈献章集》卷一，北京：中华书局1987年，第8页。

② 阮榕龄：《编次陈白沙先生年谱》，孙通海点校：《陈献章集》附录二，北京：中华书局1987年，第810页。

学者日益众，往来东西两藩部使以及藩王岛夷宣慰，无不致礼于先生之庐。先生日饮食供宾客，了不知其囊之罄也。自朝至夕，与门人宾友讲学论天下古今事，或至漏下，亹亹不少厌倦，翌旦精神如故，虽少壮者自以为莫及也。”①

这一年，东莞人林光拜师陈献章。林光，字缉熙，号南川，晚年更号南翁。他于成化五年（1469）上京会试，下第，适与同下第的陈献章相遇，同船南返，话很投机。于是至新会白沙村，拜陈献章为师，往来问学几二十年。巡抚朱英劝他做官，他以学未成辞之。成化二十年（1484），从母命，复赴会试，中副榜，任浙江平湖县教谕。弘治六年（1493）十月，秩满还家。此后又历任山东兖州府和严州府儒学教授、国子监博士、襄王府左长史。其所著书有《晦翁学验》《南川冰蘖集》。陈献章与林光交往数十年，两人书信交往也很多，感情笃深。虽然陈献章对林光出仕存有看法，但林光依然是陈献章最看好的弟子之一。

这一年的二月，又有45岁的伍云入门受业。伍云，字光宇，南海人。伍云在陈献章屋旁结草屋三间，向陈献章问道。陈献章以周敦颐、二程寻仲尼、颜渊乐处为典故开释：“仲尼饮水曲肱，颜子箪瓢陋巷，不改其乐。将求之曲肱饮水耶？求之陋巷耶？抑无事乎曲肱陋巷而有其乐耶？吾子其抑慎求之。”② 伍云受到启发，遂号其草屋为“寻乐斋”。

成化七年（1471），新会知县丁积登门拜陈献章为师。丁积，字彦诚，宁都人。他下车伊始，听说治内有大儒陈献章，便登门求教，以后“政暇必走白沙，往返，岁月内不知其几”③。

成化十三年（1477），学生周镐、周京兄弟来访，陈献章与这两名学生带酒上山春游。时维仲春，风日晴美，在圭峰绿护屏，面对龙潭春水，

① 张诩：《白沙先生行状》，孙通海点校：《陈献章集》附录二，北京：中华书局1987年，第870页。

② 陈献章：《寻乐斋记》，孙通海点校：《陈献章集》卷一，北京：中华书局1987年，第47页。

③ 陈献章：《丁知县庙记》，孙通海点校：《陈献章集》卷一，北京：中华书局1987年，第35页。

师生席地而坐，欣赏着冉冉升起的云气。陈献章问道："夫潭取其洁也，云取其变也。洁者其本乎？变者其用乎？"两位学生做了肯定的回答，白沙则又否定了这个观点，激起了两位学生的好奇心。陈献章接着借助眼前云潭的云水变幻，系统简要地阐述了"天地间一气而已，屈信相感，其变无穷"的学术观点，"二子于是起而再拜，乞书，为《云潭记》"①。

成化十七年（1481），张诩从学于陈献章。张诩，字廷实，号东所，南海县人。他少年好学力行，成化年间先后中了举人和进士。但张诩才高而素性耿介，鄙弃名利，有官不做，以乞养母病而回乡，福建莆田彭韶赞他为"岭南孤凤"。陈献章与张诩交往非常密切，在陈献章留下来的诗文中，给张诩的书信达69封之多。而且在信件中陈献章大量谈论到一些私密的事情，包括对其他弟子的评价，可见对张诩的信任。在思想风格上，张诩应该是思想风格与陈献章最相近的弟子，陈献章对其评价很高："廷实之学，以自然为宗，以忘已为大，以无欲为至，即心观妙，以揆圣人之用。其观于天地，日月晦明，山川流峙，四时所以运行，万物所以化生，无非在我之极，而思握其枢机，端其衔绥，行乎日用事物之中，以与之无穷。"② 陈献章认为张诩清虚高迈而不苟同于世，能够审于仕止、进退、语默之道。

成化十七年（1481），江西重修白鹿洞书院，布政使陈炜派遣生员李士达、刘希孟等带着书信聘礼，到江门请陈献章出任山长。同时张东百、彭方伯等也相继给陈献章捎来书信，邀请陈献章出掌白鹿洞书院山长职务，遭遇陈献章的婉拒。他在给李、刘的诗序中说："二生莫误。诸公欲兴白鹿之教，复考亭之旧，必求能为考亭之学者，夫然后可以称诸公之任。使乃下谋于予，是何异借听于聋、求视于盲也。予闻之：君子之使

① 陈献章：《寻乐斋记》，孙通海点校：《陈献章集》卷一，北京：中华书局1987年，第41～42页。

② 陈献章：《送张进士廷实还京序》，孙通海点校：《陈献章集》卷一，北京：中华书局1987年，第12页。

人也，由其诚，不强求其所不能也。”① 陈献章的意思，白鹿洞书院是朱熹学统之所在。修复白鹿洞书院，旨在弘扬朱子学，但陈献章对朱熹的读书穷理的教育方式并不赞同，自己出任白鹿洞书院山长并不能发扬朱熹的学说。因此，他选择了拒绝。

在这一时期，陈献章的心学理论体系渐趋成熟。其《论前辈言铢视轩冕尘视金玉》3 篇，以精练的语言概述了其学说的三大重要命题：“以道为本”“道贯通物”“心具万理”。这 3 个命题高度浓缩了陈献章心学的价值取向，深刻表达了他的宇宙观。②

成化十八年（1482），朝廷征召，55 岁的陈献章不得不赴京。由于一路舟车劳顿，沿途发病，到京后已难以应对吏部考试。加之又得到儿子来信说，陈献章母亲思念成疾，盼陈献章回家度日如年。陈献章不得已上《乞终养疏》，向皇帝请求回家养母尽孝。皇帝命吏部提出意见，吏部建议授予其翰林院检讨一职，同意其归家探母，以后再来供职。于是陈献章径直回到家乡。虽然以后屡次又有征召，但他再也无心仕途，而是潜心在家乡授徒教学，奉养母亲，悠游自得，直至去世。

弘治元年（1488），李承箕来从学。李承箕，字世卿，号大崖居士，湖北嘉鱼人，成化二十二年（1486）举乡试。因仰慕师陈献章而跋山涉水来到白沙，“沿途歌吟，入南海，访予白沙，一见语合意”。陈献章为其筑楚云台，自后师徒整天登涉山水，饮酒吟诗。“凡天地间耳目所闻见，古今上下载籍所存，无所不语。”③ 在陈献章看来，李承箕长于文章，率性而为，于是并不强行与之谈论名理学问，而是让他自悟自得。陈献章“时时呼酒与世卿投壶共饮，必期于醉。醉则赋诗，或世卿唱，予和之，或予唱而世卿和之，积凡百余篇。其言皆本于性情之真，非有意于

---

① 陈献章：《赠李刘二生还江右诗序》，孙通海点校：《陈献章集》卷一，北京：中华书局 1987 年，第 18 页。

② 参见黄明同：《明代心学开篇者陈献章》，上海：上海古籍出版社 2013 年，第 166 页。

③ 黄宗羲：《明儒学案》卷五《白沙学案上》，北京：中华书局 2008 年，第 93 页。

世俗之赞毁”①。

弘治七年（1494），67 岁的陈献章又迎来了一名新弟子湛若水。湛若水因梁景行介绍而得以拜师，陈献章语之曰：“噫，久矣，吾之不讲于此学也。惟至虚受道，然而虚实一体矣。惟休乃得，然而休非休矣。惟勿忘勿助，学其自然矣。惟无在无不在，斯无忘助矣。”在这一教学思路下，湛若水虚心问道，陈献章指点迷津。据湛若水记载，如问体认天理，曰：“其兹可以至圣域矣。”问（曾）参前倚衡，曰：“惟子是学矣。”问东所张子（张诩）敏也，子何不之讲，曰：“弗问弗讲，且顺其高谈，然几禅矣。”②

弘治十二年（1499），陈献章把江门钓台作为信物赠予湛若水。江门钓台是陈献章在蓬江岸边建造的一间小屋，临江可垂钓、赏月、饮酒、游乐，也是陈献章坐而论道的地方，是其学术、学派的象征，犹如佛家之袈裟，可用作传承事业的信物。他明确指出：“达摩西来，传衣为信，江门钓台亦病夫之衣钵也。兹以付民泽，将来有无穷之托。珍重，珍重。”③

弘治十三年（1500），陈献章走完了他坎坷的一生，享年 73 岁。

陈献章在近 40 年的教学生涯中，其弟子、文友难以统计。清代修的《新会县志》记载为 109 人，而清中叶邑人阮榕龄著的《白沙门人考》则记载较详，列有姓名的学子共 164 人，籍贯除隶属广东省内番禺、顺德、东莞、增城、潮州、吴川等 14 县之外，远至东北、华中，西南、华东各省均有，其中广东省内弟子达到 154 人。

陈献章十分重视教育的社会作用。他在《新迁电白县儒学记》中说：

---

① 陈献章：《送李世卿还嘉鱼序》，孙通海点校：《陈献章集》卷一，北京：中华书局 1987 年，第 16 页。

② 湛若水：《白沙先生改葬墓碑铭》，孙通海点校：《陈献章集》附录二，北京：中华书局 1987 年，第 884 页。

③ 陈献章：《与湛民泽》，孙通海点校：《陈献章集》卷二，北京：中华书局 1987 年，第 193 页。

“自古有国家者，未始不以兴学育才为务。”[①] 在《龙冈书院记》中说：“昔者尧、舜、禹、汤、文、武、周公道大行于天下，孔子不得其位，泽不被当世之民，于是进七十子之徒于杏坛而教之，择善力行，以底于成德。其至也，与天地立心，与生民立命，与往圣继绝学，与来世开太平。若是者，诚孔子之教也。大哉，教乎！”[②] 他在《恩平县儒学记》中说：“习端而俗正，教立而风行；民乐生而好乱者息，士有耻而慕义者众，则刑罚可省，礼义可兴，囹圄可空，干戈可戢，守令之责尽矣，而君之志宁不亦乐于斯乎？”[③]

陈献章招生，不分贵贱，不择贤愚，他说：“是学也，贫富贵贱，才不才共之，无所择其人。”[④] 其弟子李承箕也说：“今翕然以顺，无远近，无贵贱，咸来问学，先生怡然随问而答，初不强括之，亦未尝轻拒人。”[⑤] 张诩在《白沙先生形状》中说：“至于浮屠羽士、商农仆贱来谒者，先生悉倾意接之，有叩无不告，故天下被其化者甚众。”[⑥]

陈献章的教育思想的特点是以得道而展开。陈献章强调，道之所在，不在典籍，而在“吾心”，故推崇以自然为宗的得道方法，以及通过“境语”“诗语”的传道途径，使人达到“至乐”的精神境界。

二、得道求诸“吾心”

中国古典文化有一个言“道”的传统。老子说“道可道，非常道”，

---

① 陈献章：《新迁电白县儒学记》，孙通海点校：《陈献章集》卷一，北京：中华书局1987年，第39页。

② 陈献章：《龙冈书院记》，孙通海点校：《陈献章集》卷一，北京：中华书局1987年，第33页。

③ 陈献章：《恩平县儒学记》，孙通海点校：《陈献章集》卷一，北京：中华书局1987年，第38页。

④ 陈献章：《程乡县社学记》，孙通海点校：《陈献章集》卷一，北京：中华书局1987年，第30页。

⑤ 李承箕：《寿石翁陈先生六十一诗序》，孙通海点校：《陈献章集》附录四，北京：中华书局1987年，第924页。

⑥ 张诩：《白沙先生形状》，孙通海点校：《陈献章集》附录二，北京：中华书局1987年，第881页。

孔子曰“道不远人”，《礼记·中庸》则称“天命之谓性，率性之谓道，修道之谓教”，至此“道”成了教育传递修持的所在。先秦以后，中国的思想世界就凭着对先秦古典经籍的不断重新解读与诠释来确定“道”之所在。至唐代的韩愈则否定了两汉、魏晋南北朝至隋唐的经典解释传统，直承先秦的诸位思想先驱，标举“尧、舜、禹、汤、文、武、周公、孔子、孟子”的“道统”渊源。宋儒则把周敦颐、邵雍、张载、程颢、程颐、朱熹6位，确立为孟子以后的“道统”传承序列，对先秦儒家思想进行一种理的诠释，开创了中国学术的宋明理学时代。

如同宋代理学家，陈献章也试图把握一种根本的、超越的“道”或“理”，寻找可以“一以贯之”的精神境界。但他对于这种超越性的“道”的把握，其意义及方式不同于朱熹，甚至也不同于陆九渊。内圣外王是宋代理学的一种重要命题，包含了“得道”的价值意义体系，通过“诚意正心修身”的“内圣”把握“道”体，从而实现“齐家治国平天下”的“外王”，无论这种外王是表现为政治事功，还是表现为道德教化，在此对“道”体的把握都充满了中国人的实用理性传统。但陈献章却突出“内圣”，消解“外王”。他“得道”的意义不在于事功或者教化的“外王”，而在于“得道”本身，在于把握操持万化枢机，在于“道乐”的至上境界。陈献章通过“得道”者的“自得”或“洒落”或“至乐”，为“得道”赋予了无须凭依挂靠的自身的目的性。

理解陈献章的心学，要特别注重他的“乐”。这种乐是一种得道的“至乐”状态，也可称之为“道乐”，与自然、洒落、自得的状态同属一体。陈献章对于超道德的精神境界的追求，主要就是通过“乐”或“洒落”或“自然”来实现。在他的心学体系中，“道乐”既是得道的目的，也是得道的路径。“以道为乐”“寻乐得道”的“道”与“乐”是相互达致的，“道”与“乐”共同形构了陈献章心学的两个互动的核心原点。

陈献章继承了宋儒修道成圣的理学传统，但又有不同的“道”之所在。陈献章同宋儒一样的是赋予了“道”以形而上极高地位，同宋儒不一样的是赋予了“得道”以自身的目的性，从而也为“得道”争得了价值优先的地位。陈献章的学说著述极少，在他仅有的几篇论说中，他对道进行了系统的论说。陈献章说：

> 道至大，天地亦至大，天地与道若相侔亦。然以天地而视道，则道为天地之本；以道视天地，则天地者，太仓之一粟，沧海之一勺耳，曾足与道侔哉？天地之大不得与道侔，故至大者道而已，而君子得之。一身之微，其所得者，富贵、贫贱、死生、祸福，曾足以为君子所得乎？君子之所得者有如此，则天地之始，吾之始也，而吾之道无所增；天地之终，吾之终也，而吾之道无所损。天地之大，且不我逃，而我不增损，则举天地间物既归于我，而不足增损于我矣。天下之物尽在我而不足以增损我，故卒然遇之而不惊，无故失之而不介。舜禹之有天下而不与，烈风雷雨而弗迷，尚何铢轩冕尘金玉之足言哉！[①]

所谓道至大，是强调道为自然的宇宙本体，是超乎天、地、人的总体范畴。得道者能够超越富贵、贫贱、死生、祸福，达到与天地同一的境界，也就达到了“至乐”的境界，或称为一种“自得”的境界。在此种意义上，“得道”成为学习目的本身。陈献章的“自得”并不仅仅是一种治学方法，“自得”本身也是一种超脱于功名利禄、天地万物之外的自足自洽的高妙精神境界。获得了这种“自得”境界者也就拥有了至上的快乐而无须外求，正如陈献章致湛若水的信中所说：“自然之乐，乃真乐也。宇宙间复有何事？”[②] 在此，陈献章通过“道乐”的中介，赋予“得道”以超越得失的“至乐”的价值意义体系。

那么，怎样才能得道？陈献章认为，由于“道”是不可言状的，所以只能靠此心来把握。他说：“或问：‘道可状乎？’曰：‘不可。此理之妙不容言，道至于可言则已涉乎粗迹矣。’‘何以知之？’曰：‘以吾知之。吾或有得焉，心得而存之，口不可得而言之。比试言之，则已非我所存

---

① 陈献章：《论前辈言铢视轩冕尘视金玉（上）》，孙通海点校：《陈献章集》卷一，北京：中华书局1987年，第54～55页。

② 陈献章：《与湛民泽（其九）》，孙通海点校：《陈献章集》卷二，北京：中华书局1987年，第192～193页。

矣。故凡有得而可言，皆不足以得言。’曰：‘道不可言状，亦可以物乎？’曰：‘不可。物囿于形，道通于物，有目者不得见也。’‘何以言之？’‘天得之为天，地得之为地，人得之为人。状之以天则遗地，状之以地则遗人。物不足状也。’”① 在陈献章看来，道既“通于物”，又“物不足状”，是一种不在事物、不离事物的普遍法则与客观精神，因此只能“心得而存之”。

强调“吾心”才能得道，就是强调人与宇宙同体。陈献章说：“此理干涉至大，无内外，无终始，无一处不到，无一息不运。会此则天地我立，万化我出，而宇宙在我矣。”② 在这里，天地我立，万化我出，“吾心”也就成了宇宙的主宰。人心通过自身的觉悟与道融为一体，也就因此获得了空间的无限性和时间的永恒性，人在社会中，乃至教育中的主体地位也由此而确立。

既然如此，对道的探求就不可求之于典籍，而要求之于吾心，从而形成与朱学迥异的修道路径。朱子认为“理”是普遍蕴含在万事万物中的终极道理，通过对各种分殊之“理”的体认和把握可以彻底领悟终极的“理”。通过读书格物，“今日格一件，明日又格一件”，最后达到理的豁然贯通。与朱子相反，陈献章认为今日格一物，明日明一理的方式无法得道，因为“道”是无法积累达致的。陈献章说：“夫道至无而动，至近而神，故藏而后发，形而斯存。大抵由积累而至者，可以言传也；不由积累而至者，不可以言传也。”③

当时教育盛行背诵圣贤典籍，如陈献章所说：“今父兄爱其子弟，教以《六经》，诵之也，惟恐其言之不熟；讲之也，惟恐其旨之不明。”④

---

① 陈献章：《论前辈言铢视轩冕尘视金玉（下）》，孙通海点校：《陈献章集》卷一，北京：中华书局 1987 年，第 56 页。

② 陈献章：《与林郡博七》，孙通海点校：《陈献章集》卷二，北京：中华书局 1987 年，第 217 页。

③ 陈献章：《复张东百内翰》，孙通海点校：《陈献章集》卷二，北京：中华书局 1987 年，第 131 页。

④ 陈献章：《龙冈书院记》，孙通海点校：《陈献章集》卷一，北京：中华书局 1987 年，第 33 页。

这种靠诵之、讲之的方法皆难以致道，全然违背了孔子教育之真谛。陈献章说："夫子之学，非后世人所谓学。后之学者，记诵而已耳，词章而已耳。天之所以与我者，故懵然莫知也。夫何故？载籍多而功不专，耳目乱而知不明，宜君子之忧之也。"又说："六经，夫子之书也；学者徒诵其言而忘味，六经一糟粕耳，犹未免于玩物丧志。"①

由此，陈献章一反朱子学读书穷理的求道路径，提出了"为学当求诸心"的求道新路径。他说："为学当求诸心必得。所谓虚明静一者为之主，徐取古人紧要文字读之，庶能有所契合，不为影响依附，以陷于徇外自欺之弊，此心学法门也。"② 所谓求诸吾心，是强调自得之学。陈献章要求学者以虚明静一之状态，取古人紧要文字读之，力求与"道""理"契合，求得心与"道""理"的"凑泊吻合处"③。陈献章强调，只有尽性至命，方能涵养德性。他说："圣人之学，惟求尽性。性即理也，尽性至命。理由化迁，化以理定。化不可言，守之在敬。有一其中，养吾德性。"④

当然，陈献章也并非主张不读书，他只是主张读书要求心中自得，要下实功夫。他对林时矩要求："更将《中庸》首尾紧要处沉潜，要见着落。"⑤ 他对贺钦要求："归去辽阳，杜门后可取《大学》《西铭》熟读，求古人为学次第规模，实下功夫去做。"⑥ 陈献章极力反对的是当时的利禄之学，陈献章与应征入京的章懋曾经有一段对话：

---

① 陈献章：《道学传序》，孙通海点校：《陈献章集》卷一，北京：中华书局1987年，第20页。

② 陈献章：《书自题大塘书屋诗后》，孙通海点校：《陈献章集》卷一，北京：中华书局1987年，第68页。

③ 陈献章：《复赵提学佥宪》，孙通海点校：《陈献章集》卷二，北京：中华书局1987年，第145页。

④ 陈献章：《与民泽》，孙通海点校：《陈献章集》卷四，北京：中华书局1987年，第278页。

⑤ 陈献章：《与林时矩》，孙通海点校：《陈献章集》卷三，北京：中华书局1987年，第243页。

⑥ 陈献章：《与贺克恭黄门》，孙通海点校：《陈献章集》卷二，北京：中华书局1987年，第134页。

章枫山谓予曰："白沙应聘来京师，予在大理，往候而问学焉。白沙云：'我无以教人，但令学者看《与点》一章。'予曰：'以此教人，善矣。但朱子谓专理会《与点》意思，恐入于禅。'白沙云：'彼一时也，此一时也。朱子时，人多流于异学，故以此教之；今人溺于利禄之学深矣，必知此意，然后有进步处耳。'予闻其言，恍若有悟。"①

"今人溺于利禄之学深矣"，就是陈献章对当时教育的忧虑。所以他要求人们读书要以吾心去感悟，不要成为书的奴隶。他说："学者苟不但求之书而求诸吾心，察于动静有无之机，致养其在我者，而勿以闻见乱之，去耳目支离之用，全虚圆不测之神，一开卷尽得之矣。非得之书也，得自我者也。盖以我而观书，随处得益；以书博我，则释卷而茫然。"②

三、自然为宗的得道方法

在学习中，如何才能让此心活泼自在，不受外界的诱惑，没有外在的牵缠，陈献章强调学习要以自然为宗。他对湛若水说："此学以自然为宗者也。"又说："古之善学者，常令此心在无物处，便运用得转耳。学者以自然为宗，不可不着意理会。"③ 自然，在陈献章那儿，既是天道物理的客体，又是人心顺应天道物理的主体。他在《与林时矩》中说："宇宙内更有何事，天自信天，地自信地，吾自信吾；自动自静，自阖自辟，自舒自卷；甲不问乙供，乙不待甲赐；牛自为牛，马自为马；感于此，应于彼，发乎迩，见乎远。故得之者，天地与顺，日月与明，鬼神与福，万民与诚，百世与名，而无一物奸于其间。"④ 从这里可看出，陈献章的自然实际是指"心灵的自由，不受牵连制累，也就是'无滞'"。它既是

① 黄宗羲：《明儒学案》卷四《崇仁学案四》，北京：中华书局2008年，第75页。

② 陈献章：《道学传序》，孙通海点校：《陈献章集》卷一，北京：中华书局1987年，第20页。

③ 陈献章：《与湛民泽》，孙通海点校：《陈献章集》卷二，北京：中华书局1987年，第192页。

④ 陈献章：《与林时矩》，孙通海点校：《陈献章集》卷三，北京：中华书局1987年，第242页。

人们学习追求的精神境界，也是达到此种境界的功夫。[①]

要学宗自然，关键是要在心中不留一物。陈献章说："人心上容留一物不得，才着一物，则有碍。且如功业要做，故是美事，若心心念念只在功业上，此心便不广大，便是有累之心。是以圣贤之心，廓然若无，感而后应，不感则不应。又不特圣贤如此，人心本来体段皆一般，只要养之以静，便自开大。"[②] 陈献章并不反对"功业"，包括科举，但如果人们"心心念念"都在功业上，便是"有累之心"，便难以得道。他说："自得者，不累于外物，不累于耳目，不累于造次颠沛，鸢飞鱼跃，其机在我。知此者谓之善学，不知此者虽学无益也。"[③] 陈献章提倡以老庄的内外两忘方式，来让此心得以自然无滞。

要学宗自然，陈献章强调静坐功夫。陈献章绝意科举功名，在春阳台中静坐几年，斩断各种外在缠绕，终于有了第一次悟道的飞跃。他说："于是舍彼之烦，求吾之约，惟在静坐，久之，然后见吾此心之体，隐然呈露，常若有物。日用间种种应酬，随吾所欲，如马之御衔勒也。体认物理，稽诸圣训，各有头绪来历，如水之有源委也。"[④] 他将这种体验应用于教学，传授于弟子，他说："有学于仆者，辄教之静坐，盖以吾所经历，粗有实效者告之，非务为高虚以误人也。"[⑤] 陈献章自言："老拙每日饱食之后，辄瞑目坐竟日，甚稳便也。"[⑥] 由于陈献章注重静坐，教授生徒多用静坐，黄宗羲称白沙之学是"以静为门户"[⑦]。其弟子林光说：

---

① 陈来：《宋明理学》，上海：华东师范大学出版社2004年，第194页。

② 黄宗羲：《明儒学案》卷五《白沙学案上》，北京：中华书局2008年，第85～86页。

③ 黄宗羲：《明儒学案》卷五《白沙学案上》，北京：中华书局2008年，第90页。

④⑤ 陈献章：《复赵提学佥宪》，孙通海点校：《陈献章集》卷二，北京：中华书局1987年，第145页。

⑥ 陈献章：《与光禄何子完》，孙通海点校：《陈献章集》卷二，北京：中华书局1987年，第156页。

⑦ 黄宗羲：《明儒学案》卷五《白沙学案上》，北京：中华书局2008年，第80页。

“先生教人其初必令静坐以养其善端。”[1] 陈献章也对弟子林友说：“学劳扰无由见道，故观书博识，不如静坐。”[2] 在给贺钦的信中，陈献章称：“为学须从静中坐养出端倪来，方有商量处。……若未有入处，但只依此下工，不至相误，未可便靠书策也。”[3] 贺钦遵循陈献章的教导，构小楼读书其中，潜心玩味，杜门不出者十余年，悟出“实理充塞无间，化机显行，莫非道体。事事物物各具本然实理，吾人之学不必求之高远，在主敬以收放心，勿忘勿助，循其所谓本然者而已”[4]。

陈献章后来又拓展悟道的路径，由静坐而至于优游自然之中，通过自然中的放浪俯仰之间，达到内外两忘的悟道之机。正如其弟子张东所说：白沙自见吴与弼归后，“杜门独扫一室，日静坐其中，虽家人罕见其面。如是者数年，未之有得也。于是迅扫夙习，或浩歌长林，或孤啸绝岛，或弄艇投竿于溪涯海曲。忘形骸，捐耳目，去心智，久之然后有得焉，于是自信自乐。其为道也，主静而见大，盖濂、洛之学也。其为道也，由斯致力，迟迟至于二十余年之久，乃大悟广大高明，不离乎日用。一真万事真，本自圆成，不假人力。无动静、内外、大小、精粗，盖孔子之学也”[5]。陈献章因杜门静坐而未之有得，于是浩歌长林，孤啸绝岛，弄艇投竿，忘形骸，捐耳目，去心智，乃大悟广大高明。这种优游于大自然与静居观物的动静结合，修习着道家式的修行方式，使陈献章悟得了自己的“道”。

陈献章也将这种悟道途径应用于教学之中。其讲学江门，常与诸弟子优游山水，“江门洗足上庐山，放脚一踏云霞穿。大行不加穷亦全，尧

---

① 邓淳：《粤东名儒言行录》卷五《陈献章》，道光辛卯年（1831）养拙山房藏版，第13页。

② 陈献章：《与林友》，孙通海点校：《陈献章集》卷三，北京：中华书局1987年，第269页。

③ 陈献章：《复张东百内翰》，孙通海点校：《陈献章集》卷二，北京：中华书局1987年，第133页。

④ 黄宗羲：《明儒学案》卷六《白沙学案下》，北京：中华书局2008年，第99页。

⑤ 黄宗羲：《明儒学案》卷六《白沙学案下》，北京：中华书局2008年，第98页。

舜与我都自然”[1]。陈献章弟子经常访游于名山大川之间，如左廷弼游罗浮山，陈献章致书曰：“秋且尽矣，拉何山人驾扁舟出扶胥口，东望罗浮铁桥之胜，遂登飞云，访朱明洞天，此其时乎！因想足下能飘然自适，益觉某之匏击于病为可厌也。近稿十数首录在别纸，早晚东游，则此纸或可随行。有至飞云顶，且令从者歌之，为我通一语于山灵也。”[2] 陈献章自己也念念于罗浮、衡山之行，而终未能如愿，只好在想象之中神游名山，他在给湛若水的信中称：“飞云之高几千仞，未若立本于空中，与此山平。置足其颠，若履平地，四顾脱然，尤为奇绝。此其人内忘其心，外忘其形，其气浩然，物莫能干，神游八极，未足言也。”[3] 这种置身于大自然中，“内忘其心，外忘其形”的内外两忘正是陈献章所追求的“自然”境界。在《湖山雅趣赋》中，陈献章再次提到“放浪形骸之外，俯仰宇宙之间”的湖山优游中，“当其境与心容，时与意会，悠然而适，泰然而安，物我于是乎两忘，死生焉得而相干，亦一时壮游也”[4]。陈献章与弟子们正是通过在大自然中的内外两忘来实现“道”的体悟。

陈献章把自己悟道的成功归之于孔子的教导，他说：“孔子教人，文行忠信，后之学于孔氏者，则曰‘一为要’。一者无欲也，无欲则静虚而动直，然后圣可学而至矣。”[5] 在给胡希仁的诗中，陈献章很好地总结了他的“求道当求诸心”的思路，其诗曰：“古人弃糟粕，糟粕非真传。眇哉一勺水，积累成大川。亦非有积累，源泉自涓涓。至无有至动，至近至神焉。发用兹不穷，缄藏极渊泉。吾能握其机，何必窥陈编？学患不

---

① 陈献章：《示诸生》，孙通海点校：《陈献章集》卷四，北京：中华书局 1987 年，第 325 页。

② 陈献章：《与左行人廷弼》，孙通海点校：《陈献章集》卷二，北京：中华书局 1987 年，第 155 ~ 156 页。

③ 陈献章：《与湛民泽》，孙通海点校：《陈献章集》卷二，北京：中华书局 1987 年，第 190 页。

④ 陈献章：《湖山雅趣赋》，孙通海点校：《陈献章集》卷四，北京：中华书局 1987 年，第 275 页。

⑤ 陈献章：《复赵提学佥宪（其三）》，孙通海点校：《陈献章集》卷二，北京：中华书局 1987 年，第 147 页。

用心，用心滋牵缠。本虚形乃实，立本贵自然。戒慎与恐惧，斯言未云偏。后儒不省事，差失毫厘间。寄语了心人，素琴本无弦。”①

由此看来，陈献章在修道的过程中，在博览经籍而无所得后，先是静坐体悟，再动静结合，到自然中优游，最终总结出以静为门户、以自然为宗的心学修炼法门。经过长期的沉潜研修，陈献章感受到了“道”的存在。

四、“境语”“诗语”的传道途径

陈献章的“道”不可言状，也不可给予，只能靠学者的自我修证体道，方能“自得”自成。然而这里又存在一个内在的逻辑困境，既然语言不能描述模状道，但人们总是要通过语言来传递这份超越“语言”的道。如何将这种“不可言状”的道，通过“言说”启导接引学者，便成为陈献章教学所要解决的问题。

陈献章从佛教那儿得到了启发。佛学特别是禅学早已认识到了“道”的语言学困难，语言在传递佛义的同时，又遮蔽了佛义。所以禅宗就通过不同于日常语言的艺术语言，如诗偈的形式，或者语势兼用的传释智慧，来解决语言与实在之间的紧张关系。陈献章在潜咏暗收禅宗传道方式的同时又有所摈弃，他没有走上禅宗的离奇语言的建构或棒打雷喝式的语势并用，他说：“得山莫杖，临济莫喝。万化自然，太虚何说?”虽然太虚是无言的，但陈献章还是吸取了禅宗的诗性语言的“言说”方式，辅助对体道之“境”的选择和设置来实现“不可言说”的道的传导启迪。简言之，陈献章是通过“境语”和“诗语”两种智慧的传道方式来完成传道的教育任务。

湖北嘉鱼的李承箕不远千里来江门师从陈献章，“白沙与之登临吊古，赋诗染翰，投壶饮酒，凡天地间耳目所闻见，古今上下载籍所存，无所不语。所未语者，此心通塞往来之机，生生化化之妙，欲先生深思

① 陈献章：《达张内翰廷祥书，括而成诗，呈胡希仁提学》，孙通海点校：《陈献章集》卷四，北京：中华书局 1987 年，第 279～280 页。

而自得之，不可以见闻承当也”[1]。这里讲的“所未语者”，是指陈献章实际在创设一种语境，通过这种“境语”的指引，指出一条见道之路，引导学者自证、自悟或自得。

例如，陈献章依靠在自然中静居观物、悠游大自然、寻乐等其他途径来设置“境语”，来接引学者悟得“无法言说”的道。陈献章过着接近自然的隐居自适的生活，他学陶渊明种田采菊，游目高原，披怀深林，与禽鸟作伴，与鹿豕相游。他在给一个处士的墓志铭中论说了这种静居的优处，“无声色嗜好以乱其耳目，无形势奔走以渎其交际，无是非毁誉以干其喜寂”[2]。陈献章在大量诗文里，流露出对自然隐居生活的向往，在《东圃诗序》中更具体而细致地摹画了一幅隐士的行乐图。“采菊东篱下，悠然见南山”的陶氏隐居生活，正是“去耳目支离之用，全虚圆不测之神”的悟道最佳清境。要进入陈献章设定的道中，就必须弃绝外在世俗纷扰对此心的牵缠。只有弃绝功名，塞断讲习著述，“无令半点芥蒂于胸中，然后善端可养，静可能也”[3]。陈献章正是通过这种外在环境的设置来形设体道的心境，通过各种自然的“境语”来释放心中自有的真道，达到接引学者入道的教育启迪。

为了有一个好的静坐环境，陈献章弟子多构筑小屋，避开家庭人事的缠绕，得以专门静坐养圣。在张诩求静而不可得时，白沙就建议其构小屋别居以求静，“承喻。求静之意，反复图之，未见其可，若遂行之，祈益动耳，恶在其能静耶？必不得已，如来喻构所居旁小屋处之，庶几少静耳”[4]。弟子伍光宇，就在居所背面的岩亭中静坐修道，“岩亭，高不盈一丈，其中阒寂，视之窈如也。而君以夙疾未除，齿发日耗，其为学

---

① 黄宗羲：《明儒学案》卷五《白沙学案上》，北京：中华书局2008年，第93页。

② 陈献章：《处士陈君墓志铭》，孙通海点校：《陈献章集》卷一，北京：中华书局1987年，第87页。

③ 邓淳：《粤东名儒言行录》卷五《陈献章》，道光辛卯年（1831）养拙山房藏版，第13页。

④ 陈献章：《与张廷实主事》，孙通海点校：《陈献章集》卷二，北京：中华书局1987年，第162页。

也，盖不能无日暮途远之忧，便杜门息交，不择远近为趋舍，凡平居一切与往还者，皆抗颜谢焉。入处于亭，焚香正襟，迭坐竟日，闻者异之”。伍光宇还在陈献章居所旁边筑草屋三间，号寻乐斋，专门用来习静养圣，并戒嘱家人“吾不可去白沙。吾其斋戒有事于家庙，吾疾作须扶持，吾乃归一日二日，小健吾当返，慎无以家事累我”①。

陈献章注重“境语”，特别注意去除外在的功名利禄对心的缠绕牵缠。因此，凡入陈献章之门的弟子也多厌弃科举官场，形成了一种隐逸主义的团体。这种弃绝人事、专心体道的传统始自吴与弼，至于陈献章则有坐小庐山10年，足迹不出于阈外，谢弃朝廷征召举荐。陈献章弟子多不入仕，如贺钦、张诩、陈庸辈皆然。因弟子林光做官入仕，陈献章责其“因斗升之禄以求便养，无难处者，特于语默进退斟酌早晚之宜不能自决，遂贻此悔，胸中不皎洁磊落也”②。王乐用以御史退居20余年，后来起用为广东佥事，不满一年就被考察去官。陈献章送给他的一首蕴含着批评与安慰的诗，表明了陈献章对入仕和入道的取舍，其诗曰：“可可可，左左左，费尽多少精神，惹得一场笑唾。百年不满一瞬，烦劳皆由心作。若是向上辈人，达塞一齐觑破。归来乎青山，还我白云满座。莫思量，但高卧。”③ 从中可见，陈献章及其群体的退而不仕并非是一种暂时性的策略，而是其对“道乐”价值体系追求的选择。

陈献章醉心于“勿忘勿助，鸢飞鱼跃”的自然境界，而这一境界承继自曾参到孟子的自然“乐”境。陈献章以为心学最难处即在达致此心“何思何虑”的自然状态，他说：“治心之学，不可把捉太紧，失了元初体段，愈认道理不出。又不可太漫，漫则流于泛滥而无所归。”④ 要使此

---

① 陈献章：《伍光宇行状》，孙通海点校：《陈献章集》卷一，北京：中华书局1987年，第103～104页。

② 黄宗羲：《明儒学案》卷六《白沙学案下》，北京：中华书局2008年，第105页。

③ 陈献章：《可左言赠佥宪王乐用归瑞昌》，孙通海点校：《陈献章集》附录一，北京：中华书局1987年，第706页。

④ 黄宗羲：《明儒学案》卷五《白沙学案上》，北京：中华书局2008年，第89页。

心达到“何思何虑”的自然之境，陈献章以为除了静坐养睨、居游自然，最直接有效的法子就是寻得曾参的“浴沂舞雩”之乐。在陈献章与诸弟子的交往中，多有曾点“浴沂舞雩”式的乐事，他与李承箕的“登临吊古，赋诗染翰，投壶饮酒”即是例证，而陈献章与弟子伍光宇的交往更充满了对“曾点之乐”的寻觅。陈献章在《伍光宇行状》中记：“南山之南有大江，君以意为钓艇，置琴一张，诸供具其中，题曰：‘光风艇’。遇良夜，皓魄当空，水天一色，君乘艇独钓，或设茗招予共啜。君悠然在艇尾赋诗，傲睨八极，予亦扣舷而歌，仰天而啸，飘飘乎任情去来，不知天壤之大也。”①

据陈献章自言，他能从这种“曾点之乐”中悟出大道：“虽尧舜事业，只如一点浮云过目，安事推乎”。陈献章的“道”之所以能从这种“乐”中来寻，关键在于“此理包罗上下，贯彻终始，滚作一片，都无分别，无尽藏故也”②。这种浑沦无分解的“道”是无法通过意识的条分缕析而获得，只能通过“勿忘勿助，鸢飞鱼跃”的自然境界中体得，而“曾点之乐”既是达到此种境界的路径，又是达到此种境界的表征。

除了“境语”的设置，陈献章还保留了诗的语言对道的领证觉悟作用。在陈献章教学中，大量使用“诗语”。湛若水称“白沙先生无著作也，著作之意寓于诗也。是故道德之精必于诗焉发之”③。陈炎宗说陈献章“不著述，独好诗。诗即先生之心法也，即先生之所以为教也。今读先生之诗，风云花鸟，触景而成。若无以异于凡诗之寄托者，至此心此理之微，生生化化之妙，物引而道存，言近而指远，自非澄心默识，超然于意象之表，未易渊通而豁解也”④。陈献章尝试着用“诗语”的形式

---

① 陈献章：《伍光宇行状》，孙通海点校：《陈献章集》卷一，北京：中华书局1987年，第103页。

② 陈献章：《与林郡博》，孙通海点校：《陈献章集》卷二，北京：中华书局1987年，第217页。

③ 陈献章：《白沙子古诗教解》，孙通海点校：《陈献章集》附录一，北京：中华书局1987年，第699页。

④ 陈献章：《白沙子古诗教解》，孙通海点校：《陈献章集》附录一，北京：中华书局1987年，第700页。

来描绘传神玄妙难言之“道”。他辞世前还作诗曰：“托仙终被谤，托佛乃多修。弄艇江溟月，闻歌碧玉楼。”[①]

陈献章通过诗来自由地抒发人的真性情，通过自然日常之事的吟咏见得自然真道。言为心声，通过“诗语”能得以自由地流露此心的真性情。诗从此心之中流发而出，就可达到“动天地、感鬼神”的“天人合一”境界。陈献章把诗的妙用与“道”的体认紧密相契起来，“天道不言，四时行，百物生，焉往而非诗之妙用？会而通之，一真自如。故能枢机造化，开阖万象，不离乎人伦日用而见鸢飞鱼跃之机”[②]。

陈献章援诗学入儒学，通过“诗语”呈现“鸢飞鱼跃”之机，以诗运思，以诗呈心，以诗证道，形成了自成一格的传道方式。他常同学生一道游山览水，触景生情，因情为诗，一唱一和。如陈白沙与李承箕诗酒唱和，“时时呼酒与世卿投壶共饮，必期于醉。醉则赋诗，或世卿唱予和之，或予唱而世卿和之，积凡百余篇。其言皆本于性情之真，非有意于世俗之赞毁”[③]。陈献章经常把自己即兴所得之诗寄予朋友、弟子，冀其讽咏体道，通过书信与诸弟子探讨诗文，启迪弟子“以诗证道”。

陈献章“静坐养出端倪”的教育思想体系打破了程朱理学沉闷而僵化的教育格局，开启了明代心学之先河。他高扬宇宙在我的主体价值，突出个人在天地万物中的存在意义，宛若明代学术界的一股清新空气，对整个明代文人精神取向产生了深刻影响。正如明代学者李廷机所言：“自新会陈公谓‘学必有源，静而反观乎此心之体，得其自然而不假人力’，以为至乐具是矣，其于世之荣名若遗也。盖自是天下学道者，浸知厌支离而反求诸心。”[④] 这一意义提升了岭南文化在整个中国文化发展中的地位。

---

① 陈献章：《白沙先生行状》，孙通海点校：《陈献章集》附录二，北京：中华书局1987年，第872页。

② 陈献章：《夕惕斋诗集后序》，孙通海点校：《陈献章集》卷一，北京：中华书局1987年，第11~12页。

③ 陈献章：《送李世卿还嘉鱼序》，孙通海点校：《陈献章集》卷一，北京：中华书局1987年，第16页。

④ 李廷机：《从祀文庙疏议》，孙通海点校：《陈献章集》附录四，北京：中华书局1987年，第928页。

第二节 湛若水的教育思想

湛若水（1466—1560），字元明、字民泽，号甘泉，广东增城甘泉都（今增城新塘）人，明代哲学家、教育家、书法家。孝宗弘治间进士，选庶吉士擢编修。世宗嘉靖初，官南京祭酒、礼部侍郎。后历南京礼、吏、兵三部尚书。少师事陈献章，后与王守仁同时讲学，各立门户。晚年致仕回乡，继续讲学20余年，弟子近4 000人，号甘泉学派。一生著作集为《湛甘泉先生文集》，近有上海古籍出版社出版的《湛若水全集》。

一、湛若水的教育实践活动

成化十二年（1476），湛若水11岁，他的父亲去世。由于年幼时曾经因避难而多次搬家，他14岁才开始入学学习。22岁的时候他在府学学习，弘治五年（1492），27岁的湛若水参加秋闱考试，这一次他考上了举人功名，第二年春天，上京参加会试落第。

湛若水的会试落第，成为他拜师陈献章的直接因素。弘治七年（1494），湛若水前往江门，拜师陈献章。屈大均说："湛文简初至白沙，斋戒三日而后敢求教。举于乡，即焚路引，从白沙十有三年，既得其旨，乃出而求仕，然犹一举足不敢忘师，所至辄为书院以奉之。"[①] 湛若水的"焚路引"，应是起源于他从学之初对陈献章的不理解。湛若水在见过陈献章后对梁景行说："白沙不作，功名声利，往往而是，宗烈超然世外，未老而死，惜哉!"[②] 此话对陈献章的惋惜，实际反映了湛若水心中对科举还抱有期望。陈献章了解到他还挂心于科举功名，就对他说："此学非全放下，终难凑泊。"于是湛若水"取所给部檄焚之，绝意仕进，深思力

① 屈大均：《广东新语》卷十《事师》，北京：中华书局1985年，第311页。

② 郭棐：《粤大记》卷十四《梁景行》，广州：广东人民出版社2014年，第385页。

诣”①，表达了全心向陈献章学习的决心。由于陈献章教学方式自由灵活，湛若水有一段时间主要是以游学的方式，在江门与增城之间往返。

弘治十年（1497），湛若水在给陈献章的信中提出了“随处体认天理”的治学思想，“自初拜门下，亲领尊训，至言勿忘勿助之旨，而发之以无在无不在之要，归而求之，以是持循，久未有落着处，一旦忽然若有闻悟，感程子之言‘吾学虽有所受，天理二字却是自家体认出来’，李延平云‘默坐澄心，体认天理’，愚谓‘天理’二字，千圣万贤大头脑处，尧舜以来至于孔孟，说‘中’，说‘极’，说‘仁义礼智’，千言万语，都已该括在内。若能随处体认，真见得，则日用间参前倚衡，无非此体，在人涵养以有之于己耳”②。陈献章对此也做出了明确的回应：“来书甚好。日用间随处体认天理，着此一鞭，何患不到古人佳处。”③

自后，湛若水定居楚云台，专心学问。陈献章也有意将湛若水当作自己的学术接班人来培养，在一封信中向湛若水阐述了自己学问的核心思想，“此学以自然为宗者也。承谕近日来颇有凑泊处，譬之适千里者，起脚不差，将来必有至处。自然之乐，乃真乐也。宇宙间复有何事？今之学者各标榜门墙，不求自得，诵说虽多，影响而已，无可告语者”④。弘治十二年（1499），陈献章以江门钓台赠湛若水，赋《江门钓濑与湛民泽收管》三首，明确表示：“达摩西来，传衣为信，江门钓台亦老夫之衣钵也。兹以付民泽，将来有无穷之托。珍重，珍重！”⑤ 第二年，陈献章逝世，湛若水为其守庐墓 3 年，白沙心学继承人身份正式确立。

弘治十七年（1504），湛若水 39 岁，奉母命北上，入南京太学学习。第二年春天，湛若水参加礼部会试，以《中者天下之大本论》成进士，

---

① 罗洪先：《墓表》，《湛甘泉先生文集》卷三十二《外集》。

② 黎业明：《湛若水年谱》，上海：上海古籍出版社 2009 年，第 15 页。

③ 陈献章：《与湛民泽》，孙通海点校：《陈献章集》卷二，北京：中华书局 1987 年，第 193 页。

④ 陈献章：《与湛民泽》，孙通海点校：《陈献章集》卷二，北京：中华书局 1987 年，第 192 ~ 193 页。

⑤ 陈献章：《江门钓濑与湛民泽收管》，孙通海点校：《陈献章集》卷六，北京：中华书局 1987 年，第 644 页。

进翰林院庶吉士继续学习。第二年，正德元年（1506），王守仁在京师金台书院讲学，湛若水亦入会。会上，湛若水提出仁与天地万物为一体的观点，深得王守仁的赞同，他感叹道："予求友于天下，三十年来未见此人。"于是两人一见定交，相与讲学，共尊程颐的"仁者浑然与天地万物同体"宗旨。

同年十二月，南京给事中戴铣等因为谏诤正德皇帝生活作风问题入狱，王阳明上疏相救，遭廷杖三十，贬谪贵州龙场驿，湛若水以《九章赠别并序》送王守仁。正德五年（1510），刘瑾伏诛，王守仁回到北京，与湛若水、薛侃、吕柟一起在大兴隆寺等处相与讲学。据薛侃回忆："予三人者自职事外，稍暇必会讲，饮食起居必共之，各相砥砺。"① 除在北京的讲学活动外，两人还在长安、滁阳等地相会讲学。随着讲学的深入，两人在为学之方上的分歧也日见明显。"先生与阳明分主教事，阳明宗旨致良知，先生宗旨隧穿体认天理。学者遂以良知之学，各立门户。其间为之调人者，谓天理即是良知也，体认即致也，何异？何同？然先生论格物，条阳明之说四不可。阳明亦言随处体认天理求之于外，是终不可强之使合也。"② 他们除会讲外，还通过书信来往，相互辩驳。

正德十年（1515），湛若水 50 岁，其母去世，归乡丁忧。在家乡增城，湛若水忆起恩师陈献章向往罗浮山，然终因病重而止步增城，由此建明诚书院以祀白沙。明诚书院地处增城凤凰山西麓形胜最佳处，"湛若水在翰林时买置书院于西郭之巷，为间者五，为层者三，而创席光亭于其上，将以妥先师之灵也"。为什么要建席光亭？湛若水说，为揭先生诗语也。当年陈献章止步增城凤凰岭，赋诗中有"借我一席光"一句。湛若水修建此亭，"以奠白沙先生之神也"③。故屈大均称此为湛若水首建书

① 《王文成公全书》卷三十七《世德纪》。

② 黄宗羲：《明儒学案》卷三十七《甘泉学案一》，北京：中华书局 2008 年，第 876 页。

③ 湛若水：《重修明诚书院席光亭记》，《湛甘泉先生文集》卷十八。

院，“甘泉书院遍天下，此其发祥之地，故尤重云”[1]。

正德十二年（1517），湛若水给皇帝上疏《乞养病疏》，未赴京履职，而是进入西樵山创建大科书院讲学。据《西樵志》载：“（湛若水）服阕谢病，自增城入西樵，构大科书院，聚徒讲学，著大学中庸策以示南海方献夫，献夫亦作大学中庸原复焉，谕各不一，久之作格物通，以补大学衍义所未备。”[2] 大科书院是此时讲学的中心地，湛若水说：“五十以忧病归西樵，樵中有烟霞之洞，四方英才集焉。乃胥与集石为台，因台为居、为堂、为馆，为讲学进修之地。因迩大科峰，因名大科书院。”[3] 这期间继续与王阳明书信往来论学，并开始整理古本大学、中庸，著《古大学策》《中庸策》。正德十五年（1520），与霍韬、方献夫在西樵山讲学，并完成《大科书院训规》。正德十六年（1521），湛若水撰《答阳明王都宪论格物》，在这封信中可以看出湛、王讲学精神的相异处。

嘉靖元年（1522），湛若水 57 岁，还朝复翰林院编修官职。因为正德皇帝耽于游乐，造成许多荒唐事，湛若水怕嘉靖皇帝重蹈覆辙，六月给皇帝上疏《初入朝豫戒游逸疏》。七月，又上《再论圣学疏》，八月，上《元年八月初二日进讲后疏》。三疏连上，湛若水希望用自己的圣学理想来影响皇帝的思想与行为。嘉靖三年（1524）朝廷大礼议事件，湛若水因赞同反对派意见而遭嘉靖皇帝冷落，赴职南京国子监祭酒。自此至 75 岁致仕，湛若水主要在南京供职，历任南京礼部侍郎，吏、礼、兵三部尚书。

《西樵志》中说：“嘉靖初，起侍讲，迁南京祭酒，条陈六事，明教规，筑观光观以居四方学者。”[4]湛若水在赴南京上任途中，就上书皇帝要申明学规，到任后筑观光馆集居四方学者，作《心性图说》以教士。第二年，开始撰写《圣学格物通》，作《白沙先生诗教序》。在任南京国子监祭酒期间的讲学，主要收录在《雍语》《二业合一训》中。嘉靖七年

---

① 屈大均：《广东新语》卷十七《明诚书院》，北京：中华书局 1985 年，第 465 页。

②④ 马符録：《西樵志》，济南：齐鲁书社 1996 年。

③ 湛若水：《大科训规》，《湛甘泉先生文集》卷六。

(1528)，升南京吏部右侍郎，同年进献《圣学格物通》。在任吏部侍郎期间的讲学，主要收录在《新泉问辨录》《金陵问答》中。

此外，湛若水还在南京及其周围地区创办书院，如南京的新泉书院、江浦县的新江书院、扬州的甘泉书院、安徽九华山的中华馆谷、徽州府的斗山精舍、婺源县的福山精舍、休宁县的天泉书院。南京讲学，是湛若水门人大进的时期，许多有名的弟子都是在这一时期游学甘泉之门。在此期间，与湛若水同时讲学南京的有河东学派的吕柟和江右王学派的邹守益。三人教学宗旨虽有所不同，学术上却互有来往。他们除了共同讲学于南雍外，还彼此到对方书院会讲，为学者创造了一个比较选择的学习机会。

当然，湛若水更没有忘记在广东建书院祀白沙。嘉靖十年（1531），出按广东的御史吴允祥在粤秀山建白沙书院，由陈献章的孙子陈畬主掌。白沙书院"其上为祠堂，五间东轩、三间南轩称之。其下为拜亭，三间。左右为两池。又其下为牌坊。其外为大门，三间。门左右为号房，十有三间"。湛若水对此十分满意，"升其堂而登其室，宛然俨然如先生之存，僾乎若睹其仪，闻其声欬而亲炙之者"[①]。此外，他又在增城创建了龙潭书院、独冈书院、莲洞书院，在罗浮山建甘泉精舍、天华精舍，在白云山建白云书院，在广州建天关书院，都以祭祀陈献章。

嘉靖十九年（1540），湛若水 75 岁，疏请致仕，得以批准。回广州后，正逢当年弟子洪垣巡按广东。在洪垣的帮助下，湛若水在广州府第附近建天关书院，在罗浮山建青霞书院、天华精舍、四贤祠等。后来又在西樵山进一步完善了大科书院、云谷书院的整修，建天阶精舍，以广纳从学门人。湛若水在广州除讲学外，还行乡约，立约亭于华光里。期间多次登衡山，嘉靖二十三年（1544），在衡山建白沙书院、甘泉书院。

嘉靖三十九年（1560）三月十日，湛若水带领弟子开讲龙潭书院，十一日回禺山精舍，讲《论语》"克己复礼章"，申四勿、总箴之义。四

---

① 湛若水：《粤秀山白沙书院记》，孙通海点校：《陈献章集》附录四，北京：中华书局 1987 年，第 940 ~ 941 页。

月六日，出讲堂，令诸生澄心默坐，久之而退。十九日，寝病，诸生侍药，叮咛以讲习、会约、相观而善致语。二十二日病逝于广州禺山精舍，享年95岁。[①]

罗洪先在《墓表》中记载了湛若水所建书院（包括帮他建书院者），在广东地区有19所，在外省有17所，弟子近4 000人：

> （湛若水）道德尊崇四方风动，虽远蛮夷皆知向慕，相从士三千九百有余，于其乡则有甘泉、独冈、莲洞馆谷；于增城龙门则有明诚、龙潭馆谷；于羊城则有天关、小禺、白云、上塘、蒲涧馆谷；与南海之西樵则有大科、云谷、天阶馆谷；惠之罗浮则有朱明、青霞、天华馆谷；韶之曲江则有帽峰；英德则有清溪、灵泉馆谷；南都则有新泉、同人、惠化馆谷；溧阳则有张公、洞口、甘泉馆谷；扬州则有城外、行窝、甘泉山馆谷；池州则有九华山中华馆谷；在徽州则有福山、斗山馆谷；福建武夷则有六曲、仙掌、一曲、王湛会讲馆谷；湖南则有南岳紫云馆谷。先生以兴学养贤为己任，所至之地，咸有精舍，赡田以馆谷来学。[②]

湛若水最有名的为学宗旨是“随处体认天理”。这一理念在湛若水师从陈献章时就已明确提出，并得到老师的高度赞赏。在以后与王守仁讲学论争中，这一理念为湛若水反复强调。这一理念后来成为湛若水教育思想的标志性宗旨。

二、虚实同体的心性论

为什么需要和能够“随处体认天理”？湛若水有一个观点：“何为心学？万事万物莫非心也。”即是说，万事万物无不包含于心中，无不以心为本体。所以心之所至，对天理的体认也就无处不在。

为了能够形象地说明“万事万物莫非我心”的宇宙观，湛若水绘了

① 洪垣：《墓志铭·湛若水》，《湛甘泉先生文集》卷三十二《外集》。

② 罗洪先：《墓表·湛若水》，《湛甘泉先生文集》卷三十二《外集》。

一个“心性图”。图中著一大圆，内有三个小圆。大圆标明是“上下四方之宇，古今往来之宙”，即此圆代表整个宇宙自然，以一气充塞流行，与道为体。大圆内三个小圆相通，第一个小圆代表心与性，心为“敬始”，性为“未发之中”；第二个小圆代表情，情为“已发之中”，表现为“仁之端，义之端，礼之端，智之端”；第三个小圆代表万事万物天地心，至此为“敬终”。三个小圆的运动，自心开始向性、向情逐步展开，最后达万事万物天地心而“敬终”。湛若水说：“心具生理，故谓之性；性触物而发，故谓之情；发而中正，故谓之真情，否则伪也。”① 发而中正，即由仁义礼智四端而生发便为真情，便可体会万事万物天地心。

整个“心性图”形象地表达了湛若水的心性观，即小圆表示“心无所不贯也”，大圆则表示“心无所不包也”。湛若水借此图要说明心对天地万事万物的贯通性和包容性，心是宇宙本体的观念。他在说明中强调：“心也者，包乎天地万物之外，而贯乎天地万物之中者也。中外非二也，天地无内外，心亦无内外，极言之耳矣。故谓内为本心，而外天地万物以为心者，小之为心也甚矣。”②

这一宇宙观强调了湛若水的“中外非二”观点。所谓中，即指人心；所谓外，即指天地万事万物。他说：“上下四方之宇，古今往来之宙，宇宙间只是一气充塞流行，与道为体，何莫非有?”③ 湛若水认为，天地万物都是由“气”构成，人的精神也是气，是“气”之最精微部分。所以，心是广大无边的，在体认天地万物上，心无所不贯，心也无所不包。心能够包乎天地万物之外，同时贯夫天地万物之中，故“中外非二”。

与“中外非二”紧密相连的是“心性非二”。湛若水说：“性也者，心之生理也，心性非二也。譬之谷焉，具生意而未发，未发故浑然而不

---

① 黄宗羲：《明儒学案》卷三十七《甘泉学案一》，北京：中华书局 2008 年，第 882 页。

② 黄宗羲：《明儒学案》卷三十七《甘泉学案一》，北京：中华书局 2008 年，第 876 ~ 878 页。

③ 黄宗羲：《明儒学案》卷三十七《甘泉学案一》，北京：中华书局 2008 年，第 879 页。

可见。及其发也，恻隐、羞恶、辞让、是非萌焉，仁义礼智自此焉始分矣，故谓之四端。端也者，始也，良心发见之始也。”[①] 湛若水认为，心即性也，心与性是本体的不同侧面，它们的区别就在于心的“未发”与“已发”。好比谷种，本身具有萌发生长的本性。其未发时，万物浑然不可见，这便是性。性发而为恻隐、羞恶、辞让、是非之情萌动，致“仁义礼智”四端始分，从而显现为万物万化，这便是心。所以，心以性为体，性以心为用，故“心性非二”。

心之贯通天地万物，关键表现为“心体物而不遗”。湛若水强调：“性者，天地万物一体也。浑然宇宙，其气同也。心也而不遗者，体天地万物者也。”其意思，一方面，心与天地万物同体，它能够通过自身的认识功能，察觉天地万物有体的道理，从而认识心体的广大，这是一种主体自我反思的能力；另一方面，心与天地万物融通于一理，心的活动即体现为万物一体的“理”，因此，心能够将此理贯彻到万物之中，这是一种主体通过主观意志扩充的能力。[②]

心的这种贯通、体物根本是指向对天理的体认。湛若水说：“吾所谓天理者，体认于心，即心学也。有事无事原是此心。无事时万物一体，有事时物各付物，皆是天理充塞流行，其实无一事。”[③] 为什么心的贯通、体物必然是指向对天理的体认？湛若水认为，“天理”就是“心之生理”，是心之主宰，他说：“天理只是心之生理，如彼谷种，仁则其生之性，仁即是天理也。心与理何尝有二。”[④] 这就是说，“仁”蕴含在“心”的生理之中，仁即是心的“生之性”，是人心生发展开的基础与本质。从这个意义说，心与理是合一的，心外无理，理在心中，“因事以明其理，因理

---

① 黄宗羲：《明儒学案》卷三十七《甘泉学案一》，北京：中华书局 2008 年，第 876 页。

② 刘宗贤：《陆王心学研究》，济南：山东人民出版社 1997 年，第 246 页。

③ 黄宗羲：《明儒学案》卷三十七《甘泉学案一》，北京：中华书局 2008 年，第 901 页。

④ 湛若水：《问疑续录》，《湛甘泉先生文集》卷十一。

而会诸心，通一无二，故曰有贯穿之义”[①]。

湛若水的这个心性观是在他探讨“宇宙一气”“理气一体”“道、心、事合一”的基础上，不断圆融成熟，最后形成万事万物莫非心的观点。他认为天地万物一体的是性，同时浑然宇宙一体的是气，而心则能够无所遗漏地来体认天地万物。

由此可见，为什么需要体认天理和为什么能够体认天理的道理，就是从湛若水的这个心性观引申出来的。在他的宇宙观中，由于心是超越了主体与客体之分的绝对精神实体，它“含内外”“该动静”“统心事”“贯始终”，所以认识天理的活动就无所不在，无所不包。湛若水说：“所谓随处体认天理者，随未发已发，随动随静，盖动静皆吾心之本体，体用一原故也。”[②] 在“随处体认天理”的命题中，“天理”是命题的核心、为学的根本；“体认”是联结心与事的精神活动，其意指体察、默识的求学功夫；“随处”则指不分内外、动静、心事，随时随地皆是一个功夫。正如湛若水所说：“吾之所谓随处云者，随心随意随身随国随天下，盖随其所寂所感时耳。”[③]

三、“读书调心合一”的涵养论

那么，怎样才能体认天理？湛若水提出了“读书调心合一”的主张。

湛若水的学说在理念上继承了二程、张载、陈献章等理学先辈的无分别、无界限的大道浑沦论，他深深认同“天地万物一体”，“宇宙间只是一气充塞流行”等主张。这使得他的教育哲学观念看起来极其圆融，气势广博。但有趣的是，在具体教学理念方面，他又是极其细致而严格的，也可以说他在教育方面，是识见高迈而又践履笃实的。这表现为，他的心学思想内核同陈献章、王守仁等人一样可以归为程颢、陆九渊一脉，但在其具体办学主张上又回到朱熹的主张。湛若水讲学，始终以传承陈献章心学为宗旨，但其传道方式却并未全盘照搬老师的做法，而是

① 湛若水：《圣学格物通大序》，《湛甘泉先生文集》卷十七。
② 湛若水：《答孟生津》，《湛甘泉先生文集》卷七。
③ 湛若水：《答阳明王都宪论格物》，《湛甘泉先生文集》卷七。

有所取舍、有所发展。

湛若水之所以大不同于陈献章，除了个性禀赋的不同外，其学术经历和生平遭遇等应是主要原因。

一是陈献章终其一生在科举仕宦方面都不得志，大部分时间都远离社会，靠近大自然。湛若水在陈献章辞世后，顺利通过科举，并长期位居帝国高级官员行列，这使得湛若水的教育教学思想主要是在人才培养和教化的国家治理层面上发展。

二是陈献章的思想与主张，由于禅静避世等做法引来很多信奉朱子学学者的强烈质疑，湛若水以继承陈献章学术自居，必须要解决这种大范围的质疑之声。他意欲通过阐释让陈献章学说靠向朱子学，使之更加崇尚正学就成为湛若水的外在动机。如日本学者三浦秀一就判断："正德年间，在学者圈中存在一些批判白沙相关人士的言论，认为白沙学是违背现实社会的类似禅学的学说。可以推断甘泉所开展的一系列学术活动就是为了扭转世人对白沙学的不正评价，确立其作为正当学说的地位。"①

三是陈献章一生求学经历多变，其学术思想也存在多个阶段性的转变。正如张诩在《白沙先生行状》中所言："其（白沙）始惧学者障于言语事为之末也，故恒训之曰：'去耳目支离之用，全虚圆不测之神。'其后惧学者沦于虚无寂灭之偏也，故又恒训之曰：'不离乎日用而见鸢飞鱼跃之妙。'门人各随其所见所闻执以为则，天下之人又各随其所见所闻执以为称，果足以知先生之道也哉?"② 可见，陈献章心学有着其不同的发展阶段，后学者多只得其一偏。湛若水是在陈献章晚年师从白沙，主要继承了陈献章晚期的动静结合、圆融一体、不离人伦日用而修道的思想，并在此基础上提出了"随处体认天理"的治学之方。所以，湛若水的传道观是对陈献章"随动静以施其功"的合乎逻辑的走向。

湛若水在对陈献章教育思想继承和改造的基础上，提出了涵养与问

---

① 三浦秀一：《湛甘泉的二业合一论及其影响》，载《湖南大学学报》（社会科学版），2011 年第 11 期。

② 张诩：《白沙先生行状》，孙通海点校：《陈献章集》附录二，北京：中华书局 1987 年，第 880 页。

学合一用功的主张。涵养即德性的修炼，问学即知识的探索，在教育过程中这二者是合一的。他说："涵养须用敬，进学在致知，如车两轮。夫车两轮同一车也，行则俱行，岂容有二?"① 涵养与问学如车之两轮，对人的发展具有同样重要的意义。他说："涵养而知者，明睿也。问学而知者，穷索也。明睿之知，神在内也。穷索之知，明在外也。明睿者德性，德性则可以入圣矣。穷索者思虑，思虑则可以入贤矣。"② 湛若水强调，人的发展既要求明睿，也要善思虑，所以只有涵养与问学合一用功，才称得上是善学。

要做到涵养与问学合一用功，湛若水要求人们在学习中要内外兼举，动静交养。他认为道并没有内外之分，因而涵养则须动静交养。他说："道无内外，内外一道也；心无动静，动静一心也。"又说："天地至虚而已，虚则动静皆虚，故能合一，恐未可以至静言。"③ 宇宙本身就因动静而合一，所以修道不能仅仅强调"静"。他说："所谓随处天理者，随已发未发，随动随静。如欲铁之精，不教炉锤安可望精?"④

湛若水认为，人们对天理的认知应不受时空的限制。从空间上说，"随心、随意、随家、随国、随天下"，无处不可认知天理；从时间上说，无论动、静都可以体认天理。他说："圣贤之学，原无静存动察相对，只是一段功夫，凡所用功，皆是动处。盖动以养其静，静处不可着力，才着力便是动矣。"⑤ 他又以宋儒程颢、李桐、陆九渊的观点进一步说明："明道看喜怒哀乐未发前作何气象；延平默坐澄心，体认天理；象山在人情事变上用功夫。三位先生之言，各有所为而发。合而观之，合一用功

① 湛若水：《答陈惟浚》，《湛甘泉先生文集》卷七。

② 湛若水：《新论》，《湛甘泉先生文集》卷二。

③ 黄宗羲：《明儒学案》卷三十七《甘泉学案一》，北京：中华书局2008年，第881页。

④ 黄宗羲：《明儒学案》卷三十七《甘泉学案一》，北京：中华书局2008年，第885页。

⑤ 黄宗羲：《明儒学案》卷三十七《甘泉学案一》，北京：中华书局2008年，第884页。

乃尽也。”[①] 三位学者在修道问题上各强调一端，其实将三者结合起来，合一用功，则善之至也。

因此，湛若水主张体认天理不能仅仅求之于心、求之于静，还应切实地在日常的待人处事、治学修身活动中做到学、问、思、辩、行，知行并进。他说：“古之论学，未有以静为言者。以静为言者，皆禅也。故孔门之教，皆欲事上求仁，动静着力。何者？静不可以致力，才致力，即以非静矣。”[②] 这表明湛若水的理论重心已由主静转移到读书应事，修炼的功夫已经扩展到人们日间的各种活动中。湛若水强调：“舍书册弃人事而习静即是禅学，穷年卒岁决无有熟之理。”[③] 由此可见，陈献章的学习注重于超道德的精神境界的追求，而湛若水更在乎伦理纲常、社会事功的求道价值。

据此，湛若水要求人们注重实际日用的学习，注重事上磨炼的教育功用，他说：“盖心与事应，然后天理见焉。天理非在外也，特因事之来，随感而应耳。”[④] 天理的体认，关键靠心与事应，所以学习和教育不能脱离社会生活实践。他创办大科书院，就强调书院教育的致用功能，他说：“吾儒学要有用，自综理家务至于兵、农、钱、谷、水利、马政之类，无一不是性分内事，皆有至理，处处皆是格物功夫。以此涵养成就，他日用世，凿凿可行。”[⑤]他认为自宋儒以来，有人将修道与致用割裂开来，使教育陷入一种支离状态，他说：“本末只是一气，扩充此生意，非谓未有本而徒妆点枝叶也。在心为明德，在事为亲民，非谓静坐而明德，及长，然后应事以亲民也。一日之间，开眼便是，应事即亲民。自宋儒多分两段，以此多陷支离。”[⑥] 他强调，只有通过在事上磨炼，才能真正

---

① 黄宗羲：《明儒学案》卷三十七《甘泉学案一》，北京：中华书局 2008 年，第 883 页。

② 黄宗羲：《明儒学案》卷三十七《甘泉学案一》，北京：中华书局 2008 年，第 879～880 页。

③⑤ 湛若水：《大科书堂训》，《湛甘泉先生文集》卷六。

④ 湛若水：《答聂文蔚侍御》，《湛甘泉先生文集》卷七。

⑥ 湛若水：《答陈海涯》，《湛甘泉先生文集》卷七。

体认圣贤所讲说的道理。“自意心身至家国天下，无非随处体认天理，体认天理，即格物也。”①

论及此，湛若水专门阐释了“德业”与“举业”相统一的主张。他在《二业合一训》② 一文中，通过问答形式讨论了“德业”与“举业”的关系。他认为，如果将“德业”和“举业”分别来看待和修习从事，是一种“异端”行为，是一种支离的教育行为。他强调：“自后世儒者皆坐支离之弊，分内外、本末、心事为两途，便是支而离之。故有是内非外、重心略事之病，犹多不悟，反以为立本。千百年来道学不明，坐此之故。自今诸学子合下便要内外、本末、心事合一，乃是孔孟正脉。”③

据此，他在大科书院教学中，要求学生：“诸生慎勿以举业、德业为二段事干，涵养吾德业，则发挥于文章，句句是实事。”④ 湛若水强调科举也是圣贤的创举，参加举业本身就具备合理性，诸生若不遵习，即是生今反古，便非天理。他强调，学应以德性为本，而达于事业。要在于学问、思辨、笃行的基础上，开发聪明，而成德行。要在体认天理的基础上，达到知至、意诚、心正，身修而致家国天下之治的功效。但如果一味追求科举之利禄，只是背诵应试之章句，则丢弃了科举之本意。湛若水说：“读书以明心性，体贴此实事，根干枝叶花实，自然成就，而举业在其中，此意之谓也。若读书从事记诵，为举业之资，以取科第爵禄，便是计功谋利之心，大本已失，此利之谓也。”⑤ 他希望学生能够认真修习道德文章，做到以道学为标准，以知行为功夫，以文艺为华彩，以事业为结果，最终成为“所养所用”的人才。

湛若水在教育上倡导涵养与问学合一用功，无论是涵养、问学，还是执事，他都强调了“勿忘勿助”的基本功夫。所谓勿忘勿助，乃是求道之方，湛若水说：“天理在心，求则得之。夫子曰：我欲仁，斯仁至

---

① 湛若水：《答王宜学》，《湛甘泉先生文集》卷七。
② 湛若水：《二业合一训》，《湛甘泉先生文集》卷五。
③④⑤ 湛若水：《大科书堂训》，《湛甘泉先生文集》卷六。

矣。但求之有方，勿忘勿助是也。”[1] 这里所强调的求之有方，根本的是一个“敬”字，他说：“勿忘勿助，元只是说一个敬字。”又说：“勿忘勿助之间，只是中正处也。”[2] 湛若水的意思，体认天理需要把握一个中正的入门或途径，需要以“敬”来调炼自己的身心，方可见道。他说：“故善学者必令动静一于敬，敬立而动静浑矣，此合内外之道也。性之德也，虽然，言之易，行之难，非一朝一夕之故也。”[3] 所以他要求学者无论独处、读书、应酬、执事都要在“敬”字下功夫：“执事敬，最是切要，彻上彻下，一了百了，致知涵养，此其地也。所谓致知涵养者，察见天理而存之也，非二事也。”[4]

四、进德修业的书院管理论

接下来的问题是，怎样才能做到“随处”体认天理？这个答案我们可以从湛若水的书院管理思想中去追寻。湛若水在创办书院上取得巨大成就，其书院教育管理思想值得我们注意。他在创办大科书院时明确宣称：“朝廷立有大学及府、州、县学，所以教养人才甚密。本山书院不过初为退居求志之地，四方儒士因而相从。”“凡来相见者，若非问学道义之士，不敢泛接。”[5]

湛若水之办书院，以“祀白沙”为号召，然其成就却大大超越了陈献章的教学传统。在此，湛若水做了几件重要的工作：一是诠宗旨，他修订了陈献章的“静中养出端倪”之旨，提出了“随处体认天理”新宗旨；二是构书院，使得陈献章心学有了固定的教学传播场所；三是立祠祀，使得陈献章心学成为书院教学的制度性知识资源；四是定规制，湛若水颁定《二业合一训》《大科规训》《大科书堂训》《求放心篇》《心性

① 黄宗羲：《明儒学案》卷三十七《甘泉学案一》，北京：中华书局2008年，第910页。

② 湛若水：《答聂文蔚侍御》，《湛甘泉先生文集》卷七。

③ 湛若水：《答余督学》，《湛甘泉先生文集》卷七。

④ 黄宗羲：《明儒学案》卷三十七《甘泉学案一》，北京：中华书局，2008年，第880页。

⑤ 湛若水：《大科书堂训》，《湛甘泉先生文集》卷六。

图说》等规制性的条例，明确翔实地规定了书院学生的为学旨趣、修习课程、尊卑礼仪、作息制度等一系列思想与行为的准则，使讲究自然自得、质朴自由的陈献章心学得以纳入书院式的教学组织之中。湛若水的诠宗旨、构书院、立祠祀和定规制的工作，完成了“自然自得”的陈献章心学与传统的书院教学的接轨。

湛若水制订的《大科书堂训》[①] 共为61条，内分德性训率26条，学问修养26条，堂制纪律9条，自正心诚意、处己对人以至治事修学皆包括在内。湛若水并没有走上陈献章的“静坐中养出端倪”之路，也没有走上“吟风弄月”、诗酒唱和的悟道之路，在这里湛若水似乎放弃了陈献章通过“境语”设置悟道之机的做法，而是偏向了程朱传统的读书明理之路。在书院管理中，湛若水始终贯穿着“随处体认天理”的理念，有机地将读书与修身融合。

湛若水很重视学生的立志：“诸生为学，必先立志。如作室者先立其基址可也。志者，志于道也。立之是敬，匹夫不可夺志，若其可夺，岂谓之志。自始至终皆是此一字。”立志的方向，一是立志于终身体认天理，“将意、心、身、家、国、天下通作一段工夫，无有远近，彼此终日终身，只是体认这天理二字”；二是立志于“煎销习心”，所谓煎销习心，即调整和修炼学习的志向。湛若水看到，诸生求学，最大的问题是心不定，所以要像“煎销金银一番”，通过学问思辨行的功夫来求得心正意诚。他说：“习心即是人心，心只是元一个好心。其不好者习耳，习尽则元来。本体广大高明，何尝有缺，何所沾惹，内外合一。”

为了实现这一目标，在书院管理中，湛若水十分注重伦理纲常的训练，注意在日常生活中训练学生的行为规范。他要求：“诸生相处，一言一动，皆本礼仪；时言俗态，一毫不留。”他看到：“初学用功，茫然无着力处，只且于言动间存习，步趋要从容，言语要和缓。步步言言，要与心相应。一一使由中出，存习之久，自然成片段。”他要求学生自入学始，就要注意从行为习惯入手，从言谈举止入手，加强伦理纲常的训练，

① 湛若水：《大科书堂训》，《湛甘泉先生文集》卷六。

以达到习惯成自然的效果。为此，他将这种要求落实到学生为学的方方面面。

比如在教学纪律方面，《大科书堂训》中规定："诸生进德修业，须分定程限，日以为常。每日鸡鸣而起，以寅卯辰三时诵书，以巳午时看书，以未时作文，申酉二时默坐思索，戊亥二时温书。然此等大抵皆不可失了本领，通是涵养体认之意。"对进修、敬义二斋的学生，"同廊之人，各各早起衣冠，暂会于本斋，相揖，各言所疑所得，俟先生出堂，整班而升，长少各依次序，所以养其敬谨之心"。晚上学习也不可懈怠，"诸生用功，两廊各轮流一人，觉察勤惰，人人皆要读到二更尽，其有惰者戒饬之，甚有鞭策"。

比如在对待师长方面，要求学生必须具备"自得师"的虚心态度，包括"远方及近处有德行道艺先觉之人可为师法者，必恭请升座讲书，以求进益，闻所未闻"。甚至对先生的同道朋友，也要以师长尊之："诸生每遇先生同侪之人，必推先生之意，以前辈事之。"

同学相互之间则要相爱如兄弟，"诸生列馆同居，本意正欲大同无我，如同舟共济。彼此朝夕饮食起居，罔非正言正行以相检点，相警策，相观而善。若能虚心受善，则岁月之间气质变化矣"。"诸生同门相处有兄弟之义，要使相爱如兄弟乃可，即此是道"；"诸生相聚不可自是自高，无长幼之序，虚心心下，非但礼所当然，亦且受益"；"诸生相处务守长幼之节"；"诸生有疾病者，必相率共调治扶持之，如兄弟骨肉"。即使是对待随身小厮，"执薪水之役，须要恩顾饮食，寝卧衣服，亦须照点，切戒暴怒，即以此做工夫"。

对待家人更要有孝敬之心、感恩之心。他要求学生："诸生居山日久，须要归省，以致孝养之诚，即此是学。事父母兄长之际，亦自验其诚切，与平时进退何如。若见父兄愉悦，便是已学进处，不然未见实力。"要以努力学习之行为来报答家人："诸生离父母、兄弟、妻子来山从学，须实用十分工夫，乃能赎其远离之罪，若又悠悠过日，是又罪之甚者也。"归乡省亲，要以礼相待宗族乡党："诸生以时归省，宗族乡党相遇以礼，必致其敬老慈幼之诚，使一家一乡和气浃洽，乃见学问。"

对朋友，“朋友人伦之大，又所以纪纲。人伦者，其义极重，诸生相处，可不尽道”？“远近有年相若之士，欲来相依讲究者，以客礼待之，时致馆谷之诚”。

书院管理：“书院凝道堂，乃师生讲学之地，非饮食之客、异教之人所宜居”，“寅宾馆所以处远方相遇之客，宜常虚之以待其人，诸生不宜混居”，“本书院正道及两阶，乃先生长者往来之处，诸生升降，只宜由两廊下及旁阶行之，不可僭越，以犯不敬之罪”。“诸生凡居书馆，务要钤束家人，不许砍艾山中人家草木为薪，及岁久因而损坏本馆木料器物。”“诸生中有传而不习者，有显愆者，有耻事其师者，听其辞归，以为诸生之励。”

在书院管理中，除了德行的修炼之外，教学管理也是湛若水十分注重的一个方面。他肯定读书对致知的重要性，强调“读书调心合一”“博六经以开知见”“作文以发挥所得”的读书著述的教育价值。他在大科书院的日程表中将教学活动安排得极为紧凑，对各个学习要素都予以了强调。

首先是读书，他要求：“诸生读书务令精熟本经、四书，又须随力旁通他经、性理、史记及五伦书，以开发知见。此知见非由外来也，乃吾德性之知见，书但能激发之耳。须务以明道为本，而绪余自成文章、举业。”读书之博，但要循序渐进：“学者须先看论语、次大学、次中庸、次孟子，乃书之序也。”读书之博，还要刻意精深，下实功夫：“读《论语》时如未曾见《论语》，读《大学》时如未曾见《大学》，《中庸》《孟子》亦然。忘其成心之私，去其习熟之旧，乃有向往之路。否则面前皆墙壁也。”“诸生读书须先虚心，如在上古未有传注之前，不可先泥成说，以为心蔽。”湛若水对学生的读书内容也有要求：“诸生读文须诵五经，至于秦汉而止，看诗当诵三百篇，至于汉魏而止。其下偶丽之文、律诗之类去古甚远者，勿以接于耳目，令胃中无一点时俗之气。”

其次是讲书。湛若水规定：“朔望升堂先生讲书一章或两章，务以发明此心此学。诸生不可作一场说话听过，亦必虚心听受，使神意一时相授，乃有大益。”教师讲书之后，学生也须轮流讲书：“诸生朔望听讲之后，轮流一人讲书一章，以考其进修之益。”

再次，每月有定期的考课：“进德修业乃是一段工夫，总于修业上着力。每月二、六日考业，以验其进修之次第，所以鞭策以自力也。”但不搞成绩排队，以防“起争端，而滋其胜心，胜心不忘，不可以入道”。考试的第二天，全体学生要在班长的带领下去感谢老师：“每遇考业次日，班长即相率揖谢，若有所取处，一一虚心听受。取必要见其所以取，去必要见其所以去，以此考验其用心之精粗，乃实有益。”

其他的教学活动还有习字、作文等。无论从事什么学习活动，湛若水都要求学生要把住本心，要随心力而读书：“初学切于读书时，调习此心，随其心力所及”；“初学习字，便学运笔，以调习此心；习文便要澄思，以蕴及此心，久之文字与心混合，内外皆妙”；“诸生每遇作文时就于作文上用功，遇读书时便于读书上用功，务令收摄不滞不放，即是立敬”；“学者作文便欲胜人，欲人称赏，此便利欲之心，不可入尧舜之道。若但据吾所得发挥之，则为义理之心”。

长期紧张的读书日程会导致产生厌烦情绪，湛若水于是要求学生：“诸生肄业遇厌倦时便不长进，不妨登玩山水以适其性。”他希望“诸生人人皆学歌诗作乐，以涵养德性”，在“读书至深夜则会于本斋歌诗，以畅意气，又长一番精神”；或于“朔望或朝夕参见，质疑请益之后，即随意歌诗二章三章，陶养性情，又长人意思”。他把陈献章的诗歌，并加以自己的辅助讲解，编成《白沙子古诗教解》，作为学生的学习教材使用，通过户外活动和歌咏来调节紧张的学习生活。

湛若水的书院管理条规始终贯穿着一个“敬”字，无论对师长、家人、同学、朋友，无论是进行读书、作文、考业、习字、歌诗、作乐，都要求学生抱有一个“敬”字，以求得正心诚意的教育效果。湛若水强调，心本无一物方能有敬，即在修道、求学之时不能有一毫的杂念，“所谓敬亲、敬君、敬师有差，乃俗态耳。此乃因物而迁，乃所以为不敬”①。抓住一个“敬”字，使书院的管理都渗透着一种教育精神。例如读书

① 湛若水：《答黄孟善》，《湛甘泉先生文集》卷七。

“务以明道为本”，同学相处以长幼为序，“所以养其敬谨之心”。又如歌诗，可以“畅意气，又长一番精神”。读书疲倦而游山玩水，“所以使人乐学鼓舞而不倦，亦是一助精神”。对这种理念的坚持，是湛若水讲学成功的重要因素。

应事持敬，就是要求学生在生活实践中约束自己，提升自己，将日常生活与体认天理有机结合，修业与涵养合一，知行并进，使道德操守由内向外生发，养成文质彬彬之君子，达到止于至善的境地。正如湛若水所说：“《大学》一书是古人入道阶梯，其要，下手只在止至善，止之之功在知行，故知止以至能得，即知行之功也。”

可见，湛若水的书院管理实际上是以《大学》为指导，要求学生以明明德、亲民、止于至善为精神，在正心诚意、格物致知，乃至修齐治平上下功夫。但其书院管理精神贯彻的下手处却并不高远，都是人人可行、人人可得的平实功夫。这一做法对于弘扬儒家主张人格平等的精神，对于实践湛若水关于人人心中皆有天理、须随处体认的教育主张，都是极为贴切的。精神的陶冶须从格物致知着手，在修身齐家中磨炼，方见教育之本质。湛若水的书院管理精神的可贵之处，就在于他强调了君子之行并不仅限于治国平天下之政治舞台，更多的是于日常生活中见精神。

总之，湛若水的教育思想在继承与改造陈献章学说的基础上，兼采朱、陆教育思想之长，以“随处体认天理”为一代讲坛宗旨，与王守仁半分天下，掀起了明代讲学风潮，影响了明代中后期上百年之学风。特别是对推动广东地区的书院讲学影响更为深远，使白沙、甘泉学统得以扎根于岭南地域，成为广东地域儒学开始走向独立成熟的一面旗帜，也标志着广东书院走上了自主成熟的发展阶段。

总结明代广东教育的发展，其崛起的势头十分明显。地方官学遍布府、州、县，书院数量名列全国第三，进士人数进入全国中游水平。更为重要的是，广东本土精英的强势崛起，陈献章从祀孔庙的成功，不仅促成广东书院的学术标向转向本土化，而且极大地影响了广东社会的地域文化归属之心。这为广东教育走向成熟奠定了良好的基础。

第七章　清前期的广东教育

清代始置广东省。清代地方行政分省、道、府、县四级。广东省按地域而下设广南韶道、惠潮道、肇罗道、高雷廉道、海南道。道下为府（直隶州），广东全省设10府：广州府、韶州府、南雄府［嘉庆十二年（1807）改直隶州］、潮州府、惠州府、肇庆府、高州府、廉州府、雷州府、琼州府。直隶州有三：罗定州、连州、嘉应州。府（直隶州）下为县，在今广东省境内共辖3州68县。

清代前期，历顺治、康熙、雍正、乾隆、嘉庆诸朝，至道光年间遭遇鸦片战争，清朝统治经历了由奠基而强盛，并转而走向衰落的轨迹。尤其是康熙、雍正、乾隆三朝，历时134年，是史家所谓的“盛世”，清代的教育制度大都定型于这一时期。广东教育的发展也就在清廷文治政策的框架下得以稳定地进行。如果说地方官学乃是朝廷一统规制，那么清代广东的书院则是其教育成熟的标志。强力崛起的广东书院以城市化为标志构成层级网络，各级官办书院通过规范化、制度化、品牌化，将国家教育意志有效地辐射到所辖区域，影响和促进区域文化教育的发展。广东民间社会在顺应国家教育机制的同时，又依托岭南文化，在书院创办上各显特色，形成多元性、开放性和包容性的教育氛围。

第一节　清前期广东的教育环境

一地区教育的发展总是与一地区的经济、文化发展紧密相关。明代广东本土精英的崛起，“岭学”远播广东以外，促进了广东教育的崛起。这一势头至明末渐趋萎缩，至清前期出现了断流。这种颓势直到嘉庆、道光年间阮元督粤才出现转机。阮元以倡导“实学”为标杆，又借助清前期崛起的粤商集团之资本，为清前期的广东教育发展奠定了良好的基础。

一、清前期广东学术文化的停滞闭塞

清前期广东学术文化的发展，学术界一般的看法，认为基本处于“停滞闭塞”的状态，“最突出的表现当为帖括之学的盛行与白沙遗绪的影响两方面”[①]。帖括之学是指学术界已完全屈从程朱理学的正统说教，规范于八股取士的思维轨道。如果说广东学术界还有一点自我的特色，那也只是白沙之学空谈心性的余绪，完全没有了学术的生命力。科大卫也基本同意这一判断。他从广东出版业的历史来看这一现象，他认为，19 世纪初广州出版业极为蓬勃，但却极少有 19 世纪前广东书商刻印的著作。他看到，18 世纪的广州，有读者市场，有书版雕刻业，有不少书肆，但出版商并不多。[②] 程美宝则明确说：“入清以后，尤其是乾嘉时期，朴学大兴，心性之学旁落，直到道光以前，广东士人在经学方面并没有足以令人瞩目的成绩，与东南各省相比，广东在学术领域有全国性地位和影响的学者固然如凤毛麟角，科举功名亦少有彰显之迹。”[③]

当时广东学术人才之落后，可以举两个例子。一则，康熙五十九年

---

① 李绪柏：《清代广东朴学研究》，广州：广东省地图出版社 2001 年，第 9 页。

② 科大卫：《皇帝和祖宗——华南的国家与宗族》，南京：江苏人民出版社 2009 年，第 285 ~286 页。

③ 程美宝：《地域文化与国家认同》，北京：生活 · 读书 · 新知三联书店 2006 年，第 165 页。

(1720)，惠士奇督学广东。他于各地考试，希望能寻访到可充乡士楷模的能文之士，但基本以失望告终。他在给朝廷的奏折中说：“臣视学广东逾五载矣。每试一郡，辄问其乡之人物，欲得一积学力行有道而文者，为诸生楷式。”最后他勉强觉得新会人、番禺县学的岁贡生胡方符合条件，但其年老体衰，已不能效奔走之劳。他问胡方：“乡人谁能为文章者？”胡方答曰：“并世无人。必欲求之，惟明季梁朝钟耳。”①

另一则，乾隆四年（1739），番禺庄有恭殿试荣登榜首，“上喜曰：广东僻远之省，竟出状元耶？吏部尚书甘汝来奏曰：前朝曾有数人，本朝从未曾有。上曰：九卿京堂内，并无广东人，今得状元，颇为可喜”②。

为什么在清前期广东学术会呈现出这样一种衰败之象？

首先，清初五十几年间，广东处于灾难之中。明清交替之时，晚明的邵武、永历政权以广东作为依托据点，张献忠余部李定国也率部进入广东抗清，致使清兵南下广东，遇到较为激烈的反抗。顺治六年(1649)，清廷命令平南王尚可喜、靖南王耿仲明率部同征广东，以粤人反满情绪尤烈，清军攻占广州后，下令屠城，当时死者约70万人，民居十室九空。随后爆发的“三藩之乱”，广东又被卷入战火之中。直至30多年后，经官方“劝谕招徕”，广州居民数量才逐渐恢复。另外，为遏制郑成功的海上武装对沿海地区的威胁，清廷于顺治十三年（1656）颁布“禁海令”，于顺治十八年（1661）发布“迁界令”，命令由山东至广东的沿海居民先是一律内迁50里，后又再内迁30里。广东分别在康熙元年（1662）和康熙三年（1664）两次进行迁界，共波及28个州县、20个卫所，造成数百万难民流离失所。直到康熙二十二年（1683），清廷平定台湾后，才宣布废止“迁界令”，被迁居民才陆续返回家园。长时间的动乱给广东人民所带来的生活创伤和心理创伤十分剧烈，广东学术文化的发展和人才的培养自然受到严重影响。

---

① （道光）《广东通志》卷二八七《胡方传》。

② 广东省地方志编委会办公室、广州市地方志编委会办公室编：《清实录广东史料》（一），广州：广东省地图出版社1995年，第408页。

其次，清代专制主义文教政策严重阻碍和扼杀了学术文化的发展。清代统治者推行程朱理学独尊的崇儒政策，康熙五十一年（1712）下旨列朱熹为十哲之一，明确宣布对朱熹的著作不能訾议，并御书匾额“学达性天”赐五曲书院和紫阳书院。又书匾额“大儒世泽”，并对联“诚意正心阐邹鲁之实学，主敬穷理绍廉洛之心传”，赐考亭书院悬挂。康熙还组织了当时的一些“理学名臣”编纂《朱子大全》，并亲自为书作序。至此，朱学独尊成为崇儒重道的具体表现，成为控制思想、抚镇人心的有力武器。

为了强化君主专制，使天下言论归于一律，清廷大兴文字狱，如康熙二年（1663）的庄廷陇、戴名世之狱，雍正三年（1725）的汪景祺之狱，雍正四年（1726）的查嗣庭之狱，雍正六年（1728）的吕留良之狱，等等。乾隆时期，谢济世注解儒家经典，多以自己的体会，与程朱的观点多有不合，乾隆批之“多系自逞臆见，肆诬程、朱，甚属狂妄”，并强调：“况我圣祖将朱子升配十哲之列，最为尊崇，天下士子莫不奉为准绳，而谢济世辈倡为异说，互相标榜，恐无知之人为其所惑，殊为一道同风之义，且足为人心、学术之害。”[1] 终于达到了普天下士人钳口、社会禁言的统治效果。

在清廷专制主义文教政策之下，广东也难逃文网森严的厄运。清初，广东屈翁山之学继起。屈翁山，即屈大均，广东番禺人，初名绍隆，字华夫，号翁山。他对明代以来广东文化的崛起欢欣鼓舞，故而追本溯源，立志征集和编纂广东文献。《广东新语》就是一部笔记性的岭南地方历史文献。全书共 28 卷，以“语”为纲，记述了岭南的自然环境、风土人情、文物古迹、名人轶事、经济物产、制作器用、生活见闻、诗画艺术、学术著述等。其后又编选《广东文选》，起自汉文帝时，至明崇祯时而止，合诏令、疏、奏、序、记、传、碑志之属，与赋、颂、乐府、四五七言诸体，凡为 40 余卷。他还计划编选《广东文集》，自两汉至明，人

---

① 上海书店出版社编：《清代文字狱档》第一辑《谢济世著书案》，上海：上海书店出版社 2007 年，第 1 页。

各为集，大家数十，名家百余，凡为200余集。这个动作已经彰显出广东文化的自信，正如屈大均在《广东文选自序》中说：“嗟夫！广东者，吾之乡也。不能述吾之乡，不可以述天下。文在于吾乡，斯在于天下矣！”[①]

但这样力图弘扬广东文化的著作，却被清廷视为“多有悖逆之词，隐藏抑郁不平之气”而遭到查禁。雍正、乾隆时期，皇帝亲自过问，不仅屈氏后人遭到流放，诗文毁禁，而且殃及广东其他作者的著作，如《岭南三家合刻》《莲须阁集》《峤雅集》《皇明实纪》等都被查禁。藏书者或被杀头，或被流放。一时广东社会淫威恐怖，令人谈虎色变。有近人谓：“自满兵入粤，经大屠杀之后，继以沿海各县迁村之暴敛，岭南文化大受摧残，进展亦停滞。加以文网森严，一般文人学士皆箝口结舌，不敢多事发表以罹大祸。以故在顺、康、乾三朝整百年间，广东一般的文化程度大为降落。”[②]

广东清前期学术文化的停滞闭塞，为国家教育机制的强力干预提供了条件，使广东书院、学校、科举都较顺利地纳入宗奉程朱理学、顺应国家教育机制的框架之中。

二、阮元与广东文人群体的集结

清前期广东学术文化的停滞，至嘉庆、道光年间阮元的督粤才出现转机。嘉庆二十二年（1817）九月，阮元由湖广总督任内调补两广总督，十月二十二日，阮元到达广州。

阮元（1764—1849），字伯元，号云台（或作芸台），又号揅经老人、雷塘庵主等，江苏扬州人，后落籍江苏仪征。他在乾隆五十四年（1789）中进士，改翰林院庶吉士。两年后参加朝考，被乾隆皇帝评为第一，乾隆皇帝高兴地说：“想不到朕年过八旬还能得到 位人才。”阮元因此平步青云，先后任山东学政、浙江学政，户部、兵部、工部侍郎，浙江、河南、江西诸省巡抚，湖广、两广、云贵总督，晚年进京，被封为体仁

① 屈大均：《广东文选自序》，屈大均辑，陈广恩校：《广东文选》，广州：广东人民出版社2008年，第1页。

② 李绪柏：《清代广东朴学研究》，广州：广东省地图出版社2001年，第6~8页。

阁大学士（官阶为正一品），年86卒，谥号文达。可以说，阮元的一生仕途通达，位高权重。

阮元在清朝中期不仅是一位朝廷重臣，同时也是一位著名学者。现代学者钱穆在《中国近三百年学术史》一书中称阮元为“清代经学名臣最后一重镇”。阮元幼通经史，涉猎百家，与著名学者江藩、焦循、孙星衍等学者亦师亦友，相互质疑问难。中进士以后，得到了一批学术重量级人物如王念孙、任大椿、邵晋涵的指点。进入仕宦之途后，阮元仍始终坚持学术研究，撰写了大量在当时颇有影响的学术著作。

阮元的学术成就主要体现在朴学方面。所谓朴学，是指清代学术界所流行的考据之学。清初以顾炎武、黄宗羲为首的学术大师为批判明代理学空谈之流弊，以“经世致用”相号召，提倡实学。这一学风后来遭遇清朝统治者所实行的高压与笼络相结合的文教政策的影响，最后走向了训诂与考据一途，考据之学由是风行。至乾隆、嘉庆时期，在江浙和安徽地区形成以惠栋、戴震为代表的考据学派，又称乾嘉学派。由于他们尊崇汉代儒者的朴实学风，这一学派又被称为汉学或朴学。其中，以惠栋为首的一派称为吴派，以戴震为首的一派称为皖派。吴派的特点是尊古崇汉，研究儒经倾向于依从古训，完全根据汉朝学者的学问方法行事，但也有过分复古的倾向。皖派的治学范围比较广泛，方法也比较缜密，有实事求是的精神。但缺点也很明显，就是只注意到名物制度的考据，趋于烦琐而不深入探讨它们背后所蕴含的义理和精神。为了纠正这两派之弊，汉学中又逐渐兴起一个新的学派，号扬州学派。阮元正是扬州学派的中坚人物。

阮元认为，学问功夫应该体现为训诂考据与探讨义理两个方面。研究圣人的思想犹如探索一座神秘的宫殿，要进入这座宫殿首先得摸准门径，而文字训诂的功夫就是进入这座宫殿的唯一门径。如果阅读儒经不从训诂与考据入手，那就找不到正确的门径，要想登堂入室是不可能的。然而，如果学问功夫仅仅停留于训诂考据，不去进一步探求圣人的思想，又好像终年在门口徘徊，始终探索不到宫殿的奥秘。所以阮元的学术主张是，学术研究应从训诂考据入手，抱着实事求是的态度，进而探讨儒学义理，即所谓“推明古训，实事求是”。

为了推广这一学风，早在嘉庆五年（1800）出任浙江巡抚之时，阮元就在风景秀丽的杭州西湖孤山，创办了诂经精舍，树起了“以励品学，不以弋功名”的旗号。诂经精舍的教学不以操练科举八股的技能为宗旨，而以考核学生训诂考据功夫相标榜，考证的范围从经史、天文、地理、算学到音韵无所不包，考试采用不糊名的方式。由于许慎、郑玄是汉代考据训诂方面的学术泰斗，所以，阮元接受了学者孙星衍的建议，在诂经精舍摒弃了一般书院祭祀程朱的传统，转而祭祀许慎、郑玄二人，充分显示出这所书院独特的教育宗旨，也体现了阮元书院理想的独特风格。

阮元抵粤后，先是忙于检阅水师、观察外洋及澳门外贸形势、建造大黄窖和大虎山炮台，加强抵御外敌之海防以及查禁鸦片等政务。接着往粤东、粤西、广西等处阅兵，加大力度打击境内海盗。政事之暇，阮元依然留意于学术，不久便初步完成了《十三经校刊记》，于是将初稿拿到一家书坊排印。正是这套书稿连接起了他与广东学者的初步接触和联络。

嘉庆年间，广东民间学者为了加强相互之间的交流，在学者张维屏等人的提议下，自发组织了一个希古文社，以提倡古文写作。希古文社又叫希古堂，它是一个以文会友的民间学术文化团体。他们所推崇的古文是指汉代形成的一种文体，也称骈体，它不但注重行文格式、文字技巧，还要求引经据典，借古喻今。因此作古文者不仅要求对文章笔法、文字技巧极其娴熟，而且要求对经史义理与历代典章制度有深刻认识，以达到“文以载道”的效果。希古堂并无固定的场所，只是每月举行一次聚会。在广东文坛卓有声誉的二十来位文人学者，如吴兰修、谢念功、曾钊、吴应逵、林伯桐、张维屏、黄培芳、张杓、邓淳、马福安、熊景星、徐荣、温训、黄子高、胡调德等于聚会之日相互交流文章诗赋的创作心得，研讨古文经史学，颇有点类似于今天的文学沙龙。

阮元与广东学者建立联系之后，再通过修志等方式将广东民间学者组织起来。他见《广东通志》为雍正九年（1731）所修，也就是说，广东足足有 86 年未再编修过省级地方志。于是，他到广东的第二年

(1818)，马上调集其智囊团以及广东学者中一批学富五车之士，编写《广东通志》。其中陈昌齐、刘彬华、江藩、谢兰生为总纂，吴兰修、曾钊、刘华东、郑灏若、崔弼、吴应逵、方东树等担任分纂，李明彻绘图，仪克中等负责实地采访，搜集资料。这一工作既为广东培养了一批学术新人，又有力地推动了全省学术研究的开展。

与此同时，鉴于粤省学术人才匮缺而学术风气未通，阮元于嘉庆二十五年（1820）在广州创办了学海堂，使之成为以倡导“实学”为宗旨的培养人才基地和学术研究中心，不仅培养出像陈澧、谭莹、廖廷相等一大批粤籍学术精英，且为其后粤境相继建立的菊坡精舍以及崇实、金山、羊城、广雅诸书院提供样板。时人评价说：自是“岭海人物，蒸蒸日上，不致为风气所囿者，学海堂之力也”[1]。此外，阮元为学术之扬播，还大量校勘、刊刻优秀文化典籍和当时学人的研究成果。其中规模最大、影响最深的是刊刻《皇清经解》1 400余卷。学海堂也因之成为广东刊刻典籍的中心，并推动广东典籍刊刻进入鼎盛时期。时人称“吾粤自阮文达以制府而躬讲学，粤士被其教泽，咸同以降，粤学之盛，度越中原”[2]。

三、清前期广东的经济发展

经济发展也是构成一地区教育环境的要素。清初五十几年，广东经济受到了极大破坏。平定“三藩之乱”后，广东官府就开始积极加强社会经济建设。台湾刚平定，两广总督吴兴祚便“疏言尚之兴在广东横征苛敛，民受其害数十年。因举盐埠、渡税、税总店、渔课诸害，悉奏罢之。自迁界令下，广东沿海居民多失业，（吴）兴祚疏请展界，恣民捕采耕种”。经查勘规划，“兵民皆得所”[3]，顺利地解决了困扰广东经济发展的一大障碍。此外，他还改善了高、廉二府对广西的食盐供应，使东西两粤各得其利。雍乾间任督的鄂弥达力主对惠、潮、肇、韶等府的矿产

---

① 崔弼：《新建粤秀山学海堂记》，《学海堂初集》卷十六。

② 梁志文：《三水渠太公重游泮水征诗文启》，《广东文征续编》第一册，广东文征编印委员会1986年，第338页。

③ 《清史稿》卷二六〇《吴兴祚传》。

进行开采，以调整广东产业结构和改善民生。他主张广招本省殷实商民，自备资本开采，加强管理，“粤东界连数省，一帆可通，若得就近开铸，不但本地钱文流通，兼可资两江三楚浙闽等省之用”。他认为，以本地之利，养本地之民，“上裕国课，下养穷黎，流布钱文通济邻省，莫有便于此者矣”[①]。他大力整顿盐政，积极筹设官米局，调节粮储，平抑米价。广东历来是严重缺粮省份，不少粤督为此做过不懈的努力，组织贫民开垦荒地。乾隆后期任广东巡抚的孙士毅强调向海要粮，他认为：“向来滨海居民，见有涨出沙地，名曰沙坦，开垦成田，栽种禾稻，实为天地自然之美利，海民藉以资生者甚众。”所以他力主把沿海沙坦给民承垦，“即以千顷为计，每岁约可添谷十万余石，即毋庸全仗粤西谷船之接济，裨益民食正复不少”[②]。道光十一年（1831），广东督抚奏准：广州、惠州、潮州、肇庆、韶州、嘉应、罗定、南雄、连州等府州境内的“官山旷土”、“山头地角”，应照高、雷、廉、琼四府垦荒成例，悉听本地人民开垦，成熟之后，永不升科，作为世业。[③]

经过地方官员的推动，清代广东农田开垦进一步扩大，经济作物种植面积也相应扩大，蚕桑、果品、甘蔗、烟草、蒲葵、槟榔等经济作物更有长足发展。矿冶业、铁器冶铸业、陶瓷业、纺织业、制糖业、茶叶业等手工业生产也蓬勃发展，进而进一步促进了商业的繁荣。不仅在广州、佛山、潮州府城、江门、海口等大中城市人口集中，商贾云集，而且在各州县的城镇也是百货骈集，商贾络绎，农村圩市进一步增加，与城市相连形成商业网。仅举一例，当时吴川有“三日一墟人不断，双流绕郭海相通”之谓。来自海口的商船于此停留，每岁正月后，福、潮商船也咸泊于此，带来这一带圩市生意的旺盛。圩市的旺盛又带来了文化生活的丰富，圩市上赛神会集渐趋奢侈，一日游观竟费数百金。“数年来

① 鄂弥达：《请开矿采铸疏》，《清经世文编》卷52，沈云龙主编：《近代中国史料丛刊》第731册，台北：文海出版社1972年第1900～1901页。

② 孙士毅：《请开垦沿海沙坦疏》，《皇朝经世文编》卷34，沈云龙主编：《近代中国史料丛刊》第731册，台北：文海出版社1972年第1247～1248页。

③ （道光）《英德县志》卷七《经政略·屯田》。

墟北之沙岗创为中秋之会，一切陈设均与梅菉登高相颉颃，京戏洋蹬争妍斗靡，尝有夕酬神而诘朝，歇业者可叹也”[①]。至于广东商人度峤岭，涉湖湘，浮江淮，走齐鲁，“其挟赀以游者远涉重洋而不为惮。康雍时服贾极远，止及苏松、乍浦、汀赣、广惠之间。近数十载则海邦遍历，而新嘉坡、暹逻多，列肆而居”[②]，广东帮商人更是盛名于海内外。

在清前期广东经济发展的元素中，对外贸易又是一个亮点。乾隆二十二年（1757），清廷关闭了福建漳州、浙江宁波、江苏云台山（今镇江附近）3 个通商口岸，广州成为唯一通商口岸。从这时起到鸦片战争为止，广州在对外贸易中处于垄断地位，此阶段是广州海外贸易的繁盛时期。据不完全统计，从嘉庆二十二年（1817）至道光十三年（1833）的 16 年间，广州出口商品货值达 38 796 万银两。道光十七年（1837）粤海关税收已达 124 万银两。进出口贸易船只的数量也反映了广东外贸的情况。据统计，乾隆十四年（1749）至道光十八年（1838），外国商船进入广州港达 5 390 艘，其中以英国商船最多，美国次之。经广州出海贸易到南洋一带的船只每年也有 30 多艘。[③] 当时曾有人赋诗云：“广州城郭天下雄，岛夷鳞次居其中。香珠银钱堆满市，火布羽缎哆哪绒。碧眼蕃官占楼住，红毛鬼子经年寓。壕畔街连西角楼，洋货如山纷杂处。”[④]

专门负责经营对外贸易的十三行，更是富甲天下。十三行负责承揽对外贸易、传达政府有关法令和执行对外商的管理，是一种兼有商务和外交双重性质的半官方组织。其中的行商和洋商借贸易垄断之机，积累了大量财富。据《两广盐法志》，十三行洋商自乾隆三十八年（1773）至道光十二年（1832）的 60 年间，共捐输银 395 万两。仅乾隆五十七年（1792）和嘉庆四年（1799），行商蔡世文等和潘致祥等分别向朝廷捐银

---

① （光绪）《高州府志》卷六《舆地六》。

② （光绪）《海阳县志》卷七《舆地略六 · 风俗》。

③ 胡巧利主编：《广东方志与十三行——十三行资料辑要》，广州：广东人民出版社 2014 年，第 96 页。

④ 印光任、张汝霖著，赵春晨校注：《澳门记略》上卷，澳门：澳门文化司署 1992 年，第 105 页。

60 万两和 20 万两。怡和行行商伍秉鉴在 1834 年财产达到 2 600 万两，同文行行商潘正炜的总财产超过一亿法郎。[1]

对外贸易的开展又极大地刺激了社会的洋货消费文化，甚至影响到了城市建设文化。18 世纪末入华的马戈尔尼使团的侍童小斯当东在 1793 年 12 月 22 日的日记里写道："我们逛了附近几家大店铺，令我惊讶的是商人的名字，甚至他们所卖商品的名字都用罗马字写在每家店铺的门上，更令我惊讶的是，大部分商人都能用英语交谈，他们的英语还相当不错。我们看到一家很大的瓷器店，品种之多不亚于任何一家英国瓷器店……广州已不再完全是中国了，今天在那里仍然可以看到许许多多用罗马字写的招牌。在那里，常常可以听到人们说英语，这些现实已有很长的历史了。"[2] 阮元督粤期间，巡查广州街道，"省城布政司街酒馆用木板画西洋夷馆式，（阮）元曰：此被发祭野也。立谕郡县拆毁之"[3]。

清前期广东经济的繁荣，商品经济的发展，对教育的发展是一个有利因素。借助这个基础，广东商人和社会力量就能够加大对书院及其他教育设施的捐助，阮元在广东开展文教活动也是仰仗了商人资本的支持。可以这么说，商品经济观念的萌发，商人阶层力量的崛起，是清代广东地方教育机制与国家教育机制碰撞的一个重要因素。

第二节　广东地方官员与书院的创办

清前期国家教育机制整合广东教育最显著的成果便是书院的创办。在清廷书院政策的推动下，任职广东的地方官员都充分借助了书院之力，

---

① 蒋建国：《广州消费文化与社会变迁（1800—1911）》，广州：广东人民出版社 2006 年，第 117 页。

② （法）佩雷菲特著，王国卿、毛凤支译：《停滞的帝国——两个世纪的撞击》，北京：生活·读书·新知三联书店 1993 年，第 502 页。

③ 黄佛颐著仇江等点注：《广州城坊志》，广州：广东人民出版社 2012 年，第 223 页。

来促成地方社会秩序的治理，成就了清前期广东书院的再度辉煌。

一、清廷的书院政策

清朝的书院政策经历了一个由消极抑制到鼓励兴办、加强控制的转变。清初有鉴于明朝书院多与为政者对立，故统治者对书院采取了拒绝态度。顺治九年（1652），清廷明令“各提学官督率教官、生儒务将平日所习经书义理，着实讲求躬行实践。不许别创书院，群聚徒党，及号召他方游食无行之徒空谈废业，因而起奔竞之门，开请託之路”[①]。这一指令显然是借鉴了明代禁毁书院的经验，以防止反清情绪的滋长和反清力量的集结。随着全国局势渐趋稳定，顺治帝在1655年提出应开始思考“兴文教，崇经术，以开太平”的问题，并要求官员“政事之暇，亦须留心问学”。但对创办书院却迟迟未能松口。康熙年间，康熙帝屡屡向著名书院颁赐书籍及赐匾表彰。但对是否要广设书院，朝廷并未松口。相反，雍正四年（1726），江西巡抚请求为白鹿洞书院选任掌教，经部议不准。对这一决议，雍正帝甚为赞同。他的理由是担心书院讲学“贤否混淆，智愚杂处，而流弊将至于藏垢纳污”[②]，这是清初对书院采取抑制政策的根本原因。

清代书院政策的松动是在雍正十一年（1733）以后。是时，清代的君主专制统治业已巩固，朱学独尊的局面靠着文化专制政策也得以稳固。为了进一步发挥“文治”的作用，进一步钳制思想、控制舆论，清代统治者开始改变书院政策，由消极抑制转变为积极兴办、加强控制。清廷所颁“上谕”说：

> 近见各省大吏渐知崇尚实政，不事沽名邀誉之为，而读书应举者，亦颇能屏去浮嚣奔竞之习。则建立书院，择一省文行兼优之士，读书其中，使之朝夕讲诵，整躬励行，有所成就，俾远近士子观感奋发，亦兴贤育才之一道也。督抚驻扎之所，为省会之地，着该督抚商酌奉行，各赐帑金一千两，将来士子

① 《清会典事例》卷三九五《礼部·学校·各省书院》。
② 《清朝文献通考》卷七十《学校八·直省乡党之学二》。

群聚读书，须预为筹划资其膏火，以垂永久。其不足者，在于存公银内支用。封疆大臣等并有化导士子之职，各宜殚心奉行，黜浮崇实，以广国家菁莪棫朴之化，则书院之设，于士习文风，有裨益而无流弊，乃朕之所厚望也。①

很显然，清廷之所以改变书院政策，是由于各地方官已“不事沽名邀誉之为”，而知识界已“屏去浮嚣奔竞之习”。在这一基础上，清廷要求“封疆大臣等并有化导士子之职”，应“黜浮崇实”，于“督抚驻扎之所”积极兴办书院。乾隆元年（1736），清廷进一步要求将书院创办深入到府州县各地：

书院之制，所以导进人材，广学校所不及。我世宗宪皇帝命设之省会，发帑金以资膏火，恩意至渥也。古者乡学之秀始升于国，然其时诸侯之国皆有学。今府州县学并建，而无递升之法，国子监虽设于京师，而道里辽远，四方之士不能胥会，则书院即古侯国之学也。居讲席者宜老成宿望，而从游之士亦必立品勤学，争自濯磨，俾相观而善，庶人材成就，足备朝廷任使，不负教育之意。②

至此，清代的书院规制进一步明晰，由官学化主导而走城市化之路的趋势日益明朗。史书载：

书院师长，由督抚学臣不分本省邻省已仕未仕、择经明行修、足为多士模范者，以礼聘请。丁忧在籍人员，理应杜门守制，不得延请。书院生徒，由驻省道员专司稽察，各州县秉公选择，布政使会同该道再加考验，果系材堪造就者，方准留院肄业。各省书院师长，实有教术可观，人材奋起，六年之后著

---

① 陈谷嘉、邓洪波主编：《中国书院史资料》中册，杭州：浙江教育出版社1998年，第855页。

② 陈谷嘉、邓洪波主编：《中国书院史资料》中册，杭州：浙江教育出版社1998年，第857页。

有成效者，准督抚学臣请旨酌量议叙。诸生中材器尤异者，亦令举荐一二，以示鼓舞。其余各府州县书院，或绅士捐资倡立，或地方官拨公款经理，俱申报该管官查核。各处书院，不得久虚讲习。教官本有课士之责，不得兼充书院师长。①

从上述文字看，为使书院发展真正“黜浮崇实”，清代统治者强调应重点扶植省会及官府所在地的书院，书院经费应由地方官府加强管理，书院师长应由地方官府聘任和考核，书院生员也由地方官府细加甄别。并特别重申：“至每月课试，仍以八股为主，或论或策，或表或判，听酌量兼试，能兼长者酌赏，以示鼓励。”② 书院以应试科举为号召，有利于从根本上调动起社会基层的向心力，使博取科举功名成为学子共同意向，同时也完成了书院对社会群体相对广泛的教育普及，使皇权意识形态更深层地渗入民间社会，加强了朝廷对地方社会的影响和控制。

二、广东督抚官员的书院作为

清代，地方督抚体制趋于成熟。两广总督作为封疆大吏，其“厘治军民，综制文武，察举官吏，修饬封疆”③ 的职责在治理广东过程中发挥着重要作用。在广东秩序还处于恢复期，在朝廷的书院政策尚未完全解冻之时，广东数任督抚便开始了创建书院的工作。而当朝廷书院政策对建立书院取鼓励态度，他们对广东省一级书院的创建更是锦上添花。

1. 端溪书院

端溪书院最早建于明代，旧址在高要县（今肇庆）学宫西，明末罢废。清初两广总督府设在肇庆。康熙四十五年（1706），赵弘灿出任两广总督。赵宏灿是宁夏人，是名将赵文栋的儿子，他虽为武将出身，却十分重视振兴地方文教。康熙四十七年（1708），赵弘灿在原端溪书院的旧址上创建天章书院，建天章阁，摹刻皇帝所赐御书供奉其间。后来，总

---

① 陈谷嘉、邓洪波主编：《中国书院史资料》中册，杭州：浙江教育出版社 1998 年，第 858 ~859 页。

② 《大清会典事例》卷三九五《礼部·学校·各省书院》。

③ 《清史稿》卷一一六《职官志三·总督巡抚》。

督杨琳又在天章阁前建万寿宫，为百官庆贺元辰圣节的场所。在天章阁后建宣教堂，堂后为莲池，两边为学生住宿的斋房，招选两广士子肄业其中。雍正十年（1732），时任两广总督的郝玉麟捐银二千两，再度整修端溪书院，作为教育粤东士子的中心书院。郝玉麟认为，人才之生犹木也，育才之道犹作室也，“今粤士之蓄道能文负异于家者，固宜有以劝之，俾勿坏而瑕瑜不掩。天姿英妙之辈，尤不可不责其成功，用是有重修书院之举”。[①] 次年，清廷改变书院政策，鼓励各省督抚在中心城市创办中心书院，并对全国 23 所书院“赐帑千两”，以为示范。肇庆的端溪书院名列其中。而后，乾隆二十二年（1757）知府吴绳年，嘉庆五年（1800）总督吉庆，二十年（1815）总督蒋攸銛，二十三年（1818）总督阮元，道光三年（1823）粮道夏修恕，丨二年（1832）知府珠尔杭阿都对端溪书院进行了整修。

2. 粤秀书院

当时广东受到“赐帑千两”的还有一所书院，那就是广州的粤秀书院。康熙四十九年（1710），两广总督府迁至广州。这时的广州城内集中了督部、抚院、各司、道署、府衙以及番禺、南海县衙等各级官衙，各级官员于治所附近创办书院，清朝的广东书院讲学中心由此逐渐转移至广州。

两广总督赵宏灿随督部迁址而来到广州。康熙五十年（1711），正逢科举乡试之年。朝廷派来的主考官是内阁学士满丕（正蓝旗人），此人才高重教，并将接任广东巡抚。原巡抚范时崇（汉军镶黄旗人，开国名臣范文程之孙）也即将升任浙闽总督。赵弘灿、满丕、范时崇的父、祖辈皆随康熙征战多年，战功卓著。三人又同获提升，高兴之余，便议论在省城创办书院之事。三人认为，督、府所在地应该具有培养学子之所，这既符合朝廷兴办文教之意，又于治理战乱创伤复兴广州十分有益，于是决定创办粤秀书院。当时巡抚范时崇兼署盐政，他马上拨出盐司旧署作为书院院址，并立即进行修缮。粤秀书院位于广州城中心，周边都是

---

① （道光）《肇庆府志》卷六《建置·学校》。

府院及各司、道衙门，便于各级官僚到书院视学。整个书院面积达37 000平方米，由中、东、西三组建筑组成，其间讲堂、御书楼、学生宿舍、庭园等一应俱全。书院门前场地空旷，为放榜选取，或课考甲乙、启馆时官员列队及诸生迎送之场所。书院大门木刻有满丕题写的门联：“化治唐虞之盛，宣五教以抚十州，敬敷自远；道承邹鲁之传，奉诸儒而登一席，衿式为先。”粤秀书院创办之后，受到历任督抚的重视。特别是在雍正十一年（1733）得到朝廷“赐帑千两”的表彰，粤秀书院成为清朝广东书院的顶级书院。

粤秀书院“原由广州府经理，乾隆九年（1744）改由粮道稽察，添设监院一员，后添派一员，均于各学教官内遴委。二十六年、三十三年、嘉庆十四年相继酌定规条。乾隆五十七年、嘉庆十四年各详准动项修葺。二十五年知府罗含章倡捐重修”①。

粤秀书院设院长一名，监院、副监院各一名。招生面向全省，每年于二月十五日前甄别取生，除考取者外，其他书院尚可保送优秀生员。招生人数，乾隆年间为100人，嘉庆十四年（1809）增至150人。每月逢二、八日讲“四书”、“五经”、诸史，听院长发问，诸生各抒心得、贯通义蕴。每月考课3次，初三日为官课，十三、二十三日为馆课。官课由督、抚两院及司、道轮课，馆课由院长主持。考试内容为四书文一，试帖诗一，夏天日长加试经文、策论或律诗、经解。②

3. 越华书院

乾隆二十年（1755），越华书院在广州创办。越华书院位于广州布政司后街，越华路亦因此得名。书院由盐政司范时纪及广州商人共同捐建，作为广东商籍子弟的学习场所。其创办的缘由，姚廷纶记叙道：“两粤商籍，始以康熙六十年（1721）制府杨，题请照准浙河东例，每遇岁科两试，补弟子员二十名，分隶广州、南、番三学，与民籍一体乡试。后以

① （光绪）《广州府志》卷六六《建置略三》。

② 《粤秀书院》，邓洪波主编：《中国书院学规集成》第三卷，上海：中西书局2011年，第1241页。

人数渐多，恐碍民籍解额，于雍正元年（1723）复请照长庐例，为编卤字号，以别之于民籍，取中一名，恩科加中一名。人数虽多，不得出二名外，中后改归原籍。遂自雍正壬子科（1732）始也，嗣乾隆三年（1738），督院鄂复念商籍廪、增分隶三学，有妨民额，更请拨附府学，其廪、增定额外另设十五名，而恩、拔、岁贡，悉照县学例，即于粤省候选。此商籍科举之大凡也。至越华书院之设，督院杨、转运范于乾隆二十年实创此举。”①

可见，为了保证广东商籍子弟有书可读，因广州、南海、番禺三学的录取名额有限，于是盐政司范时纪首倡创办书院之议，得到广州商人的热烈响应：“粤东向有粤秀书院，人文称盛。而商人子弟寄籍于此者未有藏修之地，众商深以为歉，积志已久，因合词吁请余转申制抚，俱蒙嘉予，且捐资首创，即令余酌葳其事，于是众咸踊跃乐输己资，遂买旧宅一区而更新之。其中屋宇池亭以及草木竹石，原已略具，因而稍微布置。前建讲堂，后起书楼，余胥为弦诵肄业之宇，宜朴而固，勿事雕华，盖取其地幽静，足以收检身心而已耳。工既竣，宪制颜其额曰：越华书院。躬莅课艺，面加奖励。众商感激，复捐项生息以充膏火，用垂永久。”② 越华书院建成后，初设膏火30名，以为商籍子弟藏修息游之所。

这所面向商人子弟的书院得到广州官府的高度重视。“两台大吏，锐意培植，常就公余，屏驺入室，花廉试士，水榭论文，故后粤秀百余年而一时崛起，人才掇巍，科践清华，郁为贤髦，论者几几有后来居上之叹。”③ 这极大地鼓舞了商人家族子弟求学中举的决心，即使在科举“商籍”名额取消之后，“入场有志上进者，不得不各归原籍应试。本省之商人子弟则仍由民籍报考。近日文风翔盛，每秋试发榜，泥金报帖几满门墙”④。

其后诸商久寓粤东，子弟多归民籍甄别事例，越华书院的性质遂与

---

① 姚廷纶：《设立商籍记》，（光绪）《广州府志》卷六六《建置略三》。
② 范时纪：《越华书院记》，（光绪）《广州府志》卷六六《建置略三》。
③ 梁廷枏：《越华纪略·序》。
④ 梁廷枏：《越华纪略》卷四《故事》。

粤秀书院趋同。书院设监院，官 2 员。越华书院每月考课 3 次：官课 1 次，师课 2 次。官课由督、抚、藩、粮、臬、道等衙门按月轮流课试。凡课期，诸生黎明登堂，封门扃试，即日收卷，次早送至主课衙门。课试内容为四书文一篇、试帖诗一首。据姚廷纶记载，越华书院开办后，商人子弟学习积极性高涨，登科及第成绩显著。在十年中，有乡试中举者 12 人，成进士者 3 人，恩贡者 1 人，拔贡者 2 人，岁贡者 12 人。以后，越华书院在嘉庆十一年（1806）由盐运使蔡共武捐廉倡修，十五年（1810）署盐运使杨炜、二十年（1815）盐运使方应纶迭次详准增设膏火名额，二十五年（1820）诸商捐修。①

三、广东府州县官员的书院作为

担任府、州、县的地方官都是科举出身，其本身的教育经历以及儒家文化的熏陶，使他们对教育更有一番亲和力。他们奉天子之命主持一方邦土，振颓兴废，安民乐业本是职责之分，而又以教化百姓，培养人才为急务。所以，清代广东的府州县官员大都在兴办地方书院方面留下了较好的口碑。

1. 广州府

清代广州府级书院为羊城书院。康熙二十二年（1683），广东督粮道蒋伊为了给番禺的学生提供学习场所而创办了岭南义学和穗城书院。雍正八年（1730），广州知府吴骞又重修了岭南义学和穗城书院。嘉庆八年（1803），广州布政使康基田又重修了岭南义学，改名为羊石书院。并且重修了康熙二十三年（1684）由广州知府刘茂溶所建的珠江义学，改名为珠江书院。嘉庆二十五年（1820），广州知府罗含章看到广州府属书院有 3 所，义学有 2 所，但向来未设膏火，没有生徒肄业。他认为："古无有不以贤才治天下者，郡守无举贤之权，而有教士之责。"于是他将羊石书院和穗城书院合并，改名为羊城书院。又将珠江书院及另外两处义学的地皮出售，合归到羊城书院，成为清前期广州三大书院之一。他又"立定规条，延请名师，实心教读。余公暇即到院中教诸生，以修身立品

① （光绪）《广州府志》卷六六《建置略三》。

实济时用之学，升降有等，劝惩有序，庶几收实效焉”[1]。

南海县的西湖书院在广州西湖街（今广州西湖路）。其前身是南海义学，由南海知县宋伟于雍正元年（1723）捐资创建。雍正八年（1730），南海知县刘庶又捐资修建。嘉庆八年（1803），广东布政使康基田拨款扩建了南海义学，并改名为西湖书院。

番禺县的禺山书院位于大东门内番禺学宫前，其前身是番禺义学，由番禺知县庞屿于雍正八年（1730）创建。乾隆元年（1736），番禺知县冯爔添购民房以扩充义学的规模，三十四年（1769），番禺进士凌鱼又捐钱改建。到了嘉庆八年（1803），广东布政使康基田将义学大修，改名为禺山书院。道光五年（1825），知县陈怀彦以公闲款银一千四百两，捐廉银六百两发商生息，以为山长束脩、生童膏火奖赏的经费。

香山县的丰山书院，康熙三十一年（1692）由知县孔衍酶创建。乾隆十三年（1748），知县张汝霖在其旧址前建讲堂五楹，颜曰“居敬斋”。后来又建斋舍六楹，左右翼以廊房，使书院初具规模。十五年（1750），知县暴煜复购东侧隙地建东西斋舍二十间，南北轩各五间，两旁各建廊庑三间。不久又购得学前民舍，创讲堂五楹，颜曰“毓秀堂”。又在堂后建三楹，祭祀宋五子，颜曰“丰山书院”，并订立书院条约十则。二十一年（1756），知县彭科为书院拨置田租。嘉庆五年（1800），知县许乃来为书院拨置田租。十九年（1814），知县马德茂倡捐增建内厅、大堂、讲堂、东西斋舍、廊房、五子房彰义房、崇先祠等，计数十间。在香山，知县彭科的书院作为很突出，他在任期间不仅修建了丰山、金山等九所书院，还为各书院拨置学田以资脩脯膏火之需。他认为：“书院之设与学校相表里者也。学校建于一邑之中，而书院则不妨广为之创立，庶四邻之有志于学者得以就近肄业，而无负笈之劳。则有其举之，必筹划以善其后，此正有司之责有不容已者焉。”他将书院学田立碑明志，使各书院“脩脯于此出，修葺于此需，于出励风俗育人才，仰体上官右文之意”[2]。

广州府所属其他各县，如顺德县的凤山书院，东莞县的宝安书院、

---

①② （光绪）《广州府志》卷六六《建置略三》。

兴贤书院、东山书院，龙门县的星冈书院，增城县的狮宵书院、凤池书院、甘泉书院、双凤书院，新会县的景贤书院、冈州书院，香山县的榄山书院、金山书院、凤池书院，三水县的正学书院、凤岗书院，新宁县的宁阳书院、文海书院，清远县的瑞峰书院、凤城书院，新安县的花峰书院，等等，都是由知县所建。①

另外，南海县的佛山田心书院，康熙十二年（1673）由侨居此地人士捐建。由于此地幽胜，佛山课文者咸集于此。嘉庆四年（1799），里人吴昆同、陈维屏请于总督觉罗吉发煤厂充公银2 000两，同知季永吉发充公羡余200两，置买铺产，每年所得租息分拨佛山书院四十两外，余为多士会文之资。道光十年（1830），吴荣光复请于总督李、巡抚卢将查封乡中赌博入官房五所拨给田心书院。总督李仍恐不敷，捐银1 000两置买房产，将每年各处租息增会文经费，由值事定立章程，禀督抚衙门存案。各乡闻风而来会文者，多至四五百人，极一时之盛。②

2. 韶州府

韶州府曲江县的相江书院历史悠久，但三次毁于兵火，清康熙十年（1671），韶州知府马元着手重建。嘉庆十九年（1814），南韶道齐嘉治捐俸重修。道光八年（1828），韶州知府金兰原看到："相江书院历有年所，栋宇未尝不恢廓也，学舍未尝不鳞节也。然而生徒之肄业者恒少，或月一至焉，或终岁一至焉。岂郡邑人士之不向学哉？盖经费不赡，不足以资膏火也。"于是金兰原自己带头捐俸，并动员僚属及绅富捐银4 000两有奇，共银6 419两。金兰原将其发商生息，岁以息为用，由是"诵读之声琅琅达于巷外，噫嘻！是真足为兴艺乐学之所矣"③。

乐昌县昌山书院在城外众善寺，乾隆十一年（1746），知县冯翕于旧地重新规划扩建，筑书舍，建门堂，翼以廊屋30余间。他带头捐俸，发动邑士夫醵资成之。道光八年（1828）知县李成栋偕邑绅筹款将书院迁

---

① （光绪）《广州府志》卷六六《建置略三》。

② （民国）《佛山忠义乡志》卷五《教育二》。

③ （同治）《韶州府志》卷十八《建置略四》。

入城内中街。仁化县有仁阳书院，嘉庆十八年（1813）由知县郑绍曾重修。乳源县原有云门书院，乾隆三年（1738）知县高扬在此建义学，岁久倾圮。嘉庆五年（1800），知县马千里于旧址重建云门书院。另有城东书院为知县张洗易于康熙二十四年（1685）所建。英德会英书院于嘉庆十九年（1814）由知县周本荫复建，道光十年（1830），知县张培栋以书院膏火无资，首捐廉银500元，南韶连道杨殿邦捐廉银500两，前任学政傅棠捐廉寄库50两，又发动邑贡生朱观泰等广为劝捐，合前款共银3 780两，交属内当铺领运生息。①

3．南雄州

南雄州的道南书院，是该地区各类教育机构中经费最充裕的组织，而且规制较完备。就当地的经济发展水平而言，书院能受到如此重视实属可贵。这间书院的前身是宏道书院，康熙二年（1663），知府陆世楷捐廉重修，更名为天峰书院。乾隆三十一年（1766），知府宋淇源合并天峰和凌江两书院，葺而新之，易名道南书院，并拨各书院、义学的田租充实其中，合历年守令绅士捐送的款项，数额颇丰，并订立考课和支销的章程。嘉庆二十一年（1816），知州罗含章清查土地田租，合绅士捐助共得银13 600余两，于是大修堂舍，订立考课及支销章程，自此，士子彬彬向学。嘉庆二十四年（1819），知州余保纯又再次订立章程，进一步补充完善了书院的管理制度。②

始兴县的文明书院，于康熙五十九年（1720）由知县杨炳耀、教谕陈如锡倡建，贡生陈乔等发动通邑捐金营造。有祀田，每年收租贮仓，俟宾兴、祭魁、开筵用，余则赴乡试者俱给卷资。嘉庆七年（1802），知县杨桂荫倡修书院，建前后2栋，并拜亭1座。十三年（1808），教谕李高魁倡修西南隅。二十年（1815），邑令胡勋、教谕林如勋倡修文昌楼。二十二年（1817），知州罗含章捐廉200两，增置田亩，以为书院修火资

---

① （同治）《韶州府志》卷十八《建置略四》。

② 《道南书院》，邓洪波主编：《中国书院学规集成》第三卷，上海：中西书局2011年，第1340～1345页。

科之费。[①]

4. 连州

连州的南轩书院于雍正五年（1727）由知州朱振基借守御所旧址创建。整个书院由大门通大堂，大堂后连讲堂，讲堂额曰："培风堂"。书院内有馆师下榻处、诸生肄业所，庖厨、斋舍俱全。知州朱振基捐助2 000石托商经理生息。乾隆四十一年（1776）知州张利仁捐廉银1 000两发商生息，嘉庆二十五年（1820）知州重建。[②]

连州的连山县，河南人李来章来这儿当知县，见此地文教落后，便于康熙四十三年（1704）创办连山书院。李来章说："窃以出宰百里，教养斯民，农桑学校，最为急务，簿书期会，乃其余事，今既叨承简命，出宰连山，忝为邑长，敢不自勉？除督劝田事，疏通水利，团练乡勇，约束排猺，次第举行外，今于本县西门大塘之上，自行捐俸，创建连山书院。"[③]

5. 肇庆府

肇庆、高要的书院建设很有传统，所建书院很多，如濂溪书院、星岩书院、菘台书院、培风书院、嵩崖书院、桂溪书院、三都书院、沙溪书院、砚溪书院、文昌书院、九曲书院等，而以端溪书院规模最大。

阳春县知县王鹏翥在嘉庆十八年（1813）发动绅士商民捐资，将原来的"聚云楼"加以扩建，改名为瑞云书院。书院由学官主管，延聘名师主讲，入院学生均发给膏火。

肇庆府的其他各县都至少有一所由知县修建的书院，如新兴县的古筠书院，阳江县的濂溪书院，高明县的玉山书院，恩平县的南平书院，广宁县的文治书院，开平县的桂轮书院，鹤山县的鹤山书院，德庆州的青云书院，封川县的景奎书院，开建县的储元书院，等等。[④]

---

① （道光）《直隶南雄州志》卷一四《经政略二》。

② （同治）《连州志》卷三《学校》。

③ 李来章：《连山书院榜文》，邓洪波主编：《中国书院学规集成》第三卷，上海：中西书局2011年，第1372页。

④ （道光）《肇庆府志》卷六《建置二》。

6. 惠州府

惠州府原有丰湖书院，后改为县学。康熙三十三年（1694），知府王瑛在丰湖黄塘购买空地，建造丰湖书院。嘉庆七年（1802），知府伊秉绶又加以扩建，增加了澄观楼、乐群堂、夕照亭、浴风阁等建筑，成为较大规模的书院。伊秉绶不仅亲自在书院讲学，还聘请著名学者宋湘担任山长。宋湘在书院正门题写对联："从文古邹鲁，山水小蓬瀛"。嘉庆二十四年（1819），知府罗含章订立《丰湖书院章程》，规定设监院官 1 名，须在书院居住，约束生童；每年十二月初十日，书院面向 10 州县招生考试，生童分两日考试、复试；每年取正课生监 40 名，附课生监 20 名，正课生童 40 名，附课生童 30 名，俱有不等膏火银；每月初二、十六为本府官课，府课所取一等生童无定额，奖赏俱在租息下支送。

龙川县有三台书院，康熙五十四年（1715）知县屠孝义建于文昌阁左。书院三楹，并门楼三楹，及左右房舍，又造魁星楼于文昌阁前。五十八年（1719）知县臧琮复于文昌阁右建书院，按左式于屠令所建。于是文昌阁左右皆书院，左书院额其门曰东壁，右书院额其门曰西园，文昌阁下堂额曰："三台书院"。雍正七年（1729），知县捐建房舍东西各 10 间，嘉庆三年（1798）知县傅锡山请拨东江埠风飏息银，填补经费。

博罗县有登峰书院，乾隆十年（1745）由知县康基田于延寿寺旧址修建，并将原罗阳书院产业概拨入书院，但仅够院长束脩，而无生员膏火。嘉庆间知县李沄重修，官绅积极公捐膏火，于是额设正课生员 20 名，正课童生 30 名。

归善县的观澜书院，于乾隆四年（1739）由知县陈哲所建，以后各任知县又陆续拨入田租，绅衿也积极捐助，累计本银达二千余两，发商生息，以资膏火。书院馆师每年脩脯谷 100 石，肄业生童额设学长 20 名，每名年给谷 3 石。

另外，河源县有槎江书院，连平州有凤阳书院，永安县有元峰书院，海丰县有丽江书院，陆丰县有龙山书院，长宁县有贵峰书院，都是在知县的推力下创办的。[1]

7. 潮州府

韩山书院是潮州府的名牌书院，原名昌黎书院。顺治四年（1647），巡道曾宏重建。康熙二十二年（1683），知府林杭学重修。后为社学，讲堂、号舍倾圮过半。雍正十年（1732），知府龙为霖对韩山书院进行了较大规模的整修，这次扩建了藏书楼，并命名为振华楼。讲堂依旧，依然采用元代之名“原道”，借韩愈著名文章《原道》之用。整个书院整修书舍、厅屋共110间，四周围墙。书院左边是奎星阁，后边是光珮亭，前面是观鱼槛，整个书院种植果树逾千株，池内并种植莲花。复名韩山书院，并在原道堂题联：“多士讲习斯堂，当思文起衰，道济溺，体具用周，方信韩山有地；大儒温饱非志，与其月赏钱，岁靡禄，名存实亡，何如橡木无花。”择录3州生童肄业其中，巡道主课四书、五经、律赋、策论。知府龙为霖寄望于书院学子，“毋近名，毋欲速，沉浸浓郁于周孔之书，庶几养其根，以俟其实遇，则铭勋钟鼎，黼黻太平之盛，不则卷而藏之，善化乡隅，而著述有以自见于后，则余书院之设为可以不虚矣”[2]。嘉庆二年（1797）知府韩义又进行了维修。[3]

潮州府南澳的学海书院于乾隆二十六年（1761）由海防同知赵廷宾创建，武进士陈顶举捐银500两，为绅士倡，共得银1 800两有奇。书院四面环海，颇为壮观，知府周硕勋颜其额曰：“学海书院”。

饶平县的瑞光书院在清初被乡民占为垦田，雍正年间有浮光夜现，父老以为祥，群以为瑞光台宜重兴也，于是要求官府在此地重建书院。乾隆十二年（1747），海防同知陆镛、知县万承式倡导绅士共建书院于瑞光台前。二十二年（1757）知府周硕勋、同知郭正宷、知县宫文雅认为书院场地太过狭隘，要求拓地扩建，于是官绅合力完成工程。

---

① （光绪）《惠州府志》卷一〇《经政二》。

② 谭棣华、曹腾骓、冼剑民编：《广东碑刻集》，第233～236页，广州：广东高等教育出版社2001年。

③ 《韩山书院》，邓洪波主编：《中国书院学规集成》第三卷，上海：中西书局2011年，第1 382页。

惠来县的文明书院于康熙二十六年（1687）修建。乾隆二年（1737），知县应乡绅的请求重建，阁三层堂二进，因造费浩繁而中途停废。乾隆二十六年（1761），知县倡议绅士集资重修，在阁后增建大堂5间，祠奉韩愈。左右各建小堂3间，以为教学之所。东西两旁各建学舍18间，为生员住宿之地。规模宏敞，知府周硕勋亲题“文明书院”4字，并增拨学田。

潮州府其他各县的书院，如潮阳县的文昌书院，揭阳县的近圣书院，大埔县的汇川书院、茶阳书院，澄海县的景韩书院、冠山书院等，普宁县的崑冈书院、三都书院，都是在知县的推力下创建的。[1]

8. 嘉应州

嘉应州的培风书院，历史悠久，规模较大，也是在历任官员的不断培植下逐步完善的。培风书院在梅县城内东北隅，明初创立，后来改名为双忠书院。清初加祀张九龄等，改名为五忠祠。顺治二年（1645），知县戴长治增加祭祀韩愈等，改名为七贤书院。不久遭兵毁。康熙七年（1668），知县王仕云再重建，后经二十年、二十二年、二十八年，历任知县都不断增建。康熙三十四年（1695），知县曹延懿又在书院增祀周敦颐等，改名为九贤书院。雍正十一年（1733），知州王元枢将其改名为程江书院，增筑学舍15间，“延师课士，院规始肃”，聘名学者任山长，并发动绅民捐款，买学田数十亩，以增加办学经费和充实师生的膏火费。乾隆十五年（1750），知州王之正重修先贤祠，除祭祀九贤外，还将对书院发展有贡献的几任学政、知县也一并供奉，并正式以“培风书院”题匾书院门首，并增添膏火以课士。[2]

9. 高州府

高文书院，原名敷文书院，为高州府级书院。康熙四十八年（1709）知府吴柯于旧址改建，雍正八年（1730）知府张兆凤增建。后因公费不敷，日就残废。乾隆十九年（1754），巡道王既寿捐添膏火，重修学舍，

① （乾隆）《潮州府志》卷二四《学校》。
② （光绪）《嘉应州志》卷一六《学校》。

规模丕变。高文书院的建成对高州文风的促进很大，建成后两年的乡试，高州府就有 8 人中举。

茂名县的笔山书院已废置很久，无人问津。直到雍正八年（1730），知府张兆凤视察此地，决定重建这个书院，添置了讲堂书舍等，并拨租田数项充书院公用，它才规模丕变，重焕光彩，成为当地士子主要的肄业场所。

化州的石龙书院原名罗江书院，乾隆八年（1744），知州林寅、训导叶芹就义学故址捐俸建造，命名为罗江书院。嘉庆二十四年（1819），知州郑域轮、学正林润升、训导周友睿发动绅民捐资迁建，建成 3 座 9 间、东西斋各 11 间的规模，改名为“石龙书院”。

高州府其他各县的书院，如茂名县的近圣书院、茂山书院，电白县的莲峰书院、双峰书院、东阳书院，吴川县的江阳书院、双江书院，石城县的松明书院、同文书院等，都是经过知县及其他官员的努力而成就的。[①]

四、学海堂的创办

学海堂也是由督抚所办。之所以将其单列介绍，就在于它与上述书院学风有所不同。上述书院以应试科举为办学宗旨，学海堂则走的是崇尚经史实学的办学之路。

阮元看到，广东是明代著名理学家陈白沙、湛若水的故乡，故而陈白沙、湛若水的理学传统在广东有较广泛的基础，进而导致崇尚空谈、言心言性、不尚实学的学术风气在这儿很有影响。虽然在清代的乾嘉年间，考据之学在江浙皖一带兴起，但因广东偏处岭南，广东学者与江浙学者缺乏师承渊源，汉学之风始终不盛。尽管这期间也有不少文人学者来到广东，或多或少地带来了汉学风尚，但影响有限，不成气候。当时的广东书院，著名者有端溪、粤秀、越华、羊城等，其学风受科举制度制约，大多以练习八股时文为宗旨。所以，阮元决心要在广东推广汉学，崇尚实学，推行“推明古训，实事求是”的书院学风。

① （光绪）《高州府志》卷一四《经政二》。

嘉庆二十五年（1820）三月初三，阮元来到广州城西的文澜书院，手书“学海堂”3字悬匾于其中，首次发布3道试题，向全社会公开征考，正式开启了学海堂的办学历程。

“学海”一词，典出东汉著名经学家何休的名号。何休学识渊博，是自西汉董仲舒以来最重要的公羊学家，对三坟五典、阴阳算术、河洛谶纬及历史古谚、历代图籍等无不精通。其著书讲述，名噪一时，求学者不远千里而至，如涓涓细流奔赴沧海，故当时人称之为“学海”。阮元以“学海”为书院命名，一是要彰显学海堂崇尚汉学的学术追求，二是要为广东学子树立学习榜样，以确立求学的志向。

学海堂在教学上实行的是季课制度。清朝的书院大都实行一月一考的月课制度，学海堂之所以要将月课改为季课，这是由学海堂独特的考试方式决定的。一般书院的月课，如同科举考试，考场设在书院内，学生黎明登堂，封门发题，当场答题，限时交卷。而学海堂的季课却是向社会公布试题，面向社会所有人士公开征文。交卷期限规定为一个月。阮元在学海堂的考试命题上坚持经史文笔并重的原则，命题范围既以经学、史学为重，又旁及小学、天文、算法、词章。阮元希望广大就学者能够根据考卷题目，在家带着问题多读一点书，较深入、较系统地钻研某一问题，然后写出考卷。这种用考试来带动学子读书、通过读书而从事研究和著述的做法，可使学生不至于疲于应付考试，导致学问功夫浮于表层。

要真正促进考生获得真实学问，取得考证经史的实效，关键还在于考题的设计。阮元认为，凡是列入研究范围的知识，都应该是有益于经世致用的。而要达到经世致用的目的，无论是探讨经义子史前贤诸集，还是学习选赋诗歌古文辞，都首先要精于考据，做到探源求真。例如阮元曾出过这样一道题：“儒字造字之意何在？儒名始于何代？儒行始于何时？鲁孔子时，颜、曾诸贤之儒行，所尊尚者何等事？所讲习者，何等事？其大指何在？当细绎鲁国圣贤言行，在《孝经》、《论语》、大小戴《礼记》诸经经文内，以求儒之正本大原而释之。至于荀、杨及汉唐宋各家之说且不必涉及，不必辩论。”这样的题目，不仅要人们去认真读书，去追本溯源，而且要人们去思考，去扩大和深化自己的见识。这样的问卷，空疏不学之人、投机取巧之人是无法问津的。

例如，阮元曾出过关于科技知识和中国科学史的题目：“今大、小西洋历法来至中国在于何时？所由何路？”“元代的《回回历》是否和明代的《大西洋新法》一样由到广东经商的外国人传入？”“大、小西洋之法制定之始由今上溯有多少年，相当于中国何代何年？”回答这样的题目显然需要较为扎实宽厚的历史、天文、算学方面的知识。

即使是考核古代诗赋题，学海堂也不是单纯地考核学生的文学才能，而是要求学生必须具有宽厚的历史和文学素养基础。例如有这样一题，阮元要求学生在阅读《汉书》以后，写作20首与书中典故相关的汉代乐府诗（汉代的一种诗歌体裁）。这种诗题写作，一方面能提高学生的文学水平，另一方面也有利于学生历史知识的积累，可谓一举两得。

又比如，阮元在学海堂推崇汉代经学家何休，他出过这样一题：“唐宋人每轻视汉魏六朝人，以为无足论。劭公之为人，绝无可议：其学如海，亦非后人所能窥。劭公的《公羊》与董仲舒的《繁露》相表里，今能通之者有几人哉？不能通之而一概扫之，可乎？试为《汉何劭公赞》。”[①] 这题目表面看来是一文学题，实则要求学生必须对何休的学术地位有通盘的了解，有历史的洞察，才能写出这样一篇文学作品。

不但如此，阮元还鼓励学生们在读书考据的基础上进一步著书立说，并亲自筹划指导。道光元年（1821）冬季的季课有“四书文源流考”一题，侯康的答卷深得阮元的赞赏。为了鼓励学生们能进一步探本溯源，阮元命周寅清、郑灏若、胡调德、侯康四名学生一起撰写《四书文话》一书。阮元要求他们将四书文的演变，从宋元至清乾隆朝做系统考察，并亲自拟定24个专题，如格式、法律、体裁、命题、程文、选本、墨卷、社稿、师承、风气、兴废、流弊、逸事等，分门别类，广搜遗闻，纂辑汇存。

① 阮元：《学海堂策问》，陈谷嘉、邓洪波主编：《中国书院史资料》中册，杭州：浙江教育出版社1998年，第1935～1936页。

道光四年（1824），阮元决定在越秀山古木丛中辟出专地建造学海堂。这里石岩古木，绿树成荫，绿榕红棉，交柯结叶。置身其中，云雾缭绕，大有吞吐潮汐之感，儒林古镜之味。学海堂由学海堂、启秀山房、至山亭、文澜阁等建筑组成，阮元在中堂大门手书楹联一对："集诸生于山水之间，刚月读经，柔月读史；当秀才以天下自任，处为名士，出为名臣。"

学海堂落成后，这一年的冬天，阮元决定将 4 年 15 次学海堂季课的优秀作品集为一册，刊刻为《学海堂集》，作为学海堂的学习成果保存下来。从《学海堂集》看，里面所收集的作品内容多样，形式丰富。其中有关于考据的，如《周易古训考》《两汉吏治考》；有关于史论的，如《秦楚之际诸国形势论》《古今治盗各有得失论》；有跋，如《读史记孔子世家书后》；有赋，如《国子监石鼓跋》；有碑文，如《重修三十六江楼碑记》；有乐府诗，如《送蚕姑》《打灯谜》，等等。这种多样化的考试内容，在传统教育已经腐朽僵化的当时，多少是具有清新气息的。这些作品的作者遍及广州及周围各府县，有政府官员，有举贡生员，也有平民布衣。可见学海堂的考试制度真正促成了书院考试深入社会进入家庭，阮元创办学海堂的做法对在岭南推行汉学学风确实产生了社会效应。

道光六年（1826），阮元调任云贵总督，临行之前，手订《学海堂章程》，明确学海堂不设山长，实行"八学长制"："管理学海堂，本部堂酌派出学长吴兰修、赵均、林伯桐、曾钊、徐荣、熊景星、马福安、吴应逵共八人，同司课事。其有出仕等事，再由七人公举补额，永不设立山长，亦不允荐山长"；"每岁分为四课，由学长出经解文笔，古今诗题，限日截卷，评定甲乙，分别散给膏火"①。

道光十四年（1834）六月，两广总督卢坤采纳阮元弟子钱仪吉的意见，决定在学海堂设立专课肄业生制度，并制定《学海堂专课章程》。其主要内容有：专课肄业生由学长公举，务取志在实学、不骛声气之士，

① 阮元：《学海堂章程》，邓洪波主编：《中国书院学规集成》第三卷，上海：中西书局 2011 年，第 1289 页。

尤宜心地淳良、品行端洁；诸生于《十三经注疏》《史记》《汉书》《后汉书》《三国志》《文选》《杜诗》《昌黎先生集》《朱子大全集》诸书中，各因资性所近，自选一书肄习，择师而从，谒见请业，以期获先路之导；每日课程，于所颁发日程簿中，分句读、标点、评校、著述四栏，将所学内容记录其中；每逢季课，俱令各就所长，交出课卷，不得旷缺；每届季课由学长二人承办，但拟定题目，自应八人公商，以期尽善，命题坚持经史文笔并重，期为有用之文。①

这是一项很有创意的书院教学制度。从众多的应试学生中选拔一批有志学问的优秀者，让其选择学术研究的主攻方向，并相应地在学长中选择一位学有专长者为指导老师，以期获得进一步的深造。这种制度已有点类似于今天的研究生培养制度了。学海堂首届专课肄业生共10名(其中朱次琦未入学)。

学海堂的创办不同凡响。一般书院以应试科举为宗，学海堂却引导学子朝着研讨学问、求真求实的方向前行，独成风气。其管理制度和教学方式也锐意创新，别开生面。特别是“八学长制”和专课肄业生制度的设立，更促使书院学风求真务实，学行合一。其新学长之遴选，须经众学长共议产生，严格把关：“向来公举学长，固推文学，尤重乡评。至专课肄业生已设，堂中公议，选定已极严，拟补学长当倍慎。嗣后保举学长，先求素行无玷，然后论其人才，永不更改，以符旧约。”② 至此，一股清新的书院改革之风在广东兴起，推动着广东学术和教育的发展。

由此可见，各级官员的书院作为是清代广东书院兴盛的最重要的推手。据统计，清代广东书院共411所，一跃而成为全国第一。其中官办书院是主流，各级官员在官署所在地创办的书院成为各地书院的中心。

---

① 卢坤：《学海堂增设课业诸生事宜》，邓洪波主编：《中国书院学规集成》第三卷，上海：中西书局2011年，第1290页。

② 古公愚：《学海堂述略》，陈谷嘉、邓洪波主编：《中国书院史资料》中册，杭州：浙江教育出版社1998年，第1408页。

第三节　广东民间社会与书院的创办

虽然官办书院是清代广东书院的主流，但民间社会创办书院的热情也是一股不可忽视的动力。广东民间力量在积极配合官方行动的同时，也努力营造自己的教育资本，扩充自己的文化权利。他们主要从财力和人力上救官办书院之急，特别是自发生成的联宗书院成为清代广东一道亮丽的风景，促成了广东书院的层级网络，更好地顺应了国家教育机制。

一、商人阶层的书院热情

在中国传统社会，商人一向被列为四民之末。清代广东地区由于商品经济日益发展，传统的“抑商”政策有所削弱，所以粤商的教育需求在这一时期得以伸张。例如广州十三行商人，他们或应试，或捐纳以求获取科名和官衔。曾任十三行总商的潘振承，捐花钱捐得行商最高的三品职衔。为了使子孙能读书应试，他“建书院以招来学，俱不惜重资焉”。他的儿子潘有度继位为行商，于乾隆三十五年（1770）中顺天乡试，三十七年（1772）第进士。潘有度的儿子潘正亨为县贡生，捐刑部员外郎。行商伍秉鉴走官商之路，几十年间，共花 1 600 余万两银，向清廷及地方官贿赂、捐输，换取官衔和官职。行商梁纶枢补县学生，后捐职候选训导。行商潘正炜以附贡生捐分部郎中。行商许祥光于嘉庆二十四年（1819）由监生中举人，道光十二年（1832）成进士加捐员外郎。行商潘仕成道光十二年（1832）顺天乡试副榜贡生，因捐资救灾，钦赐举人，报捐郎中。伍崇曜入县学为廪膳生，道光十一年（1831）捐修本省围工，钦赐举人。[①] 仅此数例，就可见广东商人阶层的教育需求极为强烈。

正由于此，广东商人阶层对官方的兴办书院予以了大力支持和慷慨

---

① 胡巧利主编：《广东方志与十三行——十三行资料辑要》，广州：广东人民出版社 2014 年，第 333～343 页。

投资。例如粤秀书院的办学经费，除了官资之外，还得到来自南海、番禺、东莞、新会、香山、花县、从化、清远、开平、信宜、南雄州等地的租银共 2 341 两 9 钱 8 分 6 厘。越华书院的开办前后共得捐银 11 400 两，其中官员捐银 1 700 两，其余全是商人捐助。除去用于买地、修建、购买器物的费用，剩余用于发商生息，每年可得息银 2 052 两，遇润加增银 171 两，保证了书院的正常运作。广州知府罗含章组建羊城书院，筹得银 20 000 两，发南海、番禺二县当商生息，每年可得息银 2 000 两，由此解决了山长的脩脯费和学生的膏火开支。①

广东商人阶层对书院的资本支持，客观上为书院发展创造了很好的条件，更重要的是他们因教育水平的提高而提升了自己的社会地位。美国学者蒂莱曼·格里姆依据刘伯骥《广东书院制度》中的材料，对清代广州地区 149 位书院山长的出生地和任命时间做一列表分析。数据显示，在 1662 年至 1820 年广州府可考的 50 位书院山长中，来自广东以外地区的儒士有 24 位，而出生于广州本地的才 6 位。但自 1820 年至 1905 年间，这种状况有了变化。在可考的 95 位书院山长中，出生于广州本地的山长有 61 位，而来自外省的人员只有 10 位。格里姆认为："至少在广州，这与商人在书院事务方面的活动增加有关。由于广州商人增加了对书院的捐助，他们就可能支持当地子弟做山长，而不是外省人。"②

随着商人教育水平的提升，他们对生活的追求也有了变化。他们想借助文化这一契合点，做到亦商亦儒，从而与官员、士人开展更具亲和力的交往。行商潘正炜"生平喜收藏法书名画，建听帆楼以储之，一时名流群集于此"。行商潘仕成建"荔香园"，又称潘园，题名"海山仙馆"。园中游廊曲榭环绕数百步，沿壁遍嵌石刻，皆晋唐以来名迹暨当代名流翰墨。"一时墨客、骚人文酒之会，殆无虚日。"③

---

① （道光）《广东通志》卷一七二《经政略十五》。

② （美）蒂莱曼·格里姆：《广东书院与城市体系》，（美）施坚雅主编，叶光庭等译：《中华帝国晚期的城市》，北京：中华书局 2000 年，第 587 ~ 588 页。

③ 胡巧利主编：《广东方志与十三行——十三行资料辑要》，广州：广东人民出版社 2014 年，第 333 ~ 343 页。

为了进一步密切官、绅、商的合作，已经获得绅士身份的商人希望有一个很好的活动平台，以加强这一群体的联络，包括与官员、学者的合作对话。创建于19世纪初期的文澜书院就是这样的产物。它由绅士倡议、经官府批准、经费完全由商人自理而建成。文澜书院在太平门外下九甫绣衣坊，嘉庆十五年（1810），邑绅进士何太清等与行商伍怡和等四大富家发起集资，呈请创建。其呈文大意，鉴于西关官涌需疏通，并加高沿涌各桥，以通舟船。洋行众商议定，自愿送出公产房屋一所，永为修涌公所，“更择数椽，创建文澜书院。除外有余，招租取息，为修涌会文经费”①。

这不是一所讲学课士的普通书院，从不招生授课，只是为广州的商人士绅提供社交和集会议事的场所，但有明确的资格限制。在《文澜书院规程》第一条规定：“向章，凡寄居西关，须税业三十年后进庠中式始得入院，送报到书院时必须通知当年值事及各老前辈，查确并无欺饰及身家清白者方可列入。”② 其中“进庠中式”“须税业三十年”表明参加文澜书院的成员必须是获取功名的商人。据《文澜众绅录》记载，在获得秀才（或监生）以上功名的268人中，进士以上功名的有29人，占10.8%；举人有164人，占61.2%；贡生39人，占14.6%；其他廪生等一般生员36人，占13.4%。获得科举身份的这么一个商人群体借助书院平台采用文会方式聚合在一起，这本身就说明了书院对他们的影响具有重要意义。

二、乡绅阶层的书院热情

乡绅阶层的教育热情则来自其家族和乡里教化的需要。清代国家教育机制统合民间社会的最有力手段便是科举，而乡村社会为壮大宗族的有效机遇便是应试科举。二者的有机结合便促成了广东乡村社会书院的发展。

---

① （光绪）《广州府志》卷六六《建置略三》。

② 吕鉴煌：《文澜书院规程》，邓洪波主编：《中国书院学规集成》第三卷，上海：中西书局2011年，第1280页。

书院之设在乡里，可以通过发挥书院的祭祀作用，为乡族子弟树立榜样，强化乡族子弟的科举意识。例如高明县有九曲书院，“院为堂三楹者二，一以祀文昌关帝之神，昭亚敬也；一以祀乡贤若罗、黄两先生，暨前吉之登甲乙科者，而群姓之始祖、房祖咸列焉，示观感而重孝思也”[①]。此中所祀罗、黄二先生，都是出自本地的著名人士。其他则有本地及第科举者数十人，所彰显的价值目标十分明确。另外，可以通过书院的月课制度，督促乡族子弟操练科举考试技能。例如道光年间，徐闻县有绅士5人，各捐钱3 000两，组成五夫子会，修复自明代创建的贵生书院，并倡议乡民踊跃捐款，以其息为每年祭祀、书院考课之用。贵生书院规定“课文每月十六为官课，初六、二十六为馆课”，并对成绩优等生及书院主讲支付赏金和薪水。[②] 怀集县梁村乡士绅为鼓励子弟读书，决定合建文社，“故欲乡课之常行，断非合建文社不可”。于是在嘉庆年间，“余等因集近方好义诸君，议定捐金，建立文社，以为历代考课时评卷奖赎，以及辨考等费而倡捐之”。于是发起者“先行沿门劝签，随即发部各堡遍捐”，不到10天，已筹得数百余金，促成了乡课顺利举办。[③]

正由于民间社会的科举情结，乡绅阶层在书院修复上也表现出极大的热情。他们积极响应官府的号召，捐资出力。例如海康有浚元书院，嘉庆年间，“兴复浚元书院，工将竣，赀竭无能为力，得职员翁成焕者，慨然身任，捐番银四百圆，院免一篑之亏”。后又要改建十贤祠，“又得附贡翁成贯捐银四百圆为之，缘首（翁）成焕亦捐银一百圆，而众始闻声响应”[④]。清乾隆戊寅（1758），南海有莲峰书院“创自康熙戊戌，经载省志，岁久倾圮。至丁丑（1757），一士民议欲修复，共推值事，忠诚

---

① 彭彬华：《九曲书院》，谭棣华等编：《广东碑刻集》，广州：广东高等教育出版社2001年，第429页。

② 《贵生书院规条》，《五夫子条例芳名》，谭棣华等编：《广东碑刻集》，广州：广东高等教育出版社2001年，第504~508页。

③ 谢显顺：《梁村乡课文社序碑》，谭棣华等编：《广东碑刻集》，广州：广东高等教育出版社2001年，第715页。

④ 谢邦基：《浚元书院翁氏乐捐碑》，谭棣华等编：《广东碑刻集》，广州：广东高等教育出版社2001年，第548~549页。

勤敏，家办公，矢神视事，故人心乐助刻金七百余，筑作三阅，乃遂落成”[①]。乾隆三十二年（1767），揭阳县官绅联手共同努力创办梅岗书院，“岁丁亥，都人士议于梅岗山之西南创书院，守令诸公筹给廪饩，得官田若干顷，为置籍尹诚识大体，我都人襄斯义举，尤深有见”[②]。

书院办学经费是影响书院发展的瓶颈，广东乡绅阶层在这方面也有积极作为。新丰县有雁洲书院，乾隆三十年（1765），新丰县令郑模见书院长年失修，“予见忧之，爰与邑人约为创捐之举，略置租田，以作延师之需。幸缙绅耆庶，踊跃乐输，不数月而获银400余金，置买田产，共得租80石有零。予乃更捐俸百金，扩其堂宇，葺其书舍”。书院修成后，“登笼负笈者，几几乎履满户外矣”[③]。海丰县有凤山书院，但办学经费紧张，知县欲让各绅士再为加捐。本地贡生王维忠将自家粮田贡献，每年可出粮租49石，“为递年院中经费”[④]。这种做法在潮州府也有表现。康熙五年（1666），饶平乡民吴启丰捐凤凰等处学田180亩租150余石给饶平县学。康熙十二年（1673），乡民黄茂健捐北门社田5亩给饶平县学。给惠来县学捐学田的有义民陈元庄，合田租四十四石，义民郑一元捐茶田园田三十三亩租二十石，生员胡光岐捐华盖埔乡田七十八亩三分租八十四石。[⑤]

三、联宗书院的涌现

1．联宗书院的性质

清代广东的书院还有一种特殊的类型，谓之联宗书院，亦称宗族书院。所谓联宗，即由“两个或多个同姓宗族之间，对某一（或一组）共

---

① 张庆长：《创建莲峰书院序》，谭棣华等编：《广东碑刻集》，广州：广东高等教育出版社2001年，第346页。

② 郑大进：《梅岗书院记》，谭棣华等编：《广东碑刻集》，广州：广东高等教育出版社2001年，第340页。

③ 郑模：《重修雁洲书院碑记》，谭棣华等编：《广东碑刻集》，广州：广东高等教育出版社2001年，第47页。

④ 袁嘉言：《王维忠捐资凤山书院功德碑记》，谭棣华等编：《广东碑刻集》，广州：广东高等教育出版社2001年，第840页。

⑤ （乾隆）《潮州府志》卷二四《学校》。

同祖宗加以认定的基础上，经过一系列正式约定，以联宗谱或联宗祠的形式取得稳定的成果，并通过人员的频繁来往，在某些具体的功能目标上实现宗族间的充分谅解与密切合作，由此形成一种同姓的地缘网络结构”①。联宗多以联宗祠为各宗族之间交往的平台，书院便是假祠而建，故祠与书院合二为一，这是联宗书院的显著特征。

从历史上看，明中期以后，宗族联宗逐渐在华东、华南地区的乡村社会呈普及和扩大的态势。清中期，各地督抚在奏折中对宗族联宗所带来的破坏统治秩序的消极作用表示了极大的关注。乾隆时期，各地官府对宗族联宗进行了较为严厉的镇压。乾隆三十七年（1772），江西巡抚张彭祖看到城内联宗祠数量众多，常发生把持讼事、挟众抗官的不法事件，因而上奏朝廷，请求一律禁毁联宗祠。各地的联宗祠为了避祸，纷纷改名为书院、书室等。据《岭南冼氏宗谱》记载：“乾隆三十七年，巡抚张彭祖以城内合族祠类多把持讼事，挟众抗官，奏请一律禁毁，于是各姓宗祠皆题改为书院。我祠之以书院名亦由于此。”②

广州庐江书院也是这样一所书院。庐江书院，又名何家祠，是广东全省何氏宗人出资合建的宗族书院。庐江在安徽省舒城县，何氏以“庐江”为本姓郡望。嘉庆七年（1802），由何晋龄、何健翎等人发起，居住于广州、肇庆两府境内的十几个何氏家族共同出资，购买了广州金家大屋，是为何家祠。嘉庆十三年（1808），改建为书院，五年后落成，占地1 722 平方米。书院曾于道光、光绪年间两度重修。书院内的书舍房间分别刻有各县、乡的名称，如“新会房” “恩平房” “龙塘房”等共43 间。③

另外还有以本县、乡同姓家族联宗的书院，如平所书院。平所书院位于今天广州大马站 79 号，是赵宋皇朝宗室（太宗第十一世孙）上柱国

① 钱杭：《血缘与地缘之间》，上海：上海社会科学院出版社 2001 年，第 20 页。

② 转引自黄海妍：《在城市与乡村之间——清代以来广州合族祠研究》，北京：生活·读书·新知三联书店，第 96 页。

③ 广州越秀区地方志办公室：《广州越秀古书院概观》，广州：中山大学出版社 2002 年，第145 ~ 150 页。

大夫赵必次后裔所建。南宋末年，赵必次战死于崖山海战中，临终将二子托付于琼州太守林玄辅。明朝，赵必次四世孙赵宗远举族移居宁阳浮石乡。清嘉庆年间，赵宗远的第十世孙赵恒伯（别名平所）在广州修建了赵氏宗族的平所书院。①

这种现象不唯广州独有，在嘉应州的客家地区，“富家大族建祠立祀”也十分普遍。各家族聚族而居，重宗祠、祀田。“俗重宗支，凡大小姓莫不有祠。一村之中，聚族而居，必有家庙，亦祠也。州城复有大宗祠，则并一州数县之族而合建者”；“士庶以下皆得立宗祠，以祀始祖。而敬宗收族之义，即行于报本追远之中。自程子一言发其端，而言礼者得有所据依，以为建立宗祠之本，斯所谓仁之至义之尽也”②。

由此看来，这些联宗书院与传统的家族书院有所不同。家族书院主要以血缘为基础，而联宗书院则是一种血缘与地缘结合的产物。宗族联宗的结果，不是形成一个新的宗族组织，而是形成一个建立在共同利益基础上的同姓或异姓的功能性地缘联盟。可以这么说，推动联宗的动力，来源于地缘性的利益趋同。宗族联宗的目的，一是可以极大地唤醒各同姓宗族之间的历史认同感；二是可以合作解决与他们赖以生存的社会环境有着非常密切联系的具体事务，如水利、商业、科举、文化、安全等。

2. 联宗书院的目的

各宗族创建联宗书院的目的，是为了方便本姓本族子弟的求学应举。广州为广东乡试之地，更由于清代广州著名的官办书院众多，名师荟萃，各地家族在省城设置书院，便于这些子弟有个学习、留宿之所。例如，尊奉苏洵父子为始祖的苏氏武功书院坐落在广州禺山之麓，苏氏族人看到“广州是岭南一大都会也。若置书院于此，我族子孙岁试、科试、乡试与夫负笈从师，或远或近，必皆由院而进，非徒朝于斯，夕于斯，得

---

① 广州越秀区地方志办公室：《广州越秀古书院概观》，广州：中山大学出版社2002年，第155～158页。

② （光绪）《嘉应州志》卷八《礼俗》。

以聚首言欢，亲无失其亲也，而且可以藏修，可以游息”[①]。所谓藏修游息，所追求的正是书院教育的功能。

考亭书院是广东各地的朱氏家族为了弘扬祖先朱熹在考亭的儒泽，勉励子孙学业有成，于嘉庆年间联合在广州创建的书院，又名朱家祠。根据《粤桂朱氏源流》载考亭书院云：“该院始建于清嘉庆年间，建院目的除纪念朱文公业绩外，又便于朱家举子赴省或赴京参加会试或殿试，集留让他们学习、住宿而设。书院还有一规定，凡本姓人中举人以上的，必须接受紫阳书院（紫阳是朱熹别名）的奖赏和在这两个书院举行的祭祀仪式。这种做法直到清末科举制度取消方终止。”[②]

东莞邓氏于雍正十年（1732）在广州创建大宗祠，其目的“一是为奉祀祖先牌位以尽孝道，二是为各县镇同姓子弟提供参加省城科举考试的书房”。对于这一动议，散居于各地的邓氏态度并不一致，有的非常积极，有的则不太积极，而在其中发挥积极作用的则是“拥有科举及第者的宗族”[③]。

3. 联宗书院教育功能的发挥

虽同是应试科举，但联宗书院与一般书院的教育功能是不相同的。一般书院只是纯粹地帮助学子操练科举技能，而联宗书院则在鼓励科举的同时贯通了宗族观念的教化功能。联宗书院的基本职能，按照《双桂书院祠规》的规定，主要是两条：一是隆祭祀，二是养人才。而贯穿于这两条规定的核心理念，便是对宗族子弟加强教化。

首先，看看祭祀。各联宗书院每年主要的活动是春秋二祭。苏氏武功书院规定：“递年春秋二祭，春祭定期二月十五日，秋祭定期八月初一日，风雨不改，以上午齐集行礼，凡子孙到祭各宜肃备衣冠早到，如迟

---

① 苏述曾：《武功书院记》，《苏氏族谱》（广东），德有邻堂刊本，清光绪二十五年。

② 广州越秀区地方志办公室：《广州越秀古书院概观》，广州：中山大学出版社 2002 年，第 143 页。

③ 钱杭：《血缘与地缘之间》，上海：上海社会科学院出版社 2001 年，第 266 ~ 267 页。

不候。"[1] 林氏双桂书院更是将"隆祭祀"列为首条职能："本祠子孙，乡贤、名宦、鼎甲、尚侍已不乏人，春秋二祭例得行一品礼，羊一猪一，即常时香灯亦当昼夜不辍。"[2] 庐江书院规定："每年春祭以二月十三日，秋祭以八月初三日，永远为期，风雨不改。前期十日，当年值事书明祭祀日期，张贴门首，各房兄弟务宜如期到祠行礼，例不派帖。"[3] 祭祀是通过对共同祖先的追思，加强宗族内的历史认同感。而对共同祖先的确定，本身就赋予了凝聚宗族的特定理念。

祭祀活动的教育意义，不仅在于对历史的追思，更重要的是指向现实，即对宗族子弟科举意识的强化。成文于清嘉庆二十三年（1818）的广州苏氏武功书院规条对科举导向予以了特别的强调："春秋祭遵照会典，以文科甲主祭，或致仕或现任俱要科甲出身者，如科甲人多，公推份老或年高者，科份同年纪同，公推其中式前列者。若有新点鼎甲翰林及部署中书与新中举人、进士到，让主一次，后复照常。其余文武绅衿、捐班分立东西，各照位次陪祭，不得紊乱，以肃观瞻。"如果"主祭或有父兄、业师功名小，子弟功名大者，亦公推其子弟主祭正寝，其父兄、业师则主祭魁阁、后楼"。又规定："凡祭祀所用礼生，须选少年子弟晓礼者当之，若科年秋祭，即选赴科之英年者，无得推诿。"[4] 这里讲得很清楚，主祭者须由具有文科功名者承担。如果科举及第者较多，则推科份最早者承担；同一科份者，则以年龄大者居先；年龄相同者，则以考试成绩较好者居先。祭礼所用礼生，也须是读书知礼者，或者是当年应试科举者。这样的规定，其所彰显的教育导向应是十分明确了。

其次，谈谈培养子弟。这些联宗书院一般不设山长，也没有考课、

---

① 《苏述曾：武功书院规条》，邓洪波主编：《中国书院学规集成》第三卷，上海：中西书局 2011 年，第 1282 页。

② 《双桂书院祠规》，邓洪波主编：《中国书院学规集成》第三卷，上海：中西书局 2011 年，第 1275 页。

③ 《庐江书院各事务例款》，邓洪波主编：《中国书院学规集成》第三卷，上海：中西书局 2011 年，第 1277 页。

④ 《苏述曾：武功书院规条》，邓洪波主编：《中国书院学规集成》第三卷，上海：中西书局 2011 年，第 1282 页。

讲授的制度和上课的设备，只由各房推举监察（或称值事）处理院内日常事务。联宗书院对子弟的培养，主要集中在鼓励科举上。其鼓励措施，便是为来广州应试科举的子弟提供住宿。例如双桂书院明确规定："广府考试有齐集牌始准入书院住，出案后十日一概搬清；道试有齐集牌始准入书院住，簪花后十日一概搬清，违者驱逐。"而且"止准本书院各房应试子孙居住，即各房子孙而非应试亦不得居住"；"书院系归应试文童、文生员居住，向例武童、武生不得居住，一则练习武艺扰寝室、损地方，二则恐恃血气之勇，滋生事端"①。庐江书院规定："各房兄弟子侄到来赴科考试入房居住，务宜安静，不得聚赌、掷骰、抹牌、猜枚、吹箫、弹唱。每逢场前夜宿、场期作文之日，亦不许喧哗扰乱。"② 提供住宿，看似与教育关联不大，实则对散居各地的宗族子弟鼓励特别实在。《梁氏家谱试馆记》中对此有一段记述："（梁）颖年十五，随先从伯炽南茂才应童子试，时侍家君读书城西。每当院试，半肩行李皇皇谋一席地，遂慨然曰：'安得有志之士为我房设立试馆乎？'"③ 从这个事例可看到，联宗书院为应试子弟提供住宿，对宗族内科举氛围的营造实惠而实在。

另外一项鼓励措施，便是由书院向应试的本姓子孙支付试卷金和滞京费。苏氏武功书院规定："子孙文武院试、乡会试卷金、京费俱当支送。"④

此外，本姓子弟科举及第，书院还须赠送花红，这也是一项重要的鼓励措施。苏氏武功书院规定："子孙进身当于春秋祭日谒祖，是日值事将花红银送交，不到谒祖者免送。"⑤ 并对在学生员、贡生、文武举人、文武进士、文武状元榜眼探花，以及获职衔者，所赠花红数都做了具体

① 《双桂书院规条》，邓洪波主编：《中国书院学规集成》第三卷，上海：中西书局2011年，第1274页。

② 《庐江书院各项事务例款》，邓洪波主编：《中国书院学规集成》第三卷，上海：中西书局2011年，第1279页。

③ 《梁氏家谱》卷三《外籍谱记》，光绪二十年刻本。

④⑤ 苏述曾：《武功书院规条》，邓洪波主编：《中国书院学规集成》第三卷，上海：中西书局2011年，第1284页。

规定。何氏庐江书院则规定：“各房子弟新进文武黉宫赴祠谒祖，送花红银一大元。恩、优、拔、副、岁贡生花红银一两。正南北乡试举人二大元，解元三大元，进士四大元，会元五大元，翰林六大元，榜眼、探花八大元，状元十大元，副将至提镇四大元，钦赐科第照式。已上各文武上进人等不亲赴祠谒祖者，花红金不送，捐纳功名亦不送。”①

而且，本姓子弟获贡举生员，以及获科举功名，还可以在书院挂匾。苏氏武功书院规定：“子孙挂匾，恩、优、拔、副、岁俱在寝室之两廊，文魁在大堂偏左，武魁偏右，文进士中左，武进士中右，及第并翰林正中，又部员及正途赏赐匾夹中左右。”②

除了这些条规政策的鼓励措施外，联宗书院还很注意在联宗祠的环境建设方面突出教育的意义。例如每个书院都尊奉文魁星，建有魁星楼。书院内的建筑物，或刻有“奎阁”二字，取意中魁入阁；或刻有“文光射斗”“青云”等字。浓浓的教化氛围笼罩在书院环境中，都在激励子弟奋发求取功名。

从以上职能来看，宗族书院在客观上为宗族联宗注入了增强凝聚力的教育因子和帮助本联宗子弟顺利通过科举的功利性目标。宗族书院作为特定姓氏家族背景支配下的教育组织，具有祭祀祖先和教育家族子弟的双重目的，而以科举目标为导向，便将这两个目的有机地糅合在一起。这表明乡村社会希图“通过科举人才的涌现来取得和巩固本宗本族在地方上的声望、势力，是科举制度整合中国基层社会秩序和民间生活内容的一个重要功能”③。

4. 联宗书院对民间社会教育发展的意义

首先，清代联宗书院在促进理学乡村实践中推动了地方社会对国家意志的顺从。清乾隆二十四年（1759），广东余氏家族决定在广州创办武

① 《庐江书院各项事务例款》，邓洪波主编：《中国书院学规集成》第三卷，上海：中西书局 2011 年，第 1277～1278 页。

② 苏述曾：《武功书院规条》，邓洪波主编：《中国书院学规集成》第三卷，上海：中西书局 2011 年，第 1284 页。

③ 钱杭：《血缘与地缘之间》，上海：上海社会科学出版社 2001 年，第 309 页。

溪书院，其目的就是要借助这个书院发挥“尊祖、敬宗、睦族”的功效。《羊城武溪书院祠堂记》中说：“尝闻义莫大于尊祖，尊祖则敬宗，敬宗则睦族，睦族则科名甲第，联镳接踵，一举而众美备焉。”① 这是从正面阐述创办联宗书院的重要性。也有从反面强调创办联宗书院重要性的，嘉庆十八年（1813），鹤山庠生何元谦在说明广东何氏为什么要在广州创办庐江书院时说：“粤之著姓右族各世于乡，或且悬州越县，虽系所同出，亦不数相往还。使无合族一祠以收之，则至亲而路人之感，不仅昔人为然也。……族人晋龄、梦璋等尝忧之，嘉庆辛未遂倡建合族祠于羊城流水井。”② 宗族的和睦，乡村秩序的维护，是为了更好地在宗族与乡村建设中贯彻国家观念，将国家观念与宗族观念整合成一个整体，使区域文化完全因循官府的意志发展。

其次，清代联宗书院在促进理学乡村实践中推动了国家对地方社会的认同。联宗书院以教育组织作为平台，发挥科举的纽带作用，通过对正途绅士的礼遇，对功名的推崇，对科举文化的着力演示，有效地推动了国家意志在地方社会的实践。联宗书院中所属子弟科举及第者越多，就越能提高宗族在地域社会的地位，也就越能得到国家的认同：“能率其宗族子弟，砥砺切磋，日从事于圣贤之实学，以储其才而大其用，行见济济多士扬于王庭，非一家之庆，乃邦国之光也。”③ 这就是联宗书院所期待的辉煌。虽然在联宗之初，许多书院还带有诸如商业之类的功利性目的，但越发展到后来，“同姓联宗的文化意义越浓厚，而具体的功利性机制趋于淡化”④。由此可见，清代联宗书院的产生，是清代推进理学乡村实践进程的产物，它是中国书院发展史上在清代出现的新生现象。

四、书院层级网络的形成

清代广东，地方督抚热心创办中心书院，各府州县官府也因之仿效

---

①② 转引自黄海妍：《在城市与乡村之间——清代以来广州合族祠研究》，北京：生活·读书·新知三联书店，第103页。

③ 转引自黄海妍：《在城市与乡村之间——清代以来广州合族祠研究》，北京：生活·读书·新知三联书店，第109页。

④ 钱杭：《血缘与地缘之间》，上海：上海社会科学出版社2001年，第25页。

在官署治所之处创办书院，各家族或独立或联宗集中在官府治所之地，尤其是在中心书院云集的省城纷纷创建宗族书院，这就在客观上形成了一个书院的层级网络。

1. 广东书院的层级网络

所谓书院层级网络，是指书院发展在城市等级体系中的扩散，使书院相互之间的差异形成层级差异。古代社会教育机构的层级差异是由国家行政管理系统的梯级结构所决定的。虽然古代尚没有学历层级的区别，但受国家行政管理系统的影响，在官学系统中形成了中央官学与地方官学的差异，地方官学的府、州、县学虽同属一级，但在品级、规模、师资、质量等方面也均有差异，加上朝廷提倡在社会基层设置的社学、义学，古代社会实际上构成了一个具有官方性质的层级教育网络。而古代书院的建制，至少在清朝以前，没有受到国家行政管理系统的影响，书院地位的高低主要取决于书院学者的学术地位和学术影响，但书院学者的这种学术影响力并不足以构建起书院的层级网络。到了清代，由于官方力量的高度参与，书院也就因着统治者的重视程度、招生范围等因素影响而有了省级、府级、县级、民间的区别，在一个区域内便形成了书院的层级网络。

这个现象在清代的广州表现得尤为突出。康熙年间，两广总督府迁至广州，这样在广州城内便有了两广总督府、直省布政司、广州府、番禺县署、南海县署等三级官府的治所。在清代书院政策的推动下，各级官府都积极创办书院，导致清代的广东学术精英云集广州，清代广东的学术中心也逐渐移至广州。加之广州为广东乡试所在地，又促成了众多家族书院纷纷涌入。于是，清代广州城内形成了一个庞大的书院群。有人以清代广州府衙为圆心、以半径一公里的范围（3.2 平方公里）为统计对象，发现那里集中了 3 个学宫、5 个省级书院、1 个府级书院、2 所县级书院和 1 个全国第二大的书坊市场，形成层次鲜明的文化圈。在这个文化圈内，集中了粤秀、越华、羊城、禺山、西湖、学海堂、菊坡精舍、应元等著名书院，以及遍布当年的惠爱街、双门底、仙湖街、流水井、大马站、小马站等，相当于现在广州东到德政路，南到大南路，北到越华路，西到解放路一带的数达上百所的宗族祠书院和姓氏书院。[①] 虽然宋、元、明时期的广州城区内也确实存在着若干书院，但这些书院之间并不存在着一种内在的有机联系。而清代广州的书院群并不是由众多各自为政互不相干的书院拼凑而成，而是一个具有内在的层级结构并具有互动功能的书院网络。这种书院层次网络的互动促成了清代广州成为岭南地区的文化教育中心，并具备了对岭南地区文化教育的发展进行引导和规范的社会机制。

在这个层级网络中，占主流地位的是那些由地方官员创办的书院，特别是由督抚一级官员创办的书院。这些书院在广州书院层级网络中居于顶峰位置，也因此得到历任督抚的特别关照。首先在办学经费上各层级书院的差异比较明显。如端溪书院除了每年得 480 两息银外，还有高要、四会、阳春等处的田租 1 000 多两作为书院办学经费。粤秀书院在乾隆年间每年的租息达 2 080 余两，每年支银才 1 140 余两，有近千两的盈余。粤秀书院在嘉庆二十五年（1820）的大规模整修，共花费了 3 600 多两白银，“拆建讲堂、先贤堂、福德祠及斋舍四十二间，修补四十三间，增厨三十三间，浚井二，砌渠五十有七丈，共用白银三千六百余两”[②]。清代中期由两广总督阮元创办的学海堂也是如此。学海堂办学的一切费用都在两广总督府开支。阮元调任云贵总督，临行前，又加拨南海、番禺等地的官田及官铺的租金做学海堂办学经费，并由官府捐出白银 4 000 两发商生息，以保障学海堂的日常开支。相对来说，府州县级的书院在资金筹措方面相对较难。禺山书院和西湖书院属县级书院，道光五年（1825），番禺知县陈怀彦拨公款 1 400 两，又捐银 600 两发商生息，另外还拨多处田地得近千两的租金为禺山书院办学经费。西湖书院也在南海邑绅、知县、广州知府的共同倡导下，于道光年间获得扩建修整的机会，才加建了东西两厢及刻书室数间。这所书院的制度不太完善，办学经费

---

① 广州越秀区地方志办公室：《广州越秀古书院概观》，广州：中山大学出版社 2002 年，第 141 页。

② 梁廷枏：《粤秀书院志》卷五《修葺》。

也较紧张，县中人曾倡议筹款以扩经费，但最后都不了了之。

其次，在书院网络的层级结构中，不同层级的书院具有不同的招生权限。一般来说，“清代书院，论其范围，可分为三种：1. 省立的可招全省的生徒肄业；2. 府立的可招府辖各属县生童肄业；3. 州县立的可招其属内各地生童肄业”[①]。在这个网络中，处于层级越高的书院则辐射力越强。粤秀书院作为省级书院，其招生范围包括广州府、韶州府、肇庆府和高州府，专门招收这四府官学中岁试和科试的优秀生员。羊城书院作为府级书院，它当然不能与省级书院并肩。为了能够获得优秀生源，它将招生考试命名为“乡试遗才试”，专门吸引粤秀、越华及南粤各地的乡试落榜生。其余的县立书院，则只准许招收所属之地的生徒入学。这种权限不同、类型各异的招生程式，加强了清代广州书院层级网络的互动功能和辐射功能，促成了清代广东文化中心向广州转移的趋势。

2. 书院层级网络的意义

广州书院层级网络的形成，给古代书院发展带来的一个根本变化就是由书院山林化向书院城市化的转化。

城市是各级权力中心的治所之地。美国学者施坚雅在研究中国古代城市发展时提出了这样一个观点，即城市“是一个以履行重要中心职能（不光是经济的，而且还有政治行政的、文化和社会的）为特点的聚居区，它履行这样的职能，不仅是为了它自己的人口，而且也为了一个最低限度也要包括一批邻近农村的腹地”[②]。城市作为集经济、政治、文化、地理等因素于一体的社会综合体，对周边区域的发展影响巨大。因而提升城市的政治、经济、文化品质，是清代统治者促进区域发展、控制社会基层走向的统治需要。在岭南，广州早已成为政治中心和经济中心，能不能借助书院的发展使之成为文化中心，关系到广州权力中心能不能有效地辐射所辖区域的问题。

---

① 刘伯骥：《广东书院制度沿革》. 商务印书馆 1939 年，第 305 页。

② （美）施坚雅：《十九世纪中国的地区城市化》，施坚雅主编，叶光庭等译：《中华帝国晚期的城市》，北京：中华书局 2000 年，第 256，242 页。

这个问题在清朝的书院政策中就已明确地提出来了。清初有鉴于明朝书院多与为政者对立，故统治者对书院采取了拒绝态度。直至雍正年间，清廷看到“近来各省渐知崇尚实政，不事沽名邀誉之为，而读书应举者亦颇能屏去浮嚣奔竞之习”，于是谕令各省督抚于驻扎之所、省会之地创设书院，并特别强调“封疆大臣等并有化导士子之职”。这是以往朝代所不具有的书院政策，这表明清廷决定借助书院这一具有民间影响力的教育形式来引导和控制地方文化教育的发展。这一思路至乾隆元年（1736）所颁谕令中表达得更为清晰：“古者乡学之秀，始升于国。然其时诸侯之国皆有学，今府州县学并建，而无递升之法；国子监虽设于京师，而道里辽远，四方之士不能胥会，则书院即古侯国之学也。”[①] 这道谕令已经表明清廷希望各地书院的发展应该形成完整的层级网络，有自成体系的递升之法，这样才能发挥书院对区域文化教育发展的导向作用。

清廷的这一书院政策为书院发展重心向城市转移产生了直接的影响。美国学者蒂莱曼·格里姆在《广东的书院与城市体系》一文中，对1875年前后广州府、惠州府、韶州府书院的城乡位置进行了统计。广州府33%的书院办在城市，21%设在郊区，还有13%设在市镇，其余33%则在乡村；惠州府32%的书院办在城市，46%的书院设在郊区，4%的书院设在市镇，其余18%则在乡村；韶州府50%的书院办在城市，31%的书院设在郊区，其余19%则在乡村。[②] 这个比例说明清代广东书院的重心确实是移向了城市，并由城市向郊区向市镇向农村渐次展开，形成了一个倒梯形结构的书院网络。

据此我们可以说，书院城市化就是要促成书院发展与该城市所承担的中心职能形成合力。换句话说，书院发展必须成为该城市的权力中心履行其中心职能的重要组成部分，书院城市化使书院的社会功能由独立自由引领学术发展走向了与地方官府协力促进区域的文化教育发展。

---

① 陈谷嘉、邓洪波主编：《中国书院史资料》中册，杭州：浙江教育出版社1998年，第855~857页。

② （美）蒂莱曼·格里姆：《广东的书院与城市体系》，（美）施坚雅主编，叶光庭等译：《中华帝国晚期的城市》，北京：中华书局2000年，第577页。

第四节　清前期广东的学校

在全国构筑学校网络是清廷加强“文治”的重要举措。《清史稿》中说：“有清学校，向沿明制。京师曰国学，并设八旗、宗室等官学。直省曰府、州、县学。”[①] 其教育制度的框架基本与明代吻合，但突出了满族贵族的特权。为了加强对地方学校的管理，清朝政府于各省设置督学道或提督学政。地方学校的编制，也沿袭明制，“府设教授，州设学正，县设教谕，各一，皆设训导佐之”[②]。生员初视人员多寡，分大、中、小学。大学40名，中学30名，小学20名，以后屡有增广。[③]

一、地方官学的开办

在朝廷的兴学政策和广东地方官员的着力推动下，广东各地的府、州、县学在很短的时间内便予以了重建或创建。

1. 各地方官学修复或创办时间

广州府：广州府学，顺治十三年；南海县学，康熙二十二年；番禺县学，顺治十二年；东莞县学，顺治十二年；顺德县学，康熙十一年；香山县学，康熙十年；新会县学，顺治九年；增城县学，顺治十二年；三水县学，顺治十六年；新宁县学，顺治十八年；龙门县学，康熙五年；从化县学，康熙四年；新安县学，康熙十年；清远县学，康熙四年；花县县学，康熙二十五。共1府学14县学。

韶州府：韶州府学，康熙九年；曲江县学，顺治十六年；英德县学，顺治十五年；乐昌县学，康熙五十四年；仁化县学，顺治八年；乳源县学，顺治十八年；翁源县学，康熙十年。共1府学6县学。

南雄府（嘉庆十一年改府为州）：南雄府学，康熙十年；保昌县学、始兴县学，康熙元年。共1州学2县学。

---

① 《清史稿》卷一〇六《选举志一》，北京：中华书局1976年，第3099页。

②③ 《清史稿》卷一〇六《选举志一》，北京：中华书局1976年，第3115页。

惠州府：惠州府学，顺治初；归善县学，顺治十六年；博罗县学，康熙七年；龙川县学，康熙七年；河源县学，康熙四十年；和平县学，康熙十八年；永安县学，康熙二十二年；连平州学，康熙十年；海丰县学，顺治四年；陆丰县学，雍正十一年；长宁县学，康熙十八年。共1府学1州学9县学。

潮州府：潮州府学，顺治间；海阳县学，顺治间；潮阳县学，康熙三年；揭阳县学，顺治十七年；澄海县学，康熙三年；饶平县学，顺治十六年；大埔县学，顺治十六年；惠来县学，康熙十九年；普宁县学，顺治八年；丰顺县学，乾隆十年。共1府学9县学。

肇庆府：肇庆府学，顺治十五年；高要县学，顺治十四年；阳江县学，顺治六年；恩平县学，康熙五十一年；阳春县学，康熙九年；四会县学，顺治十六年；新兴县学，康熙十年；高明县学，顺治八年；开平县学，康熙六年；广宁县学，顺治十五年；德庆州学，康熙五年；封川县学，康熙三十八年；开建县学，顺治十四年；鹤山县学，雍正九年建县立学。共1府学1州学12县学。

高州府：高州府学，顺治十五年；茂名县学，康熙二十二年；电白县学，顺治十七年；吴川县学，康熙二十三年；化州州学，顺治十三年；信宜县学，顺治十三年；石城县学，康熙十二年。共1府学1州学5县学。

雷州府：雷州府学，康熙四年；海康县学，康熙四年；遂溪县学，顺治十七年；徐闻县学，康熙九年。共1府学3县学。

连州：连州州学，顺治十二年；阳山县学，顺治十一年；连山县学，康熙五年。共1州学2县学。

嘉应州：嘉应州学，顺治十年；兴宁县学，康熙十七年；长乐县学，顺治十八年；平远县学，顺治十二年；镇平县学，顺治十三年。共1州学4县学。

罗定州：罗定州学，顺治四年；东安县学，康熙四十八年；西宁县学，顺治十六年。共1州学2县学。

另外，南澳厅只在金山设学官，不设学校。佛冈厅的岁试和科试都由英德、清远两县县学负责，故未设学校。嘉庆十八年（1813），佛冈地方乡绅曾呈请立学。次年，广东巡抚会同有关司道商议，以学额及童试人数偏少，不同意立学。[1]

由此看来，清代广东的地方学校设置比明代更广泛、普遍和完善，府、州、县普遍设学。少数偏远地方，因人口稀少，读书之人甚少，故没有专设学校，以府学教官或附近县学的教官兼管该地的文武生童。各地修复或创建学校的时间，因陆丰、鹤山于雍正朝建县，丰顺于乾隆朝建县，除了这三所县学设置稍晚外，其余府、州、县学皆于顺治、康熙两朝立学。也就是说，当广东还处于清廷“禁海令”和“迁界令”的动乱时期，大部分府、州、县都已着手了官学的修复。

2. 广东地方官员的兴学热情

清代广东地方官员的兴学热情首先来源于他们的教育意识和自觉，很多官员都注意将兴学作为地方施政的首要之务，用以推动地方社会秩序的建设。例如，丰顺县建制于乾隆三年（1738），在海阳、揭阳、大埔、嘉应四地之交界处设置。虽地处万山，水道不通，运料艰难，匹夫稀少，但地方官府十分重视兴建学宫。尤其是一葛姓县令，于乾隆八年（1743）赴任，“立保约，明纲纪，宣德意，申教令，与民更始”。并“捐俸倡率以起书院，评文艺，讲理学”。至乾隆十年（1745），“今者邑建方新，治化伊始，而强悍知戢，弦歌渐起，彬彬应童子试者几二千人”。两广总督兼广东巡抚印务策楞对此赞扬道：“是则圣天子设县建学之心，宜守斯土之有加无已也。”[2]

嘉庆年间，余保纯任高明知县，他说：“余奉天子命来宰是邦，思以振颓兴废为己任，而首推急务，尤以学校为先。下车之始，行谒圣礼，拜奠后，周视学宫，见颓废不堪之形，觉怃然不自安。”于是他决定修复高明县学：“于是急谋修治，计力捐俸若干金为诸儒倡。丁卯（1807）

---

① （道光）《广东通志》卷一四三《建置略十九·学校七》。

② 印务策楞：《丰顺县学记》，谭棣华等编：《广东碑刻集》，广州：广东高等教育出版社2001年，第898页。

春，邑内绅士乐余有是举，遂以斯事请于余。余即日召集绅耆俊髦诸人，议定章程，分别责成，董理其事。而一时多士，莫不踊跃劝襄，乐输恐后，又得捐赀若干金。”他对此感到十分欣慰：“余忝莅斯土，恭逢圣天子道化作人之盛，咸与都人士共沐浴于甄陶乐育之休，则敦治本而丕变，人文振士气而表扬德意，皆守土之所有事也。”①

其次，清代广东地方官员的兴学热情又来源于他们对人才寄予厚望。例如，道光年间，肇庆知府重修肇庆府学，他希望：“此后郡人士勉修文行，砥砺濯磨，读圣贤书，志圣贤志，修于家而献于廷，行将卓然蔚然，为岭南诸郡冠，于以仰副圣天子棫朴作人之雅化，岂不休哉?”② 道光年间，高州知府决意扩建考棚。虽然遇到“度支之无从出”的困难，但经过多方筹措，终于得偿所愿。该知府认为：“异时高郡文材蔚起，多士舒翘，由科举之选，发为经济以佐，国家太平之治，即进而和顺，于道德沈潜于仁义，养成大儒，以洙泗濂洛之统者，宪于此基也。”③

潮州府各县学的学租除用于学务公办费用外，并上缴学政以补助贫困生员之用，尚有节余。乾隆庚辰（1760），知府周硕勋向学政要求，将这些余款积储于府库，待科试结束，奖给该府10个县学的第一名生员，以资助其参加乡试的交通费之用。④

正由于此，许多地方官员在兴学中能够亲力亲为，不仅切实落实督促学校书院的兴办，而且带头捐资，并带动僚属乡绅踊跃捐资，以促成学校、书院的落成。例如，博罗的清湾书院内有众乡绅共立的《马邑侯捐膏火碑》，碑文盛赞马知县重视教育。马知县看到原有的书院“庭宇宏廓，而诵读无人。询之其故，慨然曰：是予之责也。爰捐二百元以首倡

---

① 余保纯：《嘉庆丁卯年重修学宫碑记》，谭棣华等编：《广东碑刻集》，广州：广东高等教育出版社2001年，第430～431页。

② 长白珠尔杭阿：《重修肇庆府学宫记碑》，谭棣华等编：《广东碑刻集》，广州：广东高等教育出版社2001年，第646页。

③ 怡□康：《增广考棚碑记》，谭棣华等编：《广东碑刻集》，广州：广东高等教育出版社2001年，第594页。

④ （乾隆）《潮州府志》卷二四《学校》。

盛举”。马知县得知清湾书院因缺乏膏火之资而无人入学，于是带头捐俸，并带动其他官员及乡绅捐资，后又拨公款100元，划出一块官田，以租银归书院。然后“亲临优礼师长，嘉惠后学，拈题考校以奖励”；“诸生科岁，严规条以核真才，所取必知若士”；“盖吾乡人士所以感公之捐置膏火者犹浅，感公之教诲栽培者实深。因纪其实以勒诸石。继自今吾乡人励从师之志，士怀报国之心，学期本业，戒无荒。伫见人文蔚起，科甲蝉联，礼让兴行，风俗淳美，于以快吾乡德化之成，上圣世太平之颂”①。

新兴县学日久倾坏，乾隆二十二年（1757），知县刘芳率官绅士庶重修庙庑门庭，殿阁堂宇，学舍衙斋，共费银二千余两。乾隆五十一年（1786），知县姚秉哲又率绅士倡修。嘉庆二十年（1815），知县吴文照、教谕曹谟、训导陈观光倡绅士重修。②

高州府的化州州学年久倾坏。康熙六年（1667），知州邱宗文、学正梁殿柱、朱廷谊率领绅士重修。康熙五十年（1711），绅士以公用余银迁泮池于黉门内。雍正八年（1730），知州孔传祖重修。乾隆十三年（1748），知州杨芬迁将州学建于南门外旧址。嘉庆六年（1801），知州杨元藻、学正冯友准、训导饶峻联合绅士重修。③

由以上数例，可以从一个侧面看到清代广东地方官员为地方官学发展所做出的努力。

二、地方官学的学额规定

地方官学的生员分为廪生、增生、附生、青衣、发社五个等级。初入学者为附学生员，简称附生。岁科试高等，遇缺可补增广生，也称增生。增生岁科试高等，遇缺可补廪膳生，也称廪生。廪生可领取政府发给的膏火费，即享有助学金待遇。清初规定，廪生岁支银7两2钱，康熙元年停充兵饷，嗣后恢复，但只按原定标准的三分之一发给，即廪生岁

① 《马邑侯捐膏火碑》，谭棣华等编：《广东碑刻集》，广州：广东高等教育出版社2001年，第804页。

② （道光）《肇庆府志》卷六《建置二》。

③ （光绪）《高州府志》卷一三《经政一》。

支银为每人2两4钱。如果以上三等生员岁科试成绩处劣等，则要受到青衣、发社的处罚。青衣指由蓝衫改着青衫者，发社则是由县学降归乡社学者，即这两等的生员资格处于危险的地步。

朝廷规定各地方官学的学额，主要有入学名额及廪生、增生的名额。朝廷依据所在行政区人口的多寡，分学校规模为大、中、小三类。顺治四年（1647）规定三类学校的入学额数：大学40名，中学30名，小学20名。但这只是一般的规定，具体情况屡有变动。雍正二年（1724），因应试人多额少情况突出，雍正帝下令调整学额，命督抚学政会核人文最盛之州县，题请小学改为中学，中学改为大学，大学照府学额数取进。在这次调整中，广东的南海、番禺、东莞、顺德、新会、香山、海丰、海阳、潮阳、揭阳、澄海等11县学，依照府学学额，各额进20名。三水、增城、保昌、英德、兴宁、长乐、龙州、程乡、饶平等9县学，改为大学，各额进15名。新宁、和平、永安、大埔、惠来、平远、镇平、开平、吴川、东安、西宁等11县学改为中学，各额进12名。此后，各地学额较长时期处于相对稳定的状态。①

鹤山县新立。雍正九年（1731）议准，鹤山县学的学额为文武童生各8名。其中文童名额由新会县学拨出5名，开平县学拨出3名，归鹤山县学肄业。乾隆五年（1740），有人提议鹤山县设学有年，应设立独立的廪生额数。但朝廷认为该学生员尚不满80人，尚有新会、开平2县拨入的旧廪生4人、旧增生5人还未出贡，倘若现在按规定设立廪生、增生各15名，未免太优。于是决定给鹤山县学设置廪生、增生各10名，先将新会、开平拨入的旧名额补实，其他名额按考列优等者序补。至于出贡，也是将4名旧廪生按其补廪年份挨次出贡，新补廪生照新设小学例，待10年后3年1贡。将来该地人文加盛，增加廪生学额之日，再照县学例2年1贡，遇拔贡之年，照例一体选拔。②

类似的案例还体现在嘉应州。乾隆元年（1736），广东广韶学政王丕

① （道光）《广东通志》卷一七一《经政略十四·学制一》。
② （道光）《肇庆府志》卷六《建置二》。

烈疏请，裁惠州府学文武童生进额各3名，归新隶嘉应州之兴宁、长乐2县；裁潮州府学文武童生进额各2名，归新隶嘉应州之平远、镇平2县，统拨州学；裁潮州府学武童生进额2名，拨归嘉应州；裁广州府学文童进额1名，拨为直隶连州。下部议行。[①]

现据道光《广东通志》所列广东各地方官学的学额介绍如表7-1所示：

表7-1 清代广东各地方官学学额一览表

府	地方官学	额进数	廪生数	增生数	岁贡
广州府	府学	36	40	40	一年一贡
	南海、番禺、东莞、顺德、香山	20	20	20	二年一贡
	新会、增城、三水	15	20	20	二年一贡
	新宁	12	20	20	二年一贡
	龙门、从化、新安、清远	8	20	20	二年一贡
	花县	7	15	15	二年一贡
韶州府	府学	21	40	40	一年一贡
	曲江、英德	15	20	20	二年一贡
	乐昌、仁化、乳源、翁源	8	20	20	二年一贡
南雄州	州学	29	34	34	三年两贡
	保昌	15	20	20	二年一贡
	始兴	12	20	20	二年一贡
惠州府	府学	27	40	40	一年一贡
	归善、博罗、龙川	15	20	20	二年一贡
	河源、和平、永安	12	20	20	二年一贡
	连平州学	12	20	20	三年两贡
	海丰、陆丰	10	20	20	二年一贡
	长宁	8	20	20	二年一贡

① 广东省地方志编委会办公室、广州市地方志编委会办公室编：《清实录广东史料》，广州：广东省地图出版社1995年，第359页。

续上表

府	地方官学	额进数	廪生数	增生数	岁贡
潮州府	府学	25	40	40	一年一贡
	海阳	16	20	20	二年一贡
	潮阳、揭阳	18	20	20	二年一贡
	澄海	20	20	20	二年一贡
	饶平	15	20	20	二年一贡
	大埔、惠来	12	20	20	二年一贡
	普宁	10	20	20	二年一贡
	丰顺	8	20	20	二年一贡
肇庆府	府学	28	40	40	一年一贡
	高要、阳江	15	20	20	二年一贡
	恩平	8	20	20	二年一贡
	阳春、四会、新兴、高明	12	20	20	二年一贡
	开平	9	15	15	二年一贡
	广宁	8	15	15	二年一贡
	德庆州学	8	30	30	三年两贡
	封川	8	20	14	二年一贡
	开建、鹤山	8	15	15	二年一贡
高州府	府学	23	40	40	一年一贡
	茂名	15	20	20	二年一贡
	电白、吴川	12	20	20	二年一贡
	化州学	12	30	30	三年两贡
	信宜	10	20	20	二年一贡
	石城	8	20	20	二年一贡
雷州府	府学	21	40	40	一年一贡
	海康	12	20	20	二年一贡
	遂溪、徐闻	8	20	20	二年一贡

续上表

府	地方官学	额进数	廪生数	增生数	岁贡
连州	州学	10	30	30	三年两贡
	阳山、连山	8	20	20	二年一贡
嘉应州	州学	32	36	36	三年两贡
	兴宁	15	20	20	二年一贡
	长乐	16	20	20	二年一贡
	平远、镇平	12	20	20	二年一贡
罗定	州学、东安县学	12	20	20	二年一贡
	西宁	10	20	20	二年一贡

资料来源:《钦定学政全书·广东学额》;(道光)《广东通志》卷一七一。

另外，对各卫、所的录取名额，康熙五十五年（1716）规定，将广州、前右、南海、清远、肇庆、惠州、碣石、潮州8卫，及南雄、龙川2所，各取进童生2名。其余36卫、所，各取进1名。不必设学设官，拨入各府学官督率，其廪、增及出贡，附入各府学额内。

此外，各府、州、县学都要招收武童。顺治初，规定武生生童录取依照文童例，由督学三年一岁试，取进无定额。入学后由文童教官管理，其规则依照文童管理条例。康熙十年（1671），定武童进学，府学20名，大学15名，中学12名，小学七八名。

为了满足商人阶层的教育要求，康熙十三年（1674），清廷颁布捐纳制度，[1] 商人可以通过捐纳获取功名和官衔。富裕起来的商人还希望自己的子弟能够通过国家教育制度获取正途绅士出身，康熙六十年（1721）朝廷议准广东在地方官学中专设“商籍”名额，取进童生20名，其中广州府学8名，南海县学和番禺县学各6名。后又有变动，“乾隆三年（1738），督院鄂复念商籍廪、增分隶三学，有妨民额，更请拨附府学，其廪、增定额外另设十五名，而恩、拔、岁贡，悉照县学例，即于粤省

① 《清史稿》卷一一二《选举志七·捐纳》。

候选”①。

嘉庆年间，朝廷议准各省驻防旗人另设学额。嘉庆十五年（1810）议准，广东旗学生员准其设立，廪增各二名，五年一贡。新补廪生仍俟食饩十年后方准出贡。②

另外还有“客籍文学”的学额。例如广州府，府学中有客籍名额4名，新宁县学有客籍名额2名。武学额中的客籍名额，广州府学4名，番禺县学1名，东莞县学2名，新宁县学1名，新安县学2名。③ 鸦片战争以后，同治五年（1866）规定，新迁客民准其附入各该州县，另编客籍，一体考试，每20名童生取录1人，以示鼓励。同治十年（1871），朝廷将这一政策规定为“永远实额”。

为了叙述的完整，这里将鸦片战争以后的地方官学生员变动情况一并介绍。咸丰年间，清廷遭遇内忧外患，银根吃紧，向社会广为筹饷。为了鼓励社会募捐，规定凡捐银万两者，除本人例得职官外，加永远文武学额各1名，称为“广永额”。根据这一政策，惠州府的归善县学，在咸丰七年（1857）增加“广永额”1名，咸丰十年（1860）增加4名，同治五年（1866）增加5名，又因咸丰四年（1854）绅民防剿出力增加文武永额2名，这样归善县学共增加学额12名。同样的，惠州府的其他县学，博罗县学增加5名，河源县学增加10名，龙川县学增加9名，连平州学增加8名，和平县学增加3名，永安县学增加10名，长宁县学增加4名，陆丰县学增加2名。惠州府的10个州县学共增加学额64名。惠州府原来的学额总数只有121名，而“广永额”的增长幅度超过其一半。④

广州府各县学的情况也大致如此。关于“广永额”，南海县学增加14名，番禺县学增加10名，东莞县学增加10名，顺德县学增加11名，香山县学增加10名，新会县学增加13名，增城县学增加6名，三水县学增

① 姚廷纶：《设立商籍记》，（光绪）《广州府志》卷六六《建置略三》。
② （道光）《广东通志》卷一七一《经政略十四·学制一》。
③ （光绪）《广州府志》卷七二《经政略三》。
④ （光绪）《惠州府志》卷九《经政一》。

加7名，新宁县学增加5名，龙门县学增加1名，从化县学增加3名，新安县学增加2名，清远县学增加4名，花县县学增加2名，广州府的14个县学共计增加学额93名。与原定学额201名相比，增长幅度也接近一半。①

清代地方官学的学额变动，在很大程度上是为了维持统治秩序的需要，其增加并不表示对民间教育权的扩大，更重要的是显示朝廷对教育权的垄断和控制。

三、地方官学的经费管理

清代地方官学经费来自学田。《广东通志》中说："学田专供修学及赡养贫士，其田与赋即在州、县田赋之中，惟佃耕收租，以待学政檄发。间有山、塘、园、屋，统名曰田。所收有银，有钱，有粮，统名曰租。田之多寡，租之轻重，各学不齐。"②

据《广东通志》统计，广东全省有学田征租银共1930两零8分7厘1毫。其中广州府及所属共征租银496两2钱1分1厘，韶州府及所属共征租银121两5钱1分7厘，惠州府及所属共征租银115两2钱6分3厘，潮州府及所属共征租银358两4钱3分9厘，肇庆府及所属共征租银294两4钱5分3厘，高州府及所属共征租银172两4钱7分2厘，廉州府及所属共征租银85两1钱2分5厘，雷州府及所属共征租银27两9钱9分2厘，琼州府及所属共征租银138两1钱6分7厘，罗定州及所属共征租银42两8钱6分，连州及所属共征租银24两1钱1分，南雄州及所属共征租银60两5钱8分1厘，嘉应州及所属共征租银25两5钱。③

租银的征收与使用，各地做法有所不同，但大致有"留学"与"转解于县"两种。从道光《肇庆府志》卷六看，肇庆府各学的学田收入，特别是绅民所捐学田收入，都须由学校征收，再移县转解。如肇庆府学，有一笔收入以30石为文庙香灯费，其余用于纳粮米外，剩下的则"解府

① （光绪）《广州府志》卷七二《经政略三》。
② （道光）《广东通志》卷一七一《经政略十四·学田》。
③ （道光）《广东通志》卷一七一《学制一》。

存贮，以备修葺阅江楼之用”。还有两笔收入“解府，转解学院，发给各贫生”。高要县学的一笔收入除完纳钱粮外，“余为挑运及诸生月课卷面之费”。另外一笔收入则用于府学、县学芟草之费，剩余部分用于“挑运、纳粮、灯油、打扫之费”。阳春县学的一笔收入“留学”，另外一笔收入则“归县征解”。

廪粮则是直接发给府、州、县学的廪生。为了方便操作，廪粮的发放一般折算成银两。清初规定，每位廪生岁支廪粮七两二钱。康熙元年（1662）停发，以充兵饷。嗣后恢复，但只发给原数的三分之一，即2两4钱。由于有朝廷的明文规定，各地差距不大，按廪生人数发给。如广州府的府、州、县的廪生共315名，每年共支出银两756两。惠州府各学廪生共240名，每年共支出银576两。韶州府各学廪生共80名，每年共支出银192两。

还有一项称作“贫生银两”，有如专项开支。由广东每年征学租，并将义田收入归入学租，共得租银1930两零8分7厘，遵照部咨，赈给贫生之用。这笔钱由各府州征贮，由学政衙门均融分派。至学政按临之日，各学教官须将贫生名册呈报学政核实，按照贫生名数分给。[①] 这笔经费，广州府每年分得209两7钱9分，肇庆府每年分得692两3钱6厘5毫，高州府每年分得961两5钱3分7厘5毫，雷州府的遂溪县学每年分得6两9分3厘，罗定州的西宁县学每年分得45两4钱5分4厘5毫，南雄州每年分得13两9钱8分6厘。还剩余1分9厘，散给广州府贫生。[②]

从光绪《广州府志》看，各学除正规学田外，还有一些于通志所未统计的学田，有点类似计划外的学田。例如广州府学在清远有田10块，租种此田的10家佃户每年须缴租银共105两7钱5分6厘。南海县学、番禺县学、增城县学等则除将这笔收入用于支给贫生灯油费外，还用于月课开支、岁科两试奖赏花红、学校修葺等。

还有一项称作“各学公项”的收入，大都来自绅民的捐赠而作为学

---

① （光绪）《广州府志》卷七十二《经政略三》。

② （道光）《广东通志》卷一七二《经政略十五》。

校公产，以其税收用于一些专项开支。例如番禺县学、新会县学、香山县学将其用来“为文武新生送学官、印金经费，每考每名银二十四两”。顺德县学则用来做“公车路费”，新宁县学的这笔收入“均由邑绅收存，为乡会试中式花红之用”。这是在广州府，其他府则很少看到由公产取息的做法，比较多的是专门规定某项捐助用于哪些开支。如光绪《嘉应州志》卷十六就多有这样的记载，“此为圣殿、启圣两庑、文昌、明宦乡贤、土地等祠香资”，“此上四条皆为圣殿长明灯之费”，“此为文昌祠长明灯并庆寿诞之费”，等等。

四、地方官学的师生管理

1. 地方官学的入学考试

清代地方官学的入学考试，有如明代，即科举考试的童试。童试分县试、府试、院试三级。县试由知县主考，府试由知府（各直隶州的知州，直隶厅的同知）主考。考试内容及程序基本相同，主要考四书文、试帖诗、经论、律赋等，并默写《圣谕广训》一百字。院试则在朝廷委派的学政主持的岁试时进行。康熙十二年（1673）规定学政主持的科试也可以举行童生的入学考试，这样童试三年二试的规则基本成型。

报考童试的考生一律称为童生。清代规定，凡是出身低贱者不得报考。乾隆三十五年（1770）进一步申明，凡出身娼、尤、隶卒之家，及家人曾有犯罪记录者，不得报考。各级考试以各地官学入学名额之比例录取，县试中额数按入学名额的两倍录取，府试的中额数按入学名额的一倍录取。府试录取后，童生须按公榜之次序，五人为一结，由教官指派一名在校的廪生亲笔画押保结。院试考前点名，廪生与同结的五人须互相作保，不得有顶冒、倩代、假捏姓名、匿丧、冒籍及家系优、隶、身遭刑犯等弊，对其中舞弊者须即时检举。如果隐瞒不报，以后被查出，五人连坐，廪生亦黜革。

县试、府试、院试都需进行正考和复试。县、府试的正考试八股文一篇，五言六韵诗一首。复试则增加背诵《圣谕广训》一条。每级考试结束后，主考官将录取者按名次排定，以长条形纸张公布，称为“出案”“出长案”。县试第一名称“县案首”，府试第一名称“府案首”，院试第一名称“院案首”。如果有考生在三次考试中均列榜首，则有“小三元”的美誉。院试是最为关键的考试，院试录取后，方成为官学生员。

由于童试是获取科名、进入仕途的第一关，民间社会对此热情高涨。梅州试院的扩建便典型地体现了这一点。“梅州隶粤之东路，自宋以后，代产伟人”。进入清朝，“州之应童试者，不下万余人”。梅州试院建于雍正十一年（1733），至嘉庆年间，试院破旧，且号舍严重不够，“常有千余人作墙外观者”。于是官府号召乡绅捐资扩建试院。“梅州地瘠而民贫，一闻君言，率醵其私钱以成公举。”①

2. 地方官学的教官管理

生员入学，平时由学校教官管理。清初，府学、州学、县学分别设教授、学正、教谕各一员，此外，府学设训导四员，州学设训导三员，县学设训导二员。顺治康熙年间屡有裁减学官之举，至康熙四十二年（1703），正式确立各学教官的员额，规定每学二人。② 府学设教授，州学设学正，县学设教谕，是为正教官，又各以训导一员为副。

清代对教官的人选十分重视，其选拔原则基本类似于明代。值得一提的是，清代为了鼓励地方教官尽心尽职，特意提高了地方教官的品级。《清文献通考》中说：“先是直省教职未入流品。雍正十三年九月奉谕，各省教职，乃师儒之官，所以训迪约束，为多士之表率也。若不赏给品秩，则与杂职无异，恐本人遂以冗散自居，不知殚心课士，以尽职任。著加给品级，以示鼓舞责成之意。寻吏部议准，京府教授、四氏学教授、各府卫儒学教授为正七品官，各州学正、各县教谕为正八品官，各府州县卫训导为从八品官。”③ 从中也可以看出清代统治者对各级教官人选的重视。地方教官资格，规定只有进士、举人、恩贡、拔贡、优贡、副贡、岁贡、廪贡才具有条件。

教官的职责，首先是在朔望行礼之后，要传集生员宣讲历朝皇帝颁

---

① 彭邦畴：《重建梅州试院记》，谭棣华等编：《广东碑刻集》，广州：广东高等教育出版社 2001 年，第 878 ~ 879 页。

② 《清史稿》卷一一六《职官志三》。

③ 《清朝文献通考》卷七十一《学校考九 · 直省乡党之学三》。

布的《训饬士子文》《圣谕广训》及卧碑文。遇节庆日带领诸生行礼后，或季考、月课次日，向诸生讲解律令。平日需注意生员的日常品行，逢学政岁试、科试，与提调之州县官将所属生员情形密报学政。岁、科考试前，还要将生员有关情况制造表册，以供学政参阅。包括贫生名册，亦由教官造具送地方官核实，并由教官落实发放。至于教学方面的任务，则只有对所属生员进行季考、月课。月课即每月小考一次，季考即每季大考一次。平时的教学则没有规定。

清代借鉴明代经验，教官考核制度更趋完善。“学政考复教官，按其文行及训士勤惰，随时荐黜。康熙中，令抚臣考试。嗣教职部选后，赴抚院试。四等以上，给凭赴任；五等学习三年再试，六等褫职。雍正初，定四、五等俱解任学习。六年考成俸满，尽心训导，士无过犯者，督、抚、学政保题，擢用知县。”① 地方教官的考察，任前须经过督抚的考察。任期中每三年一次由地方府尹分别考核，上报督抚，然后由吏部会同都察院复查，上报皇帝。考核按六等评定，列四、五等者须学习三年再试，六等黜革。六年任满，经考核合格，可以提为知县。

3. 地方官学的学生管理

清代地方官学的学生管理也基本承继明代做法，注重思想控制和科举技能的训练。顺治年间朝廷向全国学校颁行《卧碑文》，令全国师生务必谨遵，“不遵者以违制论”。清代《卧碑文》的内容也是八条：

> 第一，生员之家，父母贤智者，子当受教，父母愚鲁或有非为者，子既读书明理，当再三恳告，使父母不陷于危亡；第二，生员立志，当学为忠臣清官。书史所载忠清事迹，务须互相讲究。凡利国爱民之事，更宜留心；第三，生员居心忠厚正直，读书方有实用，出仕必作良吏。如果心术不正，读书必无成就，为官必取祸患。行害人之事者，往往自杀其身。常宜思省；第四，生员不可干求官长，交接势要，希图进身。若果心善德全，上天知之，必加以福；第五，生员当爱身忍性，凡有

---

① 《清史稿》卷一〇六《选举志一》。

司官衙门，不可轻入。即有切己之事，止许家人代告，不许干与他人词讼。他人亦不许牵连生员作证；第六，为学须尊敬先生。若讲说皆须诚心听受，如有未明，从容再问，毋妄行辨难。为师亦当尽心教训，勿致怠惰；第七，军民一切利病，不许生员上书陈言。如有一言建白，以违制论，黜革治罪；第八，生员不许纠党多人，立盟结社，把持官府，武断乡曲。所作文字，不得妄行刊刻，违者听提调官治罪。①

清代官学中的必读教材则有《圣谕广训》。《圣谕广训》出自雍正之手，是由康熙的《圣谕十六条》演化而成的。它从道德、伦理、风尚、法律等方面规范了封建行为准则，是清代的道德总目，因而也成为清代学校道德训练的标准。《圣谕广训》所涉及的范围十分广泛，现将其十六个条目摘录如下：（1）敦孝悌以重人伦；（2）笃宗族以昭雍睦；（3）和乡党以息争讼；（4）重农桑以足衣食；（5）尚节俭以惜财用；（6）隆学校以端士习；（7）黜异端以崇正学；（8）讲法律以儆愚顽；（9）明礼让以厚风俗；（10）务本业以定民志；（11）训子弟以禁非为；（12）息诬告以全良善；（13）诫匿逃以免株连；（14）完钱粮以省催科；（15）联保甲以弭盗贼；（16）解仇忿以重身命。

此外，清廷针对生员又陆续颁布五方面禁令：严禁聚众结社，禁止抗粮欠粮，限制参与诉讼，禁止包揽词讼钱粮，严禁有组织的反抗。②

至于学生要参加的教学活动主要是月课、季考。清廷规定："教官考校之法，有月课、季考，四书文外，兼试策论。翌日讲《大清律》刑名、钱谷要者若干条。月集诸生明伦堂，诵《训饬士子文》及卧碑诸条，诸生环听。除丁忧、患病、游学、有事故外，不应月课三次者戒饬，无故终年不应者黜革。"由于月课、季考属日常考试，与科举功名关系不密切，故生员缺考现象严重。甚至连教官也松弛放任，"迄于嘉庆，月课渐

---

① 《清朝文献通考》卷六十九《学校考七·直省乡党之学一》。

② 马镛：《中国教育通史·清代卷（中）》，北京：北京师范大学出版社 2013 年，第 148～153 页。

不举行。御史辛从益以为言，诏令整顿。嗣是教官多阘茸不称职，有师生之名，无训诲之实矣"①。

五、地方官学的考试制度

1. 地方官学的岁、科试

岁试和科试是由学政主持的地方官学最高级别的考试。岁试是关系生员升降题补廪增的考试，而科试则是录送乡试的资格考试。凡府、州、县学的廪生、增生、附生都须应岁试。如果因事缺考须限期补行，缺考三次黜革，后宽限到五次才黜革。岁试前，府、州、县学教官将所有在学生员情况造册，送学政便览。凡岁试列一、二等者便取得科试资格。

学政为提督一省学校事务官员，由朝廷委派。广东在雍正年间分设广韶、肇高二员学政。广韶学政主管广州府、南雄府、韶州府、潮州府、惠州府、连州，驻署广州。肇高学政主管肇庆府、高州府、廉州府、雷州府、琼州府、罗定州，驻署肇庆。乾隆十六年（1751）合并为一员。

清廷规定，学政在任期三年内须将全省府州巡历按临。到任第一年为各地岁试，一般要在十二月完成。第二年开始科试。由于地域辽阔，学政主持岁、科试往往根据实际情况将数地士子集中调考。道光年间镇平人士黄钊曾说过："先是，镇邑尚属潮州，府试率皆赴潮。至过道（指应学院试）则随提学至诸试所属府州县适中之地调考。《兴宁志》所载，顺治十年癸巳，督学钱朝鼎调龙川、长乐、永安、连平、和平、长宁、程乡、平远、镇平等县士子岁试于县学之明伦堂。康熙十九年，督学陈肇昌调惠潮二郡士子科试于明伦堂。二十二年督学于觉世、二十六年督学裴宪度均调惠潮二郡士子科试于明伦堂。可见尔时尚由督学调考也。"②另外，对于地处偏远的府、州，往往岁、科并试。例如广东的雷州府、琼州府、廉州府、阳江厅四属，朝廷做了岁、科并行的特殊处理。

清代的岁、科两试也实行六等黜陟法，其补、复、停、降等奖惩，都有如明制。但在实际操作中，朝廷也屡有灵活要求。清代科举末科榜

---

① 《清史稿》卷一〇六《选举志一》。
② 黄钊：《石窟一徵》卷二《教养一》。

眼商衍鎏后来在回忆中讲到地方官学生员的情况，有助于我们对这一问题加深理解：

顺治九年题准岁考生员有“六等黜陟法”，并有青衣、发社两名目，为考劣等者降级之处分，由蓝衫改著青衫曰青衣，由县学降入乡社学曰发社。文理平通者列为一等，文理亦通者列为二等，文理略通者列为三等，文理有疵者列为四等，文理荒谬者列为五等，文理不通者列为六等。考一等者，廪、增停降者收复，增、附、青、社俱补廪，无廪缺，附、青、社补增；无增缺，青、社复附，仍各候廪。考二等者，廪生停廪，降增者复廪，增降附者复增，增补廪，附、青、社补增，无增缺，青、社复附。考三等者，廪生停廪者收复候廪，降增者不许复，增降附者收复，青衣、发社者复附。考四等者，廪免责停饩，增、附、青、社扑责，不许科考，乡试年只准录遗。考五等者，廪生停廪，原停廪者者降增，增降附，附降青衣，谓之青生，不许科考录遗，送乡试为对读，事竣准复附生。青衣发社，原发社者黜为民。考六等者，廪生十年以上与入学未及六年者发社，廪六年以上与增十年以上者发本处充吏，余黜为民。……但道光以后，待士稍宽，岁考发案间有四等者，而罕有五六等者，廪、增、附生，遂少降级之事，青衣、发社两名目，无形废除，发落亦无此严肃之节文矣。科试不行黜陟，大率仅列三等，其补廪、增各节如岁试。①

科试优胜者即取得参加乡试资格，故位列一、二等人数不多。为了控制乡试人数，清廷在顺治二年（1645）首次明确，直省乡试，每中举人1名，取应试生儒30名。以后江南、浙江等地于此限有所突破。乾隆七年（1742），清廷分大、中、小省，确定参加乡试名额。广东列为中省，每举人1名，取应试生儒60名。广东乡试额取72名，应取应试生儒

① 商衍鎏：《清代科举考试述录》，北京：生活·读书·新知三联书店1958年，第18－19页。

共 4 320 名。学政依据这个规定，在科试时大致大县取二三十名，中小县取十名或数名。

2. 恩、岁、拔、优、副贡

地方官学生员还有一条进取之途，即依贡生之制，由地方官学选送入读国子监之生员。其名目也沿袭明代，分岁、恩、拔、优、副五贡。

岁贡，乃每年由廪生食饩十年后依次升贡，府学 1 年 1 贡，州学 3 年 2 贡，县学 2 年 1 贡。顺治二年（1645）规定学政于每年考选应贡生员一正一陪，送京廷试。如正贡不堪，次取陪贡。后取消廷试，由地方巡抚加以考验。

恩贡则为遇国家庆典或皇帝下诏恩赐之年，以本年正贡为恩贡，次贡作岁贡。

拔贡则因岁贡多为年力衰迈之人，于是要求学政在科试时直接从地方官学生员中选拔，务求学问优通、品行端方、才猷可用之人，成为拔贡。雍正七年（1729）定以六年考选一次，乾隆七年（1742）定以十二年考选一次，于次年廷试。初定录取者一律送监读书三年，后分别等第录用，高等者有以七品小京官及知县用者，其次亦得县佐教职。[1]

优贡之选，与拔贡并重，是从地方官学中，不论廪生、增生、附生，选文行兼优者，大学二人，小学一人。原无考试，乾隆年间限定在廪生与增生中考试选拔，并强调推荐优贡大省无过五六人，中省三四名，小省一两名，宁缺毋滥。

副贡乃乡试之副榜，可以直接解送国子监读书。顺治二年（1645）令直省乡试卷有文理优长、但因额数不得入选者，取作副榜贡于成均。

六、社学和义学的创建

清代还要求地方基层设立社学和义学。先是设社学，“社学，乡置一区，择文行优者充社师，免其差徭，量给廪饩。凡近乡子弟十二岁以上令入学”。后又设义学，开始主要为旗人子弟所设。康熙四十一年（1702），“义学，初由京师五城各立一所，后各省府、州、县多设立，教

① （光绪）《高州府志》卷三〇《人物三》。

孤寒生童，或苗、蛮、黎、瑶子弟秀异者”①。

道光《南海县志》作者有云：“雍正元年，礼部议准，州县设学，多在城市，乡民居住辽远，不能到学。照顺治九年例，州县于大乡巨堡各置社学，择生员学优行端者补充社师，免其差役，量给廪饩。凡近乡子弟年十二以上二十以内有志学文者，俱令入学肄业。仍造名册于学臣，按临之日申报查考。七年又奉文饬令以训官音，每社动支存留库项二十两，以给廪饩。”这位作者对此欢欣鼓舞，“文治丕洽，莫此为盛”。他认为“乡堡社学、义学、书院为乡堡士人课艺之所，亦为乡堡绅耆讲读之所”，十分有意义。南海在这方面很有成就，虽然自乾隆四十年（1775）裁减廪银，然“各乡增建不因是少懈”②。

从这段话我们大致可以窥见清代广东在社学、义学建设方面的热度。一般来说，社学、义学通常较书院层级低，但各地情况也不完全相同。例如咸丰《顺德县志》就说：“本邑诸乡堡教士之地，或称书院，或称义学，名虽分实则一。”③ 这些教育机构涵盖从识字为主的初级教育到以应科举考试，甚至是经史专门之学的高级教育等多种类型及层次的教育，因而在社会基层承担着端蒙养、广教化、化民成俗的任务，成为清代统治者维护其统治秩序，构建其文化秩序的最基础的环节，为地方官员所高度重视。乾隆八年（1743），广州府分防佛山督捕海防同知黄兴礼在佛山创办汾江义学，他认为：“夫教化始基于闾巷，则培养人材以储国家之用，乡学之设岂可缓哉！”④ 而乡间绅民又因着其文化启蒙，教化普及的功能，既有利于为子弟科举应试奠定基础，又有利于营造乡间社会的文化精神，因而对此也富有热情。官民合力，推动了清代广东社学、义学的发展。

在韶州府，曲江县有东、南、西、北四隅社学，“康熙二十四年，知府唐宗尧、知县秦熙祚捐俸修建。复捐束修，延师训课合邑子弟，士民

① 《清史稿》卷一〇六《选举志一》。
② （道光）《南海县志》卷十一《建置略三》。
③ （咸丰）《顺德县志》卷五《建置略二·书院，义学》。
④ （民国）《佛山忠义乡志》卷五《教育二》。

赖之"[1]。后岁久倾圮，道光五年（1825），知县叶廷芳看到："贫乏之家子弟率多不谨，非必天性使然也，家徒壁立，又焉能束发受书，遂至目不识丁，迨游成习，渐入奇衰而罔觉，长民者得毋心恻耶?"于是叶廷芳觅地筹款，捐廉160两，于城中建4所社学，延请茂才为师，再发动绅民捐助，"筹款一千二百七十两，发东水煤商生息，岁得息银一百五十两，为延师修脯，酌立章程"，"属民无力延师者，咸率子弟来学，争先恐后，每处生徒多至三四十人不等，书声朗朗，达于通衢"[2]。

在雷州府，乾隆年间，知府视察海康县，见海康义学破败颓废，他说："余来抚是邦，首邑伍令来谒，即淳淳以兴学为请。余曰：此固吾之素志也。况圣天子加意学校，庶共勉之。"于是，他与县令共同勘察选址，终于修复。其后又聘得师资，"邑有明经郭先生用芳，慕学有志，义勇必先，即慨然捐资，独任其事"[3]。

在高州府，吴川县的吴阳义学在康熙三十年（1691）由知县重建，并捐置田租，年久败落。乾隆十九年（1754）知县再重修，三十九年（1774）知县再增修，并清查原有的学田，再续拨田租。四十八年（1783）知县重立章程，勒碑于堂。嘉庆十二年（1807）知县率绅士重修，改名听涛书院，不久又恢复义学之名。[4] 吴川的同文义学也是在知县的过问并督促下建成的。道光二十五年（1845），"癸卯冬，余署篆兹土。署右同文义学，向乏修葺，爰倡绅民捐资生息，延师开课，士子云来，缘房舍无多，不敷居处。旋据贡生李汝琼等联名呈称：伊等前辈设立丹桂社，置有铺业四间，坐落康岐楼，贴近学后，原备秋祭。兹见学舍浅窄，而秋祭又有别资，情愿将此四铺拨送归学，开作后廊，以增式廓，等情前来"[5]。

---

① （康熙二十六年）《韶州府志》卷三《营建志三·书院》。

② （同治）《韶州府志》卷一八《建置略四》。

③ 黄铮：《海康义学记》，谭棣华等编：《广东碑刻集》，广州：广东高等教育出版社2001年，第548页。

④ （光绪）《高州府志》卷一四《经政二》。

⑤ 岳至瀛：《开广同文义学后廊序》，谭棣华等编：《广东碑刻集》，广州：广东高等教育出版社2001年，第479页。

在惠州府，乾隆年间，海丰县知县喻章看到县里缺乏学校设施，他意识到："邑中亦未有专祀楼阁，身为民牧，岂可以大典缺置不问耶?"于是组织乡绅，筹建义学，分任首事、总理、董事、收支等，各司其职，海丰义学很快便建成。[①]

在潮州府，潮阳义学在县衙附近，康熙二十四年（1685）由知县臧宪祖始建，为斋舍凡20间。五十三年（1714），知县为义学捐学田六亩四分。雍正六年（1728），知县蓝鼎元见学校墙颓椽朽，瓦桷颓敝，春雨漏淋，无地容足，于是捐俸修建，先小学斋，次大学斋，幽斋曲径，静几轩窗，虽在阛阓之中而有山间静穆之致，不可谓非读书之善地也。[②]

肇庆府的端江义学在城东五经里，乾隆年间知县王士瀚、张甄陶、王承熙等先后修拓。乾隆四十九年（1784）遭水灾毁坏。嘉庆元年（1796），知县裴盛清修复，十八年（1813），肇罗道窦国华重修。道光七年（1827）知县叶承基捐俸购置景山岗水塘2口，以每年的租息支付义学的奖赏。新兴县的甘棠义学在县西南八十里的天堂墟，康熙五十二年（1713）由知县楼日章所建，嘉庆七年（1802）知县沈宝善捐置田租。每年约收租谷170余石，租钱20余钱，每年支脩脯银60两。开平县的苍城义学在学宫之东，乾隆四十九年（1784）知县万绳创建，讲堂3间，学舍22间，每岁由县延请山长，束脩由义学官租支送。高要县的肇协义学在端溪书院前，道光元年（1821）由副将松青创建，岁延师教营中子弟，副将科布托善并准寒民子弟附学。[③]

除一般的社学、义学外，广东还曾开办过面向少数民族的瑶学。雍正十一年（1733）及乾隆五年（1740），两广总督鄂弥达在广东连州三江口及韶州府曲江、乐昌、乳源等县瑶人聚集处设立瑶学，拨公项延请师儒。此举得到朝廷的肯定并推广。据报，瑶人踊跃送其子弟入学，渐有成效。乾隆六年（1741）广东按察使在一则奏折中说："连州八排之瑶，

① 喻章：《建义学记》，谭棣华等编：《广东碑刻集》，广州：广东高等教育出版社2001年，第835页。

② （乾隆）《潮州府志》卷二四《学校》。

③ （道光）《肇庆府志》卷六《建置二》。

山深类繁，向颇顽梗，近年来输税皈诚，渐摩声教，已经设有瑶童义学，延师课诵，听各瑶人分遣子弟就学，亦且就蒸陶变化矣。”① 但这种状况并未持续多久。乾隆十四年（1749），两广总督硕色等人的奏折中又说：“且风闻各属所设瑶学，类多有名无实，徒糜公帑。臣等随密行布政司，将行之是否有益据实查复去后，今据广东布政使吴谦铊禀称，查明韶、连二属之曲、乐、三江等处所设瑶学，因无瑶童从学，久已停废，现止乳源一处尚存。然就学者，皆附近民人，并无瑶人子弟。”朝廷据此将其全部裁撤。②

雍正朝及乾隆初年，朝廷一度还在福建、广东等地社学、义学推行官音，要求用官话教授，否则师生皆停止考试，以示惩罚。乾隆二年（1737），规定这些地区的府州县义学，务必延请官音读书之师，实心训勉。但据说收效甚微，商衍鎏在回忆中说：“闽省曾一度令不习官音者，不得入学。初时甚为认真。无如地方官悉视为不急之务，日久皆就颓废，至嘉庆、道光时福建仅存邵武郡城一所，然亦改课制艺，广东则更无闻矣。”③

官府对社学的管理，多有经费的规定。乾隆《潮州府志》中在各县书院、社学的记载中，都有标明官学多少处，按一处馆师支付 12 两脩脯的标准支出。如潮阳县有“官学八处，馆师脩脯九十六两近年于地丁项下支销”，揭阳县有“官学七处，馆师脩脯八十四两递年于地丁项下支销”，惠来县有“官学五处，馆师脩脯六十两递年由地丁内支销”，等等。④

在各地官府的推动下，清代广东社学、义学的设置较为普遍。据道光《广东通志》所载，当时广州府所建社学共 306 所，韶州府有 44 所，

---

① 《清实录与清档案中的广东少数民族史料汇编》，广州：广东人民出版社 2011 年，第 40 页。

② 《清实录与清档案中的广东少数民族史料汇编》，广州：广东人民出版社 2011 年，第 47 ~ 48 页。

③ 商衍鎏：《清代科举考试述录》，北京：生活·读书·新知三联书店 1958 年，第 349 页。

④ （乾隆）《潮州府志》卷二十四《学校》。

惠州府有50所，潮州府有30所，肇庆府有77所，高州府有36所，雷州府有17所，罗定州有14所，南雄州有30所，不含琼州府和廉州府，全省共604所。从县级数字看，南海县112所，顺德县74所，番禺县47所，高明县41所，居前四位。其他各县数量不一，但至少都办有1所。①

另外，还有乡间绅民创办的教育机构，其名目、形式繁多，咸丰《顺德县志》中说："其有大宗名族自设家塾，亦称书院者。如采册所载，龙涌陈氏之北池书院、梁氏之东梁义学，甘村甘氏之渤海书院，霞石何氏之霞石义学，豸浦之萃涣书塾，菱溪之德星书屋，名目不一，皆集备公费，立有课程，但究属一家之私。"② 所谓集备公费，即指邑人合资，其中既有个人出资，也有同族同宗同籍共立。据道光《肇庆府志》所载，新兴县会龙乡塾在县东70里，嘉庆十二年（1807）邑人邓恒修，陈大华等捐建，置租谷180石。恩平县的敦仁乡塾于嘉庆三年（1798）由仕岗都人捐建，咸升乡塾由歇马村梁姓捐建。四会县的三升乡塾由大㘵、坑头、黄屋三村同建。庶富文塾有义田30亩，嘉庆年间由黄绍昌等捐置。高要县的端人文塾在府学宫左，旧为魁星阁，久废，嘉庆七年（1802）郡人捐修增建斋舍，为教授乡党子弟。③ 南雄直隶州秀峰社学，"在城东百里莲溪一都石塘村，乾隆二年都内士民创，计屋十六间"④。据光绪《嘉应州志》载，嘉应州的雁洋堡有社学两所：一所为康熙年间邑庠生李祥光所建，一所为康熙年间李居榜及其子举人李壮华所建。榄潭堡社学于道光年间卜重光创建，设立膏火田，租谷12石，为延师费。畲坑堡义学有两处：一处名绎古斋，乾隆元年由刘宗元所建；一处名诵芬堂，由横径堂刘姓所建。松源堡义学由前乡贤蔡蒙吉捐出自家地基建造，乾隆七年（1742），北城兵马司温文桂等扩大之，设膏火延师讲学。嘉庆二十四年（1819），里人王利亨联合众绅捐资重修。⑤

---

① （道光）《广东通志》卷一四四《建置略二十》。

② （咸丰）《顺德县志》卷五《建置略二·书院，义学》。

③ （道光）《肇庆府志》卷六《建置二》。

④ （道光）《直隶南雄州志》卷一四。

⑤ （光绪）《嘉应州志》卷一六《学校》。

乡堡之社学、义学、书院还承担着为乡民宣讲《圣谕广训》之职责。“直省各州县大乡大村，人居稠密之处，俱设立讲约之所，于举、贡生员中拣选老成者一人以为约正，再选朴实谨守者三四人以为值月，每月朔望齐集乡之耆老、里长及读书之人于讲约所，相对三揖以齿，分左右立，设案于庭中，值月向案北面立，抗声宣读。”①

从清前期广东学校格局看，广东学校网络已经成型。清代统治者所宣扬的统治秩序和纲常伦理通过府、州、县学，通过各乡社学、义学，以及乡间学塾，加上各地书院，成功地渗透到地域广阔的社会基层。

第五节　清前期的广东科举

科举是学校网络之纲。无论是办学者还是读书士子，无非是冲着科举功名而去。所以对科举考试这个端口，清代统治者借鉴前代做法，在制度设计上力求完备，以更好地为维护统治秩序服务。

一、清前期的广东乡试

清代科举考试承接明制，三年一试。逢子、午、卯、酉年为乡试正科，如遇有万寿、登极各庆典而加科者曰恩科。乡试共分 3 场，考期于八月举行，以初九、十二、十五 3 天为期。考试仍用八股文，谓之制义，亦曰制艺、时艺、时文，简称四书文。考试内容基本沿用明制，但屡有小调整，至康熙五十二年（1713），定首场试四书文三篇、五言八韵诗一首；第二场试经文五篇，第三场试策问五道，题问经史、时务、政治。

明代广东贡院在粤秀山西竺寺旁，后毁于兵火，清初为驻军所据。顺治八年（1651）乡试，以光孝寺为临时考试机构，在光孝寺四周搭建帐篷作为应考士子的“号舍”。至康熙二十三年（1684），议建贡院。“当事者谓旧址畚锸伤脉，玉盘既缺，灵气泄尽，不可仍也。遂迁设于城

① （道光）《南海县志》卷十一《建置略三》。

之东南隅焉。”[①] 人们认为，当年明代贡院为驻军破土施工损伤了地脉，有如月缺不可攀取月中桂树，于是在省城东南处（今广州文明路鲁迅博物馆）觅地重建。

清代广东贡院规制完备，大门上正方悬“贡院”墨字匾，东西两坊上分别书“明经取士”“为国求贤”。嘉庆二十一年（1816），布政使赵慎畛重修贡院。道光元年（1821），两广总督阮元看到贡院号舍湫隘，捐俸率官绅士商同捐修。这次工程将旧号舍全数拆去，重新扩建，将号舍增高、拓深且加宽。在号舍内铺阶砖，巷道、甬道、大门外悉铺石块。这一工程于二年（1822）六月完成，共成号舍7603间。[②]

对此地建贡院，广东民间又有一说。谓明代贡院“盖其地直接城北白云山正脉，而山首又得镇海楼提起，龙头高耸宏壮，衬足形胜，故人文郁兴，为自来所未有”。而清代于此地贡院建成，“适值宾兴，士子入闱，是夜，有黄云起，覆号舍，观者谓为瑞气。然此后科第殊逊于曩时，我朝二百年来惟得两探花，近始得榜眼，其先后两殿撰则由北闱中式，非举于乡者。今之贡院，从无大魁出其中，而名辈寥寥，求如邱文庄、海中介、梁文贞、陈文宪诸名儒名臣，弗易得也”[③]。此种说法也只能博一笑而已。

贡院体制依然有内帘、外帘之分。内帘官由主考、同考官、内提调、内监试、内收掌组成。主考官设正、副二员，由朝廷钦命翰林及进士出身之部、院官。下设同考官，人数因考生人数多寡而各省有差，广东额定13名。同考官按所分配试卷各归房批阅，故而也称房官。外帘官则由监临、外提调、外监试、外收掌、受卷、弥封、誊录、对读等官组成。

1. 清代广东的文乡试

由于清初广东政局动乱，广东的第一次乡试晚于全国，于顺治八年（1651）才真正开始。“顺治八年辛卯，广东底定，始开科乡试，解元顺

---

① 仇巨川：《羊城古钞》卷八《光孝寺作贡院》，广州：广东人民出版社2011年，第572页。

② （道光）《广东通志》卷一二九《建置略五》。

③ 陈徽言：《南越游记》，广州：广东高等教育出版社1990年，第166页。

德周继贤。九年壬辰，始赴会试，吾粤中式五人：会元南海程可则、陈彩；东莞钟馥，香山何云扶，河源邝奕垣。此科名之始也。”①

参加乡试的考生，凡经过学政科考录取者皆可应考。科试录取额数，顺治二年（1645）规定，各直省每举人1名，取应试生儒20名。以后加宽录送名额，至乾隆九年（1744），分大、中、小省定额，广东划归中省，每举人一名录60名，副榜一名录30名。

广东乡试的解额数历有增减。顺治二年（1645），广东乡试解额数为86名，至顺治十七年（1660）减为43名。随着清廷“禁海令”和“迁界令”的撤销，广东社会渐趋稳定，应试士子日趋踊跃，康熙三十五年（1696）增为57名。康熙五十年（1711），定广东乡试解额数为68名。康熙六十一年（1722），复准广东人文日盛，照河南省例，于原额68名外增6名，取中74名。乾隆九年（1744），议准直省中额，除零数不计外，于十分酌减一分。广东中额78名，酌减7名。道光《广东通志》于此有个说明：“谨案：顺治二年以后，广东乡试中额历有增减，至是始定为七十一名。另商籍一名，故有七十二名之数。嗣以商籍人数不敷，不与，乡试仍中七十一名。”② 以后在比较长的一个时期内，广东乡试解额大致稳定在72名。

这里讲的商籍，指清代科举中额的另编字号。为了对某个地区，或某个群体在取士政策上给予某种特殊的照顾，在报考和录取过程中采用另编字号的方式以示区别。其制始于宋代，明代也有仿效的做法。清代乡试也效其制。康熙六十年（1721），广东商籍，于定额之外另编卤字号，凡商籍生员数至100人取中举人1名，人数增多不得超过两名，不及60人不编。中试后改回原籍。

与此相同，嘉庆二十一年（1816），奏准各省驻防旗籍生员就近于本省乡试，每10卷取中1名。广东驻防一体遵行，以3名为限。

---

① 颜嵩年：《越台杂记》卷二，林子雄点校：《清代广东笔记五种》，广州：广东人民出版社2006年，第479页。

② （道光）《广东通志》卷七十八《选举表十六·举人一》。

恩科中额数又有另增。如雍正元年（1723）的恩科，广东广额20名。道光元年（1821）的恩科，“粤东解额多至九十四名，伊古以来未有若斯之盛者也”①。

乡试录取又有一些操作中的特例。据道光《广东通志》载，雍正七年（1729），广东乡试特赐举人4名。原因是连州革职知州朱振基在家私供吕留良的牌位，被生员陈锡等四人告发。“上念连州士习刚正，特旨录取是科应试完卷四名生员卢伯蕃、陈锡、戴雯、吴奇程准作举人，次年会试。”又有嘉庆六年（1801）广东乡试特赐雷州举人2人。原因是雷州府学附生林添申、监生蔡有瑚等与福建同安县陈姓等人在海康集结成立天地会，滋扰捐赀。此2人“倡率乡勇，拏获林添申等多匪，审明正法。此二人均属出力，加恩赏给举人，准其一体会试”②。

乡试放榜多取寅、辰日支，以辰属龙，寅属虎，取龙虎榜之意。据商衍鎏回忆：“写榜在贡院内聚奎堂。主考、房官、学政、监临执事各官均齐集。由第六名写起，全榜写完，再写前五名为五经魁。第一名曰解元，是沿唐朝士子由州县解送而得元的意思。”③ 放榜次日设鹿鸣宴，按例应在布政司衙门举行，后改为巡抚衙门。新科举人依次谒见主考、监临、学政、同考官及司道府县帘官。按制，新科举人应由布政司颁给牌坊银20两，以及顶戴、衣帽、匾额，匾额按第一名解元，第二名亚元，第三、四、五名经魁，第六名亚魁，其余曰文魁书写。然相沿日久，除匾额外，其他银两、顶戴、衣帽则名存实亡。

2. 清代广东的武乡试

清代科举又设武科，从童试、乡试、会试、殿试，一如文科程式，其身份也具生员、举人、进士，但无增、廪、贡、监生及贡士之名。

武乡试定于子、午、卯、酉年的十月，共考三场。头场、二场为外

---

① （道光）《广东通志》卷七十八《选举表十六·举人一》。

② （道光）《广东通志》卷七十九、卷八十一。

③ 商衍鎏：《科举考试的回忆》，政协广东省委员会办公厅、广东省政协文化和文史资料委员会编：《广东文史资料精编》上编第4卷，北京：中国文史出版社2008年，第8页。

场，三场为内场。头场试马射，立表三，各去35步，发9矢，以中四者为合试。二场试步射，树一大靶，去50步，发矢9，以中二为合试。又以开弓、舞刀、掇石试技勇，差以三等，视其力能胜者为合试。三场于内场试论二（四书文、武经），时务策一。

雍正七年（1729）上谕："各省每科考试，武举例用该省巡抚为主考官，其阅看文字则用属下，举人进士出身之同知、州、县等为同考官，朕思各省巡抚中多有平日未曾学习骑射技勇者，忽司衡鉴之任，何以评定举子外场之优劣？从今科为始，各省巡抚考试武举时，著就近省城之提督、总兵一员，同考外场，秉公拔取，务令得人，以光大典。若提督驻扎路远，或因公他出，则令总督或提镇委副将一员代之。特谕，钦此。"①

清代广东武乡试的解额数，清初多寡不等。康熙二十三年（1684）甲子科乡试，广东40名。三十三年（1694），复准武会试分编南北卷，南卷取中50名。② 从光绪《广州府志》看，广州府武乡试的成绩十分突出。每科中举人数，康熙、雍正、乾隆诸朝大部分都在15人以上，嘉庆中期以后多达20人以上，至同治朝甚至高达40人以上。进京会试，广州府的武进士共有231人，其中状元一人，南海人姚大翎于嘉庆六年（1801）获得，另有榜眼1人，探花4人。从咸丰《嘉应州志增补考略》看，至道光朝，嘉应州武乡试中举共167人，武进士达17人。同治《韶州府志》则记载，至同治年间，韶州府在武乡试中共有54人中举，在武会试中有4人获得武进士。

3．清代广东乡试经费

各省乡试的操办经费，清朝廷也有明确规定。顺治十一年（1654）上谕，将业户买产每两征收银三分之外，另征一分，每年可收银2500余两，3年共收银7500两有奇，凑充科场之用。仍或不足，又于公费银内拨应。根据此谕，朝廷议准，递年子、午、卯、酉举行正科，另在该年

① （光绪）《广州府志》卷四十七《选举表十六》。
② （道光）《广东通志》卷七八《选举表十六》。

地丁银内支银1600两，如有不敷，在四分公用火耗项内凑支足用。如遇恩科，在该年地丁内支银1600两，其余不敷，题明在各属解到税羡内动支。广东文武两闱经费基本遵照这一原则办理。另外规定，广东正、副主考官盘费银每人六百两，在于存公银两内支给。对举人赴京会试，广东省文武会试举人盘费，每名额给银20两1钱7分，琼州府每名增给银10两，由县详请藩司给领。①

然广东去京师山高水远，以及各府、县至省城应举也颇费开支，为鼓励学子积极应试各级科考，有些地方又筹集特别经费，予以资助。据道光《高州府志》载，知府杜安诗保荐赴都，当地绅士馈赠四百元。杜安诗不受，留作“书院宾兴”。当地绅士将这笔钱交商生息，年得息银32元。积三年逢乡试，凡是当地生员赴省考上书院者，不论正附课，凡赴科者即将息银按名派分，在省城领用。道光年间，在官府和商人的支持下，这笔经费充实，用作高州、廉州九属的科举宾兴。②

据同治《连州志》载，有“阖州北上经费”一项。此项经费来自嘉庆二十三年（1818），学使傅棠按试连州，捐廉银50两，知州张瑞捐廉银100两，交连阳埠发商生息，岁得银27两。自嘉庆二十四年（1819）至道光十八年（1838），共得银740余两，以后又继续操作，以之作为武举人会试，以及孝廉、方正、拔贡、优贡朝考京费，每次每名帮银150两。此议碑立学宫。此外，还有“阖州乡会试宾兴”“捕属乡试宾兴”“新设捕属乡试宾兴”等等，多是由历任知州、武将捐赠之款发商生息，以资助应试学子赴省城、京城的经费。③

乾隆《潮州府志》记载海阳县学的一笔经费也是用于此途。海阳县学一处学田，在康熙二十一年（1682）被老君庙的道士以在文昌祠供奉李、聂二公为由所霸占，有80年之久。直至乾隆二十六年（1761），知府周硕勋命令知县清查出学田103亩，每岁租银138两1钱5分。这笔经

---

① （道光）《广东通志》卷一七二《经政略十五》。

② （道光）《高州府志》卷四《学校志》。

③ （同治）《连州志》卷三《学校》。

费，8 两 9 钱 1 分用于纳粮，10 两 2 钱用于李、聂二公春秋二祭，酌留 12 两为老君庙香灯费，剩余 107 两 1 钱 3 分积贮府库，准备用于生员乡试卷资。这样每三年都可得银 321 两 4 钱 1 分，决定于大比之年由两教官领出这笔钱赴省城，教官每人 3 两 5 钱，路费 4 两。余下 310 两 4 钱 1 分均匀分给海阳县参加乡试者，造册报销。如三年中遇有恩科，则按两届匀摊。[①]

雷州府遂溪县文昌阁有科举田，由本县乡绅所捐置，每年可收田租 298 石，议定“永为通邑科举之资”。康熙四十九年（1710）此项科举宾兴资产交由县学管理，却被儒学教官“浮开费用”，致使剩余钱款无法支持科举诸生。嘉庆二十二年（1817），科举诸生向广东布政司呈文，要求将这项宾兴资产“归绅士管理”。布政司批复由雷州知府“妥议详夺”，雷州知府要求遂溪知县立即处理。遂溪知县派人将此项田产“验明界至，交还绅士管理”，并与绅士商议，从每届岁科试录取新生中，“择取人品端方、身家殷实者三人管理，每三年而一代”[②]。遂溪士绅终于夺回了科举宾兴的管理权。

二、清代广东科举考试逸闻

述其逸闻，其目的在对古代科举考试状况有个大致感性的印象，使我们能从多方面认识古代科举乃至教育的面目。

先说命题。明代广东乡试，主考官多不敢以《大学》命题，特别不敢以《圣经》一章命题。这是从明代流传下来的说法。至清代，嘉庆戊午（1798）科，广东乡试主考官吴暄认为这种说法荒谬，“以为妄”，即以《大学》的《十传》章命题：“此之谓絜矩之道”。有人将传言告诫吴暄，吴暄不听，“卒无恙。自是继公典试后，多以《十传》命题，主司未尝不利，积久之惑，于此始破。然至今仍未有以《圣经》命题”[③]。

① （乾隆）《潮州府志》卷二十四《学校》。

② （道光）《遂溪县志》。

③ 黄芝：《粤小记》卷一，林子雄点校：《清代广东笔记五种》，广州：广东人民出版社 2006 年，第 391 页。

再说阅卷。雍正丙午（1726），广东乡试放榜，有区某与关某中试。次日发卷，提学使命令新隽举人亲填公据，发现2卷雷同。于是查问，2人供语谓，2人同师龙川县学生员蒙某，蒙某为他们做了一篇范文，2人皆熟读，入考场后觉得题目合适，便照写上交。再查，2人考题其实并不相同，一为《诗经》题，一为《易经》题，应由两个同考官分头批阅，这就是主考官最后把关出了纰漏。主考官翰林王兰生自陈云："锁棘后，不二日副主考即病故，臣亦感时变受病，耳目昏聩。自念为国家抡才，又不敢追缓，一人独任，力疾披览，旬日阅卷一万有奇，揭榜不暇细辨，故至雷同。"此情上奏朝廷，最后取消区某和关某的举人资格，不许参加会试。①

再看考生。广东科场有一"开眼"的逸闻，"国朝岭表科名未及前明之盛，登状元者二人，探花者二人，而榜眼则二百年来虚无其人，俗称广东未曾开眼。道光庚戌科，番禺许叔文其光以第二人及第，群称破天荒焉"。许叔文乃浙江人，因其父居粤任幕府40年，许叔文占籍应童子试，遭到番禺人的举报。最后其家族通过与土著联宗，方获得考试资格。一路过关斩将，终获榜眼，② 其家署一联云："蕊榜开新眼，金鳌亚状头。"

顺德人罗天尺说，广州庠序中多眉寿之人。雍正甲寅（1734），王文宗岁试番禺，何剑客年102岁应诸生例考，案列二等。乾隆己未（1739），广州番禺人梁自适100岁应诸生岁试，文多奇隽，冠一军。督抚看到后，推荐于朝廷，准其以举人资格参加礼部会试。③

关于高龄考生，清代末科探花商衍鎏讲了几个有趣的事例，可窥见当年学子奋力科场的精神。广东顺德人黄章，年近四旬方入学为生员，六旬外补廪生，83岁选岁贡生，康熙三十八年（1699），黄章已百岁，由

---

① 罗天尺：《五山志林》卷八《雷同中式》，林子雄点校：《清代广东笔记五种》，广州：广东人民出版社2006年，第166页。

② 陈徽言：《南越游记》，广州：广东高等教育出版社1990年，第193页。

③ 罗天尺：《五山志林》卷二《百岁进场》，林子雄点校：《清代广东笔记五种》，广州：广东人民出版社2006年，第64页。

广东不远数千里入京应顺天乡试，入场时打着书写“百岁观场”四字的灯笼，令其孙子执之以为前导。还有一诸生名叫谢启祚，98 岁还在应乡试。按例这般年纪可以恩赐举人，但他每次都拒绝了巡抚欲为其向礼部呈请特赐的好意，他说：“科名有定，老手未颓，安见此生不为老儒吐气。”终于，乾隆五十一年（1786）他果然中举，喜而赋诗：“行年九十八，出嫁弗胜羞。照镜花生面，光梳雪满头。自知真处子，人号老风流。寄语青春女，休夸早好逑。”此次同榜还有一个 12 岁的童子，监临、巡抚于鹿鸣宴纪以诗，其中有“老人南极天边见，童子春风座上来”两句。三水县人陆云入学时已百岁，道光六年（1826），103 岁的他以举人入京会试，赐国子监司业衔。①

三、清前期广东科举的结果分析

表 7－2　清前期广东举人地区分布表　　单位：人

府州名	顺治	康熙	雍正	乾隆	嘉庆	道光	合计
广州府	180	513	168	777	402	81	2 121
韶州府	10	29	18	22	4	1	84
惠州府	20	86	40	145	46	16	353
潮州府	53	244	121	372	80	10	880
肇庆府	21	86	29	161	60	24	381
高州府	1	19	6	46	34	5	111
雷州府		13	3	27	7	1	51
罗定州	6	18	8	14	5		51
南雄州	3	27	9	21	3	1	64
嘉应州	8	76	62	206	91	14	457
连州		15	1	2		2	20

① 商衍鎏：《清代科举考试述略》，北京：生活・读书・新知三联书店 1958 年，第 350～351 页。

续上表

府州名	顺治	康熙	雍正	乾隆	嘉庆	道光	合计
廉州府	1	8	2	12	2		25
琼州府	2	30	14	59	8	3	116
合计	305	1 164	481	1 864	742	158	4 714
科次	4 次	21 次	6 次	25 次	10 次	2 次	
科平均	76.25	55.43	80.17	74.56	74.20	79.00	

资料来源：(道光)《广东通志》卷七十八～卷八十一。

表 7－3　清前期广东进士地区分布表　　单位：人

府州名	顺治	康熙	雍正	乾隆	嘉庆	道光	合计
广州府	24	35	23	99	62	4	247
韶州府	3	2	0	4	1	0	10
惠州府	3	11	7	13	10	2	46
潮州府	4	27	19	67	11	1	129
肇庆府	1	6	2	12	6	1	28
高州府	0	1	2	5	1	0	9
雷州府	1	1	0	1	1	1	5
罗定州	0	1	0	1	0	0	2
南雄州	0	0	2	5	0	0	7
嘉应州	0	5	11	37	14	0	67
连州	0	1	1	1	0	0	3
廉州府	0	1	0	2	0	0	3
琼州府		1	4	10	2		17
合计	36	92	71	257	108	9	573

资料来源：(道光)《广东通志》卷七十七。

全国会试的实力比较有诸多因素的影响，例如清代会试中额凡分南北中卷。顺治九年（1652）定南卷取中230名，广东入南卷。康熙三十年（1691），复准南北中卷内再分左右，广东为南右。五十一年（1712）复准会试旧分南北卷，不分别省，以至取中人数不均，嗣后会榜于入场时，礼部清查各处举人实数奏闻，酌量省份大小，人才多寡，钦定中额总裁，照所定之数取中。① 所以这里对广东进士状况不做分析。

仅以广东省内比较，从举人数和进士数看，位列前三名的依次是广州府、潮州府、嘉应州。这三地又恰好是广东三大民系，即广府民系、潮州民系、客家民系的中心所在地。其科举之强，原因何在？

以广州府为中心的广府民系，这里以顺德人、乾隆元年举人罗天尺记载的顺德清代科举情况为例。他看到顺德学宫明伦堂中挂有明万历四十六年（1618）中乡试的18人的匾额，他更历数了清代以来顺德中举的人数，例如顺治十一年（1654）中试25人，丁酉科（1657）中举17人，康熙己卯科（1699）中试19人，其他至十四五人者则不可枚举。他说，顺德在明代出了文状元黄士俊，武状元朱可贞，故有“一朝两胪元”之谓。清代则又有“六载三解首”的说法，指雍正癸卯（1723）、丙午（1726）、己酉（1729）连续三届乡试出了三个解元。他又特别以顺德桂洲村举例：

> 康熙丙辰，拆边在界外，人民经迁徙，田庐荒废。自展界后不三十年，复我邦族，富庶较盛于昔。自乾隆癸卯后数科，乡、会文武榜无虚发，各姓皆然，胡族尤盛。吾友胡立五，一父六子，中武进士二人，侍卫一人，登乡魁者二人，一人列国学，其子亦登虎榜，可谓盛矣。其族中文进士者胡斯盛，武探花胡经纶，武进士二三人。文榜者胡景、胡家驺，武榜者又不下十数人。至同乡文进士谭玉、文举叶钟灵，皆余同年。又有若李、若谭、若洋、若麦，至余门人岑尧卿、兆葵叔侄，不下七八人。武则黎信中侍卫外，武进士若吴、若李、若周、若岑，

① （光绪）《高州府志》卷三〇《人物三》。

盖四五人，武举又不下数十人，皆同时同乡。[①]

桂洲村之科举之家，以胡姓为最，其他又有吴、李、周、岑等家族。罗天尺之言，其实很好地道出了以广州府为中心的广府民系科举盛况的缘由。“复我邦族，富庶较盛于昔”，经济的繁荣，家族的强盛，都成为提升科举竞争力的动力。

以潮州府为中心的潮州民系也是如此。史称潮州府“巨家大族，类以孝友相传，尤多能文之士。凡遇修桥、筑堤，靡不慷慨乐施。人心好义，实非他郡所能及”[②]。潮州处于中国偏远之乡，古来为人们视为“蛮夷之地”，然而历史却借助一个仅仅在此居住八个月的韩愈，竟生生积淀出崇学尚文的地域文化。不仅江山树木俱冠以“韩”姓，而且以士习诗书为术业在潮州地区蔚为风气。道光《广东通志》中说：“海边邹鲁，士笃文行，延及齐民，号称易治。”例如海阳县“乡绅知气节，罕至公门。恒聚徒讲课，士多下帷”，揭阳县“士笃文行，家储图籍，人习礼仪，穷乡隘巷弦歌之声相闻。知府林和诗云：书声沿巷有，佛事比家无”，饶平县“勤俭好文，比屋读书”，普宁县“士敦礼让，尚气节”[③]。这样的士风流行，才成就了潮州府的科举佳绩。

这里值得注意的是以嘉应州为中心的客家民系，也在清代广东科举中异军突起。如果说广州府、潮州府的经济实力乃是其科举竞争力的重要基础，那么客家民系的生存条件则远不如这两个地区，但其科举成就也依然足以自豪。光绪年间温仲和参与撰写《嘉应州志》，在《礼俗》一卷中，多有论及客家民系的风俗。他特别引用了明代陈献章所言：“程乡风俗善多而恶少。”温仲和认为客家风俗可用八个字来概括：质实勤俭，人物冠冕。质实勤俭是由现实环境所铸造，因为土瘠民贫，故客家人敦朴力田，终岁劳苦。人物冠冕则是“屡经陶冶而后成”，“士大夫谨约自

① 罗天尺：《五山志林》卷六《桂洲一时科甲之盛》，林子雄点校：《清代广东笔记五种》，广州：广东人民出版社2006年，第141～142页。

② （民国）《潮州府志略·风俗》。

③ （道光）《广东通志》卷九三《舆地略十一·风俗二》。

好，以出入公庭为耻。温饱之家益敦俭素，输赋奉公，不事鞭扑。士喜读书，多舌耕，虽困穷，至死不肯辍业。近年应童子试者至万有余人。前制府《请改设州治疏》称‘文风极盛’，盖其验也”。温仲和认为这一说法极为妥帖，“梅人无植产，特以为生者读书一事耳，可见州士之喜读书，自宋已然”[①]。此话准确道出了以嘉应州为中心的客家民系的科举之愿。客家民系因生活环境的恶劣，生存的压力逼迫他们必须闯出一条路。家族的强盛靠经济，更靠科举人物。例如镇平县多为山地，无田可耕，除读书外别无可作生计。故“镇邑风气淳雅，男读女耕，故虽百里之地，应童子试者常一千七百余人。每村俱有家塾，有一二百户者，即有塾六七处。盖二三千金之产，苟建居室，必立家塾以训同姓子弟。塾大者亦许外人会读”[②]。程乡县“诗礼之家，延师教子弟，膳脯虽薄，岁必举焉。以故都士人之秀者，彬彬若邹鲁矣”[③]。兴宁县“大抵士夫之家，敦礼让，重廉隅，以干谒为耻。稍足自给，益淳谨俭朴，必谋一书房，延师教子弟，故文风日益盛”[④]。

综而言之，教育起源于人类族群的生存需要。为了生存的需要，在国家教育机制以强势欲统摄民间社会之际，生活在乡村里闾的族群也必然会以顺应之势很精心地打造宗族的文化资本。我们可以看到，广东三大民系都注重宗族发展，故而重视科举，重视教育，重视子弟的读书。宗族社会为了生存，学会生存，就是清代广东科举发展的根本动力。

综上所述，清前期广东教育的成熟主要体现在书院层级网络的形成，官、绅、商的互动成为清前期广东教育发展的强大动力。这既顺应了国家教育机制的统一性，又保持了地方教育的多样性，表明古代的广东教育在经过两千多年的萌发、生长、发展之后，终于探索到一条适合广东本土需要的路子。应该说，广东社会的地方教育机制在与国家教育机制的博弈、妥协的过程中逐步成熟，并最终促成了传统教育在广东的成型。

---

① （光绪）《嘉应州志》卷八《礼俗》。
② 黄钊：《石窟一徵》卷二《教养一》。
③ （康熙）《程乡县志》卷一《风俗》。
④ （乾隆）《嘉应州志》卷九《兴宁县·风俗》。

第二编

近代的广东教育·上

第二部

[illegible]

1840年鸦片战争的爆发，打破了中国闭关锁国的统治格局，进而开始了中国现代化的艰难历程。特别是第二次鸦片战争的爆发，终于使清朝统治集团中的一部分人，在内忧外患的双重威胁下，感到不能再照老样子统治下去了。他们由御侮而求自强，而学习西方，逐渐在社会上形成一股办洋务、倡西学的潮流。随着这股潮流的涌动，中国专制社会的板块开始了缓慢的松动与变化，新的经济因素和政治因素也随之萌芽，从而揭开了中国资本主义历史的序幕。清代广东教育也就在这新的经济因素和文化因素的影响下走上了变革之路。

第八章　洋务运动时期的广东教育

洋务运动之前，广东传统教育发展之认同与顺应国家教育机制的取向几成定局。然而晚清西方文化的渗入，带来了新文化因素的增长，使广东人认同国家传统教育机制的进程出现了变数。新的教育元素动摇了传统的以科举为主导的教育格局，但传统的教育价值取向依然十分强固，导致新旧并存成为这一时期广东教育发展的显著特色。

第一节　西学东渐与广东的教育环境

我们这里讨论广东的教育环境，切入了文化资本更新的角度。所谓文化资本更新，在晚清特定场合，即指文化资本中呈现出中西文化力量对比的冲突。这种力量对比的冲突必然会引发教育场域中利益格局的重组，场域中的各利益相关者必然要对中西文化的博弈表明态度，并做出选择。这些利益相关者，包括社会中的士、农、工、商，也包括代表朝廷利益的地方官府。面对变化的新形势，旧有的文化政策及人们为提高文化水平而养成的惯习已不能很好地应对新文化因素的挑战，文化资本更新的问题便浮出水面。

促使人们进行文化资本更新的动力来源于人们对社会变动的价值判断，但近代中国人在这个问题上表现得特别纠结。西方文化的传入依仗着西方列强的船坚炮利而得逞，因而在近代中国人的心目中，西学与侵略的结合就成为挥之不去的心结。特别是在广东，当西方列强对中国诉诸武力之际，广东首当其冲，深受其害。据此而产生的剧烈反弹便是广东社会对侵略者的同仇敌忾，表现出强烈的爱国热忱。十三行的行商们积极筹资捐款，帮助清政府筹防筹饷，加固边防设施，购买和研发攻防武器。广东乡绅积极动员和组织民众，表达出“是以我粤士民，虽三尺孩童，无不奋臂而起，曰：与其遵示而受野夷之荼毒，不若遗示而顾国家之旧制”① 的决心。在爱国的旗号下，“夷夏之防”的价值取向进一步强化了近代中国人自我中心意识和因循守旧的文化心理。

这样的价值判断使得近代中国人将西学与新学、中学与旧学进行了简单的排列组合，从而给广东教育场域中不同群体的文化资本更新带来了纠结和冲突。

---

① 转引自赵春晨：《岭南近代史事与文化》，北京：中国社会科学出版社 2003 年，第 224 页。

一、广东农工商阶层对西学东渐的反应

在传统的教育场域中，处于社会底层的农工商群体是占据文化资本最少的弱势群体。正由于身处“弱势”，这一群体的求变心理也十分强烈。在传统教育场域中，他们会抓住各种可能的机遇，尽力配合国家教育机制，争取获取文化资本的有利条件。清前期，广东商人及乡绅积极支持国家教育机制向民间社会的深入就是明证。然而，面对中西文化碰撞的新格局，这一群体产生了分化。

农工商群体中的某些人，他们处于洋货消费文化流行的发达地区，且其家族背景与科举基本无缘。这些人一旦感受到西风欧雨的物质价值，他们便能从最直观、最朴实的角度规划本身的文化资本更新，以图在未来的教育场域内先拔头筹。其突出表现就是农工商群体中的一部分人最早将自己的子弟送进了教会学校和留学海外。

一个很典型的例子，就是容闳的入读教会学校。容闳家乡为香山县南屏镇，距离澳门很近。当时澳门马礼逊学校还在筹备之中，便委托英国传教士古特拉富夫人的私塾先行安置所招收的学生。容闳父亲的一个朋友在这所学校打杂，便常与容闳的父母谈及这所学校，最终促成7岁的容闳被送进这所学校读书。容闳说：“惟是时中国为纯粹之旧世界，仕进显达，赖八股为敲门砖，予兄方在旧塾读书，而父母独命予入西塾，此则百思不得其故。意者通商而后，所谓洋务渐趋重要，吾父母欲先着人鞭，冀儿子能出人头地，得一翻译或洋务委员之优缺乎?”[①] 希望儿子将来能得到一个翻译职位或洋务委员的优缺，这说明在以八股仕进为主导价值之时，容闳的父母已看到新元素在文化资本中的增长，因而希望在这新旧文化博弈的初始之时“先着人鞭”，以图将来“儿子能出人头地”。这种朴实的期望，最终促使其父母在将大儿子送进旧塾的同时，于1839年将容闳送进了教会学校。

比容闳父母做得更彻底的是唐廷枢的父亲，他将两个儿子都送进了教会学校。唐廷枢的父亲唐宝臣是广东香山县唐家湾人，家境贫寒。虽

---

① 容闳：《西学东渐记》，郑州：中州古籍出版社1998年，第67页。

然他也感觉到西方文化在文化资本中的增值，但家庭没有能力送两个儿子进教会学校。于是，1842 年，唐宝臣以给马礼逊学校校长布朗当听差 8 年为条件，让唐廷枢与其兄唐廷植进入马礼逊学校学习。布朗接受了这个条件，使唐廷枢得以在马礼逊学校学习 6 年。唐廷枢后来在外国公司或在香港政府当听差，当翻译，当买办，于 1873 年担任了中国第一个国有股份制企业轮船招商局的总办。文化资本的更新导致了新的社会资本的积聚，这在唐廷枢身上也得到了印证。

清末的广东，这样的事例并不仅仅是些个案，而是有着一定的社会基础。1872 年至 1875 年，中国分 4 批派出的 120 个赴美留学幼童，其中有 84 人来自广东。另外，广东还有 7 人随着第二批赴美幼童自费前往美国留学。第一批学生在上海招考，因报考人数很少，容闳不得不跑回家乡和香港进行动员，曾国藩也特地要广东商人徐润劝说广东人送子应选。所以第一批的 30 个幼童，有 25 人来自广东。这多少能说明新的价值观念在广东基层社会有着一定的市场。其他如广东南海人何启 1872 年的英国自费留学，广东新会人伍廷芳 1874 年的英国自费留学，广东香山人孙中山 1879 年的檀香山自费留学，都可以作为佐证。

对广东人热心留学的现象，《申报》是这样评论的："其通商最先，与洋人又相习最久，诸童幼而习之，长而狎焉，且地处滨海，人皆习于风涛，远与险固非其所畏也。而馆中派员带领，费用稍省，资斧即不患不足，是固一举而数美备者也。"①

另外，在传统文化资本中长期被边缘化的角色，也使得农工商群体的一部分人对科举身份并无更多的依赖性，反而推崇职业出路的多元观念，往往以学习一门技艺来盘算着未来。从詹天佑父亲与清政府所签订的"甘结"可以看到："情愿送赴宪局带往花旗国肄业，学习机艺回来之日，听从中国差遣。"② 这个条文可能是由清政府所拟定，至少在统治者

① 《论广东招选学童事》，载《申报》1886 年 3 月 20 日。

② 徐启恒、李希泌：《詹天佑和中国铁路》，上海：上海人民出版社 1978 年，第 8 页。

眼中，他们这个群体只有学习“机艺”的资格。但甘愿学习机艺，又反映了这一群体善于从实用性角度去认识西方文化的价值，从而对文化资本更新具有敏感性。美国传教士威廉·C. 亨特在广州商馆的书店中看到一本名叫《鬼话》的广东英语书，“这本小册子每本才卖一两个便士，但它常见于仆役、苦力和店铺主的手上”[①]。同治十年（1871），两广总督瑞麟上折，指出广州同文馆学生中，旗籍子弟学习认真，“惟民籍正学、附学各生，来去无常，难期一律奋勉，其学习西语者民间固有之，而偶有招入官馆肄习者，始愿不过希图月间膏火，迨学习一二年后，稍知语言文字，每有托词告病出馆，自谋生理，而于始终奋勉学成有用者，实难得人”[②]。这里所说的“民籍”，就是来自广东基层社会的普通“汉民”。他们学习西方语言，只求“自谋生理”，并不想借此谋取朝廷雇员身份。两广总督张树声在上奏开办西学馆时也提到：“粤东取材宏富，其人士多与西人相习，其制器亦多与西人相似。至于工匠灵敏，制作坚固，即西人亦深许之。”[③] 这也从一个侧面反映了农工商群体中一部分人对文化资本更新做出回应的缘由。

当然，这个群体并非铁板一块。同样是为了争取更为优势的文化资本，农工商群体中的另一部分人则依然在为争取传统文化资本而创造条件。其典型的例子便是最早接受洋货消费观念的商人集团，特别是活跃在十三行周围的大商人集团，在最初的留学浪潮中并没有更多的动作。可能的解释是，广东的大商人集团凭借财力在传统文化资本框架下争取到了较为有利的位置，“官商”身份的获得使得他们对文化资本中的新元素采取了漠视的态度。相反，在这一时期，他们积极与士人合作，在投资刊刻典籍上表现出了极大的热情。例如伍崇曜，据《广州府志》记：

---

① 威廉·C. 亨特著，冯树铁译：《广州“番鬼”录》，广州：广东人民出版社年，第47页。

② 朱有瓛主编：《中国近代学制史料》第一辑上册，上海：华东师范大学出版社1983年，第268页。

③ 朱有瓛主编：《中国近代学制史料》第一辑上册，上海：华东师范大学出版社1983年，第476页。

“粤省号富饶，而书板绝少，坊间所售，惟科场应用之书，此外无从购。崇曜思刊刻书籍，以惠士林，乃延同邑谭莹与编订。首刊《岭南遗书》六十二种，《粤东十三家》集各种楚庭耆旧诗七十二卷，粤东文献略备，乃广搜秘本，刻王象之《舆地纪胜》二百卷。此外零珠碎壁，集腋成裘，共成《粤雅堂丛书》二百余种……崇曜所刻多世不传本，与同时番禺运使潘仕成《海山仙馆丛书》并为艺林所重，自此广州学者不出门，而坐拥百城矣。”[①] 例如潘仕成，“于世也，好刻书帖，尝翻刻《佩文韵府》一百四十卷，《拾遗》二十卷，集刻《海山仙馆丛书》一百一十八卷，共五十六种，中多秘籍。选刻《经验良方》二十卷，又石刻《海山仙馆集古帖》十卷，《兰亭集帖》四卷，《尺牍遗芳》二卷，士林嘉赖焉”[②]。这些作为都是这一价值选择的产物。

在广大的乡村社会，我们仍然能够看到地方官府与乡绅合力强固传统文化资本的举动。光绪二十一年（1895），镇平县（今蕉岭县）修学宫，本地绅士林鹏举毅然捐白金千两，其他乡绅亦助捐之，知县感慨地说：“余提倡重修之志不少懈，卒之以贫瘠之县，当艰难之时，举百余年未举之要工，而成一旦，固赖诸绅之力为多。”[③] 揭阳县向无试舍，同治癸酉年（1873），“刺史周侯甫下车即筹资创建，并以余地构为讲堂，聚诸生而教诲之，欲以弦诵之声化械斗之习”[④]。光绪二十四年（1898），惠来县应本县生员的请示，为更好宣讲《圣谕广训》，特建讲堂一所，名曰盘龙阁，“庶几宣讲知有定处，远近皆得听闻”。县衙门规定：“凡遇开讲圣谕，务各悉心静听，不得喧哗滋闹。如有不肖子弟及无知妇女在讲所杂踏往来，不遵约束，有意故违，定行严究不贷。”[⑤] 光绪五年（1879），

---

① （光绪）《广州府志》卷一二九《伍崇曜传》。

② （光绪）《广州府志》卷一三一《潘仕成传》。

③ 方大牲：《重修镇平县学宫碑记》，谭棣华等编：《广东碑刻集》，广州：广东高等教育出版社2001年，第891页。

④ 《榕江试舍记》，谭棣华等编：《广东碑刻集》，广州：广东高等教育出版社2001年，第341～342页。

⑤ 《惠来县正堂告示》，谭棣华等编：《广东碑刻集》，广州：广东高等教育出版社2001年，第335页。

吴川县江阳书院因乡绅的踊跃捐资，终于修葺一新。县宰有感于此，希望后人也能继续发力，“今此举美矣，不知十数年后，承其事者能体诸君子黾勉之心，以绵于不敝乎”[①]。海康县茂莲宗祠于光绪年间立“茂莲步朴宗祠养贤碑”，强调宗族的延续与发达，必赖人才辈出，“而策励人材，必需置田培养。于是合支酌议，抽祖田以养贤人，一以尽父兄教养之分，一以坚子弟读书之心意”[②]。

这样的教育价值选择，更深层地体现在遍布城乡的大馆、书院的教学活动中。清代科举末科探花商衍鎏的求学经历，就很真实地展现了这么一个场景：

> 我12岁以后，学作八股文，诗、赋、策、论等，不但要读八股文、古文、律赋、文选之类，并要看史书如通鉴、四史，子书如庄、老、韩非各种书籍，俾腹中充实，以备作文的驱遣。概括言之，多读少读，在乎自己的用功。14岁至20岁的时间，除如上读书外，皆是走读从师，与考书院。走读之师，广东称为大馆，先生皆是科甲有文名的人，赁一祠堂寺庙中闲屋以招生徒。本人选择悦服的先生，前往执贽。每馆学生皆百十人至百余人不等，先生每日讲书一二小时，以八股文为主，带讲经史诗赋策论，每日3课或五六课，课题八股文一篇，间有试帖诗、律赋、史论，学生作后，即日或明日呈缴于先生评阅，由先生圈点批改，选好者贴堂使众观摩。我在光孝寺读书最久，印象甚深。同时并向各书院考课，前列者有奖金。我是寒士，并可借以资生。书院如粤秀、越华、羊城等，每月3课，皆考八股文、试帖诗，其他如菊坡精舍、学海堂，每月1课，皆考经、史、诗、赋，不考八股试帖。我每月必向各书院应考，到

① 林晋塗：《重修江阳书院碑记》，谭棣华等编：《广东碑刻集》，广州：广东高等教育出版社2001年，第483～484页。

② 孔锡模等：《茂莲埗朴宗祠养贤碑》，谭棣华等编：《广东碑刻集》，广州：广东高等教育出版社2001年，第554页。

课期晨兴往书院看题目，回家写作，傍晚到书院即日交卷，古学的菊坡精舍、学海堂则限3日或5日交卷，终日仆仆，皆为练习科举考试的目标，以此白昼甚少读书的时候，而用功总在夜间。三更灯火五更鸡，从前以这句话来形容士子的读书，真是不错。①

商衍鎏求学的14岁至20岁，正是光绪年间，他的求学经历正反映了当时广东基层社会教育价值取向的主流还是传统教育那一套。

由此可见，教育场域是一个充满着旨在维护或改变场域力量格局的博弈场所。作为处于弱势位置的农工商群体，他们的求变心理更为强烈，对传统文化资本的维护或更新都会有更为急迫更为敏感的反应。利益的驱使导致了这一群体在新旧文化博弈中产生了分化，这一分化为清末广东新旧教育发展提供了广泛的社会基础。

二、士大夫阶层对西学东渐的反应

农工商群体虽然对传统文化资本更新首先做出了回应，但真正能影响文化资本力量对比的是士大夫阶层。士大夫阶层在文化资本占有中属于优势群体。他们依据所拥有的文化资本，以及由此所形成的文化能力，在教育场域中获得了一定的学术权力。这种学术权力使他们在教育场域中占据了有利位置，在一定程度上掌握了影响文化资本取向的话语权，成为影响地方社会与国家教育机制协调发展的重要力量。但他们在场域中所处的位置又比较尴尬，他们所掌握的文化权力必须受制于政治权力。当传统文化资本的社会实际效应与儒家社会理想之间的差距明显拉大，他们的立场便发生了分化。他们有可能因感受到西方文化的启迪，愤然而起质疑和批判传统文化资本的弊端；也有可能听命于朝廷，因循故步；或者取一种稳妥的策略，在传统文化资本的框架内走一条改革之路。随着文化资本力量对比的变动，清末广东士大夫阶层也出现分化，他们依据各自占有的学术资本力量，分别展开了各种策略的斗争。

---

① 商衍鎏：《科举考试的回忆》，广东省政协文化和文史资料委员会编：《广东文史资料精编》上编第4卷，北京：中国文史出版社2008年，第3页。

最早对传统文化资本提出质疑的是广东的朴学群体。清朝中叶，在两广总督阮元的推动下，广东朴学群体坚持“实事求是，无征不信”的治学原则。除传统的经史文辞外，也习天文算学历法、中西交通、航海等知识，打破了士人专作帖括学问的旧习，在广东推行开一股求真求实的学术风气。虽然他们的治学还属于中国传统文化范畴，但在八股取士盛行之时，立志学术坚守，也是一种社会责任感的体现。他们发扬儒家经世致用传统，坚守为己、用世之学。朱次琦明确反对学生埋头于考据帖括等无用之学，强调说：“读书者何也？读书以明理，明理以处事，先以自治其心，随而应天下国家之用。”[①] 陈澧也指出：“然则学术日衰，人材日少何也？但为作时文计，而非欲明圣贤之书故也。”[②] 他强调说：“所谓经学者，贵乎自始至末读之、思之、整理之、贯串之、发明之。……惟求有益于身，有用于世，有功于古人，有裨于后人。”[③]

这是一个学术力量雄厚、社会基础广泛的知识群体。他们以学海堂起家，以菊坡精舍集大成，标榜出不同于一般书院的教学宗旨。这个群体也能紧跟形势，当朝廷显示出“兴学校”的姿态时，他们也适时办起了具有基础教育性质的新式学堂。如广州府绅士、内阁中书邓家让等人于1898年创办的广州时敏学堂；潮州府绅士、工部主事丘逢甲和翰林院检讨温仲和等1900年在澄海县属之汕头地方创办的岭东同文学堂；广州府绅士、翰林院侍读丁仁长和编修吴道镕等1901年在省城倡设的教忠学堂，等等。

朴学群体能够注意到西学传入的新动向，但对“师夷长技”的观点持质疑态度。陈澧在阅读《海国图志》后，对该书很多内容都做了肯定和赞扬，唯独不肯对魏源的“师夷长技”加以评论，因为他强调“内守

---

① 简朝亮：《朱九江先生年谱》，咸丰八年，《朱九江先生集》卷首之二。

② 陈澧：《讲书议》，黄国声主编：《陈澧集》第一册，上海：上海古籍出版社2008年，第83页。

③ 陈澧：《与王峻之书五首》，黄国声主编：《陈澧集》第一册，上海：上海古籍出版社2008年，第179页。

诚固，则彼技无所施”，“国威已振，大患即除”[①]。梁廷枏在《夷氛闻记》结语中也对“以夷攻夷”“师夷长技”的说法进行了反驳：“天朝全盛之日，既资其力，又师其能，延其人而受其学，失体孰甚。”他认为西方之火炮、夹板舟，乃至算学，都是“得诸中国”，因此，“但能实事求是，先为不可胜，夷将如我何。不然而反求胜夷之道于夷也，古今无是理也”[②]。他还认为基督教“彼生长穷荒，圣教所不及之地”，“泰西人既知读中国书，他日必将有聪慧之人，翻然弃其所学，而思从尧、舜、禹、汤、文、武、周、孔之道”[③]。这种文化上的自我中心主义，导致了这个群体在文化资本更新中的保守。

比朴学群体激进的是新型知识群体。谓其“新型”，是指这个群体所拥有的学术资本已经具有了西方文化的元素。这个群体成员既有在国外留学有成者，如容闳、何启、胡礼垣、伍廷芳等，也有在国内感知西方文化而立志改革者，如郑观应、康有为、梁启超等。这是一个年纪轻、资历浅的知识群体，但他们对儒家文化所塑造的社会责任感和人格追求却有着一致的认同和坚守。容闳通过中西文化的对比，深切感受到中国传统文化资本的落后，明确主张：“予意以为，予之一身既受此文明之教育，则当使后予之人亦享此同等之利益，以西方之学术，灌输于中国，使中国日趋于文明富强之境。”[④] 郑观应也是如此，他看到国家因落后而任人宰割，十分痛心，他说：“鄙人所著《盛世危言》一书，大声疾呼，使政界中人猛醒，知爱国保民之道也。”[⑤] 康有为一旦受新的知识所震动，便“舍弃考据帖括之学，专意养心，既念民生艰难，天与我聪明才力拯

---

① 陈澧：《书海国图志后呈张南山先生》，黄国声主编：《陈澧集》第一册，上海：上海古籍出版社 2008 年，第 91 页。

② 梁廷枏：《夷氛闻记》卷五，北京：中华书局 1959 年，第 172 页。

③ 梁廷枏：《海国四说》序，北京：中华书局 1993 年，第 46 页。

④ 容闳：《西学东渐记》，郑州：中州古籍出版社 1998 年，第 89 页。

⑤ 郑观应：《盛世危言后编》卷四，夏东元编：《郑观应集》下册，上海：上海人民出版社 1988 年，第 370 页。

救之，乃哀物悼世，以经营天下为志”[①]。梁启超则以满腔热情欢迎着新世界的到来，他说：“地球既入文明之运，则蒸蒸相逼，不得不变，不特中国民权之说即当大行，即各地土番野猺亦当丕变，其不变者即澌灭以至于尽。”[②]

正由于他们有着初生牛犊的胆魄，因而对传统文化资本的质疑和批判能触及要害问题。在广东新型知识群体看来，传统文化资本所仰仗的知识空疏无用，不仅无益于人才培养，而且误国误种。何启、胡礼垣认为中国传统的汉学、宋学渐渍既久，蔽塞人心，有如缠足女人的裹脚布。他们说：“若徒记其遗言以供词藻，则揆诸时务扞格殊多，而况考试之法弊窦丛生，贿赂夤缘无穷狡猾，蓝本代倩何所见真，故仅通者多侥幸成名，宿学者多颓唐落第。糊涂若此而谓足以收罗硕士，网取英贤，吾不信也。”[③] 郑观应指出：“中国之士专尚制艺，举凡人情、风俗及兵、刑、钱、谷等事，皆非素习，一旦临民，安能称职?”[④] 他指出，八股取士制度导致学子“不得不以有用之心力，消磨于无用之时文”。面对社会转型，“中国文试而不废时文，武试而不废弓矢，所学非所用，所用非所学，平日所用已与当日之所学迥殊矣”[⑤]。康有为指出，在八股取士制度下，“诸生荒弃群经，惟读《四书》；谢绝学问，惟事八股”，这样选拔出来的人才“竟有不知司马迁、范仲淹为何代人，汉祖、唐宗为何朝帝者。若问以亚非之舆地，欧美之政学，张口瞪目，不知何语矣”[⑥]。

---

① 康有为：《康南海自编年谱》，楼宇烈编：《康有为自编年谱（外二种）》，北京：中华书局 1992 年，第 9 页。

② 梁启超：《与严幼陵先生书》，张品兴主编：《梁启超全集》第一册，北京：北京出版社 1999 年，第 72 页。

③ 何启、胡礼垣：《新政真诠》卷三《曾论书后》，沈云龙主编：《近代中国史料丛刊续辑》第 261 册，台北：文海出版社 1976 年，第 236 页。

④ 郑观应：《易言·考试》，夏东元编：《郑观应集》上册，上海：上海人民出版社 1982 年，第 203 页。

⑤ 郑观应：《盛世危言·考试》，夏东元编：《郑观应集》上册，上海：上海人民出版社 1982 年，第 291，301 页。

⑥ 康有为：《请废八股帖括楷法试士改用策论折》，姜义华、张荣华编校：《康有为全集》第四集，北京：中国人民大学出版社 2007 年，第 79 页。

那么，文化资本的更新，在知识价值取向方面应做何种选择？郑观应认为应学习西方教育，提倡各种专门知识，才可能使国家真正富强："西人壹志通商，欲利己以损人，兴商立法，则心精而利果，于是士有格致之学，工有制造之学，农有种植之学，商有商务之学。无事不学，无人不学，我国欲安内攘外，亟宜练兵将，制船炮，备有形之战以治其标，讲求泰西士农工商之学，裕无形之战以固其本。如广设学堂，各专一艺，精益求精，仿宋之司马光求设十科考试之法，以示鼓励，自能人才辈出，日臻富强矣。"① 何启、胡礼垣认为，要培养"能立中国于不败之人"，必须广兴学校，在学习中国语言文字的基础上，采取分科学习，专攻一门有用的知识。他们共列举了 19 种学科，即外国文字、万国公法、中外律例、中外医道、地图数学、步天测海、格物化学、机器工务、建造工务、轮船建法、轮船驾驶、铁路建法、铁路办理、电线传法、电气制用、开矿理法、农务树畜、陆军练法、水师练法等。② 康有为认为，要彻底改变知识空疏无用的状况，"从此内讲中国文学，以研经义、国闻、掌故、名物，则为有用之才；外求各国科学，以研工艺、物理、政教、法律，则为通方之学"③。梁启超则更明确指出："学非一业，期于致用；言非一端，贵于可行。启超以为所设经学、史学、地学、算学者，皆将学焉以为时用也。"④

为了改变文化资本的力量对比，他们还运用自己所拥有的文化能力，借助他们所积聚的经济资本和社会资本，身体力行，从实践层面推动新文化因素的增长。

比如一口通商以来，广东商人在与外国商人打交道的过程中，先是

---

① 郑观应：《盛世危言·商战下》，夏东元编：《郑观应集》上册，上海：上海人民出版社 1982 年，第 595～596 页。

② 何启、胡礼垣：《新政真诠》二编《新政论议》，沈云龙主编：《近代中国史料丛刊续辑》261 册，台北：文海出版社 1976 年，第 341 页。

③ 康有为：《请废八股帖括楷法试士改用策论折》，姜义华、张荣华编校：《康有为全集》第四集，北京：中国人民大学出版社 2007 年，第 79～80 页。

④ 梁启超：《上南皮张尚书》，张品兴主编：《梁启超全集》第一册，北京：北京出版社 1999 年，第 70 页。

创造了一种中葡混杂的“广东葡语”，后又创造了一种中英混杂的“广东英语”。这种英语在买办、通事、商人中十分流行，而且也能与外国人交流沟通。但这只是民间流传的语言，农工商群体没能力使它知识化，其传播也就十分有限了。1862 年，广州经纬堂出版了唐廷枢的《英译集全》，这是中国人自己编著的第一部英汉字典，而且是用广东方言写成的。唐廷枢在卷首中说明：“这本书是一个隶籍广东的作者用广东方言书写的。它主要适应广东人和外国人来往、打交道的需要。”为什么要编著这本书，唐廷枢在序文中称：“余幼时偶与二三友人到澳门一游，将及澳，见官汛炮台房屋，枕行倾倒，志其故，曰：为番人滋事所致。及抵澳，见蕃人楼台庙宇宏壮可观，其炮台船只坚固却与内地不同……洋务中人，多来问字……因睹诸友不懂英语吃亏者有之，受人欺瞒者有之，或因不晓英语受人凌辱者有之……”[①]《英译集全》共 6 卷，内容包括天文、地理、日常生活、工商业、官制、国防等，第 6 卷有“买办问答”收录了 300 多个单词。唐廷枢的文化优势在这里便显现出来。

容闳的作为就更显力量，他借助曾国藩、李鸿章、丁日昌等官僚的推力，成功地促成了 120 名幼童的赴美留学。虽然这次留学最终在保守派的破坏下半途而废了，但其对留学儿童的启蒙意义却非同小可，“以故人人心中咸谓东西文化，判若天渊；而于中国根本上之改革，认为不容稍缓之事”[②]。

再就是办报。1874 年，容闳在上海创办《汇报》，“《汇报》于同治十三年五月初创刊于上海，中国第一留学生容闳（纯甫）所发起，集股万两，投资者多粤人，招商局总办唐景星实助成之”[③]。唐景星就是唐廷枢，当时广东商人多齐集上海，仅来自广东香山一地的商人就有唐廷枢、徐荣村、徐钰亭、郑观应、吴健彰、容闳等。他们宣称其办报宗旨为：“以翻刻中外新闻，逐日传报，以期改良社会之习惯，周悉外人之风尚，

---

① 唐廷枢：《英译集全》卷首语，现藏珠海博物馆。

② 容闳：《西学东渐记》，郑州：中州古籍出版社 1998 年，第 169 页。

③ 戈振公：《中国报学史》，北京：生活·读书·新知三联书店 1955 年，第 122 页。

考较商业之良窳，增进国民之智慧，尤要协力同心，公正办理，以图生意畅旺。”①

民间创办的新型书院，当首推康有为的万木草堂，其讲学“每论一学论一事，必上下古今，以究其沿革得失，又引欧美比较证明之。又出其理想之所穷及，悬一至善之格，以进退古今中外，盖使学者理想之自由，日以发达”②，对学生思想的触动特别大。“万木草堂学徒，每轻视八股，于考据训诂，亦不甚措意，惟喜谈时务，多留意政治，盖有志于用世者。”③

但是，广东新型知识群体和朴学群体对传统文化资本弊端的批判，从总体上讲还属于各自为政的个体行为。他们的批判比较多地还是停留在考试内容、考试方法的改良上，并没有真正动摇八股取士的根基。相反，对科举考试，他们一般持认可和宽容态度。例如，主张实学的陈澧就认为讲学与讲时文二者可以并存：“即使弟子只为时文而来，然而百十人中，必有数人气质稍清，见识稍高，可以引而进之者。况讲书时自讲书，讲时文时仍讲时文，亦何害于其作时文也哉?”④ 康有为也是如此。当时入读万木草堂的学生，大多对参加科举考试不感兴趣，“于是有父兄的家庭，大不以为然。谓不过考还读什么书，如果要入万木草堂，则学费就不给了。康先生乃力劝同学们，不要如此以妨碍前途。谓：‘我且过考，诸君何妨强力为之，以慰父兄之心呢。’往后乃逐渐改变，且获得不少秀才举人”⑤。

---

① 郑观应：《盛世危言后编》，卷15，郑州：中州古籍出版社1998年，第12～13页。

② 朱有瓛主编：《中国近代学制史料》第一辑下册，上海：华东师范大学出版社1986年，第237页。

③ 朱有瓛主编：《中国近代学制史料》第一辑下册，上海：华东师范大学出版社1986年，第249页。

④ 陈澧：《讲书议》，黄国声主编：《陈澧集》第一册，上海：上海古籍出版社2008年，第83页。

⑤ 梁启勋：《万木草堂回忆》，夏晓虹编：《追忆康有为》，北京：中国广播电视出版社1997年，第244页。

这种宽容态度又反映了当时广东士大夫阶层的主体还是在追逐着八股时文。教育场域内的斗争空间是由拥有各种学术资本力量的利益者所构成的。在朝廷文化政策未做根本调整、社会传统心理根深蒂固的情势下，广东士大夫阶层的主体对新文化因素的增长还是取观望甚至抵触的态度。他们抵制文化资本的更新，根本的是要维护他们在教育场域中的优势地位，巩固他们所据有的社会资本。美国传教士亨特在论及中国士大夫时说："文人在社会和政治上都是杰出的和令人羡慕的一批人。他们的巨大影响遍及社会各个阶层，在公共事务中有举足轻重的发言权。他们形成一个非常保守的阶层，以反对内政上和外交上的变革而著称。他们对官方一些超越常轨的行动的谏诤，即使在不受接纳时，也被注意和尊重地给予考虑。"① 正是这样一个阶层成为最早反对新式教育的社会力量。广州的时敏学堂就经历了这样的遭遇。当年的学生邬伯健后来在回忆中说道："犹忆未有学务大臣之前，粤中人士，对于余等，不指为康党，即指为耶教徒，偶一过市，辄闻鄙夷唾骂之声，起于背后，戚友相遇，亦往往以退学为劝。"② 1903 年开办的广州群益学堂附近有某塾师的"子曰馆"，这位塾师十分不满学堂的开办，又看到群益学堂的学生穿着白色操衣，便在他的"子曰馆"门前贴一对联："堪笑一群，羊毛仅有；何来三益，体用皆非。"③ 这说明，清末广东文化资本更新的进程，在一定程度上就是这样在士大夫阶层的新旧力量的抗衡与妥协中行进的。

三、督抚官员对西学东渐的反应

较之农工商群体、士大夫阶层，对文化资本更新起决定作用的还是作为朝廷代表的督抚官员。他们在传统文化资本占有中属于强势群体。在教育场域中，他们以政治权力统摄着文化权力，控制着文化资本的分

① （美）亨特著，沈正邦译，章文钦校：《旧中国杂记》，广州：广东人民出版社 2008 年，第 151 页。

② 朱有瓛主编：《中国近代学制史料》第一辑下册，上海：华东师范大学出版社 1986 年，第 753 页。

③ 朱有瓛主编：《中国近代学制史料》第二辑上册，上海：华东师范大学出版社 1987 年，第520～523 页。

配与走向，对各利益相关者行使着仲裁和支配的权力，对维护传统文化资本有着本能的倾向。当然，面对西方文化的冲击，他们在朝廷许可的政策框架下，也尝试着文化政策的微调，并通过开办新式学堂、派遣留学生、翻译西方科学之书这些微弱的改革试探着文化资本的更新之路。但他们绝不允许根本改变教育场域中文化资本的力量对比。他们所努力的，就是在“中体西用”的框架下，用各种治理策略来维持广东教育场域内新旧力量的均衡。

坚持“中学为体”，就是要保持教育场域中政治权力的绝对优势。其措施就如御史马元瑞在一则奏折中所强调的：“宜令各省大吏督率地方有司正本清源，与民休息。”[①] 这里强调的正本清源，就是要恢复乡村社会的正常秩序，其中一个重要举措就是要发挥教育对稳定社会秩序的功能，尤其是在整合乡村宗族社会方面的功能，从根本上重新构建朝廷对乡村社会的向心力和凝聚力，使王权意识形态更深层地渗入民间社会，以加强对地方社会的控制。同治五年（1866）九月，皇帝将御史范熙溥的奏折《军务未靖省分亟宜振兴文教》交礼部讨论[②]，也反映了清廷对这一问题的重视。

在朝廷的这一思路下，广东督抚官员总是本能地采用维护传统文化资本再生产的正统性策略，即推行科举。从鸦片战争前后至科举制度废除前，广东督抚，无论是主张洋务者，还是反对洋务者，对坚持科举的态度相当一致。为了稳固清朝的统治秩序，借助科举之力来凝聚人心，广东督抚有意强化了学子博取科举功名的意向。同治六年（1867）二月，广东巡抚蒋益澧基本解决了长达 13 年的广东土客械斗。在着手安置客民生活的同时，蒋益澧很注意加强兴办文教的措施。他奏请设立遵义书院，并偕同两广总督瑞麟奏请将客民读书子弟另编客籍，参加乡试，每 20 人

① 马元瑞：《敬陈管见疏》，《同治中兴京外奏议约编》卷一，上海：上海书局 1984 年。

② 吴棠：《闽省建设书院疏》，《同治中兴京外奏议约编》卷五，上海：上海书局 1984 年。

取进一名[1]。这个做法得到了朝廷的表彰。

同样，王凯泰于同治七年（1868）任广东布政使，他在两广总督和广东巡抚的支持和批准下，于同治八年（1869）创建了应元书院。应元书院之名，一是书院之地选在应元宫旁，二是会试第一名称为“会元”，三是殿试第一名称为“状元”。很显然，这是一所专门冲着科举考试而兴办的品牌书院。它的创办，为调动广东学子应试科举的积极性起到了推波助澜的作用。王凯泰认为：“近代以来，士以科举为荣，为之官长者亦借科举以为教，而其意则不止于是也。今以书院之士学则有本有文，仕则有为有守，是余所厚望也。”[2] 这一观点正是清末广东督抚的由衷之念。

除此之外，广东督抚对朴学学风的推动也下了一番功夫。这种于旧学中多少能显现出一点新意的学风，是广东督抚认定“端正士风”的良药。诚如张之洞所言，广东商贾齐集，华洋错居，在这种“见闻事变，日新月异”的情势下，“欲端民俗，盖必自厚士风始；士风既美，人才因之”[3]。这种考虑既有利于清朝统治的稳固，又于文化资本的更新有所裨益。所以，咸丰十一年（1861）八月二十七日，英、法联军撤出广州。广东地方官府立即对遭受严重破坏的学海堂进行整治，如迅速修补完善了《皇清经解》及《广东通志》等大型文献，恢复了学海堂考试，修葺了学海堂的校舍，并重新恢复了学海堂的专课肄业生制度。同治五年（1866），广东巡抚蒋益澧与广东盐运使方浚颐在粤秀山应元宫旧址创建菊坡精舍，聘学海堂学长陈澧为山长，将朴学学风推向高潮。1888 年，张之洞创办广雅书院，以图在学风上承传与学海堂、菊坡精舍的关系。

当然，面对社会的转型，特别是身处广东这样的沿海地区，有部分的督抚官员，对传统文化资本的弊端有所认识，对新文化因素的增长也

---

① 刘平：《被遗忘的战争——咸丰同治年间广东土客大械斗研究》，北京：商务印书馆 2003 年，第 316～330 页。

② 陈谷嘉、邓洪波：《中国书院史资料》中册，杭州：浙江教育出版社 1998 年，第 1166 页。

③ 陈谷嘉、邓洪波：《中国书院史资料》下册，杭州：浙江教育出版社 1998 年，第 2225 页。

有所认同。他们站在国家求强求富的立场，认识到如果不对传统文化资本进行适度的更新，至少在人才储备这一点上，可能会直接影响到广东场域内社会资本的更新，乃至影响到经济资本的积聚。他们针对旧文化政策无法应对新文化因素增长的状况，会在体制许可的范围内采取适当的更新措施，以图在教育场域的博弈中争取主动。

比如广东地处海防前线，了解敌情，进而更深入地了解西方国家情况，当是海防的首要功夫。林则徐在这方面称得上是开风气的功臣。他曾在广州设立译馆，翻译外国书籍和报纸。正如魏源所说的："林则徐自去岁至粤，日日使人刺探西事，翻译西书，又购其新闻纸。"[①] 林则徐自己也说："沿海文武员弁，不谙夷情，震于英吉利之名，而实不知其来历。"因此"必须时常探访夷情，知其虚实，始可定控制之方"[②]。林则徐还主持把翻译过来的外国人论述中国的言论辑成《华事夷言》，并将日常积累和翻译的材料编成《四洲志》草稿，叙述各国的历史、疆域和政治情况。林则徐的成果为近代中国"师夷长技"观念的形成打开了通道。

继任的广东督抚，对学习西方科技也都表现出了一定的热情。全国三所同文馆，广州居其一。当时在朝廷的谕令下，两广总督晏端书、广东巡抚黄赞汤、广州将军库克吉泰，以及后来接任的毛鸿宾在办理广州同文馆中也终有成果。两广总督劳崇光成立了洋枪队，请英法军官教练，并托英国领事向国外采办新式枪炮，并"雇募制造火器、火药之良工数人来粤，由内地选派精细工匠学习制造，并派妥员监造，务期得其真传"[③]。其后接任的晏端书、毛鸿宾，也对引进和仿造新式武器颇有兴趣。当时作为晏端书随员来粤的丁日昌，曾奉命在广东提督昆寿军营中"督办火器"，并在广州市郊燕塘设立炮局，生产大小硼炮及硼炮子。[④] 广东巡抚郭嵩焘，对仿造轮船有所筹商，他后来在《条议海防事宜》中说："嵩焘前署广东巡抚，与英国领事罗伯逊等商制造轮船之方，罗伯逊言西

① 魏源：《道光洋艘征抚记上》，《魏源集》，北京：中华书局 1976 年，第 174 页。
② 转引自范文澜：《中国近代史》上册，北京：人民出版社 1955 年，第 21 页。
③ 《洋务运动》（三），上海：上海人民出版社 1961 年，第 460 页。
④ 《洋务运动》（四），上海：上海人民出版社 1961 年，第 7 页。

洋机器，惟舟车外轮机器最巨，各国多者不过数具，国主不能备，则富商备之，国主兵船亦多假商人机器用焉。”①

接任郭嵩焘的广东巡抚蒋益澧，于上任之时“途经香港，见其水师雄壮、楼阁崇闳，码头生意之旺甲于南洋。迨路过大虎、小虎、大王滘、猎德一带，所有扼险炮台，全行废堕；虎门昔号天险，今为坦途。然则言治粤之权舆，固以中外相安为要，而筹自强之急务，尤以卧薪尝胆为先”②。1866 年 6 月他在给朝廷的奏折中提出：“拟于沿海一带省份，建设铁厂，制造轮船，一面雇觅洋匠指授，一面选择聪明子弟入厂学习。”并主张：“沿海富商大贾，亦准其租购轮船夹板，而籍其名于官兵，无事则任彼经商，有事则归我调遣。船上舵工炮手，初用洋人指南，习久则中国人亦可自驶。若使各口有轮船二三十号，夹板船百十号，不惟壮我声威，亦且夺彼利权。”③

刘坤一是个热衷兴办洋务学堂的总督，他很早就有创办西学馆的设想。1876 年 12 月他在给友人的信中说：“西学馆之设，诚为当务之急。弟实有志于此，昨以银八万两购买黄埔船澳，为将来扩充机器局及开设西学馆地步。”④ 然一时难以成就，故捐银十五万两，奏明以之生息，为储养洋务人才之用。

继任两广总督的张树声到任不久，即向朝廷上奏：“然洋务之兴，滥觞于粤，惩前毖后，岭南虽一隅利害之数，系于天下者实大。……且中国沿海万余里，门户洞开，闭关无术，自朝廷之上以至宇内识时务之士，皆忧深虑远，谓轮船驾驶、机器制造之学必须无藉于外人，始为自强之

---

① 《郭嵩焘奏稿》，长沙：岳麓书社 1983 年，第 341 页。

② 《筹办洋务始末》（同治朝）卷四十三，沈云龙主编：《近代中国史料丛刊》第 611 册，台北：文海出版社 1971 年，第 4106 ~ 4107 页。

③ 《筹办洋务始末》（同治朝）卷四十三，沈云龙主编：《近代中国史料丛刊》第 611 册，台北：文海出版社 1971 年，第 4108，4111 页。

④ 朱有瓛主编：《中国近代学制史料》第一辑上册，上海：华东师范大学出版社 1983 年，第 475 页。

实际。”[①] 不久，他与广东巡抚裕宽于广州城东南十里长洲地方，就刘坤一所捐款内拨银建造广东实学馆，内分制造和驾驶两科。

1884年至1889年在两广总督任上的是直隶南皮（今属河北省）人张之洞。他在来广东之前，就有过管理教育的经历，历湖北、四川、山西，所到之处，积极整顿地方科举，兴办了书院，对经世致用之学颇为向往，因而书院学风多采杭州诂经精舍、广州学海堂之模式。张之洞的近代化意识，最早发端于20世纪80年代前期任山西巡抚时，初步形成则是在广东，特别是经历了中法战争之后，对西洋事务与科学知识开始有所了解。他强调：“洋务为今日要政，加以广东远控南洋，距各国洋界最近，交涉事件尤为繁要。举凡安内攘外、关税厘金、教育海防，种种皆与吏治民生相涉。稍有疏舛，即生枝节。稍涉敷衍，即贻误大局。”于是在本衙门附近特设立办理洋务处，“以期襄助有人，筹画周妥，兼以练习人材，俾资器使”[②]。他向朝廷上奏提出加强海防的三条建议，主张以储人才、制器械、开地利为急务，强调“今中国方汲汲讲求安攘之略，自不得不采彼长技以为自强之助”[③]。其督粤近五年，洋务业绩十分突出。建设新式海陆军，整顿广州机器局。1887年6月，开工建石井枪弹厂；1888年，筹建广州枪炮厂，筹建广东炼铁厂，筹建广州织布局；1887年正式向朝廷提议创办广东钱局，1889年5月正式投产。在教育方面，在张树声所建实学馆基础上，改建博学馆，1887年改名水陆师学堂，1889年又在该堂增设“洋务五学”。发展了近代军事工业和军事教育，促进了广东民用企业的发展，使广东民族资本主义在20世纪80年代后期开始了比较快的发展。张之洞在粤期间对博采西学的提倡，也给广东思想文化界带来了一阵新风，打破了当地相当长一段时间思想沉闷的局面，为维新思想的兴起和传播提供了条件。

这些督抚的努力，冲破了传统教育的格局，从官方层面为文化资本

---

① 《张靖达公奏议》卷四，沈云龙主编：《近代中国史料丛刊》222册，台北：文海出版社1976年，第203页。

② 吴剑杰：《张之洞年谱长编》，上海：上海交通大学出版社2009年，第174页。

③ 吴剑杰：《张之洞年谱长编》，上海：上海交通大学出版社2009年，第232页。

的更新打开了缺口。但从总体上讲，广东洋务起步较早，却进展缓慢。究其缘由，部分督抚官员对洋务的隔膜与抵触当是主因。正如张之洞所言："中国之有洋务，以粤为始。探洋情，买洋械，以粤为便。二十年来逐渐经营，早应备御完密。乃历来治粤者习常蹈故，远虑蔑闻。"①

张之洞所谓"历来治粤者习常蹈故"，确实击中要害。鸦片战争后至19世纪末，多数的广东督抚在新形势面前总体是持观望守旧的态度。刘坤一在给黎兆棠的一封信中曾说："西学馆、招商局及开办煤矿，均为珂乡当务之急，弟每饭不忘，无奈力弱势孤，又苦经费无出，辄为众议所阻。"② 所谓"力弱势孤"，"辄为众议所阻"，正可见当时广东官场在面对文化资本更新的窘态。

以上种种，说明广东督抚官员在回应晚清文化资本更新时，虽都有所作为，但并不清楚未来的文化资本将趋向何方。而他们又不得不行使权力，不得不运作权力，以显示出他们在教育场域中的重要位置，特别是更不愿意因此失去在未来教育场域竞争中的强势地位。这是一种末世王朝的权力心态，也是社会转型时期濒临没落权力的无奈之举。

第二节　广东洋务学堂的创办

洋务学堂是洋务运动的产物。第二次鸦片战争的现实以及南京城下之盟，终于使清朝统治集团中的一部分人惊醒。他们由御侮而求自强，而学习西方，逐渐形成一股社会思潮。洋务派就是首先看到这一变化趋势的人。他们从维护专制统治的愿望出发，以"数千年来未有之变局"和"数千年来未有之强敌"来阐述这一局势的严重性，深切感到不能再照老样子统治下去了。他们在与洋人打交道的过程中，较早地认识到了

① 吴剑杰：《张之洞年谱长编》，上海：上海交通大学出版社 2009 年，第 125 页。

② 《刘忠诚公遗集・书牍》卷六，沈云龙主编：《近代中国史料丛刊》第 254 册，台北：文海出版社 1968 年，第 6217 页。

西方的“船坚炮利”，进而迫切地希望有一种既能恪守封建之道又能懂点“西文”“西艺”的洋务人才应运而生。由此，他们在不改变传统教育体制的前提下，创办了一些新式学堂，以补救传统教育的不足。广东的洋务学堂就是在这种形势下发展起来的。

一、广州同文馆

近代广东的第一所洋务学堂是广东同文馆。它成立于1864年6月，是一所学习外国语言的新式学堂。外国语言文字的重要性首先为洋务派所认识，是由于中外交流增多的缘故。当时清政府缺乏翻译人才，只好借助所谓“通事”。这些活跃于通商口岸的商人或平民，在中外交流活动中，置国家利益于不顾，唯利是图，常常使清政府处于被动。所以洋务派认为必须培养一批可靠的翻译人才，才足以应付洋务诸事。这样，1862年，洋务派在北京创办了京师同文馆；1863年，在上海创办了上海广方言馆，同时清廷要求广东也照办。同治二年二月初十日（1863年3月28日）上谕：

> 中外交涉事件，则广东、上海为总汇之所。现据李鸿章奏称，上海已议设立外国语言文字学馆，而广东事同一例，亦应仿照办理，著库克吉泰、晏端书于广州驻防内公同选阅，择其资质聪慧、年在十四岁内外，或年二十左右而清汉文字业能通晓、质地尚可造就者，一并拣选，延聘西人教习，兼聘内地品学兼优之举贡生员，课以经史大义，俾得通知古今，并令仍习清语，厚给廪饩，时加考查。倘一二年后学有成效，即调京考试，授以官职，俾有上进之阶。此事为当今要务，该将军等务当实心办理，不得视为具文。倘将来日久无效，惟该将军等是问！①

清廷谕旨很清楚，由于“中外交涉事件，则广东、上海为总汇之

① 朱有瓛主编：《中国近代学制史料》第一辑上册，上海：华东师范大学出版社1983年，第256页。

所”，所以广州也应创办一所培养翻译人才的同文馆，拣选14～20岁质地尚可造就者进行培养，倘学有成效，即调京考试，授以官职。同治二年五月初八日（1863年6月23日）两广总督晏端书、广东巡抚黄赞汤向朝廷上奏：

> 署将军库克吉泰本已挑有八旗子弟百余人，令其勤习翻译，行之数年，训课策励，颇著成效。今即于其中选择年幼性慧者二三十人较易集事。臣与库克吉泰会商，拟即修筑馆舍，订延英法国人，教习外国语言文字。并聘内地品学兼优之士，课以经史文艺，仍兼习清汉翻译，以期融会贯通。所需各项经费，已与粤海关监督毓清筹商，酌提船钞备用，撙节核实支销。所有一切详细章程暨经费定数，容臣等会同悉心核议，奏请圣裁。①

不久，广州将军库克吉泰也上奏表示原已督促八旗子弟学习，培养翻译人才应该没有问题，定会加紧筹办广州同文馆。经过近一年的筹备，同治三年（1864）五月，广州同文馆师生均已到位，开始教学。六月，继任两广总督毛鸿宾上奏，奏明广州同文馆办理情况及章程十五条。不久，清廷予以批准。总理衙门在批文中强调了两个问题：“广东省与外国交涉事件，英法多而俄较少。是学习英法文字，实为粤省急务。”所以不必参照京师同文馆模式，可不设俄文馆。对毕业生的考选，要求按三种情况分别对待：一是八旗子弟，“应准作为翻译生员，准其翻译乡试，并文乡试”；二是汉人世家子弟，“应准作监生，一体乡试，并均准充翻译官”；三是精通西语西文、才识出众者，应“调京考试，授以官职”②。

广州同文馆位于广州北门内朝天街（今广州市朝天小学），设提调一名，以资统率；馆长满、汉各1名，经理馆务；汉人教习1名，西洋教习

---

① 朱有瓛主编：《中国近代学制史料》第一辑上册，上海：华东师范大学出版社1983年，第257页。

② 朱有瓛主编：《中国近代学制史料》第一辑上册，上海：华东师范大学出版社1983年，第262页。

1名，另添设背书分教习2名。学生定额20名，其中旗人16名，汉人4名，年龄在14岁至20岁之间。学生由地方保举，提调核定等第，前20名入馆肄业，另选定20人候补。肄业生每年甄别一次，因淘汰而空缺之位，从候补者中挑选补充。另外，满、汉年满20的举监生员，愿意学习西洋语言文字，可自行申请，或由地方官绅保送，也可以自费入馆学习，名额以10名为限。

同文馆教学，巳、午、未三时为西文教习训课，早晚由汉文教习训课，清字清语仍要兼习，以重本务。同文馆每月考查1次，每次奖励一等2名，赏银2两；二等4名，赏银1两。整个学习以3年为期。

同治六年十一月（1867年12月），广州将军庆春等将广州同文馆6名学业期满的学生选送总理衙门。总理衙门经过考核，认为这些学生"学习有年，均堪造就"。于是根据章程，确认其中1名为监生，其余5名为翻译生员的身份，"均准一体乡试，仍照原议分别派充将军、督抚各衙门翻译官"①。随后，两广总督争取到了由本地官府考核同文馆学生的权力。同治十年（1871），两广总督瑞麟对同文馆9名学生进行考核，瑞麟自知于汉文尚知优劣，于西语西文并不通晓，因此，"本将军等当堂面试，先以西文令译汉文，复以汉文令译西文"，然后依据其西文与汉文的水平，综合权衡，最后录取5名，"照章奏准，分别给予生监，准其一体乡试，并准充翻译官在案"②。随即连同3名已经录取的学生送进京师考试学习。

这一年，两广总督瑞麟又上折，指出广州同文馆学生中，旗籍子弟学习认真，"惟民籍正学、附学各生，来去无常，难期一律奋勉，其学习西语者民间固有之，而偶有招入官馆肄习者，始愿不过希图月间膏火，迨学习一二年后，稍知语言文字，每有托词告病出馆，自谋生理，而于始终奋勉学成有用者，实难得人"。由此建议以后招生"专用旗人，毋庸

①② 朱有瓛主编：《中国近代学制史料》第一辑上册，上海：华东师范大学出版社1983年，第276页。

再招汉民”[①]。此议得到总理衙门的批准。

光绪五年（1879），总理衙门就法、俄、布（德国）语翻译人才缺乏的情状，希望广州同文馆能量为拓展，令学生学习法语法文，并能视情况开设俄文、布文的教学。广州将军长善等经过筹拟，决定在英文馆外，另增设法文馆和布文馆。从英文馆抽十名学生拨入法、布二馆，这二馆再各增招五名，“三馆俱以十名为额，如有愿入附学者，每馆不得过五名”[②]。以后又开设了俄语、东文（日语）两门课程。

广州同文馆共培养了多少学生，现已无法确考。仅据《中国近代学制史料》对京师、上海、广州同文馆部分学生离校后情况统计表看，在有住址和住址不详的部分，毕业于广州同文馆者 23 人。[③] 这只是毕业生中极小的一部分。

广州同文馆办学效果，与北京、上海相比，明显处于低水平。北京、上海的同文馆是主动申办，而广东是在皇帝谕令之下被动起步。北京、上海同文馆在招生方面早已放弃以八旗子弟优先的政策，而广州同文馆则强调要以旗人子弟为绝对优势，后来甚至专招旗人子弟，拒收汉人子弟。广州同文馆课程设置依然是以训练八股时文为主。后来的两广总督刘坤一曾经批评广州同文馆“专用旗人子弟，一味训课时文，虽仍聘一英员教习，略存其名而已。似此毫无实际，纵添设一二馆，徒糜经费，为外人所笑”[④]。此话并非夸张。按当时规定，学生学习三年考试合格后，当分派各衙门实习，充当翻译官。但这一环节纯属过场。连两广总督瑞麟在给朝廷的报告中也称：学生“派充各衙门翻译官，系属有名无实，并无差使。该生等虽仍在馆肄业，然皆专意汉文，冀图乡试文理平通，

---

① 朱有瓛主编：《中国近代学制史料》第一辑上册，上海：华东师范大学出版社 1983 年，第 268 页。

② 朱有瓛主编：《中国近代学制史料》第一辑上册，上海：华东师范大学出版社 1983 年，第 272 页。

③ 朱有瓛主编：《中国近代学制史料》第一辑上册，上海：华东师范大学出版社 1983 年，第279～298 页。

④ 朱有瓛主编：《中国近代学制史料》第一辑上册，上海：华东师范大学出版社 1983 年，第 475 页。

以为期满保举府经、县丞、防御地步，志安小就，不思愤强，致将西文荒忽，未能精深，殊失设立同文馆之意”①。

不过，广州同文馆所培养的学生中也有一个很优秀的特例，即蔡锡勇。史料中第一次讲到他，是同治六年（1867）奕䜣的一个奏折。总理衙门对广州同文馆送来的6名学生进行考试，其中一名提升为监生的就是蔡锡勇，其他5名只为翻译生员，说明蔡锡勇学习很优秀。第二次讲到他是在同治十年（1871），两广总督瑞麟准备向京师同文馆输送的14名学生，其中就包括上届已经考选的六名。“正在咨送间，有上届取准生监并派充翻译官之蔡锡勇、左秉隆、那三等三名，因事扣除送京。”时隔一年，广州将军长善咨文总理衙门，谓“该学生等扣除以后，既知愧奋，仍请咨送来京”②。第三次讲到蔡锡勇则是在刘坤一的一封信中，“此次荔秋星使奏调之蔡倅锡勇，系由此馆出身”③。那是光绪二年（1876），荔秋是陈兰彬，奏调蔡锡勇是指随同陈兰彬带留美幼童充任翻译官。最后讲到他是张之洞督粤之时。光绪十年十二月二十七日（1885年2月11日），张之洞上奏朝廷请求将蔡锡勇留在广东听差：“丁忧三品候选知府蔡锡勇在同文馆肄业有年。光绪元年由总理衙门咨送粤东差遣。嗣经出使大臣陈兰彬奏带出洋，派充驻美翻译官。三年期满，又经出使大臣郑藻如奏充驻日参赞。该员以母老多病，未能远离，力辞参赞一差，仍留粤东差遣。旋于差次报丁母忧。臣之洞到任后，体察情形，大抵粤东官吏结识洋人者甚多，而讲求洋务者甚少。向来号熟悉洋务者，非学识粗浅，即品行猥杂。惟蔡锡勇志向端谨，才识精详。因专派充当洋务局委员，承办各事，均能深明大体，动协机宜，实为办理洋务不可多得之员。现准出使日本大臣徐承祖咨称奏调该员充当日本参赞理事等官，本应饬令前

---

① 朱有瓛主编：《中国近代学制史料》第一辑上册，上海：华东师范大学出版社1983年，第268页。

② 朱有瓛主编：《中国近代学制史料》第一辑上册，上海：华东师范大学出版社1983年，第276，278页。

③ 朱有瓛主编：《中国近代学制史料》第一辑上册，上海：华东师范大学出版社1983年，第475页。

往，惟粤东现值海防吃紧，日日有中外交涉事件。臣等所任用者止此一员，自未便令该员远赴外洋。恳准将该员留粤差遣，并俟该员服阕后以知府留于广东补用。”① 由此看来，蔡锡勇不仅翻译能力很强，为朝廷屡屡重用，而且办洋务的意识和能力也很强。

广州同文馆于光绪三十一年（1905）改名为译学馆。

二、从西学馆到实学馆

开设西学馆是两广总督刘坤一的设想。他任该职从 1875 年至 1879 年。1876 年他以 8 万两银购买下黄埔船澳，为将来扩充机器局和开办西学馆做准备。但西学馆如何才能办有实效，刘坤一一直很踌躇。他看到各地所办洋务学堂，特别是广州同文馆，毫无实际，徒糜经费，他对黎兆堂说：“故弟迟回慎重，匪独以目前难筹巨款，亦欲妥定章程，不敢仍蹈前辙耳。”② 举棋不定之际，1877 年，他先捐银 150000 两，奏明以之生息，为创办西学馆之用。

光绪六年（1880），朝廷谕令两广总督张树声、广东巡抚裕宽利用刘坤一所捐款立即筹办西学馆。张树声、裕宽立即前往广州城东南十里长洲地方考察，认为当年刘坤一从英人手中购得船坞所在地很理想，“环山带水，为省河中形胜之区，其于仁船澳，局势堂皇，地尤旷阔。船坞现有轮机，近在咫尺，此时可为考证学业之资，异日即可为设厂造船之本”；“就此建设西学馆，最为相宜”。至于办学规模，张树声强调：“万不能如闽中之大开船厂，亦不能如天津之并设多堂。拟先专习驾驶一途，俟开办略皆就绪，或更筹有接济，再当逐渐推广，兼及制造。出一撙节，庶几善建始基，事能持久，乃可收夫实用。”③

于是，张树声一面组织西学馆的施工，一面请福州船政大臣黎兆堂草拟学堂章程。黎兆堂，广东顺德人，进士出身，曾任天津海关道、直

---

① 吴剑杰：《张之洞年谱长编》，上海：上海交通大学出版社 2009 年，第 133 页。

② 朱有瓛主编：《中国近代学制史料》第一辑上册，上海：华东师范大学出版社 1983 年，第 475 页。

③ 朱有瓛主编：《中国近代学制史料》第一辑上册，上海：华东师范大学出版社 1983 年，第 476 页。

隶按察使等职，1880—1883 年担任福州船政大臣。刘坤一、张树声在筹办西学馆的过程中，多次与黎兆堂有过沟通。1880 年，在赴任福州船政大臣途中，黎兆堂专程考察了黄埔长洲船坞之地。后受张树声委托，拟定广东西学馆章程。

此时，身任南洋大臣的刘坤一还在关心广东西学馆的创办。他于光绪七年（1881）正月在给黎兆堂的信中提了 3 个问题：第一，中国学西洋之学，究竟应由何项入手？第二，福建艺学馆中是何章程，有无应行变通之处？第三，国内学制造的学堂已经具备，为何还要开办制造局，是否别有深意？“此三者，务望详晰指教。夫事必慎始，乃克善终”①。

黎兆堂参酌福州船政学堂的章程，结合广东实际拟定广东西学馆章程，内分专课、择地、任职、选材、学规、功课、考校、分途、历练、经费 10 项。

章程规定：“此次学馆为储备水师将材计，应专习驾驶、制造，仿闽省船政学堂章程而变通之”；“粤东开西学馆，专习英文，分驾驶一途、制造一途。其制造之精者，除造船外，并可习开矿、制造、枪炮、水雷等学，其次则拨为管轮。此外习其语言文字，各随其才识，专习文义，以备出使参赞、翻译之选”。

“学堂设监督一员，专管局务，稽查学生勤惰，随时黜陟升降。副监督一员，帮同稽查局务，专司钱银出入，并约束丁役。洋教习二员，一教驾驶，一教制造。洋文教习三员，分教二班、三班、四班学生。汉文教习一员，专教各班汉文并算学。”

学生来源参酌福州船政学堂办法：一是从 12～15 岁少年中考选，试以文艺，选其为文清通者；二是从香港学童中选取曾读英文数年者。新生入学，以英文程度分配进二三四班，“初开馆时学生只学外国语言文字算学，可先在闽学堂挑选学生中学术精通者为二三四班教习，至学有进境时，选入一班，始延技艺精熟之西人接教，亦可略省经费”。

---

① 朱有瓛主编：《中国近代学制史料》第一辑上册，上海：华东师范大学出版社 1983 年，第478～479 页。

学业以5年为准，五年内不许应试科举。每年正月二十日启馆，十二月十五日散馆。端午中秋各给假五天。升入一班者按西例礼拜日休息，从汉教习学习者，每月朔望、初七、二十三各休息1日。每日功课，上午八点上堂，下午五点放学。每至休息日的前一天，听汉文教习讲文义，随即考论一题。每年四月、七月、十一月中旬各大考1次。

升入一班者开始分专业学习。其体质强壮者学习驾驶，设航海诸法、航海、天文、船艺等课程；其文秀而心思灵敏者学习制造，设有重学、微积分、化学、格致、汽机、造船、制炮等课程；其稍次者学习管轮，设有重学、汽机等课程；文笔畅达者学习翻译，设有“万国公法”“星轺指掌”等课程。“各专一艺。五年期满，再分赴工厂、轮船、外国学习，使之精益求精。”

每届六年十一月大考后，挑选若干超等优秀者出洋留学，“三年后回籍，取具洋教习切实考语，呈请察核，从优保举任用”①。

与此同时，张树声向朝廷奏请：“臣等拟将现造学馆，取名实学馆。”实学馆于光绪七年（1881）十二月竣工。“计前后楼房4进，左右住房22间，更楼、厨房、茶房、浴房、厕所俱备”，“其规模程式，兼用中西，高下广狭之别，闱闼窗棂之制，皆有制度，各得其宜”。与此同时，张树声派翰林院编修廖廷相为学馆总办，从福州船政学堂及各处选调了精通外语和算学者充教习，同时还与驻英公使曾纪泽联系，请其代为物色“精通驾驶、饶有才略之人”来粤担任学馆洋教习。

1882年广东实学馆首次招收学生50名。

三、广东水陆师学堂

光绪十年（1884）张之洞出任两广总督。十一年（1885），他视察广东实学馆，认为在馆学生尚堪造就，便改名为博学馆。十三年（1887），他决定以博学馆改建广东水陆师学堂。

光绪十三年（1887）六月，张之洞奏陈创办水陆师学堂：“近年天

① 朱有瓛主编：《中国近代学制史料》第一辑上册，上海：华东师范大学出版社1983年，第479～482页。

津、福州皆设水师学堂，而天津兼设武备学堂，以练陆师，诚以两者不可偏废也。广东南洋首冲，边海兼筹，应储水陆师器使之材，较他省为尤急。光绪六年，前督臣张树声、抚臣裕宽于省城东南十里长州地方建造实学馆，臣之洞到任后，察看该馆生徒学业尚堪造就，改名博学馆。即就其地改为水陆师学堂，并添购地段，增建学舍，以区功课而臻完备。其水陆师均各额设七十名，先挑选博学馆旧生通晓外国语文、算法者三十名为内学生，再遴选曾在军营历练、胆气素优武弁二十名为营学生，再拟选业已读书史、能文章年十六以上、三十以下之文生二十名为外学生。其水师则学英国语文，分管轮、驾驶两项。其陆师则学德国语文，分马步、枪炮、营造三项。其规制、课程略仿津、闽成法，复斟酌粤省情形，稍有变通，大抵兼采各国之所长而不染习气，讲求武备之实用而不尚虚文。堂中课程，限定每日清晨先读四书五经数刻，以端其本。水师学成之后，拨入练船，教习四员皆用洋弁。陆师学三年学成后，择尤出洋，分赴各国学堂、陆军练习。”①

按张之洞的设想，广东水陆师学堂参照天津、福建军事学堂的做法，在学堂内分设水师和陆师两科，各以 70 名为额，分别从博学馆、部队、文生中遴选。水师习英文，分管轮和驾驶两个专业。陆师习德文，分马步、枪炮、营造 3 个专业。其办学宗旨以“中体西用”为指针，“兼采各国之所长而不染习气，讲求武备之实用而不尚虚文”，“限定每日清晨先读四书五经数刻，以端其本”。

随后，张之洞开始了紧锣密鼓的办学实践。根据他在光绪十五年（1889）的奏折，其办学步骤一环扣一环。光绪十三年（1887），“当于黄埔长洲地方旧日博学馆原有房屋，甄选学生，调派教习及各委员，购买书籍、仪器，先行开办”。“其学生系于博学馆原有七十余名，派令分司驾驶、管轮诸学。比年历经考校，陆续剔退十有余名，现存三十八名。”

光绪十四年（1888）五月由天津调致曾充行伍、胆力素优之武职员弁 20 名，经派令专习陆师诸学。

① 吴剑杰：《张之洞年谱长编》，上海：上海交通大学出版社 2009 年，第 205 页。

光绪十五年（1889）五月，因福建船政学堂裁撤学生，电商船政大臣裴荫森考选材堪造就、在堂学习已3年者30人，来粤入水陆师学堂学习。[①]

十五年八月，由福建船政后学堂调入曾经在堂三四年之水师学生37名。本年九月又由天津招致曾经读书能文幼童20名，以其初入学堂，权令学习英文、算学以为初基，将来酌配水师、陆师，仍专一艺。至水师学生所需练船，拟即以广甲轮船充用。船内应设练船正洋教习1员，枪炮洋教习1员，帆缆洋教习1员，均已电致使英大臣刘瑞芬代为募订。

十五年十月，张之洞奏陈办理水陆师学堂事宜："查学堂开办以来，已逾二年有奇。驾驶头班学生14名在堂应授诸学业已次第毕业，年内可以派登练船。其陆师头班学生19名亦已学成，堪以派赴各营供差。"

同时，他要求在学堂增设"洋务五学"："查西学门类繁多，除算学昔多兼通外，有矿学、化学、电学、植物学、公法学五种，皆足以资自强而裨交涉。今粤省既设水陆师学堂，则此数种学艺亦应及时讲习，以期相辅而行。臣已致电出使英国大臣刘瑞芬，分别募致矿学、化学、电学、植物学、公法学五种洋教习各一员，来粤教授，水陆师学堂屋宇宽敞，应即令新立五学附设其中。此项学生拟各以三十名为额，五项共额设一百五十名。现由闽厂酌调已通英国语文及各项算学之上等学生五六十名，更就上海广方言馆及广东同文馆参校录取，以充斯选，可期事半功倍。"[②]

从这个设想中可以看出张之洞的洋务学堂理想。其新式人才的培养不限于军事人才，而且希望培养诸如矿学、化学、电学、植物学、公法学等方面的技术人才。可惜，此时朝廷已决定将其调任两湖总督，广东水陆师学堂的辉煌未能在广东展现。

继任的两广总督李翰章以教习无人为由，将起步中的"洋务五学"

---

① 吴剑杰：《张之洞年谱长编》，上海：上海交通大学出版社2009年，第239页。

② 吴剑杰：《张之洞年谱长编》，上海：上海交通大学出版社2009年，第257～258页。

停办，以后又停办了陆师科。

四、其他洋务学堂

除此之外，近代广东洋务学堂还有1884年张之洞在水鱼雷局内附设的广东黄埔鱼雷学堂，1887年张之洞在广州办的电报学堂。其他则有1891年创办的广州商务学堂，1895年创办的广州铁路学堂，1896年创办的广州蚕桑学堂等。这些新式学堂的创办，培养了广东近代第一批工程技术人员和军事技术人员，适应了广东近代改革的需要。从教育发展的角度看，这些新式学堂的创办，冲破了传统教育的格局，迈开了新式教育发展的步子，从官方层面为文化资本的更新打开了缺口。但这样的新式学堂规模，与广东源远流长的对外贸易历史极不相称，这也是毋庸置疑的事实。

第三节　广东书院的振兴与变革

如果说兴办新式学堂，广东督抚还心存芥蒂，那么对书院的扶持和创办，他们则毫无顾虑。这固然是因为朝廷政策之许可，更重要的是面对晚清文化资本更新的挑战，书院是一个地方官员能够有所作为的场所。它不像新式学堂那样充满风险，也不像府、州、县学那样刻板僵化。书院依据地方官员的教育理念，既可固守传统，也可适度变革。正由于此，在洋务运动近半个世纪的时间里，广东书院发展呈现出新旧并存、丰富多彩的景观。

一、从学海堂到菊坡精舍

晚清广州书院改革与发展的第一个努力就是复兴和弘扬书院的朴学学风，这主要表现在学海堂的复兴和菊坡精舍的创办上。复兴学海堂的举措除了迅速修补完善《皇清经解》及《广东通志》等大型文献，恢复学海堂考试，修葺学海堂校舍外，最重要的是重新恢复了学海堂的专课肄业生制度。

恢复学海堂专课肄业生制度的拍板人物是时任广东巡抚的郭嵩焘。同治二年（1863）郭嵩焘巡抚广东。同治四年（1865）他札谕学海堂学长，重申前总督卢坤关于建立专课肄业生制度，强调“成就后进，讲求颛门之学，为法甚美”。因此要求学海堂迅速恢复专课肄业生制度，“肄业诸生定以三年为期，期满复行举报更换，以期后来之秀接踵相望”[①]。在他的推动和主持下，同治五年（1866），学海堂招收了第二届专课肄业生，也是10名。在这一制度的改革中，有一个引人注目的新突破，就是在学科设置中增加了算学一科。学海堂算学科的设置，早于京师同文馆一年。

接着，郭嵩焘又为落实学海堂的办学经费做出规划，并且与学长们再议定，专课肄业生将来增设8人，共18名。从此以后，学海堂专课肄业生每三年一期，定期招收更换，延绵不断。1868年，学长周寅清以经费稍有盈余，向两广总督瑞麟申请扩大专课肄业生的规模，由10名增设为20名，并招收附课生20人，以备补充。1887年，两广总督张之洞、广东巡抚吴大澂又再增加专课童生10人，并规定在季课制之外，加设专课生的月课膏火，由是责成学海堂学长向学生重申《学海堂章程》。

据容肇祖先生考证，从道光十四年（1834）招收第一批专课肄业生到光绪二十二年（1896）最后一次招生，学海堂共招收了16期专课肄业生，共260多人。60多年间，历经道光、咸丰、同治、光绪四朝，学海堂培养出众多著名学长和经世人才。清后期广东学术、文化、教育、出版以及政治、外交各界诸多大名鼎鼎的人物，如陈澧、谭莹、侯康、黄培芳、张维屏、梁廷枏、廖廷相、林国赞、邹伯奇、梁启超等人，皆是学海堂学长和专课肄业生出身。可见学海堂地位之举足轻重，影响之广泛深远。

在学海堂经史实学的学风影响下，广东一些旧式书院也纷纷效仿，开始增添经学课，考试也增加了经史辞章的内容，从纯粹讲读八股时文

① 郭嵩焘：《酌定学海堂课业事宜》，邓洪波主编：《中国书院学规集成》第三卷，上海：中西书局2011年，第1291页。

向学术研究方面转变。其中影响最大的就是陈澧主持的菊坡精舍。

陈澧，字兰甫，番禺人。18 岁入粤秀书院肄业，同年开始参加学海堂的季课考试，道光十四年（1834）选为首届学海堂专课肄业生。屡应进士试不第，遂绝意仕途，潜心著述与讲学。陈澧学问渊博，于经学、史学、音韵、天文、地理、乐律、数学、古文、书法、诗词等领域无不涉猎，著述等身。1840 年开始担任学海堂学长。同治五年（1866），蒋益澧由浙江布政使调任广东巡抚，次年与广东盐运使方浚颐在粤秀山应元宫旧址创建菊坡精舍，聘学海堂学长陈澧为山长。

菊坡精舍的招生对象为全省具有举、贡、生、监资格者。粤秀、越华、羊城三书院考取前列者，可酌送与课，童生不得与试。菊坡精舍仿学海堂例，试以经、史、诗赋，使各尽所长，务为根柢之学。每年官课 12 次，自督、抚两院及藩、臬、运、粮道挨次轮课，周而复始。除官课外，馆课每月 2 次，日期由院长酌定。考试在精舍闭门进行，当日交卷，不许继烛，如违，即除名出院。精舍设监院一人，管理院中事务，考课经费支应。①

陈澧对当时书院教学专为八股考试做准备一事深恶痛绝，认为这是学术日衰、人才日少的根本原因。他主长菊坡精舍，坚持在办学宗旨上承传学海堂的精神，不搞科举时文训练，以经史文笔为学习的主攻方向。他要求学生研究学问，应以考据训诂为手段，以发明义理为目的，而最后归结于经世致用。他要求学生能勤学立品，可为士林表率，以清初思想家顾炎武提出的“行己有耻，博学于文”八字作为对学生的基本要求，尤其应把以“行己有耻”放在首位。同时，他也主张破除汉学与宋学的门户之争，坚持会通汉学、宋学。这些主张都与学海堂的办学模式相类似。

当然，陈澧主讲菊坡精舍也有创新之处。学海堂实行的是季课制，一年只考 4 次，而菊坡精舍一年考 36 次。学海堂只重考试而无讲学，而

① 《广州菊坡精舍章程》，邓洪波主编：《中国书院学规集成》第三卷，上海：中西书局 2011 年，第 1302 页。

菊坡精舍则于考前必行讲学。菊坡精舍只设山长一人，因而菊坡精舍就是陈澧一人的讲学之所。每临考期，考生皆登堂听讲，陈澧先是针对此次考试的命题内容进行辅导，继而讲授读书方法和治学途径。由于考试次数增多，相应地也增加了山长讲学的分量，这也客观上加强了陈澧与学生之间的学术交流，师生关系更为密切。

光绪八年（1882），陈澧去世。菊坡精舍不再设院长，仿学海堂例改设学长，公举历年生徒中学成行修、具有师法者充任。学长为6人，每人分管2月。凡课期发题、分卷、会卷及一切公事，皆由管课学长会同监院办理。每月定二十三日为斋课期，学长于二十一日午刻齐集精舍，公拟题目，刊印试卷。考试结束，由书办汇收，交值月学长，再分送各学长评校。6日阅毕，共同酌定等级，最佳试卷抄录贴堂，留存备刻。

菊坡精舍弘扬学海堂学风，进一步推动了广东书院的改革。光绪五年（1879），嘉应州的乡绅呈请知州拨款，并谕各堡及四县捐题倡建崇实书院，书院课士章程仿省城学海堂、菊坡精舍成规，课分四季，体别六门，考古之学曰经、曰史、曰词章，通今之学曰舆地、曰掌故、曰天文算法。惠潮嘉兵备道张铣颁给书籍。[①] 从这里也可略见学海堂、菊坡精舍的书院学风影响力。

此外，菊坡精舍在清末广东学术界的影响更为重要。随着门生弟子日众，菊坡精舍也就为陈澧及其弟子们提供了一个广阔的学术空间和活动舞台，以至在广东逐渐形成了一个东塾学派。据学者李柏绪的研究，东塾学派就是清后期广东朴学运动的代名词和广东文化群体的一个缩影。[②] 东塾学派的形成，提升了广东学术界在全国的整体地位和知名度，将清后期广东学术水准推至巅峰。东塾学派的人数不容易统计。陈澧的高足梁鼎芬曾作诗论及，列举了20多位声名显赫者。其余一些名声不著者和再传弟子，则不可胜数。据光绪年间刊刻的《菊坡精舍集》所选取之作者人名统计有102人，足见东塾学派阵容之盛。这些人物活跃于广东

① 光绪《嘉应州志》卷一六《学校》。

② 李绪柏：《清代广东朴学研究》，广州：广东省地图出版社2001年，第95页。

教育、学术、出版等领域。之后张之洞在湖北创办两湖书院、经心书院，所聘山长也多为东塾学派的学者，可见菊坡精舍在学术界的影响。

二、应元书院

晚清广东书院发展的强动力并不主要来自文化层面，而是来自政治层面，这就是应试科举的号召力。这种状况并非广东独有，而是全国皆然。晚清统治者面对内忧外患的统治危机，意欲发挥科举考试对稳定社会秩序的功能，尤其是在整合乡村宗族社会方面的功能，从根本上重新构建朝廷对乡村社会的向心力和凝聚力，使王权意识形态更深层地渗入民间社会，以加强对地方社会的控制。在这样的统治思路主导下，广东各级书院以应试科举为号召，有意强化学子博取科举功名的意向，每遇童试、乡试之年，便增加学生数额，带来了书院的繁荣。而晚清广东书院发展在应试科举方面别有创意的成果，就是产生了如应元书院这样的品牌书院。

《番禺县志》云："应元书院在粤秀山麓应元宫，同治八年布政使王凯泰创建。每岁甄别粤中举人在院肄业，给以膏火。值会试年，赆以舟车之费，有得第在京供职者，岁复饷以薪水。"①

王凯泰，字补帆，江苏宝应人，是阮元的弟子。他于同治七年（1868）赴任广州，担任广东布政使，很想创办一所颇有特色的书院。他的基本观点，书院应为士子科举服务。这不仅须从学业上帮助应试学子，更重要的是应从经济上帮助应试学子。科举品牌的争夺在京师的会试和殿试，而广东举人赴京最大的困难在经费。"粤东距京城七千里，举人赴会试劳且费，幸而一试登第，再、三试或不复赴，一也。在籍者无书院，不如生员有肄业之地、膏火之资，二也。其登第官京师者，措资不易，迩者粤中荐绅谋捐资岁岁饷之，而议未成，三也"。王凯泰看到，广东去京城路途遥远，花费颇多，如果一试不中，再试三试便会有人因经费短缺而被迫放弃。其次是举人已摆脱生员身份，自然不能再去书院应课，也就没有了膏火收入。再次，即使登第后在京城为官，也是廉俸低薄让

① （同治）《番禺县志》卷十六《建置略三》。

人望而生畏。这个后顾之忧不解决，广东士子的科举积极性难以持久。于是王凯泰就想创办一个能够帮助举人解除后顾之忧的书院，“凡岁之甄别，每月之师课官课、膏火奖赏与诸书院同而有加焉。其赴会试者赆之，会试第一，殿试一甲者贺之，为京官者岁岁饷之，而皆出于书院”。于是经过半年的筹划，筹得“书院经费二万余金，发商生息，其用可足，其事可久也”①。

同治八年（1869）九月，这个冲着“会元”“状元”目标而去的品牌书院在粤秀山麓的应元宫旁落成。

应元书院的章程颇有特色，其开篇不提办学宗旨、招生对象、课程设置等书院办学的核心内容，而首提“年定发款”，包括山长、监院、绅董，以及各种杂役的年薪，生员膏火，每次考试的奖赏、会膳、劳务待遇等，每年固定的开支达3240两1钱2分。其后还有“遇闰增款”“随时增款”“公车盘费”“都门经费”的具体规定，财力雄厚，待遇优裕，确实体现了王凯泰所承诺的，举子应试费用完全可以做到“皆出于书院”。

如此丰厚的待遇，其招生门槛也特别高，必须是举人身份。凡恩、拔、副、岁、优五贡，即使在粤秀、越华、羊城3书院学习，也不能与试。举人如已任官或教职者，也不能与试。

应元书院的生员资格，每年甄别一次。考试设在贡院，时间定在每年的二月十五日，先期三日，愿考者报名造册。考试当日黎明，集举人于贡院扃门封卷，编列座号，名用浮签，交卷自行揭去。卷用白折誊写，各尽一日之长，不得逾限。填榜即以座号取定甲乙，内课30名，外课20名，附课50名，均送入院肄业。

每年甄别榜发，定期行开馆礼。各肄业者冠服入谒，不到者扣名。每年自三月初二日开课，至十二月初二日止，连同甄别考试共20课。无论官课、师课，接卷必须各具冠服，盛暑不废。

每月两课，初二日为官课，十六日为师课，均考制艺、试帖各一。

---

① 王凯泰：《应元书院碑记》，（同治）《番禺县志》卷十六。

试卷皆用白折誊写，格照翰林院式。官课由督、抚两院，藩、臬、运、粮四衙门，以次按考，周而复始。初二日另兼出古学课题或赋或策论，用殿试卷誊写。诗赋格照庶吉士散馆式，策论格照新贡士殿试式。限本月十六日带缴，由山长评定甲乙。古学卷不缴，以缺课论，扣除本月膏火之半。

每次考试皆扃门校艺，尽一日之长。达旦逾限者，誊写违试者，剿袭成文者，携卷出者，匿卷不缴者，缺课者，均有严格处罚，直至除名。

章程强调："书院为培养人才之地，各举人宜敦品积学，他日莅官临民，方可不负所学，其有干预公事，饮博流荡，沾染习气，结交非人者，察出即行扣除。"①

应元书院聘请师长要求必须是"词林先达、品正学纯者"，其所聘院长几乎都是在历届殿试中名列前茅的翰林院士。著名山长有李文田、廖廷相、何璟、何荣楷等。他们主要负责讲解考题，出题考试，批阅考卷。在这种高强度的模拟会试、殿试模式的考试训练下，应元书院的办学效果立马凸显。书院设立后的第一个会试年（1871），应元书院的参试者就有9个中了进士，其中5人入翰林，还出了一个状元。第二个会试年（1874），应元书院又中进士12人，其中一个名列榜眼。光绪丙子（1876）恩科会试，应元书院又出了进士9人，其中戴鸿慈后来官至大学士，廖廷相成了广东文化名人。

三、广雅书院

朴学学风的提倡，还促成了晚清广东的一所著名书院的产生，那就是张之洞创办于1887年的广雅书院。

《南海县志》载："广雅书院在城西彩虹桥外。光绪十五年粤督张之洞建，为东西两省诸生肄业之所，省各选举、贡、生监百名入院肄业。地广数十亩，内分斋巷二十，东廊十巷，西廊十巷。巷容书斋十间，厨夫、杂役住舍一间。东斋巷议东、壁、图、书、府、诵、诗、闻、国、

① 《应元书院章程》，邓洪波主编：《中国书院学规集成》第三卷，上海：中西书局2011年，第1308页。

政十字编列次第，东省肄业生居之。西斋巷以西、园、翰、墨、林、讲、易、见、天、心十字编列次第，西省肄业生居之。最后建冠冕楼一间，为藏书之所。余地分筑亭台池沼、林木山石，以为游息之所。”①

张之洞开办广雅书院，目的是想改革士习，讲求经义、史事、身心、经济之学，希望能培养一批博通古今、明习时务的人才，而不是训练科举应制之士子。他看到，当时广东的大书院，端溪书院远在肇庆，难以督管；省城的粤秀、越华、应元等书院，又都以应试科举为宗旨，不足以养成人才；学海堂、菊坡精舍等，办学用意良好，但苦于校舍、经费条件不足，不能达到师长检束、朋友观摩的效果。所以才有了于广州城西另行觅地兴建书院的设想。②

光绪十三年（1887）闰四月，张之洞札委知府方功惠、王秉恩等监修广雅书院：“肇庆端溪书院为两广作育人才之区，惟旧址不甚宽绰，年久失修，无可拓展。业经檄饬该道府等拨款，将讲堂、斋舍兴工重修，并重定章程，增给膏火奖银。惟肇庆究属偏僻，书院旧有斋房过少，不足以容两广英才，本部堂亦难亲临考校。兹特另筹专款，在广东省城西北三元里之南源头乡地方，择地创建两广经古书院一区。拟建置东西斋舍二百间，遴选两省高才生肄业其中，讲究经史身心、希贤用世之学，名曰广雅书院。院内建祠，崇祀先儒濂溪周子，并以历代名贤有功两广文教者，及国朝历年院长品学足为后世矜式者，附祀其中。”③

六月，张之洞奏陈创办广雅书院，其要意大致如下：“因于广东省城西北五里源头乡地方，择地一区，建造书院一所，名曰广雅书院。计斋舍一百间，分为东省十斋，西省十斋。讲堂、书库一切具备。延聘品行谨严、学术雅正之儒以为主讲，常年住院。调集两省诸生才志出众者，每省百名，肄业其中，讲求经义史事、身心经济之学。广置书籍，以备通习。丰其膏火，每月两课，校其等差，优给奖赏。道远各州、府分别

---

① （宣统）《南海县志》卷六《建置略》。

② 张之洞：《奏请广雅书院立案折》，陈谷嘉、邓洪波主编：《中国书院史资料》下册，杭州：浙江教育出版社1998年，第2225页。

③ 吴剑杰：《张之洞年谱长编》，上海：上海交通大学出版社2009年，第200页。

远近，加给来往盘费，总令其负笈住院，静心读书，可以自给，免致内顾为忧，纷心外务，院内功课，经学以能通大义为主，不取琐屑。史学以贯通古今为主，不取空论。性理之学以践履笃实为主，不取浮靡。经济之学以知今切用为主，不取泛滥；词章之学以翔实尔雅为主，不取浮靡；士习以廉谨厚重为主，不取嚣张。其大指总以博约兼资、文行并美为要归。严定条规，违者即行屏除。欲其不分门户，不染积习，上者效国家之用，次者仪型乡里，以仰副圣天子作育人才之至意。”①

十月，张之洞手订《广雅书院学规》，规定肄业诸生皆须住院，东西各设监院 1 名，生员每 10 舍为一斋，设斋长 1 名，由院长从学生中选择品行老成、学业较优者充之。入院诸生务须检点身心，激发志气，砥砺品节，率循礼法，理求心得，学求致用，力戒浮薄，归于笃厚，谦抑谨饬，尽心受教。

广雅书院设经学、史学、理学与经济四门，每门设分校 1 人，分门讲授。学生可随兴趣爱好而自择一门，以期专精，但都要兼习词章之学。各生各立课程日记，按日注明所业于簿。朔望行礼日将日记簿呈院长考核。每月考试，官课一，斋课一。官课于初旬，斋课于中旬，每年自二月至十二月，官、斋共二十二课。课业成绩，东西各为一榜，每榜前 70 名皆有奖赏，以名次为等差。每课即就所习经、史、理学、经济四门发题，各觇所业。缴卷以 3 日为限，勿庸考试时文。3 年学成甄别，以定去留，学不进益者开除。②

十月，张之洞又奏陈开设广雅书局刊刻经籍：“道光年间，前督臣阮元校刊《皇清经解》一千四百余卷，藏板学海堂，于是海内通经致用之士，接踵兴起。迨今六十余年，通人著述日出不穷，亟应续辑刊行，以昭圣代文治之盛。此外史部、子部、集部诸书，可以考鉴古今，裨益经济，维持人心风俗者，一并搜罗刊播。现经臣等公同筹度，即将省城内

---

① 吴剑杰：《张之洞年谱长编》，上海：上海交通大学出版社 2009 年，第 205 ~ 206 页。

② 张之洞：《广雅书院学规》，邓洪波主编：《中国书院学规集成》第三卷，上海：中西书局 2011 年，第1309 ~ 1311 页。

旧机器局量加修葺，以为书局，名曰广雅书局。”① 以后广雅书局刊印重要书籍、文献共 3 096 册 5 746 卷，为广东书院中刻书最多者。

广雅书院于光绪十三年（1887）购料动工，经 10 月完成，于光绪十四年（1888）六月初八日行开馆礼。

张之洞对于广雅书院的发展十分重视。公余之暇，经常到书院考核学生的学业，训勉学风。在调任湖广总督之前，光绪十五年（1889）十月二十日，张之洞决定在广雅书院设立分校四人，以襄助院长阅卷讲授：“广雅书院一切章程，皆经手自裁定，极费筹维。两年以来，规模虽已大定，而其中尚有应增应改之处。查书院额设二百人，原分经学、史学、理学、经济四类，又兼习词章专门之学，各擅其长。且院地极广，事务极繁，仅掌以院长一人，几至日不暇给，未免过于劳瘁。本部堂详加酌量，应于院长之下，另设分校四人，以分其勤劳。今定为经学、史学、理学、文学四门，分设四馆，经济学附设于史学馆内，各设分校一人。诸生平时讲习一切，院长间有未暇，即可请益于分校。至四学分校，本应在院中诸生内择其力学出群、年龄稍长者为之。第开院未久，诸生中未能各学均有胜任愉快之人，故暂取诸两粤举贡生员，不选通籍之人，庶与院长名位有所区别维系，于诸生言语可以相通，讲解较易为力。”②

张之洞为广雅书院聘请的第一任院长是梁鼎芬，其外祖父是曾任学海堂学长的张维屏，其从小则师从陈澧，是东塾入门弟子。梁鼎芬任职时间不长，1889 年便随张之洞去了湖北。广雅书院的第二任院长是朱一新。朱一新曾肄业于浙江诂经精舍，也有朴学的学术功底。朱一新在广雅书院 5 年，向学生讲授经、史、性理、词章之学，娓娓不倦，学生悦服。1894 年，朱一新病逝于广雅书院任上，由廖廷相接掌书院。廖廷相曾为学海堂专课肄业生，师从陈澧，后补学海堂学长。

1889 年调任湖广总督后，张之洞依然关注着广雅书院的发展。每年四季的督府考试，还是由张之洞亲自命题，封寄广州。学生的试卷再汇

① 吴剑杰：《张之洞年谱长编》，上海：上海交通大学出版社 2009 年，第 211 页。
② 吴剑杰：《张之洞年谱长编》，上海：上海交通大学出版社 2009 年，第 258 页。

集送武昌，由张之洞评阅定榜寄回。张之洞曾在给广雅书院分校们的一封信中说，虽然批阅试卷颇费时间和精力，但也借此机会温习学问。看着学生的试卷，虽相隔数千里，恍若是对面讨论，十分快乐。张之洞这样做持续有 3 年，可见他对广雅书院确实期望殷切。

光绪二十四年（1898），广雅书院又增设西学堂，传授历算、船炮等近代科学知识。

四、张之洞对其他书院的整顿

张之洞督粤期间，对其他书院的整顿也十分关心，其中特别注意的是肇庆的端溪书院。张之洞看到，端溪书院原为总督课士之所，自督署移广州，不复亲临考校，唯以山长主之，其气势日渐衰颓。光绪十三年（1887）三月，张之洞聘梁鼎芬主讲端溪书院，期望其能对书院切实整顿。梁鼎芬到达端溪后，对书院各项规章进行了重新厘定。首先对收借书籍制度进行整顿，要求管理人员对图书进行点检晒晾。如果管理不能得宜，导致书籍遗失霉蚀，即由山长、监院公举撤换。如果肄业生童、府署借阅逾期不还，立即催问查追。以后生童借阅每次不得超过 5 本，不许将书籍携带出院，或批抹涂污。

接着，梁鼎芬对教学纪律进行整顿。强调凡洋佣子弟就身家不清者，好作状廪及遇事包揽者，好作枪替声名狼藉者，吸食洋烟者，均不得与考。每月初三日、十八日为院长课，初八日为府署课，二十八日为官课。课期限两日缴卷。每月逢一、六日讲书。凡发课、讲书日，院长升讲堂，生徒分东西立，一揖，院长坐，生徒两旁侍坐，事毕，生徒仍分东西立，一揖皆退。凡应课生徒，路遇师长，皆旁立少侍，不得疾趋。对考生各种作弊行为都有严格处罚规定，应课生徒须认真填写日记簿，将每日读书、行为之心得、过失细注于上，听讲日呈院长批阅。

另外，梁鼎芬对生徒住斋章程、监院章程、院役章程都进行了修订。张之洞也在光绪十三年（1887）拟定了《端溪书院更定章程》，对书院的各项开支、官课师课的奖赏都做了明确的规定。

光绪十四年（1888），广雅书院落成，张之洞委派梁鼎芬任院长，“及广雅书院成，文忠（梁鼎芬）率端溪经古诸生移居省城，其专课时文者仍留端溪”[1]。

此外，张之洞还关注了雷州府的雷阳书院和潮州府的金山书院的建设。光绪十四年（1888）十一月，张之洞札东藩司筹拨雷阳书院经费：“雷州府自康熙年间陈清端公以清节名天下，嗣后以文学、政事著称者颇不乏人。迄今数十年以来，风流阒寂，继起无闻，良由僻在海隅，士少师资，学无门径。府城虽有雷阳书院，而经费无多，每年士子膏火，山长脩金，总共不过数百缗，菲薄已极，实不足以奖励后进，延致通儒。亟应饬司筹拨经费，力图整顿，以期振兴文教。该司即便遵照，详加筹画有无别项闲款可提，及有新增溢出之款，迅速查明，妥议详夺。”[2]

光绪三年（1877）总兵方耀拨款饬绅士郭廷集就周濂溪祠旧址创建潮州金山书院，为九属生员肄业之所。院前为崇道堂，中祀文昌，左祀韩昌黎，右祀周濂溪，后为景韩楼。北依山腰，因山势高下环建斋舍，凡70余间[3]。光绪十四年（1888）十一月，张之洞电饬潮州府速修韩祠及金山书院藏书楼，捐银1000两，并拨局存公费1000两助工。[4] 光绪十五年（1889）三月，张之洞札潮州府筹增金山书院专款：“潮州地方气势雄博，贤达辈出，代不乏人。前明人物甚盛，本朝乾隆以后，稍逊于前，自宜多方培养。府城自同治年间设有金山书院，用意甚佳，但相沿仍只课习举业。经本部堂饬令前署府方守延请名宿课试经、古，勉为根柢之学。惟经费尚未充足，曾面谕方署守在潮州牌捐项下每年提银一千两，归金山书院添作专款。查此项牌捐近年积欠过多，若不明晰立案，立定章程，难免日久废颓。合就札饬该府严饬各县，务必将牌捐经费银两催令如数缴足，不准延欠，致有废弛。”[5]

五、万木草堂

洋务运动时期，广东产生了一所著名的民办书院，即康有为在广州

---

① 吴剑杰：《张之洞年谱长编》，上海：上海交通大学出版社2009年，第195页。
② 吴剑杰：《张之洞年谱长编》，上海：上海交通大学出版社2009年，第226页。
③ （民国）《潮州志·教育志上》。
④ 吴剑杰：《张之洞年谱长编》，上海：上海交通大学出版社2009年，第227页。
⑤ 吴剑杰：《张之洞年谱长编》，上海：上海交通大学出版社2009年，第234页。

创办的万木草堂。康有为，广东南海人，早年师从名儒朱次琦。1888 年康有为上北京参加科举考试，向清政府上万言书，力陈变法。但朝廷不予理睬。1890 年，康有为回到广州，决定在广州设堂讲学，著书立说。学海堂的学生陈千秋、梁启超等慕名登门请教，为其气节和学识所折服，拜为弟子。1891 年，康有为应陈、梁之请，在广州长兴里正式创办学舍。开始只有 20 多人就学，后学者渐众，屋舍容纳不下，于是移讲堂于粤城卫边街邝氏祠，受业者增至 40 多名。到 1893 年，万木草堂迁到广府学宫时已有百余人追随其下。

面对国难深重的时代，康有为呼唤人格的回归。他认为传统教育的精髓便是教而为人，教而为仁。然而这一优良传统已失传日久，利禄之风已积习深重，故而传统人格所倡导的忠肝热血之人、忧国忧民之士、相救相周之侠已不复多见。近代中国多灾多难之根源正在于此。康有为创办万木草堂，以弘扬孔子讲学传统为依托，实质是要为适应新时代变革潮流而张目。他为万木草堂制定的学纲是“志于道，据于德，依于仁，游于艺”，就是要从“仁、智、勇”三大素质的培养着手，达到人格重塑的目的。

在学科设置上，康有为将教学内容分为四科：第一是“文字之学”，内分外国语言文字和中国章学两门；第二是“经世之学”，设有群学、政治、实用学、万国政治沿革得失、中国政治沿革得失、政治原理学几门课程；第三是“考据之学”，包括格致学、数学、地理学、万国史学、中国经史学等课程；第四是“义理之学”，设有泰西哲学、宋明学、周秦诸学、佛学、孔学等课程。此外，他还提倡礼、乐、书、数、图、枪“六艺之学”，“皆以致用也”。特别值得指出的是，康有为并不反对科举之学，“今之科举，衣食之由，世事教能，先王不禁。今仍存科举之学，以俟来士”。这些教学内容，以政治学为主导，兼顾中西，兼顾文理，既有基础知识，又重专门理论，在当时广东书院中确实独具一格。

讲学是万木草堂教学的重要环节。康有为十分重视讲学，他引用孔子的话：“学之不讲，是吾忧也。”他认为当今士风学风之坏，皆由于不讲学。所以他要求学生：“今与二三子剪除荆棘，变易陋习，昌言追孔子讲学之旧。”

读书是万木草堂教学中最重要的一个环节。康有为要求：“日课之法，其目有七：曰读书，曰养心，曰治身，曰执事，曰接人，曰时事，曰夷务。读书则有专精、有涉猎二目，求于内可得愆尤，求于外宜有札记，以朔、望汇缴，商略得失。缉熙光明，庶几日新。”康有为的读书之法也别有新意，要求将读书与养心、治身、执事、接人结合起来，要求与当前社会实际结合起来，这又是一般书院所不具备的。

考试每月六次，“以三、八日为课。三日课义理、经世、考据、词章，其题各一。八日课科举之文：上八日四书五经义、试帖各一；十八日四书义、策问、试帖各一；二十八日四书义、律赋、试帖各一，先期一日讲艺焉”。

康有为希望万木草堂的学生皆能做到“劲挺有立，刚毅近仁，勇者强矫，务在任道”，为此，他以“四耻”对学生提出了最后的要求：一耻无志。志于富贵，不志于仁，可耻也。二耻徇俗。徇于风气，不能卓立，可耻也。三耻鄙吝。张南轩以鄙吝为大恶，凡鄙吝者，天性必薄，为富不仁，可耻也，宜拔其根。四耻懦弱。曾子以儒弱为庸人，见义不为，可耻也。孔子责行己有耻，若有是四者，不能学道，愿深耻之。①

万木草堂的招生没有年龄、职业的限制，也不需经过考试。投奔康门之下的学生，有其他书院慕名转来的，也有经亲戚朋友介绍过来的；有科举及第的举人，也有担任知县的朝廷命官。康有为之收徒，必先经过交谈，以察其志向。梁启超说：“先生初接见一学者，必以严重迅厉之语，大棒大喝，打破其顽旧卑劣之根性，以故学者或不能受，一见便退；其能受者，终身奉之，不变塞焉。先生之多得得力弟子，盖在于是。”②

万木草堂学生管理实行学长制，选用优秀学生在学生中负指导之责，并分工管理一项工作。例如“博文科学长”，负责协助教授及分校功课；

---

① 康有为：《长兴学记》，姜义华、张荣华编校：《康有为全集》第一集，北京：中国人民大学出版社2007年，第341～350页。

② 梁启超：《南海康先生传》，夏晓虹编：《追忆康有为》，北京：中国广播电视出版社1997年，第9页。

“约礼科学长”，劝勉品行纠检威仪；“干城科学长”，督率体操。另设“书器库监督”，管理图书仪器。

光绪二十四年（1898），戊戌变法失败，清政府下令封闭万木草堂。万木草堂虽然仅存8年，但其所培养的学生，如梁启超、陈千秋、曹泰、梁朝杰、麦孟华等，许多都成为维新运动的骨干。

从以上介绍看，洋务运动时期，广东书院的发展既产生了弘扬朴学学风的菊坡精舍，也产生了如应元书院这样的应试科举的品牌书院；既创办了企望书院改革、兼习西学的广雅书院，也出现了培养维新人才的万木草堂。可以这么说，这种多元并存的书院发展，典型地体现了岭南文化的包容性、务实性和进取性特征。

第四节　晚清广东科举的兴盛

晚清广东教育发展的另一个令人瞩目的地方则要数科举了。太平天国的爆发，使清朝统治者加倍借助科举之力来加强思想控制，广东地方官府对此不遗余力，广东民间社会对此也热度不减，终于使晚清广东的科举成绩有了大踏步的前进。

一、地方官府对科举的重视

以太平天国运动为中心的全国农民起义与第二次鸦片战争极大地冲击了清朝的统治秩序，科举考试也在这一形势下处于部分瘫痪状态。据商衍鎏先生的统计，“自咸丰元年至同治六年，十七年间停科者共十四个省，除顺天、山西外，盖无有不停试之省”[①]。在这14个省中，贵州、云南各停考6次，广西停考5次，湖南、江南各停考4次，广东、江西、福建、浙江、陕西各停考3次，河南、山东、四川各停考2次，湖北停考1次。也就是说，自咸丰元年（1851）至同治六年（1867），全国乡试共停考47次，其中咸丰朝停考33次，同治朝停考14次。

① 商衍鎏：《清朝科举考试述录》，北京：商务印书馆1958年，第100页。

在战争结束后不久，这14个省不仅立即恢复了科举考试，而且将过去耽误的考试也迅速地补回。例如，广东在咸丰五年的停考，于次年便立即补行。湖南在咸丰二年的停考，在咸丰七年补行。江南自咸丰五年至同治元年停考，但在咸丰九年借浙江考场补行1次。广西自咸丰元年至咸丰九年停考5次，分别在咸丰六年、咸丰十一年和同治元年分3次补回。贵州则在同治六年和同治八年分两次补齐了过去10年所耽误的6次乡试，云南也在同治九年、光绪元年、光绪二年分三次补齐了过去耽误的6次乡试。也就是说，至迟在光绪二年（1876）各省已补齐了过去耽误的47次乡试，其中咸丰朝补行9次，同治朝补行35次，光绪朝补行3次。

恢复科举如此迅速得力，反映了清政府力欲借助科举手段加强思想控制的目的。清政府对太平天国起义的震惊，乃在于其“举中国数千年礼义人伦诗书典则，一旦扫地荡尽”[①]。深切的思想危机使朝廷上下认识到推崇程朱理学的重要意义，一批著名的理学家在咸丰年间被召至京师，委以重用。为了使程朱理学能切实发挥控制思想的作用，道德规劝、防微杜渐的内容成为咸丰同治年间朝廷奏折的重要内容。至于民间的教化，清政府要求各地督抚“均令以《御纂性理精义》、《圣谕广训》为课读讲习之要，使之家喻户晓，礼义廉耻油然自生，斯邪教不禁而自化，经正民兴，庶收实效”[②]。而要做到这一点，运用科举考试的手段，当是最为有效的。正如许振祎上奏所言：“士人有廉耻而后乡里有风化，庠序有异秀而后在官有循良。其始仅章句诵读之为，其究则生民休戚之寄。”[③]

这种治理思路在广东也得到了印证。这一点只要看看广东贡院的修复与增修，就能看到广东官府对科举的重视。在鸦片战争中，广东贡院

① 曾国藩：《讨粤匪檄》，陈学恂主编：《中国近代教育史教学参考资料》上册，北京：人民教育出版社1987年，第21页。

② 《咸丰帝尊崇儒学防止“聚众滋事”谕》，陈学恂主编：《中国近代教育史教学参考资料》上册，北京：人民教育出版社1987年，第20页。

③ 许振祎：《奏设味经书院疏》，《同治中兴京外奏议约编》卷五，上海：上海书局1984年。

遭到严重破坏。道光二十二年（1842），十三行行商潘仕成独资捐修，增号舍565间，使号舍达到8 167间。然至咸丰七年（1857）尽毁，院地皆为瓦砾，唯明远楼独存。咸丰十一年（1861），正值辛酉科乡试之期。总督劳崇光认为，乡试不可久停。于是与巡抚耆龄、学政殷寿彭，会同顺德绅士多人询谋捐建，鸠工庀材，阅五月而竣工。号舍达8 154间，板厚而平，铺地以砖，甃巷以石，通其沟，浚其井，皆如其旧。劳崇光高兴地说："是岁十月，举行辛酉科并补戊午科，取中一百六十人。同治元年，广东会试进士八人，其六人皆新科所得士。"其后，绅士们又建议增号舍五百间，也于同治二年完成。劳崇光很欣慰："将举行皇上登极恩科，并补万寿恩科，得士益盛矣。"①

同治六年（1867），总督瑞麟、巡抚蒋益澧看到广东"学额日益广，试士日益众"，而广东贡院号舍严重短缺，于是积极向民间筹措资金，蒋益澧自己也慨然捐银200两，用以扩建广东贡院。据蒋益澧在同治六年（1867）为贡院扩建所撰碑记称：广东乡试原为4 000余人，旧例录取71人。自康熙以来，贡院号舍不断增加，至同治二年已达到8 654间，然而仍然不能满足社会需求。于是，"士民咸喜捐银四万为增号舍费"，同治六年（1867），广东贡院又增号舍3 000间，共为11 708间。"是岁乡试之得与试者，万余人，取中一百九人，自开科以来所未有也。"②蒋益澧的得意之情溢于言表。这当然是他的政绩体现，然而从这一政绩追求的后面又反映了当时的地方督抚乃至朝廷有意强化学子博取科举功名的意向，以借助科举之力迅速恢复统治秩序。

张之洞督粤之初也十分重视贡院的扩建问题。他在光绪十一年（1885）就上奏朝廷要求推进此事。他看到每逢乡试，广东应考者不下20000人，唯贡院号舍才10000余间。光绪十四年（1888）十月，张之洞再次札司道筹议展拓广东贡院："贡院为抡才之地，必应闳敞整齐，始足以惠士林而防弊端。粤省贡院于咸丰九年曾经重修，仍不免迁就地势，

---

① （同治）《番禺县志》卷十五《建置略二》。

② 蒋益澧：《广东贡院碑记》，（光绪）《广州府志》卷六十五《建置略二》。

未臻完善。”由于考生领卷地狭窄，书手誊录处拥挤，佐杂官无休息之所，填榜处逼窄等等，“合就札饬善后局筹议，应如何妥筹经费，添买民房，作何兴建，遴派委员绘图帖说，刻日禀候本部堂再详核办理”①。

仅从历任督抚对广东贡院的拓展态度，就可看出广东官府意欲借助科举之力，整合广东社会秩序的初衷。这一做法对推动晚清广东科举的兴盛意义重大。

二、民间社会的科举热

广东官府如此，民间社会更是积极响应。光绪年间，广东学政徐琪将广东各地岁、科试所表现的文风奏报朝廷，从中可见晚清时期广东社会科举热依然高涨。光绪十八年（1892）奏报：“文风自以广州、肇庆为最优，而广州又以南海、番禺、东莞、顺德、香山、新会数县为尤胜；肇庆则高要、四会、开平、鹤山数县为佳，新兴、阳春则稍次之，罗定州士风最为谨饬，经学词章，亦俱可观。连州人才颇多超拔。韶州人物既皆儒雅，而曲江、英德两县尤多出色之材，南雄文笔类多深挚。”光绪十九年（1893）奏报惠、潮、嘉、高、廉、钦、阳七属岁科情形：“东江文风则以嘉应州为最优，潮州平时首推海阳、潮阳、揭阳三县，然此外大埔一县，实可抗衡，即丰顺等小邑，读书亦俱有识力，惠州则归善、博罗二县为佳，及次则推连平州，此外龙川、河源、和平等县人才较逊，连州以和浦尚多通晓词章之人，钦文风虽亚于廉，其经古应试，尚不乏人。高州人才颇盛，然向传茂名、电白、化州为最，其实则茂名以外，惟信宜、吴川二县为优，足以广州、嘉应为寻，化州较三县为次，电白则字体工者殊属寥寥，其石城则又逊矣，阳江厅近年科第与高州相望。”光绪二十一年（1895）奏报雷州府岁科情形：“文风雷州以海康为佳，遂溪次之，徐闻较逊。”②

广东社会的科举热，我们还能从另一个侧面去了解。宣统二年

---

① 吴剑杰：《张之洞年谱长编》，上海：上海交通大学出版社2009年，第225页。

② 刘伯骥：《广东书院制度沿革》，商务印书馆1939年，第92页。

(1910)，《吴友如画室·古今谈丛图》载有一幅图，讲述了一个“弃儒归释”的故事。颜氏子，南海人也，幼习举业，以能文称于时。县试、府试屡列前茅，然院试则屡试屡败。以故年将不惑，犹壮心未已，仍复逐队入场。去年最终还是落榜，由是万念俱灰，六根尽镬，逃至华林寺为僧。颜父固蜚声庠序者，失子后遍处侦寻，今夏始得确耗，禀诸邑宰，饬令该寺交人。该寺方丈取颜子“甘结”呈复邑宰，以士各有志不可勉强为由拒绝。然后方丈又托人向颜父排解，补以“米提”，颜父乃首肯。方丈以颜父墨中之人，升其子为护法。于是颜父乃设斋宴客，平时亲友多有躬往道贺者。[1] 颜氏子的屡败屡试，正反映了民间社会的科举热情。

另外，由于童试关系到读书士子能否进入科举的轨道，也就有人铤而走险。光绪十三年（1887），上海出版的《点石斋画报》登载了一幅名为“严惩枪替”的图画，描绘晚清广东惠州院试时，学政查出归善和博罗两县的代考者，将其戴枷示众。[2] 另一幅则是“案元被黜”图，说的是光绪十九年（1893）潮州府澄海县一名考生请枪手代考，在县试中获得第一名，后在院试中被学政发现是个不学无术之徒，于是予以黜落。[3] 还有一则是所谓“一炷香”的故事，即考试舞弊，童子试从县试、府试，至院试都雇一人当枪手，像一炷香从头烧到尾，故称“一炷香”。故事说的是光绪末年，广州府科考，南海县有一何姓士子请人捉刀代考。忽有绅士联名向学政揭发，学政立即批示南海知县传该生到案，交保看管，等他巡回各府科试完毕回省后，再提该生面试，并于面试之日准明伦堂众绅来认识，以别真伪。上海《点石斋画报》将此事画出，名曰“一炷香”，以广流传。这些事例，从反面印证了晚清广东民间社会的科举热。

三、晚清广东科举在全国的地位

广东官府的科举作为，进一步激发了广东士子应试的热情。由于清末广东举人数据难以统计，仅以进士数为据，自 1840 年至 1905 年，广东

---

① 李兵、林介宇：《科举旧影录》，长沙：湖南大学出版社 2011 年，第 57 页。
② 李兵、林介宇：《科举旧影录》，长沙：湖南大学出版社 2011 年，第 110 页。
③ 李兵、林介宇：《科举旧影录》，长沙：湖南大学出版社 2011 年，第 15 页。

进士，道光 57 人，咸丰 36 人，同治 79 人，光绪 206 人。

表 8－1　1840—1905 年广东进士分布表

时期	广州	韶州	惠州	潮州	肇庆	高州	雷州	嘉应	琼州	合计
道光	38	1	3	1	4	1	1	2	6	57
咸丰	21			1	9	1		3	1	36
同治	59			2	11	3	1	2	1	79
光绪	174	1	5	6	8	2	1	3	6	206
合计	292	2	8	10	32	7	3	10	14	378

资料来源：王继平：《晚清人才地理分布研究（1840—1912）》，北京：中国社会科学出版社 2012 年，第 71 ~ 75 页。

表 8－2　1840—1905 年广州府进士分布表

时期	南海	番禺	顺德	东莞	新会	香山	从化	清远	增城	花县	新宁	三水	新安
道光	10	10	9	2		3		1		1		1	1
咸丰	5	6	4	1		3			1	1			
同治	18	12	13	4	5	4	1				1	1	
光绪	44	41	37	8	19	11		1	1	2	3	7	
合计	77	69	63	15	24	21	1	2	2	4	4	9	1

资料来源：王继平：《晚清人才地理分布研究（1840—1912）》，北京：中国社会科学出版社 2012 年，第 71 ~ 75 页。

晚清这 65 年，广东的科举成绩有了大踏步的前进。仅以这 65 年的成绩比较，广东以 378 名进士在全国排名第 10 位，比清朝中前期的第 13 位前进了 3 个名次。如果以府为单位比较，广州府的进士人数在全国名列前茅。从 1840 年至 1905 年，江苏进士最多的苏州府为 145 人，浙江进士最多的杭州府为 168 人，而广州府考中的进士达 292 人。仅此一点便可见晚清广州府的科举竞争力。

有人对 1840 年至 1905 年 30 科会试、殿试的巍科人物，即状元、榜眼、探花、传胪、会元进行了统计，广东共有 11 人入选。其中状元 1 名，同治十年（1871）顺德的梁耀枢；榜眼4名，道光三十年（1850）番禺的许其光，咸丰十年南海的林彭年，同治十三年（1874）南海的谭宗浚，光绪三十年（1904）清远的朱汝珍；探花2名，咸丰九年（1859）顺德的李文田，光绪十八年（1892）东莞的陈伯陶；传胪3名，道光二十一年（1841）番禺的何若瑶，道光三十年（1850）顺德的黄统，光绪二十九年（1903）南海的黎湛枝；会元1名，同治四年（1865）番禺的廖鹤年。这些巍科人物的总数在全国排名第四。①

据商衍鎏《清代科举考试述录》中讲，清代光绪甲辰科殿试是最后一次科考，其时参加殿试者共273名，其中直隶、江苏各22名，浙江、江西各20名，山东19名，广东18名，在18个省中广东排名第六。广东18人中，取中榜眼1人，二甲10人，三甲7人。探花商衍鎏以八旗汉军身份参加，实则也是出自广东。② 可见在清朝末年，广东科举考试的热度并未减弱。

第五节　广东教会学校的发展

嘉庆十二年（1807），英国伦敦传道会传教士马礼逊（Robert Morrison）来到广州，成为近代第一个进入中国内地的基督教传教士，教会教育也由此逐渐在中国内地展开，广东自然成为西方传教士开展教会教育关注的重点。

西方传教士开办教会教育的目的当然是为其传播宗教服务，以在中国培养基督教信徒和宗教人才。由于教会学校在学校管理、教学内容等方面秉承西方学校管理模式，与近代中国正在兴起的新式教育改革相呼应，因而成为近代中国新教育的一部分，对近代中国教育改革的发展和

---

① 王继平：《晚清人才地理分布研究（1840—1912）》，北京：中国社会科学出版社2012年，第97页。

② 商衍鎏：《清代科举考试述录》，北京：生活·读书·新知三联书店1958年，第114~115页插图。

演变产生了多方面的影响。

一、西方教育传入的历史沿革

从历史来看，西方教育的传入并不是开端于近代。早在16世纪中叶，罗马天主教耶稣会士来华，就带来了大量的西书、西器和西图，并掀起了一股不大不小的传播西方文化的热潮。这其中就包括了西方教育的知识。

这些介绍西方教育的书籍，第一次向中国人介绍了西方教育的概况。例如，意大利耶稣会士艾儒略（Giulio Alèni）自1610年到达澳门，1613年进入中国内地传教后，在中国传教近40年。他写的《西学凡》①，就介绍了西方教育制度，尤其是关于欧洲大学所设专业、课程大纲、教学过程、教学方法和考试等方面的知识。艾儒略的另一本系统介绍五大洲地理的专著《职方外纪》②，也介绍了西方各级学校的设置、规模、学习年限、课程、考试方法和教师资格等内容。另外，意大利耶稣会教士高一志（Alphonse Vagnoni）的《童幼教育》③，则是第一本由西方传入的教育理论专著。全书分上、下卷。上卷分教育之原、育之功、教之主、教之助、教之法、教之翼、学之始、学之次、洁身、知耻等节，下卷分缄默、言信、文字、正书、西学、饮食、寝寐、交友、闲戏等节，从各个方面阐述了儿童教育的理论。除此之外，更大量的西方教育知识当是来自西方大学的讲义。例如堪称历史上第一部伟大数学典籍的《几何原本》，就是经意大利耶稣会士利玛窦（Matteo Ricci）依据其在罗马学院所听讲义进行口授、徐光启笔受，而首先介绍到中国来的。另两本由利玛窦口授、李之藻笔受的《同文算指》10卷和《浑盖通宪图说》6卷，也是利氏的老师在罗马学院任教时的讲义。此外，当时被译成中文的《灵言蠡勺》2卷、《寰有诠》6卷、《修身西学》5卷、《名理探》10卷等书，都是葡萄

① （意）艾儒略：《西学凡》，见《天学初函》，影印本，台北：台湾学生书局1965年。

② （意）艾儒略著，谢方校释：《职方外纪校释》，北京：中华书局1996年。

③ （意）高一志：《童幼教育》，钟鸣旦、杜鼎克、黄一农等编《徐家汇藏书楼明清天主教文献》，影印本，台北：方济出版社1996年。

牙哥应拔大学的讲义。①

但是，明清之际西方教育的传入并没有引起中国教育界的更多注意。当时只有明代礼部尚书、内阁大学士徐光启和历局监督李之藻等少数人对西方教育持欢迎态度，而士大夫阶层还普遍沉溺于故步自封、盲目排外、只重视科举八股的文化氛围之中。士大夫阶层对西学的态度，仅仅停留在对某些科技器具的好奇和新鲜上，对西方科技则坚决排斥。再加上西方传教士来华传教的政治目的，直接与中国儒教传统相冲突，从而导致了明清之际西方文化传播的夭折。清康熙年间，罗马教廷屡次派人要求康熙帝令天主教徒遵守教皇“禁约”，停止祭祖祀孔，遭到了康熙帝的断然拒绝，并禁止西方传教士再来中国行教。这样，中国历史上第一次西方教育的传播便几近夭折了。

鸦片战争后，外国侵略者强迫清廷签订了一系列不平等条约。清廷在西方列强的胁迫下，取消了长达一百多年的教禁，由“弛教”发展到“护教”，外国传教士又再度取得了在中国进行传教、办学校、设报馆、开医院、出版书刊、吸引留学生等各项事业的合法权利。

随着教会教育的逐步开展，西方传教士也逐步地强化了用新式教育影响清朝政府的意识，以便为传教事业服务。早在1836年马礼逊教育会成立大会上，美国传统士裨治文（Elijah Coleman Bridgman）就宣称：“教育肯定可以在道德、社会、国民性方面，比在同一时期内任何陆海军力量，比最繁荣的商业刺激，比任何其他一切手段的联合行动，产生更为巨大的变化。”② 美国传教士狄考文（Calvin Wilson Mateer）在1890年基督教在华传教士大会上宣称：“如果我们要对儒家的地位取而代之，我们就要训练好自己的人，用基督教和科学教育他们，使他们能胜过中国的旧式士大夫，从而能取得旧式士大夫所占的统治地位。”③ 长期担任广

---

① 参见田正平等主编：《中外教育交流史》，广州：广东教育出版社2004年。

② 顾长声：《从马礼逊到司徒雷登——来华新教传教士评传》，上海：上海人民出版社1985年，第33页。

③ 狄考文：《如何使教育工作最有效地在中国推进基督教事业》，见陈学恂主编：《中国近代教育史教学参考资料》下册，北京：人民教育出版社1986年，第15页。

学会总干事的英国传教士李提摩太（Timothy Richard）也认为：“怎样把耶稣基督的精神灌输到中国人身上，这是教会一到中国来时就面临的巨大任务。”① 谢卫楼则宣称：“教育在中国的未来要成为一种力量，教会必须利用这种力量为基督服务。”②

正是抱着这样一种政治目的，外国传教士在近代中国的办学，以第二次鸦片战争为界，呈现出两个不同的发展阶段。第二次鸦片战争之前，外国传教士在中国的办学，规模小，程度低，数量少，主要以小学教育为主。第二次鸦片战争以后，教会学校的发展规模逐步向中学和大学扩展，学校管理也日趋正规化。

二、第二次鸦片战争前的广东教会教育

马礼逊于1807年初抵达广州。由于当时的禁教政策，其传教效果甚微。直至1814年，才有一个名叫蔡阿高的广东人经其施洗成为第一个华人信徒。马礼逊记下当时的情景：“高山之麓，罕有人迹，有水一溪，迂回凝碧，予于是地奉父子圣灵之名为彼施洗，祝彼为吾道收获之第一佳果也。”③ 然而他在华20余年的工作，却为日后传教士的传教奠定了良好基础。例如，他翻译了《圣经》，编撰了《华英字典》，在南洋华人社区建立了宣教基地，与米怜在马六甲创立了英华书院，并创办了《察世俗每月统记传》等刊物。1830年，美国传教士裨治文抵达广州，向马礼逊学习中文，随后又有几个美国传教士陆续来到中国。这一时期他们对中国的传教还主要集中在马六甲、泰国、菲律宾的华人社区，只有极少数学校在中国本土创办。创办最早的学校要算梁发与古天青于1828年在其家乡广东高明创建的教会学校，但不久遭到士人和村民的反对而停办。梁发撰写的《劝世良言》曾对太平天国运动的领袖洪秀全产生了深刻的

① 李提摩太：《中国的教育问题》，陈学恂主编：《中国近代教育史教学参考资料》下册，北京：人民教育出版社1986年，第50页。

② 谢卫楼：《基督教教育对中国现状及其需求的关系》，陈学恂主编：《中国近代教育史教学参考资料》下册，北京：人民教育出版社1986年，第34页。

③ 转引自赵春晨、雷雨田、何大进：《基督教与近代岭南文化》，上海：上海人民出版社2002年版，第23页。

影响。裨治文于1831年在广州开办了一所学校，1834年因学生离去而解散。马礼逊也于1837年在广州开办了一所学校，1839年由马礼逊教育会解散。在澳门则有德国传教士郭士腊的夫人温施黛于1835年创办的温施黛女学塾，美国传教士叔未士的夫人何显理于1836年创办的叔未士夫人学校，马礼逊教育会于1839年创办的马礼逊学校。[①]

广东教会教育的真正起步是在1840年至1860年这20年间。谓其起步，其实也还很不理想。据不完全统计，广东这一时期的教会学校只有10余所。但教会学校由不能立足到初步稳定，这对教会教育来说已是不小的进步了。据夏泉《明清基督教教会教育与粤港澳社会》的研究，这些教会学校开办情况大致如下。

1844年3月，最早入华的浸信会传教士叔未士（John Lewis Shuck，1812—1863）在广州租赁的福音讲堂内开办一所男童寄宿学校，招收学生15～20人，1846年因火灾停办。[②]

1847年，美国长老会传教士哈巴安德将1845年在澳门创办的男子寄宿学校迁至广州故衣街，称之为花地学校（The Fati Boarding School）。[③]

1848年，德国礼贤会传教士叶纳清（Ferdiand Genahr）开办了东莞西乡传道学校，有学生13人，这是在中国内地开办的第一所神学院，主要课程有圣经、教会史、自然科学、算术和中文等。1852年，礼贤会在福永开办了另一所学校。

1849年，德国巴色会传教士黎力基（Rudolf Lechler，1824—1908）在澄海盐灶村社佩兰轩创办盐灶小学，这是近代潮汕地区最早兴办的教会学校。[④]

1850年，外国传教士在广州开办了一所教会学校，仅招收了3名学

① 参见夏泉：《明清基督教教会教育与粤港澳社会》，广州：广东人民出版社2007年，第174～179页。

② 梁家麟：《广东基督教教育（1807—1953）》，香港：香港宣道出版社1993年，第50页。

③ 熊月之：《西学东渐与晚清社会》，上海：上海人民出版社1994年，第288页。

④ （民国）《潮州志·教育志》记录为英国长老会。

生，不久，其中的2名学生在社会舆论压力下退学，学校停办。“同年同地开设的一所女子寄宿学校，开学那天，凡报3名学生，都不敢入学，后来动员邀请了几个，不久又都退学。”①

1851年，瑞典哈巴安德与长老会传教士史丕亚（William Speer）、花琏治（John Booth French）在广州开办了一所女校。②

1853年，瑞典巴色会韩山明（Theodore Hamberg，1819—1854）在布吉丰和墟设立义学，1854年，又在李朗附设私塾，招收30多名学生，由黎力基授课。

同年，长老会哈巴安德及其夫人在广州创办女子日校、寄宿学塾。1854年，循道会俾士夫人创办广州女子学塾。③

1855年，巴陵会韩士伯在新安、东莞、花县等地传教，以开设学校作为布道和消弭疑惧之途径，在随后的10余年中，共开办各类学校138间，招收学生1 500人。④

1857年，波乃耶夫人在广州设立一间寄宿女校，“学校的传教效果非常好，有不少女孩子进校后成为基督徒”⑤。

1860年，巴黎外方传教会在广州开办了第一间天主教学校——丕从书院。该书院是圣心书院的前身，附设于法国领事馆内，主要培养翻译人员。⑥

这一时期广东的教会学校都处于草创阶段。教会学校的学生少，且大都来自下层社会，学习课程浅易，关键的问题是教会学校并不为广东社会所认同。其原因，鸦片战争期间，英国侵略者对广州的武力侵占，激起广州地区人民的强烈不满，因而对传教士的布道行为有着本能的反

---

① 赵春晨：《岭南宗教历史文化研究》，天津：天津古籍出版社2002年，第313页。

②⑤ 梁家麟：《广东基督教教育（1807—1953）》，香港：香港宣道出版社1993年，第50页。

③ 熊月之：《西学东渐与晚清社会》，上海：上海人民出版社1994年，第289页。

④ 梁家麟：《广东基督教教育（1807—1953）》，香港：香港宣道出版社1993年，第51页。

⑥ 连德明：《天主教在广州教区办学的概况》，《广东省天主教史料选辑》第一辑，1982年印行。

感和仇视。另外，五口通商打破了原来广州一口通商的格局，西方传教士需要分人力、精力于其他四个城市，故传教士在广东的人员也相对分散。这些原因导致了这一时期广东教会学校创办效果依然不显著。

三、第二次鸦片战争以后的广东教会教育

第二次鸦片战争以后，广东教会教育的发展有了很大的突破。从清政府对西方传教士的传教政策看，由原来的“禁教”到1840年后的“弛禁”，至此则明确采取“护教”政策。据《开平县志》所载，光绪二十三年（1897）法兰西传教士巍畅茂来邑主持教务，知县郭占熊遇事应其所求，教民乘之，竞建会所以聚徒侣。二十五年（1899），总理各国事务衙门定地方官接待教士事宜五条，其中一条云：地方官应随时晓谕约束所在平民，务与教民一视同仁，不得挟嫌搆衅。[①]

从广东传教的区域来看，从以广州为中心的珠江三角洲地区扩展到以汕头为中心的韩江三角洲地区，以及广东省的西江、北江上游的城镇。从在广东传教的差会来看，已经扩展有伦敦会、公理会、美南浸信会、美北浸信会、巴色会、礼贤会、巴陵会、卫理会、美北长老会、英国长老会、圣公会、美瑞丹会、同寅会、约老会、德国长老会等等。可见当时西方传教士在广东省所投下的传教资源十分雄厚。

各国传教士在传教的同时，注意创办教会学校。在广州府，各国传教士在花县、增城、清远、东莞、香山、顺德等地广设教堂，创办学校。如香山县循道会在1897年成立，附设学校一间。长老会于1905年成立，附设广智学校、培根幼稚园。同寅会于1907年成立，附设美理女学校。[②]在潮州府，各国传教士在揭阳、汕头、潮阳、澄海、丰顺等地办起了多所教会学校，如揭阳的真理小学堂、五经富小学堂，澄海县的盐灶小学堂，丰顺县的汤坑小学堂，汕头埠的礐石小学、淑德女学等。[③] 在丰顺县，1907年，因小学教育讲授乡土地理历史需用地图，商请英国教会，

① （民国）《开平县志》卷九《建置略三》，卷二十一《前事略三》。
② （民国）《香山县志续编》卷四《建置》。
③ （民国）《潮州志·教育志》。

将原有丰顺路线图详加测绘，由牧师蔡融担任。订约交付出版费500元，版权归测绘人所有，归还地图五百张为交换。并协助测绘，限第二年出版。[①]

夏泉的《明清基督教教会教育与粤港澳社会》一书，对1861—1911年广东教会学校的开办情况做了系统整理，比较清楚地展示了这一时期教会教育的基本情况。这里依据其资料做一简要介绍。

在广州地区，传教士创办的小学较为普遍。如1862年由英国卫理会俾士夫人创办于广州十甫路十甫堂的懿群小学。1866年，信义会于广州芳村堂创办了信义小学，在广州下坊村创办了信义圣经学院。1867年，英国卫理会在广州侨光路回龙里增沙堂创办了淑正小学，又名淑正女学校，该校训练师资人数众多，毕业学生多在各乡兴办女学。真光书院，1872年由美国北长老会女教士那夏理创办于广州。校址初在金利埠，因火灾迁至仁济路。同寅会女学，1891年由同寅会白姑娘在龙导尾、冼涌等处创设女校3所，收录女生72名。育才书院，1897年由伦敦会在广州十三甫赁屋兴建。兴华小学，1906年由兴华浸信会创办于广州高第街素波巷。提多小学，1906年由救主堂创办于广州万福路。

中学程度的教会学校，有1869年由八约浸信会创办于广州中山四路的建德中学，1898年由德国巴陵会创办于广州芳村的中德中学，1903年由安息日会创办于广州东山三育堂的三育中学，1909年由广州基督教青年会创办于长堤五仙门的青年会中学。1911年美国长老会碧卢夫人在广州西关创办了慈爱幼稚园，并附设慈爱幼稚师范学校，这是协和女子中学的前身。

高等教育，有1888年由美国北长老会传教士哈巴安德创办于广州沙基金利埠的格致书院。他自任学校监督，首届学生30人，系岭南大学前身。

教会学校还开展了医学教育。博济医校，1865年由美国北长老会传教士嘉约翰创办于博济医院内。首届招生8名，由嘉约翰、黄宽等负责

① （民国）《新修丰顺县志》卷三《大事记一》。

教学。1879 年命名为南华医学校，并开始接受真光中学女生，成为中国最早开办的西医学校，至 1911 年，该校共培养毕业生 120 余人。夏葛医学院，1899 年由美国长老会委派女医师富马利创办。原名为“广东女子医学校及附设女子医院”，1905 年由美国人夏葛捐助一笔经费建筑校舍后改现名，是中国第一所女医学校。

教会学校还开展了特殊教育。1892 年，美国长老会传教医士赖玛西在广州仁济街创办了明心瞽目书院，专门招收盲童，是华南第一所盲童学校。随着学生的增多，1906 年在芳村购地建新校，1911 年迁入。

教会学校也注意培养神职人员。两广浸信会神道学校，1870 年由纪好弼牧师创办于广州东山，1904 年改名为传道学校。华英学校，1896 年由英国卫理会于广州开办，主要招收卫理会信徒子女。广州圣方济各小修院，为纪念方济各·沙勿略来华传教，1895 年创办于广州石室圣心教堂大院内。办学宗旨是培养终身服务于教会的神职人员，1907 年增设培正小学，系培正中学前身。中华圣母无原罪女修会，1902 年创办于广州一德路隆降仁坊 12 号，主要培养修女服务教会。圣心书院，1904 年创办于广州大新路，由巴黎外方传教会传教士巍畅茂和俄美士等创办。培贤女子神学院，1908 年由两广浸信联合会创办于广州东山寺贝通津。圣三一中学，1909 年由英国华南传道福音会创办于广州东华东路，以传授基督教义、英文为主。

在广州府所属县，1864 年 4 月，和神父在新安县汀角村开设汀角村学校，有学生 80 人，其中住宿生 20 名。新会县则有 1879 年由美国南浸信会创办于新会古井的古井学塾，1907 年由加拿大传教士创办的崇真小学堂。东莞县则有 1888 年由德国礼贤会列安牧师在东莞莞城普济医院内设立的莞城医学院，1890 年由德国礼贤会创办的莞城神道学校，1900 年由德国礼贤会创办于东莞塘夏耶山的礼贤中学，1911 年由德国礼贤会创办的莞城小学。

在惠州府，1862 年，米兰外方传教士和神父从香港仔迁至广东归善县南部大和，在梁神父协助下开设了大和学校。1863 年叶纳清牧师在归善创办了荷坳礼贤会神道学校，1866 年学校迁往宝安福永。

在嘉应州，1873年由德国、瑞士巴色传道会在五华长布区源坑乡开办了五华中书馆，1902年由梅州人黄墨村、吴登初和德国巴色会传教士凌高超创办了梅州务本中西学堂，1905年由美国传教士甘武、汲平如博士及甘棠荫于梅县城东门开办了梅县广益学校。

在南雄州，有南雄德华小学，1880年由德国牧师雷起力、何迈贤等创办于南雄德华福音堂内。1903年，法国唐神父、柯加禄等在南雄建立教堂和传教公所，在荆岗、黎口桥和龙勾巷各设立一所晓明小学。[①]

由于汕头港在1861年成为开放口岸，潮州府也就成为教会教育比较发达的地区。在潮州府的西方传教士主要来自英属基督教长老会、美属浸信会、法属天主教会三大教会派系。他们竞相在潮汕地区开办中小学教育。在汕头埠，教会创办的小学堂有3所，1873年由英国长老会Mrs. Buckaran捐建的淑德女学校，1873年由美国浸信会斐女士创办的礐石小学，汕头正光女学是1874年由美国浸信会巴智玺夫人创办的女子寄宿学校。中学也有3所，1874年由英国长老会创办的聿怀学堂，1905年由美国浸信会将礐石小学升格为礐石中学，华英中学则是1906年由英国长老会联同华侨陈雨亭捐资创建。其他的则有1871年由英国长老会牧师汲约翰在汕头福音医院内创办贝理神道学院，专攻神学，以培养传道人才。

在海阳县，有1906年由天主教会丁热力神父创办的海阳真愿小学堂。

在潮阳县，有1908年由美国浸信会创办的潮光小学。

在揭阳县，教会办有小学2所，1867年由天主教石神父主办的揭西五经富小学堂，1907由美国浸信会创办的真理小学堂。中学则有1884年由英国长老会创办的道济中学堂。其他的则有1879年由中华基督教岭东大会在揭阳五经富创办的观丰神学院。

在丰顺县，有1884年由天主教会龚神父主办的丰顺汤坑小学堂。[②]

以上介绍，只是第二次鸦片战争以后广东教会学校的一部分。但从

---

① 夏泉：《明清基督教教会教育与粤港澳社会》，广州：广东人民出版社2007年，第256~267页。

② 《潮汕教育事业发展资料》，潮汕历史文化研究中心2005年，第198~209页。

中也能看到，这一时期的教会学校不仅数量多，而且教育层次比较齐全，专业门类比较多样，教育的规范性和影响力确实有了实质性的进展。

四、晚清广东教会教育发展原因分析

晚清广东教会教育得以开展，并形成一定气候，主要是得力于社会大环境。清政府取消禁教政策，并由“弛教”到“护教”，为西方传教士在中国传教布道提供了有利的条件。除此之外，西方传教士的努力也是一个重要原因。他们深入中国民间社会，特别是通过培养中国信徒，很好地帮助其在广东社会立足发展。另外，教会学校逐步走向正规化，其所呈现的现代学校管理模式迎合了晚清教育改革的需要，在中国社会逐渐显现出它的发展价值，这也是一个重要原因。当然，综合这两个因素，近代广东人对现代教育的逐步认同，恐怕是人们接受教会学校的重要基础。

1. 西方传教士的长期努力为教会教育的开展奠定基础

发展中国信徒，并依靠他们扩大在中国本土的影响，这是西方传教士成功的基本经验。为此西方传教士付出了极大的努力。在清廷“禁教”时期，西方传教士在中国本土难以施教，他们便很注意对移民海外的华人社区进行传道。在广东，潮州海岸是中国与暹罗之间海上贸易的要塞，潮汕地区居民很早就开始与东南亚一带展开商业交流，因此很早就开始了大规模的季节性移民。潮汕移民比较集中地居住在暹罗、香港一带，美国浸信会很早就开始注意在这些地区对潮汕移民及客家移民进行传教。有人评价：“暹罗浸信会是所有潮州地区华人浸信会之母，中国的传教工作之所以肇始于那里，是因为在那个遥远的年代，中国还在闭关锁国。”随着清政府弛教政策的实施，据李榭熙的研究，早在1847年，德国巴色会国外布道会牧师黎力基就来到潮州府。尽管当时潮州府并不对外国人开放，黎力基在祖籍潮州的传道人阿艾的帮助下，在位于汕头港东北66公里处的盐灶村的渔民和盐民中传教。他在这里居住了5年，致力于学习潮语并传道。[1] 据黄挺的研究，1849年，黎力基创办了潮州第一所新式

---

[1] （美）李榭熙著，雷春芳译：《圣经与枪炮：基督教与潮州社会》，北京：社会科学文献出版社2010年，第64，76页。

学堂——盐灶小学堂，由教民林绩顺、林绩宽、林启贤组成董事会，每期招生 20 名左右。学生入学不收费，每天还给钱数十文。[①]

1861 年，汕头开放为通商口岸，潮州地区便成为外国商人和传教士频繁踏足之地，移民海外的潮汕人也经常回到家乡，包括来自东南亚地区的华人基督徒。他们为家乡人带来了新鲜的见闻与思想，为西方宗教的传播酝酿了很好的土壤。也就在这一年，美国浸信会决定关闭其在香港的总部而迁移到汕头，英国长老会也将汕头教会列为“教士会汕头区会”，教会学校也就在这一地区有了显著的发展。

例如汕头淑德女学的创办，就是由传教士夫人们的的热情所致。“若干年来差会里面的几位太太，如吴威凛夫人、玛坚锈夫人和卓威廉夫人等在教会中负责探访和教妇女读圣经的时候，都很盼望有一个有系统的组织，可以推动教育工作。后来有一位由爱丁堡来的富查朗夫人肯慷慨捐助一间学校的建筑费，又再捐献五年所需用的维持费。一八七三年十月，一座美丽堂皇的女子学校遂正式宣布开幕，这是差会所创办的第一间女子学校。开学时虽只得十二名寄宿生，然而大部分属于基督徒的女子，并由教士自任教习，有的每天教数小时，每月轮流一人做监督。”[②]

汕头淑德女学于 1885 年迁至今天汕头市外马路 32 号附近。“当时，英国基督教长老会的产业大部分都集中在这里，包括医院、学校、住宅，大致是以福音医院（现汕头市第二人民医院）为起点，向右挨次过去是淑德女学、贝理神学院、培德女校，这些建筑的后面是外国传教士的居住区，这是一片弥漫着浓厚的宗教氛围的环境。”[③]

到粤东客家地区的传教士也是如此。他们很注意与当地社会融合，或者起汉文名字，或者先吸收当地颇有影响的读书人入教，以利于他们传教。如 20 世纪初在兴宁坪塘设立的基督教堂和神科学院，其教徒及教

---

① 黄挺：《近代潮汕教育概论》，载《韩山师范学院学报》1997 年第 3 期。

② 班华德：《汕头教会百年史实》，香港：香港基督教潮人传道会 1979 年出版，第 37 页。

③ 杜式敏：《宗教、性别与民族革命——收回教育权运动中的汕头淑德女校》，《潮学研究》第 12 辑，汕头：汕头大学出版社 2005 年，第 126 页。

员素养都很高。法国外方传教会派神甫卫加禄来兴宁赤沙岭建立教堂，传教士卫加禄为便于开展工作，留辫发，穿长衫。他尽量任用中国籍神甫来传教，以便减少种种阻力，他先后委任中国人袁秉彝、林以忠、张德臣、罗有光、陈炳姐等人传教。对贫困教徒给予金钱、衣服、药品等资助，而且还资助一些教徒就读中学或大学。

在广州，虽然两次鸦片战争给广州带来了巨大的灾难，广州及珠江三角洲地区居民对西方文化的抵触也十分强烈，但西方传教士在这里的工作还是渐显成效。"自1843年至1860年，传教士在广州共出版中文书籍、刊物42种。其中28种为宗教宣传品，占总数的69%，另外13种为天文、地理、历史、医学等科学读物，占总数的31%"[①]。为了更好地推进教会教育，有洋人模仿中国儒者开馆授徒的方式，在《中西日报》刊登招生广告："西人罗沙路先生，少而博学，长而壮游诸国。通华英文字，晓英粤方言，且于洋务律例俱能翻译，详明周知洞悉，中外人士咸称道之，以为识时俊杰。前在香港臬司衙门充当文案者十有八年。现赋闲在河南洲头嘴华光庙右邻第二间，设馆教习英语文字，脩脯甚廉。方今通商互市，中外一家，上而朝廷时有玉敦珠槃之事，下而商贾不乏梯山航海之人，莫不凭乎文字语言，方能通乎意气消息。"另有一则贞德女子学校的招生广告："初等小学生以年七岁至十六岁为合格，以期学龄与程度逐渐齐一。每学期学费四元，特为廉收，以见本学校注重小学之意。"[②]美国传教医士赖玛西于1882年来到广州，先是在博济医院行医10年。她在为病人，特别是产妇上门诊治的过程中，逐渐获得本地人的信任。1889年，她收养了一个3岁的盲女，便决心要开办一所学校，让更多的盲童接受教育，从而能自食其力。1892年，随着病人的增多，赖玛西在仁济街租了一幢民居，正式办起了明心瞽目书院。为了便于盲童学习，她引进了先进的盲文系统——布莱叶法和穆恩法，开设了国文、珠

---

① 顾长声：《传教士与近代中国》，上海：上海人民出版社1991年，第25页。

② 转引自蒋建国：《广州消费文化与社会变迁（1800—1911）》，广州：广东人民出版社2006年，第325～327页。

算、历史等文化课程，以及针织、手工、推拿、家政等技艺课程，学校规模越来越大。[1]

仅举数例，可以看出晚清广东教会教育之所以能够打开局面，与西方传教士的勤奋努力是分不开的。

2. 教会学校逐渐正规化赢得社会声誉

近代广东教会学校的逐渐正规化，既指其教学内容由程度浅显逐步发展到程度规范，也指其办学由初等教育渐趋中等教育，最后出现了高等教育。这种正规化办学模式在中国社会赢得了声誉。这里重点介绍美国传教士那夏理（Harriet Newell Noyes）及其创办的真光书院的发展历程。

那夏理是美国长老会的女传教士。差会决定派遣她来中国时，她才23岁。1868年1月14日那夏理到达广州，即开始"读中文，学粤语"，"每天以六小时时间专心学习"，终于"不久遂能说流利之广州语矣"[2]。这为那夏理以后在当地对百姓布道和从事教育活动提供了便利。

最初，那夏理采取家访这种直接布道的形式来宣传基督教。但不久就发现，即使当地妇女欢迎外国女传教士到家里来，但新鲜感一旦消除，或当家里的男子认为传教士家访过于频繁，对其造成了负担的话，他们就不再欢迎传教士到家里。为了激起当地妇女的好奇心，那夏理邀请她们到家里观看西方的风琴、西方的书籍和画，以及听唱赞美诗，并向其解释各种物品的设计和使用技巧，以便趁机布道。然而，当她们的好奇心得到了满足，那夏理想趁机宣传福音的时候，这些人却已经失去了兴趣。因此，那夏理逐渐认识到必须建立一所寄宿学校，以为固定的传教场所，对一群固定听众做有系统的传道。基于中国人的男女礼防观念，最好能由女性向女性传道。那夏理决定利用办学来训练本地妇女，然后

① 王月华：《赖玛西：点亮盲童心里的光》，载《广州日报》2015年3月12日A18版。

② 刘心慈：《真光光荣简史》，香港：何阴棠私人出版社，1972年，第4～10页。

让她们作为布道者，由中国人向中国人布道会取得最佳效果。[①]

1871年，来华三年的那夏理女士去函美北长老会的妇女传道团，述职之余，要求教会支持在广州建立一间女子寄宿学校。这个议案得到妇女传道团和两个海外传道团体的支持，妇女传道会答允每年捐助美金一千元为其办学经费。1872年那夏理在对广州进行考察之后，把校址选在了金利埠（今广州市六二三路），校名为真光书院（True Light Seminary）。同年的6月16日，经那夏理亲自选址、设计蓝图的“建筑美术化、规模完备”的真光书院举行开学典礼，正式开课。[②]

真光书院开办初期，为吸引学生入读，那夏理女士答应提供学生免费教育。除食宿学费一概免收外，衣服鞋袜、蚊帐枕席、日用杂物等都由校方供给。但即使这样，真光书院开办之初入学的学生仅有6人，其中女童4人，已婚妇人2人。因此创校时真光书院仅设女童班与妇女班。妇女班与女童班的学习期限最初都定为三年。开设妇人班的目的有二：首先当时教会急需传道人才，唯治安不靖，年轻女子下乡不便，须四五十岁者，出入较为安全方便；其次是下乡者需了解当地风土人情，并具胆识不怕人讥评，故成年女子较易收效。在课程方面，学生主要学习圣经与中国传统典籍。每天在上课前，学生都要先诵读圣经，整个上午都学习圣经故事，然后以问答方式考课，课本则采用《耶稣教要理大问答》。下午则背诵孔孟诸篇，不讲解，无班别，每人自成一班，由中国教书先生负责。这种教育形式不外乎在传统中国的书塾之上，增设一个圣经班。甚至连圣经班也是传统式的，着重记诵，不少学生在毕业前已经能背诵整本新约与部分旧约。

1881年，毕美意女士到校，增加算术与体育科目，渐次引进西洋的教育模式，学校逐渐与现代小学教育形态相结合。到1887年，女童班开始分细班、中班与高班。细班约小学一、二年级程度，中班约小学三、

---

① 梁家麟：《菁莪乐育我真光——真光创校一百三十周年校史》，香港：九龙真光中学校董会、香港真光中学校董会2002年，第22页。

② 刘心慈：《真光光荣简史》，香港：何阴棠私人出版社1972年，第4页。

四年级程度，高班约为高小程度。女童中班与高班在教授传统经典与圣经之外，还教授数学、地理、天文学、化学、历史、哲学、历史与神学等科目。而随着女童班的分设，表明训练女童逐渐成为学校的主要标志，真光书院已朝着一般的文法小学的规模发展。①

真光书院在1880年迁入仁济街新校舍后，学生数量亦不断增加。随着学校教育力量的壮大，结合当时中国的实际情况，真光书院决定开办平民义学。这也是当时中等以上学校学生普遍的一种社会服务形式。就是说，真光书院虽然还处于小学教育的程度，但在社会服务方面已经向中等教育程度迈进了。

为了能更好地传道和使越来越多的女生接受教育，真光书院在广州市的东关、南关、西关、河南以及北郭外的村落，开办平民义学（亦称"散馆"），专收女生，借以宣传福音，普及教育。真光前后曾开办五间义学，分别为：国民学校、蛋童露天学校、履光学校、沙涌义学和大众义学。各义学以外籍教师担任校长，负责行政事务与筹募经费，教员则由真光书院的毕业生担任。

这种义学不仅为学生提供信札、缝纫等一些比较实用的课程，还教导她们圣经和唱诗。同时不收学费，而且还会供给书籍，为学校开辟了一个有效的传教途径。不仅如此，自1897年起，真光书院还筹办举行夏令馆，为方便乡间信徒能够在短时间内获得一些普通的知识。招生通告发出后，不少信徒纷纷入省城就学，第一年即有学生138人，第二年增至150人。按照学生程度，分高低班教授。②

除了中小学教育以外，高等教育的教会学校也在广东出现。1888年美国传教士在广州创办的格致书院，便是外国人在广州开办高等教育的开始。1900年，格致书院迁至澳门，改名为岭南学堂。这时，岭南学堂聘请广东中山人钟荣光协办校务。钟荣光决心把岭南学堂迁回广州。

① 梁家麟：《菁莪乐育我真光——真光创校一百三十周年校史》，香港：九龙真光中学校董会、香港真光中学校董会2002年，第31页。

② 梁家麟：《菁莪乐育我真光——真光创校一百三十周年校史》，香港：九龙真光中学校董会、香港真光中学校董会2002年，第35页。

1903年，他在广州河南康乐村购得200亩地，搭起板房作为临时校舍，开始招生上课。此后经过钟荣光的不懈努力，岭南学堂筹得120万元，兴建新校舍，增加设备，扩大班额，同时开办大学预科，设附属小学和华侨学堂。辛亥革命后，改名为岭南大学。

3. 近代广东人对现代教育的需求是根本原因

晚清广东教会教育的开展，最根本的还是近代广东人对教会教育的认同。东西文化的差异，是近代中国人认同西方宗教的一道坎。我们从光绪年间的地方志中，还能感受到当时的抵触情绪。例如陈澧主纂的光绪五年（1879）的《香山县志》就选辑了诸多这方面的言论，如“今省城天主堂八处，招集一万余人矣。又有女天主堂亦八处，招集二千余人矣。羞辱中国，伤风败化，凡有人心，罔吧切齿，此岂待教而后诛之乎”①。但是，改革开放所顺应的世界大势汹涌而至，经济方式和生活方式的改变极大地影响了人们的思想观念，学习科学的热望在晚清社会中发酵。面对中国新式学堂发展的缓慢，人们对教会学校寄予了更多的期盼。

汕头富商陈雨亭捐资推动下成就的华英中学就是一个例子。陈雨亭为长老会教友，他很早就认识到英语的商业价值及其社会需求。早在1900年他就聘请了一位加拿大人开办过一所学校，学习以英文为主，学生中陈姓子弟十余人，异姓学生近百人。两年后，该加拿大人契约期满回国，学校停办。于是陈雨亭与英国长老会协商，至少在1903年，双方达成初步协议，由陈雨亭捐资，由汕头英教士会主办，在汕头创办华英学堂。陈雨亭捐资2万元，并购得土地37亩，长老会传教士汲约翰在《岭东日报》发表《倡设华英学堂启》，进一步号召本地人士“慷慨解囊，以赞成此美举”。于是又得到社会捐款1 700余元，加上英国长老会捐资的6 000元，共筹得资金4 300余元。3年后校舍落成。1906年10月

① （光绪）《香山县志》卷八《海防》。

开学上课，校名为华英学堂。[①] 华英学堂在英语中则称为华英学院，表示其定位要向高等教育程度发展。

在嘉应州，1903 年创办的乐育中西学堂，课程设置以西学为主。从《甲岁西学功课表》来看，一年级学生开设英语、算学、地理、外史、修身、博物中国鉴史、物理、体操等九科，二年级则增设德文课。由于学堂教授以西学为主而且西学由凌高超和嘉乐天牧师亲自任教，故学堂开办后，州城官绅名流趋之若鹜，纷纷送其子弟入读。[②] 嘉应州有的公立学校也聘用外国传教士担任教员。如梁烷春担任校长的公立嘉善女校，专门请了两名德国女传教士担任音乐、体操和编织教员。在五华县，德国、瑞士巴色道会于 1873 年在五华长布区源坑乡开办中书馆，开设了一些现代体育课程，并且有了篮球、足球场等运动设施。从此，五华县内现代体育运动蓬勃开展起来，而且成为梅州地区足球运动的发源地。[③] 长乐县张村教民张新才“在该处倡设初等小学堂，自为总办。堂中章程，颇为完备。除教习各按钦定章程小学未许习外国语，以养儿童爱国心，今教民张君热心兴学，另添英文一科”[④]。

所以，教会学校在晚清广东的兴起，本质上是近代社会变革潮流的冲击所致。鸦片战争以后，西方文化强力渗入中国社会各个领域，中国经济乃至社会文化不可避免地受到世界一体化进程的影响，新的教育需求便逐渐萌发。1892 年至 1901 年的《粤海关十年报告》，客观地反映了当时广州人对西式教育的渴求：“广州人中有很多人都想学英文，因此，每年都有一些私立学校开办，以满足这一需求。但在许多情况下，这些学校的老师根本不适合他们所教的科目，不过他们所得到的支持表明了

---

① 胡卫清：《海滨邹鲁的国家认同》，《潮学研究》第 11 辑，汕头：汕头大学出版社 2004 年，第 89 ~ 92 页。

② 乐育中西学堂编：《嘉应乐育中西学堂》，光绪二十九年（1903）嘉应石印本，第 4 ~ 7 页。

③ 韩小林：《近代西方教会在粤东客家地区的传播及其影响述略》，载《嘉应大学学报》2003 年 2 月第 1 期。

④ 《潮嘉新闻》，载《岭东日报》光绪三十一年二月廿二日（1905 年 3 月 27 日）。

那里对教育的需要。现在广州人当中出现了这样一种趋势：放弃旧学，学习西方科学，特别是各种科学知识。”① 温光远记录的花县传教士办学情况，也证明了这种情况。光绪年间，黎威廉牧师筹足40000金，在花县建筑洋楼、礼拜堂、学校，数年后工程告竣，召集各方青年子弟上学。是时，乡民稍知耶稣旨意，遣人就学，是年生徒140余人。庚子事件后，黎牧师又将焚毁的楼舍翻新，学务发达。故在十余年中，不少受教子弟或选为传道人，或成为教员，或在南京陆军学堂肄业。②

所以，正是中国社会近代化的需求，乃至晚清教育改革进程的推动，才使教会教育在广东得以立足并发展。

综观洋务时期的广东教育，如果仅以洋务学堂而论，其规模其程度确实与广东处于改革开放前沿的地理位置极不相称。更有甚者，这一时期广东社会科举热度持续高涨，认同传统教育的意识依然强烈，使这一时期的教育主要还是朝着传统的轨道滑行。当然，西方文化和教育也在慢慢渗入社会，教育变革的因子也逐渐在社会中弥漫，由此形成了新旧并存的教育格局。究其原因，主要还是来自官、绅、商三个层面对文化资本更新的矛盾心理。这种求变与固守的心理交织，更深层的原因则是由于社会整体变革的迟缓，特别是清朝统治者的保守政策所导致。

① 转引自蒋建国：《广州消费文化与社会变迁（1800—1911）》，广州：广东人民出版社2006年，第327页。

② 温光远：《耶稣教入花县记》，（民国）《花县志》卷四《经政志》。

第九章　晚清广东教育家的教育思想

晚清社会的变革，必然引起教育家的关注。引起关注的触发点无一不是来自对人才的关注。随着社会改革的深入，晚清教育家不仅关注的是精英人才的素质更新，进而开始关注民众素质的更新。从开民智发展到国民性的更新，便成为晚清教育家的教育思想发展的轨迹。本章选取了晚清广东的5个教育家，大致反映了晚清广东教育家关于教育改革的思想路径。

第一节　朱次琦的教育思想

朱次琦（1807—1882），字效虔，一字子襄，号稚圭，咸丰、同治年间广东理学家、谱学家、教育家、文学家、书法家。世居广东南海九江上沙里。一生九进科场，41岁考取进士。服官山西，归里后，讲学九江礼山草堂垂二十余年，人称“九江先生”。朱次琦生平著述丰富，对文史很有研究。著有《国朝名臣言行录》《国朝逸民传》《性学源流》《宋辽金元明五史征实录》等，诗集《是汝师斋遗诗》一卷。可惜这些著作在晚年被焚，流传下来的是他的学生简朝亮辑录的《朱九江先生集》。

一、朱次琦的教育实践活动

朱次琦先世于宋咸淳年末从南雄珠玑巷迁至南海九江上沙里。先祖曾在明万历年间中进士，官至四川夔州知府。后家道衰落，至其父艰难立家，滋至小有。朱次琦年幼好学，聪颖勤奋，5岁拜师族叔朱湘麟，7

岁即能为诗。13 岁时，广东名士曾钊将其介绍给两广总督阮元，阮元命作《黄木湾观海诗》，诗成，“文达惊曰：‘老夫当让，此子出一头地，过予彩旗门作矣’”①。

18 岁，朱次琦入羊城书院学习，山长谢里甫擅长书法，为朱次琦书法功底奠定了很好的基础。21 岁，考取秀才，补县学生员。26 岁，肄业越华书院，山长陈莲史“一见异之，曰：‘天下士也。’尝以天中节燕诸生，命赋新松，先生诗云，栋材未必千人见，但听风声便不同，陈先生为吟讽者久之”②。

道光十四年（1834），两广总督卢坤采纳钱仪吉的意见，决定在学海堂设立专课肄业生制度，在应试学海堂季课的学生中挑选一批优秀分子，集中到学海堂专门读书。第一届专课肄业生共有 10 名，28 岁的朱次琦榜上有名。但朱次琦没有去报到。

朱次琦治学严谨，在读书的过程中尤以先儒修身践道的理念激励自己，谨慎做人。朱次琦曾 3 次被南海县学选拔为优行生，有机会参加“优贡”的考试，入读国子监。当时不少人甚至不惜用重金贿买优行生的资格，而他却是以自己的成绩获得，但每次都拒绝了。

道光十九年（1839），朱次琦 32 岁，与其伯兄共赴乡试，“同举于乡，时人称之曰：南海明珠，同时入贡矣”③。1847 年，40 岁的朱次琦再度冲击，“与伯兄北行会试，即用知县，签分山西”。在殿试中，许多考生答卷未竟，纷纷请求延缓时间。朱次琦也没答完，但他当即交卷。有位南海籍的官员，惜其才，悄悄跟在他身后叫他，希望他回来把试卷做完。朱次琦装没听到，头也不回地走了。中榜回乡，乡邻皆来祝贺，他说：“科名适然耳，为官谈何容易。今而后何以宣上德，何以达下情，请诸君子殷勤教诲。”④

朱次琦赴任山西，在“需次”期间，叹吏事之难而努力读书充电。

---

① 简朝亮：《朱九江先生年谱》嘉庆二十四年，《朱九江先生集》卷首之二。

② 简朝亮：《朱九江先生年谱》道光十二年，《朱九江先生集》卷首之二。

③ 简朝亮：《朱九江先生年谱》道光十九年，《朱九江先生集》卷首之二。

④ 简朝亮：《朱九江先生年谱》道光二十六年，《朱九江先生集》卷首之二。

晋中多士从之游，朱次琦“却其挚，与之言：学如古士相见礼，无敢以私干者”。后署襄陵知县，虽然只有短短的190天，却功绩卓著，誉满晋中。他坚持“以儒为治”的方针，智擒剧盗，清除狼患，禁敛民财，整顿水利，调解争讼，实施教化。“先生下车，修邓伯道祠，崇风教也。亲教士，养中堂，颁读书日程，色笑而教士，皆醉谊忘归。邑试士日，皆自校文，累夜忘寝。谳狱不轻及士乡者，邑士补弟子员凡五十有二人。”[1]在这190天的时间里，朱次琦所持的执政理念与清代官场风气迥异，他说：

> 邑令者，亲民之父母也。父母之于子，何时何事不可以闻？乃与民约：民以事至，则自击鼓，不问旦暮，闻鼓则坐堂，皇从而鞫焉。告无成期，状无成式；或不知书，口诉可也。时出行县，老苍头控蹇卫，一吏囊笔札，一役负衣粮，无它驺从。所至抚循妪妁，老稚昵若家人迎路，献茶荈瓜果，笑取少许，俾享其枕民不知有共亿也。有遮诉者，索木倚坐道，遽与判牍，命甲呼乙，无敢不至，民引伏则已。常终日不笞一人，曰，细故毋伤夙好也。杜门壮士风听造庐，谘民疾苦，耳目无穷，凡百美政，思一一自我行之。[2]

当时太平军势头正猛，朱次琦认为应未雨绸缪，提出“全晋联络关陇，为保障一方计”的“三难五易，十可守，八可征”的对策，但不为朝廷所采纳，反而遭到其他官员的嘲讽。失望之余，年近五旬的朱次琦“皤然有南归著述之思”，毅然“引疾”辞官。[3]

其南归时，襄陵人民向“大府乞留，不获命，举邑皇皇，如失慈母”，进而“乞留画像，养中堂”。朱次琦“出署之夕，万众攀留”，父老持觞磕伏，小儿匍匐跪送，30里的路走了两昼夜方至汾桥，又有“邑弟子襕衫博带百十人掖舆而过”[4]。晋中教谕、拔贡、教授、教习、廪生、

---

①② 简朝亮：《朱九江先生年谱》咸丰二年，《朱九江先生集》卷首之二。

③ 王璲：《稚圭先生画像记》，《朱九江先生集》卷十。

④ 简朝亮：《朱九江先生年谱》咸丰三年，《朱九江先生集》卷首之二。

生员等纷纷赋诗送别，其中一首赞其祷雨而曰：“他邦甚旱继以雹，此独和甘弭灾患。农田泥首吏士欢，我侯忠孝神明贯。馨香治绩配先公，盛事两朝克简翰。”① 南归以后，襄陵人民为其筑祠祭祀，誉其“于（谦）青天”“后朱子”。

朱次琦居晋7年，不带眷属，“行者一身，居者一家”，节俭自持。初来时预备好南归旅费一直不动用，去职南归，“不载晋一钱”。因预资不足，竟然不得不典当衣物始得度岭抵家。《年谱》中说：“居晋七年，归资不它动也，及引疾，归道上兵荒，预资不足，次赣州，典裘度岭，乃至其家。”②

朱次琦南归后，先是在南海县学尊经阁讲学，“宗党旧游之子弟皆从学焉”③。自咸丰八年（1858）起，朱次琦回到家乡，居礼山讲学，垂二十余年，“先生居九江，远方从学者日至。先生讲学礼山下，有古大夫归教州里之风。于是讲学终二十余年”④。这期间，1859年，学海堂聘其为学长，但朱次琦依然没有回应学海堂的邀请。“是岁而后，先生乡居不入城市。盖九江先生之称，自此始矣。”⑤

朱次琦开办礼山草堂，“日一登堂讲学，诸生敬侍，威仪严肃，先生博闻强记，不挟一卷，而征引群书，贯穿讽诵，不遗只字，学者录之，即可成书一卷，今所传礼山讲义是也，然十不能得六七”⑥。其弟子简朝亮谓：“上辨古人，下穷今日，其所以勤告者，必其所以欲为书之精意，岂犹有隐而不宣者乎？先生讲学，尝陈时病，力辟其非。”⑦ 其弟子康有为谓：“先生壁立万仞，而其学平实敦大，皆出躬行之余。以末世俗污，特重气节，而主济人经世，不为无用之空谈高论。其教学者之恒言，则

① 简朝亮：《爱棠录》，《朱九江先生集》卷十。
② 简朝亮：《朱九江先生年谱》咸丰五年，《朱九江先生集》卷首之二。
③ 简朝亮：《朱九江先生年谱》咸丰六年，《朱九江先生集》卷首之二。
④ 简朝亮：《朱九江先生年谱》咸丰八年，《朱九江先生集》卷首之二。
⑤ 简朝亮：《朱九江先生年谱》咸丰七年，《朱九江先生集》卷首之二。
⑥ 张纹华：《朱次琦研究》，广州：广东高等教育出版社2012年，第94页。
⑦ 简朝亮：《朱九江先生集》序，《朱九江先生集》卷首之一。

曰'四行五学'。四行者，敦行孝弟，崇尚名节，变化气质，检摄威仪。五学则经学、史学、掌故之学、性理之学、辞章之学。"①

礼山弟子最著者，当推简朝亮、康有为。康有为是在光绪二年（1876）初至礼山草堂，简朝亮则是在次年师从朱次琦。康有为对朱次琦的佩服是由衷的："于时捧手受教，乃如旅人之得宿，盲者之睹明，乃洗心绝欲，一意归依。"② 虽然康有为不久就离开了礼山草堂，但朱次琦对他的影响却是深远的。从朱次琦的讲学风格，到规范弟子的德化风教，都为康有为后来开办万木草堂所继承发扬。简朝亮更是以继承朱次琦衣钵为己任，黄晦闻（节）评价说："简岸先生讲学乡居，发明九江之教，体力用行，不分汉宋，本九江修身读书之教而光大之，则岭学之崛起者也。"③

讲学之余，朱次琦勤于著述。其著述之目的以期于用世，他说：

> 凡吾著述有七焉，曰《国朝名臣言行录》，法朱子也；曰《国朝逸民传》，尝仕者亦书，据逸民柳下惠也；曰《性学源流》，论本谊而决其支也；曰《五史实征录》，宋辽金元明，采以资今也；曰《晋乘》，如程大昌《雍录》也；其书名未定，有论国朝儒宗者，仿黄梨洲《明儒学案》，而不分汉学宋学，以辨江郑堂《师承记》之非；有纪蒙古者，勤北边也。④

朱次琦讲学虽僻处乡野，依然十分关心国家时局。他对第二次鸦片战争中，朝廷当局和战无常，悲愤交加，积恨而成疾。1875 年，当他得知英人入侵、清政府俯首听命的马加里案始末后，既怒且忧，论其事曰："夷情无厌，得寸入尺，我既软弱如此，彼之要求将来何可复问？"⑤ 1876 年，烟台条约成，清政府被迫开岸通商，并派专使赍送国书至外国道歉。

①② 楼宇烈整理：《康南海自编年谱（外二种）》，北京：中华书局 1992 年，第 7 页。

③ 黄节：《岭学源流论》，转引自关殊钞：《朱九江先生行谊辑述》，旅港南海九江商会 1976 年，第 190 页。

④ 简朝亮：《朱九江先生年谱》光绪七年，《朱九江先生集》卷首之二。

⑤ 朱次琦：《论马加利事》，《朱九江先生集》卷六。

70 高龄朱次琦闻之极为愤慨："派员往英之事，何辱国至此？朝廷可谓无人！李相身系安危，先自屈辱，损中国之威，长外人之气，天下何望矣！回忆咸丰之事，喋血郊园，盟于城下。乘舆出逊，晏驾不还。《公羊》所谓百世之仇，无时焉而可与通也。今重有此大辱之事，此志义之士，所以言念国耻，当食而叹。中夜愤悱，誓心长往，终已不固者也。"①

光绪七年（1881），朱次琦病重。其自知来日无多，所著新稿尚未脱手，定稿尚需时日，于是决定将手稿及已经镂刻成型的著述全部焚毁。他说：

> 天下无我是书，而教化遂以陵夷，人心遂以熄绝，则其书必当存也；天下无我是书，而教化无大损，人心未至灭，则先圣先哲之遗书俱在，循而行之，大道可宏，生民可救，则何必以著作衔世乎！②

光绪七年夏六月，两广总督张树声与广东巡抚裕宽，以朱次琦"讲明正学，身体力行，比闾族党，熏德善良"③之品谊联名上奏朝廷，请予奖掖。秋七月，光绪帝颁诏赐给他五品卿衔。朱次琦不久即患病，到十二月十九日去世，终年 75 岁。其卒后，清廷"行省两院以下皆祭，国史馆立传"④。

朱次琦的教育思想萌发于国难深重之时，他呼唤志义之士的奋起，因而十分强调以实学育士，以复兴孔学来扭转当时颓败的士风学风。

二、"应天下国家之用"的讲学观

朱次琦开办礼山草堂，明白宣示他的办学主张："孔子曰：德之不修，学之不讲，是吾忧也。吾今为二三子告蕲至于古之实学而已矣。学孔子之学，无汉学，无宋学也，修身读书，此其实也。二三子其志于

---

① 朱次琦：《论派员往英事》，《朱九江先生集》卷六。

② 康有为：《朱九江先生佚文序》，陈永正编：《康有为诗文选》，广州：广东人民出版社 1983 年，第 584 页。

③④ 简朝亮：《朱九江先生年谱》光绪七年，《朱九江先生集》卷首之二。

斯乎！”[1]

朱次琦弃政从教，深感天下人才已被空疏无用的学风所浸染，已被科举虚名所利诱，所学不实，所用不公。他悲愤地说：“方今士习日漓，根柢锐薄。”他看到社会人才严重断层，青黄不接，风气颓废，他说：“海内耆髦硕生翳然将近，后生不见老成，即聋从昧，将谓读书学仕不过尔尔，甚可悼叹！”[2]

士风学风之败坏，朱次琦认为晚明王学的流弊当是重要原因。晚明阳明一派的心学以玄思妙想代替读书践迹，带来了社会不重视读书的不良风气。他指出：“中明阳明王氏倡致良知之说，不求诸事而求诸心，由是心学盛兴，波荡天下，三四百年余风未殄，可谓烈矣。”[3]

心学流弊的要害在于鼓动人们不读书。他说：“明姚江之学，以致良知为宗，则攻朱子之格物。乾隆中叶至于今日，天下之学多尊汉而退宋，以考据为宗，则攻朱子为空疏。一朱子也，而攻之者乃相矛盾。”他们攻击朱熹读书格物之理论，却与他们本身学习的事实不符，自相矛盾。他以陆九渊为例：“陆子静，善人也。未尝不学，然始事于心，不始事于学，而曰：‘六经注我，我注六经’，虽善人乎，其非善人之道也。”[4] 陆九渊明明是靠读书而获得知识，却向人们鼓吹他是“始事于心，不始事于学”，害人不浅。

他又以王守仁为例：“王姚江讲学，讥朱子读书，曰：‘致良知可也。’学者行之，流弊三百余年。夫良知良能，皆原孟子，今举所知而遗所能。夫既不读书，何以致良知也？不读书而致良知，宜乎姚江不以佛氏明心为非也。此心学之弊也。……昔者姚江谪龙场释，忆其所读书，而皆有得。姚江之学，由读书始也。故其知且知兵，其能且能御乱。”王守仁的知与能皆得之于读书思考，却鼓吹其求之于心，以致流弊三百年。

---

① 简朝亮：《朱九江先生年谱》咸丰八年，《朱九江先生集》卷首之二。

② 朱次琦：《答王菉友书》，《朱九江先生集》卷七。

③ 朱次琦：《格物说跋》，《朱九江先生集》卷六。

④ 简朝亮：《朱九江先生讲学记》，广东省南海市政协文史和学习委员会：《南海文史资料》第二十七辑（1995），第94页。

他还以陈献章为例：“陈文恭之学，非不宗朱子也。文恭自谓于古圣贤之书无所不读也。其诗曰：吾道有宗主，千秋朱紫阳。此其所由入德也。”但是他的读书与教书却两样对待：“文恭之学，读书而静养，朱子所法乎孔子者也。文恭之教，使读者端坐澄心，未读书而静养，则所养者，未必端倪之正也，非朱子所法乎孔子者也。”①

所以，正是这些思想家们罔顾事实，黑白颠倒，将孔子以来强调读书修身的传统全然抛弃，带来了士风学风的颓败。

朱次琦还认为，士风学风的败坏又与当朝的考据学有关。清朝以降，考据学的盛行，使知识支离破碎，导致百年来的汉学仅仅精于考据，而没有发明义理，唤醒世人，这是世道衰败的原因，更导致了人才缺乏。他说：“纪文达汉学之前矛也，阮文达汉学之后劲也。百年以来，聪明魁异之士多锢于斯矣。呜呼！天下所以罕人才也。”

士风学风败坏的第三重原因，朱次琦指向了科举选拔制度。清朝科举考试以八股取士，使学子不务实学，仅仅钻研八股时文，不读书，徒慕科名。有乡党登科，来见朱次琦，十分得意地说：“予幸登科，假他国学生名也，溢予若干岁。”朱次琦“心贱之”，讽刺他说：“斯不独必得其名，抑且必得其寿。”② 冒名顶替，不以为耻，反洋洋得意，这就是当时所谓人才的一个写照。朱次琦对此十分痛心，他说：“今之子弟所志者，科名而已。所力者，八股、八韵、八法而已。故今之所谓佳子弟，皆古之所谓自暴自弃之尤者也。”③

科举的选拔制度又加重了对人才的坑害。朱次琦看到，在当时的选拔制度下，“生平旧游多抑塞之士”。科举考试制度层层关卡，中额有限，加之无望的“需次”等待，导致人才难出。朱次琦以其家乡为例，从1839年至1867年，其家乡共出举人23名，中进士5名，以赀入仕者才2人。这些有为之才或泛游江海，等待授官；或卧家不出，空度岁月，其

---

① 简朝亮：《朱九江先生讲学记》，广东省南海市政协文史和学习委员会：《南海文史资料》第二十七辑（1995），第94页。

② 简朝亮：《礼山纪闻》，《朱九江先生集》卷十。

③ 简朝亮：《朱九江先生年谱》咸丰八年，《朱九江先生集》卷首之二。

中有“需次”13年而逝者。朱次琦感慨地说：“壮佼之夫，忽忽奄就，颓暮而逝者，已不可作矣。是为一世人材惜，而世道之感当何如也。”①

士风学风之败坏根本是由不读书所引起，因此，朱次琦十分强调读书的重要性。他强调，读书不是图虚名，更不是图科名，他指出：“读书者何也？读书以明理，明理以处事，先以自治其身心，随而应天下国家之用。”②

他认定：“读书者，格物之事也。”格物何也，格制度典章之物，格天下国家之物，格经世致用之物。不读书何以格物，何以长“应天下国家之用”的本领。朱次琦举范仲淹、孙承宗等人读书之例：“昔范希文以先忧后乐为己任，读书长白寺垂十年，画粥而餐，断齑而食，雪案无寐，燔败叶自温。孙高阳作诸生，授书关外，年四十矣，布衣徒步，往来飞狐倒马间，数从塞下老兵，问厄塞险易、士马强弱之数。是二君子者，伏则泥潜，出则霆震，发皇耳目，惊爆天下，非偶然也。”这两人没有当年的“泥潜”读书，何来“出则霆震，发皇耳目，惊爆天下”的用世伟绩。所以朱次琦告诫学生：“周公之上圣，日读百篇；孔父之多能，韦编三绝。学者殖也，不殖将落。”③ 所谓殖者，培植也，积累也。平时只有多下功夫，用时才有施政之才。

朱次琦这样要求学生，其实他自己也是如此。他到山西赴任，在需次期间，深知吏事之难，他说：“涉历吏事，深知此事之难，且暗悼迩来讲究此事之人之鲜，人人以一官样作官，民生何以赖！”只要你不愿“以一官样作官”，那就要赶紧读书充电，“故于武备、仓储、河渠、地利诸书，不得不重加搜索，有可借者无不往借，至无可借处，犹出候补勉强之钱购之也”④。

朱次琦著述也是如此。简朝亮评价其师著述的态度时说：朱次琦“凡七书而自谓于儒宗性学，发之而为政术，尚之而为风俗，得失虽微，

① 朱次琦：《廖南屯墓志铭》，《朱九江先生集》卷九。

② 简朝亮：《朱九江先生年谱》咸丰八年，《朱九江先生集》卷首之二。

③ 朱次琦：《抵山西寄兄弟书》，《朱九江先生集》卷七。

④ 朱次琦：《寄伯兄书》，《朱九江先生集》卷七。

即于中国人伦之大，天下强弱安危所存者，则尤属意而不敢草草焉”①。不敢草草，即坚持实事求是，坚持经世致用。朱次琦说：“著述非为名也，吾书倘成，愿少裨天下，虽吾名不传，无憾也。”②

面对时代和学术之变，朱次琦意欲回归孔学传统。他以教育为阵地，立志像朱熹那样，使孔子之道，大著于天下。他说：“呜呼！孔子殁而微言绝，七十子终而大谊乖，岂不然哉！天下学术之变久矣。今日之变，则变之变者也。秦人灭学，幸尤未坠。汉之学，郑康成集之。宋之学，朱子集之。朱子又即汉学而稽之者也，会同六经，权衡四书，使孔子之道，大著于天下。宋末以来，杀身成仁之士，远轶前古，皆朱子力也，朱子万世之师也。”③

继往开来，历史的接力棒又传到了朱次琦之手。他意欲弘扬数千年儒家崇尚“内圣”的传统，力图回归孔学，以向社会张扬儒学之正统。庄重的使命感就这样激励着朱次琦，他说：“窃惟自古沴芬之会，元黄戈马之秋，天命民彝必不可以一朝绝。不绝则宜有所寄，寄斯钜者，宜在修学好古之儒。”④ 面对现实，更面对未来，他豪迈地说：“男儿自有千秋业，堪笑平生志大魁。”⑤

三、德性“四行”的修身观

要树立“应天下国家之用”的志向，根本的是要加强修身。修身须从何处着手，朱次琦强调：“修身之实四，曰惇行孝弟，崇尚名节，变化气质，检摄威仪。”⑥

修身之重要，自孔子以来既为传统。集两千年学术之流变，各代教育家、思想家皆架屋建瓴，著述繁多，朱次琦总结前人修身理论之精华，自“惇行孝弟”起步，经“崇尚名节”“变化气质”，至“检摄威仪”收尾，建构了一个由内向外全方位修身的道德实践体系。他将自孔子以来

---

① 简朝亮：《朱九江先生集序》，《朱九江先生集》卷首之一。
② 简朝亮：《朱九江先生年谱》光绪七年，《朱九江先生集》卷首之二。
③⑥ 简朝亮：《朱九江先生年谱》咸丰八年，《朱九江先生集》卷首之二。
④ 朱次琦：《去襄陵后答王棻友书》，《朱九江先生集》卷七。
⑤ 朱次琦：《书赵瓯北年谱》，《朱九江先生集》卷一。

数千年儒家关于道德修养的理论，提炼出这四个环节，既自成体系，也有利于实践。而贯穿其中的则是重在实行，这是“四行”之精髓。

首先看“惇行孝弟”。孝弟乃是立身之本，修身之始。经两千多年的习染，孝弟一词已成人们熟稔的口头禅。但朱次琦在这里讲的“孝弟”修养，重点是落在“惇行”二字上。朱次琦认为：“今之学者，其闻古之孝弟，则曰吾心固如此也，其事则不能矣。及其有失也，则曰事如此，吾心不如此也。然则汝心则是，汝事则非，孰使汝心不能达于事邪？抑汝心未诚耳。诚以行之，如古之孝弟也，家人且化焉。”① 就是说，孝弟之表现绝不能只停留于一种意念上，对古人的孝弟行为不能仅仅表示一种感动，而必须践履，必须达于事，诚以行之。否则就是“心”是“事”非。

孝弟之实，朱次琦举了两个例子，来强调孝弟的“惇行”。一个是守孝。守孝3年本是儒学的传统，但在科举功名的诱惑下，有些士子在守孝期间却居留学校温习备考。朱次琦气愤地说：“居父母之丧，不可以居讲院也。功令之所严也，然后知之者罕也。哀哉！”另一个例子是乡人扫地北。扫地北工作艰苦，生活并不富裕，然尽力让其弟生活舒适。其弟则“食兄之力嘻嘻乎，皤腹而游”。其妻告诸扫地北，扫地北劝阻其妻，维护了家庭和睦。朱次琦称赞道：“扫地北，一市人耳，不爱千金而爱其弟，有能使家人之相爱也。孟子曰，是乃仁术也。”②

其次看“崇尚名节”。朱次琦说：“孝经曰：立身行道，扬名于后世，以显父母。立身也者，名节之谓也。”立身之实，在于名节。名节之立，在于养浩然之气。正气之养，在于自立。早在南沙陈氏宾馆设教时，朱次琦就对学生要求说：“处子耿介，守身如玉，谷暗兰薰，芳非自远。”③设学礼山草堂后，朱次琦又再次强调：“今天下之士，其风好利而鲜名节，二百年于兹矣！学者不自立，非君子人也。昔者伊尹辨谊，武侯谨

①② 简朝亮：《朱九江先生年谱》咸丰八年，《朱九江先生集》卷首之二。

③ 简朝亮：《朱九江先生年谱》道光二十二年，《朱九江先生集》卷首之二。

慎，辞受取与，出处去就之间，昭昭大节，至今照人，如日月之在天也。”①

自立之难，在于社会上诱惑太多。例如奢华享受，许多官员趋之若鹜，特别是“形民之力而醉饱，而恶可至于滔天。故自来名臣德行建树不必一途，要无不本于淡泊”②。例如科举虚名，常常使人不择手段，朱次琦则认为：“科名不足以重人，当自树立，则人重科名尔。”况且，名节之立非一日之功，需长期涵养，朱次琦说：“士之于名节也，终身之力，岂一日之幸乎？”他举例说明，宋代卢秉谒蒋堂，坐池亭。蒋堂曰：亭沼麤适恨，林木未就尔。卢秉曰：亭沼如爵位，时来或有之。林木非培植，根株弗成大。朱次琦说这个意思“似士大夫立名节也”。③

再次看“变化气质”。变化气质乃是宋代理学家所提倡。宋代理学家指出，形而后有气质之性，学以反之则天地之性存焉。所谓学以反之，就是变化气质。朱次琦举例：“朱子称吕伯恭变化气质，何哉。伯恭之少也，性暴怒，及读《论语》曰：躬自厚而薄责于人，遂自克也，朱子称之，将以告吾学者也。”④ 所以变化气质是性理涵养内敛的修行功夫，关键靠自克。“能自克而胜气质，则刚柔济事，是攸好德也；攸好德则宜在五福。不能自克而气质胜，则刚柔害事，是弱也。弱则宜在六极。此学者之元龟也。”⑤所以朱次琦强调：“读书自克，吾学者之事也。”他举例说：“西门豹性急，佩韦，以自缓；董安于性缓，佩弦，以自急。”这些都是学者自克的例子。而相反，他指出：“吾宦晋所知者，有王令性急，五板即杀人也，人称之曰王五板；有阴令性缓，三年不浣衣也，人称之曰阴三年。呜呼，若二令者，不自治而治人邪？”⑥

最后看“检摄威仪”。检摄威仪强调的是外在仪态，其本质则是内在精神的外显。朱次琦指出：“今之学者，辄曰不羁威仪，鲜自力。诗曰：‘不吊不祥，威仪不类’，言亡国征也。以言学者，亦亡身征也。故鬼幽

①⑤⑥ 简朝亮：《朱九江先生年谱》咸丰八年，《朱九江先生集》卷首之二。

② 朱次琦：《淡泊斋记》，《朱九江先生集》卷六。

③④ 简朝亮：《朱九江先生讲学记》，广东省南海市政协文史和学习委员会：《南海文史资料》第二十七辑（1995），第100页。

鬼躁，管辂犹觇之矣。”[1] 况且，士大夫都是要担当国家大任者，“宰相者，士之所为尔。无威仪，虽与之宰相，非其器也”[2]。

朱次琦十分看重“四行”的效用，这是之所以为君子的基本素养。他所欣赏的君子形象，伟岸自立，光明磊落，他在一封信中说：

> 君子立身行事，昭昭如日月之明，离离若星辰之行，微特较然不欺其志而已，安能随波靡，犯笑侮，招逆亿，以察察之躬为当世所指目耶?[3]

其山西弟子王璲就从老师身上看到了这么一种形象：“先生之学，平实敦大，不涉丛碎，亦不为性命高谈。居家则孝友，居官则惠慈，以及物为功，以忘己为大，以无欲为至，器量宏邃浑浑然。喜怒不形，当辞受取与，去就之交，则介然有执，处众中尤简重。及夫谈经，大略则授证古今，会文切理，鸿鬯疏析，听者心目为开。”[4]

四、读书“五学”的治学观

朱次琦认为修身非空言所能奏效，他强调：

> 修身者不读书不可也。读书之实五，曰经学、史学、掌故之学、性理之学、辞章之学。夫经明其理，史证其事，以经通经则经解正，以史通经则经术行。掌故者，古今之成法也。本经史之用以参成法，则用法而得法外意矣。性理，非空言也。易曰，翰音登于天，何可长也。性理者，所以明吾学之大，皆吾分也。用之无所骄，不用无所谦。古来才大而器小，或矜伐自用，若管仲、姚崇、李德裕、张居正者犹讥焉。吾以为性理之书谊如懿戒，足以自箴矣。欧阳氏曰：“文章至于润身，政事可以及物。”夫信以文章非及物者乎。君子之学，以告当世，以

---

① 简朝亮：《朱九江先生讲学记》，广东省南海市政协文史和学习委员会：《南海文史资料》第二十七辑（1995），第93页。

② 简朝亮：《朱九江先生年谱》咸丰八年，《朱九江先生集》卷首之二，

③ 朱次琦：《抵山西寄兄弟书》，《朱九江先生集》卷七。

④ 王璲：《稚圭先生画像》，《朱九江先生集》卷十。

传来者，书以明之，诗以歌之，非文章不达也，皆及物者也。孔子曰，言之无文，行而不远。南宋而后，古文之道浸衰，天下必当有兴者，二三子其志于斯乎！①

“五学”之论，重在用世，是朱次琦实学理论的重要组成部分。其弟子简朝亮在谈到朱次琦临终焚书稿时说：“先生之学，志于用世，始不欲以著述竟其才。既不可得，终无自逸，庶几乎文章报国之衰，其于儒先。著述常称《大学衍义》《资治通鉴》《三通》《日知录》诸书，为其多实用也。”② 这里强调了朱次琦对取舍理论著述的价值取向，即实用一条。对程朱理学的青睐，是因为“程朱讲明性道之功，所以扶天纲，立人纪，追配孔孟，而与天地无终极也”③。对顾炎武的尊崇，是因为“顾亭林读书亡明之际，抗节西山，《日知录》遗书，由体及用，简其大法，当可行于天下，而先王之道必不衰”④。对《资治通鉴》的重视，是看到“《资治通鉴》，史学之大用也，虽百世可为王者师矣”⑤。根据这个价值取向，我们可以比较深入地认识朱次琦在讲学中的“五学”意义。

“五学”要达到致用的目的，关键在“通经”。所谓通经，即“五学”是个整体，不可将其分割。他强调：“通经将以致用也。不可以执一也，不可以嗜琐也，学之而无用者，非通经也。”⑥正由于这一观点，朱次琦对学海堂设置专课肄业生制度持反对态度，这是他前不应学海堂专课肄业生之举、后不应学海堂学长之聘的根本原因。他说：“经谊所以治事也，分斋者歧矣！经学者所以名儒也，分门者窒矣！”朱次琦举例说：“传云《易》有圣人之道四焉：以言者尚其辞，以动者尚其变，以制器者尚其象，以卜筮者尚其占。是故后之易家执其一焉，则贼也。”⑦

故此，朱次琦对“五学”关系的强调，就意在突出其整体性。“五学”首重经学。朱次琦指出：“六经者，古人已然之迹也。六经之学，所

---

①⑤⑥⑦ 简朝亮：《朱九江先生年谱》咸丰八年，《朱九江先生集》卷首之二。

② 简朝亮：《朱九江先生年谱》论，《朱九江先生集》卷首之二。

③ 朱次琦：《答吴澄溥同年书》，《朱九江先生集》卷七。

④ 简朝亮：《朱九江先生讲学记》，广东省南海市政协文史和学习委员会：《南海文史资料》第二十七辑（1995），第94页。

以践迹也。践迹而入于室，善人之道也；所谓深造之以道，欲其自得之也。”[①] 六经乃古人之践迹，即从中可窥见古人之道。六经既是古人形而上之创，也是古人形而下之践，是古人理论与实践结合的结晶。朱次琦对六经做此强调，是要突出学经重践履的致用思想。

经学之后是史学。朱次琦说：“史之于经，犹医案也。”[②] 经史同源，故经史并重，尊经而不轻史。他说：“《书》与《春秋》，经之史，史之经也。百王史法其流也。正史纪传，《书》也；通鉴编年，《春秋》也。以此见治经治史不可以或偏也。”[③]经史密不可分，史可证经，经可佐史，互为体用，故学者宜经史兼习，方可收“学以致用”之效。

掌故之学又为史之旁支。朱次琦说：“掌故之学至赜也，由今观之，地利军谋，斯其亟矣。”[④] 掌故之学之所以被他誉为“至赜”，乃因掌故之学中含有历代之典章政令、乡里人物之故实、生民之风俗习惯、山川之地利军谋。这些知识不仅有资于文献，而且可以经世致用。朱次琦认为掌故之学全在《九通》，他指出：“《九通》（杜佑《通典》、郑樵《通志》、马端临《文献通考》、续三通、清朝三通），掌故之都市也。士不读《九通》，是谓不通。”[⑤] 但是掌故之学必须要与经史之学结合起来，他认为：“知掌故而不知经史，胥吏之才也。”[⑥]

至于性理之学，朱次琦将其视之“谊如懿戒，足以自箴矣”。上文中他所列举的管仲、姚崇、李德裕、张居正等人，虽在历史上有革除弊政之作为，但他们的“性理”修养还欠火候。要么“才大而气小”，要么“矜伐自用”，达不到“用之无所骄，不用无所谦”的涵养。所以朱次琦强调性理之学仍为学习古人践迹的重要内容，他说：“古无所谓理学，经

---

① 简朝亮：《朱九江先生讲学记》，广东省南海市政协文史和学习委员会：《南海文史资料》第二十七辑（1995），第94页。

②③⑥ 简朝亮：《朱九江先生年谱》咸丰八年，《朱九江先生集》卷首之二。

④ 简朝亮：《朱九江先生讲学记》，广东省南海市政协文史和学习委员会：《南海文史资料》第二十七辑（1995），第120页。

⑤ 简朝亮：《朱九江先生讲学记》，广东省南海市政协文史和学习委员会：《南海文史资料》第二十七辑（1995），第98页。

学即理学也，顾氏之言是矣。虽然，性理诸书，剪其繁枝，固经学之佐也。”①

辞章之学则是以上四学的表征。文乃是传义之具，言之无文，行之不远。朱次琦指出，为文须以人格为基础，须以传义为宗旨，他说：“人有乡党自好之人，文亦有乡党自好之文，君子不为也。”他对韩愈之文笔甚为推崇：“韩子读三代两汉之书，志其谊，法其文，文成古文，谊求古谊也，学者为文，志过其师，乃及其师，故学文不徒自韩子始，韩子以来，名家辈出，皆有可师，然莫如韩子。”②

由此看来，朱次琦所提倡的“五学”，以经世致用为主线，以经学、史学为基础，以掌故学、性理学、辞章学为旁支。“经史之宜通掌故，而服性理焉。如是，则辞章之发也。”③ 朱次琦此论，构建了一个完整的传统文化知识体系。朱次琦将对朱熹理学和顾炎武经世实学的整合，最终以“五学”展现出来，并以“五学”实现回归孔学。

既如此，在教学中，朱次琦坚持以六艺养料培养学生的综合素质，他指出：“古之学者，六艺而已。于《易》验消长之机，于《书》察治乱之迹，于《诗》辨邪正之介，于《礼》见圣人行事之大经，于《春秋》见圣人断事之大权。”又说：“孔子以《诗》、《书》、《礼》、《乐》教弟子，盖三千焉，深通六艺者七十有二人。孔子曰，皆异能之士也。是故，六艺之学不可无序。”

从康有为的学习经历中，我们也能看到朱次琦在礼山草堂教学内容的整体性。康有为后来说他在礼山草堂大肆力于群书，攻《周礼》《仪礼》《尔雅》《说文》《水经》之学，《楚辞》《汉书》《文选》、杜诗、徐庾文，皆能背诵。康有为的这个读书内容，也从一个侧面反映了朱次琦教学内容的整体性。

---

① 简朝亮：《朱九江先生讲学记》，广东省南海市政协文史和学习委员会：《南海文史资料》第二十七辑（1995），第98页。

② 简朝亮：《朱九江先生讲学记》，广东省南海市政协文史和学习委员会：《南海文史资料》第二十七辑（1995），第99页。

③ 简朝亮：《朱九江先生年谱》咸丰八年，《朱九江先生集》卷首之二。

朱次琦在家塾教育中的主张也体现了这个原则。他要求其家族每年四月在祠堂举行背经之会，对族内15岁以下儿童的背经内容，他仿效唐代选举志做法，以《礼记》《左传》为大经，《诗》《周礼》《礼仪》《尔雅》为中经，《易》《书》《公羊传》《谷梁传》为小经。在塾学的平时教学中，他要求月课以“覃精经史、博通掌故、讲求吏治、修述辞章”为标准，仿照阮元在“诂经精舍”“学海堂”做法“厚给膏火”。[1]

由此看来，朱次琦提出的“四行”“五学”教育主张，是一个颇为完整的教学内容体系，从中又贯穿着一种治学精神。这种治学精神以通经治学求“内圣”，以经世致用达“外王”，体现了一种学术精神由内向外的张扬。

朱次琦的教育思想在当时之所以能够脱颖而出，正适应了晚清经世致用思潮在人才培养上的需要。清朝盛行的考据学风给人才培养所带来的流弊，至乾、道时期已得以充分显露。龚自珍所发出的“我劝天公重抖擞，不拘一格降人才”，实际已经吹响了晚清教育改革的号角。朱次琦凭借岭南道德实践之学与经世实学的传统，推动着程朱理学的再兴和顾炎武经世实学的传播，提出了“四行”“五学”的教育主张。这对于纠正当时弥漫社会的空疏学风，恢复孔子所倡导的教育传统，确实具有补偏救弊的积极效应。

但是，朱次琦毕竟处于一个新旧交替的近代化进程之中，他的以复古为创新的思考逻辑使他的新思路只能停留在对传统儒学的自我调整。他对当时社会格局和文化格局的一无所知，导致他的“四行”“五学”思想难以满足正在变化着的社会需要，以致他的教育思想最终成为传统教育变革中的一声绝响。

① 朱次琦：《朱氏捐产赡族斟酌范氏义庄章程损益变通规条》，《朱九江先生集》卷八。

第二节 陈澧的教育思想

陈澧（1810—1882），因其所读书处曰东塾，人称东塾先生，先后受聘为学海堂学长、菊坡精舍山长。陈澧是晚清岭南地区公认的学术界领军人物，著名的理学家、教育家。他的学术思想及教育活动影响了一大批的学者，形成了具有广东特色的东塾学派，其学宗汉学，但主张摒弃门户之见，调和汉宋，其著述达116种之多，著名者有《东塾读书记》《汉儒通义》《声律通考》等。上海古籍出版社2008年出版《陈澧集》。

一、陈澧的教育实践活动

陈澧祖籍江苏江宁（今南京），在他的祖父时代，一家人迁移到广东。其父因广东户籍没有办好，不能参加科举考试，后来通过捐纳买得一个知县。1810年，陈澧出生在广州城木排头。7岁开始到私塾读书，学习《论语》、唐诗等。他自幼聪敏，9岁已经能够写诗作文。10岁父亲去世，始读家藏《通鉴》，日课一卷，一年而毕。

道光三年（1823），14岁的陈澧首应童子试，未中。道光七年（1827）再试，终于考取为县学生员，次年科试第一，于是补增生，后又补廪生。督学翁心存十分赏识陈澧，命入粤秀书院肄业。在粤秀书院求学时，陈澧与同学杨俊荣、卢同伯、桂文耀为友，极为当时的院长陈钟麟所赏识，时有“杨陈卢桂”之称，号为“粤秀四俊”。在粤秀书院的同时，他积极应试学海堂课。道光十一年（1831），陈澧被县学举为优行贡生。十二年（1832）第三次参加乡试，中举人。

道光十四年（1834），两广总督卢坤在学海堂设立专课肄业生制度，由学长公举10人为首届专课生，陈澧名列其首。按学海堂规定，专课生在《十三经注疏》《史记》《汉书》《文选》《杜诗》《昌黎先生集》《朱子大全》等书中自选一种，进行句读、抄录、评校、著述的研究工作。每位专课生又可在八学长中自主选择一位导师，陈澧先后向张维屏学诗，向侯康学史，向梁汉鹏学数学。25岁起他转入以经史等为主的学术研究，迭出成果，声名遂著。二十年十月（1840 年 11 月），陈澧被聘为学海堂学长。

陈澧的学术爱好十分广泛。十五六岁时曾立志做一个诗人，至 24 岁始放弃，但其学习兴趣依然广泛，小学、音韵、天文、地理、乐律、算术、古文、骈体文、填词、篆隶真行书，无不好也，无不为也。以后将主要精力转入经史领域，他又在《易经》《穀梁传》，以及毛诗、周礼、仪礼、春秋等方面都颇有研究。

但陈澧的科举之路却走得很不顺畅。他在中举后次年，道光十三年（1833）便赴京会试，至道光三十年（1850），陈澧六科会试皆铩羽而归。在这段时间，陈澧“亦教授乡里，假馆僧舍，既讲举业，还读我书”[①]。直到第五次会试落第后，道光二十四年（1844），才由“大挑”获二等，被选授为河源县学训导。按清朝的规定，凡举人参加会试三科以上不中者，可由礼部分省造册，咨送吏部，派王大臣共同拣选，称之为“大挑”。选取者分二等：一等以知县用，二等以教职铨补。陈澧赴任河源训导是在道光三十年（1850）年底，这是在他第六次会试落第之后。但他到任只有 80 多天，便因社会动乱而告病辞职。咸丰元年（1851）年底，陈澧再度赴京，进行会试的第七次冲击。但次年春闱的结果依然是那么冷酷无情。42 岁的陈澧在饱尝了近 30 年科场的辛酸苦涩之后，自此绝意科场，潜心学术研究。

陈澧在回顾这段经历时说：“澧于癸巳岁会试入都，人谓宜得一甲翰林，澧则愿得县令，或有益于一方。及屡试不中，大挑又不得县令而得教官，然亦未尝不乐，以为不能治民犹可以教士，天下治乱未有不由士习而起者。及选授河源训导，则盗贼遍地，不可一朝居。而当事者不问，遂告病而归。未几而河源令遂为贼捉去矣。是年复北上会试，以皇上初政，欲得一第，或可以自效。澧真非不欲出者，而又不中，至是而始有

---

① 陈澧：《答杨香书二首》，黄国声主编：《陈澧集》第一册，上海：上海古籍出版社 2008 年，第 443 页。

不出之意也。”[①]

咸丰年间，广州处于内忧外患之首冲，先有天地会红巾军围攻广州，后有英法联军攻陷广州。陈澧率家人四处避难，咸丰七年（1857）十一月，他举家避难于南海县横沙村。这一时期又遭遇儿女夭折之厄运，给陈澧以沉重打击。痛定思痛，“深夜自思，天只使我读书，置之于孤穷之境。书卷不得多，朋友不得多，甚至儿子稍知读书识道理者亦夭折之，买书之地焚烧之，买书之钱匮乏之，呜呼，穷哉！然安知非造物玉成之乎”[②]。

确实如此，这段艰苦的日子成为陈澧学术研究的重要转折时期。陈澧的学术思路早年受以学海堂为代表的广东朴学风气影响，热衷于训诂考据的汉学思路。但以考订校雠见长、脱离社会现实的考据之学至道光以后，已很难适应变革社会的需要了。陈澧在经历了鸦片战争、太平天国、英法联军陷广州等一系列事件后，也深感考据学的烦琐芜杂、不重义理、支离迂腐等弊端，于是开始探寻如何调和汉、宋，将义理、考证合而为一的学术思路，以求致用。这一时期他所撰著的《汉儒通义》，便是其新的学术道路的起点。

咸丰十一年九月（1861 年 10 月），英法侵略军撤出广州。学海堂立即恢复四季考试，并加紧修葺被战火焚毁的学海堂。同治二年（1863）冬，学海堂诸位学长齐集修葺一新的学海堂，置酒欢庆，并各赋诗为记。陈澧赋诗云：“劫火焚书似祖龙，秋天破屋又颠风。定知俎豆馨香在，不遣丹青户牖空。新竹喜看千个活，故人难得一樽同。酒边欲乞河东笔，署我山堂种树翁。”[③]

同治四年（1865），应两广总督瑞麟、广东巡抚郭嵩焘之聘，陈澧与

---

① 陈澧：《与黄理崖书》，黄国声主编：《陈澧集》第一册，上海：上海古籍出版社 2008 年，第 164 页。

② 陈澧：《东塾杂俎》卷十四，黄国声主编：《陈澧集》第二册，上海：上海古籍出版社 2008 年，第 746 页。

③ 陈澧：《题古樵学海堂重开对酒图》，黄国声主编：《陈澧集》第一册，上海：上海古籍出版社 2008 年，第 593 页。

学生赵婴齐等人进入广东舆图局，测绘广东省全图。他们搜集大量资料和数据，绘制成《广东图》20 卷及资料详尽的《广东图说》90 卷，在当时全国处于绘图学的领先地位。

同治六年（1867）秋，广东巡抚蒋益澧和两广盐运使方浚颐将越秀山之长春仙馆改建为菊坡精舍，聘陈澧为山长。陈澧仿学海堂教士之法，稍加损益，标示菊坡精舍的办学宗旨："时以书院多课时文，此当别为课。澧既应聘，请如学海堂法，课以经史文笔。学海堂一岁四课，精舍一岁三十课，可以佐之，吾不自立法也。每课期诸生来听讲，澧既命题而讲之，遂讲读书之法，取顾亭林说，大书'行己有耻，博学以文'二语，褐于前轩，吾不自立说也。因而申之曰：博学于文，当先习一艺。韩诗外传曰：好一则博，多好则杂也，非博也。又申之曰：读经史子集四部书，皆学也，而当以经为主，尤以'行己有耻'为先。"①

同治七年（1868），广东巡抚蒋益澧和两广盐运使方浚颐又开广东书局，聘陈澧总司校雠事宜。陈澧对此项工作十分热心，他在《与郑小谷书》中说："当道属弟司其事，此难得之盛举，故乐此不疲。"② 他依托菊坡精舍师生的力量，在短期内便重刊、辑刊了《钦定四库全书总目》200 卷、《钦定四库全书简明目录》20 卷、《十三经注疏》346 卷、《通志堂经解》1 792 卷、《古经解汇函》附《小学汇函》283 卷等大部头书籍。与此前后，又主持了学海堂的刊刻和辑刊学术经典著作。如补刊《皇清经解》1 408 卷和《广东通志》334 卷、《经典释文》30 卷、《通典》200 卷、《续通典》144 卷、《皇朝通典》100 卷、《学海堂丛刻》29 卷。这些刊刻成果标志着广东出版业进入全国先进行列。

丰硕的教学与著述成果，使陈澧在全国学术界崭露头角。《国史儒林传采进稿》中说："为学海堂学长数十年，至老为菊坡精舍山长，以经史及汉魏六朝唐宋诗文教士，与诸生讲论文艺，勉以笃行立品。听者数十

① 陈澧：《菊坡精舍记》，黄国声主编：《陈澧集》第一册，上海：上海古籍出版社 2008 年，第 96 页。

② 陈澧：《与郑小谷书》，黄国声主编：《陈澧集》第一册，上海：上海古籍出版社 2008 年，第 483 页。

人，十余年如一日。士人出其门者，率知束身修行，成就甚众。”① 流芳所被，竟酿成广东特色的学术群——东塾学派。有学者评价：“东塾学派的形成，提升了广东学术界的整体地位和知名度，将清后期广东学术水准推至巅峰。”②

晚年的陈澧身体每况愈下，但他仍然坚持学术创作。其《东塾读书记》就定稿、刊刻于这一时期。光绪六年（1880），他在给弟子的信中谈道：“所著《读书记》，刻成九卷，惟《三礼》及郑学各书，取材既博，用力倍劳，不知今年能写定否?”③

光绪七年（1881），两广总督张树声、巡抚裕宽以陈澧与朱次琦耆年硕德、学行纯笃，上奏朝廷请求褒奖。秋七月，朝廷奉上谕：“朱次琦、陈澧均著加恩赏给五品卿衔，以为积学敦品者劝。”这是陈澧一生中唯一一次享受到的官方正式褒奖。

光绪八年（1882）正月，陈澧在广州病逝，享年 72 岁。遗体葬于广州大东门外大蟠龙冈。事后，陈澧的学生在菊坡精舍西边建起祠堂，专门纪念这位“诲人不倦”的老师，纪念他对教育事业做出的贡献。

陈澧的教学实践活动正处于岭南学术由汉学转向汉宋调和的转型时期，其教育思想正适应了这一转型的需要。他强调以汉宋调和的实学培养人才，以行己有耻的主张端正士习，以通经致用的讲学风格主导教育，在晚清岭南地区倡导起教育改革之风。

二、汉宋调和的治学观

清代学术界的汉学与宋学之争，至道光以后已酿成一股风气。陈澧对这种两相攻讦之格局不以为然，他认为学术研究之目的，不在学派之高下，而在学术之致用。他引《颜氏家训》说：“夫所以读书学问，本欲开心明目，利于行耳。未知养亲者，欲其观古人之先意承颜，怡声下气，

① 《国史儒林传采进稿》，黄国声主编：《陈澧集》第一册，上海：上海古籍出版社 2008 年，第 5 页。

② 李绪柏：《清代广东朴学研究》，广州：广东省地图出版社 2001 年，第 95 页。

③ 陈澧：《与谭叔裕书三首》，黄国声主编：《陈澧集》第一册，上海：上海古籍出版社 2008 年，第 477 页。

不惮劳，以致甘软，惕然惭惧，起而行之也。未知事君者，欲其观古人之守职无侵，见危授命，不忘诚谏，以利社稷，恻然自念，思欲效之也。”①

欲致用，学术研究必须求真求实。然而社会的治学现实却是“读书人难得，假者多，真者少，误者多，不误者少而又少”。怎样才能做到读书不误，陈澧认为，真正的读经应该是认真钻研，勤于思考，以求有益于身，有用于世。他说：“所谓经学者，贵乎自始至末读之、思之、整理之、贯串之、发明之，不得已而后辩难之，万不得已而后排击之。惟求有益于身，有用于世，有功于古人，有裨于后人，此之谓经学也。”②

要达到这样的读书效果，陈澧认为，治学必须下两种功夫：一是考据训诂的功夫；二是寻求义理的功夫。

考据训诂功夫是追求义理的前提与基础，是治学求真求实的基本功。当年学海堂新建书斋，陈澧建议取名“离经辨志斋”。离经者，断句也；辨志者，辨其志欲习何经也。这是求学之始，治学之基。陈澧指出：“涉猎零杂则性情浮躁，此学者之大弊也。夫救天下之弊，必以古法救之。自汉以来，儒者必专治一书。专治一书，必始于章句。其时朝廷每一经置博士，其私家传习者，每一经亦必有师。今诸君子各专治一书，以句读为始，合于古法，积之久，学业必成。”③

陈澧强调，读经首先要掌握先儒之经解，“先儒所解，我知其说。先儒诸家所解不同，我知其是非。先儒诸家各有是，各有非，我择一家为主，而辅以诸家，此之谓经学”④。

陈澧强调，读书要脚踏实地，要勤思考，勤动笔，他说：“一部《论

---

① 陈澧：《东塾读书记》卷二，黄国声主编：《陈澧集》第二册，上海：上海古籍出版社 2008 年，第 19 页。

② 陈澧：《与王峻之书五首》，黄国声主编：《陈澧集》第一册，上海：上海古籍出版社 2008 年，第 179 页。

③ 陈澧：《离经辨志斋记》，黄国声主编：《陈澧集》第一册，上海：上海古籍出版社 2008 年，第 95 页。

④ 陈澧：《示沈生》，黄国声主编：《陈澧集》第一册，上海：上海古籍出版社 2008 年，第 182 页。

语》读毕便非同常人矣。每章依次第读之，不可凌乱，不可间断。心有所得记于书上，心有所疑亦记于书上，将来相见即可质问，此最切实最简易之功。”①

在考据训诂的基础上，陈澧认为治学的下一个功夫就是探寻书中之义理。他指出：“百余年来说经者极盛，然多解其文字而已，其言曰不解文字何由得其义理。然则解文字者，欲人之得其义理也，若不思其义理，则又何纷纷然解其文字乎？”②

陈澧早年致力于汉学的训诂、考据，中年以后逐渐认识到这种烦琐考证以至皓首穷经而终不解世事的学风，于世道并无好处。他说：“盖百年以来讲经学者，训释甚精，考据甚博，而绝不发明义理，以警觉世人。其所训释考据，又皆世人所不能解，故经学之书汗牛充栋，而世人绝不闻经书义理，此世道所以衰乱也。”③ 陈澧看到：“今之人只讲训诂考据而不求其义理，遂至于终年读许多书，而做人办事，全无长进，此真与不读书者等耳。此风气急宜挽回也。”④

要改变这种学风，陈澧认为，就应该提倡读经而求其义理，以义理来弥补汉学的不足。这就是他所主张的调和汉宋，坚持考据、义理合一。他强调：“况近日讲考据训诂者已少乎，但当以义理补其偏耳。”⑤

如何探寻书中之义理？陈澧从《论语》的“吾道一以贯之”中引发，认为所谓义理即是孔子所讲的一贯之道。他说：“澧谓必以一贯为受道，《论语》二十篇中，无夫子告颜子一贯之语也，何以颜子亦受道乎？自言

---

① 陈澧：《复王峻之书五首》，黄国声主编：《陈澧集》第一册，上海：上海古籍出版社2008年，第180页。

② 陈澧：《与黎震伯书》，黄国声主编：《陈澧集》第一册，上海：上海古籍出版社2008年，第178页。

③ 陈澧：《东塾读书论学札记》，黄国声主编：《陈澧集》第二册，上海：上海古籍出版社2008年，第377页。

④ 陈澧：《东塾读书论学札记》，黄国声主编：《陈澧集》第二册，上海：上海古籍出版社2008年，第358页。

⑤ 陈澧：《东塾杂俎》卷十一，黄国声主编：《陈澧集》第二册，上海：上海古籍出版社2008年，第668页。

‘夫子博我以文，约我以礼’，此为受道无疑矣，此即一贯无疑矣。”① 所以，探寻书中之义理，就是要求学生读书要努力寻找构建儒家体系的核心思想，寻找儒家修己治人的精髓。他以读《诗》为例：“《诗》三百者，多学也，博也。一言以蔽之者，约也，一贯也。”②

要探寻到一贯之道，读书必须摒弃浮躁的学风和肤浅的偏见。他看到：“昔时尊宋学，则读汉儒书而不识其深浅；近尊汉学，则读宋儒书而又不识其深浅，皆风气为之也。”③ 那种一叶障目的偏见使人不见学术之真谛：“无学之人不知汉宋时代之不同，但以宋儒多讲道学之语，而汉儒无之，遂以为汉儒不识义理，此不通之极。”④ 但在宋学复起之时，又要特别警惕陆学所带来的空疏学风。他强调说：“汉学风气已渐衰，将来宋学必兴，而人心浅躁，未必能为朱学，必讲陆学。陆学偏驳，其害不小。”⑤

要探寻到一贯之道，陈澧认为要向郑玄那样的汉儒学习。他认为，汉儒因其注疏之功深厚，故其义理之说醇实精博，所以圣贤之微言大义往往而在，后代学者不可忽视。他说：“盖自汉季而后，篡弑相仍，攻战日作，夷狄乱中国，佛老蚀圣教，然而经学不衰，议礼尤重，其源皆出于郑学。即江左颇遵王肃，然王肃亦因读郑君书，乃起而角胜耳。然则自魏晋至隋数百年，斯文未丧者，赖有郑君也。”⑥

要探寻到一贯之道，陈澧还认为应该向朱熹那样的宋儒学习。他说：“朱子好考证之学，而又极言考证之病，其持论不偏如此。盖读书义理与

---

①② 陈澧：《东塾读书记》卷二，黄国声主编：《陈澧集》第二册，上海：上海古籍出版社 2008 年，第 22 页。

③ 陈澧：《东塾杂俎》卷二，黄国声主编：《陈澧集》第二册，上海：上海古籍出版社 2008 年，第 461 页。

④ 陈澧：《东塾杂俎》卷二，黄国声主编：《陈澧集》第二册，上海：上海古籍出版社 2008 年，第 450 页。

⑤ 陈澧：《与徐子远书二十一首》，黄国声主编：《陈澧集》第一册，上海：上海古籍出版社 2008 年，第 454 页。

⑥ 陈澧：《东塾读书记》卷十五，黄国声主编：《陈澧集》第二册，上海：上海古籍出版社 2008 年，第 276 页。

考证，自是两种工夫，朱子立大规模，故能兼之。学者不能兼，则不若专意于其近者也。”① 陈澧强调朱熹之义理阐述根本是来源于考证，所以他列举了朱熹重视读注疏的例证，对当时人讥讽朱熹不重训诂很不满，他说：“朱子自读注疏，教人读注疏，而深讥不读注疏者如此。昔时讲学者，多不读注疏。近时读注疏者，乃反訾朱子，皆未知朱子之学也。”②

所以，陈澧认为，考据与义理于治学本是一个功夫，汉学与宋学本是一家，关键在读书中应抱着求“真好处”的态度，“寻得汉儒真好处，则汉儒之学即圣贤之学矣。寻得宋儒真好处，则宋儒之学，即圣贤之学也”③。

为此，陈澧辑录了《汉儒通义》与《朱子语类日钞》两本书。他希望：“窃冀后之君子，去门户之偏见，诵先儒之遗言，有益于身有用于世，是区区之志也。若门户之见不除，或因此而辨同异、争胜负，则非澧所敢知也。”④

为了更好地指导人们读书，陈澧集自己多年读书之体会，著成《东塾读书记》。此书之体例安排，重视读书的为学之序，以《孝经》为首，继而《论语》《孟子》，次之列《五经》，接着是小学、史学、诸子。也重视汉学与宋学的意义，在书中专列《郑学》《朱子》两卷，强调汉学、宋学“两家本一家”。陈澧希望人们能全面深入学习传统文化，真正掌握圣贤之道的真谛。

为此，陈澧十分推崇韩愈的读书之法。他认为韩愈读书于考据与义理熔为一炉，才有其归宗孟子的见识，才有其汪洋恣肆的文采：“其吟六艺若何？则沈潜乎训义，反复乎句读也。其披百家若何？则识古书之正

① 陈澧：《东塾读书记》卷二十一，黄国声主编：《陈澧集》第二册，上海：上海古籍出版社 2008 年，第 305 页。

② 陈澧：《东塾读书记》卷二十一，黄国声主编：《陈澧集》第二册，上海：上海古籍出版社 2008 年，第 295 页。

③ 陈澧：《东塾读书论学札记》，黄国声主编：《陈澧集》第二册，上海：上海古籍出版社 2008 年，第 381 页。

④ 陈澧：《汉儒通义》，黄国声主编：《陈澧集》第五册，上海：上海古籍出版社 2008 年，第 115 页。

伪与虽正而不至者，知其有醇乎醇者，有大醇而小疵者也。其提要钩元若何？则掇其大要、奇辞奥旨而著于篇也。其作为文章也，有浑浑无涯者，有佶屈者，有谨严者，有浮夸者，奇者，葩者，似《庄》者，似《骚》者，似太史公，似子云、相如者。虽其陶冶镕裁合为一家，而犹可以寻其所自出。至其学既成，而谓观圣人之道必自孟子始，遂驾乎荀、扬之上矣。”①

陈澧的考据与义理合一的治学观，来自于本身的学习经历与体会。他在《复刘叔俛书》中说道：“中年以前治经，每有疑义则解之考之，其后幡然而改，以为解之不可胜解，考之不可胜考，乃寻求微言大义，经学源流正变得失所在，而后解之、考之、论赞之。”② 因摆脱了“解之不可胜解，考之不可胜考”的束缚，陈澧的学习视野才大大拓宽。他说：“少时只知近人之学，中年以后，知南宋朱子之学，北宋司马温公之学，胡安定之学，唐韩文公之学，晋陶渊明之学，汉郑康成之学。再努力读书，或可知七十子之徒之学欤？”③

陈澧希望通过他的治学体会，在社会上倡导一种求真求实的学风，以纠正当前考据学烦琐破碎、华而不实的学问风气。他看到，汉代的郑玄、宋代的朱熹都有着救正其时代风气之功：“郑君之学维持魏晋南北朝之世道，至中唐以后，其道衰微寖绝，直至国朝复知尊信，然而其道未明也。以其名尊之而已。朱子之学维持世道，自宋元至于今日，而衰微寖绝，何时复兴，则吾不得而知矣。”④ 所以陈澧也希望，能通过会通汉宋学术，达到拯救风俗人心的用世效果。

---

① 陈澧：《与周孟贻书》，黄国声主编：《陈澧集》第一册，上海：上海古籍出版社 2008 年，第 156 ~ 157 页。

② 陈澧：《复刘叔俛书》，黄国声主编：《陈澧集》第一册，上海：上海古籍出版社 2008 年，第 167 页。

③ 陈澧：《东塾杂俎》卷十四，黄国声主编：《陈澧集》第二册，上海：上海古籍出版社 2008 年，第 765 页。

④ 陈澧：《东塾读书论学札记》，黄国声主编：《陈澧集》第二册，上海：上海古籍出版社 2008 年，第 368 页。

三、“行己有耻”的修身观

治学的目的在于用世，而用世则有赖于士之修身。陈澧开菊坡精舍，以顾炎武“博学于文，行己有耻”8个字标揭其讲学宗旨，并特别期待：“读经史子集四部书，皆学也，而当以经为主，尤以‘行己有耻’为先。”①

为什么治学要“尤以‘行己有耻’为先”？陈澧曾经谈到自己出仕无望而钟情教育事业的心情时说：“及屡试不中，大挑又不得县令而得教官，然亦未尝不乐，以为不能治民犹可以教士，天下治乱，未有不由士习而起者。”② 坚信天下治乱由士习而起，陈澧从中领悟到一个教育家的责任感和使命感。中年以后，他有感于世事之日非，欲仿照顾炎武《日知录》之体例，将平日读书所感汇成一部《学思录》（后更名《东塾读书记》）。其目的，“读书三十年，颇有所得，见时事之日非，感愤无聊，既不能出，则将竭其愚才，以著一书，或可有益于世。惟政治得失未尝身历，其事不欲为空论。至于学术衰坏，关系人心风俗，则粗知之矣。笔之于书，名曰《学思录》”。他认为这是自己的责任所在，“天之生才，使之出而仕，用也，使之隐而著述，亦用也”③。

虽然顾炎武的《日知录》于经学、史学、吏治、风俗以至博闻掌故无不赅备，而陈澧则对治法不太熟悉，只能专论学术。但陈澧认为还是能够达到用世之目的：“至于治法，亦不敢妄谈，非无意于天下事也，以为政治由于人才，人才由于学术，吾之书专明学术，幸而传于世。庶几读书明理之人多其出，而为政者必有济于天下，此其效在数十年后者

---

① 陈澧：《菊坡精舍记》，黄国声主编：《陈澧集》第一册，上海：上海古籍出版社2008年，第96页。

② 陈澧：《与黄理崖书》，黄国声主编：《陈澧集》第一册，上海：上海古籍出版社2008年，第164页。

③ 陈澧：《与黄理崖书》，黄国声主编：《陈澧集》第一册，上海：上海古籍出版社2008年，第165页。

也。”① 他以此为己任：“通论古今儒学得失，关乎世事盛衰，此生平志业所在。”②

要践履行己有耻，必须要坚持读书与修身相结合的原则。陈澧说：“孟子论天下‘一治一乱’，而曰‘我亦欲正人心’。顾亭林之言，足以畅其旨。其言曰：‘目击世趋，方知治乱之关，必在人心风俗。而所以转移人心，整顿风俗，则教化纪纲不可阙矣。百年必世养之而不足，一朝一夕败之而有余。’亭林在明末，亦一孟子也。”③ 陈澧以此二人为榜样，就是强调士子读书必须要树立振纲纪、正人心、美风俗的志向。

具体的要求，陈澧以自己的读书体会说道：“士人读书，当以《学记》为法，以《孝经》《论语》为根本，各习一艺而博通之，求其有益于身，有用于世。其为人也，以狂为志，以狷为行，不同流俗。其著书也，有宗主，有赞，有辨。其出而仕也，难进易退。进则尽忠匡救，退则安贫乐道。余读书三年，所得者如此而已。”④

具体的榜样，陈澧则对当时广州萝岗村乡民将读书与改善风俗相结合十分赞赏。陈澧看到：“吾粤风俗日坏，贪诈浮薄，愈趋愈下，惟萝岗以农圃为业，风气古朴。”为什么能如此，在于这个小山村始终坚持先祖订立的读书之法：“每岁以正月之望祭之，族人能文章者与于祭，不能者不与于祭。祭毕，命题为文赋诗乃退。世守其法不替。”陈澧强调：“非贵文而贱质也。盖能文必读书，读书必知礼义，为士者率之，为农圃者效之，不敢为悖礼犯义之事，使巨族皆如此，岂有扰乱之患哉。”⑤

---

① 陈澧：《与胡伯蓟书》，黄国声主编：《陈澧集》第一册，上海：上海古籍出版社 2008 年，第 175 页。

② 陈澧：《与杨浦香书》，黄国声主编：《陈澧集》第一册，上海：上海古籍出版社 2008 年，第 164 页。

③ 陈澧：《东塾读书记》卷三，黄国声主编：《陈澧集》第二册，上海：上海古籍出版社 2008 年，第 63 页。

④ 陈澧：《东塾杂俎》卷十四，黄国声主编：《陈澧集》第二册，上海：上海古籍出版社 2008 年，第 759 页。

⑤ 陈澧：《重修萝岗书院记》，黄国声主编：《陈澧集》第一册，上海：上海古籍出版社 2008 年，第 97 页。

鉴于此，陈澧在菊坡精舍的教学中，就很注意将圣贤之道的践履功夫引导到学生的读书、求学实际中。他讲《大学》的“明明德”，十分赞同朱熹的观点，强调所谓明德就是“与民同好恶，而不专其利，乃是其光明正大之德于天下也。光明正大之解，不可易矣”。要真正体悟其中真谛，陈澧要求学生必须遵循朱熹对“明明德”的要求：“朱子云：‘因其所发而遂明之’又云‘因其已新者而日日新之’又云‘因其已知之理而益穷之’，此三言因其示人为学之路，至明至澈。”① 这样就把道德修身落实到了学生的读书、求学的进路之中。

对于《大学》中“八条目”的学习，陈澧也十分重视其践履意义。例如讲解“格物致知”，陈澧强调：“故格物者，兼读书阅历言之也。致知者，犹言增长见识也。凡人欲增长见识，舍读书阅历更无他法。故曰致知在格物也。”② 对“诚意”“正心”，陈澧则强调是读书、求学过程中所需要把握的原则：“‘正心诚意’四字，学问之旨要也。凡争名角胜，颠倒是非，好为高论，强不知以为知者，其心可谓正乎？其意可谓诚乎？著书讲学慎勿忘此四字。读书者，当持此四字以读古今人书。”③ 至于“修身”“齐家”“治国”“平天下”，陈澧亦有言：“圣贤之道，修己治人。然修己若何，治人若何，必求之古圣贤之书然后其事不谬，且彬彬乎有文焉……修己者，诚意，正心，修身也。治人者，齐家，治国，平天下也。求圣贤之书，格物致知也，其事不谬而彬彬有文，至善也。”④ 在这里，陈澧将“行己有耻”具体落实到对“三纲领”“八条目”的践履中，成为学生读书求学的进路、原则与目标。

此外，陈澧将其所录的《朱子语类日钞》作为督促弟子们修身的经典，其中分格物穷理、求学读书、义利、天理人欲等类别，以宋儒之立

①② 陈澧：《东塾读书记》卷九，黄国声主编：《陈澧集》第二册，上海：上海古籍出版社 2008 年，第 172 页。

③ 陈澧：《东塾杂俎》卷十二，黄国声主编：《陈澧集》第二册，上海：上海古籍出版社 2008 年，第 707 页。

④ 陈澧：《东塾读书论学札记》，黄国声主编：《陈澧集》第二册，上海：上海古籍出版社 2008 年，第 379 页。

身制行要求弟子们加强修身："凡经学，要识义理，非徒训诂考据而已。朱子书义理，仆有《语类日抄》五卷，汉儒经注义理，仆有《通义》七卷，皆可为先路之导。"①

另外还有一点值得我们注意，陈澧在重视弟子修身的过程中强调考试的作用。当时取士之法有两种形式：一曰科举，主要以考试为权衡；一曰府州县学的拔贡，荐举与考试结合。有人认为考试有糊名之法，比较公正；而荐举会致夤缘奔竞，容易营私舞弊。陈澧不同意这个观点。他看到举人、进士多文理不通者，而拔贡的文理不通者甚少，原因是："拔贡始举于教官，必尝试高等而无劣迹者，否则惧学政诘责。学政三年一任，其试士也再，又合前任所试以稽其高下。而三年中于士之知名者亦必有闻焉。及教官之举之也一再试，而后拔之，非如乡试、会试以一日之短长而去取之也。且一县而拔一人，苟文行庸劣即不能服一县之士之心，非如乡试、会试可谢以糊名易书，而文字之真伪、素行之善否皆不得而知也。此拔贡之法所以善也。今乡试、会试作弊之案叠见矣。法久弊多，防之不胜防，不若推广拔贡，分其登进之途。"② 陈澧在这里实际强调了对学生平时的考察，只有将平时考察与考试结合，才有利于督促学生加强平时的道德修养。这个观点还是具有价值的。

陈澧不反对科举，他只希望科举人才名实相副，德才兼备，"但谓科第由人重，勿使人由科第重耳。由科第重，则科第愈重，人才愈衰。人才既衰，科第又焉能重之"。有学子蕴仲玉赴顺天乡试，陈澧寄望他："愿玉仲重科第，既得科第，益讲求良吏之政事，通儒之学术，文辞卓然，有以立于天下，使人知科第中有此人才也，则科第重矣。"③

---

① 陈澧：《与菊坡精舍门人论学》，黄国声主编：《陈澧集》第一册，上海：上海古籍出版社 2008 年，第 317 页。

② 陈澧：《推广拔贡议》，黄国声主编：《陈澧集》第一册，上海：上海古籍出版社 2008 年，第 82 页。

③ 陈澧：《送蕴玉仲赴顺天乡试序》，黄国声主编：《陈澧集》第一册，上海：上海古籍出版社 2008 年，第 110 页。

四、通经致用的讲学观

陈澧认为，“博学于文，行己有耻”的目的在于通经致用，他说：“凡治经者当以内传为先，而又不可无外传之学。内传者，解经之学也。外传者，通经致用之学也。若不为外传之学，何以诵《诗》三百则能达于授政而专对于四方乎！为礼学者当知礼意，为诗学者当知诗意，即外传之学是也。”① 就是说，读经不能停留于经解，而要深入探讨其中的义理，方可达到通经致用之目的。

陈澧认为，要传授外传之学，关键在讲学。讲学是孔子开创的教育传统，是明学术、正人心、兴教化、致太平的学术舞台。但是清朝以来讲学之风日衰，导致学术滑坡，人才缺乏。“然则学术日衰，人才日少，何也？但为作时文计而非欲明圣贤之书故也。”陈澧为此专门写了一篇《讲书议》，他从兴学术、作人才讲起：“然兴学术作人才，何以兴之作之？以教官欤？以书院欤？教官不讲书也，书院不讲书也。”失望之余，陈澧欣喜地看到广州及周边地区涌现出一种名为大馆的教育机构：“吾粤老师宿儒教授生徒百数十人者，谓之大馆，其来久矣。此风气大可用也”，“省城及近县大馆师十余人，弟子千余人，所讲授者《四书》《五经》。朝一讲，暮一讲，仿古人鼓箧之法，以集众师，升讲堂，南面而坐讲，弟子两旁坐听，美矣哉！古人授经讲学何以异此，此天下所罕有也”，“幸有十余大馆讲书，久成风气，兴学术作人才不望之大馆，而更何望耶”？

对于大馆讲书，陈澧希望：“今欲大馆讲书，勿专为时文计，必使学者知此书为圣贤教我治人之法。非为我取科第之物，以朱子集注章句之道理切实而讲明之。”陈澧希望大馆讲书不可太急，用一年讲完《四书》太急了，应用两年讲《论语》，一年讲《大学》《中庸》《孟子》，“使其学者三年而通《四书》而后，进而讲《五经》”。这样，在一馆数十百学

---

① 陈澧：《东塾读书论学札记》，黄国声主编：《陈澧集》第二册，上海：上海古籍出版社 2008 年，第 368 页。

者中，“必有数人气质稍清，见识稍高，可以引而进之者”①。

菊坡精舍的开办，使陈澧的讲学设想有了用武之地。虽然其办学宗旨仿效学海堂，但他增加了讲学一环。他将学海堂的季课改为旬课，全年共 30 课。“每课期诸生来听讲，澧既命题而讲之，遂讲读书之法。”也就是说，菊坡精舍的讲学每年为 30 次。陈澧结合每次考试内容以专题讲授，并辅之以读书之法，故而受到学生们的欢迎。陈澧对学生们的学习热情很是欣慰，他说：“承乏菊坡精舍讲席，诸生肯来听讲，此亦堪慰老怀。”② 这时的陈澧已近 60 岁，去菊坡精舍须沿越秀山台阶拾级而上，这对陈澧来说是个不小的困难。他说：“每值课期，循山蹬而上，再三停顿，乃能至讲堂。”其辛苦可见。然“惟诸生颇有好古学者，并有外间人来听讲”③，使陈澧对讲学欲罢不能。他说：“菊坡精舍近日课期听讲者多至四十余人，好经学、能文章者，今年新得六七人，甚可喜。讲授阅卷虽劳亦乐也。”④

陈澧讲学的目的是要促使学生务为根柢之学，以为将来为世所用。他在菊坡精舍的章程中规定：“省垣各书院，以时艺课士，此间向仿学海堂例，试以经、史、诗赋，不拘体格，俾得各尽所长，务为根柢之学。”“课业诸生，务取勤学立品，可为士林表率，用备将来承明著作之选。”⑤他寄望于弟子：“若乃本于身，明于学，切于时，通于古今，有根柢有实用，仆安能不以此望足下？”⑥

---

① 陈澧：《讲书议》，黄国声主编：《陈澧集》第一册，上海：上海古籍出版社 2008 年，第 83 页。

② 陈澧：《与郑小谷书》，黄国声主编：《陈澧集》第一册，上海：上海古籍出版社 2008 年，第 483 页。

③ 陈澧：《致某君书》，黄国声主编：《陈澧集》第一册，上海：上海古籍出版社 2008 年，第 496 页。

④ 陈澧：《与廖泽群书五首》，黄国声主编：《陈澧集》第一册，上海：上海古籍出版社 2008 年，第 478 页。

⑤ 《广州菊坡精舍章程》，邓洪波主编：《中国书院学规集成》第三卷，上海：中西书局 2011 年，第 1302 ~ 1303 页。

⑥ 陈澧：《复王峻之书五首》，黄国声主编：《陈澧集》第一册，上海：上海古籍出版社 2008 年，第 181 ~ 182 页。

陈澧之讲学，重在引导学生的学。每次讲学既讲义理之所在，又教授读书之法，就是要为学生指引一条通经致用的为学之路。他专门著有《与菊坡精舍门人论学》[①] 和《菊坡精舍讲稿》[②] 等文，对学生的读书提出了具体要求。

第一，工夫要专，见闻要广。陈澧说："凡为学，工夫要专，见闻要广。专习一书，日日不间断，且不错时刻，而以余功看《四库提要》，则得之矣。"在具体做法方面，他要求学生在德行、言语、政事、文学中专攻一科："凡为士人，必于四科之学，择其一科而为之，将来乃成人材。而四科之学，皆必求之于经史。"专习一科，要根据自己"性之所近"自择，"性所不近，虽欲为之，必无成也"。为了确定自己的学习兴趣所在，可先"取一经注疏，或一史，或唐以前诗文一部，或朱子文集语类，阅之旬日，觉有心晓处，即性所近也"。无论选习哪一科，都要以经史为本。对经学，也要专习一经："为学以经学为主。经学必专习一经，自古以来，经师未有不专习一经者也"。读史也是如此，"为史学者，当读全史，否则但读马、班、陈、范四史，晋以下则读《通鉴》，然仍不可不翻阅正史也"。就是说，读史如果只读《史记》《汉书》《三国志》《后汉书》，晋以下则读《资治通鉴》，还是不行，还是要读全史，才能见闻广博。读史者又要兼习一经，陈澧认为："史主记事，必以《诗》、《书》、孔、孟之义理为之权衡也。"这样才能专研精深。

第二，下手要精，学风要实。读书首先要读注疏："学问贵识源流。诸经注疏，乃诸经最古之学也。"其次要动笔，要圈点，要摘录："凡专习之书，必要落笔圈点，又要抄录"；"摘其精要，与自己心得者，与有疑者，或加以评论"。读书要有心得，必要勤思："《论语》所云'愤悱'，愤者心求通而未得，悱者口欲言而未能，此是将得门而入光景。若求通未得，欲言未能，而即退缩，则终身不得门而入矣。"他又说："凡

---

① 陈澧：《与菊坡精舍门人论学》，黄国声主编：《陈澧集》第一册，上海：上海古籍出版社 2008 年，第 316 ~ 318 页。

② 陈澧：《菊坡精舍讲稿》，黄国声主编：《陈澧集》第一册，上海：上海古籍出版社 2008 年，第 320 ~ 323 页。

读古人诗文，要取其开我之心胸，养我之性情。”学思结合，要达到熟读的程度：“凡经学要熟读经文，史学亦要摘读，诗文则必须熟读，而且多读，如此则必能作佳篇。即使不能，而胸次自必不同庸俗人矣。”在读书的过程中，要以学问为重，不要图虚名，投机取巧。陈澧强调：“精舍以学问为重，不是为取超等，治经者更不是要作经解。”他认为经解只是初学时的治经之路，而不是目的；成绩只是学问进益之表征，而不是目标。因此要正确对待课卷成绩，“凡课卷，高取批好者，从此更勉，乃有益。若自满，则不惟无益，而有损矣。不高取批坏者，看批坏处，以后不再犯，则其益甚大，万勿以此而沮丧也”。此外，作诗作文要追求格调，要有书卷气：“凡作文作诗，最忌庸俗，若因庸俗语易于写出，将就完卷，非但此卷不能佳，而且永无进益矣。”尤其是在学风上要崇尚扎实：“若以蹈袭为便宜，则亦不便宜矣。凡学问文章，未有便宜而得者也。凡便宜皆折本折亏也，戒之哉。”

总之，陈澧之讲学，根本是要学生务得根柢之学。他说：“未见注疏而说经，未见朱子书而讲学，未见马、班之书而论史，未见徐、庾、韩、柳之集而作文，未见李、杜、韩、苏之集而作诗，必不可也。”

要使讲学获得健康发展，陈澧认为，考试这个指挥棒作用不可忽视。他认为：“天下人才败坏，大半出于举业。”[①] 举业之败坏人才，根本的是引导读书士子步入学习之歧途，不读书，不下切实功夫。陈澧指出：“今日士习之坏有三：一曰攻八股文而不读书也，虽然犹作文者也；其次则写字而不作文，然犹不犯法也；其下则怀挟倩代而不必自作文。”[②] 他痛心地说：“仆尝谓世人读《四书》，非读圣贤言语，乃读时文题目耳。”[③]

要改变这种状况，陈澧从改革科举考试方面谈了他的一些意见。他

① 陈澧：《与胡伯蓟书》，黄国声主编：《陈澧集》第一册，上海：上海古籍出版社 2008 年，第 175 页。

② 陈澧：《温伊初时文序》，黄国声主编：《陈澧集》第一册，上海：上海古籍出版社 2008 年，第 134 页。

③ 陈澧：《复王峻之书五首》，黄国声主编：《陈澧集》第一册，上海：上海古籍出版社 2008 年，第 180 页。

认为科举考试对学子影响最坏的就是时文："文章之弊至时文而极，时文之弊至今日而极。士之应试者又或不自为文而剿袭旧文，试官患之，乃割裂经书以出题，于是题不成题，文不成文。故朱子谓时文为经学之贼，文字之妖。其割裂出题则经学贼中之贼，文字妖中之妖也。"①

陈澧指出，时文的弊端主要表现在两个方面：第一，"代古人语气，不能引秦汉以后之书，不能引秦汉以后之事。于是为时文者皆不读书，凡诸经先儒之注疏、诸史治乱兴亡之事迹，茫然不知而可以取科名，得官职"。第二，八股之格式，"破题、承题、起讲、提比、中比、后比，从古文章无此体格而妄立名目，私相沿袭，心思、耳目缚束既久，痼弊既深，凡骈、散文字诗赋皆不能为"。这就从形式到内容都严重地束缚了学子的学习。

陈澧提出："时文弊极矣而不可骤废也，经说史论善矣而不可骤行也。大凡变法者渐则行，骤则不行。今之士人不习为经说史论，一旦用以考试，束手不能下笔，必哗然以为奇异，而俗士之居大官者出而阻扰之。是故时文不可骤废，经说史论不可骤行也。"

那么，时文改革该如何渐行？陈澧认为先从革除"代语气之法"入手，这样可以引导士人作文时注重援引诸儒之说，引证诸史之事，从而鼓励学子认真读书，向学习经说史论的方向转变。然后再破除八股格式，促使命题者"出经题即成为经说，出史题即成为史论"，这样自然而成，其势易易，"以后经史之学盛，文章之道昌，如是士习醇而人才出矣"②。

具体来说，陈澧建议将"五经题"改为"经解"。他说："夫说经者必根据先儒之说而后不失于杜撰，必博考先儒之书而后不失于固陋，必辨析先儒之说之异同而择其善，而后不失于驳杂。今使之代古人语气，不能引证先儒之说，应试者挟一坊刻五经标题足矣。是适以困读书之人而便不读书之人。故五经题当改试经解也。"

---

① 陈澧：《科场议一》，黄国声主编：《陈澧集》第一册，上海：上海古籍出版社2008年，第77页。

② 陈澧：《科场议一》，黄国声主编：《陈澧集》第一册，上海：上海古籍出版社2008年，第77～78页。

第二个建议，陈澧主张将“对策”改为“史论”。他认为：“对策者所以观其人博通今古也。然而古今之书浩如烟海，即问十对五，亦难其人。于是考官皆举浅俗习见者为问，使人易对，明知能对者亦非可贵，遂置之不阅。而士亦抄袭习见之语以待问，且又明知主司不阅，而皆信笔空写数行以塞责。”

第三个建议，陈澧认为应将“试诗”改为“诗赋”，诗虽有官韵，然只有一韵，考生容易预拟，“赋则限以八韵，虽同题而不同韵，则不可以直抄，其于鉴别真伪为最易”①。

陈澧的结论：“故余曾谓童生、生员先试以默写经书，并课其字体，则不能不读《五经》，讲究六书矣。复专经之旧例，改《五经》八股文为经解，则不能不引汉、唐、宋注说，而不得以代言遂其空疏矣。改对策为史论，则不能不通一人一事之本末，而不得以世俗所谓策学纂要者剿袭成篇矣。若《四书》八股文虽当废而或不能废，但先复大结之法，如是而人才学术不日兴，吾不信也。”②

由此可见，陈澧的教育主张是基于当时日益衰败的空疏学风而发，他的调和汉宋的治学主张根本的是要弘扬实学学风，引导士子锻炼经史文笔的实学功夫，以培养人才，拯救风俗人心。

但陈澧的改革主张未能走得太远。身处近代社会变革潮流，陈澧对此没有过多的感觉。道光辛丑（1841）正月，陈澧赴京会试路过杭州，拜会昔日粤秀书院山长陈钟麟，其间谈及“广东有夷寇”，陈钟麟说：“此事今人不能办，今人但能办有旧案之事，此事无旧案也。当知诸史即旧案，为官不可不读史。”③ 可能这个话给陈澧以深刻印象，致使他的治学始终束缚在传统文化的框架内。他说：“近年之人好西夷之说，大可怪

① 陈澧：《科场议二》，黄国声主编：《陈澧集》第一册，上海：上海古籍出版社 2008 年，第 78 ~ 80 页。

② 陈澧：《温伊初时文序》，黄国声主编：《陈澧集》第一册，上海：上海古籍出版社 2008 年，第 134 页。

③ 陈澧：《记师说》，黄国声主编：《陈澧集》第一册，上海：上海古籍出版社 2008 年，第 99 页。

也，大可忧也，此乃变于夷者也。中国之技艺失传，则置之；闻外国之技艺，则学之。”[①] 魏源作《海国图志》，陈澧虽然肯定其为“有志之士”，肯定其书中也有许多“真有用之言”，但对其“以夷攻夷”之论却颇有微词，他强调说：“为今之计，中国贵乎崇廉耻，覆名实，刑政严明，赏罚公当，则可战可守，外夷自不敢欺。不循其本，而效纵横家言，为远交近攻、近交远攻之说，譬如人有虚羸之疾，不务服药培补，而但求助己者出与人斗，可乎？”[②] 此一论或可窥见陈澧的教育思想为什么难以超越旧时代了。

第三节　郑观应的教育思想

郑观应（1842—1921），本名官应，字正翔，号陶斋，别号杞忧生、慕雍山人、待鹤山人。祖籍广东香山县（今中山市）三乡镇雍陌村。他是中国近代最早具有完整维新思想体系的资产阶级改良主义者，是揭开民主与科学序幕的启蒙思想家[③]，也是实业家、教育家、文学家、慈善家和热忱的爱国者。郑观应曾充当英商宝顺洋行、太古轮船公司买办，后在上海机器织布局、上海电报局、轮船招商局、汉阳铁厂和商办粤汉铁路公司等担任高级职务，投资兴办了不少贸易、金融、航运、工矿等企业，是一个从买办转化的民族资产阶级代表人物。其主要著作《盛世危言》，曾对中国近代思想界产生过很大影响。现有上海人民出版社 1988 年出版的《郑观应集》。

一、郑观应的教育实践活动

郑观应出生在鸦片战争的后两年，他的求学经历受到两个因素的影

---

① 陈澧：《东塾读书论学札记》，黄国声主编：《陈澧集》第二册，上海古籍出版社 2008 年，第 400 页。

② 陈澧：《书海国图志后呈张南山先生》，黄国声主编：《陈澧集》第一册，上海：上海古籍出版社 2008 年，第 91 页。

③ 夏东元：《郑观应》前言，广州：广东人民出版社 1995 年，第 1 页。

响。其一是家学渊源的影响。郑观应的祖父是一位“不屑以寻章摘句为能”的封建文人，其父亲则是一个未获取功名的村塾教师，“少攻儒业，授徒自给，以养正型方为己任，编刊《训俗遗规》、《劝戒录》各书，随人讲解，广为流布”[①]。这样的家庭在偏僻乡村便可算得上是书香之家了。郑观应自小生活在这样的环境中，攻读儒家经典，揣摩帖括之学，当是必然的了。但在咸丰八年（1858），17 岁的郑观应应童子试未中，即奉父命远游上海，于是开始了边工边读的生涯。之所以走上这条路，与郑观应家族亲朋中从商者众多的影响有关。郑观应的家乡比邻澳门、香港，经商之业早已为这一带人们所认同。“郑观应的叔父郑廷江（秀山）是上海新德洋行买办，他的亲戚曾寄圃是上海宝顺洋行高级买办。他和有名望的买办唐廷枢（景星）也是姻亲，而与买办商人家庭出身、15 岁（1852 年）就到上海宝顺洋行学艺的徐润（雨之），是‘两代相交近百年’的世交。而郑观应的同宗哥哥郑济东，已与徐润同在宝顺学艺了。”[②]这样的家族背景，成为童试未第的郑观应走上从商之路的必然选择。加之郑观应有兄弟 9 人、姐妹 8 人，仅靠一个乡塾教师的父亲来维持家庭生计，也必然使 17 岁的郑观应须及早自谋生路。

郑观应初到上海，在新德洋行买办秀山叔处供走奔之劳，一边自学英语。他认识到：“今日时势，非晓英语，业精一艺，不足以多获薪水。”[③] 这是他最朴实的学习观，但已显现出了时代的风潮。次年，由亲友介绍进入上海一流的英商宝顺洋行任职。同年冬，被派赴天津考察商务。两年后返回上海后被宝顺洋行派管丝楼，并兼管轮船揽载事项，从此开始买办生涯。为了更好地胜任工作，他进入英国人傅兰雅所办的英

---

① 郑观应：《王承基等禀直隶总督李》，夏东元编：《郑观应集》下册，上海：上海人民出版社 1988 年，第 1510 页。

② 夏东元：《郑观应》第一章，广州：广东人民出版社 1995 年，第 3 页。

③ 郑观应：《香山郑慎余堂待鹤老人嘱书》，夏东元编：《郑观应集》下册，上海：上海人民出版社 1988 年，第 1483 页。

华书馆夜校自费学习英语，并开始“究心泰西政治、实业之学”①。

郑观应对西方文化知识的学习，绝不是教条的、被动的盲从，而是结合中国的实际进行独立思考。郑观应来自社会底层，目睹了西方列强侵略中国所带来的灾难。因而他在研究西方政治、经济的过程中，很注意探寻中国落后的原因和国家富强之路。他看到，西方国家强大之基，在于商务的发达。其侵略中国的目的是要渐夺中国之利权，并侵中国之地，致华人谋生之计日穷。于是，如何进行“商战”成为他学习和思考的核心问题。诚如他自己所说：“初则学商战于外人，继则与外人商战，以挽利权，欲塞漏卮。”②

郑观应的与外人“商战”，除了积极参与民族工商业的创办和经营外，他的主要精力则用在著书立说，高声呐喊，用民主和科学的精神对国人进行思想启蒙。这构成了郑观应教育实践活动的主线。

郑观应的呼喊，忧国忧民，触景伤时，他早年写就的《澳门猪仔论》和《续澳门猪仔论》，无情地揭露了外国侵略者在中国的胡作非为。他说：“仆虽一介迂生，无力援救，而情形目击，坐视何安？爰将澳门情事，续伸鄙论，以质高明。安得有万家生佛，作登高之呼，起千万蚩蚩之民，而出诸水火乎！”③ 正是出于这样的责任感，郑观应在19世纪70年代初将已发表的时论24篇辑刊出版，取名为《救时揭要》。

19世纪70年代初，30岁的郑观应进一步思考救国之方，又开始了《易言》的写作。朋友称他“胸怀磊落，身历艰辛，上下三千年，纵横九万里。每当酒酣耳热之际，拔剑砍地，心有所得，笔之于篇”④。郑观应从民生困苦、人奴贩卖、庸医，到商务、开矿、火车、练兵、议政、公

① 郑观应：《禀商条陈六弊请通饬各总商会举调堂员互相砥砺事》，夏东元编：《郑观应集》下册，上海：上海人民出版社1988年，第604页。

② 郑观应：《复考察商务大臣张弼士侍郎》，夏东元编：《郑观应集》下册，上海：上海人民出版社1988年，第620页。

③ 郑观应：《救时揭要·续澳门猪仔论》，夏东元编：《郑观应集》上册，上海：上海人民出版社1982年，第9页。

④ 郑观应：《易言·跋》，夏东元编：《郑观应集》上册，上海：上海人民出版社1982年，第165页。

法、税务等有关国计民生的各方面，都提出了切实可行的改革意见。正如郑观应在《自序》中所言："内之积感于寸心，外之眷怀于大局。目击时艰，无可下手，而一言以蔽之曰：'莫如自强为先。'"①

《易言》刊刻后，郑观应的思考并没有就此止步。1884 年的中法战争，郑观应被派采购新式军械、刺探敌情。他奔波于西贡、暹罗、金边等地，途中所思，深切感受到中国改革缓慢的弊端所在。这促使他对有些问题做进一步探讨，于是在 19 世纪 80 年代中期又开始了《盛世危言》的写作。郑观应期望："一腔热血，罔识忌讳，用成《危言》一书，藉作旌木之献"，"余为斯世望之"②。1894 年仲春，《盛世危言》终于问世。

郑观应通过这些著作，尤其是《盛世危言》的出版，表现出其维新改革思想体系一步步地走向成熟。他在《盛世危言》中明确指出："其治乱之源，富强之本，不尽在船坚炮利，而在议院上下同心，教养得法，兴学校，广书院，重技艺，别考课，使人尽其才。讲农学，利水道，化瘠土为良田，使地尽其利。造铁路，设电线，薄税敛，保商务，使物畅其流。"③ 整个的社会改革必须体用兼备，体用一致。而其中，教育的改革处于重要的地位。郑观应无论是在讨论议院、日报、吏治、游历、传教等政治改革的论文中，还是在讨论商务、铁路、电报、邮政、银行、开矿、纺织、技艺等商战方面的论文，或是在讨论农功、垦荒、治河等发展农业方面的论文，以及讨论海防、边防、练兵、练将、水师、民团、火器等军备方面的论文，都强调了专门人才的重要性。此外，在《学校》《学校上》《学校下》《西学》《华人宜通西文说》《中国宜求格致之学论》《女教》《必须严禁妇女裹足陋习》《考试上》《考试下》《藏书》《教养》《训俗》等专论教育改革的文章中，郑观应特别强调要富国就必

① 郑观应：《易言·自序》，夏东元编：《郑观应集》上册，上海：上海人民出版社 1982 年，第 64 页。

② 郑观应：《盛世危言增订新编后序》，夏东元编：《郑观应集》上册，上海：上海人民出版社 1982 年，第 937～938 页。

③ 郑观应：《盛世危言·自序》，夏东元编：《郑观应集》上册，上海：上海人民出版社 1982 年，第 233～234 页。

须要重视西学，发展教育，他说，按古今中外各国立教养之规，奏富强之效，厚本首在学校，“艺院日多，书物日备，制造日广，国势日强”①。他说：“不修学校，则人才不出；不废帖括，则学校虽立，亦徒有虚名而无实效。”主张大力翻译西方书籍，改革科举考试，注重天学、地学、人学的新式人才的培养。这些思想反映了郑观应的爱国情怀和发展资本主义的愿望，表达了其变法图强和改革教育的维新思想。这对于正开始探寻自强之路的近代中国人来说，具有重要的启蒙意义。

除了著书立说，郑观应还抓住一切时机，向朝廷及地方官员积极建言，发展新式教育。光绪九年（1883），向醇贤亲王、督办粤防彭玉麟、两广督宪张树声、北洋大臣李鸿章上书，建议仿效英、德、美、法、俄培养水陆军人才办法，于沿海适中之地设立一水师大学堂，各省皆设一陆军学堂。学堂之外，另“设技艺院，使所需船械等件不待外求”②。为了推动新式学堂的发展，郑观应在这一年发出了创设工艺学堂的倡议书，批驳那些“以效法西人为耻”的人，痛斥那些“狃于旧习，凡事因循”的守旧官员，建议：“如欲振兴工艺，必须各省均设实业学堂，兼置机器，选各省俊颖子弟，年二十左右、通中外文字算法者数十人，聘外洋专门工师，分类教习。数年卒业，将其所读之书翻译汉文，即请毕业之学生另招通华义兼晓算学者数十人，以汉语教授，自然人才日多。”③ 同时上书李鸿章等人，建议加快电报人才的培养。

光绪二十二年（1896），郑观应担任汉阳铁厂总办之职，立即向有关当局提议派遣新式学堂毕业生到德国、比利时、英国的钢铁厂学习，“以期回国可代洋匠，不致日后失和为人掣肘”④。不久，苦于铁厂人才缺乏，

---

① 郑观应：《技艺》，夏东元编：《郑观应集》上册，上海：上海人民出版社1982年，第719～724页。

② 郑观应：《设水陆军学堂节略》，夏东元编：《郑观应集》下册，上海：上海人民出版社1988年，第171～172页。

③ 郑观应：《拟创设工艺书院机器厂节略》，夏东元编：《郑观应集》下册，上海：上海人民出版社1988年，第174～175页。

④ 郑观应：《禀两湖督宪张香帅为汉阳铁厂事》，夏东元编：《郑观应集》下册，上海：上海人民出版社1988年，第1038页。

郑观应又向盛宣怀建议在汉阳铁厂设立半工半读大学堂："上午读书，下午入厂学习机器。……较天津、江南各处所设之学校收效更速，盖厂中所设书院有机器可以指授，非徒读书而已。此是东半球未有之大学堂，真非常不朽之功业也。"①盛宣怀接受了这个建议，立即命人拟定《设汉阳钢铁厂学堂章程》，并着手创办学堂。

光绪二十三年（1897），郑观应上书山西巡抚胡聘之，建议山西抓紧发展农工业和培养人才等事，强调"工艺、矿务、制造学堂不可不次第开办"②。

光绪二十四年（1898）五月中旬，郑观应上书孙家鼐，建议于翰林院"兼习西学，延精专泰西语言、文字者以主讲席，并译泰西有用之书"；"应于武备学堂之外，添设工艺学堂"，教以制造军械、飞毬、兵轮。③戊戌变法期间，郑观应分别致书孙家鼐、盛宣怀，强调要重视专门学堂的建设。

光绪二十七年（1901），清廷宣布"新政"，郑观应适时向礼部尚书孙家鼐上呈应妥善使用留学回国毕业生的建议，并附呈《时事急务管见二十五条》，详细阐述教育改革的具体方案，并将日本的《大学一览》《教育法规类钞》《文部省年报》各一本送呈。

此外，他自己也身体力行，在从商之余尽可能地实践他的教育理想。1893 年和 1894 年，应上海格致书院山长王韬之聘，郑观应为该书院考试命题 7 道。其中涉及设置议院、振兴技艺、公益恤贫、作养人才、科学种田、设立实业学堂、发展商务等方面的内容。

1898 年，经元善来函询问办女校问题，郑观应复书，介绍了日本女子学校课程开设情况，强调中国"如欲富强，必须广育人才。如广育人

---

① 夏东元：《郑观应年谱长编》下卷，上海：上海交通大学出版社 2009 年，第 462 页。

② 郑观应：《上晋抚胡蕲生中丞条陈》，夏东元编：《郑观应集》下册，上海：上海人民出版社 1988 年，第 345 页。

③ 郑观应：《上孙燮臣师相条陈时事书》，夏东元编：《郑观应集》下册，上海：上海人民出版社 1988 年，第 291 页。

才，必自蒙养始；蒙养之本，必自母教始；母教之本，必自学校始”①。

1902 年，郑观应致信湖北蔡锡勇，讨论《切音新字》，论及儿童识字教育问题。并专门著文，从一个人的身才、脑才、德才、灵才、艺才的培养，系统阐述如何举办新式学堂。

1903 年，受广西巡抚王之春委派，代理左江道篆一个多月，郑观应参照广东惠州中学堂设置办法，着手将邕江书院改建中、小学堂，并创设南宁蒙养学堂，以实践他在《盛世危言》中提出的教育思想。离职后，又赠书南宁中学堂：“兹敝道特将家藏之大板时务书拣选一百二十种，计共六百四十道卷，清列书目，装成一箱运上南宁，以备各学堂之用。”②

20 世纪初期，郑观应主要在广东活动，一方面积极发展民族工商业；另一方面积极呼吁立宪，培养工艺人才，发展商会。他强调：“宜上下一心，改良政治，一面广设学校以育人材，一面设法振兴商务，推广实业，研究工艺。”③ 1905 年，郑观应计划创办广东上下工艺院，以培养高中级技工人才。其章程明示：“本院设在广州，以教育人才，挽回利权，收养穷民，开通民智，转移风气为示旨。”④ 并呈书两广总督岑春煊，强调应鼓励绅商在各府、州、县设立“劝工课农厂”，使“无处不有劝工厂，亦无处不有专门学堂”，“收养贫民教以专艺，始则自食其力，继则各奏其能”，“将见人皆富足，艺尽精良，而谓犹有蟊贼内讧、敌国外患者几稀矣”⑤。

辛亥革命以后，年逾七旬的郑观应更多的是从事教育工作，担任了

---

① 郑观应：《致居易斋主人论谈女学校书》，夏东元编：《郑观应集》下册，上海：上海人民出版社 1988 年，第 264 页。

② 郑观应：《咨广西左江道余观察捐送南宁中学堂书籍》，夏东元编：《郑观应集》下册，上海：上海人民出版社 1988 年，第 197 页。

③ 郑观应：《致考察南洋商务张弼士侍郎书》，夏东元编：《郑观应集》下册，上海：上海人民出版社 1988 年，第 635 页。

④ 郑观应：《劝办广东上下工艺院有限公司集股公启》，夏东元编：《郑观应集》下册，上海：上海人民出版社 1988 年，第 551 页。

⑤ 郑观应：《禀粤督岑云帅札饬各府州县速劝绅商设劝工课农厂》，夏东元编：《郑观应集》下册，上海：上海人民出版社 1988 年，第 554 ~ 556 页。

招商局公学住校董事、商务中学名誉董事等职。

郑观应的从学经历及其商人身份，促使其教育改革主张能够采取一个新颖的视角，即从商战为富国之基的角度，去借鉴西方资本主义教育制度的长处，思考中国教育改革之路。他从教育体制、学校教育乃至人才素质等方面都提出了新鲜的见解，为推动中国近代教育改革发挥了思想启蒙的作用。

二、商战为富国之基

郑观应的教育改革思想是以他的“商战”理论为基础的，这是他与同时代其他教育改革家思想基础所不同之处。

所谓商战，在郑观应这里，是对应于“兵战”而言的，就是要大力发展资本主义民族工商业，增强国家经济实力，推进国家整体实力，与外国资本主义在市场上进行竞争。郑观应看到，西方列强的强盛，得力于商务的发达。他在《易言·论商务》中指出：“原夫欧洲各邦，以通商为大径，以制造为本务。”① 又以日本为例，指出在德川时代就有一批知识精英远涉重洋前往欧洲学习：“若辈心精力果，肄习艺学，精神贯注，首在富强，遂开日本工业之先声。既而明治维新，国家隆盛，凡一切煤、灯、铁路，次第举行。又聘欧、美良工，以教习机器，人材蔚起，有自来矣”②。商务的发达，使西方列强的牟利野心进一步膨胀，“故泰西各国，举凡利之所在，趋之如狂”③。他们“皆恃器利船坚，兵精饷足，势力相当，得以称雄于海外耳”④。其侵略中国的目的是要把中国变成他们的“取材之地、牟利之场”。郑观应详细列举了西方列强通过贩卖鸦片及其他商品从而牟利的事实，指出，如果我们仅仅热衷于购铁舰、建炮台、造枪械、制水雷、设海军、操陆阵，讲求战事不遗余力，他们则只需

---

①③ 郑观应：《易言·论商务》，夏东元编：《郑观应集》上册，上海：上海人民出版社 1982 年，第 73 页。

② 郑观应：《致督办南洋公学盛京卿书》，夏东元编：《郑观应集》下册，上海：上海人民出版社 1988 年，第 176 页。

④ 郑观应：《易言·论机器》，夏东元编：《郑观应集》上册，上海：上海人民出版社 1982 年，第 90 页。

“以聘盟为阴谋，以和约为兵刃”，就足以获取他们所需要的利益。可见，“兵之并吞祸人易觉，商之掊克敝国无形。我之商务一日不兴，则彼之贪谋亦一日不辍。纵令猛将如云，舟师林立，而彼族谈笑而来，鼓舞而去，称心餍欲，孰得而谁何之哉？吾故得以一言断之曰：‘习兵战不如习商战。’”①。

鉴于此，郑观应的观点是：“彼既以商来，我亦当以商往。”郑观应强调，要实行“商战”，必须以发展商务为基点，促进社会的整体改革，促进士、农、工与商齐头并进，以增强国家的整体实力。郑观应强调指出：“西人以商为战，士、农、工为商助也；公使为商遣也，领事为商立也；兵船为商置也。国家不惜巨资，备加保护商务者，非但有益于民生，且能为国拓土开疆也”；“可知非富不能图强，非强不能保富，富与强实相维系也。然富出于商，商出于士、农、工三者之力，所以泰西各国以商富国，以兵卫商，不独以兵为战，且以商为战”。在这样的情势下，“我中国宜标本兼治。若遗其本而图其末，貌其形而不攻其心，学业不兴，才智不出，将见商败，而士、农、工俱败，其孰能力与争衡于富强之世耶”②。在重农抑商传统观念流行几千年的中国，郑观应的商战理论确实具有振聋发聩的启蒙效应。

在郑观应看来，商务与士、农、工齐头并进，对经济发展、国计民生、国家强盛等都具有举足轻重的作用。首先，商与工结合，有利于提高物产的价值，增强经济实力。郑观应说：“商务之盛衰，不仅关物产之多寡，尤必视工艺之巧拙。有工以翼商，则拙者可巧，粗者可精。借楚材以为晋用，去所恶而投其所好，则可以彼国物产仍渔彼利。若有商而无工，纵令地不爱宝，十八省物产日丰，徒弃己利以资彼用而已。即令

---

① 郑观应：《盛世危言·商战上》，夏东元编：《郑观应集》上册，上海：上海人民出版社1982年，第586页。

② 郑观应：《盛世危言·商战下》，夏东元编：《郑观应集》上册，上海：上海人民出版社1982年，第596页。

力图改计，切勿薄视商工。”[①] 其次，商与士农、工互为表里，对推进社会改革和国计民生具有关键意义。郑观应说：“商以贸迁有无，平物价，济急需，有益于民，有利于国，与士、农、工互相表里。士无商则格致之学不宏，农无商则种植之类不广，工无商则制造之物不能销。是商贾具生财之大道，而握四民之纲领也。商之义大矣哉！”[②] 再次，商务的发达有助于提升我国的主权地位，提高军事实力，增强国家竞争力。郑观应举例说：“举凡外洋之货，我华人自营运之；中土之货，我华人自经理之。扩其远图，擅其利薮，则洋人进口日见其衰，而华人出洋日征其盛，将富国裕民之效，可操券而得焉！”[③] 而且，“国既富矣，兵奚不强？窃恐既富且强，我纵欲邀彼一战，而彼族且怡声下气，讲信修睦，绝不敢轻发难端矣。此之谓决胜于商战”[④]。

郑观应强调，在这海禁大开的时代，我们必须破除以农为本、以商为末、重本抑末的成见，重视“商战”。他指出：“中国以农立国，外洋以商立国。农之利，本也；商之利，末也。此尽人而能言之也。古之时，小民各安生业，老死不相往来，故粟、布交易而止矣。今也不然。各国兼并，各图利己，藉商以强国，藉兵以卫商。其订盟立约，聘问往来，皆为通商而设。英之君臣又以商务开疆拓土，辟美洲，占印度，据缅甸，通中国，皆商人为之先导。彼不患我之练兵讲武，特患我之夺其利权。凡致力于商务者，在所必争。可知欲制西人以自强，莫如振兴商务。安得谓商务为末务哉？”[⑤]

---

① 郑观应：《盛世危言·商战上》，夏东元编：《郑观应集》上册，上海：上海人民出版社 1982 年，第 588 页。

② 郑观应：《盛世危言·商务二》，夏东元编：《郑观应集》上册，上海：上海人民出版社 1982 年，第 607 页。

③ 郑观应：《易言·论商务》，夏东元编：《郑观应集》上册，上海：上海人民出版社 1982 年，第 74 页。

④ 郑观应：《盛世危言·商战上》，夏东元编：《郑观应集》上册，上海：上海人民出版社 1982 年，第 591 页。

⑤ 郑观应：《盛世危言·商务三》，夏东元编：《郑观应集》上册，上海：上海人民出版社 1982 年，第 614 页。

三、教育为立国之本

郑观应的教育改革思想就是建立在其商战理论基础之上的。在郑观应看来，自通商以来，中国未受通商之益，反受通商之害，根本原因就在于“讲求商务之无人耳”[①]。郑观应看到：“中国不乏聪明材智之士，惜士大夫积习太深，不肯讲习技艺，深求格致，总以工商为谋利之事，初不屑与之为伍。其不贪肥者，则遇事必遏抑之；惟利是图者，必借端而朘削之。于是但有困商之虐政，并无护商之良法。虽欲商务之兴，安可得哉?”[②] 郑观应对此十分气愤。商务无人才，首先表现在为官者“不能护商，而反能病商，其视商人之赢绌也，如秦人视越人之肥瘠。封雇商船，强令承役，只图自利，罔恤民生，私囊虽充，利源已塞”；其次表现在为商者“愚者多，而智者寡；虚者多，而实者寡；分者多，而合者寡；因者多，而创者寡；欺诈者多，而信义者寡；贪小利者多，而顾全大局者寡”，导致“故合股分而股本亏，集公司而公司倒”[③]。上下之弊表明人才缺乏成为发展商务的瓶颈。

鉴于此，郑观应认为，唯有发展新式教育，认真讲求格致，培养新式人才，才能从根本上促进商务的兴盛和国家的富强。他的意见是：“西人壹志通商，欲益己以损人，兴商立法则心精而力果。于是士有格致之学，工有制造之学，农有种植之学，商有商务之学，无事不学，无人不学。我国欲安内攘外，亟宜练兵将、制船炮，备有形之战以治其标；讲求泰西士、农、工、商之学，裕无形之战以固其本。如广设学堂，各专一艺，精益求精，仿宋之司马光求设十科考士之法，以示鼓励，自能人

① 郑观应：《盛世危言·商务三》，夏东元编：《郑观应集》上册，上海：上海人民出版社 1982 年，第 615 页。

② 郑观应：《盛世危言·商务二》，夏东元编：《郑观应集》上册，上海：上海人民出版社 1982 年，第 609 页。

③ 郑观应：《盛世危言·商务三》，夏东元编：《郑观应集》上册，上海：上海人民出版社 1982 年，第615～616 页。

才辈出，日臻富强矣。”[①]

在这里，郑观应将教育置于了“固本”的地位，诚如他所说：“所谓兵战不如商战也，然商战人才无一非出自教育。教育为立国之本，国运之盛衰系之，国步之消长视之。”[②] 而这个教育是讲求格致之学的教育，是促进商务发展的教育。只有学习西方，讲求泰西士、农、工、商之学，才能达到“固本”之效。郑观应指出：“国家欲振兴商务，必先通格致、精制造；欲本国有通格致、精制造之人，必先设立机器、技艺、格致书院以育人才。”[③] 在教育中将格致之学放在如此重要之地位，是因为“今夫保民之道，莫先于强兵；强兵之道，莫先于富国。然富国而不思理财，理财而不求格致，犹之琢玉无刀凿之利器，建屋无栋梁之美材也”[④]。这里实际提出了与中国传统教育根本不同的教育观。在“道本器末”传统观念影响下，“奇技淫巧”历来成为士大夫阶层鄙视技艺教育的基本观点。郑观应则将这种教育观视为立国之本，这在当时是很有眼光、很需要勇气的。

要实现教育为立国之本的目标，首要的措施是广立学校。郑观应指出：“学校者，人才所由出。人才者，国势所由强。故泰西之强强于学，非强于人也。然则欲与之争强，非徒在枪炮战舰也，强在学中国之学，而又学其所学也。”[⑤] 这个广立学校，在郑观应那里，就是要借鉴西方资本主义教育制度，构建一个完整的学校系统当是关键。他十分关注西方列强的学校规制建设，写有《德国学校规制》《英、法、俄、美、日本学

① 郑观应：《盛世危言·商战下》，夏东元编：《郑观应集》上册，上海：上海人民出版社 1982 年，第595～596 页。

② 郑观应：《致伍秩庸先生书》，《盛世危言后编》卷二，夏东元编：《郑观应集》下册，上海：上海人民出版社 1988 年，第 270 页。

③ 郑观应：《盛世危言·商务五》，夏东元编：《郑观应集》上册，上海：上海人民出版社 1982 年，第 626 页。

④ 郑观应：《盛世危言·中国宜求格致之学论》，夏东元编：《郑观应集》上册，上海：上海人民出版社 1982 年，第 282 页。

⑤ 郑观应：《盛世危言·西学》，夏东元编：《郑观应集》上册，上海：上海人民出版社 1982 年，第 276 页。

校规制》《英、德、法、俄、美、日本六国学校数目》等一系列文章。他对学校系统的最初设想，是主张像德国那样“学之大小，各有次第”，建构一个由乡塾到郡院，再到实学院，或技艺院，再入太学院的体系。[①]后来在《考试下》一文中，他提出：“窃谓中国自州、县、省会、京师各有学宫书院，莫若仍其制而扩充之，仿照泰西程式，稍为变通：文、武各分大、中、小三等，设于各州、县者为小学，设于各府、省会者为中学，设于省会、京师者为大学。”大中小学均为三年制，分班授课，“岁加甄别，以为升降”。大学则重在培养专门人才，务尽其所长，达到“以之制物则物精，以之制器则器利，以之治国则国富，以之治兵则兵强，以之取财则财足，以之经商则商旺。政无不理，事无不举”[②]的效果。

甲午战争后，郑观应的学制建构思考进一步明晰。他建议：“中国亟宜参酌中、外成法，教育人才，文武并重。仿日本文部大臣，并分司责任。一蒙学、一普通、一专门、一编译、一会计、一典试、一巡查。聘中外专门名家，选译各国有用之书，编定蒙学普通专门课本，颁行各省。并通饬疆吏督同地方绅商就地筹款，及慨捐钜资。相助者报部奖励。务使各州、县遍设小学、中学，各省设高等大学，一体认真，由浅入深，不容躐等。各州、县、省会学堂生徒之课艺，凡自备资斧游学外邦，专习一艺，回国准给凭照，优奖录用。则人才日出，何患不能与东西各国争胜乎？”[③]

除了发展学校教育之外，郑观应提出还需大力发展社会教育。他说：“大抵泰西各国教育人才之道计有三事：曰学校，曰新闻报馆，曰书籍馆。”[④]

---

① 郑观应：《盛世危言·学校》，夏东元编：《郑观应集》上册，上海：上海人民出版社 1982 年，第 246 页。

② 郑观应：《盛世危言·考试下》，夏东元编：《郑观应集》上册，上海：上海人民出版社 1982 年，第298～301 页。

③ 郑观应：《盛世危言·学校上》，夏东元编：《郑观应集》上册，上海：上海人民出版社 1982 年，第 267 页。

④ 郑观应：《盛世危言·学校上》，夏东元编：《郑观应集》上册，上海：上海人民出版社 1982 年，第 247 页。

要发展社会教育，创办各种报章杂志是一个重要内容。郑观应在《盛世危言》中专门著有《日报》篇，专论广设日报在“通民隐，达民情”中无可替代的作用。他主张各省创办日报，通过报纸，可以使读者不逾户庭而周知天下事，更可以在社会上达到“民心无不惬，民志无不伸”① 的效应。1874 年，他积极协助容闳、唐廷枢等人在上海创办了《上海汇报》，在他草拟的《章程》中指出：“窃思上海为华洋辐辏之区，事颐人稠，足资观感，拟欲仿照泰西新报，兼译洋文传述中外风土人情、格致功用，既可维持风教，又堪裨益民生”，故合资创立“汇报局”，创办上海汇报。后来又计划创办“西文交涉报”，其目的是：“窃惟中外交涉理当一秉至公，惟外洋西字报于国际邦交不免各怀私心，党同伐异，故华人受屈之处，各国公正之士无由知之。兹拟设中华西文报馆，名曰‘交涉报’，专纪中西各国交涉案件。凡有不公不平之事，悉大书特书，附以论断之词，抉其偏私之害布诸天下，质诸公平，务使一视同仁，两无偏倚，以维大局而笃邦交。”②

要发展社会教育，图书馆的开办也是重要内容。郑观应在《盛世危言》中著有《藏书》篇，专论各省应于各厅、州、县分设书院即图书馆：“独是中国幅员广大，人民众多，而藏书仅此数处，何以遍惠士林。宜饬各直省督、抚，于各厅、州、县分设书院，购中外有用之书藏贮其中。派员专管。无论寒儒博士，领凭入院，即可遍读群书。”③

另外，郑观应还重视社会宣讲，加强社会教化。他说：“我国无知者多，宜饬各省教谕认真宣讲圣训。尤望官绅集资，请门秀士科甲人员，如泰西之牧师，于各州、县按旬宣讲圣训于学宫，或庙宇客堂之中。不论士、农、工、商皆可入听，以正人心。大抵人心不正，由于风俗不善；

① 郑观应：《盛世危言·日报下》，夏东元编：《郑观应集》上册，上海：上海人民出版社 1982 年，第 349 页。

② 郑观应：《创办上海汇报章程并序》，夏东元编：《郑观应集》下册，上海：上海人民出版社 1988 年，第 1173 ~ 1176 页。

③ 郑观应：《盛世危言·藏书》，夏东元编：《郑观应集》上册，上海：上海人民出版社 1982 年，第 306 页。

风俗不善，由于教化未敷耳。”①

专业普及也是属于社会教育的范畴。为了推进商务教育，郑观应提议于中央六部之外特设商部，在各省分设商务局，“必于商务局中兼设商学，分门别类，以教殷商子弟：破其愚，开其智；罚其伪，赏其信；劝其创，戒其因；务其大，箴其小；使豁然于操奇逐赢之故。而后分者可合，散者可聚，小者可大，拙者可巧，诈者可信，贫者可富，废者可兴”②。

他还强调：“兹欲救中国之贫，莫如大兴工艺。”他提出了四大策略：一宜设工艺专科，二宜开工艺学堂，三宜派人游学各国，四宜设博览会以励百工。③

在社会教育中，女子教育也是郑观应特别强调的一个方面。他在1892年专门写有《女教》一文，指出：“古重胎教，盖谓人生自孩提以至胜衣，大都瞻依慈母，跬步不离。此家有贤母，其子若女必多造就。”④

然而，妇女教育历来为中国社会所轻视。受传统社会“女子无才便是德”观念的影响，“女子独不就学，妇功亦无转师”，妇女没有文化没有知识，长期受人欺侮。他说：“尝见吾粤妇女因不读书，不解三从四德，不晓人情物理，不知稼穑艰难，惟日与三姑六婆往来，听其愚惑，或以抹牌为乐，或以拜佛为诚，或以看戏听歌曲为消遣，不知量入为出。”导致“妇人失教不知书理，其所生子女故不知教育之法。富家子多是纨绔，贫家子鲜知礼貌，非失于宽，即失于严”⑤。更有甚者，缠足陋

---

① 郑观应：《盛世危言·训俗》，夏东元编：《郑观应集》上册，上海：上海人民出版社1982年，第490页。

② 郑观应：《盛世危言·商务三》，夏东元编：《郑观应集》上册，上海：上海人民出版社1982年，第616～617页。

③ 郑观应：《盛世危言·技艺》，夏东元编：《郑观应集》上册，上海：上海人民出版社1982年，第728页。

④ 郑观应：《盛世危言·女教》，夏东元编：《郑观应集》上册，上海：上海人民出版社1982年，第287页。

⑤ 郑观应：《复蔡毅若观察书》，夏东元编：《郑观应集》下册，上海：上海人民出版社1988年，第201～202页。

习成为封建社会残害妇女最残酷的手段。他愤怒地指出：“至妇女裹足，合地球五大洲，万国九万余里，仅有中国而已。……人生不幸作女子身，更不幸而为中国之女子，戕贼肢体，迫束筋骸，血肉淋漓，如膺大戮，如负重疾，如觏沈灾。”①

郑观应十分欣赏西方国家的女子教育：“泰西女学与男丁并重：人生八岁，无分男女，皆须入塾驯以读书、识字、算数等事。塾规与男塾略同。有学实学者，有学师道者，有学仕学者，有入太学院肄业以广其闻见者。”鉴于此，郑观应强烈呼吁，国家要严格禁止妇女缠足陋习，“嗣后一律禁止。故违者罪其家长，富贵者停给诰封”。另外要大办女子教育，“通饬各省广立女塾，使女子皆入塾读书”②。

关于创办女子教育，郑观应希望：“诚能广筹经费，增设女塾，参仿西法，译以华文，仍将中国诸经、列传、训诫女子之书别类分门，因材施教，而女红、纺织、书、数各事继之。富者出资，贫者就学，由地方官吏命妇岁月稽查，奖其勤而惩其惰。美而贤者，官吏妥为择配，以示褒嘉。至于女塾章程，必须参仿泰西，整齐严肃。庶他日为贤女，为贤妇，为贤母，三从四德，童而习之，久而化之，纺绣精妙，书算通明，复能相子佐夫，不敢虚糜坐食。愚贱皆知礼义，教化具有本原。此文、武之所以化行俗美也。”③

从这个观点可以看出，郑观应在女子教育问题上还带有浓厚的传统观念，例如要求妇女遵行“三从四德”，要为女子择配等，都属于不符合时代潮流的内容。但他首倡女子教育，主张男女教育平等，在社会上给女子教育一席地位，这些都是难能可贵的民主观念。

四、学校为人才之本

除了教育制度的改革与构建，郑观应认为，人才的培养最终还是要

①③ 郑观应：《盛世危言·女教》，夏东元编：《郑观应集》上册，上海：上海人民出版社 1982 年，第 288 页。

② 郑观应：《盛世危言·女教》，夏东元编：《郑观应集》上册，上海：上海人民出版社 1982 年，第 289 页。

落实到学校教育。他说："学校者，造就人才之地，治天下之大本也。"①例如军队指挥官"要由武备学堂出身，熟识《武经七书》、中外兵法、测算、天文、地理、图说，及古今战阵胜负根源，乃能鞠旅陈师，为三军之司命"②。他还认为："治河之官，要有专长，必先甄别其学，明试其才。"③ 他看到西方国家的强盛主要得力于专业人才的雄起，他说："缘泰西去古未远，风俗敦庞，上自世子王侯，下而官商士庶，皆能习劳耐苦，专门名家，而军政、船政数大端，尤视为身心性命之学。故能通微合漠，愈久愈精，虎视中原，雄夸外国。"④ 所以，国家的竞争在于科技，科技的竞争在于人才。郑观应指出："横览环球各邦，其国运之隆替，莫不系乎人才，而人才之盛衰，莫不关乎教化。其教养有道者，勃然以兴；教养失道者，忽然以亡。"⑤

但是在传统教育影响下，我国学校的教养严重"失道"。郑观应尖锐地抨击，中国"学校之制度，人各延师以课其子弟。穷民之无力者荒嬉坐废，莫辩之无，竟罔知天地古今为何物，而蔑伦悖理之事时见于通都大邑。此皆学校不讲之故也"⑥。

他看到"所谓学校者，科举嚣争，熏心富贵。上以势利诱之，下亦以势利应之"。书院也是如此，士子散居里巷，绝少肄业其中；山长届试期则聚士子而课以文，尽一日之长。"所作不过尘羹土饭，陈陈相因之语，于国家利病，政治得失，未尝一及。而天文、格致、历算等学，则

---

① 郑观应：《盛世危言·学校上》，夏东元编：《郑观应集》上册，上海：上海人民出版社 1982 年，第 245 页。

② 郑观应：《盛世危言·练将》，夏东元编：《郑观应集》上册，上海：上海人民出版社 1982 年，第 842 页。

③ 郑观应：《救时揭要·论救水灾》，夏东元编：《郑观应集》上册，上海：上海人民出版社 1982 年，第 31 页。

④ 郑观应：《易言·论游历》，夏东元编：《郑观应集》上册，上海：上海人民出版社 1982 年，第 102 页。

⑤ 郑观应：《盛世危言·教养》，夏东元编：《郑观应集》上册，上海：上海人民出版社 1982 年，第 481 页。

⑥ 郑观应：《盛世危言·学校上》，夏东元编：《郑观应集》上册，上海：上海人民出版社 1982 年，第 265 页。

又绝口不谈。”[①] 即使如当时兴办的洋务学堂，也只是习西学之皮毛：“今中国所设之同文院、广方言馆，已历有年，而于格致诸学尚未深通。其所制造全仗西人指授，不过邯郸学步而已。何能别出心裁，创一奇巧之兵船，造一新捷之火器哉！且又从不讲求西国律例，凡交涉案件莫能办理，如延西国讼师代我辩论，则又恐从中袒护，不能力斥其非。”[②]

中国学校教育的“失道”根源，郑观应认为由科举制度所导致。他说：“中国之弱，罪在嬴秦，焚书坑儒，变先王之道以愚黔首。降至隋、唐，又专以科目取士，束缚其民，笼络英俊，千余年来无敢或改。”[③] 在科举制度主导下，“中国之士专尚制艺。上以此求，下以此应，将一生有用之精神，尽销磨于八股五言之中，舍是不遑涉猎。自登第入官而后，上自国计民生，下至人情风俗，及兵、刑、钱、谷等事，非所素习，猝膺民社，措治无从，皆因仕、学两歧，以致言行不逮也”[④]。

中国的学校教育也就在这样的氛围下成为科举的附庸，学校的教师和学生皆“专事举业，而外邦之风俗政事一概不知，且深以西学为可鄙”[⑤]。教师不学无术，“中国师道日衰，教术日坏，无博学通儒克胜教习之任，无师范学校以养教习之材。故为师者类皆迂儒老生，终身从事于章句之学，帖括之艺。试问以五洲形势，列国政治，历朝史鉴，诸子百家，天算、动植、形声、格致之学，皆懵然漠然，不知所对”[⑥]。学生则为应试科举而操练，“遂以浮华无实之八股，与小楷试贴之专工，汩没性

---

① 《盛世危言·学校上》，夏东元编：《郑观应集》上册，上海：上海人民出版社 1982 年，第245～246 页。

② 《易言·论洋学》，夏东元编：《郑观应集》上册，上海：上海人民出版社 1982 年，第 109 页。

③ 《盛世危言·边防八》，夏东元编：《郑观应集》上册，上海：上海人民出版社 198 年，第 822 页。

④ 《易言·论考试》，夏东元编：《郑观应集》上册，上海：上海人民出版社 1982 年，第 104 页。

⑤ 《易言·论考试》，夏东元编：《郑观应集》上册，上海：上海人民出版社 1982 年，第 105 页。

⑥ 《盛世危言·学校下》，夏东元编：《郑观应集》上册，上海：上海人民出版社 1982 年，第 269 页。

灵，虚费时日，率天下而入于无用之地”[①]。这样的毕业生不懂商贾，不懂农工，连谋生的本领都没有，“凡大、小学堂只知教习举业，不屑讲求商贾、农工之学。故读书不能出仕者，除教授外，几至无可谋生”[②]。

郑观应对此愤怒地痛斥道：“中国文士专尚制艺，即本国之风土、人情、兵刑、钱谷等事亦非素习。功令所在，士之工此者得第，不工此者即不得第。夫以八股为正途，视别学为异端，其不重可知矣。人材焉能日出哉！如是，虽豪杰之士亦不得不以有用之心力，消磨于无用之时文。即使字字精工，句句纯熟，试问能以之乂安国家乎？不能也。能以之怀柔远人乎？不能也。一旦业成而仕，则又尽弃其所学。呜呼！所学非所用，所用非所学，天下之无谓，至斯极矣！”[③]

为了更好地培养专业人才，郑观应认为，学校教育的改革刻不容缓。改革的首要环节是人才选拔的改革。郑观应对当时的科举考试十分不满，他说：“中国文试而不废时文，武试而不废弓矢，所学非所用，所用非所学，平日之所用已与当日之所学迥殊也。”[④] 他的主张是：“今日之计，宜废八股之科，兴格致之学，多设学校，广植人才。”[⑤] 郑观应的改革目标是推崇“选材于学校”。在《考试上》一文中，他提出如果这一措施一时难以施行，便对科举考试做适当变通，将考试分为两科。一科考中学，分三场：“考经史以觇学识”，“策时事以征抱负”，“判例案以观吏治”。一科考西学，也分三场：“一试格致、化学、电学、重学、矿学新法，二试畅发天文精蕴、五洲地舆水陆形势，三试内外医科、配药及农家植物

① 郑观应：《盛世危言·西学》，夏东元编：《郑观应集》上册，上海：上海人民出版社 1982 年，第 275 页。

② 郑观应：《盛世危言·商务二》，夏东元编：《郑观应集》上册，上海：上海人民出版社 1982 年，第 607 页。

③ 郑观应：《盛世危言·考试上》，夏东元编：《郑观应集》上册，上海：上海人民出版社 1982 年，第 291 页。

④ 郑观应：《盛世危言·考试下》，夏东元编：《郑观应集》上册，上海：上海人民出版社 1982 年，第 301 页。

⑤ 郑观应：《盛世危言·教养》，夏东元编：《郑观应集》上册，上海：上海人民出版社 1982 年，第 482 页。

新法。”[①] 但是到了《考试下》一文中，郑观应的改革思路还是回到了“选材于学校”。他强调，大中小学皆为学业甄别之阶段，“登进之阶级如秀才、举人、进士、翰林之类一仍旧称”。他历数了这一做法的好处，其中谈道：“学中甄别，以三年为程。士之学问浅深，平时同业诸生共闻共见，期满考试，或优或绌，参考三年之学业，可得其详。其取人又不凭一日之短长，怀才者有必得之权，废学者无侥幸之望，考核明而人才出矣。”郑观应的这个改革思路很有见地，从根本上有助于解决科举考试所存在的弊端。郑观应强调：“株守成法，不思变通，以此而言富强，是欲南辕而北其辙耳，其何裨乎”[②]！

其次，郑观应认为发展学校教育必须要进行教学内容的改革。他在《西学》一文中痛斥那些所谓“自命正人者，动以不谈洋务为高，见有讲求西学者，则斥之曰名教罪人，士林败类”[③] 的人，指斥他们实是误国误民。他大力提倡西学，将西学分为天、地、人三类。所谓天学，“以天文为纲，而一切算法、历法、电学、光学诸艺，皆由天学以推至其极者也”；所谓地学，“以地舆为纲，而一切测量、经纬、种植、车舟、兵阵诸艺，皆由地学以推至其极者也”；所谓人学，“以方言文字为纲，而一切政教、刑法、食货、制造、商贾、工技诸艺，皆由人学以推至其极者也”[④]。凡此，皆是有益于国计民生之学，都应该进入课堂，都应该成为学校的教学内容。郑观应还指出：“论泰西之学，派别条分，商政、兵法、造船、制器，以及农、渔、牧、矿诸务，实无一不精，而皆导其源

---

① 郑观应：《盛世危言·考试上》，夏东元编：《郑观应集》上册，上海：上海人民出版社 1982 年，第 292 页。

② 郑观应：《盛世危言·考试下》，夏东元编：《郑观应集》上册，上海：上海人民出版社 1982 年，第 301 页。

③ 郑观应：《盛世危言·西学》，夏东元编：《郑观应集》上册，上海：上海人民出版社 1982 年，第 272 页。

④ 郑观应：《盛世危言·西学》，夏东元编：《郑观应集》上册，上海：上海人民出版社 1982 年，第272～273 页。

于汽学、光学、化学、电学。”① 为了使这些课程都能开设，国家应该公开“敦请精通泰西之天球、地舆、格致、农政、船政、化学、理学、医学，及各国言语、政事、文字、律例者数人，或以出洋之官学生业已精通返国者，为之教习”②。

再次，为了更好地培养人才，郑观应提出应加强教学方法的改革。他看到：“试观五尺之童，有人讲一笑谈故事，彼即入于耳，会于心，牢记不忘，津津乐道。若课以数行《学》《庸》，彼罔然不知所解，口吟终日尚难背诵。为之师者又从而殴之。于是童子以读书为至苦，就学校如就囹圄，对师长如对狱吏，恒思半途废业，弃文就武。”③ 他十分注意借鉴西方国家和中国传统的教育方法，认为应结合学生的年龄特点来安排教学。他指出：“小学之设，是教人由之；大学之教，乃使人知之。惟所集多穷理之事，则近乎大学，不便于童子。宜采择曲礼幼仪，参以近礼，斟酌古今，选其通行者，编成一书，或三字、或五字节为韵语，务令易晓也。”④ 他还参照西方教育科学，提出人的发展应从身才、脑才、德才、灵才、艺才五个方面着手。其中脑才又分为分别之灵、记性之灵、判类之灵，实际上就是思维能力的培养。他主张学校课程安排应有“歇工、换工”的原则，教学和休息应交叉安排，要动静搭配，体脑结合。在学校管理上，他十分强调教师的“制服之权”，主张运用“赏赐”“刑罚”的手段，但“须循理而行”，“如师欲制服生徒，其学堂章程宜简而易明，生徒之课程宜少而易习。太过劳苦，反无进益。教法宜简，品行宜端，

① 郑观应：《盛世危言·西学》，夏东元编：《郑观应集》上册，上海：上海人民出版社 1982 年，第 274 页。

② 郑观应：《易言·论考试》，夏东元编：《郑观应集》上册，上海：上海人民出版社 1982 年，第 106 页。

③ 郑观应：《盛世危言·学校下》，夏东元编：《郑观应集》上册，上海：上海人民出版社 1982 年，第 270 页。

④ 郑观应：《答关均笙先生论学校书》，夏东元编：《郑观应集》下册，上海：上海人民出版社 1988 年，第 221 页。

宜令诸生仰体师意，慕其教法”[1]。

郑观应的这些改革主张是很合理的，虽然其主张还不够系统，也还显得比较粗糙，但在新式教育尚未展开，还十分缺乏新式教育的实践经验的条件下，他借鉴西方教育的经验，参酌中国古代的成功做法，适时提出改进的意见，体现了务实的科学精神，对推动当时的教育改革进程具有启蒙意义。

五、人才以自立为强

然而，是否进了学校，学习了格致，就必然会成为新式人才？郑观应不这么看。他认为：“盖人才出于学校，非学不足以广其材，亦非学优不能致身通显。”[2] 是否能“学”是一个问题，是否能“学优”又是一个问题。

郑观应看到，当时处于社会转型之时，东西文化的碰撞，西方物质文化的优势，以及物质利益的驱动，导致一些年轻学子迷失了方向，丢失了根本。他很痛心地指出：“驯至今日，一般自命开通之学生，粗得西学之皮毛，辄满口名词，自诩为通才硕学，时带金丝眼镜，口含雪茄烟，革靴西服，有不可一世之概。迹其所行，假公济私，利禄熏心，廉耻道丧，轻佻浮躁，相习成风。”[3] 他认为这些年轻学子“虽好新学，而不得新学之益”，“徒袭西人外貌，未得西人实学”[4]。郑观应崇尚西学，呼唤新式人才，但他所期望的人才形象绝不是这个样子。他说：“虽然，从事西文西学固为知几之士，识时之杰，然必以我本国文字学问为始基，而后能融会中、西之学，贯通中、西之理。若蹈浮薄少年之习，略识洋文，

---

① 《待鹤斋学校论》，夏东元编：《郑观应集》下册，上海：上海人民出版社1988年，第208页。

② 《致天津翼之五弟书》，夏东元编：《郑观应集》下册，上海：上海人民出版社1988年，第1182页。

③ 《致家塾潘教习论朱星源小、大学书》，夏东元编：《郑观应集》下册，上海：上海人民出版社1988年，第210页。

④ 《训子侄》，夏东元编：《郑观应集》下册，上海：上海人民出版社1988年，第211页。

略谙西语，便诩诩然夸耀于世，以为中国文字学问不足学，不必知，弃若弁髦，视同疣赘，则非余之所敢知也。”①

出于这样的忧虑，郑观应更多地关注着年轻一代在社会转型时期如何能成人、成才。在这一方面，郑观应主要是在对家人，特别是对子孙的教育表达自己的观点。他对子孙的首要告诫就是要学会自立：“处适者生存之时代而不为天演所淘汰者，首贵自立。”② 为了督促子孙们自立自强，抛弃依赖家庭的思想，他规定：“我知二十世纪觅食维艰，甚望我子孙各精一艺，凡子孙读书毕业后及二十一岁后不愿入专门学堂读书者，应令自谋生略，父母不再资助，循西例也。”③ 要求自立，必要珍惜光阴。他运用自己生活的经历，谆谆告诫儿女：“夫过此今日，则此生遂无今日；过此今年，则此生遂无此今年。流光荏苒，去而不返；白日莫闲过，青春不再来，故虽一寸光阴亦当如何慎重也，幸勿荒嬉。”④ 他将自己当年在上海自费读夜校的经历称之为“贫读”：“只读英语两年，可知当日贫读之难。”他告诫子孙：“儿曹今日读书不需筹款，自应愤勉，毋负光阴。”⑤

其次，要做到自立，关键是要以道德为根据。他对儿子要求说：“汝学问尚浅，性理未知，故难遽臻斯诣，惟今初置身社会，将来无论求名求利，均当以道德为根据。”⑥ 而道德修养，应在平日的生活中加以锤炼。郑观应提出：“吾在家尝教人固穷勤俭，劳苦忍辱，谨慎谦恭，长于一艺

---

① 郑观应：《盛世危言·华人宜通西文说》，夏东元编：《郑观应集》上册，上海：上海人民出版社 1982 年，第 285 页。

② 郑观应：《训儿女书》，夏东元编：《郑观应集》下册，上海：上海人民出版社 1988 年，第 1199 页。

③ 郑观应：《香山郑慎余堂待鹤老人嘱书》，夏东元编：《郑观应集》下册，上海：上海人民出版社 1988 年，第 1487 页。

④ 郑观应：《训子侄》，夏东元编：《郑观应集》下册，上海：上海人民出版社 1988 年，第 224 页。

⑤ 郑观应：《香山郑慎余堂待鹤老人嘱书》，夏东元编：《郑观应集》下册，上海：上海人民出版社 1988 年，第 1483 页。

⑥ 郑观应：《训次儿润潮书》，夏东元编：《郑观应集》下册，上海：上海人民出版社 1988 年，第 1207 页。

为谋生之本。”[①] 他看到儿子急于扩充家业，而忽略了修身齐家的基本功，于是告诫儿子：“今尔身羸弱，由急于丁财而不知修齐之道，是不知守身为大之旨，实舍本而求末”，“余有生以来，素位而行，惟守清、慎、勤三字”。他根据自己的生活经历，提出七条注意事项为儿辈做前车之鉴：一、当此竞争之世，有强权无公理，君子道长，小人道消，多有口诵尧舜之言，而心行桀纣之行，若不细心体察，必为彼辈奸佞所欺陷也；二、日中行事无论贤否亲疏，所收银钱必须当面点明，收藏妥当，不可草率乱放；三、婚嫁尤须慎重；四、人欲谋生，必须勤俭；五、有容乃大，厚德以载福；六、君子时中；七、处家贵和。[②] 关键的一点：“尤须静以修身，俭以养德。非淡泊无以明志，非宁静无以致远，夫学欲静也，才欲学也，非学无以广才，非静无以成学。”[③]

再者，道德修养要以中国传统道德为基础和根本。郑观应指出：“有教育之责者诚能以中国之经义为根底，庶几礼义廉耻以及修、齐、治、平之精理早已深印脑筋，则其学西学必能弃其所短，取其所长矣。”[④] 对此，他认为中国传统的三纲五常对维持社会秩序和加强个人修养十分有益，所以，“无论男女，各须研究三纲五常之理，分所当为之事。为父母者应如何，为子女者应如何，为夫者应如何，为妇者应如何”[⑤]。他常年在外，在给夫人的信后会特意节录《妇女时报》中关于治家之格言，其中有关于家庭之处置，亲邻之酬酢，儿童之观念，佣仆之对待，经济之学问，文字之普通，算法之必需，艺术之须知，卫生之关系，忍耐之处

---

① 郑观应：《训长男润林并录寄月岩弟》，夏东元编：《郑观应集》下册，上海：上海人民出版社 1988 年，第 1181 页。

② 郑观应：《训长男润林书》，夏东元编：《郑观应集》下册，上海：上海人民出版社 1988 年，第 1201 ~1205 页。

③ 郑观应：《训子侄》，夏东元编：《郑观应集》下册，上海：上海人民出版社 1988 年，第 212 页。

④ 郑观应：《答潘兰史征君论读经书》，夏东元编：《郑观应集》下册，上海：上海人民出版社 1988 年，第 250 页。

⑤ 郑观应：《训妇女书》，夏东元编：《郑观应集》下册，上海：上海人民出版社 1988 年，第 1208 页。

世之要等内容，他说：“故男子治外，女子治内，实男女一天然界限也。女子既以治内为职，而事事又能崇尚节俭，素位而行，俾家道宽裕，男子无内顾之忧，然后专用力以治外，不论身居政界、商界、农工界，当无不有起色，如是女子方不愧‘内助’二字，方能克尽女子之天职。”①

总之，郑观应身处近代社会变革的潮流之中，因其开眼看世界的视角，对中国近代教育改革的思考自有一番新见，因而其教育主张确实给当时处于迷茫中的近代中国人以拨云驱雾的思想启蒙。当然，郑观应也未能完全摆脱其生活时代的局限，对教育改革的总思路也还受到了时代的影响。他结合当时社会转型和中西文化的交融，认为应吸收双方的文化养料来改革教育：“合而言之，则中学其本也，西学其末也。主以中学，辅以西学。知其缓急，审其变通，操纵刚柔，洞达政体。教学之效，其在兹乎。”② 这一观点正表明，郑观应，乃至当时的人们都还处于中国教育近代化初期的探索之中。

第四节　康有为的教育思想

康有为（1858—1927），原名祖诒，字广厦，号长素，又号明夷、更生、西樵山人、游存叟、天游化人。广东南海县丹灶（今佛山市南海区）苏村人，人称康南海。中国近代史上著名的思想家、政治家、教育家和文学艺术家，资产阶级改良主义的代表人物。1891 年，康有为在广州创办万木草堂，成为他作为近代教育家的辉煌起点。其后在维新变法运动中所提出的“变科举，兴学校”的主张，有力地推动了中国教育近代化进程。在这期间他所写的《新学伪经考》和《孔子改制考》，对当时整个社会的思想界、教育界产生了巨大的影响和震动。流亡海外时所写的

① 郑观应：《训妇女书》，夏东元编：《郑观应集》下册，上海：上海人民出版社 1988 年，第 1209 页。

② 郑观应：《盛世危言·西学》，夏东元编：《郑观应集》上册，上海：上海人民出版社 1982 年，第 276 页。

《大同书》，具体展示了康有为追求教育普及的理想蓝图。

一、康有为的教育实践活动

康有为的求学阶段相当漫长，从幼年至34岁，他都在为探索真理而苦苦追求。这当然与他生长于八股取士的教育环境有关，也与他处于近代中国变革时期有关。

康有为出身于一个科宦世家。据康有为记述，南海康氏的始祖于宋朝末年自南雄县迁至南海县银塘乡的苏村，传至第9代开始为士人，流泽至康有为，凡为士人13世。自然，奋力科举便成为康有为求学的题中之义。康有为自幼聪颖，神锋开豁，5岁能诵诗，6岁能属对，7岁能作文，12岁尽读周世孔氏之遗文。但他对八股时文不感兴趣，因而科场上的康有为总是运气不佳。14岁首次参加童试，名落孙山。15岁再试，又再次落榜。直到16岁方才通过童试，获得秀才身份。19岁那年，康有为首应乡试又遭遇落榜。痛定思痛，他意识到“当是时窥书甚多，见闻杂博而无师承门径。惟凭好学而妄行，东挦西扯，苦无向导也”①，于是投师岭南儒学大师朱次琦之学门。

朱次琦的教学以“四行五学”为宗旨，这种将读书与修身相结合的教学风格使康有为初次认识到了传统教育的真谛，他在《康南海自编年谱》中说：“先生动止有法，进退有度，强记博闻，每议一事，论一学，贯穿今故，能举其词，发先圣大道之本，举修己爱人之义，扫去汉宋之门户，而归宗于孔子。”在朱次琦的指导下，康有为的求知欲大增。以往涉猎群书，苦无门径，现得先生点拨，与同学探讨，而涣然融释贯串，使康有为益自得自信。康有为十分庆幸能遇上这么一位好老师。他在《康南海自编年谱》中说：“于时捧手受教，乃如旅人之得宿，盲者之睹明，乃洗心绝欲，一意归依，以圣贤为必可期，以群书为三十岁前必可尽读，以一身为必能有立，以天下为必可为。从此谢绝科举之文，士芥

---

① 陆乃翔等：《南海先生传》上编，夏晓虹编：《追忆康有为》，北京：中国广播电视出版社1997年，第39～40页。

富贵之事，超然立于群伦之表，与古贤豪君子为群。”[1] 这一番话，将康有为多年积压在胸中的志向情趣坦露得淋漓尽致。立志于圣贤之学，立志以天下为己任，这是康有为从中国传统文化中所探蕴到的一个真谛。

但不久，康有为因一学术问题与朱次琦发生冲突。不得已，康有为于1878年冬辞别了朱次琦先生，告别了苦读三年的礼山草堂。但是应向何处去，连他自己都不知道。无奈之下，他登上了风景秀丽的南海西樵山。在西樵山，他结识了来此游览的翰林院编修张鼎华。

张鼎华，字延秋，广东番禺人。他13岁登科，32岁入翰林，曾值军机处，是久居京官的耆宿，也是京师久负盛名的学者。他才学广博，强记过人。康有为与之交谈，常为他的博闻妙解所叹服。尤其是他将京朝风气、近时人物、各种新书及道光、咸丰、同治三朝的掌故介绍给康有为，使康有为眼界大开。每次通宵达旦的交谈，康有为都为张鼎华那神锋朗照、谈词如云的谈吐所感染。“吾自师九江先生，而得闻圣贤大道之绪。自友延秋先生，而得博中原文献之传”。在康有为苦苦求索而不得之时，张鼎华的启迪，犹如给他打开了一扇窗户，给了他一个更为广阔的视角。国家的命运，时代的风云，与康有为立志于圣贤之学的志向交汇在一起，一种要冲出世俗社会以寻找新路的朦胧愿望开始撞击他的心头。康有为决心“舍弃考据、帖括之学，专意养心，既念民生艰难，天与我聪明才力拯救之。乃哀物悼世，以经营天下为志”[2]。

22岁那年，康有为去了一趟香港，那是1879年底。香港繁荣的景况使康有为很有感触，他说：“览西人宫室之瑰丽，道路之整洁，巡捕之严密，乃始知西人治国有法度，不得以古旧之夷狄视之。”[3] 在一友人处他又接触到许多日本书籍，于是萌发了效法西方资本主义改革中国、富强中国的信念。

自香港返乡，康有为主要居家读书。他一方面辅导诸弟读经，另一

---

① 楼宇烈整理：《康南海自编年谱（外二种）》，北京：中华书局1992年，第7页。

② 楼宇烈整理：《康南海自编年谱（外二种）》，北京：中华书局1992年，第9页。

③ 楼宇烈整理：《康南海自编年谱（外二种）》，北京：中华书局1992年，第9～10页。

方面则专精涉猎，勤奋读书。光绪八年（1882）五月，康有为参加顺天乡试。他借此机会游京师，谒太学，叩石鼓，瞻宫阙，购碑刻讲金石之学。返乡途中，又游扬州、镇江，登平山堂，泛舟金焦，再游上海。他特意到上海的租界去看了看。同是上海，租界内外两重天地，使他“益知西人治术之有本”，于是他对西方学术更是增添了兴趣。在上海，他大量购买江南制造总局翻译馆所出的西书。年底回到家乡，“自是大讲西学，始尽释故见”①。

学习思索的结果便是在1885年至1887年写成《人类公理》《康子内外篇》《教学通义》等著作。康有为在《人类公理》中借用几何学的原理来讨论人类公理，并借阐发孔子据乱、升平、太平之理，以论地球及人类社会大同之理。《康子内外篇》由15篇文章组成，对改革社会提出了一些独到的见解。《教学通义》则是他的第一部论述教育问题的专著。

思想的成熟促使康有为作用于社会的愿望越来越强烈。1888年，康有为再次赴京参加会试。这一年的12月，康有为向光绪皇帝上奏了一篇《为国势危蹙祖陵奇变请下诏罪己及时图治折》（即《上清帝第一书》），提出“变成法”“通下情”“慎左右”的改革主张，要求清政府变法图强。但是，“当时举京师之人，咸以康为病狂，大臣阻格，不为上达”②。面对挫折，出路何在？康有为自我追问：“我无土地，无人民，无统绪，无事权，为之奈何？”紧接着，他又追问一句：“或者其托于教乎？”③ 以教育养士、效仿孔子之作为的打算，已油然浮上他的心头。

康有为直接参与教育实践活动，则是他于1891年至1894年在广州创办万木草堂。康有为自京返乡，光绪十七年（1891）春，康有为租赁广州长兴里邱氏书屋（今广州市中山四路长兴里3号）正式开设学堂，取

① 楼宇烈整理：《康南海自编年谱（外二种）》，北京：中华书局1992年，第11页。

② 梁启超：《戊戌政变记》，张品兴主编：《梁启超全集》，北京：北京出版社1999年，第181页。

③ 康有为：《与沈刑部子培书》，姜义华、张荣华编校：《康有为全集》第一集，北京：中国人民大学出版社2007年，第238页。

名长兴学舍，自任总教授、总监督。

学门既开，有志青年趋之日众，陈千秋、梁启超、徐勤、韩文举、梁朝杰、曹泰、王觉任、麦孟华、陈和泽、林奎等相继集中于康门。1892 年正月，曾在四川任知县、后调任广东翁源县知事的龙泽厚仰慕康有为的精湛学术和爱国精神，也登门拜康有为为师。不久，邱氏书屋已是人满为患。于是，康有为移讲堂至广州卫边街邝氏祠。到 1893 年冬，邝氏祠又是人众难容，康有为决定再迁校址。在梁启超和徐勤的筹集经费，尤其是徐勤的慷慨捐助下，康有为以 10 年期租赁下了广府学宫仰高祠，"万木草堂"正式向社会亮出了学堂招牌。

对康有为主办万木草堂的业绩，其弟子予以了充分的肯定。梁启超说："先生不徒有教育家之精神而已，又备教育家之资格，其品行方峻，其威仪严整。其授业也，循循善诱，至诚恳恳，殆孔子所谓诲人不倦者焉。其讲演也，如大海潮，如狮子吼，善能振荡学者之脑气，使之悚息感动，终身不能忘，又常反复说明，使听者涣然冰释，怡然理顺，心悦而诚服。"① 张伯祯说："世之论先生者，不失之溢美，即失之讥弹，然舍政治弗论，专就草堂教育言之，则先生亦自有其不朽者在。"② 陆乃翔等人也在传记中强调："先生之为何人物不可定，若其教育之成效已昭昭矣。盖先生以其极博之学，至深之思，而又有中正之行，威严之仪，宽裕之德，肫肫之仁，不倦之诲，大雄之辩，于大教育家之资格，无不具备。又穷而在下，日以成就人才为己任，故诱掖奖劝，妙为风化。"③

1895 年，康有为开始了他的社会教育活动。1895 年初，清政府与日本签订割让辽东半岛、台湾全岛、澎湖列岛以及赔偿白银 20000 万两的《马关条约》。消息传来，举国哗然。正在北京等待科举考试结果的各省

① 梁启超：《南海康先生传》，夏晓虹编：《追忆康有为》，北京：中国广播电视出版社 1997 年，第 8 ~9 页。

② 张伯桢：《万木草堂始末》，陈汉才校注：《长兴学记》附录六，北京：广东高等教育出版社 1991 年，第 101 页。

③ 陆乃翔等：《南海先生传》上编，夏晓虹编：《追忆康有为》，北京：中国广播电视出版社 1997 年，第 68 页。

举人极为愤慨，向清政府递交请愿书，康有为也参与其中。“此时举人车马集于都察院者，长五里，阗塞院门，台湾举人涕泪哭诉，院长长揖引过，中国数千年来未闻有此大举也。”① 这就是近代史上著名的“公车上书”。

“公车上书”的第二天，会试发榜。康有为榜上有名。此时的康有为对迟来的科举功名已经不是很感兴趣了，他的兴奋点完全被正在兴起的维新宣传活动所占据。他没有到朝廷任命的工部就职，而是奔走于京沪，来往于两广，通过兴学堂、办报刊、开学会等形式，积极组织维新队伍，宣传变法理论，推动维新运动的深入。

光绪二十一年六月（1895 年 8 月），康有为在北京首创《万国公报》。据《康南海自编年谱》载：“以士大夫不通外国政事风俗，而京师无人敢创报以开知识。变法本原，非自京师始，非自王公大臣始不可。乃与送京报人商，每日刊送千份于朝士大夫，纸墨银二两，自捐此款。令卓如、孺博日属文，分学校、军政各类，日腾于朝，多送朝士，不收报费。朝士乃日闻所不闻，识议一变焉。”②

风气甫开，各地纷纷影从效仿，全国各大城市相继有报刊问世。较有名的有上海的《时务报》《新学报》《实学报》《求是报》，天津的《国闻报》，长沙的《湘学报》《湘报》，桂林的《广仁报》，重庆的《渝报》，成都的《蜀学报》，无锡的《无锡白话报》，广州的《广智报》，等等。而后康有为还亲自去澳门，和侨商何廷光创办了《知新报》。报刊的推广，使维新变法思潮迅速推向全国。

光绪二十一年十月初（1895 年 11 月），北京强学会正式成立。与此同时，康有为又南下江宁，继而到达上海，主持成立了上海强学会。上海强学会出版了《强学报》，大胆抛弃了皇帝纪年而用孔子纪年，一时

---

① 陆乃翔等：《南海先生传》上编，夏晓虹编：《追忆康有为》，北京：中国广播电视出版社 1997 年，第 47 页。

② 楼宇烈整理：《康南海自编年谱（外二种）》，北京：中华书局 1992 年，第 28 页。

“江宁震动”，“自强学会开启，海内移风，纷纷开会，各国属目”①。

光绪二十二年底（1897 年 1 月），康有为动身再度赴桂林讲学。两年前，应弟子龙泽厚之请，康有为第一次踏上了桂林的土地，闻风而来的拜门受业弟子有 20 余人。这次康有为再次到桂林，除了讲学外，他还做了 3 件大事：第一件事是在桂林组织了一个“以尊孔救中国为宗旨”的圣学会；第二件事是于圣学会内创办了《广仁报》；第三件事是在圣学会内设立一所广仁学堂，课程列经学、中西历史、中西地理、《宋元学案》、朱子语录等，主持教务者由康有为弟子曹硕担任，各科教员也由康有为分派高足弟子担任。广仁学堂的开办，打破了广西旧式书院的格局，首开桂林近代开办学校之先河。

光绪二十三年（1897）六月，康有为自桂返粤，不久又游上海、杭州。当得知德国强占胶州湾的消息后，他立即赶赴北京，连上三书请求变法。此外，他又号召各省旅京人士创办学会，以振士气。于是，粤学会、蜀学会、闽学会、关学会、陕学会等相继成立。维新变法的气氛又日趋浓厚起来。

光绪二十四年（1898）春天，会试的举人云集北京。康有为决定利用这次机会，再度掀起爱国维新的高潮。他与御史李盛铎合作，共同发起组织了保国会。保国会以保国、保种、保教为宗旨，通过组织、宣传，达到合群以救亡之目的。

光绪二十四年（1898），农历戊戌年。四月二十三日（6 月 11 日），光绪皇帝下“明定国是”诏书，正式宣布实行变法维新。康有为借朝廷变法之时机，亲名上奏或替人起草了《请废八股试帖楷法试士改用策论折》《请变通科举改八股为策论折》《请催举经济特科片》《请停弓刀石武试改设兵校折》《厘正科举文体，进呈孔子改制考折》《请废八股以育人才折》等，终于促使光绪皇帝发布了废除八股取士改试策论的诏谕。而后康有为又上奏《请开学校折》等，比较系统地形成了变科举、兴学

① 楼宇烈整理：《康南海自编年谱（外二种）》，北京：中华书局 1992 年，第 29～30 页。

校的教育改革思想。

戊戌变法失败后，康有为成为清政府的通缉犯而被迫出走，开始了长达 15 年的流亡生涯。在这期间，康有为借助海外华侨的力量，成立了“保救大清光绪皇帝会”。保皇会又称保救大清皇帝公司、中国维新会。保皇会推举康有为为会长，梁启超、徐勤为副会长。经过康有为及其弟子们的宣传组织工作，保皇会竟遍布五大洲 200 余埠，会员多达百余万人。

在组织保皇会的过程中，康有为还大力鼓动华侨办学。1899 年 4 月，他刚到维多利亚，便发动华侨李梦九筹集资金创办义学。1903 年康有为游爪哇，在巴城、三宝陇成立中华学校，为之草定章程，并派其门人林奎、陆敦骙等主持教务，引发了各埠闻风而动的办学效应。他在美国纽约、芝加哥等地办了 22 所干城学校，以培养军官武力保卫祖国。海外华侨以往很少办学校，普遍创办学校便是从康有为的倡导开始的，“至今南洋华侨之得受中国教育者，皆先生提倡之力也”[①]。

在流亡期间，康有为游历了欧、美、亚十几个国家，结合游历诸国的所见所闻所想，清理其青年时期就已萌发的大同理想，写出了《大同书》，向世人勾勒出一幅大同之世的清晰图像，对人类实现大同社会的途径提出了更为明确的主张。此外，他还写下了《欧洲十一国游记》《法国大革命记》《欧土政俗总论》《中西比较论》《物质救国论》等文，向国内同胞介绍一路上的见闻和感想。

辛亥革命后，1913 年，康有为回到了祖国。他被推为孔教会会长，主编《不忍》杂志，指陈时弊，对民主共和政制诸多责难，并在 1917 年协助张勋拥立溥仪登基。1925 年，溥仪被冯玉祥逐出紫禁城后，他曾亲自前往天津到溥仪居住的静园觐见探望。由于其政治主张与时悖逆，因而与近代教育改革潮流渐行渐远。虽然有些教育主张不乏中肯之处，但总体对取消尊孔读经的民国教育持反对态度。1926 年，他在上海创办天

---

① 陆乃翔等：《南海先生传》上编，夏晓虹编：《追忆康有为》，北京：中国广播电视出版社 1997 年，第 69 页。

游学院，意欲借助一个讲台，以救世主的身份，来宣传天游之道，培养天游之徒，以图再现昔日万木草堂的辉煌。但不到一年，天游学院便随着他离开上海而关闭。1927 年 3 月 31 日，康有为病逝于青岛居所。

纵观康有为一生的教育实践活动，其教育之探索本质上还是着眼于政治。其对教育的关注点，多在为社会体制的改革服务，因而其教育思想的重点体现在教育体制的改革。

二、“反古复始，创法立制”的教育改革思路

康有为很早就萌发了教育体制改革的想法。他在 1886 年写成的《教学通义》[①]，开篇明义地指出：“今天下治之不举，由教学之不修也。”要根本改变这一困境，必须“上推唐虞，中述周孔，下称朱子，明教学之分，别师儒官学之条，举六艺之意，统而贯之，条而理之，反古复始，创法立制”。这一教育改革思想成为贯穿他一生教育追求的主线。

在康有为的眼中，中国古代虞周时期的教育是相当完满的。从教育内容来看，那时的教育是本末兼顾，道器并举。“礼教伦理立，事物制作备，二者人道所由立也。立教伦理，德行也；事物制作，道艺也。后圣所谓教，教此也；所谓学，学此也。”正由于此，当时的德行道艺莫不有学，士、农、工、商、贾莫不有学。“下于民者浅，上于士者深；散于民者公，专于吏者私。”康有为讲的公学，是指天下凡人所必须学习的知识，是礼教伦理等有关身心修养的知识。他将其分为四大类：一曰幼学，有文字知识和礼节；二曰德行学，有智、仁、圣、义、中、和等六德和孝、友、睦、姻、任、恤等六行；三曰艺学，有礼、乐、射、御、书、数；四曰国法，有本朝政令、教治戒禁等。而私学则是指一人一家所传守的专门知识，是人们用以治世谋生的专业本领。它既有做人之道的礼学、乐学、兵学、御学、书学、数学，也包括实际应用的化材之学、医学、巫学、地舆之学、亲民之学、教化之学，还有研究性质的农学（耕畜）、使学（外交）、名学（刑法）、计学（会计）等。这样人人既各有

---

① 康有为：《教学通义》，姜义华、张荣华编校：《康有为全集》第一集，北京：中国人民大学出版社 2007 年，第 19 ~ 45 页。

专学，则各致其精。人人才智并骛，皆足以致君国之用。

从教育体制来看，古代虞周时期的教育也是相当完满的。康有为强调："今推虞制，别而分之有教，有学，有官。教，言德行遍天下之民者也；学，兼道执艺于士者也；官，以任职专于吏者也。"他认为，有虞一代将教、学、官三者分途是合理的。"教"是社会教育，"学"是学校教育，"官"是在职教育。三者分途并进，彼此互相配合，达到了社会整体素质的提高。而学校的设立，正如《学记》中所言，做到了家有塾，党有庠，术有序，国有学，学校遍布，教育普及。

但是，后世却把这些好的教育传统给丢弃了，造成了用者不学、学者不用的教育局面。首先，后世把"教""学""官"三者混淆，造成"合教于学，教士而不及民；合官学于士学，教士而不及吏，于是三者合而为一。而所谓教士者，又以章句词章当之，于是一者亦亡，而古者教学之法扫地尽矣"。其次，教学内容也全是空疏无用的东西。比如礼、乐、射、御、书、数这些切于民用者，却不下究于民。而《易》《春秋》这些大儒卿士的学问，却责之于童子。教学不传授先王之道，却教一些不完不备之文。"若稽古"三字训至万言，而射、乐、数三艺不留一字，好虚而不务实，竞浮华而不周于用。教育学术以古为尚，致使巨学耆儒，问以国故而不通，询以时事而不知，考以民生而不达。"以此为教，而欲求治才，何异于北行而之楚，缘木而求鱼也。"由此导致了社会人才的严重匮乏，"患专官无才吏，专学无才士，患田无才农，城无才工，市无才商，山无才虞，百艺技巧无才奸，国家无所藉以为治。此今日学之大患也"。再次，后世选拔人才皆骛于文而轻视实学。不论是汉之察举，还是隋唐至明清之科举，全是利禄之梯，而绝不是教士之学。科举课试，不是传经师章句，就是淫哇赋诗，都不足以成就人才。结果导致了"材者由于学则枉以坏，不材者由于学则偃以成，教之无本而不行，取之虽骤而不获"的严重后果。

康有为认为，要根本改变这种状况，只有"推求变坏，知所鉴观，以反其本"才可能"教学有兴"。因而他建议："反古复始，创法立制。"所谓反古复始，就是要恢复古代合理的教育制度。但这绝不是泥古不化，而是要通古观今，尤其要切合时代潮流。他明确主张：“今言教学，皆不泥于古，以可行于今者为用。”他强调：“善言古者，必切于今。善言教者，必通于治。”要切合当今时代变化而返其本，这就是康有为教育改革的根本主张。所谓创法立制，就是以立法的形式来规划和确立教育的体制和教育的要求。因为他看到，教育的改革如果不以变法为先导是不可能行得通的。他特别强调：“由今之学，不变今之法，而欲与之立国牧民之，未之有也。”

三、立志行仁的人格教育理想

要“反古复始，创法立制”，首先在于人才，在于有一批立志改革的人才。康有为第一次上皇帝书不成，转而创办万木草堂，便在人才培养上实践着他的“反古复始”的理念。他将孔子“学而为仁”的教育传统具体运用到万木草堂的教学之中。

在《长兴学记》[①] 中，康有为对万木草堂的弟子明确提出：“夫所以能学者，人也。人之所以为人者，仁也。”他历数了自古以来自黄帝、尧、舜、周公开物成务，后至儒家孔子、孟子、荀子垂学立教，旁及佛教之普度众生，都是以仁为本的事实，论证了教人为仁乃是古代立教之本。康有为指出，“小人”与“大人”之别，不在职业，不在身份，而在“仁小”和“仁大”。具有仁心之人，便能大行孝、悌、睦、姻、任、恤于家族乡里，“若能流惠于邑，则仁大矣；能推恩于国，则仁益远矣；能锡类于天下，仁已至矣”。习仁行仁的根本目的就是要为国为民奋斗，这就是康有为希望学生树立的为学宗旨。他向万木草堂的学生引述了《礼记》中关于行仁的话，引述了孔子关于行仁的话，也引述了他的老师朱次琦关于行仁的话，然后掷地有声地宣告：“若不行仁，则不为人。”

怎样才能做到学而为仁？康有为重点从两个方面系统阐述了他的主张：一是在学习中以人格重塑为核心，二是遵循正确的读书门径。

关于人格的重塑，康有为依据孔学的传统，结合时代精神，向学生

---

① 康有为：《长兴学记》，姜义华、张荣华编校：《康有为全集》第一集，北京：中国人民大学出版社 2007 年，第 345 ~ 350 页。

提出了具有时代特色的四条学纲，那就是“志于道，据于德，依于仁，游于艺”。

所谓志于道，就是要在学习中树立为仁义之道而奋斗的志向，它包括格物、厉节、辨惑、慎独等学目。所谓据于德，就是要在学习中以道德修养为本，注重人格操守的自我训练，它包括主静出倪、养心不动、变化气质、检摄威仪等学目。所谓依于仁，就是要求在学习中明确求学和做人的目标与方向，它包括敦行孝悌、崇尚任恤、广宣教惠、同体饥溺等学目。所谓游于艺，就是要在学习中加强各种知识、技能、本领的扩充和巩固，它包括义理之学、经世之学、考据之学、词章之学及“六艺”等学目。

在康有为看来，在新的时代条件下，人格的重塑依然要从仁、智、勇三个方面着手。在他手订的学纲中，仁、智、勇三大人格要素的培养不是各自分离的，而是渗透于四条学纲的内容之中。在“志于道”中，康有为要求的核心是要志于仁义之道，这是属于仁的范畴。但其中在“格物”和“辨惑”二目中，康有为要求学生应以勇猛之力、精进之功，摧陷廓清，加强学习，对近似于道而实际非于道者则当严辨之。这里既是智的提高，也是勇的锤炼。在“厉节”一目中，要做到气节自厉，劲挺有立，没有仁的志向，没有智的眼光，没有勇的胆魄，是根本不可能的。

在“据于德”中也同样是如此。康有为要求学生能主静出倪，达到清虚中平、淡泊自然之境界；要求学生能变化气质，通过磨炼浸润，底于纯和，以修气质之偏；要求学生能养心不动，达到视危如安，从容谈笑，虽天下谤之而不顾；要求学生检摄威仪，动静以礼，这都需要仁、智、勇三大素质的通力作用。

在“依于仁”中，康有为要求学生敦行孝悌，崇尚任恤，否则不足以复与共学。因为“其人不任者必不忠，不恤者必不厚，吾不欲观之矣”。他要求学生广宣教惠，自觉担当起先觉之任，讲学之责，具备与天下人同体饥溺、甘苦与共的胸怀。这种能群的品格养成，同样离不开仁、智、勇三大素质。

在“游于艺”一纲中，康有为给学生们规定了四科之学、六艺之技，以及科举之必要知识，并开列了一系列应读之书，期望学生能做到本末兼赅，巨细毕备，学术通赡。这自然主要是属于智的范畴。但康有为要求学生读书，绝不是读死书，而要“切于人事，便于经世”。这就要做到将古代知识“令今可行，务通变宜民”，将所学知识“庶足为国家之用，不诮迂疏”。这在利禄至上、空疏无用之学风盛行的当时，如果没有仁的志向和勇的毅力是不可能做到的。这样看来，康有为要求学生“游于艺”，既是智力的培养，也是仁和勇的锤炼。

人格的重塑并不是独善其身，这是康有为反复告诫学生的一条真理。面对苦难深重的中华民族，康有为所期望的人才是忠肝热血之人，是忧国忧民之士，是相救相周之侠。他明确指出：“若处奇士之行，寡过独善，其能比于木石乎？”人格的重塑关键是做到历史使命感和民族责任感的弘扬。他要求学生时刻以民以国为念：“我有饥溺，望人拯之；人有饥溺，我坐视之，虽禽兽其忍之哉”！他认为：“若坐视朋友、姻党之患难，甚或深言正色以阴锄之，则亦将卖国而不动其心也。”修己之目的在于达人，修身之目的在能为国为民担当重任。他要求学生：“劲挺有立，刚毅近仁，勇者强矫，务在任道。若卑污柔儒，终难振起，愿与二三子厉之。”

正由于此，康有为以“四耻”为结，对学生提出了最后的要求：

> 一耻无志。志于富贵，不志于仁，可耻也。二耻徇俗。徇于风气，不能卓立，可耻也。三耻鄙吝。张南轩以鄙吝为大恶，凡鄙吝者，天性必薄，为富不仁，可耻也，宜拔其根。四耻懦弱。曾子以儒弱为庸人，见义不为，可耻也。孔子责行己有耻，若有是四者，不能学道，愿深耻之。

树立了学而为仁的志向，还要解决读书门径的问题。康有为看到，读书失败者主要有两种表现：一种是“人人皆当学经学，而经学之书汗牛充栋，有穷老涉学而不得其门者，则经说乱之，伪文杂之，如泛海无舟，邈然望洋而叹，如适沙漠而无乡导，依依然迷道而返”[1]；另一种是“惟见学者读之累年，仅知事迹，余无所得，由不能搴摘英华之故”[2]。康有为深切感受到，如果不能给学子们指引一条有效的读书门径，他们即使是读书万卷也充其量不过是如八股士子般的庸才蠢才。“若为疏通证明以诱之，既有书册，又识途径，学者当亦未尝无志于书也。”[3] 为此，康有为在万木草堂撰有《长兴学记》，为学子标明学目；在桂林讲学著有《桂学答问》，专为学子指导阅读。

康有为认为，读书有如举网抓纲，唯有振其纲而求其条目，循其干而理其枝条方可尽得其妙。那么，读书之纲何在？康有为的答案很明确也很简单，那就是“孔子”。他以历史为据，认为无论汉学宋学，皆出于孔子；无论义理经世，皆推本于孔子。上溯尧、舜、禹、周公之世，孔子尚道得其真。下逮秦汉二千年，义理制度、学术流变又都本于孔子。所以康有为的结论就是一句话：“天下之所宗师者，孔子也。义理、制度皆出于孔子。故学者学孔子而已。”[4]康有为的这个结论说得绝对了点，但这一思想又确实符合他本人所构筑的思想体系，所以他劝人读书自然便从这一角度出发。他在《长兴学记》中对万木草堂的学生说：“今与二三子通汉、宋之故，而一归于孔子，譬犹道水自江河，则南北条皆可正也。本原既举，则历朝经世之学，自廿四史外，《通鉴》著治乱之统，《通考》详沿革之故，及夫国朝掌故、外夷政俗，皆宜考焉。”[5]

然而，学孔子，又当以何为纲？康有为的回答是，孔子的改制之说。后世阐释孔子学说纷呈异彩，学派林立，良莠并存。特别是刘歆作伪乱圣，涂塞学者耳目，伪古学一统久矣，因而读书尤须辨伪存真，举纲张

---

①④ 康有为：《桂学答问》，姜义华、张荣华编校：《康有为全集》第二集，北京：中国人民大学出版社 2007 年，第 18 页。

② 康有为：《长兴学记》，姜义华、张荣华编校：《康有为全集》第一集，北京：中国人民大学出版社 2007 年，第 350 页。

③ 康有为：《桂学答问序》，姜义华、张荣华编校：《康有为全集》第二集，北京：中国人民大学出版社 2007 年，第 17 页。

⑤ 康有为：《长兴学记》，姜义华、张荣华编校：《康有为全集》第一集，北京：中国人民大学出版社 2007 年，第 348 ~ 349 页。

目，否则误入歧途，深陷难拔。康有为在《桂学答问》中告诫学子："孔子所以为圣人，以其改制，而曲成万物、范围万世也。"学者读书只有以探讨孔子改制之微言大义为纲，方可寻得门径，识得通途，豁然贯通。"苟能明孔子改制之微言大义，则周、秦诸子谈道之是非出入，秦、汉以来二千年之义理制度所本，从违之得失，以及外夷之治乱强弱，天人之故，皆能别白而昭晰之。振其纲而求其条目，循其干而理其枝条，其道至约，而其功至宏矣！"①

康有为告诫学生，要探究孔子改制之微言大义，读书必须识其门径。康有为认为，孔子所撰经书，《春秋》为经世之学，发改制之义，是为根本；《礼》据此而成有条理，《诗》《书》亦归轨道矣；《易》则明穷变通久之理，为经世之学之宗。所以，要深究孔子改制之微言大义，应以《春秋》为本。"若学孔子而不学《春秋》，是欲其入而闭之门也。""能通《春秋》之制，则六经之说莫不同条而共贯，而孔子之大道可明矣。"②

然而，《春秋》中的改制之说，孔子并未充分展开。要真正把握其改制之真谛，康有为认为有5部著作是必读的，即《孟子》《荀子》《春秋公羊传》《春秋繁露》《白虎通》。孟子和荀子为孔门后学的两大支派。孟子发孔子之道最精，对孔子改制之微言大义本末精粗毕举。荀子欲法后王，故经世之学令今可行。而《公羊》《繁露》详细阐述了孔子改制之说，尤宜尊信。《白虎通》集14博士荟萃之说，同为孔门真传秘本。康有为将这5部著作视为"大孔律例"而列为学子首读之书，以正其本，探其始，明其训。

康有为的这些主张全面总结了传统教育理论，并结合时代精神而推陈出新。他要求学生学习能通古今中外之故，圣道王制之精，达天人之奥，任天下之重。它吸取了传统教育理论的精华，以弘扬孔子讲学传统为依托，实质上是为适应新时代变革潮流而张目。它以人格的回归和重

① 康有为：《桂学答问》，姜义华、张荣华编校：《康有为全集》第二集，北京：中国人民大学出版社2007年，第18~19页。

② 康有为：《桂学答问》，姜义华、张荣华编校：《康有为全集》第二集，北京：中国人民大学出版社2007年，第18页。

塑为核心，其教育主张既是传统的又是时代的。它是康有为教育思想形成过程的第一个里程碑。

四、变科举、兴学校的教育改革观

维新变法运动的兴起，使康有为“反古复始，创法立制”的思想得到真正施展的机会。他不失时机地向朝廷上奏建言，提出了变科举、兴学校的教育改革主张。

康有为认为，教育体制改革的根本就是要朝着普及教育、广开民智的方向发展。康有为在《上清帝第二书》中指出：“尝考泰西之所以富强，不在炮械军兵，而在穷理劝学。”他强调，西方国家乡塾甚多，儿童七八岁必须入学，否则责其父母。所以西方各国读书识字者大都在百分之七十。美国每年出书万余种，英国各地皆有书藏，全国藏书达百余万册。这样农工商兵士皆有专学，妇女童孺，人尽知书，“所以开民之智者亦广矣”。而中国教育程度甚低，读书识字者仅百分之二十，教育经费更是少得可怜。更为本质的是，“甚至鉴于明末，因噎废食，上以讲学为禁，下以道学为笑。故任道之儒既少，才智之士无多，乃至嗜利无耻，荡成风俗，而国家缓急无以为用。法弊至此，亦不得不少变矣。若夫小民识字已寡，或有一省而无礼律之书，一县而无童蒙之馆，其为不教甚矣”。两相比较，康有为的结论是：“才智之民多则国强，才智之民少则国弱。”①

康有为在《上清帝第五书》中进一步指出，中国的贫弱积渊深重根本是因为传统教育体制只是为特权阶层服务，使教育的特权化与愚民政策结合，导致了中国千百年来的教育不以国民为对象，故而造成了“兵不识字，士不知兵，商无学，农无术，则民智弱；人相偷安，士无侠气，则民心弱，以当东西十余新造之强邻，其必不能禁其兼者，势也”② 的

---

① 康有为：《上清帝第二书》，姜义华、张荣华编校：《康有为全集》第二集，北京：中国人民大学出版社 2007 年，第 41 ~ 42 页。

② 康有为：《上清帝第五书》，姜义华、张荣华编校：《康有为全集》第四集，北京：中国人民大学出版社 2007 年，第 3 页。

现状。

因此，要满足富强变政之急需，教育体制改革刻不容缓。康有为在《上清帝第五书》中提出了其教育改革的基本思路，即“变科举，广学校，译西书，以成人材”①。

康有为认为，科举之制的八股取士成为民智不开的头号敌人。他认为：“今日之患，在吾民智不开，故虽多而不可用。民智不开之故，皆以八股试士为之。学八股者，不读秦汉以后之书，更不考地球各国之事，然可以通籍累致大官。今群臣济济，然无以任事变者，皆由八股致大位之故。”②

康有为认为：八股取士坑害人才，已到了无以复加的地步。其一，八股文体立法过严，限制尤多，造成天下文章千篇一律。八股格式的种种清规戒律，严重地束缚了人们的思想，致使学者思想僵化，民智不开。其二，八股内容要求代圣人立言，不能旁称诸子而杂其说，不能述引后世而谬其时。于是二千年之文学扫地无用，束阁不读。驱天下有用之才而入于无用之地，是比白起之坑长平赵卒四十万，尚十倍之。其三，八股试题断剪经文，割截圣语，常将四书中句子砍头去尾，截上截下，无理无情，以难学者。造成举国人士，伏案揣摩，盲聋老死。试官妄取，谬种辗转以相传。学子循声，以文字空疏而登第。所以，“方今国事艰危，人才乏绝，推原其由，皆因科举仅试八股之故”③。

怎么改？康有为在《上清帝第二书》中提出了两条建议：第一，武科弓刀无用，宜改为艺科，令各省、州、县遍开艺学书院，广设天文、地矿、医律、光重化电、机器、武备、驾驶等学堂，而测量、图绘、语言、文字皆学之。童试、乡试、会试皆考专门之业，加以经、史、掌故，通半中选，不限名额。第二，文科重在经、史、掌故策、中外策等。童、

---

① 康有为：《上清帝第五书》，姜义华、张荣华编校：《康有为全集》第四集，北京：中国人民大学出版社 2007 年，第 5 页。

② 楼宇烈整理：《康有为自编年（外二种）》，北京：中华书局 1992 年，第 43 页。

③ 康有为：《请变通科举改八股为策论折》，姜义华、张荣华编校：《康有为全集》第四集，北京：中国人民大学出版社 2007 年，第 81 页。

乡、会试可依然保留四书文，但不限格法，听其引用，只求讲明义理，崇尚孔子。

至戊戌变法期间，康有为将科举改革的目标集中定位在废除八股。他坚定地认为："臣窃惟今变法之道万千，而莫急于得人才；得才之道多端，而莫先于改科举；今学校未成，科举之法，未能骤废，则莫先于废弃八股矣。"①

为什么只提废除八股？其原因有二：第一，康有为认为，科举制度是通过考试在全国选拔优秀人才，这个制度本身是可取的。这较之世界各国，甚至欧洲诸国，选才皆贵族而不论才德，显然要好得多。任官先试，我莫先焉。美国行之，实师于我。所以，科举制度本身并不是落后的。第二，科举制度在中国实施千年有加，其影响已深入到中国社会生活的骨髓之中，成为中国士大夫生命的寄托。如果骤然废止，必使千百万封建士子希望破灭而站到维新运动的对立面。所以康有为认为在当时的情况下，改革步伐不能操之过急。梁启超后来曾对此做过这样的说明："此次不即尔者，盖使数百万之老举人、老秀才，一旦尽失其登进之路，未免伤于急激，且学校生徒之成就，亦当期之于数年之后，故此数年中借策论科举为引渡。此亦不得已之办法也。"②

康有为关于废除八股的主张，对传统教育的批判和冲击具有时代性。首先，废除八股的主张，是针对封建专制的"愚民之术"而提出的。康有为认为，八股取士是投举国才智于盲瞽，是聚百万瞽者、跛者而鞭挞指挥之，这是封建专制统治赖以维持的前提条件。而废除八股正是为了"开民智"，使举国数百万学子，立可扫云雾而见青天矣。这对于救亡图存，立国育才，所关全大。其次，废除八股的主张，是针对传统教育的空疏无用而提出的，是为提倡西学，发展新式教育鸣锣开道。康有为认为，八股取士的要害在于造成至陋极愚之人，这些人目不通古今，耳不

① 康有为：《请废八股试帖楷法试士改用策论折》，姜义华、张荣华编校：《康有为全集》第四集，北京：中国人民大学出版社 2007 年，第 78 页。

② 梁启超：《戊戌政变记》，张品兴主编：《梁启超全集》，北京：北京出版社 1999 年，第 197 页。

知中外，于国于己皆无用。康有为企盼全社会自幼童至弱冠，皆教之以图算、古今万国历史、天文地理及化光电重、格致法律、政治公法等，形成农工商贾皆有专门之学的教育新格局，形成人人有学、人人有才的教育新氛围。所以他主张废八股，考以策论；主张摒弃空疏，试以时务；主张停止弓刀石武试，改设兵校；主张创学堂以育专门之才，开经济特科以网罗通才，其目的就在强调学有用之学，人才各得其用。这是近代关于教学内容改革的进一步深化，是当时新式教育发展的进一步深入。

人才的成长不仅取决于如何“取”，更重要的还是取决于如何“养”。“反古复始，创法立制”的根本还在于广学校。“欲富强之自立，教学之见效，不当仅及于士，而当下逮于民，不当仅立于国，而当遍及于乡”①，造成全国人人皆学、学有专门之局面。

康有为指出：“近者日本胜我，亦非其将相兵士能胜我也，其国遍设各学，才艺足用，实能胜我也。”② 一针见血地指出了资本主义教育是富国强兵的根本要素。他在向光绪皇帝进呈的《日本明治变政考》中，一再强调日本之所以骤强，是因为兴学极盛。不仅日本如此，其他资本主义国家如美国、英国、丹麦、瑞典等也同样是这样。这些国家学制完备，诸学并立，大学岿然，人才不可胜用。“泰西之强由于人才，人才出于学校”，这就是康有为向光绪皇帝所强调的结论。

所以，要使中国富强，与欧美强国并驾齐驱，不是办几所学校或一批学校就能奏效的，而是要在中国建立一个体系完整的学校制度。为此，康有为向光绪皇帝建议：“遍令省府县乡兴学，乡立小学，令民七岁以上皆入学，县立中学，其省府能立专门高等学大学，各量其力皆立图书仪器馆，京师议立大学数年矣，宜督促早成之，以建首善而观万国。”③

---

① 康有为：《请饬各省改书院淫祠为学堂折》，姜义华、张荣华编校：《康有为全集》第四集，北京：中国人民大学出版社2007年，第320页。

② 康有为：《请开学校折》，姜义华、张荣华编校：《康有为全集》第四集，北京：中国人民大学出版社2007年，第315页。

③ 康有为：《请开学校折》，姜义华、张荣华编校：《康有为全集》第四集，北京：中国人民大学出版社2007年，第316页。

按康有为的设想，小学、中学的目标，教所以为国民，为人民之普通学也；高等专门学，教人民之应用，以为执业者也；大学则精之深之，以为长为师为士大夫也。只有这样，必使全国四万万之民，皆出于学。

在康有为的兴学主张中，专门学校占有相当重要的地位。康有为认为，凡人间一事一艺者，皆应有学。凡天文、地矿、医律、光重、化电、机器、武备、驾驶、铁路、农业、商业、师范等都应设立专门学堂。他在《日本明治变政考》中强调“师范学校尤为小学之根”，只有发展师范教育，培养出大量的师资，才能普及小学。他在《请开农学堂地质局以兴农殖民而富国本折》中强调发展农业要用新而去旧，因而要求光绪皇帝“饬下各省府州县，皆立农学堂，酌拨官地公费，令绅民讲求”。他在《日本明治变政考》中指出：“中国以二百兆之妇女，曾无一学校以教之，则不学者居其半，是吾有民而弃之也。”他在《请停弓刀石武试改设兵校折》建议“广设武备学校”，仿德国、日本例设置科程功课，必令入学方得为将校，由此兵事乃可得而整理也。

广设学校能不能在短期内得以实现，康有为的回答是肯定的。他在《请饬各省改书院淫祠为学堂折》中向光绪皇帝建议，各省府州县多有书院，民间也有公立书院、义学、社学、学塾，如果能利用这些现成的校舍，将之改为兼习中西的学校，如将省会大书院建高等学，将府州县的书院建中等学，将义学、社学建小学，则广设学校便指日可待。至于办学经费，一方面可以利用原书院、义学的办学经费，另一方面严旨戒饬各疆臣，清查善后局及电报、招商局各溢款、陋规、滥费，尽拨为各学堂经费，这样各省可得数十万金，以为养士之用。如果还不够，可以鼓励各地绅民捐款办学，其中捐款达万金者，赏御书匾额，给予学衔；捐款达 10 万金者，请特旨奖以世职。

除此之外，康有为还考虑到由广设学校而带来的师资、教材、生源等必须解决的问题。他主张，将原书院那些只谙八股之术的学长悉数更易，另外聘请擅长中西之学的通才担任师长。在各地设立书局，编辑中外要书，颁发诵读遵行，以解中学小学教材之急需。他要求仿效西方之法，责令民人子弟，年至 6 岁者必入小学，其不入学者，罪其父母。他希望光绪皇帝能明降谕旨，饬下各省督抚施行，严课地方官以为殿最，如有违者，劾其一二，以警其余。康有为认为，只有这样，才可达到风化可广，人才大成，国势日强。①

康有为看到，要在这样一个幅员广阔、教育落后的国土上构建一套完全新型的教育制度，没有一个专门的机构来落实和管理是行不通的。因此他建议应专门设立学部这样的机构来管理全国的教育。他在《请开学校折》中强调："若其设师范、分科学、撰课本、定章程，其事至繁，非专立学部，妙选人才，不能致效也。"②

变科举、兴学校的目的在广民智，而广民智的一个重要任务就是让民众广见闻、开眼界，使西方科技政俗浸染耳目，促进中国富强变政。所以，广译西书，鼓励游学，也成为康有为关于教育制度改革的重要内容。

康有为在向光绪皇帝进呈的《日本明治变政考》里，以按语的形式，多次强调了广派游学的重要性。他说："泰西自培根变法，政艺之学，日新而奥，阅今五百年乃成此治体，东方各国若舍而自讲，亦非阅五百年不能成。今但取资各国，十年可毕，而非派亲贵游学为之先导，以朝臣从之，并多派朝士游学，不能成就致治之才，而应变法之急。"③ 在戊戌变法前夕，康有为一连呈上《请派近支王公游历折》《请开局译日本书折》《请派游学日本折》等奏折，要求朝廷多派通学妙年之士大夫，出学外国，分习诸科，归来执政。光绪皇帝诏定国是后，康有为又呈上《请广译日本书派游学折》，阐述了自己关于译书和游学的主张。

为了能在两三年内将日本群书毕译于中国，康有为想出了这么一个点子。他认为中国人特别看重科第得失，视科举出身为性命，若此，不

---

① 康有为：《请饬各省改书院淫祠为学堂折》，姜义华、张荣华编校：《康有为全集》第四集，北京：中国人民大学出版社 2007 年，第 321 页。

② 康有为：《请开学校折》，姜义华、张荣华编校：《康有为全集》第四集，北京：中国人民大学出版社 2007 年，第 316 页。

③ 康有为《日本变政考》，姜义华、张荣华编校：《康有为全集》第四集，北京：中国人民大学出版社 2007 年，第 142 页。

如将科举荣誉为奖项以鼓励译书。譬如，童生译成五万字以上者奖以附生身份，附生、增生译成三万字以上者奖以廪生身份，廪生奖贡生。凡诸生能译成十万字以上者给举人，举人给进士，进士给翰林，庶官皆晋一级。这真是一个奇特而又不免过于天真的设想，但这种天真又洋溢着康有为的真诚和热情。为了避免译书重复，劳而无功，康有为希望能由京师译书局统一管理译书事宜。京师译书局每月将已译之书分科公之各省，以免重复。译者将译成之书呈于译书局，由其验之许可，再发于各省学政，试可而给第。他相信，只要政策得法，全国百万之童生，二十万之诸生，一万之举人，数千之散僚，必皆竭力从事于译日本书矣。这样，全国人士各因其性之所近而研究之，以成通才，何可量数。

康有为又进一步认为，书者空言也。实行之事，非深久游入其学校，不能深明之。因此，还要广派游学，分学诸科。至于游学的对象，康有为认为应包括两类：一类是王公大臣，这些人身居要职，于变法维新的成败关系巨大，“而我执政及百司大臣，皆足迹未尝至海外，近支王公仍闭处都城，见闻愚陋，才局不练，一旦授之以政，或使于四方，遂望其能兴内政而御外侮，何可得哉”[①]。因此康有为主张练天下人才，当自王公始。应选派王公大臣及各级官僚，出洋游历三年，讲求诸学，归能著书，始授政事。另一类是年轻学子，由各县自筹经费，按大县 3 人、中县 2 人、小县 1 人的规定，举其县之秀才，送至海外留学。选修科程，应以哲学、海陆军、化电、光重、农工商矿、工程机器为重点。其后岁岁议增，6 年之后，立国之才，庶几有恃。

至于游学地点，康有为认为如果是去欧洲，当以德国最为理想。德国国体与我相同，文学也最为精美，但路途遥远，费用昂贵，尤其是语言文字不通，难以取得速效。相比之下，近临我国的日本倒是最为理想。日本变法立学，效法欧美，确有成效，值得学习。加之日本政俗，文字与我相近，易学易成，且道近而费省，即使是人们自费前往，也是可行

① 康有为：《请派近支王公游历折》，姜义华、张荣华编校：《康有为全集》第四集，北京：中国人民大学出版社 2007 年，第 64 页。

的。只要实行鼓励政策，听人士负笈，东游自众，不必多烦官费，速成尤易。

康有为的这些意见，虽然并不是他的首创。但他将前人的各种零碎主张汇集起来，并将其建立在“开民智”这一基点上，使之系统化，汇聚于变科举、兴学校两面旗帜下，使中国教育近代化开始进入制度改革的层面。这也成为康有为教育改革思想的第二个里程碑。

五、世界大同的教育普及观

“反古复始，创法立制”并不仅仅是要实践于现实，更是康有为面向未来的一个理想。要使教育真正普及于民，最根本的是要实现世界大同。康有为根据他的“三世说”历史观，认为人类社会终归是要进入“太平世”，步入大同社会。[①]

康有为主张，大同社会应是“全地大同，无国土之分，无种族之异，无兵争之事”的美好世界。全地大同社会没有帝王，没有总统，没有贵族，没有阶级，没有军队，没有法院，一切法律和重大事情都由民主讨论决定。在全地大同公政府和各度分政府，都另外设有4个院：一是会议院，凡各部相关之事及公共大政，由各部、各曹官员于此公议；二是上议院，由各度分政府或各地方自治局各举一人组成，讨论法律职规大政，并掌大裁判、政教、文艺、评论之事；三是下议院，只设书记，不选议员，届时通过电话会议，合全地之人公议一切法律、规则、财政等；四是公报院，由全地各度公举数人，掌公共查报各地之事。各级公政府的官员、议员都由民主选举产生，所有人民都有参政、议政的权利。

大同社会是一个以公产为核心的社会。康有为说：“今欲致大同，必去人之私产而后可，凡农工商之业，必归之公。”全地大同的农工商业，乃至交通、邮电、医院、学校及各种文教福利事业无一不是公产公营。生产计划由商部、农部、工部根据每岁每月所需，因地制宜，将生产指标层层下达到各地区自治局，直至落实到各农场、工厂。产品除留足本

① 康有为：《大同书》，姜义华、张荣华编校：《康有为全集》第七集，北京：中国人民大学出版社2007年，第1～183页。

地区所需外，就近调拨，互通有无，由各地商店组织供应。“各地之货万品并陈，每品之中万色并列，……惟人所择。”

大同社会没有家庭，每个人从生到死都由公政府“公养”“公教”“公恤”。每个地方自治局设有人本院、育婴院、慈幼院、小学院、中学院、大学院、医疾院、养老院、恤贫院、考终院等一整套公益机构。孕妇皆入人本院实行胎教。儿童3至6个月后即送入育婴院，3至6岁入慈幼院，6至10岁进小学院，11至15岁入中学院，16至20岁进大学院。大学院毕业后参加工作，60岁入养老院，人死送考终院火化。

大同社会为每个人的成长与发展创造了良好的条件。自胎儿成形至20成人，大同社会通过一整套的教育机构，使儿童的每一步成长都沐浴在大同的氛围之中。在康有为所构造的大同社会蓝图中，学校林立，学制完备，全球各地无处不设学，全地之人无不享受着自育婴院至大学院的完全教育。教育是人们享受文明的重要条件，也是大同社会得以发展的先决条件。康有为设计的大同社会的教育蓝图，将教育普及和教育机会平等的理想融入其中，从而构筑了大同社会的教育框架，展现了他的教育改革的理想。

在大同社会里，人们的教育从母亲怀孕之时便开始，社会普遍设立胎教院（或称人本院）。胎教院以正生人之本，厚人道之原为宗旨，妇人有孕，皆应入院。入院后，以高洁寡欲、学道养身为正义，终日常有琴乐歌管相伴。康有为认为，声音动荡，最能感人，其入魂尤易，但要取其最和平中正者。常以乐声养其耳，必能养性情而发神智。胎教院中有女傅、医生负责照料调理，孕妇生产后有女看护专为抚视。

婴儿自3至6个月便送入育婴院。育婴院要为婴儿举行定名礼，康有为认为，婴儿取名必经公家，不得随父母姓。他认为：“惟婴儿既经公养，人为全地之公物，非父母所得私有之，不过藉父母以生之耳。公家有宝星以赏其胎产之劳，足偿之矣，既不必从太古之母姓；不须父养，亦不必同后世之父姓也。且凡有姓则有所私亲，势必如广东各姓之互争而相战。此在太古人类自立则赖亡，大同之时最忌别异，必当去之矣。”

自6岁开始，儿童进入小学院、中学院，大家寝则同寝，食则同桌，衣着同式，德才相摩。“十五年中，同为世界之人，无一人之或富、或贫、或贵、或贱，同育公家，同学公学，无家可恃，无私可恋，无累可牵，无德可感，无游非学，无群非学，齐驱并进，无却无前，万千并头，喁喁向上。虽欲不学乎，有引于前，有鞭于后，无由有失学者矣，人固无不德性齐一，学识通明矣。”

大同社会普及高等教育。康有为认为，世愈文明，分业愈众，研求愈细，究辨愈精。由于大同社会生产力的高度发达，无业不设专门，因而劳动者的素质必须具有高等专门学的培训。他说：“惟大同之世，天下为公，欲成就同类，俾其大成，故令人人有此五年之学。”在这一级的教育中，各人唯志所之，各禀天赋，各听自由，各从所好，分业成能，通力合作。在大同的氛围之下，容易形成人人向学、喁喁向上的激励条件。因为“重念二十出学之后，上无公家之养，下无父母之蓄，欲不发愤而成学业，将立为饿莩矣，否则入恤贫院而为苦工，名誉全削，终身不齿于人类矣。此又中人以下所不甘者也。况导以善诱之良师，夹以万千之侪辈，耻心既激，循序可升。虽极顽钝之资，无有不成之材矣”。

据此，康有为制订了各级教育的基本目标。育婴院当以养儿体、乐儿魂、开儿知识为主。小学院的教育则因儿童年幼嫩稚，性情未定，知识甫开，因而当以育德为先，熏德善良，以养体为主，开智次之。应令其功课稍少而游嬉较多，以动荡其血气，发扬其身体。中学院教育则因学生脑气未充，身体尚弱，故养体开智之外，又以育德为重，做到德性当令养之益熟，知识当令导之益开，有节有度以养其正。大学院教育则因学生脑髓已通，所以于育德强体之后，专以开智为主。学生各从其志，各认专门之学以就专科之师。大学院之后，对尤高才者，或有精奇之思，博综之学，或著新书有成，或创新学独出者，由大师以公同保荐。除就业1年外，公家特给学士荣衔，别给俸禄3年，以成其绝学。由此可见，康有为的培养目标是从德智体三方面造就人才。他根据人的生理特点，在德智体三者兼顾的前提下，各级教育都注意侧重其中的一项或两项内容。这样各级教育既有重点，又兼顾全面。而各级教育的综合，便形成统一的完整的素质培养方案。从这个主张可以看出康有为教育改革的求实精神。

要完满贯彻各级教育的培养目标，康有为认为关键的因素在于教师。教师是学生的楷模，教师是实施教育的关键，因而教师的素质便至为重要。根据各级教育目标的不同，康有为认为，育婴院的教师应由德性慈祥、身体强健、资禀敏慧、有恒性而无倦心、有禀性而非方品的女性充选；小学院教师应由德性仁慈、威仪端正、学问通达、诲诱不倦的女性担任；中学院的教师则要求贤达之士，其行谊方正，德性仁明，文学广博，思悟通妙而又诲人不倦，慈幼有恒；大学院则需择专学精深奥妙、实验有得者为之。

为了更好地提高教育的效率，康有为认为校园的环境是不可忽视的教育因素。校园环境又可分为两类：一类为校园外部环境，即校址的择定和校内环境布置；一类为校园人文环境，即学生衣食住行的氛围。

康有为认为，校址的择定切不可掉以轻心，如果在林暗谷幽、岩洞崎岖、低洼湿润之地设立小学院，则于儿童养业、活动、精神皆不宜。他对择定校址提出了这么几个原则：第一要远离戏馆、声狎、酒宴之地，第二要远离坟墓葬所，第三要远离工厂、车场、市场等喧哗之地。为的是使非礼不祥之事不接于耳目，哗嚣杂乱之物不扰于神思，保其静正之原，乃可广其知识之学。而大学院则因大学生已达不待束缚不事防检的程度，故其校址要根据专业特点而择定。农学设于田野，商学设于市肆，工学设于作场，矿学设于山巅，渔学设于水滨。这样学校与社会融为一体，不统一而分居，乃所以亲切而有用，征实而可信。

校园内部的环境则要有利于学生的学习和生活，使其尽心于学，尽情于游。学校内部教学设施应该齐全，如体操场、游步场、藏书楼、实验室、自食堂等都应齐备。校园皆有游园，水草花木无不茂美，亭池舟楫莫不毕备。

康有为还十分重视校园人文环境的建设。早在创办万木草堂时，他就特别强调“检摄威仪”一条，为形成独特的良好学风打下了基础。对大同社会的学校，他也同样注重这一教育因素。尤其是对中学院和大学院，他认为应实施军事化生活。所有学生，衣服应同式，饮食皆同时，起居、出入、吃饭、上课上操，皆有部位，分班序列。大师如将帅，分教如偏裨，小教习、小分教如队长。要做到人数万千，部署整肃，俨如军队。这样做可以产生两方面教育效果：一是道德易一，风化易同，其有过失者，终身不容于众，以为愧耻，故亦寡矣；二是有利于培养大同观念，康有为强调，大同社会每一院如一小国，学者即其人民，教习司理即其公卿、士夫。这样，学生长期熏陶于其中，一旦毕业便能很快适应大同社会的秩序。这种注重集体的教育力量，注重校园文化建设的思想，不愧是开风气之先的。①

康有为的这一教育思想在近代教育史上是空前的。虽然其构想的框架是以资本主义教育体制为蓝本，但他所融入其中的教育理想却远远超出了资本主义教育的范畴，体现了人类对享受教育权利的公理、正义、平等的理想追求。康有为教育理想的出发点和归宿都是建立在人的天赋人权和独立平等这一基点之上。其肯定人性的平等，强调教育权利的平等，强调提供给人以充分发展的社会条件的平等，是康有为教育理想的核心点。因而他的教育理想洋溢着反封建的战斗精神，充满着对资本主义虚伪人权的批判精神。在清朝政府正准备遮遮掩掩地借鉴资本主义教育制度外壳之时，康有为这一教育宣言的先进性是十分明显的。另外，康有为的教育理想又是建立在对教育规律的理解和遵循之上。他关于各级教育目标各有侧重又相互衔接的主张，关于德智体协调发展的主张，关于各级教师选聘条件的主张，关于教育环境的主张，关于校园人文环境的主张，都是遵循着人的身心发展规律而阐发的，都是符合教育规律的。而这些，正是中国教育改革所着力的方向。

从对传统教育的批判，到维新运动期间“变科举，兴学校”的呐喊，再到大同教育理想的确立，康有为的教育改革思想经历三次飞跃而达到了一个理性的高度。仅就这一点，康有为对推动近代教育改革进程的贡献已是功不可没。应该说，《大同书》中教育理想的阐发，最终奠定了康有为作为近代教育家的地位。

---

① 康有为：《大同书》，姜义华、张荣华编校：《康有为全集》第七集，北京：中国人民大学出版社 2007 年，第 78～118 页。

第五节　梁启超的教育思想

梁启超（1873—1929），字卓如，号任公，别号饮冰室主人、饮冰子、哀时客、中国之新民等，广东新会人。近代中国启蒙思想家、政治家、教育家、史学家和文学家。青年时期和其师康有为一起，倡导变法维新，并称“康梁”，是中国近代维新派代表人物。事败后流亡日本，创办《清议报》《新民丛报》《新小说》，在海外推动君主立宪。辛亥革命之后一度入袁世凯政府，担任司法总长，之后对袁世凯称帝、张勋复辟等严词抨击，并一度加入段祺瑞政府。晚年讲学于清华大学。他倡导新文化运动，支持五四运动。曾倡导“诗界革命”“小说界革命”，提倡“新文体”。其著作合编为《饮冰室合集》。

一、梁启超的教育实践活动

梁启超的先世乃福州人，宋末遭亡国之祸乱，由福州迁徙至广东南雄，明末又因同样的缘故迁往新会熊子乡的茶坑村，从此定居。这是中国南端濒临南海的一个水乡之村，据梁启超自己介绍，此地“当西江入南海交汇之冲，其江口列岛七，而熊子宅其中央，余实中国极南之一岛民也”[①]。但是梁启超在介绍自己出生的时代背景时做了耐人寻味的强调，他说：“余生同治癸酉正月二十六，实太平天国亡于金陵后十年，清大学士曾国藩卒后一年，普法战争后三年，而意大利建国罗马之岁也。”[②]

梁启超家族祖祖辈辈过着与世无争的清贫生活，直到其祖父梁维清，经过多年的奋斗，才中了个秀才，挂名府学生员。虽然这在茶坑村已算得上个人物了，但家境依然清贫。家中藏书只有一套《史记》和一套

① 梁启超：《三十自述》，张品兴主编：《梁启超全集》第二册，北京：北京出版社 1999 年，第 957 页。

② 丁文江、赵丰田编：《梁启超年谱长编》，上海：上海人民出版社 2009 年，第 9 页。

《纲鉴易知录》，后来有人送给他父亲一套《汉书》和一套姚氏《古文辞类纂》，这就是梁启超幼年时所能读到的全部书籍了。

6岁时，梁启超已读完了“四书”与《诗经》。6岁后，就父读，受中国略史及五经，8岁学为文，9岁能缀千言。在传统教育制度之下，10岁的梁启超便别无选择地走上了科举之路。所不同的是，梁启超自幼机敏过人，才华卓群，12岁时，梁启超二赴广州，考中秀才，补博士弟子员。次年（1885），梁启超赴广州求学，先后拜师吕拔湖、陈梅坪、石星巢等，并开始尝试参加学海堂的季课。16岁时，他已取得学海堂的正班生资格，并且还成为菊坡精舍、粤秀书院、粤华书院的外院生。17岁那年，广东举行乡试，梁启超欣然应考，以第8名的成绩中举人。当时任主考官的刑部侍郎李端棻十分赞赏梁启超的才华，当场将堂妹李蕙仙许配给了梁启超。双喜临门，前程似锦，按科举时代所昭示给年轻人的目标，梁启超的登攀只剩下会试和殿试两个台阶了。

光绪十七年（1891），19岁的梁启超遇到康有为，其求学之路向便发生了重大转折。梁启超后来这样记叙了拜师康有为的经过：

> 时余以少年科第，且于时流所推重之训诂词章学，颇有所知，辄沾沾自喜。先生乃以大海潮音，作狮子吼，取其所挟持之数百年无用旧学更端驳诘，悉举而摧陷廓清之。自辰入见，及戌始退，冷水浇背，当头一棒，一旦尽失其故垒，惘惘然不知所从事，且惊且喜，且怨且艾，且疑且惧，与通甫联床竟夕不能寐。明日再谒，请为学方针，先生乃教以陆王心学，而并及史学，西学之梗概。自是决然舍去旧学，自退出学海堂，而间日请业南海之门。生平知有学自兹始。①

自此以后，梁启超在科举征途上便再无成绩可言，但他对万木草堂的学习并不后悔。万木草堂的4年学习生涯，对梁启超一生的影响是十

---

① 梁启超：《三十自述》，张品兴主编：《梁启超全集》第二册，北京：北京出版社1999年，第958页。

分深远的。他不仅在中国传统文化方面打下了更为坚实的基础，而且学到了一些他以前不曾学到过的外国历史文化及自然科学知识。尤其是，这四年的学习，使他明确地树立了参与政治、改革中国的伟大抱负。

光绪二十一年（1895）春，梁启超与康有为、梁小山等再次北上参加会试。于时正值《马关条约》签订的消息传到北京，在京应试的举人群情激愤，梁启超与康有为一起积极参与了“公车上书”事件。之后，梁启超随同康有为留在了北京，共同投身于办报纸、办学会、办学堂的维新宣传工作之中。

光绪二十一年（1895）夏秋之际，梁启超与康有为等在北京正式创办了《万国公报》（后改名《中外纪闻》），这在当时是除宫廷报纸《京报》之外唯一的一份民办报纸。其宗旨以介绍西方各国社会政治、历史地理、思想文化及风土人情为主，达到宣传富国强兵之道、国家振兴之源、养民教民之法的目的。同年，康有为在北京发起成立了强学会，梁启超在其中发挥了重要的组织和宣传作用。他不仅负责起草了强学会的组织章程，而且还担任了书记之职，在康有为离京之后，梁启超实际上主持了强学会的日常工作。光绪二十二年（1896），梁启超来到上海，与黄遵宪、汪康年等共同创办了《时务报》。《时务报》是旬刊，以宣传“变法图存”为宗旨，梁启超担任主笔，专司撰述。光绪二十三年（1897），梁启超南下澳门，在那里创办了《知新报》，由康广仁、何延光任总理，徐勤、何树龄任主笔，自己则兼任撰述。同年，梁启超在经元善、谭嗣同等人的支持下，在近代中国第一个发起倡设女子学堂。他在《倡设女学堂启》中呼吁解放妇女，指出美国、日本等国因妇女平权而富强，强调“兴国智民，靡不始此”。1897年冬，梁启超应黄遵宪之邀，由上海来到长沙，担任时务学堂的中文总教习。这是梁启超第一次直接参与新式学校教育，他借鉴万木草堂的经验，将时务学堂办成一所宣传维新思想、培育维新人才的新型学校，在湖南引起了强烈的反响。

光绪二十四年（1898）春，梁启超再次进京，与麦孟华等联合两广、云、贵、山、陕、浙等省百余名举人向都察院上《拒俄变法书》，力言不可割旅大给沙俄。三月下旬，梁启超又协助康有为在北京成立保国会，梁启超在保国会第二次集会上发表了动人心弦的演说，呼吁四万万同胞各竭聪明才力，奋起救亡。四月初，梁启超联合在京百余名举人上书，请废八股取士之制，推行经济六科，以育人才，御外侮。光绪皇帝下诏“明定国是”宣布变法后，梁启超由徐致靖引荐，奉命在总理衙门查看章奏，正式参加新政的筹划工作。五月十五日（7月3日），光绪皇帝召见梁启超，听取了梁启超关于提倡西学和设立学校的意见，命他将《变法通议》呈上。光绪皇帝对梁启超的才华和见识大为赞赏，当场赏他六品衔，专办大学堂译书局的事务。不久，光绪皇帝批准了梁启超拟定的译书局章程、在上海设立编译学堂的章程，以及奖励工艺、奖励新器的章程。此外，梁启超还以李端棻的名义，起草了一些推行新政的奏折。

戊戌变法失败，谭嗣同等6名维新志士就义于北京菜市口。梁启超得日本友人相助，于1898年10月乘日本军舰逃离天津。新的环境，新的世界，使梁启超广泛接触到资本主义文化。这一切令梁启超眼界大开，令他兴奋不已，他有如饥渴的学子，贪婪地吮吸着资本主义文化养料。这种日新而日进的学习使梁启超更为充实，眼界更开阔，使梁启超由一南国边远地带之“乡人”一变而成了“世界人”。他亲身感受到资本主义潮流的震撼，立志改革中国的信念更为坚定。

梁启超在加强自我学习的同时，还积极创办学校，以招收留学日本的中国青年和各地华侨子女。梁启超亡命日本后，经常与当年万木草堂的同窗、时任大同学校校长的徐勤共同商讨办学方针。其后，梁启超又与神户华侨麦少彭等于光绪二十五年（1899）春在神户创办了同文学校。1899年9月，梁启超又得华侨郑席儒、曾卑轩等资助，于东京开办高等大同学校，梁启超亲任校长，日人柏原文太郎任总干事。

梁启超在救国维新活动中，影响最大、最有成效的事业还是办报。光绪二十四年（1898）冬，梁启超到达日本不久，便依靠华侨冯镜如、冯紫珊、林北泉等人的资助，在横滨创办了《清议报》。梁启超后来说：“戊戌八月出亡，十月复在横滨开一《清议报》，明目张胆，以攻击政府，彼时最烈矣。而政府相疾亦至，严禁入口，驰至内地断绝发行机关，不得已停办。”[①]《清议报》停刊不久，光绪二十八年（1902）正月，梁启超又在横滨创办了《新民丛报》，不久又创办了《新小说报》。

梁启超办报的成就为世所公认。胡适就曾经说过这样的话：“梁先生的文章，明白晓畅之中，带着浓挚的热情，使读的人不能不跟着他走，不能不跟着他想。”[②] 黄遵宪当时在给梁启超的信中也对此予以了高度的赞扬：“《清议报》胜《时务报》远矣，今之《新民丛报》又胜《清议报》百倍矣。惊心动魄，一字千金，人人笔下所无，却为人人意中所有，虽铁石人亦应感动，从古至今文字之力之大，无过于此者矣。”[③] 更有甚者，“时科举方改试策论时务，故应试者亦多借《新民丛报》为蓝本。其文字之势力，乃遍于学堂之学生，科场之士子。厥后报纸繁兴，凡杂志上作长篇论文者，大抵规抚梁氏，即在今兹之日报中，梁氏文脉之余势增未尽衰”[④]。

辛亥革命后，梁启超于1912年10月回到了祖国。他一度想从政治上大展身手，担任了袁世凯政府的司法总长和段祺瑞政府的财政总长。1915年底，袁世凯称帝之心日益暴露，梁启超反对袁氏称帝，与蔡锷策划反袁发动了护国战争。1917年11月，段内阁被迫下台，梁启超也随之辞职，从此退出政坛。1918年底，梁启超赴欧，看到西方社会的许多问题和弊端，回国之后大力宣扬光大中国传统文化，主张用东方的“固有文明”来“拯救世界”。以后主要从事教育讲学活动和著述工作，1925年受聘为清华大学研究院导师。1929年，病逝于北京。

梁启超的教育思想是伴随着自己的成长而发展的。身处日新月异的近代中国，梁启超特别关注人的素质更新问题，从精英人才的素质更新

---

① 丁文江、赵丰田编：《梁启超年谱长编》，上海：上海人民出版社2009年，第110页。

② 胡适：《四十自述》，夏晓虹编：《追忆梁启超》，北京：中国广播电视出版社1997年，第210页。

③ 丁文江、赵丰田编：《梁启超年谱长编》，上海：上海人民出版社2009年，第181页。

④ 彬彬：《梁启超》，夏晓虹编：《追忆梁启超》，北京：中国广播电视出版社1997年，第19页。

到对开民智的关注，到对国民素质的更新，梁启超的教育思想始终围绕着这一主线而展开。

二、“以天下为己任”的人格教育观

梁启超对精英人才素质的关注，来源于康有为万木草堂教育的影响，也来源于变革时代的召唤，正如他一次饭后与同人约定所说：“吾国人不能舍身救国者，非以家累即以身累，我辈从此相约，非破家不能救国，非杀身不能成仁，目的以救国为第一义，同此义者皆为同志。吾辈不论成败是非，尽力作将去，万一失败，同志杀尽，只留自己一身，此志仍不可灰败，仍须尽力进行。”[①] 他将这一理想落实到湖南时务学堂的创办中，比较集中地体现在他所草拟的《湖南时务学堂学约》[②] 之中。

梁启超认识到，学习的最终目的在经世，而获得经世之才的基础在修身。他在学约中向学生立定了10条学则，即立志、养心、治身、读书、穷理、学文、乐群、摄生、经世、传教。这10条学则以经世致用精神为主线，以变法维新为目标，以立志修身为根本，将中国传统的治学立身精神推陈出新，使其富有鲜明的时代特色。

在梁启超看来，读书治学，首在立志，立志之难，在确立志向。梁启超明确要求学生，如果志在科第，则请从学究以游；如果志在衣食，则请由市侩之道；有一于此，不可教诲。梁启超向学生历数了中国古代知识分子“以天下为己任”的立志传统，他说：“己欲立而立人，己欲达而达人”“天下有道，丘不与易”，这是孔子的志向；“思天下之民，匹夫匹妇，不被其泽，若已推而纳之沟中”，这是伊尹的志向；“如欲平治天下，当今之世，舍我其谁”，这是孟子的志向；“做秀才时，便以天下为己任”，这是范文正的志向；“天下兴亡，匹夫之贱，与有责焉”，这是顾亭林之志向。梁启超强调说：学者苟无此志，虽然年日束身寡过，也不

① 丁文江、赵丰田编：《梁启超年谱长编》，上海：上海人民出版社2009年，第70页。

② 朱有瓛：《中国近代学制史料》第一辑下册，上海：华东师范大学出版社1983年，第293～306页。

过乡间一小儒，于国于民并无大效。所以，梁启超要求学生在服儒者之服，诵先王之言时，“当思国何以蹙，种何以弱，教何以微，谁之咎欤”，要认识到国家危亡乃是“四万万人，莫或自任，是以及此”的严重性，应据此而立定志向。

立志的目的在加强修身，而读书治学正是修身的过程。在梁启超的10条学则中，修身是其核心与灵魂。修身应从三方面着手，即梁启超当时已从西方资产阶级教育思想中朦胧意识到的德育、智育、体育。在10条学则中，其所谓养心、治身，讲的是德育功夫；其所谓读书、穷理、学文、乐群，讲的是智育功夫；其所谓摄生，讲的是体育功夫。

梁启超所强调的德育，是由内外合力作用构成。养心是讲内心的精神修炼，通过道德操守养成一个不败的内在源泉，以抵制外界的各种诱惑，确保人生目标的贯彻。梁启超要求学生通过静坐方式收敛其心，从内心深处立定“忧天下，救众生，悍然独往，浩然独来”的志向，通过破苦乐，破生死，破毁誉的功夫达到富贯不能淫，贫贱不能移，威武不能屈的不动心的境界。治身是讲外在行为举止的约束，梁启超要求学生以曾子的“吾日三省吾身”之法对自己的行为举止进行不断的自我反省，从外在行为练就“非礼勿视，非礼勿听，非礼勿言，非礼勿动”的功夫，展示出“定容貌，正颜色，出辞气”的仪表风度。

梁启超十分重视智力教育，他认为中国大众所缺乏的东西正是智力水平，这是近代以来中国蒙受耻辱的根源，因而加强智力教育是复兴中国的重要一步。梁启超所强调的智育是中西并重、知识与能力相结合的学习观。他向学生开列的读书内容有儒家经典、中国历史、诸子哲学和西学。在梁启超看来，在时局变异、外侮交迫之时，不读万国之书则不能通一国之书，但首先要读好中国之书。他说：“今与诸君子共发大愿，将取中国应读之书，第其诵课之先后，或读全书，或书择其篇焉，或读全篇，或篇择其句焉，专求其有关于圣教，有切于时局者，而杂引外事旁搜新义的发明之，量中材所能肄习者，定为课分，每日一课，经学、子学、史学与译出西书四者，间日为课焉。”

为此，梁启超特地颁布了《时务学堂功课详细章程》及《第一年读书分月课程表》[1]。梁启超将时务学堂的课程分为两大类：一类为普通学，即学生人人皆当通习之科目，它包括经学、诸子学、公理学、中外史志及格算诸学之粗践者。另一类为专门学，即学生每人当深造之专业，它分设为公法学、掌故学、格算学三个门类。将教学内容分为普通学和专门学，在中国近代教育史中，梁启超是第一人。

按梁启超的安排，凡初入学堂的前六个月，皆治普通学。自第七个月开始，乃各认专门，专门学与普通学并习。在梁启超制订的《第一年读书分月课程表》里有两个特色十分突出：第一个特色，梁启超所安排的读书内容做到了中西兼顾，政艺并举。在所规定的书目中既有中国古代的儒家经典，又有如万国史记、日本国志、泰西新史揽要、格致汇编、西国政学事物源流等书，以及天文、地理、重力化汽等自然科学书籍，还有《时务报》《知新报》《湘学报》等报刊。第二个特色，梁启超指导学生读书，十分注意循序渐进，注意读书先抓本源再求发展。例如第一个月的读书安排，他让学生先学习《读书法》，学习《礼记·学记》《礼记·少仪》，学习《管子·弟子职》等，意在让学生入学首先掌握学习的方法，求学的纪律及要求，以便为以后的学习奠定基础。第二个月在布置读《春秋公羊传》时，同时在涉猎书目中安排了公法诸书，梁启超认为《春秋》一书皆言内公法外公法之义，故读《春秋》时必须略窥公法之书乃易通也。在掌故门的读书安排中，他首先要学生学习《秦会要》，因为二千年制度多本之于秦，故必以此书为掌故学根源。在格算门中首先安排读《学算笔谭》《笔算数学》，因为这是学算的显浅易入之书。像这样的安排在读书分月课程表中有很多，这些考虑细致入微，可见梁启超办学的认真及独具匠心。

读书要有所收获，必须穷理。穷理讲的是要加强思维训练，尤其是学习自然科学知识，要增思穷理，为将来制新器，辟新学，创新注奠定基础。在读书穷理的基础上，还应练就文字功夫。言之无文，行而不远，

---

① 朱有瓛：《中国近代学制史料》第一辑下册，上海：华东师范大学出版社 1983 年，第 289～306 页。

学者既以觉天下为任，则文未能舍弃也。梁启超还要求学生乐群。乐群这个概念在荀子学说中就已论及，在《学记》中已对学生的考核提出了明确的要求，但梁启超的“群”更多的是强调中国人集合成或整合成一个具有凝聚力的组织良好的政治实体。梁启超要求学生在学习过程中重视学友之间的相互砥砺切磋，相互取长补短，他主张在时务学堂，每月以数日为同学会讲之期，诸生各出其札记册在堂互观，或有所闻而互相批答，上下议论，各出心得，其益无穷。这既可建设一个良好的学习集体，形成良好的学习风气，又可相观而善，取长补短，共同进步。

修身的目的是效用天下，梁启超以经世与传教两条学则勉励学生。所谓经世，即学以致用，学以求治今日天下所当之用。梁启超强调，凡学而不足为经世之用者，谓之俗学，凡学而能通古知今方可言经世。当今中国所患者，无政才也，因此，学中学以经义掌故为主，学西学以宪法官制为归，远法宋代胡瑗经义治事之规，近采西人政治学院之意，当是学生学习的重点。所谓传教，即共矢宏愿，传孔子太平大同之教，以开民智为自强救国。梁启超看到，西方国家之所以有今日的近代文明，在于宗教革命，在于文艺复兴，因此中国要富强，要保国，也就必须宏扬孔教。

很显然，梁启超所订立的时务学堂学约，继承了中国传统“格物、致知、诚意、正心、修身、齐家、治国、平天下”的教育精神，将人格培养放在核心位置。只有具有健康的人格，才可能具有健康的国格。这种从一己做起，推己及人，以至于治国平天下的教育步骤和自我反省自我教育的方法，是中国传统教育的精髓。梁启超给这一传统注入了时代的新内容。

三、广开民智的教育改革观

随着维新变法运动的深入，梁启超深深地感到开民智的重要性。他发挥康有为“三世说”的理论，从历史进化的角度阐述了开民智的历史必然性。他认为人类社会是由据乱世—升平世—太平世的轨迹进化的。他说：“吾闻之，《春秋》三世之义，据乱世以力胜，升平世智、力互相胜，太平世以智胜。”他列举了人类社会竞胜的史实，得出的结论是：

"世界之运，由乱而进于平；胜败之原，由力而趋于智。故言自强于今日，以开民智为第一义。"①

为什么"升平世""太平世"之"智"要指向"民智"？梁启超认为历史进化的本然表现为社会政体的演进，社会政体的演进是由"多君之政"向"一君之政"然后向"民之政"的推进②。而民权与民智是相互依存的，在"民为政之世"，民智的高低影响着民权的地位。"是故权之与智相倚者也，昔之欲抑民权，必以塞民智为第一义；今日欲伸民权，必以广民智为第一义。"③ 目前中国社会正面临着由君主之世向君民共主之世的转变，因而抑君权、伸民权是顺应历史潮流的必然。梁启超认为："今日策中国者，必曰兴民权，兴民权斯固然矣。然民权非可以旦夕而成也。权者生于智者也。有一分之智慧，即有一分之权。有六七分之智，即有六七分之权。有十分之智，即有十分之权。"④ 又说："有一分之智慧，即有一分之权利；有百分之智慧，即有百分之权利，一毫不容假也。故欲求一国自立，必使一国之人之智慧足可以治一国之事，然后可。今日之中国，其大患总在民智不开。民智不开，人才不足，则人虽假我以权利，亦不能守也。士气似可用矣，地利似可恃矣，然使公理公法、政治之学不明，则虽有千百忠义之人，亦不能免于为奴矣。"⑤

正由于此，梁启超把开民智视为救国之根本。他认为，"开民智"应包括三个层次，即开民智，开绅智，开官智。

开民智第一个层次中讲的"民"，是指农、工、商、兵及妇女这些占人口十之八九的人群。为什么要把开民智的触角深入到社会的最底层？梁启超讲了这么一番道理：

---

① 梁启超：《学校总论》，张品兴主编：《梁启超全集》第一册，北京：北京出版社 1999 年，第 17 页。

② 梁启超：《论君政民政相嬗之理》，张品兴主编：《梁启超全集》第一册，北京：北京出版社 1999 年，第 96 页。

③④ 梁启超：《论湖南应办之事》，张品兴主编：《梁启超全集》第一册，北京：北京出版社 1999 年，第 177 页。

⑤ 梁启超：《湖南时务学堂札记批》，李华兴等编：《梁启超选集》，上海：上海人民出版 1984 年版，第 61 页。

凡国之民，都为五等：曰士，曰农，曰工，曰商，曰兵。士者学子之称，夫人而知也。然农有农之士，工有工之士，商有商之士，兵有兵之士。农而不士，故美国每年农产值银3 100兆两，俄国值2 200兆两，法国值1 800兆两，而中国只值300兆两。工而不士，故美国每自创新艺，报官领照者，20 210事，法国7 300事，英国6 900事，而中国无闻焉。商而不士，故英国商务价值2 740兆两，德国1 296兆两，法国1 176兆两，而中国仅217兆两。兵而不士，故去岁之役，水师军船，96艘，如无一船，榆关防守兵，几300营，如无一兵。今夫有四者之名，无士之实，则其害且至于此。矧于士而不士，聚千百帖括、卷折、考据、词章之辈，于历代掌故，瞠然未有所见，于万国形势，瞢然未有所闻者，而欲与之共天下，任庶官，行新政，御外侮，其可得乎?①

这番话讲得确实有理有据，掷地有声，矛头所向直指传统教育价值观。自古以来，“德成而上，艺成而下”成了一条亘古不变的定律。它制约着传统教育的发展，制约着封建士大夫，也制约着广大人民。但是梁启超在这里却从经济发展和国家强弱的关系这一角度，通过列举经济产值等数字，通过国别的横向比较，就充分阐述了专门人才的举足轻重的社会作用，就充分展现了科技教育对国家强盛的重要作用，重道轻器的人才观也就在这些无可辩驳的事实面前丧失了其存在的价值。在中国教育史上，把人才与经济发展的关系揭示出来的，当首推梁启超。这一观点也把开民智的定位指向了教育价值观念的改革，给了人们一个全新的教育视角。

梁启超进而指出，在民族危亡的关头，仿效西法，力图富强，必须大量起用专门人才，以便在外交、商务、法律、军事、医学、工业、管理等各行业推行科学方法，以图革新。但是，遍寻全国，能胜任的专门

① 梁启超：《学校总论》，张品兴主编：《梁启超全集》第一册，北京：北京出版社1999年，第18页。

人才却寥寥无几。“坐是之故，往往有一切新法，尽美尽善，人人皆知，而议论数十年，不能举行者”。而一些招商局、海关、工矿只好任由洋人盘踞，数十年不能取代。面对这一现实，梁启超叹道：“呜呼！同是圆颅方趾，戴天履地，而必事事俯首拱手，待命他人，岂不可为长太息矣乎！”①

正因为此，梁启超认为中国开民智的任务实在是太重要太急迫了。梁启超以孔子的“以不教战，是谓弃民”为例，强调必须加强对全体国民的教育，以“广其识见，破其愚谬”。梁启超认为，教育国民，应向他们“反复讲明政法所以然之理；国以何而强，以何而弱；民以何而智，以何而愚；令其恍然于中国种种旧习之必不可以立国”②。

在这一个层面，梁启超特别强调了“开女智”的重要性。他认为，妇女“上可相夫，下可教子，近可宜家，远可善种，妇道既昌，千室良善”，妇女在开民智中起着相当重要的作用。而且，妇女占人口的一半，她们本身的素质直接关系到国力的强弱，将这半数的人口排除于教育之外，所谓开民智便是一句空话。况且，女子在社会中的作用十分重要。假如女学衰，母教失，必致无业众，智民少。所以梁启超认定：“吾推极天下积弱之本，则必自妇女不学始。”③ 而中国女子教育落后的根源，梁启超认为是来自不平等的宗法制度。在宗法血缘制度之下，社会视女子为男子的奴隶，奉“女子无才便是德”为信条，并以缠足等劣俗毁其肢体，黜其聪慧，绝其学业，并以闺闼禁锢之，以例俗束缚之，使她们愚昧落后而将她们压入社会的最底层。梁启超对此十分愤慨，他强调欲为大开民智张本，必使妇人各得其自由之权，然后风气可开，名实相副。

开民智的第二个层次是绅智。梁启超认为，乡绅乃一乡一地有影响

---

① 梁启超：《学校总论》，张品兴主编：《梁启超全集》第一册，北京：北京出版社 1999 年，第 19 页。

② 梁启超：《论湖南应办之事》，张品兴主编：《梁启超全集》第一册，北京：北京出版社 1999 年，第 178 页。

③ 梁启超：《论女学》，张品兴主编：《梁启超全集》第一册，北京：北京出版社 1999 年，第 30 页。

有权势之人物。自古以来，历朝统治者皆以本地人为乡官，其虽无权力，却是贯彻官府意图，操办各种饮食、诉讼之事的枢纽。他们对乡里民情十分熟悉，因而在通上下之气、教导乡民、革新风气等方面皆可起到十分重要的作用。然而当时中国的乡绅普遍缺乏参政意识，很少了解世界大势和政局变化，民主意识淡薄，办事程序不熟，“不知地方公事为何物”。这种局面不改变，维新变法就不可能深入到社会基层，新政也就不可能落到实处。因而梁启超强调必须改变乡绅无学、无智的现象。他建议，各地应组织学会，把乡绅组织起来，教以他们各种新鲜知识，以及新政办事之条理。只有绅智既开，权限亦定，便可达到“人人既知危亡之故，即人人各思自保之道”[①] 的效果。

论及此，梁启超又进一步指出：“绅权固当务之急矣，然他日办一切事，舍官莫属也。即今日欲开民智，开绅智，而假手于官力者，尚不知凡几也，故开官智，又为万事之起点。官贫则不能望之以爱民，官愚则不能望之以治事。”这里，梁启超提出了开民智的第三个层次，即提高官僚的素质。在社会这个机体中，官僚的举足轻重的地位是尽人皆知的，他们的素质高下自然直接关系到治事之效率。然而，当时中国官僚队伍的状况却令人担忧。这支队伍，多为“年齿已老，视茫发苍，习气极深，宦情熏灼，使之执卷伏案，视学究之训顽童，难殆甚焉”！这种状况的造成，完全是传统教育的机制使然。“今我国人士，自其鼓箧之始，即已学非所用，用非所学，及一入宦途，则无不与书卷长别。……中国一切糜烂，皆起于此，而在位者沓焉不自觉”。今日欲推行新政的障碍正在于此，“如不办事则已，苟办事，则其势不能不委之此辈之手，又不可以其不能办而不办也”[②]。这种状况不改变，中国社会将依然笼罩在保守、愚昧、落后的氛围之中，维新变法根本就是一句空话。所以，梁启超强调，应把开民智的重点放在官僚层，促成他们养成日日读书读报的习惯，不

---

① 梁启超：《论湖南应办之事》，张品兴主编：《梁启超全集》第一册，北京：北京出版社 1999 年，第 179 页。

② 梁启超：《论湖南应办之事》，张品兴主编：《梁启超全集》第一册，北京：北京出版社 1999 年，第 179－180 页。

断学习政治和科技方面的新知识，使读书治事，二者并见。

梁启超的这个想法，是企图通过教育的手段，促成朝廷统治成员的自我更新。从追求社会进步的角度看，任何一场社会变革，领导群的素质总是影响这一变革方向和进程的关键因素。所以梁启超以开官智为龙头，进而促进开绅智，开民智，以有效地提高全民族的素质的设想，还是具有合理因素的。

要使开民智真正落实，根本的是要在教育体制上进行变革。梁启超完全支持康有为的改革主张，即以“变科举，兴学校”为根本抓手。梁启超明确指出：“故欲兴学校，养人才，以强中国，惟变科举为第一义。”① 怎么变？梁启超依据当时的国情，提出了变通科举的上、中、下三策。

所谓上策，就是远法三代，近采泰西，合科举于学校，自京师至州县，各办大学小学，聚天下之才，教而后用之。这是一种彻底的改革，以学校的培养人才来取代科举的选拔人才，将培养人才与选拔人才的职能归于一身。这一改革将自明以来的取士之具，取士之法，千年积弊，一旦廓清而辞辟之，则天下之士，靡然向风，八年之后，人才盈廷矣。

若一时不能尽变，则可采用中策，即采用汉唐之法，多设诸科，可设立明经、明算、明字、明法、通礼、技艺、学究、明医、兵法等实学实用之科目，以广揽天下有用之才，促进人们用心于有用之学。

如若还不然，则用下策，也就是在保留目前取士之法的前提下，变革考试内容，废除八股之具，在三场考试中，增设中外史地、声光化电、农矿商兵的专门知识，并加重这些专门知识在考试中的地位，以引导人们向心于实学。

梁启超强调：“上策者三代之制也，中策者汉唐之法也，下策者宋元之遗也。由上策者强，由中策者安，由下策者存。”② 综合这上、中、下三策，我们可以看到，这实际上就是改革选拔人才制度的近期和远期的

---

①② 梁启超：《论科举》，张品兴主编：《梁启超全集》第一册，北京：北京出版社 1999 年，第 24 页。

目标。梁启超的近期改革目标是废除八股，考以实用知识，而改革的最终目标，是根本废除科举制度，将选拔人才的职能归并于学校，以大力发展学校教育，有效地培养合格人才。这个主张，在当时来讲，是独具慧眼的。即使是康有为，其思想深度也未深入及此。

但在救亡图存、风气甫开之际，骤然在科举问题上采取急刹车的做法，自然会引起社会的骚动，以及统治集团的坚决抵制，便可能导致维新运动陷入更为孤立更为被动的境地，这显然是不明智的。所以梁启超比较倾向于暂借科举之具，以行倡实学之举，他在一封信中强调："虽然科举不变，朝廷所重不在于是，故奇才异能鲜有应者。殚心竭力求在京师、上海设一学堂，尚经年不能定。即使有成，而一院百人，所获有几？惟科举一变，海内洗心，三年之内，人才不教而自成，此实维新之第一义也。"①

另外，梁启超认为，开启民智富强中国的根本措施在于自京师乃至郡县广设学校。他说："亡而存之，废而举之，愚而智之，弱而强之，条理万端，皆归本于学校。"②

梁启超关于构建一套完整学校体系的设想，主要体现在他所参与制订的《京师大学堂章程》中。他建议，以京师大学堂统辖各省学堂，即在京师设立大学堂，各省省会设立中学堂，各府州县设立小学堂，务使全国学校体系脉络贯注，纲举目张。

在这里，梁启超特别强调了各地开办中小学堂的重要性和紧迫性。他说："现时各省会所设中学堂尤属寥寥，无以备大学堂前茅之用。其各府州县小学堂，尤为绝无仅有。如不克期开办，则虽有大学堂而数额有限，不能逮下，成就无几。今宜一面开办，一面严饬各省督抚学政迅速将中学堂小学堂开办，各使一年之内，每省每府每州县皆有学堂，庶几

---

① 丁文江、赵丰田编：《梁启超年谱长编》，上海：上海人民出版社 2009 年，第 40 页。

② 梁启超：《学校总论》，张品兴主编：《梁启超全集》第一册，北京：北京出版社 1999 年，第 19～20 页。

风行草偃，立见成效。”[①]

在梁启超看来，小学教育是培养人才的基础，是广开民智的根本，小学教育的质量如何，直接影响着中学堂、大学堂的发展，所以梁启超强调应在全国上下形成无论贵贱无不入学的氛围。按他的设想，儿童于入学之始教以识字，然后授以普通功课的基础知识，使其对一切学问，大纲节目，略有所闻。自此以往，其有欲习专门者，可更入中学、大学。这样可以帮助国民大之必不为作奸犯科之事，小之亦能为仰事俯畜之谋，避免成为盗贼、奸细、游手和饿殍。

要使学校广设，教育普及，师资的培养刻不容缓。梁启超看到，虽然遍布各地的学官、书院山长、蒙馆学究等车载斗量，趾踵相接，然而都是一群不通六艺，不读四史，不知五洲，不识八星的蠹陋野悍、迂谬猥贱之辈。而中国四万万人之才之学之行之识见之志气，皆消磨于此等人之手，求开民智，何可胜道。梁启超还看到，洋务学堂广聘洋人为教习，固能稍解新式教育发展的燃眉之急，但要靠此广设学堂，却万万不行。洋教习的语言不通，翻译不确，对中国文化不了解，薪俸高昂等弊端，都是阻碍新式教育发展的因素。因此，要真正发展新式教育，唯有创办师范学堂，培养新型的教师。梁启超说：“欲革旧习，兴智学，必以立师范学堂为第一义。”[②] 按梁启超的设想，自京师至各省府州县皆设小学，而辅之以师范学堂。以师范学堂之生徒，边学习教术边兼任小学教习，这样既可解决广设小学而师资不足的问题，又可着实培养合格师资。师范学堂的课程设置，梁启超参考泰西故事，分为六经大义、历朝掌故、文字源流、列国情状、格致专门、诸国言语等六门，另外专习《学记》，以之为教之道。

要广民智，教学内容的改革刻不容缓。梁启超在很多文章中阐述了自己的观点，归纳起来可以分为以下三点。

---

① 《总理衙门筹议京师大学堂章程》，朱有瓛主编：《中国近代学制史料》第一辑下册，上海：华东师范大学出版社 1986 年，第 655～656 页。

② 梁启超：《论师范》，张品兴主编：《梁启超全集》第一册，北京：北京出版社 1999 年，第 29 页。

第一，在中学和西学的关系上，梁启超坚持中西并重、观其会通的原则。他对当时教育界将中学和西学对立起来的倾向十分不满，他说："中国学人之大弊，治中学者则绝口不言西学，治西学者亦绝口不言中学；此两学所以终不能合，徒互相诟病，若水火不相入也。"在梁启超看来，任何国家的学校教育都不可能尽舍本国之学而能通他国之学。如果一味治理西学，不通中学，必然对中国之情势一无所通，最终所学之物根本不能通行于中国。梁启超的观点是："中学体也，西学用也，二者相需，缺一不可，体用不备，安能成才。"①

第二，无论中学西学，所选择的内容都必须以经世致用为原则。面对当时国家命运危亡的局势，教育的内容就应该是对救亡图存有用，对维新变法有用。梁启超认为，传统教育之错并非在于传授了中学，而在于它所传授的中学仅仅只是帖括、制艺这些无用之学，把中国传统之学的经世致用精神给丢弃了。同样，洋务教育的失败也在于它所传授的西学仅仅只"震其技艺之片长，忽其政本之大法"，故并不能培养学生以治天下为己任的信念，反而"只为洋人广蓄买办人才"。要克服这两方面的弊端，"启超谓今日学校，当以政学为主义，以艺学为附庸"。梁启超认为，西方的科学技术对富国固然重要，但对中国来说，研究西方的政治经验更为迫切。梁启超对比了洋务运动和日本的明治维新，他看到两个国家改革起步的时间相差不大，也都曾经努力发展海军，但中国失败了，日本却成功了。导致这一结果的根本原因在于日本政治革新的成功，最终保证了科学技术的发展及在与中国军事竞争中的胜利。因此中国的教育内容也应突出政治学说的地位，以适应推进中国政治变革的需要。梁启超说："故今日欲储人才，必以通习中国掌故之学，知其所以然之故，而参合之于西政，以求致用为第一等。"②

第三，为了普及教育及培养专门人才，梁启超提出了普通学和专门

---

① 《总理衙门筹议京师大学堂章程》，朱有瓛主编：《中国近代学制史料》第一辑下册，上海：华东师范大学出版社 1986 年，第 656 页。

② 梁启超：《与林迪臣太守论浙中学堂课程应提倡实学书》，张品兴主编：《梁启超全集》第一册，北京：北京出版社 1999 年，第 145 页。

学的概念。梁启超在主持长沙时务学堂时，就实施了这一想法。在制订京师大学堂章程时，梁启超再一次发挥了这一思想。他提出应将各种人人所当掌握的普通学知识，按小学、中学、大学程度分别编成功课书。他提出京师大学堂学生在前3年人人当习普通学10门，并在英语、法语、俄语、德语、日语中自择一门必修，普通学毕业后进修专门学。在近代教育改革中，梁启超是较早在教学内容上划出阶段性的提倡者。

提倡教学方法的改革，也是梁启超教育改革思想的一个重要内容。梁启超从开民智的角度对中国传统教育的教学方法进行了批判。他认为传统教学最大的弊端在不顾学生的接受程度，不按教学内容的深浅程度，一味地填鸭式地向学生灌输，“未尝识字，而即授之以经。未尝辨训，未尝造句，而即强之为文。开塾未及一月，而‘大学之道，在明明德’之语，腾跃于口，洋溢于耳”。这种违背儿童心理规律的教学只会使学生以学为苦而疾其师，根本起不到教育的作用。梁启超还认为，传统教学盛行体罚，直接摧残儿童的肢体和智力。他说：“中国之人，有二大厄；男女罹毒，俱在髫年。女者缠足，毁其肢体；男者扑头，伤其脑气。导之不以道，抚之不以术。地非理室，日闻榜掠。教匪宗风，但凭棒喝。”梁启超认为这种教育必须改革，不然，教育不仅可以亡国，甚至足以灭种。他在《论幼学》一文中介绍了西方资本主义国家有关儿童教育的做法，他说：

其为道也，先认字，次辨训，次造句，次成文，不躐等也。识字之始，必从眼前名物指点，不好难也。必教以天文地学浅理，如演戏法，童子所乐知也。必教以古今杂事，如说鼓词，童子所乐闻也。必教以数国语言，童子舌本未强，易于学也。必教以算，百业所必用也。必习音乐，使无厌苦，且和其血气也。多为歌谣，易于上口也。多为俗语，易于索解也。必习体操，强其筋骨，且使人人可为兵也。日授学时不过三时，使无太劳致畏难也。不妄施扑教，使无伤脑气，且养其廉耻也。[①]

据此，梁启超专门设计了一张小学教学的功课表，按动静搭配体脑交叉的原则安排小学一天的作息时间，力求与儿童的身心特点相协调：每日8点钟上学，师生合诵赞扬孔教歌一遍。8点钟授歌诀书，日尽一课，每课诵20遍。9点钟授问答书，日尽一课，不必成诵，次日教师按所问令学生回答。10点钟，单日教算学，双日教图学。11点钟教文法，教师以俚语述意，学生以文言回答，每日5句渐加之10句。12点钟散学。下午1点集合，习体操。操毕，让儿童玩耍不加禁止。2点教西文，日尽一课。3点教书法，中文西文各半小时，每日各20字，渐加之100字。4点教说部书，教师讲解，多少不限。5点散学，师生合诵爱国歌一遍。每10日一休沐。

四、培养新民的国民素质观

对国民素质的关注，来源于梁启超对中国教育近代化的深入思考。中国新式教育的发展，核心问题是培养什么样的人。是培养奴才还是培养独立之人，是培养臣民还是培养国民，这是当时新旧教育较量的最本质最核心的问题。梁启超不失时机地提出“新民”这个教育理念，标志着中国近代教育改革开始深入到观念层面的改革。

梁启超通过对西方资本主义历史的深入考察，更深刻地看到，国民文明程度的高低，是决定一个国家或民族强盛与否的根本原因。国民文明程度不高，难以产生高素质的政府及官吏，即使有明主贤相执政，也只能是一时而兴，人亡而政息。如果国民文明程度很高，即使偶有暴君污吏，则其民力自能补救之而整顿之。所以维新之本在于新民，苟有新民，则何患无新制度、新政府、新国家。如不抓根本，只是今日变一事，明日易一人，则无济于事。所以欲其国之安荣，则新民之道不可不讲。

梁启超又总结了中国近代社会改革的教训，他认为变法数十年而成效不著的原因，在于新民之道未有留意焉。梁启超曾在《清议报》发表

---

① 梁启超：《论幼学》，张品兴主编：《梁启超全集》第一册，北京：北京出版社1999年，第34页。

《中国积弱溯源论》，认为中国人心风俗之愚陋，是中国落后的根源之一。他说："以今日中国如此之人心风俗，即使日日购船炮，日日筑铁路，日日开矿务，日日习洋操，亦不过披绮绣于粪墙，镂龙虫于朽木，非直无成，丑又甚焉。"①

梁启超以他敏锐的洞察力，在中国近代较早地提出了国民性的改造问题。他在文章中，列举中国人心风俗之愚陋，将其归纳为6个方面：奴性、愚昧、为我、好伪、怯懦、无动。而中国传统人格中最缺乏的，便是国民之资格。他认为，自古以来吾民常视国为天下，耳目所接触，脑筋所濡染，圣哲所训示，祖宗所遗传，都淡化了国家在世界中的地位。而处于今日列国并立，弱肉强食，优胜劣败之时代，国人缺乏国民之资格，必然难以胜任于这一时代而自立于天壤。为此，梁启超指出："吾请更以一言正告我国民：国之亡也，非当局诸人遂能亡之也。国民亡之而已；国之兴也，非当局诸人遂能兴之也，国民兴之而已。"② 梁启超把决定一国之兴亡，乃至维新之成败的主要因素寄望于国民，寄望于国民本身的文明程度，这确是独具慧眼。与前一时期维新派把变法的希望主要寄托于当权者的开明相比较，梁启超的这个观点显然是一大进步。

他认为，中国要富强，努力学习西方先进的政治、学术、技艺固然重要，但民德、民智、民力，实为政治、学术、技艺之大源。不取于此而取于彼，弃其本而摹其末，是见他树之蓊郁，而欲移其枝以接我槁干那般可笑的做法。欲抓根本唯有从新民做起。梁启超说："新民云者，非新者一人，而新之者又一人也，则在吾民之各自新而已。"③ 也就是说，新民是求全体国民自新，按照时代精神各自提高自己的素质，不要责人不责己，望人不望己。

---

① 梁启超：《中国积弱溯源论》，张品兴主编：《梁启超全集》第一册，北京：北京出版社1999年，第415页。

② 梁启超：《中国积弱溯源论》，张品兴主编：《梁启超全集》第一册，，北京：北京出版社1999年，第420页。

③ 梁启超：《新民说》，张品兴主编：《梁启超全集》第二册，北京：北京出版社1999年，第656页。

梁启超心目中的“新民”形象，最可贵的品格就是独立性。梁启超说：“独立者何？不借他力之扶助，而屹然自立于世界者也。人而不能独立，时日奴隶，于民法上不认为公民；国而不能独立，时曰附庸，予公法上不认为公国。嗟乎！独立之不可以已如是也。”①

梁启超之所以推崇独立性这一品格，是因为这一品格对推动社会进步具有特别重要的意义。梁启超认为，人有三等：有困缚于旧风气之中者，有跳出于旧风气之外者，有跳出旧风气后能造新风气者。梁启超十分赞赏推崇的是第三种人。虽然这些人终其身立于独立境界，又往往为举世目为狂悖，常常为世俗非而笑之，但世界之不衰不灭而进化，全赖这些能造新风气之人。所以，独立性乃是孕育世界之原料。反之，如果人人缺乏独立性，人人皆依附于古人，依赖于他人，则全世界之人皆为土木偶，人类也无复一人了。由是，无独立性，乃是毁灭世界之毒药。

梁启超之所以推崇独立性这一品格，还因为中国人特别缺乏这一品格。几千年的君主专制制度，养成了人们甘心为奴的服从心理，养成了人们“非古人之法言不敢道，非古人之法行不敢行”的思维定势，导致了人们缺乏责任心，遇事望人不望己的依赖心理。梁启超说：“吾中国所以不成为独立国者，以国民乏独立之德而已：言学问则倚赖古人，言政术则依赖外国；官吏倚赖君主，君主倚赖官吏；百姓倚赖政府，政府倚赖百姓；乃至一国之人，各各放弃其责任，而惟倚赖之是务。究其极也，实则无一人之可倚赖者。譬犹群盲偕行，甲扶乙肩，乙牵丙袂，究其极也，实不过盲者倚赖盲者。一国腐败，皆根于是。故今日救治之策，惟有提倡独立。”②

欲达这一要求，梁启超认为树立独立精神是至关重要的。什么是独立精神？简言之，就是自由。梁启超认为，所谓自由就是权利的表征，是人之精神界之生命。“自由之德者，非他人所能予夺，乃我自得之而自

---

① 梁启超：《国民十大元气论》，张品兴主编：《梁启超全集》第一册，北京：北京出版社1999年，第268页。

② 梁启超：《十种德性相反相成义》，张品兴主编：《梁启超全集》第一册，北京：北京出版社1999年，第428页。

享之者也。”[①] 追求自由实质上就是争取权利，争取个人的平等权利。为什么中国人没有权利观念，梁启超归咎于中国传统文化鼓励一种逆来顺受的人生哲学。中国的先哲们总是教导人们要忍耐，要犯而不校，要以德报怨，这就无形中剥夺了人们的权利。梁启超认为，民有权者谓之为有权国，一部分之权利合之即为全体之权利，一私人之权利思想自由积之即为一国家之权利思想，故欲养成权利观念，必须从个人始。所以自由的获得，既表现为物化形态的，又表现为精神形态的。如追求政治上的自由、宗教上的自由、民族上的自由、生计上的自由，它不仅是为了争取人之应有之权利，而且是为了争取人的思想之尊严。要实现这一境界，梁启超在《新民说·论自由》中向人们提出了4个要求：一曰勿为古人之奴隶，二曰勿为世俗之奴隶，三曰勿为境遇之奴隶，四曰勿为情欲之奴隶。梁启超认为：“中国数千年之腐败，其祸极于今日，推其大原，皆必自奴隶性来，不除此性，中国万不能立于世界万国之间。而自由云者，正使人自知其本性，而不受箝（钳）制于他人。”

自由境界的获得，需要具有争自由的勇气和为自由奋斗的决心，这就必须诉诸行动。而且，梁启超认为，争取自由并不仅仅是要争取个人之自由，更主要且更重要的是要争取团体之自由。人不能离团体而独自生存，团体不保其自由，则个人之自由更何有！由是，独立品格的培养不能只停留于口头上书本上，更不能局限于个人狭小的私利。在梁启超看来，“独立云者，日日以孤军冲突于重围之中者也，故能与旧风气战而终胜之”[②]。没有为团体为民族而孤军奋战的信念，没有这种必死之志、决斗之气，处处只望人之助，处处只仰人之庇，根本谈不上人的独立性。梁启超期盼：“人人各断绝倚赖，如孤军陷重围，以人自为战之心，作背城借一之举，庶可扫拔已往数千年奴性之壁垒，可以脱离此后四百兆奴

① 梁启超：《十种德性相反相成义》，张品兴主编：《梁启超全集》第一册，北京：北京出版社1999年，第429页。

② 梁启超：《国民十大元气论》，张品兴主编：《梁启超全集》第一册，北京：北京出版社1999年，第268页。

种之沉沦。”[①]

孤军奋战之勇气，不仅是意志的体现，更主要的是信念的体现，这个信念便是敢为天下先。梁启超认为，丈夫以身任天下事，为天下耳，非为身也。但有益于天下，成之何必自我？必求自我成之，则是为身也，非为天下也，这是独立者之志。只有具有这样的胸怀、这样的志向，才可能奋其身以入于世界之中，磊磊落落，独往独来，才可能正视失败。梁启超说："盖为天下先者，未有不败者也。然天下人人皆畏败而惮先，天下遂以腐坏不可收拾。”[②] 这就是梁启超提倡独立之德的精髓所在。

为此，梁启超呼唤进取冒险精神，“进取冒险之性质何物乎？吾无以名之，名之曰浩然之气”[③]。这是一种精神力量。它生于希望与理想，如果只是饥则求食，饱则嬉焉，知有今日而不知有明日，则进取之念消，冒险之气亡。它生于热诚，如果可爱者而不知爱，可哀者而不知哀，可怒者而不知怒，可危者而不知危，则无人性可言。它生于智慧，如果甘心为教守之奴隶，为先哲之奴隶，为习俗之奴隶，为权势之奴隶，则重重缚轭，奄奄就死。它生于胆力，如果遇难气先衰，遇难心先畏，则畏缩不前了。梁启超认为，这种精神乃是立人立国之本。人有之则生，无之则死；国有之则存，无之则亡。因为，“天下无中立之事，不猛进斯倒退矣；人生与忧患俱来，苟畏难斯落险矣”[④]。

梁启超的新民形象还有一个可贵之处，那就是合群之德。何谓合群？梁启超给它下的定义是“合多数之独而成群”。人类之所以要结成群体，是因为生存发展的需要，任何个人的生存，最终总是取决于所在群体的生存程度。这就是梁启超阐述独立与自由都必须以服从群体利益为前提的理由所在。

---

① 梁启超：《十种德性相反相成义》，张品兴主编：《梁启超全集》第一册，北京：北京出版社 1999 年，第 428 页。

② 梁启超：《自由书・成败》，张品兴主编：《梁启超全集》第一册，北京：北京出版社 1999 年，第 337 页。

③ 梁启超：《新民说・论进取冒险》，张品兴主编：《梁启超全集》第二册，北京：北京出版社 1999 年，第 668 页。

④ 梁启超：《新民说・论进取冒险》，张品兴主编：《梁启超全集》第二册，北京：北京出版社 1999 年，第 667 页。

接下来的问题是，是否有群就必有强大之力，梁启超的回答是否定的。他谈了两个事实：第一，中国四万万人口，经数千年聚族而居，其群不可谓不大，其历史不可谓不悠久，然而给人的印象始终是“一盘散沙”；第二，近代变法以来，也有不少求新之士日日以合群号于天下，而甲地设一会，乙徒立一党，始也互相轻，继也互相妒，终也互相残，何也？梁启超认为这不能简单地归结为各人之私心，而是缺乏“合群之德”。他指出：“盖国民未有合群之德，欲集无数之不能群者强命为群，有其形质，无其精神也。”①

什么是合群之德？梁启超说：“合群之德者，以一身对于一群，常肯绌身而就群；以小群对于大群，常肯绌小群而就大群。夫然后能合内部固有之群，以敌外部来侵之群。”② 如果人人只知有身而不知有群，则其群便漠然摧坏，而终被灭于他群。因此，要增强群体的结合力、凝聚力、团体力，就必须养群德。

中国自古以来缺乏公德，偏重私德。梁启超将儒家的“五伦”与西方伦理学的家庭、社会、国家三个伦理范畴做了比较。他认为，中国之五伦唯家族伦理稍微完整，而朋友一伦绝不足以尽社会之义务，君臣一伦也不足以尽国家之义务。因为社会之义务绝不应局限于相知的朋友之间，国家之义务更不应只是君臣之间的私人感恩效力。梁启超的结论是，我国民所最缺者，公德其一端也。公德者何？人群之所以为群，国家之所以为国，赖此德焉以成立者也。由此，衡量道德的标准应以是否利群为转移，加强群体的凝聚力，促进群体的利益，应该是道德的本质所在。

为此，梁启超大力提倡社会公德。梁启超指出，公德是相对私德而言者。人人独善其身，是谓私德，人人相善其群是谓公德，二者皆人生不可缺之具也。无私德不能立身，无公德则群将不群，国将不国。但从中国状况看，公德缺乏是一个十分突出的问题。尽管中国自古道德发达，但究其所教，私德居十之九，公德不及其一焉。“要之吾中国数千年来，

①② 梁启超：《十种德性相反相成义》，张品兴主编：《梁启超全集》第一册，北京：北京出版社 1999 年，第 429 页。

束身寡过主义，实为德育之中心点。”① 加之后世提倡者有所偏好，习非胜是，谬种流传，使国民更不知公德为何物了。人人只知安享本群之权利，而不愿尽其本群之义务。对此，梁启超愤慨地说：“束身寡过之善士太多，享权利而不尽义务，人人视其所负于群者如无有焉。人虽多，曾不能为群之利，而反为群之累，夫安得不日蹙也？”②

中国不群之故，梁启超分析了4点原因：一是公共观念缺乏；二是对外之界说不分明，分不清公敌私敌，斤斤计较于群内之私敌；三是无规则，不讲法律，不讲纪律，人人对抗，不相上下；四是嫉妒。要合群，首先要明确道德的价值取向，梁启超认为，道德之立，所以利群也。因此，公德与私德并不是并列关系。公德为诸德之源，私德为公德之流，其善恶以利群为标尺。一个人道德修养的好坏，最根本的还是要看他是否尽了报群之义务、报国之责任。“苟放弃此责任者，无论其私德上为善人为恶人，而皆为群与国之蟊贼。”③

梁启超又认为，公德是群体之灵魂，国家之元气，不同的时代有不同的公德标准，不同国家有不同的公德内容，公德应随着群之文明、群之进步而不断更新。因此，在当前的历史条件下，只有全民族的共同努力，才能抵抗一个外来民族合力推进的扩张，这是对组织涣散和缺乏活力社会的一个反动，也是呼唤公德的现实意义所在。而加强人们的公民感，增强人们团结一致的协作精神，也就必然会推进一个民族国家的民主化进程，从而带来整个社会的进步。梁启超说：“吾辈生于此群，生于此群之今日，宜纵观宇内之大势，静察吾族之所宜，而发明一种新道德，以求所以固吾群，善吾群，述吾群之道；未可以前王先哲所罕言者，遂以自画而不敢进也。知有公德，而新道德出焉，而新民出焉矣。”④

梁启超教育思想的发展始终以人的素质更新为核心。对人的关注，对转折时代人格的关注，这是梁启超教育思想的基本出发点。梁启超对

①②③ 梁启超：《新民说·论公德》，张品兴主编：《梁启超全集》第二册，北京：北京出版社1999年，第661页。

④ 梁启超：《新民说·论公德》，张品兴主编：《梁启超全集》第二册，北京：北京出版社1999年，第662页。

国人素质与品格的关注，并不主要是从一个政权的更替需要出发，更重要的是从社会进步的需要出发，因而他的教育思想始终围绕着新教育精神的构建这一轴心而展开。近代教育改革如果没有以一种新的教育精神为主导，所有的改革成果都可能成为新瓶装旧酒的标榜，所以中国教育近代化的核心课题就是中国新教育精神的重构。梁启超的这一意识是清醒的，这是他终其一生都在关注着教育改革的主要原因，也是他的教育思想在近代社会始终都具有生命力的主要原因。

第十章 清末新学制下的广东教育

光绪二十六年十二月初十（1901 年 1 月 29 日），清廷决定实施“新政”，教育体制的改革至此被提上了朝廷的议事日程。光绪二十八年（1902）七月，张百熙进呈《京师大学堂章程》并《考选入学章程》，及各省之高等学堂、中学堂、小学堂、蒙学堂章程各一份，统称《钦定学堂章程》。是年为壬寅，故该学制又称“壬寅学制”。光绪二十九年（1903）闰五月，清廷命张之洞会同张百熙、荣庆，将大学堂章程一切事宜再行切实商订，并将各省学堂章程一律厘订。十一月二十六日（1904 年 1 月 13 日），张百熙、荣庆、张之洞上重订学堂章程折，共 22 章 80 篇，统称《奏定学堂章程》。该章程颁布于癸卯年，又称“癸卯学制”，至此新学制的推行在全国逐步展开。1905 年，科举制度废除。这样，盛行中国几千年的传统教育体制宣告结束。

在新学制的推动下，广东新式教育的发展才进入实质性阶段。壬寅学制初颁，广东即将广雅书院改建为两广大学堂，羊城书院亦废，其余省城书院及外府州县各书院仍暂保留。光绪二十九年（1903），两广总督岑春煊奏请设置两广学务处，议准利用各地书院、义学的场所及经费扩充改图，随后广东各书院次第废罢，一律改为学堂。其后，朝廷罢学政，于各省设置提学使，统辖全省学务，各县亦设劝学所，推动各地兴学。至此，从学制规划到教育管理，都与传统教育有了本质的区别。

第一节　广东新式学务的开展

所谓新式学务，是指为推行新学制而实施的教育管理，其核心是要建构一套不同于传统教育管理体制的教育行政系统。如何健全和推动这一系统的运作，便构成了清末10年广东教育改革的主线。这一过程，广东新式学务的开展主要经历了两广学务处时期和广东提学使司时期。

一、新学制下广东教育改革的起步

在壬寅学制颁布之前，两广总督陶模已经对新式教育的开展有所动作。陶模，字方之，浙江秀水人，同治七年（1868）进士，历任新疆巡抚、陕西总督，光绪二十六年（1900）调任两广总督。1901年3月，陶模上《奏请变通科举折》："顾自甲午以后，诏设学堂者久矣，而人才不出，何也？则以利禄之途，仍在科目，欲其舍诗赋、八股、小楷之惯技，弃举人、进士之荣途，而孜孜致力于此，此必不可得之数也。是故变法必自设学堂始，设学堂必自废科目始。今宜明降谕旨，立罢制艺、大卷、白折等考试。"①

光绪二十八年（1902）六月十三日，即在《钦定学堂章程》颁布之前，陶模在一份奏折中就阐述了广东创办新式学堂的初步规划："广州府中学堂设于省会，为各府中学之模范，现经署广州府龚心湛筹捐经费，择地兴建，约计数月之后，当可开学。至本省绅士所立之学堂，现有时敏学堂，系广州府绅士内阁中书邓家让等集资所建。该学堂倡始于光绪二十四年，迄今五载，学生均将成就，今年复扩充斋舍，添招学生，规模甚属整齐，课程亦复严密。又潮州府绅士工部主事丘逢甲、翰林院检讨温仲和等，在澄海县属之汕头地方，建设岭东同文学堂，业已开课。曾饬令惠潮嘉道丁宝铨查核，据称章程一切甚属妥协。又广州府绅士翰

① 陶模：《粤督图存四策疏》，转引自张亚群：《科举革废与近代中国高等教育的转型》，武汉：华中师范大学出版社2005年，第92页。

林院侍读丁仁长、编修吴道镕等，在省城倡设教忠学堂，以广州府学宫余房为斋舍，业经议令章程，禀准开办；现已招考学生，即日开堂授课。”①

壬寅学制颁布之后，陶模立即上折改广雅书院为两广大学堂。陶模在奏折中说，他于上一年冬就请来曾肄业日本高等师范学校的江苏举人吴眺开始筹划广东大学堂的章程，准备参照山东大学堂的办法，“先设备斋，二年升正斋，三年升入专斋，以专斋三年为卒业”，并委派广东试用道姚大倬担任大学堂总理。考察办学场所，最后选定广雅书院，“虽未合学堂程式，而规模阔大，斋舍甚多，足敷布置”。计划第一年先招 160 名备斋学生，以后逐年添招 80 名，期以五年满 480 名而止。届时，正斋第三年学生业已卒业，各府中学堂已遍设，备斋便可撤销，从中学堂毕业生中招录。

陶模在奏折中说明，三月间已将报考的一千余人分日考试，选录的学生已于四月二十五日入学。备斋课程，遵照上谕，以四书五经、纲常大义为主，已开设伦理、政法、历史、地理等。外国文、化学、物理、图画均已向伦敦、日本购买教科书，暂由西文教习兼授。唯中学中文各课，既与中国教读旧法不同，一时尚难合式，应俟逐渐整顿。第二年及正斋课程，均系普通之学，大致与初年相仿。至于专斋课程，系高等专门学问，必待正斋卒业之前，酌度学生程度，方能核定。②

从以上两个奏折看，广东新教育的起步较快。广东大学堂，以及社会上所开办的几所中学堂，都已进入广东督抚的筹划范围。但正如陶模自己在奏折中所说：“臣等于学务平日既未尝究心，此时实不敢造次从事。”新学务该如何开展，陶模尚未对此有进一步的思考，便病逝于任上。

---

① 朱有瓛主编：《中国近代学制史料》第一辑下册，上海：华东师范大学出版社 1986 年，第 785 页。

② 《两广总督陶模奏设广东大学堂请废科举折》，陈谷嘉、邓洪波主编：《中国书院史资料》下册，杭州：浙江教育出版社 1998 年，第 2509 ~ 2511 页。

二、两广学务处时期（1903—1906）

1903年7月，岑春煊赴任两广总督。岑春煊，字云阶，广西西林人，光绪朝举人。他任山西巡抚时就十分重视教育，创办了山西大学堂。他于1902年创立了山西学务处，1903年任四川总督时又创立了四川学务处，因而在这一年转任两广总督便立即创办了两广学务处，也算是顺理成章。

学务处并非广东首创。光绪二十七年（1901）六月，张之洞在湖北学堂所的基础上设立湖北学务处，壬寅学制颁布后，湖北学务处进一步明确办理全省兴学事务的职权。光绪二十八年（1902）七月，直隶总督袁世凯也设立直隶学校司，专管全省学堂事务。接着，两江、四川、山西等地也相继设立了学务处。

各省兴办新式教育，为什么需要另设学务处？清末新学制颁布之初，科举制度尚未废除，学政依然职掌一省学校政令。然其主要精力在岁、科两试，难有余力来督办学堂事宜。要推进新式教育，唯有由地方另外构建新的学务机制，这便有了各地学务处的创建。

光绪二十九年（1903）八月，两广总督岑春煊着手建立了两广学务处，总持广东、广西的新式教育兴学事务。规定凡总督对于两广学务权力之所及，即学务处督办权力之所及，凡《钦定学堂章程》涉及学堂事务及与学务牵连的事务，皆得干预。九月，办公地址由总督署移入已废的粤秀书院，设督办一员，其下设稽核、提调、坐办、文案、会计等，分科治事。又设课员、查学员，另外设练习员，以待有志学务者。三十年（1904）二月，学务处移入广雅书局。三十一年（1905）五月，添派布政司、按察司为督办。三十二年（1906）正月，又奏请改由总督和学政直接管辖，两司仍总理处务，裁督办专员。三十二年（1906）六月，两广学务处关闭。

（一）两广学务处的成立

岑春煊到达广州，尚未接任印事，首先在广州黄埔接见了广东、广西两省绅商士民130余人。两广绅商对岑春煊治粤寄予厚望，他们当天向岑春煊递呈了一份洋洋数万言的联名条陈，从学务、商务、农务、工务等四个方面提出了施政建议，其中在学务方面又特别提出了筹学堂、派游学、设编译、开学报等4项措施，认为“此四者实握其大纲，舍四者而不行，其他更无有能行者”。他们强调：“数者并举似觉繁重，然风潮已转，通达学务者不乏其人，若得宪台提倡之，则必如草从风，应时立办亦非重大难行之事也。四者立则人民必智必富必强而两粤可存，四者废则人民必愚必贫必弱而两粤难保。两粤存则中国存，两粤亡则中国亡。绅等深惧分灭之灾不能幸免，用敢联名敷陈利害，伏乞特派公正廉明、学望优隆者总其事，或按四者因人分任饬下逐件妥定详细章程，一一择期开办，非徒绅等之幸，亦两粤人民之幸也。”①

岑春煊对这份条陈相当赞赏。他看到两广新式教育局面相当被动：“近来士习益嚣，诚辞益甚，年少聪明之子，胸无根柢，偶闻一二新说，便尔沉溺不计是非，若非广兴学堂，范以钦定章程，学术日漓，隐忧方大。广东学务经前督陶模极力提倡，旋以疾去官。现署抚臣李兴锐锐意设全省师范学堂，适蒙恩调任。均系甫行其端，未尽其绪。广西则以兵荒交迫，益觉未遑。是以奉兴学之诏虽已两年，而两省不但少新办之学堂，且并旧有之书院亦相沿未改。”为此，岑春煊认为，两广兴学，刻不容缓。而当务之急是要筹办两广学务处：“兹事体大，至重至繁，必须设一总汇之区，始可以资督率。”②

学务处之职责何在？岑春煊在另一则奏折中强调：“学务之设盖有三义：其未立而官绅因循者，学务处对之有督率之权，以期学堂早日群兴，教育早日普及，一也；其已立而章程未善者，学务处对之有检查改定、整齐画一之权，以期病参差者不复各放其所欲，病支离者不复敢教所不当教，二也；其志乎立而不知所以立者，学务处对之有开启指导之权，以期动必中，款不虚靡，未兴可以早兴，此可无后弊，三也。”③

① 《两粤绅民上岑制府条陈》，载《华字日报》1903年7月7、8、10、18日。

② 《粤督岑等奏粤省书院全改学堂酌提学田充费并立两广学务处折》，沈云龙主编：《近代中国史料丛刊续辑》272册，台北：文海出版社1976年，第293～294页。

③ 《粤督岑开办两广学务处札》，沈云龙主编：《近代中国史料丛刊续辑》272册，台北：文海出版社1976年，第411～412页。

岑春煊委派张鸣岐为两广学务处总办。张鸣岐，山东无棣人，清末举人。1898 年，岑春煊任广东布政使，延请张鸣岐为幕宾。后调抚山西，移督四川、广东，岑春煊都将张鸣岐带在身边出谋划策，对其日加重用。四川设立学务处时，岑春煊就委其充任督办。这次两广学务处的开办，岑春煊又将希望寄托在张鸣岐身上。

张鸣岐在这一位置上也确实做到了不负众望。光绪二十九年（1903）九月二十二日，张鸣岐正式启用两广学务处关防，并将办公地址由总督府移入已废的越华书院，随后移至粤秀书院，次年二月，再迁至省城文明路之广雅书局。学务处开办伊始，首要的任务是制定章程。张鸣岐亲自督促办事人员，每天早上九点钟齐集办公，不出门、不会客，有事不到须先行告假，如遇学务重要之件则用议院提议决议之法，以多数人为断，并聘请了在籍绅士丁仁长、吴道镕、丘逢甲为学务处议绅，又“添聘洋人之熟谙学务者以备顾问”①。两广学务处开办不到一个月，即制定出详细的《两广学务处章程》。

为加强学务处的督率权力，光绪三十一年（1905）五月，岑春煊添派布政、按察两司为督办。三十二年（1906）正月由总督奏请改归总督、学政两院直接管辖，两司仍总理处务，裁督办专员。四月裁学政，改设提学使，并改学务处为学务公所，归提学使司管理。②

（二）两广学务处的机构设置

两广学务处成立之初，曾对如何推行两广新式学务制定了一个大致的规划。他们看到，由于“学务处办事之力有所不及”，也由于“各州县办事之力有所不及”，还由于“兴学之先，固有应行预备之道”，因而学务的开展应“分期次第举行”。他们将两广学务的开展预设为 3 期进行，每期时间长短根据该期应办之事决定。3 期次序分别为：第一期为兴办官立蒙小学堂及简易实业学堂之预备；第二期实行兴办蒙小学堂、实业学堂及为兴办中学堂及高等实业学堂之预备并广劝民立蒙小学堂；第三期

---

① 《羊城新闻》，载《华字日报》光绪二十九年十月初八（1903 年 11 月 26 日）。

② （民国）《番禺县志》卷十一《学校志二》。

实行兴办中学堂及高等实业学堂。对于此前两省已设各学堂，则不分期限，“凡有未合均当设法徐求改良”①。由于每期的工作目标及任务有所不同，因而部门设置也会有所不同，各部门的工作人员也会因之有所增减。所以两广学务处的机构设置及人员编制大致分为固定编制和机动编制两类。

固定编制，大致由以下职务构成：

（1）督办官1员，由总督札委通晓学务人员担任，负责督办所有两广学务事宜，掌握除稽核官以外学务处其他人员的人事任免与赏罚。

（2）稽核官1员，由总督选择严正有度的人员委任，学务处人员自督办以下各员，皆得指其实据纠正整顿学务处风纪。

（3）提调官1员，由督办委任，秉承督办，会同坐办，提调学务处各项事务。

（4）坐办官1员，由督办委任，秉承督办，会同提调，常川在学务处办事，督率与稽查本处人员遵章办事，凡学务处应办与应改革事宜，坐办皆统筹全局，随时禀商督办斟酌施行。

（5）正副文案各1员，由督办委任，拟定学务处非秘要及各科员难以分办的往来公牍，并可稽核与协同改正其他各科人员所拟文稿。正副文案不相统辖，分任拟稿，唯正文案可改正副文案所拟文稿。

（6）东西会计官各1员，由督办选择熟谙两广地方款项与学校财政法的人员委任，筹划各属经费，主持学务处与各属款项交涉事宜，调查各属学费，审核各属讨论学费事宜的公牍，每季末编写经管各属学费比例表4份，3份呈两省督抚，1份存学务处。

另外还有支应官、采办兼司务官、正副收发官等。此外，文案、会计、支应、采办、收发等又各设司事1名，秉承各委员命令，管理所任事宜。以上这些人员应该说是比较固定的，其编制是确定的。

机动编制，主要体现在科员这一部分。两广学务处章程规定，科员

---

① 《两广学务处章程》，载《岭东日报》光绪二十九年十一月十日—十二月初三（1903年12月28日—1904年1月19日）。

由督办聘委若干人，分科办事，按期增减额员。科员对其科有献议、预筹、驳正之权，往来公牍，由坐办交各该科科员议决条列，如牵连两科事宜，由协议决定。科员分为聘和委两种身份。聘为编制外的士绅所任，即由社会专业人士担任，这显然视工作需要而定，具有临时性质。委则由编制内的官员所任，但也须视每期设科需要而定，这就具有机动性质。每期科类设置不同，对相关科员的专业素质要求不同，因而聘、委人员及数量则会不同。

按两广学务处章程规定，第一期办事分设5科：第一科，主调查经费，由会计官主持，不另设科员；第二科，主调查修建学堂及旧任教员、地方风俗，聘委科员；第三科，主调查图书品物及出版，聘二员，委一员；第四科，主编译，聘4员；第五科，主调查已立学堂，由坐办、文案及各科科员分别办理，不另立科员。

此外，学务处另设有书手、图役、厨役、扫役、走役、茶役等杂役。

学务处各员之间的统辖关系为“督办统提调、坐办以下，提调、坐办统文案以下，文案以下不相统属”。

从以上内容看，两广学务处崇尚一种务实的作风。

（三）两广学务处对新式教育的推进

根据章程规定，两广学务处第一期是为兴办官立蒙、小学堂及简易实业学堂做准备，其应办之事有三：一是调查，二是预备，三是干预。应调查之事包括：经费之调查；修建学堂及旧任教员、地方风气之调查；图书品物之调查；已立学堂之调查。应预备之事包括：开办管理员练习会，开办蒙养师范学堂，开办实业学堂，开办图书及教育品物陈列馆和《学务报》。应干预之事有：旧书院之处分；外国教习之聘定；私塾之改良；游学之咨遣。这是两广学务处的工作规划，在实际操作中，他们主要做了以下几项工作。

第一，创办新式学堂。

在3年多的时间内，广东新式学堂开办情况，岑春煊于1906年离任两广总督时给朝廷汇报中讲到，3年来所办官民学堂1000多所，但有数百所尚未核准立案。“其已经核准之案，刊给关防钤记者，计自光绪二十九年秋季设立学务处之日起，截至本年夏季裁撤学务处之日止，提学司直辖学堂计有：高等学堂一所，法政学堂一所，两广方言学堂一所，两广高等工业学堂一所，两广初级师范学堂一所，蚕桑学堂一所，随宦学堂一所，理科研究所一所，岭东同文学堂一所，小学堂八所。此提学直接办理业已成立之学堂也；其各属地方之学堂则有：师范学堂四十五所，中学堂一十四所，两等小学堂二百一十五所，高等小学堂八十九所，初等小学堂二百五十六所，计共小学堂五百六十所。此各属地方官民办理业经定案之学堂也。合计全省学堂六百三十六所，在校生徒三万六千二百余人。至业已兴工将次告成之学堂则有：两广优级师范学堂一所，优级师范选科一所。正在筹画，拟即增设之学堂则有：农业学堂一所，商业学堂一所。前经办过，现已裁撤之学堂则有：两广速成师范馆一所，两广师范传习所一所，师范半夜讲习所四所。此外各属之半日学堂、半夜学堂、女子学堂，学科单简之数学研究社、医学研究社、音乐研究社、国语讲习所、女工传习所、贫民工艺学堂、黎民学堂及专科之军医学堂、警察学堂、陆军小学堂、速成陆军学堂、测绘学堂暨各项学会、体育会等，均不在前此数内。此臣莅任三年督饬学务处办理广东全省学堂之大略情形也。”①

岑春煊在此处所述，一为提学使司（前身为学务处）所直接管辖的学堂，一为各地创办的学堂，一为筹划中的学堂，还有一些未列进这些范围的教育机构。短短 3 年，广东学务为什么能取得这样的成效？从两广学务处角度讲，应该是政策的鼓励和支持很到位。按学务处章程规定，学务处的主要职责不在直接办学，而在督率各属遵照《钦定学堂章程》兴办学堂。所谓督率，核心的要素就是运用好政策。

政策的运用根本的是要帮助各地解决办学的实际困难。清末兴学，经费的短缺是一个全国性的难题，两广学务处比较早地注意到庙产兴学的办法。他们看到，广东省城内如大佛寺、光孝寺、六榕寺、长寿寺、

① 中国第一历史档案馆编：《光绪朝朱批奏折》第 105 辑，北京：中华书局 1995 年，第 779～780 页。

善林寺、三元宫及西关洪圣庙、大巷观音庙等处；其他如佛山祖庙、大良周将军庙、石湾丰林庙、江门六庙等处，“或则产业素丰，或则香火极盛。其每年入息酌予提拨，均足以兴办学堂而有余。若不亟图，将恐刁狡之庙祝僧道相率巧避、变卖、销耗以至于尽，甚非所以保公产重学务也”。于是，两广学务处禀请督抚批饬各属赶速认真查明提拨，“庶几学费有着，学务不难早日普兴，以上副朝廷图治作人之至意”①。

两广总督岑春煊在这个问题上态度比较明朗，他看到：“粤人信神，寺庙多有厚产，亦有因香火极盛，余利颇丰，集成巨款者，现拟保全公产，酌提学费办理，亦是一法。”因而强调：“兴办学堂系属当今急务，如果地方绅士热心教育，尽可提拨院产、庙尝，或劝令富户殷商捐资协助，以期克日集事。”②

由此，两广学务处在这一方面给各地办学予以了积极的政策支持。时敏学堂向两广学务处禀请酌提观音山、三元宫等租息，以充学堂经费，学务处明确批示：“该学堂创办多年，经费既有不继，自可酌提庙产应用。”③ 东莞县向两广学务处禀请提拨庙产以充学费，两广学务处批示称：“该县寺庙林立，既据禀称东湖寺等租息各值数百石不等，此等款项存之寺庙，不过为縻费之资，拨之学堂，可以成有益之举，自应分别查明，酌量提拨。至尼巷藏垢纳污，尤为地方风俗人心大有关碍。所禀如果属实，即应查究核办，或加驱逐，或量为安置，所有产业并即查封，留充公用，勿稍瞻顾。”④ 新安县一附贡生以该县“墟场、市地、神庙、庵堂，各有款项，可以节充学费，特以各绅畏难坐视，不肯倡提，虽有热心之人踊跃图成，从傍耸劝，力既不足，言亦甚轻，不见采用。非责有专属，

① 《续学务处通饬酌提庙产》，载《岭东日报》光绪三十年三月初四（1904年4月19日）。

② 《岑督于筹款兴学之批词》，载《岭东日报》光绪三十年九月二十五日（1904年11月2日）。

③ 《准提庙产》，载《岭东日报》光绪三十年三月初四（1904年4月19日）。

④ 《请提尝款助学》，载《岭东日报》光绪三十年九月十九日（1904年10月27日）。

学堂之兴，难期迅速”，向两广学务处请求支持。两广学务处令其查明各项细数，拟列条陈，禀县核夺，谕绅速办。[①]

这种做法，既有利于防止庙产的变卖流失，又有助于兴学事业的开展，更能促进宗教人士的慷慨捐献。六榕寺僧人铁禅等赴广东武备学堂具禀，称愿将寺产番禺县鹿步司南岗、沙涌等处田产约共210亩，除留沙涌约17亩，供佛前香火及十房老衲养口外，其余南岗各田产约共193亩，时价值银20000元，悉数捐充武备学堂派生出洋游学经费。[②] 两广学务处抓住这一典型，禀报督抚予以表彰，岑春煊以“有心兴学，深明大义”奏准朝廷赐匾奖励。[③]

当然，筹集办学经费，也不能随意提拨，对不合理的经费筹集方式，两广学务处也及时予以纠正。嘉应学务公所绅董，因州中兴学，筹款维艰，拟抽收诉讼费中的“戳捐”为学堂常年经费，并获得知州批准。“凡民间控诉事件，除命、盗案事主新旧呈词，不加戳捐外，其余一切词讼，毋论新旧，每呈一张，加收戳捐银四毫，由代书汇缴公所，以裕学费。”[④] 但此举遭到两广学务处严词批驳，不允施行。两广学务处认为，抽戳捐办学堂，“无论民情是否乐从，断无此政体”；“学堂为造就人材之地，虽目前以筹款为急，然亦必斟酌悉当，行之无弊，若如该绅等所请，是直以多讼为生利之端，揆诸兴学之初心，当不若是。嗣后该公所绅董办事，务须按照权责，切实奉行，力挽歧趋，勿蹈恶习，是为至要”[⑤]。

地方官员的学务作为也是两广学务处所关注的重点。速成师范学堂

① 《学务处牌示》，载《岭东日报》光绪三十年十一月十四日（1904年12月20日）。

② 《六榕寺捐产助学》，载《岭东日报》光绪三十年三月十八日（1904年5月3日）。

③ 《署两广总督岑奏寺僧报效田产充作游学经费请赐给匾额片》，《东方杂志》第一年第四期，第80页。

④ 《嘉应实行加收戳捐充学费》，载《岭东日报》光绪三十一年四月初九（1905年5月23日）。

⑤ 《学务处批嘉应加收戳捐禀》，载《岭东日报》光绪三十一年四月二十日（1905年6月3日）。

筹措建筑费时，由于需款甚急，南海、番禺两县地方官特将小闱姓、番摊两项费用全部拨充师范学堂经费，两广学务处督办张鸣岐以该县令等“慨捐臣款，可为百寮之倡”，禀请两广总督和广东巡抚批准，给予南海县姚县令核奖酌委优缺一次，番禺县吕县令则记大功一次。① 嘉应西阳高等小学堂校长、练习员黎启英等，向两广学务处禀控该州官绅玩视学务，学务公所开办2年，毫无振兴。两广学务处据此批示“地方学务，固赖有明正之官，尤贵有开通之绅，据禀各节，该州学务公所，自属咎无可辞”，令嘉应州知州会同办理惠潮嘉学务丘逢甲严厉整顿。② 这一奖一惩，为各地官员重视学务起了很好的警示作用。

对办学卓有成效的地方官员更是予以重用。揭阳知县虞汝钧1903年底到任，竭力提倡兴学，除官立榕江学堂外，各都、乡学堂不下数十所。1905年初离任前，虞汝钧仍在为榕江学堂及九都数十学堂各筹善后之策，“各学堂绅董莫不德之”③。揭阳士绅纷纷向两广学务处禀请将其留任，以维地方学务。两广学务处对虞汝钧在揭阳期间之办学成绩亦表充分肯定：“虞令莅任之后，首先设立师范馆，嗣又增招小学生，以维实地练习之资，近又议设师范完全科及高等小学堂，并于邑内立初等小学堂数十处，妥筹经费，慎选教员，实力实心，不辞劳怨，久为本处所深悉。”但对其撤任一事，亦无可奈何，“地方官任满代卸，上宪自有权衡，不能以绅士之禀请为去留”④。1905年2月23日，榕江学堂行开学礼，虞汝钧到堂观礼后，于同日交卸离任。离任后即被两广学务处委派为查学委员，赴各地察视办学情形。⑤ 不久，又经潮州府知府禀请，被两广总督岑春煊委派

---

① 《助学邀奖》，载《岭东日报》光绪三十年二月初十（1904年3月26日）。

② 《嘉应学务公所咎无可辞》，载《岭东日报》光绪三十一年十一月初一（1905年11月27日）。

③ 《揭邑侯关心学务》，载《岭东日报》光绪三十一年正月十三日（1905年2月16日）。

④ 《揭绅禀陈学务批词》，载《岭东日报》光绪三十年十一月三十日（1905年1月6日）。

⑤ 《查办学堂之委员抵州》，载《岭东日报》光绪三十一年三月二十五日（1905年4月29日）。

督办潮州学务。[1]

对乡绅的热心办学，两广学务处也予以及时鼓励。揭阳县学务公所开办后，在地方官的支持下，学务公所人员极力劝办学堂，到1905年全县新式学堂已近70所。由于办学成效卓著，屡获两广学务处嘉奖。1906年初，两广学务处以“该绅等热心热力，实为全省所仅见”，给予所长匾额一方，文曰“广瀹蒙泉”，给予查学员匾额各一方，文曰“蒙养基础”，着立即刊发，以示奖励[2]。其他的，如对教育素有研究、“视办学如性命，视学生如家人”的江苏举人陆尔奎，“隽年好习”、设九江两等小学堂、力任其难的南海举人朱世畴，“提倡兴学为义务”“留心时务”的香山籍内阁中书杨玉衔等，两广总督均奏保给予奖励。[3]

广东新式学堂的涌现，终于促成了后人称之为“全国第一届运动会”的盛举。光绪三十一年（1905）春，两广学务处在广州东校场举办了一个校际运动会。虽然在这之前，1898年天津北洋大学堂主办过由四校参加的校际竞赛，1902年天津举办了各校联合运动会，1903年烟台举办了“阖滩运动会”，但规模都较小，参与人数很少。这次广州的校际运动会共有47所学校的男子代表队参加，岭南中学堂获得团体总分第一名。通过运动会来展示学堂的成果，提升兴学的气势，是十分有意义的。

同样的事也出现在嘉应州。1906年，嘉应州松口堡师范学堂举行毕业典礼。为宣扬新式教育的成果，学校教职员先期筹集到一笔资金，并且动员了全堡十余所学堂，学生共2 000多人，借鱼子坝李氏学堂的操场召开运动会，为毕业纪念。这一天天气晴朗，运动会共进行了49项比赛，国旗、乐歌交相辉映。通宗两学堂的兵式体操最占特色，李氏学堂

① 《岭东学务委员》，载《岭东日报》光绪三十一年五月初十（1905年6月12日）。

② 《揭阳学务公所人员得奖扁（匾）额》，载《岭东日报》光绪三十二年二月二十日（1906年3月14日）。

③ 《奏奖办学员绅》，载《新闻报》光绪三十一年十一月二十二日（1905年12月18日）。

则在竞走项目中获得第一。运动会结束，已经是夕阳西下。[①]

香山县也有这样的举动。1906 年的孔子诞辰日，香山县的前山、恭都两等小学堂及刘氏蒙养学堂联合恭祝圣诞，举行运动会。自上午十二时至下午四时，来宾政界学界及远乡来参观者千余人，日夜演放日本烟火，极一时大观。[②]

第二，培训学务管理人员和学堂管理人员。

培训地方学务管理人员和学堂管理人员也是两广学务处工作的一个亮点，其意义是显而易见的。所以，无论是督抚还是学务处，都将创办地方士绅练习所放在优于师范学堂的位置。两广学务处所拟《办理学堂人员练习所章程》，1903 年 12 月 31 日和 1904 年 1 月 1 日，分别由两广总督岑春煊和广东巡抚张人骏先后批复，练习所的筹备工作便马上展开。

练习所面向广东和广西所属各州县，以培养、训练两省各属地方士绅筹办蒙、小学堂及实业学堂之能力，可任学堂总理、副办、文案、收支、寄宿舍监督等管理职务的人才。学员要求具有“廪秀举贡或捐有职衔者”，且身家清白，家道小康，但“如向有执业或曾管地方款项，操守谨严，声名夙著者，即家道寒素亦可”。根据对两广各州县的分析，依据各地经济状况及学堂举办情况，学务处确定有 80 州县必须选送学员，其他州县自愿。各地选派学员到省城后，由练习所监督查验合格，方予收录。因两广地域辽阔，程文拖延等故，一直到 1904 年 7 月下旬，各地学员才陆续到位。1904 年 7 月 29 日，两广学务处在贡院举行练习所入学考试，8 月初，练习所正式开学。

练习所学习期限为 4 个月，头两个月学习官话，后两个月进行学科教练。在学习官话期间，教习也指定日本弘文学院师范讲义中关于《教授法》及《普通学》的内容，布置学员每日读书作心得，每 5 日呈送教习察阅一次。教习根据学员札记每次酌定分数，月终出榜公示，毕业作

---

① 广东省立中山图书馆：《旧粤百态》，北京：中国人民大学出版社 2008 年，第 141 页。

② 广东省立中山图书馆：《旧粤百态》，北京：中国人民大学出版社 2008 年，第 100 页。

为平均成绩之一部分。学科教练的课程则有教育学、教育史、教育行政、学校卫生诸科，以日本弘文学院师范讲义为基本教材，辅之以《教育史》《管理法》《卫生法》3 书。

练习所考试分月终考试和毕业考试，试题由各科教习拟定，交监督核准。月终考试由监督监考，毕业考试由监督会同两广学务处督办监考。月终成绩综合考试分数及平时表现，得出平均分数；毕业成绩则综合毕业考试分数与各次月终成绩得出平均分数。毕业考试满 80 分者，给予一等凭照，及格者给予二等凭照。

1904 年 11 月 21、22 日，练习所举行毕业考试，考试科目包括教育史、管理法、学校卫生、教育心理学，各出 10 道题目，内容注重蒙养、小学教育。12 月 9 日，由两广学务处提调主持毕业典礼，练习所第一期正式毕业。所有毕业练习员共 146 名，按考试成绩区分一、二、三等，分别发给毕业凭照，其中获一等凭照者 81 人，获二等凭照者 57 人，获三等凭照者 8 人。根据《办理学堂人员练习所章程》，练习员毕业得一等凭照者任学堂总理，得二等凭照者任学堂副办、收支、文案、寄宿舍监督等职，或入州县学务公所办事。鉴于兴学伊始，谙悉学务并有办学经验者不多，故三等学员，两广学务处亦准其参与地方学务。

练习员毕业任职均由两广学务处酌定札派，薪水由任职地方公议支给。经两广学务处札委后，练习员即有与该地方官平等商议筹办兴学之权责，而该地方官即应与练习员平等协商兴学。派充学堂总理者由学务处颁发关防，遇有关系学堂事件，学堂总理可以直接向学务处请示；凡经札派之练习员，两年以内，必须从事学堂工作，不得畏难借故规避，实在必须辞退亦需经两广学务处许可。如有办理学堂成绩卓著者，或由地方官禀请，或经两广学务处访问确实，其办学满 1 年者升职、满 3 年者请奖。升职者由学堂副办各职升学堂总理，由蒙学堂升小学堂；请奖者由两广学务处详具其事迹，由两广总督奏请朝廷给予奖励。如练习员有不知自爱，或身充要职，借端牟利，或假练习员名目，在外招摇，干预学界以外之事者，无论有无凭照，即由地方官随时禀陈两广学务处究办。①

练习所第一期毕业生尽管培训时间不长，但在学务初兴，极其缺乏办学人才的情况下，迅速成为两广各属办理新式学务的中坚力量。

第三，发展师范教育。

培养学堂师资也是两广学务处的重点工作。在这一问题上，广东师范教育由简易到正规，一环紧扣一环，逐步推进。两广学务处最初拟在西村创办一所两广师范大学堂，计划招收学生400名。但此工程宏大，一时难见成效，于是转而决定在两广师范大学堂办成之前，先设速成师范科馆，训练蒙、小学堂师资，以应急需。1904年初，两广学务处借贡院之地加以修葺，饬各府州县选送学员，于8月1日正式开学，广东巡抚张人骏及司、道各官亲临行礼。

速成师范科馆学生共50人，教授学科分为教育、国史、历史、地理、数学、理化、博物、图书、体操、修身、行检各项，学习期限为5个月。1905年1月初，速成师范科馆举行毕业考试，获80分以上者有8人，获60分以上者有35人，获40分以上者有7人，成绩全部为中等以上。1月25日，速成师范科馆学生毕业，由广东布政使、两广学务处督办胡湘林亲自发给各毕业生等第文凭。② 毕业生大多回原籍兴办新式学务，成为两广当地新式学堂的教学骨干。毕业生中8名最优等者，则先入两广游学预备科馆学习两年，再派往日本留学，继续深造。③

速成师范科虽然成绩显著，但毕竟人数太少，难以满足各地兴学的需要，于是两广学务处借开办练习所及速成师范科馆所修葺的贡院之地，续办两广初级师范简易科。师范简易科修业年限定为一年半，招生名额

---

① 《练习员准充学界要职》，载《湖南官报》光绪三十年十二月二十三日（1905年1月28日）。

② 《速成师范生毕业给凭》，载《岭东日报》光绪三十一年正月初六（1905年2月9日）。

③ 《师范毕业生将出洋》，载《岭东日报》光绪三十一年二月初二（1905年3月7日）。

以240人为限。1905年2月初，报名考生达2 000余人。3月4日至3月7日，两广学务处在贡院举行入学初试，入围446名，经过复试，最后正取240名，备取140名。4月16日正式开学。①

由于场馆的限制，两广学务处决定将速成师范科已录取的备取生140名，另加报送生77名，共217名，在粤秀书院另外开设初级师范传习所，由广州府中学堂教员陆尔奎等充任义务教员，专课以教育学、算术、体操及各科教授法，计划四个月后毕业。1905年4月19日，初级师范传习所正式开学。1905年8月初，两广初级师范传习所传习期满，于15、16两日，分科出题考试，参与考试者201名。毕业成绩以此次考试分数与前三月月终试验积分平均计算，统计得80分以上者2人，列为最优等；60分以上者61人，列为优等；41分以上者86人，列为中等；40分至25分者35人，列为下等。以上四等，由所长陶敦勉禀准两广学务处，于8月27日，照毕业章程发给凭照。此外24分以下者17人，程度最低，只发给考试分数单。②

1906年初，学部致电各省督抚，要求各省以全力注重师范，将省城师范名额，尽力推广，至少要设一年毕业之初级简易科生500人，以养成小学教习；并设二年毕业之优级选科生200人。选科分四类：一历史、地理，二理化，三博物，四算学。每类学生50人，以养成府立师范及中学堂教习。并须附设5个月毕业之体操专修科，授以体操、游戏、教育生理教授等法，名额百人，以养成小学体操教习。为此，两广学务处决定到1906年6月，待两广初级师范简易科第一届学生毕业后，将该馆扩充办理两广师范学堂。议定于7月间，再招考学生500名入馆肄业。不论举贡、生监、职员、文童，只要符合报考条件，并能筹足半年用费者，均准于到省城报名投考，只是学堂不再负担学生食宿，所有食宿、纸笔、

① 《师范简易科开学之定期》，载《岭东日报》光绪三十一年三月初四（1905年4月8日）。

② 《师范传习所毕业示文》，载《岭东日报》光绪三十一年八月初八（1905年9月6日）。

书籍、操衣等费，由学生自备。①

为进一步提高师资培养的质量，光绪三十二年（1906）岑春煊又借贡院之地筹设两广优级师范学堂。他强调："办学以师范为先，而造就师范之师范尤以优级为本。两广优级师范学堂，为两省开办初级师范学堂、中学堂之母，至关重要。上年经臣督饬两广学务处司道悉心规划，以贡院地址宏廓，科举既停，无所用之，即以其地作为优级师范校地。"② 届时将两广师范学堂并入。该校舍于1907年冬落成。

第四，派遣留学生和游历人员。

早在1902年，两广总督陶模就派遣20余人赴日本东京弘文学院学习速成师范，但与两江、两湖、四川、直隶等省相比，广东的留学生派遣动作还嫌迟缓。两广学务处成立后，两广总督岑春煊令学务处立即拟定招选游学生章程，计划派遣游学生共40名，其中赴欧美者20人，赴日本者20人。岑春煊指出："兹当新政权舆，百端待举，欲广储材俊，应时世之要需，若仅于现办之学堂求之，实恐缓不济急。且学科不备，师范难求，欲猝然自跻于欧美学者之列，亦必无之事。"只有"智识互换，而后进化乃速。互换智识，实以出外游学为最易收效"③。1904年1月30日，两广总督岑春煊在招取游学生章程上批示："出洋游学进化最易，选格从严，方可造学界之精深而不至虚糜款项。仰即照详办理。"

两广学务处随即刊布章程，报考者达200多人，经过初试和复试，最后录取26人。此外，两广学务处访得夏元瑮等13人，"实较考选各生为优"，给予特别派送。又广东高等学堂附属之校士馆、西学堂的章程中有"各生毕业后即择尤派遣出洋"的规定，于是高等学堂总理吴道镕依据成

---

① 《推广续办师范简易科》，载《岭东日报》光绪三十二年四月初八（1906年5月1日）。

② 朱有瓛：《中国近代学制史料》第二辑下册，上海：华东师范大学出版社1987年，第454～455页。

③ 《两广学务处选派出洋游学生详文》，载《岭东日报》光绪三十年五月二十六日（1904年7月9日）。

绩，将校士馆毕业生2名、西学堂毕业生6名，一同派送出洋游学。① 经体检，最后录取派遣出洋游学生为46名，按照派往国别，美国15人，英国6人，法国1人，德国2人，日本22人。派往日本各生由两广学务处顾问藤田丰八带领，以及办理到日后入学事宜；派往美国各生由两广学务处查学委员陈锦涛前往经理；派往英、德、法各生则先请各国出使大臣照料，待陈锦涛将赴美学生照料入校后，再转往英、德、法三国察看情形，回粤具报。1904年6月中旬及下旬，这批留学生分别奔赴日本与欧美。其中留欧学生到达后，原拟派往英国的6人，有1人改派法国，原拟派往德国的2人也全部改派法国，所以派往法国的留学生最后为4人。

光绪三十一年（1905）初，两广总督岑春煊奏请筹设两广游学预备科以造就高等师范。他在奏折中说："故日前所需用或尚止初高等小学之教习，学科程度并不高深，物色教习已甚难得，三五年后中学遍设，物色高等师范自必更难。《奏定章程》原令各省设立优级师范学堂，惟此时无合格之学生，仍从初级师范办起，必待八九年后始有毕业学生可用，固属缓不济急，而求优级师范之师范则难而又难。臣等再三商酌，拟于广东省城设一游学预备科，考选中学已有根底及普通学略经研究之学生一百八十人，在内地预备两年，精选百二十人派赴日本，直入彼之高等师范学校本科留学。……合计预备两年，本科毕业三年，五年后即有高等师范可用。"他考虑到这些学生的留学尚在两年之后，假如那时出现异议，此举即废于半途。所以希望朝廷"饬下总理学务处立案，将来两广无论如何困难，此举不得中辍，庶于两广学务有所裨益"②。

为此，两广学务处于1905年3月开始筹办两广游学预备科，并拟定详细章程，章程规定两广游学预备科主要是学习日本高等师范学校预科课程，以两年为期。两广游学预备科的学习科目，参照日本高等师范学校的专业，主要分为3班：一班以历史、地理为主，一班以数学、物理

① 《两广学务处选派出洋游学生详文》，载《岭东日报》光绪三十年五月二十六日（1904年7月9日）。

② 朱有瓛：《中国近代学制史料》第二辑下册，上海：华东师范大学出版社1987年，第453～454页。

为主，一班以动、植、矿物为主，以期将来对应进入日本高等师范深造。[①]

两广学务处督办张鸣岐，其时以军功简授广西太平思顺道、署广西布政使，即将赴任。临行前，张鸣岐对两广学务最重要的三件事做出安排：一为优级师范学堂；一为游学预备科馆；一为实业学堂。并表示任内必将此三学堂组织完备，方肯卸去学务责任。三件事中，张鸣岐尤其注重游学预备科馆的建设。他认为，各省遍设普通学堂，区区一京师大学堂无法培养足够多的师范人才，非多派经预先严格训练之学生，游学于外国之专门学堂不可。而各省游学预备学堂，尚属寥寥，建设游学预备科馆实为当务之急。[②] 为此，张鸣岐设法从两广土膏局所征收之土膏捐项下，筹得银二十二万两，按“东七西三”的原则两省分摊，移解两广学务处，作为游学预备科馆开办及常年经费之用。[③]

经过初试及复试，180 名正取生终于确定。1905 年 11 月，两广游学预备科馆开办。不到一年，即与原广州译学馆合并，改设为两广方言学堂。

选派在职官绅出洋游历，两广学务处也做了一定的工作。1904 年，清廷驻日大臣杨枢与日本法政大学总理商定，在法政大学设立法政速成科，一年毕业，专门招收中国现任、候补官员，及 20 岁以上中学有根底之地方士绅入学。课程以法律、政治、经济为主，培养立法、行政、经济方面的人才。各省看到这一做法“主旨良而教法美，期限促而学费廉，为我国官绅之研究法学者计，莫便于此”，于是湘、鄂、黔等省先后招选学生派往学习。两广总督、广东巡抚也令课吏馆会同藩司及两广学务处，于 1904 年 7 月考选、保送官绅共计 62 名，于 8 月初离粤赴日，分别修习

① 《新设游学预备科之章程》，载《岭东日报》光绪三十一年三月二十二日（1905 年 4 月 26 日）。

② 《张督办学务之新计画》，载《岭东日报》光绪三十一年五月初十（1905 年 6 月 12 日）。

③ 《筹游学预备科经费》，载《岭东日报》光绪三十一年五月十一日（1905 年 6 月 13 日）。

法政、师范和警察等科。广东此次派遣官绅赴日学习法政速成科主要由广东课吏馆负责，两广学务处只是负责诸生出国前，聘请日本东文、刑律教习各一员，在贡院原练习所进行短期培训。①

1905年初，清廷要求各省仿照粤省办法，于官绅中考选年力富强、文理通顺者十数员，派赴日本留学法政速成科。1905年7月，两广总督和广东巡抚令两广学务处将朝廷所定派绅游学办法分发各州县，札饬各州县地方官会同地方绅耆，遵照章程，妥筹速办。②

按原定章程，两广学务处本拟分府汇送。每府选派绅士40人，所有学费，由该属自行筹解。但由于各州县经济实力不等，导致各地选送迟延。两广学务处不得不变通办理，以报到先后为准，满40人，即合为一班，分批派员护送东渡。1905年11月底，广东省首批40名出洋游历绅士由两广学务处正文案兼巡警局委员朱之英护送赴日考察。③

第一班启行东渡后，两广学务处本拟立即组织第二班，继续派遣，恰逢日本公布取缔中国留学生规则，引起中国留学生抗议，大批学生陆续散学回国。驻日公使杨枢致电各省，要求在风潮平息之前，各省游历绅士，暂缓赴日。两广学务处接电后，即将第二班饬令暂缓起程，各人一律返回原籍，听候示期，再行来省。又札行各府州县，全部暂缓保送。④

第一班赴日本游历官绅40人，原拟在日本调查学务，以三个月为期。因此次中国留学生退学风潮耽搁，这批留学生迟至第二年（1906）三月底才陆续回国。1906年4月30日，有20余人抵达广东省城。其余10余人，则仍留日本深造，或入警察学堂，或入法政各学堂，朱之英则

① 《广东留学生过沪》，载《岭东日报》光绪三十年八月二十日（1904年9月29日）。

② 《学务处札属照章派绅游学》，载《岭东日报》光绪三十一年八月十四日（1905年9月12日）。

③ 《护送绅士赴东游历》，载《岭东日报》光绪三十一年十月二十一日（1905年11月17日）。

④ 《第二帮游历绅暂缓派送》，载《岭东日报》光绪三十一年十二月十九日（1906年1月13日）。

亲往日本北海道考察农务。[①]

第五，推动地方设置学务机构。

清末新式教育兴起之初，朝廷对地方如何兴学并无更多的考虑，只是强调了各地督抚的督率责任。两广学务处成立后，他们看到，“各州县兴学尚无头绪，必须设立学务公所，官绅合力筹议方可”[②]，于是在1904年初专门拟定《学务公所章程》，经两广总督及广东、广西巡抚批准后，排印成帙，颁布饬令各州县遍设学务公所。

两广学务处强调地方兴学应由“官绅合力筹议”，因而学务公所的创建就应该是在地方官府的支持下，由当地士绅组织选举，最后由地方官上报省学务处确认札派。《番禺县志》中说：学务处章程是“仿周礼乡官之义，参以外国学事专局之制”而拟定。因而在州县学务公所的设计中，规定其成员“皆由本地士绅谙悉学务者选充，经费就地筹拨。其职权在筹办学堂，整顿学务，总核全属兴学事宜，以分州县之劳”[③]。

也就是说，学务公所并不是清廷体制内的正式机构，它带有半官方半民间的性质，因此官绅合议成为学务公所设置的基础。例如，1904年8月24日，揭阳县令在明伦堂招集地方士绅议定以榕江试舍开办学务公所，又“各举所知，书名投筒”，选举所长及其办事人员[④]。1904年12月17日，饶平县令暂借琴峰书院所改之小学堂开办学务公所，经“会商儒学，采访舆论”，选举在所办事人员[⑤]。1905年5月11日，澄海知县杜

---

① 《赴东游历员绅近闻》，载《岭东日报》光绪三十二年四月十六日（1906年5月9日）。

② 《饬属设学务公所》，载《岭东日报》光绪三十年七月初三（1904年8月13日）。

③ （民国）《番禺县志》卷十一《学校志二》。

④ 《揭阳开设学务所》，载《岭东日报》光绪三十年七月初七（1904年8月17日）。

⑤ 《饶平开办学务所》，载《岭东日报》光绪三十年十一月十一日（1904年12月17日）。

大令命练习员蔡锡三邀请七都绅士，齐集同善祠，商议开办学务公所[1]。同日，大埔县学务公所，由知县集绅商议，借明伦堂开办，并议定学务公所人员[2]。12 月 10 日，海阳县 18 都士绅 300 余人在扶轮堂共议开办学务公所，由知县监视，各都士绅代表人投票推举所长及其他人员[3]。

地方学务公所的开办经费也主要来自民间筹集。1905 年 6 月，普宁县知县谕饬保安局董筹款开办学务公所，将一向归县衙收用之押店陋规每年实银 900 余元，拨为学务公所的常年经费。[4] 同年底，普宁县学务公所成立，所长及县属高等小学堂校长等人，禀请两广学务处批准，将琢玉堂印金和振德堂宾兴，两款年息 500 余金，尽数提拨为学务公所经费。[5]

有些地方的学务公所则是产生于民间的兴学团体。例如嘉应直隶州经知州批准，1904 年 4 月 19 日，由黄遵宪等召集嘉应州属 36 堡士绅集会，创设嘉应兴学会议所，“专为预备兴学，筹商办法而设，凡有关系兴办本州公立学堂事务，本会所均可与闻其事”[6]。同年秋，兴学会议所改设学务公所，第一任所长为黄遵宪。

学务公所推广初期，一切尚不规范，以致在州县以下的一些地区，尤其是在一些人口繁盛、经济较发达的乡村大埠，也一度由乡绅发起、官府支持而设立了学务公所。例如 1904 年初，南海县就已经由当地士绅

---

① 《澄海学务公所将成立》，载《岭东日报》光绪三十一年四月十二日（1905 年 5 月 15 日）

② 《大埔学务公所之将开办》，载《岭东日报》光绪三十一年四月初二（1905 年 5 月 3 日）。

③ 《海阳县学务公所选举办事人员》，载《岭东日报》光绪三十一年十一月十七日（1905 年 12 月 13 日）。

④ 《普宁筹办学务公所》，载《岭东日报》光绪三十一年七月初三（1905 年 8 月 3 日）。

⑤ 《普绅请设学务公所》，载《岭东日报》光绪三十一年十一月二十日（1905 年 12 月 16 日）。

⑥ 《嘉应兴学会议所之章程》，载《岭东日报》光绪三十年三月十七日（1904 年 5 月 2 日）。

开办有两处学务公所，一设于学宫之尊经阁，一设于西湖书院。[①] 佛山绅董亦在义仓内开设学务公所。[②] 1904 年底，澄海县蓬洲所城鮀江都士绅以鮀江都地势辽阔，学堂未能遍设，向知县禀请设立学务公所，由所员劝办学堂，改良私塾。此议得到知县批准，于是借鮀江书院开办蓬洲学务公所。[③] 1905 年初，嘉应州属丙村，由乡绅数人申请，经知州批准，设立丙市三堡学务公所。[④]

这一类学务公所的出现，一方面反映了广东民间社会兴学的积极性，另一方面又隐含了民间社会对教育资本的重组和争夺，由此引发了内部成员之间因各种权势、利益的冲突，激成风潮，因而被两广学务处饬令停办。松口堡学务公所所长与练习员之间因办学而发生冲突，争讼不已，两广总督岑春煊着两广学务处饬令嘉应州严查。当嘉应州为松口堡学务公所呈请立案时，两广学务处即以“学堂贵在普及，故多多益善，若学务公所，则以揽一州一县之大纲，于州治设一所足矣，若各乡竟相纷设，势必至争权较势，不惟无益，害且随之”，饬令松口堡所设学务公所即行停办。[⑤]

综上所述，两广学务处开展新式学务的成效是显著的。在短短 3 年时间内，不仅在省和地方两级初步形成了学务机构体系，而且为各地兴学培训了一大批管理和师范人才，使广东兴学成绩在全国各省中位列前茅。其通过派遣士绅赴日游历、学习法政，为两广各属在即将展开的预备立宪各项新政的实施储备了大量人才，其意义更不容低估。

---

① 《哀哉南海之学界》，载《岭东日报》光绪三十年六月十三日（1904 年 7 月 25 日）。

② 《佛山学务近述》，载《岭东日报》光绪三十年五月十四日（1904 年 6 月 27 日）。

③ 《鮀江都禀请开办学务公所》，载《岭东日报》光绪三十年十一月二十日（1905 年 1 月 25 日）。

④ 《丙村办学禀批》，载《岭东日报》光绪三十一年二月初八（1905 年 3 月 13 日）。

⑤ 《松口学务公所与练习员冲突事》，载《岭东日报》光绪三十一年七月初一（1905 年 8 月 1 日）。

三、广东提学使司时期（1906—1911）

光绪三十一年（1905）八月，科举制度罢废，各省学政亦奉旨停止岁、科两试，转而与学务处同办学堂事宜。然学务处历来由总督统辖，如何处理与学政的关系，在朝廷引发起学政废除与否的议论。光绪三十二年（1906）四月，政务处与学部综合诸大臣的意见，提议裁撤学政，于各省改设提学使，归督抚节制，并改学务处为学务公所，作为提学使司的直属机构。此议获得谕准，决定各省设提学使一员，统辖全省学务，其职责也由考试变为督率。提学使的设置，标志着各省教育行政正式建制。

（一）广东提学使司的设立

广东提学使司的设置比较顺利，其中的关键是广东的第一任提学使由学政直接转任，省去了中间诸多的交接环节，学务处改学务公所也比较顺理成章。

广东最后一任学政于式枚于光绪三十一年（1905）九月到任，其时科举制度已经罢废，清廷已明确要求各省学政专司学堂事务，所以于式枚并不存在职权转换的问题。其甫一赴任，在总督岑春煊的支持下，便开始全面介入新式学堂的管理和规划。也就是说，即使学政不废，于式枚的角色定位也已经明确。光绪三十二年（1906）正月，两广总督岑春煊上奏朝廷，进一步明确两广学务处改归总督与学政共同督办，仍责成潘、臬两司综理该处事务，督饬提调以下各员悉心筹划。[①] 当时社会舆论对于式枚的作为也反应良好，认为其“对于粤省兴学之事极为执正，极意联络学界中人以期广通声气，而察学业之进退，并闻不日又将邀集学界中人会议兴学各事”[②]。所以当清廷于四月宣布裁撤学政，并开始物色各省提学使人选之时，岑春煊以“广东学政于式枚现督办学务处，诸事

① （民国）《番禺县志》卷十一《学校志二》。

② 《于学政欲联络学界》，载《华字日报》光绪三十一年十二月二十二日（1906年1月16日）。

待理”为由，发电入京，请留于式枚为广东提学使。[1]

于式枚在正式就任之前，已经在着手筹划改组两广学务处，设立广东提学使司。首先是行文广西，“以后西省学务概不管理，以清权限，其所定分设之六司亦定只管广东全省学务”。彻底结束两广学务处兼管广西学务事宜。其次，是将两广学务处中各权限进行更改，规定以后一切公事只用提学使司印信加盖发出，其他寻常稿件亦概归提学使司核准实行；撤去“总督督办”字样，又撤去“两广”二字。再次，将学政衙门改为提学使衙门，将原来设在广雅书局内的两广学务处改为学务公所，遵照部章分置总务、专门、普通、实业、图书、会计六课。课有长有副有课员，复聘议长一，议绅四，会议学务。最后，定于光绪三十二年六月初一日（1906 年 7 月 21 日）将两广学务处正式改归提学使司管理。广东学务公所正式开办当天，广东官场二三十人到公所参加开办仪式，提学使于式枚率同办事各委员在公所分布照料一切。提学使新关防及一切戳记均于是日开用，并将移、会各处公文一律办好，先后发出。办清各事后，即在公所宴会，“欢声颂祝，颇极一时之盛”[2]。至此，办理近三年的两广学务处正式结束。

广东提学使司刚成立时，提学使衙门和学务公所分设两处。岑春煊与于式枚曾计划择地另建提学使衙门，将提学使衙门和学务公所合并一处，设立统一的提学使司署，合署办公。但此计划迟迟未能付诸实行。1908 年，署广东提学使沈曾桐到任后，欲兴复广雅书局旧观。又以学务公所设于该局，距提学使衙门较远，办事不免隔阂，才最终于 1909 年将广东学务公所迁入提学使衙门，广东提学使衙门与学务公所合署办公计划才得以实现。

（二）提学使司的职责

按清廷规定，提学使归督抚节制考核，另外也由学部随时考查。提

---

① 《请留于式枚为提学使》，载《华字日报》光绪三十二年四月十一日（1906 年 5 月 4 日）。

② 《学务公所开办纪盛》，载《华字日报》光绪三十二年六月初四（1906 年 7 月 24 日）。

学使一律与督抚同城办公，总理全省学务，考核所属职员功课，于通省学务应用之款，会同藩司筹划，详请督抚办理。提学使督率所属职员，按照定章，限定钟点，每日入所办公。

学务公所设议长1人，议绅4人，辅佐提学使参画学务，并备督抚咨询。议绅由提学使延聘，议长由督抚选择通晓学务、品行端正的绅士，咨明学部奏派。

学务公所分设总务、专门、普通、实业、图书、会计6课。各课所掌事务如下：

总务课　掌办理机密文书事件，收发一切公文函电案卷册籍，编纂统计报告及各种学务报告，并编印教育宫报，检定教员，考核所属职官教员功过，及其任用、升黜、更调，核定关于本省学务全体之规则章程，并掌理佣聘外国人，考查公所人役一切杂项事务。各学堂卫生事务，亦归管理。

专门课　掌理本省高等学堂及各种专门学堂教课规程、设备规则及关于管理员、教员、学生等一切事务；并保护奖励各种学术技艺，以及海外游学生事务。

普通课　掌理本省优级初级师范学堂、中小学堂、女子师范学堂、女子中学堂、小学堂教课规程、设备规则，以及关于管理员、教员、学生等一切事务。凡通俗教育、家庭教育、教育博物馆及与中小学堂相类之学堂一切事务，均归办理。

实业课　掌理本省农业学堂、工业学堂、商业学堂、实业教员讲习所、实业补习普通学堂、艺徒学堂及各种实业学堂之设立维持、教课规程、设备规则及关于管理员、教员、学生等一切事务；并考察本省实业情形，筹划扩张实业教育费用。

图书课　掌理编译教科书、参考书，审查本省各学堂教科图籍，翻译本署往来公文书牍，集录讲义，经理印刷，并管图书馆、博物馆等事务。

会计课　掌本所经费的收支报销，核算省会及各府厅州县教育费用是否合度，并稽核各学堂。凡各学堂建造营缮之事，亦归其考核经理。

各课设课长1人，副课长1人，课员视事之繁简，由提学使酌量详派，少则1人，多不得过3人。课员以下，可设司事、书记，其人数视事之繁简为定，限定人数。

此外，提学使下设省视学6人，承提学使之命令，巡视各府厅州县学务。各厅州县均设劝学所，按定区域，劝办小学，以期逐渐推广普及教育；各厅州县劝学所，设县视学1人，兼充学务总董。各省设教育官练习所，由督抚监督，由提学使选聘本国或外国精通教育之员讲演教育学、教授管理诸法及教育行政视学制度等内容，每日限定钟点，自提学使以上，所有学务职员，至少每星期须上堂听讲3次。①

提学使司的设立，使地方教育管理模式发生了根本转变，由原来由地方行政长官主管、学务处代理的模式转换成地方行政长官督责、提学使独立管理学务的模式，教育管理的独立性、专业性地位得以提升。

（三）广东提学使司对新教育的推进

虽然都是管理学务，但提学使司时期与两广学务处时期的侧重点有所不同。两广学务处时期为学堂初兴之时，其学务重点是打开局面，为推进新式教育创造条件，奠定基础。但随着新教育的开展，发展中所带来的一些新问题接踵而至，例如，学堂开办不规范，学生程度不合，教员缺乏，课程不均，等等，由此导致提学使司时期的学务重点转向了促进地方兴学的规范化管理。

第一，督促厅州县劝学所的设置。

光绪三十二年（1906）四月，学部议订各省学务官制及办事权限，严修将直隶学务处所拟直隶《劝学所章程》略作审订，通行全国，并通饬各厅州县将原来设立的学务公所改为劝学所。令各厅州县建立劝学所，作为教育行政机关。劝学所的确立，完成了从中央到地方清末教育行政系统的建构。

根据《劝学所章程》规定，各厅州县须于各本城择地设劝学所，并

---

① 学部：《奏陈各省学务官制折》，陈学恂主编：《中国近代教育史教学参考资料》上册，北京：人民教育出版社1987年，第590～595页。

就辖地划分学区，劝学所以本地方官为监督，置县视学一人，兼充劝学所学务总董，综核各区事务。各县每三四千家划一学区，每区设劝学员 1 人，负责一学区内劝学事宜。劝学员由总董选择本区品行端正、夙能留心学务的土著绅衿，禀请地方官委派。

劝学所的主要职责是劝办小学，逐渐推广普及教育。其具体职责：县视学按时巡察各乡村市镇学堂，指导劝诱；培训各区劝学员；劝学员则分学区指导各校计划，指导讲习、报告，设立宣讲所，定期约集学会，绅衿遵照宣讲《圣谕广训》及教育宗旨；每半年上报办学统计表册。其推广学务之责有五：劝学，兴学，筹款，开风气，去阻力。[①]

以后清廷为推行地方自治，对劝学所的职权及人员规定做了数度的调整和修订，例如宣统二年（1910）十一月颁布的《地方学务章程》，并由此拟定的《地方学务章程施行细则》，以及随之颁布的《改订劝学所章程》等文件，逐步强化了劝学所为府厅州县长官教育行政辅助机关性质，成为官制的一个环节。

广东提学使司成立后，在不到一个月时间内，即遵照《奏定劝学所章程》，详细规划各属劝学所设立事宜。根据广东的实际情况，广东提学使司通饬各属将此前设立的学务公所一律改为劝学所，此前未设学务公所者，则尽速开办劝学所。原学务公所所长“其平日办学有效者由该地方官查明禀请改充总董，并兼充县视学员，其无效者即饬令销差”。原学务公所内文案、会计、查学、内外董事、名誉等员，“其得力者即由各该地方官派充各属劝学员，其不得力者即行撤退”。各属劝学所成立以后，一切事务即照部颁章程切实办理，发给关防，以昭信守。[②]

民国《潮州志》引《广东财政书》：“光绪三十年，诏罢科举，各地兴办学校。广东各属先后奉文设立劝学所，为全县教育之枢纽。学堂经费多系就地筹捐，而所筹之捐多由劝学所经理，由所支给各学堂支用。”

---

① 学部：《奏拟劝学所章程》，陈学恂主编：《中国近代教育史教学参考资料》上册，北京：人民教育出版社 1987 年，第 595～598 页。

② 《通饬改设劝学所之规画》，载《华字日报》光绪三十二年六月二十八日（1906 年 8 月 17 日）。

又引《民国政制史》：“清末县教育由县视学员掌之，并设劝学所，以为全县视学之总汇。劝学所以知事为监督，以县视学兼总董，并由县视学选士著之绅衿充劝学员，掌调查兴学等事项。”①

由学务公所改为学务所，一个根本的变化是机构性质发生了转变。学务公所属于体制外的学务机构，属于半官方半民间的性质，而劝学所则属于体制内的官办机构，成为清廷体制内官制序列的一部分。相应的，劝学所总董具有正七品虚衔，如果工作卓有成效，可以升任省学务公所的课长。因而对其人员的确定更强调的是官选。

广东提学使司截止到光绪三十四年（1908）对全省州县厅开办劝学所的情况进行了一次详细统计，除去廉州府、钦州直隶州、琼州府、崖州直隶州，广东境内的州县厅共有 77 个，在 1904 年成立劝学所的有 2 个，1905 年成立劝学所的有 9 个，1906 年 7 月前成立劝学所的有 8 个，1906 年 8 月至年底成立的有 19 个，1906 年成立但未报月份的有 2 个，1907 年成立劝学所的有 16 个，1908 年成立劝学所的有 5 个，未标明年份的有 4 个，总数为 65 所，占全部州县厅总数的 84%。其中以 1906 年 7 月为界，就是说在朝廷颁布《奏定劝学所章程》以前，广东已设立地方劝学所 19 个，占劝学所总数的 29%。②

劝学所的总董人选，按光绪三十四年（1908）统计表中“履历”所显示，基本都由本县人担任，除一名是“师范生”外，其余都具有举人、生员、贡生、训导、候补知县等身份。也就是说，清末地方兴学的主要推动力量还是来自具有传统教育经历的人。例如，王蔚奇，兴宁人，光绪二十七年（1901）乡试副榜，次年与萧惠长前往汕头亲聆丘逢甲教诲，研究办学事宜。光绪二十九年（1903）返兴宁，与萧惠长等合力创办兴民学堂，任校董，后又任监督。光绪三十三年（1907）任兴宁县劝学所

① （民国）《潮州志·职官志三》。
② 《广东省劝学所统计表（光绪三十四年）》，《广东教育官报》宣统二年（1910）第十期。

所长、兴宁师范简易科监督[1]。陈模，始兴人，就读广雅书院，后去日本明治大学学政科深造，回国后在始兴文明书院设学务公所，先后任董事、劝学员、所长，积极创办新式学堂[2]。罗蔼其，兴宁人，光绪癸卯（1903）举人，任兴宁学务公所总董，1906 年与友人创办兴宁简易师范科[3]。萧惠长，兴宁人，光绪二十八年（1902），就读于岭东同文学堂，次年回乡，发起创办兴民学堂，为驻校董事。1904 年创办叶塘学校，并送其妹入学，开男女同学之先声。光绪三十三年（1907）与罗蔼其创办简易师范科，并在兴民学堂附设师范讲习所。光绪三十四年（1908）任县劝学所所长[4]。曾昭鉴，平远人，光绪二十三年（1897）为县学附生，后入师范馆，毕业后回乡在县城设立师范传习所，继而创立平远县中学堂，兼蕉岭、平远两县教育会副会长、平远县劝学所所长[5]。

后来，广东提学使司又发布了一个宣统元年（1909）的统计表，其中“劝学所”一栏的数字为 86 所（含廉州府、钦州直隶州、琼州府、崖州直隶州），约占全省总数的 92%。[6] 对比光绪三十四年（1908）统计表中的 77 所，广东全省（含廉州府、钦州直隶州、琼州府、崖州直隶州）又增加了 9 所劝学所。

1911 年，清学部《改订劝学所章程》要求府一级也要设置劝学所，广东提学使司由此通饬各属劝学所遵章改制，并推举劝学员长人选。但这一工作因随即而来的辛亥革命所阻断。

---

① 管林主编：《广东历史人物辞典》，广州：广东高等教育出版社 2001 年，第 24 页。

② 管林主编：《广东历史人物辞典》，广州：广东高等教育出版社 2001 年，第 410 页。

③ 管林主编：《广东历史人物辞典》，广州：广东高等教育出版社 2001 年，第 522 页。

④ 管林主编：《广东历史人物辞典》，广州：广东高等教育出版社 2001 年，第 686 页。

⑤ 管林主编：《广东历史人物辞典》，广州：广东高等教育出版社 2001 年，第 765 页。

⑥ 《广东省学务统计总表》，《广东教育官报》宣统二年（1910）第一期。

第二，强调办学的规范化，逐步推进兴学深入。

清末兴学进入到深入阶段，强调办学的规范性、计划性成为学务工作的重心所在。如果依然任其自然，随心所欲，必然会影响广东新式教育的全局发展。要避免这种现象发生，作为提学使司来说，其计划性和指导性就显得相当重要。

首先，学堂的规范办学是提学使司关注的重点。从当时情况看，手续不全，程度不合，课程不齐，成为各地办学比较突出的问题。例如，宣统三年（1911）七月十七日，广东提学使司发文，对东安县蓉华公立高等小学学生学历不合格现象进行通报批评，指出高等乙班50多名学生，有十几名只读过小学二、三年级，其余皆由私塾招来，这种"躐等升学，意图速化，有背定章"，要求将这些不合格学生"先办预科二年，再升本科"①。

省城不少私立学堂随意提高程度，辄行自升中学，广东提学使司为此专门发文，禁止这种现象的泛滥：

> 提学使近出示云，照得学堂等级、毕业年限、学科程度，均有定章，不容躐等骤进。迩来省城私立各学堂，竟有未经禀准照办，辄行自升中学等事。其初不过因三五学徒，年龄过高，遂尔辄行升学，而学级程度之合否，听不计。甚者徒为渔利起见，改名中学，藉广招徕，而经费校舍校具之合格与否，均听不问。此等办法，既违定章，复滋流弊。且设立之始，未经本司核准，将来毕业升学，窒碍尤多。查高等小学，为数日增，本应推广中学，为扩充普通教育之地。然等第既进，规制设置教法一切，愈不得不从完全。倘使率尔从事，自设自升，徒骛虚名，毫无实际，开幸进之风，紊教育之序，其间贻误，良非浅鲜。亟应严行谕饬，自后无论官民设立中学堂，均应先将办法详细章程，禀缴本司核准始能设立。其由高等小学改办中学

---

① 《本司批东安县蓉华公立高等小学堂辛亥上期表册由》，《广东教育官报》宣统三年（1911）八月上旬。

者，应将办理始末、学生程度成绩及改办情形，禀报察核。其民立者，并须经地方官考试合格，始准改办。如有违章擅升擅办，以致有名无实者，均应查明禁饬，以杜冒滥而齐学制。[①]

宣统三年（1911），两广总督张鸣岐在审理各地办学情况时，也发现了许多办学不规范的问题。例如，广东蚕业学堂“学生不过八十余人，而职教各员多至十七八人，亟应将冗员核实裁汰”；“广州官立工艺学堂未据声明等级，以该堂课程按之不过一艺徒学堂程度，乃学生名籍表内竟有师范班之别，而所授课程又三班一致，究竟何以列为师范班，殊难悬揣”；香山小榄工艺学堂表内并未声明等级，“课程表内仅有星期授课钟点表，并无分年程度。其所采用书籍由班，修身则用中学课本，国文则用初等小学课本，理化、图画则用高等小学课本，实属凌杂无次”；岭东中等商业学堂，“本科二年级学生有光绪三十四年五月、八月及宣统元年正月、二月入堂者。一年级生有三十四年五月，及元年正月、七月、八月，二年七月入堂者。预科二年级生有三十四年五月，及元年五月、七月，二年正月、七月入堂者。一年级生有元年七月，及二年七月入堂者。入学年月既参差不齐，同班听课窒碍必多。且有仅在高等小学修业一年者，有不注明履历者”；另外，“香山工业女学堂及四会县艺徒学堂课程尚无，不合应准照办”[②]。从这些现象看，办学不规范成为阻碍兴学的重要问题，引起广东提学使司甚至广东督抚的高度重视。

除了加强对学堂办学的规范管理外，提学使司对全省兴学也加强了进一步的指导。根据清学部制定的预备立宪分年筹备计划，广东提学使司也于宣统元年（1909）十一月制定了“分年筹备教育事宜表”，分别从师范教育（优级、初级、女子）、专门教育（高等、法政、方言、医学、存古、游学、教育图书博物馆、测候所）、普通教育（中学堂、小学堂、

① 朱有瓛：《中国近代学制史料》第二辑上册，上海：华东师范大学出版社1987年，第524页。

② 《督院张准学部咨应将未报部各学堂迅速查报并令提学司认真查核课程办法缘由行东学司遵照文》，《两广官报》宣统三年（1911）第六期。

女子小学堂、保姆讲习所暨蒙养院、半日学堂、简易识字学塾、官话讲习所、改良私塾、风俗改良宣讲所）、实业教育（高等农业、中等农业、初等农业、高等工业、中等工业、初等工业、艺徒学堂、高等商业、中等商业、初等商业、实业补习普通学堂）等方面制定了九年的发展计划。①

为了推进义务教育，清政府于1907年颁布了《咨行各省强迫教育十条》。以后又颁布一系列文件，要求各地尽快普及初等小学教育，提高识字率，要求各地推广简易学堂。广东提学使司于宣统二年（1910）发文要求各州县加大力度创办简易识字学塾。为了更好地普及识字率，广东提学使司决定推行单级教授法，委派学务公所实业科副长及会计科科员借赴日本考察高等工业学校之便，顺带考察日本小学单级教授练习所一切办法。在此之前，宣统元年（1909）十月，提学使司选定优级师范选科暨专修科毕业生6人前往日本专门学习单级教授法，以便回粤后在优级师范学堂附设单级教授练习所予以推广。②

另外，清学部于宣统元年（1909）正月发文给广东提学使司，要求广东注意发展实业教育："该省为沿海通商要区，土地沃腴，物产饶裕，非多设学堂无以启民智而浚利源。应饬各府厅州县及时遵章增设，以广造就而裕民生。"③ 宣统二年（1910）九月，广东提学使司发文各厅州县劝学所，要求在本年内按省实业教育分年筹备事宜的计划，各直隶厅州必须设立中等农业学堂，城厢内外设立艺徒学堂，商业繁盛地区设立中等商业学堂，已设立普通中学或中等实业学堂处所应设立实业补习学堂。各州县本年内必须成立初等农业学堂、初等工业学堂，城厢内外设立艺徒学堂。并同时发文给省视学员，要求加强对各府厅州县办理实业教育

① 《本司拟定分年筹备教育事宜表分别呈详查核文》，《广东教育官报》宣统二年（1910）第一期。

② 《本司派生赴日本学习单级教授法详情给咨文》，《广东教育官报》宣统二年（1910）第二期。

③ 《本司奉学部札转饬各属实业学堂填造一览表送部核查文》，《广东教育官报》宣统二年（1910）第二期。

状况进行调查。[1]

为了加强学务，广东派赴东洋暨各省游历人员考察教育，从光绪二十九年（1903）至宣统元年（1909），派赴日本游历人员共15人，主要是调查学务，考察教育行政，调查工业学堂、游学预备科、师范学堂办法，学习单级小学教授法，采购博物标本和理化器械等。派赴各省共5人，主要是考察学务。[2]

派遣留学生教育也是提学使司的重要工作，据宣统三年（1911）七月的统计，广东留学人数如下：留学日本公费生109人；留学美国官费生11人；留学英国官费生9人；留学德国官费生2人；留学法国官费生2人；留学日本私费生125人（其中4人为半自费，半地方公费；15人为地方公费）；留学美国私费生62人；留学英国私费生18人；留学法国私费生8人；留学德国私费生2人；留学俄国私费生1人；留学比利时私费生2人，共251人。[3]

除对外派遣人员学习和考察，以提高办学质量外，提学使司对在任教员的学术程度也注重考核。宣统三年（1911），广东提学使司对广、肇、罗、惠各属小学教员进行考核。高等小学教员51人，分修身、经义、国文、算学、教育学、历史、地理、博物、理化、体操等科进行考试。初等小学教员140人，分修身、经义、国文、算术、教育、历史、地理、格致、体操等科进行考试。另有数学专科19人，英文专科9人，格致专科3人，实业专科2人，图画专科3人，体操专科2人，音乐专科1人，除需考试各自专业的专业课外，另外都要考试国文与演习两科。其成绩均在《广东教育官报》予以公布。[4]

关于寒暑假问题，清学部于光绪三十三年（1907）正月发文称，因

---

① 《本司通饬各厅州县转饬劝学所员绅筹办实业学堂文》《广东教育官报》宣统二年（1910）第九期。

② 《派赴东洋暨各省游历员表》，《广东教育官报》宣统二年（1910）第十期。

③ 见《两广官报》宣统三年（1911）第15、16、17期。

④ 《本司检定广肇罗惠各属小学教员分数表》，《广东教育官报》宣统三年（1911）七月中。

天气炎热，原定立秋后六日开学给教师学生带来不便，于是决定缩短寒假时间为20天，延长暑假时间为50天。广东方面觉得“粤省属在海疆，天时气候与地方情形较之京师各省均有不同。五月中旬在粤省尚非酷热者时，且目前家庭教育尚未普遍，暑假展长50日，学生回家过久，于学业恐不免抛弃。至腊月度年，在粤俗尤视为特重，学生教员均须省视家庭，年假缩短为20日为期太促”，故对学部更改放假规定未能执行，希望学部能够允许广东做适当修订。①

第三，加强对视学的管理。

广东提学使司设置后，设省视学6员，按道分派，每道1员。1907年6月，广东提学使司以“粤省近年学务一落千丈，而尤以省外各属为甚。当经提学司札行各属，饬将一切情形详禀。惟遵照寥寥”，特派视学员驰赴各属查视各该属学务一切情形，“俟各员查毕，即据所查情形以凭认真整顿全省学务”②。

但前期视学效果似不理想。由于省视学“只有检察报告之权，并无实行筹办之责”，加上省视学员多为候补人员，“选调无常”，以致往往“徒有报告空文，不能实行整顿”。光绪三十四年（1908）二月十六日，广东提学使司改定省视学员章程，规定“各视学员于奉委派顶区域之后，除年、暑两假期来省报告外，平时均应驻扎及周历所属境内，不得擅离”；视学的职责，主要有检查各学校执行朝廷、省提学使司、地方劝学所的办学政策情形，地方劝学所总董胜任情形，地方官绅办学态度，学校教职员工作情形，学校经费及预算决算账务，学生学籍及成绩情形，学校设施情形，等等。视学员对所视察情形应按规定报告提学使司，另外，还应将视察具体过程以日记形式上报。③

---

① 《本司详定部丁未年学堂假期表与粤省情形不宜仍遵奏定章程假期办理文》，《广东教育官报》宣统二年（1910）第五期。

② 《派员往各府查学》，《华字日报》光绪三十三年五月十二日（1907年6月22日）。

③ 《前司王详报改定省视学员章程文》，《广东教育官报》宣统二年（1910）第三期。

宣统元年（1909），省视学员分赴各地考查，并提交了各地学堂整改的具体报告，广东提学使司根据视学员的报告，针对私塾教学及管理的混乱状况，要求南海、番禺两县劝学所认真整顿。文中说：“此次查视所及不下百余所，棋布星罗，涣散无纪，教法任其自由，成绩都无稽考。”按照提学使司的意见，改良私塾要求各地劝学所附立改良会予以干涉，“不意事过境迁，仍前玩泄，或托名于简易，缺去体操，或藉口于父兄，墨守背诵，诸如此类，悉数难终，似此因循，不加整顿，欲化私塾为学堂，补我官力所未逮，徒成虚愿”。文后具体开列了南海、番禺两县各私塾问题所在及整顿方向。①

同年，广东提学使根据省视学员的视察报告，对省城、南海、番禺、东莞、新会、新宁、新安、海阳、潮阳、普宁、南雄州、始兴、乳源、仁化、曲江、乐昌、翁源、英德、高州府、吴川、茂名、电白、信宜、化州、高要、鹤山、封川、新兴、罗定、东安、西宁等地公立、私立学堂存在的问题，提出具体整顿意见。②

《广东教育官报》宣统二年（1910）第八期登载省视学员对光绪三十四年（1908）南韶连道府州厅县中小各学堂逐层比较表，从各校、职员、教员、学生、校所、经费等方面对该道各县中小学堂等次进行了评比，又分别对韶州全府、南雄全州、连州全州附连山厅进行了等级评价，最后对南韶连全道进行了综合评价：“中学：韶州府为最，南雄次之，连州停课不具论。高等小学：韶府乐昌官立、英德官立、曲江官立、连州西溪为最，英德含洸、南雄始兴官立、韶府乳源官立、连州燕喜星江为次，南雄官立、韶州翁源官立、连州三江公立又为次。两等小学：韶州仁化官立为最，连州冲口为次，余均平常。初等小学：韶州乐昌附城、英德附城、南雄官立、始兴石下、连州恭让、韶府仁化扶溪等校为胜，余均逊。”③

---

① 《前司蒋据省城视学员邓大使嵩涛等调查私塾报告札饬南番两县分别整顿文》，《广东教育官报》宣统二年（1910）第三期。

② 见《广东教育官报》宣统二年（1910）第四期—第九期。

③ 《本司详复督宪张核明南韶连省视学员郑令祖仁呈缴报告图文表》，《广东教育官报》宣统二年（1910）第八期。

宣统三年（1911），广东提学使司针对上学期省视学员报告，发文要求曲江县、始兴县、仁化县、澄迈县整顿学务。[①]

经过一段时间的强调，视学效果似乎有所好转。“所查阅各学堂，如管理教授不合者，指示改良，经费不支者，令地方官绅合筹补助；至各地方有应办学堂而未能开办者，设法劝办，年终汇报，下年再临，覆核是否遵办，分别劝惩，地方学务庶有起色。”[②]

第四，整顿学务，打击破坏兴学的行为。

随着兴学的普遍开展，各种阻碍兴学的行为也日渐增多，诸如经费、土地纷争、办学者舞弊，等等，使提学使司为此投入了较多的精力。

办学经费的纷争乃源于兴学之际多方筹款，以及科举时代的社会筹资，有家族独资，有合乡共捐，有地方筹措，带来了学堂归属等种种纷争，其背后则反映了乡村社会对教育资本的争夺与把持。例如宣统二年（1910），新宁县拟将县属各族学谷学田、文会花红等款项一并拨归办学之用，提学使司认为对这些经费要区别对待。其批文强调：“此项公款原分两种，城乡公有及一乡或数乡公有者，曰地方公款；一族公有及族内数支或一支公有者，曰家族公款。本司道等窃维，款项既分两种，办法自难一律。”要求各地应分别性质，区别对待。蒋提学使为此专门请示督抚，强调“此事初办时必小有纷扰，城与乡争，乡与乡争”，因此“本司之愚拟请先从调查公款入手”。他认为：“地方公款，他省所同。家族公款，粤省特别。缘本省人民多聚族而居，自成村落，往往以家族而占地方之势力也。调查之法，拟责成各属劝学所总司其成，以为汇归，归地方官督饬办理。其分任调查由各学区劝学员按照区属城乡、村堡逐段分查，填表缴所。由劝学所按照各款会商城乡绅董、族董，体察情形，酌留若干，酌提若干，定为成数。地方公款则办公学，家族公款则办族学。

---

① 《广东教育官报》宣统三年（1911）七月下旬号至八月下旬号。

② 《前司沈奉督宪札核议谘议局整顿学务议案列摺详复文（附清摺）》，《广东教育官报》宣统三年（1911）第2期。

甲乡公款不移用于乙乡，丙族之财不分拨于丁族。”①

除了经费的纷争，还有土地的纷争。宣统二年（1910）五月初，因嘉应州考棚之地问题，嘉应州劝学所与嘉应州振东公司发生争执。劝学所拟在此地筹设教育研究讲习所、图书馆、教育品陈列所等，而振东公司原借用此地开办工厂，到期而不肯归还。于是劝学所带人拆毁了振东公司的工厂，振东公司带人拆毁了图书馆。提学使司要求惠潮嘉道督促嘉应州行政长官查办。②

更为严重的问题，则是教育界内部在办学中滋生的腐败。宣统二年（1910），王提学使在《认真整顿学务文》中指出，广东教育界在议论教育方面炳炳皇皇，灿然具备，然责以实事求是则一筹莫展，“或是丹非素，各标门户，一小学校长，一劝学总董辄以奔竞之风，不凭选举，横相杆摩，等而下之，藉学制学踞款渔利，纷纭攻讦，无时无之。办学为何如重要之事，乃至以此等举动酿成风气，内贬人格，外黩学界，莫甚于此”③。

宣统三年（1911），罗定州应元学校校长将一考取广东优级师范附属中学的学生姓名更改，出售给他人，被人举报。广东提学使司发文，要求立即开除冒名顶替的学生，并由罗定州查明这位校长与冒名学生之间贿赂的钱数，增加一倍罚款，罚款全数拨充该学堂经费。④

宣统三年（1911），香山卫所两等小学堂毕业生试卷已于四月上缴给县，但至七月尚未办理毕业证。广东提学使司于七月二十二日发文，指

---

① 《前司蒋呈缴督宪调查公款与办学堂禀文》，《广东教育官报》宣统二年（1910）第六期。

② 《本司禀报督宪嘉应州劝学所与振东公司争地滋事情形文》，《广东教育官报》宣统二年（1910）第七期。

③ 《前司王示谕办学各员绅暨各学堂职务员教员等认真整顿学务文》，《广东教育官报》宣统二年（1910）第六期。

④ 《前司沈据罗定州监生陈言深呈改名贿卖任意舞弊等情批州惩办并通饬遵照文》，《广东教育官报》宣统三年（1911）第四期。

出这种现象“实属玩延已极”，要求香山县迅速查照办理。[1] 同日，广东提学使司发文，对香山县劝学员长吸烟、舞弊，以及有劝学员贿串委员，改换试卷等问题，要求香山县迅速查明，如果情节属实，“即行分别撤究”[2]。

《广东教育官报》宣统三年（1911）八月下旬的目录中，有“本司批平远县兴学会董事潘士忠禀潘嵩南私选校长由”，“本司批罗定三育小学校长黎炳翰等禀控总董不职由”，“本司批平远县乐英学堂校长姚仰权禀藉学毁学由”，“本司批香山县萧贞雄禀夺费停学由”。由于资料缺失，未能见到正文，但从标题也可见学界腐败之一端。

据《两广官报》宣统年间材料，宣统三年（1911）第4期载有《督院张据东咨议局呈议决长乐县中学监督吉逢孙等请将赌款项截充学费缘由札复查照文》、《督院张批电白县李令立才禀查明廖祺南藉学渔利、谢维屏等混行上控缘由文》，宣统三年（1911）第7期载有《督院张批东莞县职员方仕新禀竹溪堡河田乡小学堂校长方廷育吞款舞弊缘由文》，宣统三年（1911）第11期载有《督院张批惠潮嘉道吴道禀委查嘉应州绅陈国用等上控广济善堂绅董阻学吞款一案缘由文》。仅依标题便可见经费纷争成为阻碍兴学的重大阻力，其他各种腐败现象的根子也在很大程度上由以办学渔利而引起。为此，《两广官报》宣统三年（1911）第13期，两广总督张鸣岐于宣统三年（1911）闰六月二十六日发文，直言广东学费之纠葛：“近年新政繁兴，诸多需款，加刁绅土棍之抗阻把持，以致学费日绌，学堂争款之文牍十案而九。夫以办学之人，而日疲精悴神于公庭词讼之间，尚何能专心教育？而且竞争攘夺，仇怨固结，种种弊害，由此而生，于学校既无益，于地方且有损。甚或争款不得，学堂停办，尤于普及教育之宗旨大相径庭。”张鸣岐要求：“限文到一月内，务将从前

① 《本司批香山卫所两等小学校长禀请核办高等生毕业由》，《广东教育官报》宣统三年（1911）八月上旬。

② 《本司批香山县林炳光呈学长溺职由》，《广东教育官报》宣统三年（1911）八月上旬。

学费积案断理清结。”①

第五，推动教育会的创建。

根据清学部要求各地教育会应与学务公所、劝学所联合一气，期于补助教育行政、图教育之普及的精神，宣统元年（1909）九月初八日，蒋提学使呈文督抚，提交《教育会劝学所联合简章》。文中提出：“粤省劝学所成立十之八九，教育会尚寥寥。援据江苏通州组织联合办法，所筹甚是，应由学司即将通州联合章程按之粤省情形，另议通行简章，以期变通尽利，并将教育会、劝学所权限分明，仍互相辅助之处，逐项说明，以免自相龃龉。”②

十月十九日，蒋提学使致函广东咨议局议长，就成立广东教育总会事宜答复咨议局。文中提到，在接到学部有关文件后，十月九日，提学使司在广州府学明伦堂召集了部分发起人开会，商议成立广东教育总会的准备工作。十二月初四日，广东提学使司再度致函咨议局议长、议绅，就呈缴教育总会章程、颁发钤记、邀请莅会诸事回复咨议局。文中提到，各地已有多处准备成立分会，劝学所联合教育会议案已经咨议局通过，并得到督抚批准，学部对教育总会也予立案，并颁发一枚“广东教育总会”钤记，成立广东教育总会的条件已经成熟。故决定十二月初七日召开成立大会。教育总会拟设会长一人，副会长两人，评议员若干，其中广州府14人，肇庆府12人，惠州府11人，韶州府6人，雷州府3人，高州府6人，琼州府11人，崖州2人，连州2人，南雄州1人，潮州府9人，嘉应州6人，廉州府2人，钦州2人，赤溪厅1人，罗定州3人，阳江州2人，合计93人。教育总会下设经济部、调查部、普通部、庶务部。③

宣统三年（1911），有两广总督张鸣岐给学部的报告，谈到广东教育总会成立经过，原推举丘逢甲、凌鹤书为正副会长，已立案上报。后两

① 《督院张札东提学司通饬各属清理学堂争款积案并规定日后兴学筹款办法缘由文》，《两广官报》宣统三年（1911）第13期。

②③ 俱见《广东教育官报》宣统二年（1910）第六期。

人辞退，教育总会又推举陈伯陶出任正会长，陈伯陶又予以辞请。于是再推举劳肇光、朱世畴为正副会长。现两人已于本年五月十五日正式到会任事。①

宣统三年（1911），广东开始筹备广东公立图书馆、教育博物馆的建设。两广总督张鸣岐致函职商关彦超，委托其向海外侨民广泛募捐，其文曰："本督院莅粤以来，考察全省教育情形，各属学堂成立渐多，而图书馆、博物馆尚属阙如。现经督饬学司集同绅商筹设广东公立图书馆暨教育博物馆各一所，约计建筑及开办设置等费需用甚钜，亟应派委妥员，广为劝捐，以襄义举。"他表示，"款无论多寡，人无论中外，凡经捐助者，俟图书、博物两馆落成时，均当为之镌勒芳名，共垂不朽。"②

从清末广东学务推进的进程看，学务处时期和提学使司时期比较清晰地呈现出广东新式教育发展的两个阶段。第一阶段，以兴学为主，当然也包含了办学规范的整顿。第二阶段，以整顿办学规范为主，当然也包含了兴学的推进。这一阶段性的呈现，比较清晰地展示了新教育制度在广东初步推行的运行轨迹。新式教育的开展，以兴学与规范为张力，体现了二者矛盾运动的规律。

第二节　师范学堂的开办

《奏定学堂章程》分师范教育为高等、中等两级：高等为优级师范学堂，以培养中学堂和初级师范学堂师资为目的，其地位略高于普通高等学堂；中等包括初级师范学堂、师范传习所及讲习科等速成教育机构，以培养小学堂师资为目的，初级师范学堂地位略高于普通中学堂。

---

① 《督院张据东提学司呈教育总会成立日期缘由咨学部查照文》，《两广官报》宣统三年（1911）第六期。

② 《札委职商关彦超文》，《两广官报》宣统三年（1911）第六期。

一、清末广东师范学堂发展的轨迹

师范学堂的开办，各地学务人员都视其为兴学重中之重。以佛山为例，《佛山忠义乡志》载："自试士改章，学制递变，塾师以科学多非素习，乃纠合同人立学会，仿简易科，设半夜学堂，自是私塾改良其名者，生徒多至数十百人。学舍栉比，足补官立、公立之不逮。师范讲习所亦毕业三次，师资既备，学务日有起色。"① 小学的兴办得力于师范讲习所的开办，所以广东各地兴办学堂者都十分重视师范讲习所一类的教育机构，以速成办学所需师资。

从省城来看，由两广学务处举办的师范馆所就没有间断。两广速成师范馆、两广学堂管理员练习所，皆附设在广东贡院。光绪三十年（1904）六月，两广学务处开办速成师范馆，以考送出院留学备取生 60 人拨入学习，期限 6 个月，以养成小学堂教员。七月，开办管理员练习所，由两省官府选送有办学资格的士绅 160 人入学肄业，开设教育学、管理法、学校卫生学、教育行政学等课程，限 4 个月毕业，以养成学校管理员。九月又在这里附设小学，以便学员实地练习。至十二月，两所机构学员依次毕业。②

光绪三十一年（1905），广东又借这两所校舍开办两广初级师范简易馆，招考学生 240 人入读学习，三十二年（1906）六月毕业。清学部通电各省加速发展省级师范，分初级简易生、优级选科生和体操专修科进行师资培养。广东在简易馆基础上扩建，创办两广师范学堂，光绪三十二年（1906）七月，招收初级简易生 500 人入学。十二月，初级简易生和体操专修科学员毕业，优级选科生于宣统元年（1909）六月毕业。③

在广州城，还办有四区半夜师范讲习所。东区附设于东关小学堂内，南区附设于广雅书局内，西区附设于华林寺，北区附设于学海堂。光绪三十二年（1906）三月开办，至六月毕业 416 人。以后接着续办，至十二月，西区又出一批毕业生，遂停办。④

---

①③④ （民国）《佛山忠义乡志》卷五《教育一》。

② （民国）《番禺县志》卷十一《学校志二》。

番禺官立初级师范学堂，在广州惠爱街原禺山关帝庙旧址，与番禺官立高等小学堂毗连。宣统元年（1906），高等小学堂毕业学生61人，知县即以这些学生升学肄业，校务由高等小学堂校长兼管。

有些偏远地区，无力自行培养师资，因而借助中心地区中学堂开办师范科。如龙门、从化、新安、清远、花县等5县地处偏远，欲多设小学，师资紧缺，于是在广府中学堂附设师范馆，招学生1个班，学制1年，为其培养小学师资。

另据宣统元年（1909）十一月《广东师范教育分年筹备表》[①] 所示，当时已办理初级师范学堂的还有高州府、嘉应州、东莞县、新会县、揭阳县、长乐县等，均有1所。

从总体看，清末广东师范学堂的开办经历了一个由临时组织向经常组织过渡的发展过程。黄佐认为："在兴学初期，广东造就小学师资的机构大都是短期的临时组织。如光绪二十九年（1903）在潮州韩山书院所设的惠潮嘉师范学堂，在嘉应州东山所设立的嘉应官立东山初级师范学堂；如光绪三十年（1904）在广州贡院所设的两广速成师范馆和两广小学管理员练习所，在广府中学堂附设的师范班，在雷州雷阳中学堂附设的师范班；如光绪三十一年（1905）在广州贡院所设立的两广初级简易师范科馆，在粤秀书院所设立的番禺师范传习所，在广州东关小学所附设的东区半夜师范讲习所，在广雅书局所附设的南区半夜师范讲习所，在华林寺所设的西区半夜师范讲习所，在学海堂所附设的北区半夜师范讲习所。在韶州府中学堂所附设的示范班等等都是属于培训小学师资的临时组织。"[②]

在兴学有年、学制规范后，师资培养则要走向正规化，于是师范教育的经常组织便慢慢发展起来。黄佐认为："如光绪三十二年（1906）在广州贡院所设立的两广师范学堂，在广府学宫所设立的教忠师范学堂

---

① 《广东师范教育分年筹备表》，《广东教育官报》宣统二年（1910）第一期。

② 朱有瓛主编：《中国近代学制史料》第二辑下册，上海：华东师范大学出版社1987年，第455页。

（由中学改办），在惠州府城所设立的惠州公立女子师范学堂，在广州西关所设立的坤维女子师范学堂（由小学改办）；如光绪三十三年（1907）在广州大石街所设立的省立女子师范学堂；如光绪三十四年（1908）在广州河南所设立的洁芳女子师范学堂（由小学改办）等等都是属于造就小学师资的经常组织。至若光绪三十四年在广州贡院所设立的两广优级师范学堂则为培养中学及师范学堂的师资之所，盖其时师范教育已推进一步了。从这些师范教育发展过程当中，我们可以看得出广东的师范教育制度是由临时的组织而发展为经常的组织，由初级程度而推进到优级程度的。”①

二、两广优级师范学堂

光绪三十二年（1906），总督岑春煊又奏请创办两广优级师范学堂。其计划在两广师范学堂的基础上进一步扩建，三十三年（1907）冬学堂建成。当时两广师范学堂初级简易科生、体操专修科生均已毕业，优级选科生距毕业也只剩一个学期，因此筹办完成优级科的条件已经成熟。

按学制，优级师范学堂预科 1 年，本科 3 年。预科修习公共科，再进入本科分专业修习。专业分历史地理、理化、博物、算学四科。学堂规模定为每年级 4 个班，每班 50 人，合计 16 个班 800 人。加习科、选科、专修科的招生名额不包含在内。

三十四年（1908）二月，取录学生 200 人为预科生，专习公共科，为广东优级师范教育开办之始。后提学使王人文提议招专修科学生 150 人，分国文、英文、数学三科。宣统元年（1909）六月，复设附属中小学堂，先选录中学生三班，小学生一班。宣统二年（1910）五月，专修科毕业。预科生也修习公共科完成，分专业升入本科。②

三、女子师范学堂

光绪三十三年（1907），学部颁布《奏定女子师范学堂章程》，明定

① 朱有瓛：《中国近代学制史料》第二辑下册，上海：华东师范大学出版社 1987 年，第 455～456 页。

② （民国）《番禺县志》卷十一《学校志二》。

入学资格、课程设置等。广东也立即开办了广东省立初级女子师范学堂，以太清宫改建。光绪三十三年（1907）二月开学，招生66名。二月十八日，女子师范学堂举行开学典礼。学堂监督为程瑶华，日本教员为宇佐美茂野，督率学生行祀孔子礼，省中各大吏皆与焉。礼毕，各大吏向监督一揖，复训勉诸生。教员也率学生向各大吏一揖，茶点而散。是日，各官到者四五十人，女教员11人，学生200余人，亦一时之盛也。[①] 师范学堂附设女子两等小学堂，招生371名。光绪三十四年（1908）六月，附设蒙养院，招生140名。至宣统二年（1910），毕业师范生66人，两等小学生297人。[②] 其他的女子师范学堂，如上文黄佐所言，有1906年在惠州府城设立的惠州公立女子师范学堂，在广州西关设立的坤维女子师范学堂；1908年在广州河南设立的洁芳女子师范学堂，等等。

第三节　专门学堂的开办

在清末，专门学堂意指具有高等专门学程度的学堂，其专业包括政治、法律、医学、语言、军事、农林、制造等各个方面，广东在这一类学堂创办上还是有所建树的。

一、广东高等学堂

光绪二十八年（1902）四月，两广总督陶模择地广雅书院创办两广大学堂。癸卯学制颁布，规定各省设立高等学堂，不得立大学。时任两广总督岑春煊便将两广大学堂改名为广东高等学堂。这是一所具有新规模的大学。其专业设置、功课教法、学堂编制等，都基本遵照清末新学制的精神。

两广大学堂筹备之初，由姚稷臣担任学堂总理，招考学生名额160

① 广东省立中山图书馆：《旧粤百态》，北京：中国人民大学出版社2008年，第101页。

② （民国）《番禺县志》卷十一《学校志二》。

人，分作甲、乙、丙、丁四个班，每班为40名。由于壬寅学制所订章程过于简略，所修习科目，只有修身、经学、国文、数学、格致、英文等科，关于学生的管理，亦极松弛，退学、复学绝对自由。光绪二十九年（1903）五月间，学堂总理姚稷臣去任，由督署改聘丁仁长（字伯厚，番禺县人，前清翰林院编修）继之，并将总理的名称改为总教习。丁仁长接任后，以在学学生人数仅余一半，为补回缺额起见，特从其经手创办的教忠学堂的学生中，挑选成绩优良者补入两广大学堂肄业，将原来的四个班缩减为甲、乙、丙三班。对于所修习的科目，则一仍旧贯，未作改变。

光绪三十年（1904）三月，遵照癸卯学制规定，两广大学堂改组为广东高等学堂。是时总教习丁仁长去职，聘请吴道镕（字玉臣，番禺县人，翰林院编修）为监督。吴道镕接任后，将原有的甲、乙、丙三班依照新章程改修预科课程，另添招预科学生80名，分作丁、戊两班。光绪三十二年（1906）二月，广东高等学堂附设中学堂，招附中学生80名，分作两班。所有新招的预科及附中班学生，均依照中学堂新章规定课程办理5年毕业。

光绪三十三年（1907）十二月，甲、乙、丙3班预科学生毕业。是时，广州府中学堂甲、乙两班学生亦届毕业。于是，两广高等学堂从光绪三十四年（1908）正月起，开始办理高等学堂本科。本科共分成三类：第一类为预备升入经科、政科、文科、商科大学，第二类为预备升入格致科、工科、农科大学，第三类为预备升入医科大学。当时本科学生仍系分作甲、乙、丙三班，甲、丙两班属第二类，修习科目有人伦道德、经学大义、中国文学、英国语、德国语、物理、化学、图画、数学、兵学、体操等科；乙班属于第一类，所修习的科目，有人伦道德、经学大义、中国文学、英国语、法国语、历史、地理、法学、理财、心理学、辨字、兵学、体操等科。是年十二月，丁、戊两班预科亦相继毕业，升入本科，丁班系第一类，戊班系第二类，亦系依照新章修习各该类的科目，高等学堂本科三年毕业。

预科、本科的平时考试分月考、期考、年考3种。年考不合格者须留级补习。预科和本科都有毕业考。预科毕业考试成绩最优等者奏奖拔贡，优等者奏奖优贡，中等者奏奖岁贡。本科毕业考试，成绩总平均分数在60分以上者，于第二年三月须到京城学部复试。复试合格者，除一律奏奖举人外，还按照考列等级授内外官职。

宣统二年（1910）十二月，甲、乙、丙三班学生毕业。

辛亥革命后，吴道镕去职，由广东都督胡汉民委派黄节继任。黄节接任后，只是维持现状，并无添招新生。因此，在是年十二月，本科丁、戊两班学生毕业，仅余宣统二年（1910）十二月招收的两班附中学生待升入本科。该两班的学生原应在1913年12月毕业，但为了使学生能赶上北京大学7月举行的新生入学考试，并且计划将两广高等学堂办理结束，特提前于5月考毕业试。考试完毕，两广高等学堂乃于1913年7月间宣告结束。①

二、广东法政学堂

法政学堂培养法律、政治、财会方面的专门通才为主，以备新政之用。

光绪三十二年（1906）二月，两广总督岑春煊、提学使于式枚奏请，在广州原课吏馆之地改办广东法政学堂，五月开学。入学对象是本省官吏及各府厅县保送的绅士。初设法律速成科。官班生125名，一年毕业。绅班生100名，两年毕业。继设法律特别科及政治特别科，内分初级法律本科（一班）、法律速成科（二班）、政治本科（一班）、理财本科（二班）、预科（四班），总共10个班。监督为夏同龢，教习有松山丰造、杜之秋、金章、朱执信、张荫庭等。所设课程有大清会典要义、外国行政法、大清律例要义、外国刑法、大清商法、各国商法等。②

具体运行情况，据《广东省专门教育分年筹备事宜表》，法政学堂于光绪三十三年（1907）开设法律速成科乙班，理财特别科乙班，预科甲、乙、丙三班。三十四年（1908）五月法律速成科甲班毕业81名，十二月

① 朱有瓛：《中国近代学制史料》第二辑上册，上海：华东师范大学出版社1987年，第659~662页。

② 朱有瓛：《中国近代学制史料》第二辑下册，上海：华东师范大学出版社1987年，第499页。

法律速成科乙班毕业60名。凡速成科毕业生均分配在调查局、财政局及各府州县地方自治研究所，任教员、管理员。这一年，法政学堂附设监狱改良讲习所，6个月毕业，招生130人；附设广州府地方自治研究所，6个月毕业，招生110人。这一年，预科甲、乙班肄业期满，升入本科。

宣统元年（1909），法律正科仍分甲、乙两班，并开设讲习科甲班。五月，法律特别科甲班、政治特别科甲班举行毕业考试，参加人数150人，预科丙班肄业期满，考试及格升入正科。七月开设政治正科甲班，附设广东全省地方自治研究所开学，8个月毕业。十一月，政治特别科甲班毕业120多名。增设监狱讲习科，一年半毕业。附设审判研究所，选本学堂毕业生及本省候补官入所学习，6个月毕业。①

宣统三年（1911），广东提学使司对法政学堂办学人员进行奖励。自光绪三十二年（1906）五月至宣统三年（1911）七月，广东法政学堂共毕业各类学生630余名。宣统二年（1910）法部第一次考试法官和广西第一次考试法官，共录取本学堂毕业生60多人。广东提学使司认为："所有历年在堂办事出力人员，不无微劳足录，自应循章择尤保奖，以励将来"②。

三、两广方言学堂

光绪三十二年（1906）五月，学部根据给事中陈庆桂奏广州译学馆极宜整顿并改为两广方言学堂的意见，要求广东将广州译学馆改为广东方言学堂，将两广游学预备科馆改为优级师范学堂。6月20日，广州将军寿荫、两广总督岑春煊等以节省经费，而且广东优级师范学堂已经另行筹建为由，会衔奏请将广州译学馆与两广游学预备科馆归并为一，改为两广方言学堂，遭到学部反对。但学部意见并没有被岑春煊等采纳，1906年10月14日，寿荫和岑春煊再次上奏，说明两广优级师范学堂已经于6月开工建设，坚持将两广游学预备科馆与广州译学馆合并改设两

① 《广东省专门教育分年筹备事宜表》，《广东教育官报》宣统二年（1910）第一期。

② 《本司详请督宪奏奖法政学堂办学人员文》，《广东教育官报》宣统三年（1911）八月下旬。

广方言学堂，学额500名，译学馆和两广游学预备科馆学生300人全部转入两广方言学堂。仿照京师译学馆办法，如各生肄习东、西语文及普通学两年后，“果具游学之热忱，确有游学之资格，届时仍准择尤派往东、西洋游学，以期不背当日建设游学预备科馆本意”。如愿学习专门者，则仍照《奏定学堂章程》，于后3年加习交涉、理财、教育等各专门学，5年毕业。这一意见最终被采纳，广州译学馆与两广游学预备科归并为一，改为两广方言学堂。[1]

两广方言学堂于光绪三十二年（1906）招收学生300名，分英文两个班，德文、日文、法文各1个班。十一月复招英文一个班。三十三年（1907）正月又续招英文两个班，八月，增设英文、算学、国文夜学专修科。三十四年（1908）三月增招法文一个班，并增设法文夜学专修科，五月再招英文一个班。十月，最早入学的五个班增修交涉、理财两个专业，并增加外国文授课时数。宣统元年（1909）五月，英文、算学、国文夜学专修科毕业68人，十月，专修科插班生毕业19人。这是晚清时期较为完备的一所外语学堂。[2]

四、广东存古学堂

光绪三十三年（1907），湖广总督张之洞以近日学堂怪风恶俗，于湖北省城设存古学堂。三十四年（1908），江苏、陕西、四川、甘肃等地相继奏办存古学堂。

光绪三十四年（1908），两广总督张人骏遵照学部章程，将应元书院和菊坡精舍改建为广东存古学堂。存古学堂以研求古学、永葆国粹、养成教才、兼备从政之选为宗旨。宣统元年（1909）七月开学授课，考录学生120名，实际报到90人。参照湖北存古学堂章程，设经学、史学、词章三科，其中经学班33人，史学班36人，词章班21人。经学科以经

---

① 朱有瓛：《中国近代学制史料》第二辑下册，上海：华东师范大学出版社1987年，第536页。

② 《广东省专门教育分年筹备事宜表》，《广东教育官报》宣统二年（1910）第一期。

学为主课，史学及词章为补助课。史学科以史学为主课，经学及词章为补助课。词章科以词章为主课，经学及史学为补助课。另外还开设博览古今子部诸家学、算学、舆地学、外国史、博物、理化、外国政治法律理财、外国警察监狱、农林渔牧各实业、体操等通习课，三科学生都需修习。该学堂以专精中学、保存国粹为宗旨，以广造人才，并预备升入大学堂经学、文学诸科为成效，学制七年。辛亥以后废罢。[①]

五、光华医学堂

1908 年由梁培基、郑豪、陈衍芬等人创办的广东光华医学堂，算是较有规模的一所私立学堂。它是为不满外国人操纵医务卫生大权而由光华医社及社会人士联合筹办的，宣称完全由中国人自办，中国人任教，用中文讲课。学制 4 年。这所学堂，得到了两广总督批准立案。[②]

六、各类军事学堂[③]

陆军小学堂，由广东武备学堂改建。光绪三十一年（1905），原计划设置陆军小学，由于广东武备学堂章程是参照日本中央幼年及士官两学校办法，实具有中学程度。因此变通办理，在这一年五月改办陆军中学堂，附设小学，招生 80 名。后总督岑春煊要求将陆军中学堂另改为速成学堂，这里专办小学，于是在光绪三十二年（1906）九月正式定名为陆军小学堂。

光绪三十一年（1905），广州军医学堂成立。内分两科：一为两年制的速成科，一为四年制的本科。本科前两年为预备科，学习普通学；后两年专习医学。学堂附设有随营养病院，供学生实习之用。后撤销各标营医官，选派学生直接到各标营充任诊察。光绪三十三年（1907）四月，两广总督周馥改定章程，分甲乙两班。甲班由日本人教授，学习东医，三年毕业；乙班由英国人教授，学习西医，四年毕业。

测绘学堂也成立于光绪三十二年（1906）五月，由两广总督岑春煊奏请开办。最初是办测绘简易科，拟定学额 60 名，分高等班和寻常班，

---

①③ （民国）《番禺县志》卷十一《学校志二》。

② 张耀荣主编：《广东高等教育发展史》，第 121 页，广州：广东高等教育出版社 2002 年。

高等班以提高为主，寻常班以普及为主。九月正式定名为测绘学堂。后参照奏定测绘学堂章程，于宣统元年（1909）分设普通、专门二科。

光绪三十二年（1906），民政部奏办京师高等巡警学堂，以应警政人才之需。分设三科：正科，简易科，专修科。正科三年毕业，余皆一年毕业。光绪三十四年（1908），民政部拟定《高等巡警学堂章程》，令各省划一办理。于是，岑春煊在省城创办广东警务学堂，专门训练城市警察人员，内设速成科四个班。宣统元年（1909），两广总督张人骏改名为广东高等巡警学堂，所有章程学科均遵章更正，并附设简易科。

宣统元年（1909）七月，讲武学堂成立。这是将原来的陆军中学堂（后改为速成学堂）和将弁学堂合并而成，专为军官研究军事学而设立。

陆军警察学习所，原名宪兵学习所，光绪三十三年（1907）开办，学员来自陆军各标营挑选的兵士，学习陆军军警学术，光绪三十四年（1908）五月第一届毕业生组建为宪兵第一分队，担任出巡任务。这是广东宪兵成立之始。

另外还有乐兵学习所，附属于东门速成学堂，光绪三十一年（1905）设立。宣统二年（1910）编成乐队后裁撤。

第四节　普通学堂的开办

普通教育于清末时期的含义，主要指国民基础教育。其面向广大国民，其设施包括中小学堂、蒙学堂，以及为推广基础教育所开设的半日学堂、简易识字学塾、官话讲习所、改良私塾、风俗改良讲习所等教育机构。

一、办学主体多元的集资方式

要在短时间内迅速推广新式教育，仅仅依靠原有的府州县学的设施显然是不够的。为了解决兴学中财力、物力的困难，早在光绪二十一年（1895），就有顺天府府尹胡聘之条陈《变法自强疏》，要求“举省会书院，归并裁改，创立各项学堂”，至光绪二十四年（1898）康有为上请饬各省改书院淫祠为学堂折，终于有了光绪帝于光绪二十四年（1898）五月二十二日的“将各省府厅州县现有之大小书院，一律改为兼习中学西学之学校”的决定。虽然随着戊戌变法的失败，这一决定成为一纸空文，但这一思路还是为清末“新政”所采纳。

广东推广新式教育也基本照此思路，依托旧有教育机构，如地方官学、书院、社学、家族祠堂的场地及经费，并另加筹措，推进新学制的落实。从实际情况看，广东在光绪二十七、二十八两年间所废书院不多，直至光绪三十年（1904）止，书院停办只有28处，而且以光绪三十年（1904）所停的较多，其余书院仍持观望犹豫的态度。光绪三十一年（1905）九月，清政府颁布了“停科举以广学校”的上谕。士子通过科举步入仕途的希望破灭，书院，乃至各类教育机构改办学堂才全面展开。

从集资方式看，清末中小学堂的开办有官立、公立、私立三种办学主体类型。所谓官立，就是由地方官利用官方资源创办的中小学堂。例如，番禺知县柴维桐是个热心办学的官僚，他于光绪三十年（1904）创办了番禺官立两等小学堂、番禺官立第五初等小学堂，三十一年（1905）创办了番禺官立第三初等小学堂、第八初等小学堂、第九初等小小学堂，经费皆由县学务处拨充。[①] 在南海县，光绪三十一年（1905），以县学的忠孝祠、乡贤祠、名宦祠、司禄阁、藏修所、六司公所之地开办了南海县高等小学堂，并将废罢的训导署改为操场[②]。在东莞县，光绪三十三年（1907），借县学的明伦堂之地开办东莞高等小学堂，改教谕宅、训导宅为学舍[③]。在潮阳县，光绪三十二年（1906），在县学开办五都小学。在大埔县，光绪二十九年（1903），以崇圣祠之地改建大埔县立小学堂。[④]

所谓公立，就是以旧有官学资源为基础，再由乡绅共同集资创办的中小学堂。例如番禺公立中学堂，创办于光绪三十二年（1906），以县学中的尊经阁、名宦祠及射圃为学校场所，以县学积年存款为基础，不足数再由乡绅集议筹设。校内编制及教授管理法皆遵照奏定学堂章程。学

---

① （民国）《番禺县志》卷十一《学校志二》。
② （宣统）《南海县志》卷六《建置略·学校》。
③ （民国）《东莞县志》卷十七《建置略二·学宫》。
④ （民国）《潮州志·教育志上》。

生数额则由倡办人和捐款人用投票方式公举学生数额，按地区平均选录。开始招收中学本科二班、预科一班，各取 60 人。本科班按照学制规定五年毕业；预科班按小学三年级程度施教，两个学期后考试合格再升中学本科。光绪三十三年（1907）十月，全校落成开学。①

所谓私立，就是由家族捐资创办的中小学堂。这一类学堂多是借用家族祠堂一类的场所开办新式学堂。例如南海县有孔安家族初等小学堂、南阳叶族初等小学堂、梁氏五全两等小学堂、夏教两等小学堂等，都是利用家族祠堂举办的新式小学堂。番禺县本善乡经术里的黎氏家族在光绪三十三年（1907）开办了黎氏家族小学堂。开办动议由族绅黎廷钰等首倡，将本族书室改建，经官府批准立案。开办经费由族中各祖尝提拨，本族学生不收费，外姓附学者从廉征收。②

多渠道集资办学，这是清末新式教育发展的亮点。广东乡绅在这个问题上的态度总体上是积极的。如何在新的环境下获取新的教育资本，以图在资本场域中占据有利地位，是民间社会需要考量的问题。有些有眼光的乡绅及时抓住时代脉搏，早行一步。当然，在这样的利益驱动下，也带来了一些利益和权势的争夺。

二、中学堂的开办

清末广东中学堂的开办，应该是由民间起步。1898 年时敏学堂便在广州创办，潮州的岭东同文学堂也随其后。官办的中学堂主要是借助各府、州书院的设施，惠州中学堂和琼台中学堂都开办于壬寅学制颁布之前。1904 年癸卯学制颁布后，各府州官府依据朝廷的旨意，在各地办起了中学堂（见表 10－1）。

表 10－1　清末广东书院改办中学堂一览表

书院名称	地区	改制时间	学堂名称
丰湖书院	惠州	光绪二十七年（1901）	惠州中学堂
琼台书院	琼州	光绪二十八年（1902）	琼台中学堂

①② （民国）《番禺县志》卷十一《学校志二》。

续上表

书院名称	地区	改制时间	学堂名称
越华书院	广州	光绪二十九年（1903）	广府中学堂
相江书院	韶州	光绪二十九年（1903）	北江中学堂
高文书院	高州	光绪二十九年（1903）	高郡中学堂
端溪书院	肇庆	光绪三十年（1904）	肇府中学堂
道南书院	南雄	光绪三十年（1904）	南雄中学堂
金山书院	潮州	光绪三十一年（1905）	金山中学堂
海门书院	廉州	光绪三十一年（1905）	廪州中学堂
珠江书院	廪州合浦	光绪三十一年（1905）	县立第三中学
丰山书院	香山	光绪三十二年（1906）	中学堂
绥丰书院	钦州	光绪三十二年（1906）	中学堂
尚友书院	琼州定安	光绪三十二年（1906）	县立中学

资料来源：刘伯骥：《广东书院制度沿革》．商务印书馆 1939 年，第449～455 页。

1．广府中学堂

作为一所官立中学堂，广府中学堂创办时间最早，广州府知府龚心湛于光绪二十八年间（1902）便着手筹办，后离任，由继任者沈传善接着承办。为及早开学，先借卫边街之广府义学为校舍。二十九年（1903）第一次招考学生。由于广府义学地方狭窄，仅得两个课室，不敷扩充之用，于是拨越华书院为校舍。光绪三十年（1904）二月便迁入新校舍上课。广府中学堂成立时，聘江苏举人陆尔奎为监督。光绪二十九年（1903）三月第一次招考学生，正取生 80 名，另备取生 40 名。正取生分为甲、乙两班，每班 40 人。备取生拨入群益学堂肄业，以备后补。迁进新校舍上课后，乃将在群益学堂肄业之备取生补入，并添招丙、丁二班，以后逐渐扩充，增至十班。

广府中学堂所设课程，按照“奏定中学堂章程”：修业时间为 5 年，所订必修科目有读经、讲经、修身、中国文学、国语、历史、地理、算术、博物、物理、化学、政法、图画及体操等科。然其重点是放在读经和讲经方面。经学的课程，每星期是9个课时，6个课时讲经，3个课时读经，所教的经学有：周礼和左传。其他实用科学，放在次要的地位。修身一科则教授经典，如五种遗规，历史、地理两科则本国外国都有。博物一科，一年级教植物，二年级教动物，三年级教矿物，四年级教生理卫生，四年级教物理，五年级教化学和政法两科。体操则教兵式体操（操枪）。以上俱为当时所授的课程。学堂开办初期，上课时无规定的课本，由担任该科的教员自编讲义讲授，因此，教员不同，则该科的内容和观点也就不同。

开办费及经费由广州府府库拨支，常年经费30000余元。每月考试一次，每学期亦考试一次，每次考试成绩优异的发给奖金，月考成绩高的每人4元，次的3元。期考的奖励金更多，最优者达10元左右。从开办至宣统三年（1911）冬，广府中学堂毕业生229人，师范班毕业生47人。

该学堂的考试制度，初时由于各府未能同时举办中学，故此只有月考期考年考，其后因各府中学每年都有毕业，遂有中学毕业生会考之举。毕业会考同各府中学一齐会考，是很严格的，文学作两课，即考两次。及格者给予毕业，发给附有“上谕”的毕业证书。①

2. 教忠学堂

广州教忠学堂创办于1902年，发起人有翰林院侍读、广州府士绅丁仁长，翰林院编修吴道镕，举人汪莘伯，等等。他们以府学宫孝悌祠及其邻近部分房屋为校舍，开设的课程有格致、地理、历史、经学、国文、修身、唱歌、国画、体操等。其教育取向以经世致用为原则，既采中学，也采西学：“学子读书，本期致用。今所购者，一以经济之书为主。中学之书，除四书五经人所共有外，若历代地理，历朝掌故，本朝掌故，近代名臣奏议，及时贤新著之书，不嫌博采，其经史子集，但取其有关经

① 朱有瓛：《中国近代学制史料》第二辑上册，上海：华东师范大学出版社1987年，第520～523页；民国《番禺县志》卷十一《学校志二》。

济者购之。西学之书，曰天算，曰地舆，曰格致，曰制造，曰政书，曰史志，曰交涉，曰公法，曰农矿工商兵刑诸书，分类广购，以扩见闻，而资讲习。”①

教忠学堂初办时有学生两三百人，此后逐年增加，内容设备也渐具规模。朱执信就是该校第一届学生，他修完第一年功课就去日本留学了。光绪三十二年（1906），因师范人才缺乏，他们商请学部改办为初级师范学堂，希望学部能立案并增广学额。办学经费由士绅捐集。常年经费在惠济仓租息下拨银九千余两，其他如南海明伦堂、番禺捕册金局、东莞明伦堂、顺德青云社、新会公局、龙门公局、清远明伦堂每年均有捐助。学级分四班，学额分别为四种：一曰公额，凡各县岁捐银50两即占学额一名，多者类推；二曰通额，以惠济仓岁捐之款为准，通省士子均可报考，多寡比例与公额相同；三曰义额，凡士绅捐款500元以上者给予学额一名；四曰附学，即额满后愿意缴费附学者。至辛亥年，教忠初级师范学堂已有五届毕业生，达数百人之多。②

3. 时敏学堂

这是一所私立中学堂。新会的陈芝昌，三水的邓家仁、邓家让等人敏锐地感应到时代的脉搏，他们在光绪二十四年（1898），在戊戌变法之前就创办了广州时敏学堂，这是广东最早的具有基础教育性质的新式学堂。他们向社会宣称：“吾党二三志士，闵时艰之孔亟，惧儒术之寡效，首倡学会，各集同志，量为醵资，广购图籍，日有讲习，以扩见闻，月有程课，以抒心得。凡期人读有用之书，国储远到之器，诚宜举矣。名曰时敏，窃取书为学逊志务时敏之义，言敏于时务也。”③因“闵时艰之孔亟，惧儒术之寡效”而图扩展见闻，广购图书，以帮助学子在新的环境下储备新的文化资本。所以，这所新式学堂宣扬着新的教育理念：“学子读书，本期致用。今所购者，一以经济之书为主。中学之书，除四书五

①③ 朱有瓛主编：《中国近代学制史料》第一辑下册，上海：华东师范大学出版社1986年，第748页。

② （民国）《番禺县志》卷十一《学校志二》。

经人所共有外，若历代地理，历朝掌故，本朝掌故，近代名臣奏议，及时贤新著之书，不嫌博采，其经史子集，但取其有关经济者购之。西学之书，曰天算，曰地舆，曰格致，曰制造，曰政书，曰史志，曰交涉，曰公法，曰农矿工商兵刑诸书，分类广购，以扩见闻，而资讲习。"①

按照时敏学堂章程，学校对聘师、游历、办刊、译书、图书馆、设义学、经费管理等俱有规划。时敏学堂初分大学、小学两级，小学又因程度分为四班。大学开设修身、国文、地理、宗教、政治、格致、算学、英文、日文、体操等课程，小学则减去宗教、政治、格致、日文等课，第三、四班更减去英文。待清末新学制颁布，乃照中学章程办理，定名为时敏中学堂。

学堂在广州西关荔湾购得土地，建筑校舍，第一年寄宿学生就达160名，广州之外各府县，以及广西的有志青年纷纷投奔此校。当时"科举未废，奖励未定，即使学成，亦不足以干禄。且所学愈进，去干禄之途愈远。以是之故，来学者悉不以干禄为念，而不上课之恶习，无由发生。择师运动，更未尝有。学者专心读书，教者认真授课，相亲相爱，俨如一家，学风之良，二十年来不可复见矣"②。1902年，时敏学堂选派学生10名，由董事邓家仁率队赴日本留学，这是学生自费留学之始。此后，时敏小学、时敏书局、时敏日报也先后开办。时敏日报编辑将其女儿送进时敏小学读书，这是男女同校之始。

4. 随宦学堂

群益学堂为江苏人庄大炳、方德恭和陆尔奎等于光绪二十九年（1903）二月间创办。原名群益学塾，学生多为随宦子弟。光绪三十一年（1905），学务处将学生中非随宦者分送广州中学堂，其余的编为中等、高等小学两级，改名随宦学堂。光绪三十四年（1908）三月，该学堂中学毕业20人，高等小学毕业17人。三月初九，王提学使亲莅随宦学堂毕

① 朱有瓛主编：《中国近代学制史料》第一辑下册，上海：华东师范大学出版社1986年，第748页。

② 朱有瓛主编：《中国近代学制史料》第一辑下册，上海：华东师范大学出版社1986年，第753页。

业礼致辞祝贺。十二月，中学毕业23人，高等小学毕业21人。宣统二年（1910），改名为旅粤中学堂。[①]

5. 顺德中学堂

顺德中学堂于宣统三年（1911）正月开办。为了筹集经费，乡绅公议规定，凡捐银500元者，给永远学额一名，子弟在堂肄业不收学费。时值小布、藤涌两乡发生械斗，知县劝令和解，但须各捐银3 500元，作为罚款，同时给每乡返纳学额7名。大良的四关总局、龙敦厚堂、罗世德堂、罗本原堂、扶闾乡约各捐银1 000元，各给学额2名。大良的李崇本堂，桂洲的胡世德堂，碧江的苏种德堂、苏东瑜堂、苏三兴堂、苏穆居堂、苏怡堂、苏怡和堂，南涌的林兆莘祖，沙滘的陈本仁堂，龙江的张余庆堂，龙山的赖垂裕堂，甘竹右滩的黄垂宪堂，各捐银500元，各给学额1名。[②]

6. 岭东同文学堂

光绪庚子年（1900），丘逢甲于台湾义师失败后，来潮州邀进士何士果创设同文院于镇平会馆，并延请日本人熊泽纯为东文教习。不到一年，移于汕头，改称同文学堂，由温仲和、姚梓芳招生开讲，并延请何寿朋、温丹铭分掌教务，刘家驹任数理，罗仙俦为教员，以欧西新法教育青年，以革命维新鼓励士气，有志者咸归之。辛亥革命岭东义士多孕育于是。光绪二十八年（1902）由粤督陶模奏请立案。[③] 丘逢甲初办同文学堂，应属民办性质。迁校至汕头后，上书两广总督陶模，陶模批示惠潮嘉道办理，同文学堂由此具备官办性质。丘逢甲在筹备学堂时订有章程，提倡“以昌明孔子之教为主义”，“以中学为主，西学为用”。温仲和主持学堂后又订立章程，以朱子学为第一条，要求学生“知读书作人之法”，“考朱子经世之学”，“知经世之用”。规定所开设的课程有朱子语类、经学、史学、诸子学、算学等。光绪三十四年（1908）首届本科生修习五年期

① （民国）《番禺县志》卷十一《学校志二》。
② （民国）《顺德县志》卷二《建置略一》。
③ （民国）《潮州志·教育志下》。

满毕业。

7. 番禺中学堂

以番禺县学旧址创办。光绪三十二年（1906），士绅商议，小学生多在弱龄，来省城就学不便，应该将县学改建中学。于是将县学中的尊经阁、名宦祠及射圃改为校地。校中编制及教授管理法皆遵照《奏定学堂章程》，学校监督由倡办人及捐款人投票公举，学生额按地区平均选录。先招本科学生二班，预科一班，各 60 人。本科照章，5 年毕业。入预科者作为小学第三年级，两学期后考试合格再升中学。光绪三十三年（1907）十月学校落成。办学经费分开办、常年两项。开办经费 18000 余元，其中建筑费达 14000 余元。全部取于县学公箱积年存款。不足则捐款益之。[①]

8. 南海中学堂

创办于光绪三十三年（1907）正月。初以西湖书院改建，后迁往广州城西芦荻巷报资寺。南海中学堂的经费似乎没有番禺中学堂那么充裕。宣统三年（1911）七月十七日，两广总督张鸣岐曾发文对建筑南海中学堂而捐款的官、绅、商民进行建坊、发匾的奖励。南海中学堂原地狭窄，监督朱世畴会同翰林院编修江孔殷发出倡议，号召大家捐款兴建新校园，并各自带头捐出 1000 元。后来朱世畴亲赴香港，得到香港同乡的大力支持，得捐款 15800 余两。又给各地华侨写信。两任县令于下车伊始，也积极认捐，并动员乡民踊跃捐款。这样，由外埠、内地共得捐款 33660 余两。在校学生也情愿先交学费、堂费，以助建校之急。这样，新校园于宣统元年（1909）三月动工，至宣统三年（1911）三月已大段告成。张鸣岐认为这是“急公之义”，实堪钦佩，对捐款数额不同者给予建坊、发匾的不同奖励，“自应优予奖励，以为后劝”[②]。

据统计，自兴学以来，至清季（1902—1911），广东共开办中学 53

---

① （民国）《番禺县志》卷十一《学校志二》。

② 《督院张据东提学司详官绅商民捐款建筑南海中学堂酌拟奖励缘由咨典礼院奏奖建坊文》，《两广官报》宣统三年第 17 期。

所。计由府或州设立的有10所，它们是广府、肇庆、惠州、潮州、嘉应、韶州、南雄、高州、雷州、廉州等。由各县设立的有南海、番禺、东莞、顺德、香山、新会、三水、高要、新兴、河源、丰顺、揭阳、惠来、大埔、澄海、五华、平远、蕉岭、始兴、茂名、电白、信宜、化县、阳江等24所。由地方团体设立的有番禺的八桂、香山的凤山、新会的冈州、梅县的务本和梅东、河源的三江、平远的铁民、汕头的同济和回澜等中学等9所，以及由私人团体设立的时敏、述善、南武、善庆、坤维、公益等中学等6所。①

三、小学堂的创办

《第一次中国教育年鉴》说："广东省最初兴学时期系在清光绪二十七年（1901），惟当时并无划分学级，统称某某学堂。至清光绪二十八年（1902），番禺、梅县、中山县等始创办小学。光绪三十年（1904）小学学制始行厘定。"② 小学之普及更甚于中学，各县各乡都需开办，因而更需要借助书院的基础改制而成。

表10－2 清末广东书院改办小学堂一览表

书院名称	地区	改制时间	学堂名称
城南书院	潮州	光绪二十七年（1901）	小学堂
雁峰书院	琼州	光绪二十八年（1902）	两等小学堂
禺山书院	番禺	光绪二十九年（1903）	高等小学堂
花峰书院	花县	光绪二十九年（1903）	小学堂
兴贤书院	龙门	光绪三十年（1904）	小学堂
星冈书院	龙门	光绪三十年（1904）	小学堂
榄山书院	香山	光绪三十年（1904）	两等小学堂
龙山书院	香山	光绪三十年（1904）	高等小学堂
佛山书院	南海	光绪三十年（1904）	佛山学堂

① 黄佐：《广东省中小学制度的变迁（1902—1937）》，广东省政协文化和文史资料委员会编：《广东文史资料精编》上编第4卷，北京：中国文史出版社2008年，第74～75，77页。

② 《第一次中国教育年鉴》丙编《教育概况·学校教育概况·广东省》。

续上表

书院名称	地区	改制时间	学堂名称
鹊峰书院	澄迈	光绪三十年（1904）	两等小学堂
宁阳书院	新宁	光绪三十一年（1905）	高等小学堂
宁海书院	新宁	光绪三十一年（1905）	宁海小学堂
瑞应书院	新宁	光绪三十一年（1905）	小学堂
三宁书院	灵山	光绪三十一年（1905）	两等小学堂
安和书院	番禺	光绪三十一年（1905）	初等小学堂
圣洲书院	番禺	光绪三十一年（1905）	初等小学堂
桂山书院	香山	光绪三十一年（1905）	两等小学堂
凤冈书院	宝安	光绪三十一年（1905）	高等小学堂
蔚文书院	文昌	光绪三十一年（1905）	高等小学堂
金峰书院	顺德	光绪三十一年（1905）	两等小学堂
赤溪书院	赤溪	光绪三十一年（1905）	小学堂
琴峰书院	饶平	光绪三十一年（1905）	两等小学堂
启元书院	大浦	光绪三十一年（1905）	高等小学堂
九龙书院	感恩	光绪三十一年（1905）	高等小学堂
近圣书院	茂名	光绪三十一年（1905）	小学堂
瀛海书院	琼州	光绪三十二年（1906）	初等小学堂
月湖书院	琼州	光绪三十二年（1906）	小学堂
镜溪书院	番禺	光绪三十二年（1906）	初等小学堂
昌山书院	乐昌	光绪三十二年（1906）	高等小学堂
澄江书院	澄迈	光绪三十二年（1906）	高等小学堂
凤山书院	顺德	光绪三十二年（1906）	高等小学堂
喜泉书院	西宁	光绪三十二年（1906）	两等小学堂
西淋书院	顺德	光绪三十二年（1906）	两等小学堂
容山书院	顺德	光绪三十二年（1906）	两等小学堂
桂山书院	顺德	光绪三十二年（1906）	两等小学堂
鳌山书院	崖州	光绪三十三年（1907）	高等小学堂
象山书院	连山	光绪三十三年（1907）	高等小学堂
开文书院	琼山	光绪三十三年（1907）	初等小学堂

续上表

书院名称	地区	改制时间	学堂名称
步云书院	花县	光绪三十三年（1907）	初等小学堂
德化书院	崖州	光绪三十四年（1908）	初等小学堂
龙山书院	崖州	光绪三十四年（1908）	初等小学堂
文澜书院	英德	光绪三十四年（1908）	高等小学堂
东山书院	琼山	光绪三十四年（1908）	两等小学堂
金江书院	澄迈	光绪三十四年（1908）	游艺学堂
应元书院	琼山	光绪三十四年（1908）	两等小学堂
显西书院	灵山	宣统元年（1909）	两等小学堂
金山书院	香山	宣统元年（1909）	金山学堂
观澜书院	归善	宣统二年（1910）	小学堂
兴让书院	灵山	宣统二年（1910）	两等小学堂
凌霄书院	琼山	宣统二年（1910）	初等小学堂

资料来源：刘伯骥：《广东书院制度沿革》. 商务印书馆 1939 年，第449～455 页。

除借助书院这一资源外，小学堂的创办主要还是靠着官府和民间的合力发展起来的。特别是光绪三十年（1904）两广学务处厘定广东小学制度，小学便逐渐多了起来。

在省会方面，番禺县立高等小学堂、南海县立高等小学堂、东关模范两等小学堂、新城两等小学堂、启明两等小学堂、进取两等小学堂、番禺县立第三初等小学堂、珠光初等小学堂等均由两广学务处直接管辖。番禺县立高等小学堂，由知县以禺山书院改建，创办于光绪三十年（1904）。三月经始，五月开学。共招学生 4 个班，至宣统元年（1909），毕业学生计 61 人。东关模范两等小学堂，光绪三十一年（1905），贡生陶敦勉奉两广学务处委托开办。初名东关高等小学堂，第二年增添经费，改办两等小学堂，直接隶属广东提学使。宣统元年（1909），经提学使批准，作为小学模范，故定名为模范两等小学堂。至宣统三年（1911），该学堂的高等小学毕业生已达3届，共49人。[①]

以宣统《南海县志》所列小学堂统计，至宣统年间，南海创办各类小学堂共75所，其中两等小学堂39所，初等小学堂24所，有南海县高等小学堂、儒林高等小学堂、高等小学校等高等小学堂3所，程度模糊的有秀水学堂、关族世德小学堂、黄氏家族学堂3所。

以民国《番禺县志》所列小学堂统计，清末10年间番禺各地所开办小学堂共23所，其中两等小学堂4所，初等小学堂17所，高等小学堂1所，另有女子师范学堂1所，并附设一所女子两等小学堂。

以民国《顺德县志》所列小学堂统计，清末10年间顺德各地所开办的小学堂共35所，其中两等小学堂14所，初等小学堂16所，高等小学堂3所，另有龙山师范传习所、龙江初级师范传习所2所。

据民国《佛山忠义乡志》所载，忠义乡有公办的佛山学堂，原设计为高、初两等小学，光绪三十年（1904）由全镇官绅就佛山书院改建。初办时暂定为高等小学程度，但不明确级别，以备扩充。民立小学堂则有真明两等小学堂，光绪三十二年（1906）创办。初为初等，三十四年（1908）兼办高等，学生每届60余人，历毕业四届。另有五全学堂、时济学堂、求强学堂、时中学堂等。还有信义训蒙义学，光绪三十二年（1906）开办。学生概不收费，学科依照小学定章，学生两班各40余人，用单级编制，历年毕业60余人。简易识字学塾，宣统二年（1910）由佛山自治研究社创办，不收学费，并给纸笔墨。[②]

据《潮州教育志》所列，潮州府至宣统年间所属各县小学堂，海阳县16所，潮阳县10所，揭阳县11所，饶平县8所，惠来县6所，大埔县37所，澄海县7所，普宁县7所，丰顺县9所，南澳2所，汕头5所。《教育志》另有注明，据宣统元年（1909）二月《岭东日报》，澄海县各类小学堂，经奉案给钤者有60余所，未奉案给钤者有40余所。据光绪三十一年（1905）《岭东日报》统计，揭阳县各类小学堂60余所。据大埔温志载，宣统前大埔县有各类小学堂60余所。[③]

---

① （民国）《番禺县志》卷十一《学校志二》。
② （民国）《佛山忠义乡志》卷五《教育一》。
③ （民国）《潮州志·教育志下》。

宣统二年（1910）下学期，全省的初等小学堂共有904所（不含海南地区和廉州府）。其各厅州县所办初等小学堂数如表10－3所示：

表10－3　清末广东各地初等小学堂统计表

广州府	南海	番禺	顺德	东莞	从化	龙门	新宁	增城	香山	新会	三水	清远	新安	花县	
	14	30	9	35	14	2	3	7	18	31	26	2		3	194
肇庆府	高要	四会	新兴	高明	广宁	开平	鹤山	德庆	封川	开建					
	17	2	9	1	1	3	3	4	9	2					51
罗定州	本州	东安	西宁												
	4	22	3												29
南雄州	本州	始兴													
		2													2
韶州府	曲江	乐昌	仁化	乳源	翁源	英德									
	2	8	2			5									17
连州															
	1														1
惠州府	归善	博罗	长宁	永安	海丰	龙川	陆丰	连平	河源	和平					
	1	3	1	2	29	2	8		14	3					63
潮州府	海阳	丰顺	潮阳	揭阳	饶平	惠来	大埔	澄海	普宁						
	43	4	43	124	9	11	11	57	67						369
嘉应州	本州	长乐	兴宁	平远	镇平	南澳									
	58	6	10	17	6										97
高州府	茂名	电白	信宜	化州	吴川	石城									
	2	4	3	4	16	3									32
雷州府	海康	遂溪	徐闻												
		1													1
阳江州	本州	阳春	恩平												
	73	2	3												78

资料来源：《广东教育官报》宣统三年（1911）第二期。

四、女子小学堂

清末广东创办的女子小学堂，最早要算光绪三十一年（1905）二月开办的私立嘉应女子学堂。地点在嘉应城东黄竹洋的曾氏别墅“耕耘小筑”，其创办人为梁烷春。梁氏出身名门望族，禀赋颖异，胆识过人，处事果敢刚毅，敢于冲破“男尊女卑”的封建思想。嘉应女子小学堂第一期招生达30多人，学生年纪大的30多岁，年幼的六七岁，课程设置有国文、算术、常识、手工等。此校获两广学务处颁发的办学钤记。[①]

与其并驾齐驱的是1906年开办的懿德女学校，其创办人为嘉应女士叶璧华。叶璧华自幼聪颖好学，10多岁就能题诗作对，名噪一时。清光绪年间，两广总督张之洞因慕其名，曾聘请她到广州做家庭教师。叶璧华于此深受维新思想影响，回到嘉应后，在众乡贤的支持下，不顾世俗偏见和责难，“特凭定城东杨按察公之遗宅，组织一女学校，分为甲乙两班，其科目凡十一，一修身，二教育（言教授及蒙养之法），三国语，四国文，五数学，六裁缝，七手工，八家事，九习字，十图画，十一诗歌。现报名就学者，有二十余人。闻士大夫之家，尚多愿入该校学习”[②]。

为倡导风气，1906年，广东妇女界发起成立保学会。《赏奇画报》1906年第17期登载了一幅“女界保学会发起”的图画。其文字说明：女志士李仪卿、谢宝云等联合同志，组织一保学会，大致以扶持女学界为目的。她们在广州小东门邓园举行茶会，来宾甚多。谢宝云登台演讲将宗旨详细说明，众人均鼓掌称善。她们决定向学务处申请开办保学会。[③] 光绪三十三年（1907）正月，学部颁布《奏定女子小学堂章程》，自此开办女子教育的风气更为深入人心。每年的二月十九日是惠州各家妇女集会庆祝观音宝诞的日子。但这一年有一位少女不愿赴会，并向众人演说，谓省中女学林立，日有进步。我等犹甘为废人，实觉可耻。她强调，今

---

① 《梅江文史》第三辑，梅县金山办事处专辑，属地方史料，未发表。

② 《潮嘉新闻》，载《岭东日报》光绪三十二年三月初一（1906年3月25日）。

③ 广东省立中山图书馆：《旧粤百态》，北京：中国人民大学出版社2008年，第147页。

日提学使司已经发文给各地，提倡女学，我辈当联名禀请，使吾惠州女学自此振兴。《时事画报》1907 年第 6 期以图画形式宣传此事，赞扬“此女子独文明，毅然以提倡女学为己任，其造福于女界不少矣”[①]。

1907 年，嘉应嘉善女子学校开办，地点在育婴堂旧址。聘请梁烷春为校长。该校刚一开办就招收 50 多人，逐年招生，最多时有 130 多人。该校不顾社会上遗老遗少的非议，聘请男老师进行教学，专门聘请两名德国女子传教士担任音乐、体操、编织教员。[②]

当年广州贞德女学的招生广告，也能帮助我们对当时的女子教育有所了解：“本校开办已有两个学期，现第三学期再事扩充。校址设在溪峡街（今广州海珠区同福西路南），宽六便过，深三进，可容二百学额。校内教室、图书馆、招待室、休息室、宿舍俱备。招初等小学、高等小学生。又招选科补习生（为年长学生而设）、义学生（家贫无力者，免学费，年龄限十至十六岁）。入学条件要求品行端庄，有父兄、亲戚保证。所设学科有：修身，国文，历史，地理，算术，家政，卫生，理科，图画，乐歌，正音，英文，大红，体操（女教员）。”[③]

其他的女子学堂，见于各地方志的有广州女子两等小学堂，附设于女子师范学堂，创办于光绪三十三年（1907）二月。南海县办有范阳女学堂、德育女学堂、贞蒙女学堂、坤维女学堂 4 所，以及南强附属保姆传习所、南强附属幼稚园 2 所。潮州府则有汕头正光女学和淑德女学、揭阳闺秀女子学堂、普宁黄都女子学堂、潮阳官立女子小学堂等 5 所。

五、简易识字学塾

为贯彻清学部开办简易识字学塾的要求，宣统元年（1909）十二月，广东提学使司一方面发文通饬各地及时创办，另一方面率先在省城创办 20 所简易识字学塾，以为各地示范。为此专门颁布《直辖简易识字学塾

① 广东省立中山图书馆：《旧粤百态》，北京：中国人民大学出版社 2008 年，第 148 页。

② 刘森水：《梅州客家好教育的兴起和发展》，《梅州文史》第七辑，1992 年，第 84 页。

③ 《羊城晚报》2015 年 12 月 5 日，B2 版。

章程》，强调简易识字学塾面向年长失学之国民，与家境贫寒而不能入初等小学之子弟。学塾课程以学部颁发的《识字课本》为基本程度。章程特别说明学塾每天安排三个时段上课，每个时段两小时，学生可以根据自己工作和生活的需要，任选一个时段到校上课。

为了扩大宣传，广泛招生，提学使司专门以白话文形式撰写了一份招生告示，在广州城区广泛张贴，讲解识字有益和入学须知，强调“学塾一切应用的书籍纸笔都是官给，不用学生花费一文钱。每日除上课两点钟之外，听凭尔等个人做个人的事，就是做生意的、打工的、做小买卖的人，都可以凑准自己的空闲的时候来学，决不怕耽搁”①。

宣统二年（1910）三月至五月，提学使司在省城陆续开办了简易识字学塾20所，学生共1 800多人。② 至宣统二年（1910）下半年的统计，全省共有简易识字学塾684所（见表10－4）。③

表10－4　清末广东各地创办简易识字学塾统计表

广州府	南海	番禺	顺德	东莞	从化	龙门	新宁	增城	香山	新会	三水	清远	新安	花县	
	53	32	2	22	2	9		5	10	9	12	1	2	4	163
肇庆府	高要	四会	新兴	高明	广宁	开平	鹤山	德庆	封川	开建					
	3	3	1	2	3	8	105		3						128
其他	赤溪	佛冈	连州												
	1	3	1												5
南雄州	本州	始兴													
	7	2													9
韶州府	曲江	乐昌	仁化	乳源	翁源	英德									
	36	1	3			5									45

① 《本司招收简易识字学塾学生白话告示》，《广东教育官报》宣统二年（1910）第二期。

② 《广东教育官报》宣统二年（1910）第七期。

③ 《前司沈详报第五届筹备宪政成绩文》，《广东教育官报》宣统三年（1911）第二期。

续上表

惠州府	归善	博罗	长宁	永安	海丰	龙川	陆丰	连平	河源	和平					
	5	18	1	3		6	2	2	3	1					41
潮州府	海阳	丰顺	潮阳	揭阳	饶平	惠来	大埔	澄海	普宁						
	10			12			5	28	8						63
嘉应州	本州	长乐	兴宁	平远	镇平	南澳									
	164		5	4	1	2									176
高州府	茂名	电白	信宜	化州	吴川	石城									
	1	1	2	2	18	4									28
雷州府	海康	遂溪	徐闻												
	6	6													12
阳江州	本州	阳春	恩平												
	7	6	1												14

资料来源：《广东教育官报》宣统三年（1911）第二期。

清末广东中小学教育的发展，大致处于一个缓慢推进的状态。清学部在1907年至1909年也发布了各省创办中小学堂的数据统计，其中公布的广东中小学堂创办情况，可以给我们一个参考（见表10－5）。

表10－5　清末广东中小学堂办学情况统计表（含海南地区和廉州府）

年份	中学堂	高等小学堂	两等小学堂	初等小学堂	蒙养学堂	半日学堂等	女子学堂	总计
1907年	25	125	540	776	10	11		1 487
1908年	27	136	538	705	1	6		1 413
1909年	29	150	616	862	1	9		1 667

资料来源：陈学恂主编：《中国近代教育史教学参考资料》下册，北京：人民教育出版社1987年，第303、321、338页。

第五节 实业学堂的开办

实业学堂的开办，清末人的认识比较到位。在国力衰微、落后挨打的现实面前，人们认识到实业教育既可提升国民生计，又可富国裕民。《钦定学堂章程》将实业学堂分为简易、中等和高等3级，要求于普通学堂之外，多设同等性质的实业学堂。《奏定学堂章程》分别订有《实业学堂通则》《实业教员讲习所章程》，以及初等、中等、高等3级农工商实业学堂章程。

一、各级各类农业学堂

（一）两广蚕业学堂

岑春煊重视人才对经济发展的重要作用。光绪三十年（1904）他奏请设立两广蚕业学堂，在奏折中强调：为什么我国丝茧售价日低，出口日减，“推原其故，皆由于各国考求蚕业，不遗余力。举凡种桑之法，验种之法，饲养之法，缫丝之法，其所以为研究者，学校以专其事，社会以厚其力，学理之密，器具之精，悉纵前所未有。……若粤省原有之实业，则蚕桑实为大宗，拟于广东省城设两广蚕业学堂一所，以开通两省蚕业，讲究改良饲蚕制种之学理与实际为宗旨，分为高等、简易两种”。岑春煊提出，高等科以二年卒业。简易科分为两科：本科以一年卒业，别科以六月卒业。各科学生，均要先从养蚕之家选充。谨拟就两广蚕业学堂略章，缮呈钧核，如蒙批准，即当研订教习，招选学生，筹议开办。所有开办经费约1万圆，常年经费约年3万圆。[①]

光绪三十四年（1908）二月十六日，蚕业学堂首届毕业生举行毕业礼。王提学使亲自到会致辞祝贺。[②]

---

① 朱有瓛：《中国近代学制史料》第二辑下册，上海：华东师范大学出版社1987年，第209～211页。

② 《提学司王蚕业学堂毕业训词》，《广东教育官报》宣统二年（1910）第二期。

（二）广东农业讲习所

清光绪三十四年（1908），留学美国的唐有恒（广东香山人）学成归国，与劝业道陈望曾商议，设立广东农业试验场于广州东郊，负责农业改进事宜。

1909 年，附设试验场开办广东农业讲习所，招生名额 100 人。课程开设有农艺、园艺、化学、植物、畜牧、数学、农业经济学等。1910 年，改农业班修业期限二年为三年，另增林业班学生 100 名，易名为广东高等农林讲习所。民国后改为广东农业专门学校。①

二、各级各类工业学堂

（一）两广高等工业学堂

广东正式有工业教育，始于清光绪三十二年（1906）十一月，两广总督岑春煊创办官立两广高等工业学堂。这间学堂设在前巡抚衙门（旧址在今广州市中央公园），首任监督是候补道陈涛，后由王迈常继任。两广高等工业学堂“以研究学术技艺为宗旨，以制造精良，振兴工艺为成效”。学生名额限定 220 人，其中广东 150 人，广西 50 人，外省 20 人。开办之始，先设预科。预科分高等班（3 年毕业）及寻常班（4 年毕业）两级。光绪三十三年（1907）正月开学，先设预科五个班。宣统元年（1909）和二年（1910）先后有 206 人毕业。三年（1911）三月开始办本科。本科决定开办机器、应用化学及土木工学 3 科。

学堂每月经费白银 2 000 两，两广学生不收学费，外省学生每月缴学费银 2 元。学生每人每月收膳费银 3 两，宿费银 5 角。学堂对学生的管理很严格，有功课考验规则、讲堂规则、操场规则、自学室规则、寝室规则、行礼规则、放假规则、各室规则、接待规则、责罚规则及应守杂规等。

应考本科学生资格原定年龄 20 岁以上，已毕业初级师范学堂、中学堂、中等实业学堂者为合格。但开办时尚未有这些毕业生，故变通办法，

① 梁惟一：《广东早期农业教育和农业试验》，广东省政协文化和文史资料委员编：《广东文史资料精编》上编第 4 卷，北京：中国文史出版社 2008 年，第 181 ~ 182 页。

先设预科，招收具有高等小学毕业者，有高等小学毕业程度，习过英、日等国语文，算学、理化有专长及国文通顺者便可考选，学生年龄也变更为15岁至25岁。

两广高等工业学堂在1911年因局势动乱、无人负责而停办。[①]

（二）理科研究所

理科研究所，由学子自行结合，聘教员翻译日文理科书讲授，并禀准提学使借地设学。光绪三十一年（1905）创办，原就广雅书局建设。三十二年（1906）四月迁往学海堂，是年十月再迁往方言学堂。三十四年（1908）三月附设理科夜学传习所。十月，理科研究所毕业31人，理科夜学传习所毕业34人。学生毕业后停办。[②]

（三）艺徒学堂

艺徒学堂主要面向贫民子弟，所授工业科目视地方需要而定，程度以粗浅技艺为限，使学生具有谋生之资。据宣统元年（1909）十一月统计，广东已办艺徒学堂共六所，其中广肇罗道一所，化州一所，长乐县一所，四会县一所，香山县一所，信宜县一所。

三、各级各类商业学堂

光绪三十四年（1908），两广学务处筹款十一万两，创办两广高等实业学堂，先设预科，后办本科，已勘定奉裁抚署改建开办。[③]

另外，还有属初等程度的广东官立商业半夜学堂："粤垣清平学堂校长，以省垣商业学堂未兴，商智闭塞，禀准学务处，附设一官立商业半夜学堂，学科分正音、心算、珠算、信札、通商口岸地理、辨别银钞、

① 李敦化：《我所知道的两广工业学堂》，广东省政协文化和文史资料委员会编：《广东文史资料精编》上编第4卷，北京：中国文史出版社2008年，第52～55页。

② （民国）《番禺县志》卷十一《学校志二》；《历办直辖各项学堂表》，《广东教育官报》宣统二年（1910）第七期。

③ 朱有瓛：《中国近代学制史料》第二辑下册，上海：华东师范大学出版社1987年，第211页。

普通学等。”[1]

由于经费、师资等多重原因，清末广东实业学堂的开办并不理想，很多学堂可能是空有其名。宣统二年（1910）正月，学部咨文广东提学使司，要求将上报的各类实业学堂的具体情形补充列表：“实业学堂表内，有全省公设中等农业学堂一所，与他省共设高等工业学堂，两府共设中等工业学堂、初等工业学堂各一所，广州府设初等工业学堂一所，嘉应州设初等工业学堂一所，番禺、香山、镇平、信宜等县设初等工业学堂各一所，西宁县设初等农业学堂一所，琼山县设初等商业学堂一所，各堂课程办法未据，将一览表咨到，无凭稽核。应即详细调查，将各项实业学堂等级、功课程度及各项事宜，分堂列表，汇为一册，从速送部。”[2] 从这里也能大致窥见清末广东实业学堂起步之时的情形。

第六节　清末广东兴学之评价

清末10年，在新学制的框架下，广东在制度层面迈开了新式教育的第一步。清末10年广东兴学之轨迹，呈现着开局很好、后劲不足的现象。虽然在起步之时，与湖北、直隶相比略显迟缓，但奋起直追，在两广学务处时期大有迎头赶上之势。然至提学使司时期，却有“粤省近年学务一落千丈”之景。为什么会有这样的差异？

一、从两广总督张鸣岐的总结说起

张鸣岐其实并没有对广东10年兴学做过总结，只是在《广东教育官报》宣统三年（1911）第一期发表了一篇要求整顿学务的公文。这已是辛亥年了，清朝统治已走到了尽头，这篇公文可以算得上是广东兴学10

---

① 朱有瓛：《中国近代学制史料》第二辑下册，上海：华东师范大学出版社1987年，第64页。

② 《本司奉学部札转饬各属实业学堂填造一览表送部查核文》，《广东教育官报》宣统二年（1910）第二期。

年的一个总结了。特别重要的是，他在这篇公文中对广东兴学做了这样一个评价："粤省风气素号开通，地方学务与各省同时倡办，而数年以来比较，教育成绩未见优胜。"这个评价相当中肯。素号风气开通的广东在清末兴学中并未优胜于其他地区，这就有一点总结的意味了。

当然，张鸣岐自己并没意识到这一点。当年广东推进新学制起步之时，张鸣岐出任两广学务处督办。后来又回到广东，出任两广总督，他对广东新教育的发展有着特别的感情。他希望还能尽一己之力，将广东的兴学事业再推一程。正如他在这篇公文中所说："本部堂于此邦设学之始，实亲其事。继自今以往，所愿与学界、政界以及绅商士民人等共策前途，以维教育。"

广东的兴学为什么不见优胜于其他地区？张鸣岐首先谈了广东高等专门学堂的情况。他认为，广东的高等专门教育进展缓慢。他看到，广东高等专门发展缺乏明确的计划和措施。各校应该如何依期举办，应该如何落实，应该如何巩固基础，应该如何出成绩，全是不着边际的空话。"与其侈谈扩张，毕以空文，何如确定程途，责以实事。"

接着他对中小学办学做了一个评价："迩来中小个学堂大率纷纭散漫。"张鸣岐看到，那些坚持办学的学校受到众多旁阻者的漠视，那些缺乏经费的学校很多都半途而废了。"或有学堂而无员生，或有员生而无经费。"如果没有行政上与自治上的行政机关强力整饬，"窃恐未设者固难于经营，已设者亦将如潮汐涨落，难于永久。普及之事，何时可期"？

至于实业学堂，为数尤属寥寥。张鸣岐指出，如何就各属地形物产，分别农工商矿、海产林牧次第筹办，以及织工、艺徒、半日、半夜等项，应如何酌量地方财力与社会生计督率董劝，广为设立，这些都还没有翔实的考虑。

为什么会如此？张鸣岐似乎未做深入的分析。但他要求全省切实整顿学务，着重从两方面下力："一则依于学务规程，凡学校以内所有编制，管理教授训练各事宜，应予循名责实查察，整顿其不合者，并应区处条理，设法改良，以收整齐画一之效"；"一则政界、绅界对于地方学务办法，以及用人、筹款各事，宜均应秉公推诚，妥为办理，不得稍有玩视，致滋延误。查各项新政，方以教育为要图，玩视学务则其玩视新政”。

从这两方面看，一是学堂办学不合规程，二是政界、绅界不能秉公执法。综观而言，张鸣岐的所指还是十分清楚，那就是推进兴学的主体，即教育管理者没有尽责。特别是对地方官员，张鸣岐强调：“地方官均有管学之责。各该牧令等即属不解教育，亦应自顾考成访闻。近日政界对于学务员绅颇多漠视，甚或厌其强聒致生恶感，因而反对、仇视者有之，以故地方学务牵制、搁置、阻扰甚多。”① 这个意思很明白，地方官员管理不力是广东兴学成绩不显的根本原因。

二、地方官员的兴学责任不到位

在清末广东兴学中，为什么会出现管理不力的现象？

首先，在这10年中，广东督抚调动频繁，官员任职时间太短，导致广东兴学缺乏长远的规划和推进政策的连续性。朝廷的本意是将兴学的责任寄托于地方督抚，但从这10年来看，出任两广总督者前后有9人之多。其中只有岑春煊任职时间较长，自光绪二十九年（1903）至三十二年（1906），任职三年多。他对新教育的认识比较到位，加之工作作风比较果敢，再配以张鸣岐这样的助手，因而在任期内对打开局面起了关键作用。其他总督，虽然对新政都持支持态度，但任职时间太短，且对学务之事关注较少。即使如张鸣岐对学务倾注了较多的精力，对整顿学务尤为重视，但到任之时已近清朝统治末日。尽管他已经看到广东兴学的问题所在，已经在寻求突破之途径，但苦于时间太短，已不可能有很大的作为了。

其次，广东提学使的情况也是如此。据《第一次教育年鉴》，清末广东提学使有6人，依次是于式敕（应为于式枚）、于齐庆、沈曾桐、王人文、蒋式芬、秦树声。但据徐文勇的研究，除这6人外，这一时期出任提学使的还有3人：段书云以琼崖遗缺道身份代理，胡湘林以广东布政

① 《本司奉督宪札饬整顿学务通行遵照文》，《广东教育官报》宣统三年（1911）第一期。

使身份代理，陈望曾以广东劝业道身份代理。这样，自1906年到1911年不到6年时间内，先后有9人出任其职。在9人中，只有于式枚和秦树声两人为实任，其他7位均为代理。在代理的7人中，只有于齐庆和沈曾桐是由学部直接任命署理提学使。其他5人，如段书云、胡湘林、王人文、蒋式芬和陈望曾则是由本省督抚提名署理。更为严重的是，他们的在位时间又被频繁的调动分割得七零八落。于式枚从1906年6月23日交卸学政，7月26日启用广东提学使关防，9月27日便与段书云交接关防。段书云于1907年3月1日将关防交与胡湘林，胡湘林又于4月底交与于式枚，于式枚又于5月12日交与胡湘林。胡湘林再于6月29日与于齐庆交接，于齐庆又于12月底与王人文交接，王人文又于1908年5月底6月初与沈曾桐交接。沈曾桐干了一年，于1909年6月底与蒋式芬交接，10月底又回任，1911年4月17日再与陈望曾交接。陈望曾于5月24日与秦树声交接，秦树声在位至辛亥革命。①

这个令人眼花缭乱的交接过程只能说明，在提学使司时期，广东的兴学就是在提学使走马灯似的频繁更替中前行，其计划性、连续性从何谈起？以致出现学界人士对提学使司每年耗资数百万，广东学务却“大形减色”甚至“一落千丈”极为不满的情形。②

省一级教育主管官员既如此，怎能企望地方行政长官来重视学务。正如张鸣岐所言，有相当部分的地方官员借口不懂教育，对新学务采取了敷衍、不负责任的态度。张鸣岐在公文里用了一个词——“玩视”。这是当时官方文件中出现频率比较高的一个词，“玩视学务即玩视新政”。这个话可是点到了实质，可以说是对当时地方官员对待兴学态度的真实写照。这又从根本上反映了清廷对新教育乃至新政的不重视。

三、民间社会的兴学认同不强烈

张鸣岐在公文中督责地方官员的一个主要方面，就是他们对于刁劣

① 徐文勇：《清季直省学务机构建制及与地方社会的互动》，中山大学博士论文（2009），第170～171页。

② 《省垣民立学校之痛声》，载《华字日报》光绪三十四年十二月初六（1908年1月9日）。

绅衿滥厕学界现象，对于劣绅土棍据款借案破坏学务现象，放任不管。张鸣岐看到，在推进新学制过程中，民间社会抵触和破坏新教育的现象十分严重。那些被张鸣岐视之为“劣绅土棍”者混迹于社会，害群于学界。他们或新旧交讧，或党派各出，或各图席位，或互争公款，成为广东推进兴学的巨大障碍。

张鸣岐所指出的现象固然是不错的。但他没看到的是，这些劣绅土棍得以兴风作浪的基础是民间社会的兴学认同不强烈。这当然是全国性的问题。但从当时广东的情况看，这种对新教育不认同的表现就有如下几个方面。

首先，留恋旧教育。这突出地表现在那些经过长时间科举考试准备的读书士子身上。《时事画报》1905 年第 2 期刊载了一幅“留恋科举图”，讲的是当时广东取得案首的十名考生，得知朝廷废除科举后尤为着急。因彼辈视秀才已同囊中物，今或功败垂成，使人难堪。于是联合各童生，准备等新学使到来，联名禀请考完今年，以免向隅。又有惠州府有些考生听说还要进行府试，兴冲冲赶来，却见衙门门口贴着废科举之上谕一张，惊骇异常，至有恸哭失声者。[①] 1906 年第 4 期还刊载了一幅“伤感科举图”，讲的是香山县翠微乡借书院改建耒学堂，锐意创新，使老附生杨某大为不满。心非之，但难排众议，每有所改革，则黯然神伤。一日，有年轻学子从省城返回，将从前进士举人的匾额尽情淘汰，尽付火中。杨某的父亲曾钦赐副榜，其匾亦在劫内。杨某见之，大哭不已。由是郁郁成病，不几日竟身亡。[②]

其次，造谣诋毁新教育。兴宁县知县在一份布告中宣称：“本县到任以来，会同诸绅董极力提倡学务，日有进步，方深欣慰。访闻近日有不逞之徒布散谣言，谓科举将复，学堂将废，似此无稽之言，意存阻挠学

---

① 广东省立中山图书馆：《旧粤百态》，北京：中国人民大学出版社 2008 年，第 138 页。

② 广东省立中山图书馆：《旧粤百态》，北京：中国人民大学出版社 2008 年，第 139 页。

务。窃恐乡愚无知，被彼摇惑，于学界前途大有影响。”[①] 更有人利用乡村民众仇洋心态，到处散布办理学堂者必非心术端正之人，学堂之学生皆染洋人习气，“故各处顽民往往视学生为小洋鬼子，而视学堂直与教堂无异者，又必以为学堂专恃洋势，坏乱风俗，坐费巨款，朝廷特不得已而为之者。故仇视洋人仇视教堂者，未有不并学堂而仇视之”[②]。

再次，借兴学谋私利。某些地方劣绅为进一步掌控地方权势，借助办理新学谋求个人利益，以此保持其在乡村社会的地位。他们或采取贿赂手段获取出洋游学资格，如饶平县，“选派绅士出洋游历，闻请行者五人，有贿赂而入者，有请托而进者，纷纷钻营，无非为开销公款起见，其目的则为将来武断乡曲之地步。舆论大为不服”[③]。或把持学校，引起民众对新教育的抵触。1908 年胡尔霖北至燕京，南下广东，考察乡村教育。他看到：“蠢兹乡董，其多数方挟其土司故智，勾结城市劣绅，大肆其愚弄手段之不暇。偶有一二富乡，搜集种种捐款，建设一二学堂，所教者绅族也，富室也。林林万众，裹足不入。”[④]

更有甚者，挑动民众毁学砸校。例如利用民间迷信思想，抵制庙产兴学。揭阳县派衙门练勇去查封朝天坊福普寺，“坊民嚣嚷不靖，拾砖石乱投，练勇大惧，罢手而归。众坊民即拈香佛前，鸣钟击鼓，祝其运用佛法以自保全，闻喧嚣之声与钟鼓之声至夜三更犹哄哄不绝”[⑤]。澄海县蓬洲废庵兴学时，“鮀江各乡谣言四起，甚有匿名揭帖，谤毁倡办斯举之

---

① 《兴宁令严禁造谣阻学》，载《申报》光绪三十三年八月十一日（1907 年 9 月 18 日）。

② 《论民智不进之可忧》，载《岭东日报》光绪三十年七月二十六日（1904 年 9 月 5 日）。

③ 《饶平游历绅不洽舆论》，载《岭东日报》光绪三十一年十一月初五（1905 年 12 月 1 日）。

④ 胡尔霖：《上学部条陈》，朱有瓛主编：《中国近代学制史料》第二辑上册，上海：华东师范大学出版社 1987 年，第 277 页。

⑤ 《保护佛像之愚顽》，载《岭东日报》光绪三十年三月初三（1904 年 4 月 18 日）。

官绅，绅士中竟有因是而退缩者”[①]。大埔县“湖山初等小学堂系将幻住庵改设，该乡顽绅与无赖视之如仇，屡起风波，意图破坏。近日天旱又归咎于该学堂，谓系庵神失所所致。劣绅蓝某黄某复使烂匪大贴长红，谓学堂即教堂，并捏造毁学堂复科举之上谕传布四处，人心大受煽惑。上月十八日午后该匪竟敢纠党百余人猝至学堂，将校具焚毁一空。寄宿舍屋亦被全数拆去，教员学生见势凶恶，纷纷逃避。十九日该匪复鸣锣聚众并置竹筐三四只在街上收派银钱，以为抵制学堂之款，并有统率手下之人，毁尽学堂乃始罢手之言，以至全体学生父兄危惧交加，各处学堂大受影响”[②]。在1910年连州发生的毁学事件中，“（组织者）在附近州城之大庙备酒百余席，邀请各村居民，买领竹牌，以为抗订门牌符号，并勒令各拆本处学堂，及驱逐绅士。其不附从者，即指为内奸”[③]。

根据以上种种表现，我们大致能理解清末10年广东新教育推进缓慢的深层原因。它在一定程度上说明，清末时期，新教育在民间社会，特别是在乡村社会不仅没有受到广泛的欢迎，而且还面临着严重的认同危机。从历史发展来看，以私塾为主体的乡村传统教育经过几千年的磨合、调适，已经形成了一套与乡村社会相适应的制度和内容。《三字经》《百家姓》这些传统教材，以及与国家教育机制接轨的“四书”“五经”已经为乡村民众所认同，而新教育所推崇的新学科知识，一时还不为乡村社会生活所体现。于是，新旧教育价值观的冲突便难以避免。正如张宗麟所言：“一是他们迷信八股。他们称教科书为洋书，称学堂为洋学堂。于是反对读教科书，反对废除‘四书’、‘五经’、《百家姓》，反对上体操、音乐课，以为读书人就是为应童子试的。二是有特迷信的。由于初办学校大都要借用公共场所，如寺院宗祠，或借公共空地造屋。这些寺院里的菩萨，宗祠里的神主，空地上的孤坟，在平时谁也不理会，但是

① 《废庵兴学之阻力》，载《岭东日报》光绪三十年十月三十日（1904年12月6日）。

② 《大埔县匪徒毁学骇闻》，载《申报》光绪三十三年八月初五（1907年9月12日）。

③ 《广东连州乡民滋事续闻》，载《东方杂志》1911年第11期。

一见到开办学校，就把土偶、木主、枯骨当作奇宝，群起反对。”①

我们还要看到，在新旧教育价值观冲突的后面，实质上反映的是乡村场域中文化权力的争夺问题。从教育层面看，人们旧有的文化惯习，譬如八股时文、四书五经等全然被抛弃。而新教育所提倡的惯习，例如格致、数学、体操、音乐等又一时不为人们所熟悉。这必然影响到个人甚至是家族对教育资本的占有。另外，教育资本的占有又与乡村文化权力的分配直接关联。从地方权力资源层面看，清末新教育制度的推进，意味着乡村场域的文化资本需重新洗牌，文化权力需重新分配。由此引起的新旧教育冲突就具有了深刻的社会根源。

虽然晚清社会已进入社会转型时期，但乡村经济并未发生根本变化，乡村社会格局也并未发生重大变动，宗族资本在乡村社会中举足轻重的地位依然稳固。虽然朝廷颁布了新学制，废除了科举制度，但朝廷要解决财力、物力严重不足的困境，必须要借助乡绅力量方能推进新学制。在这样的情况下，乡村社会的不同利益群体便可在文化权力重组的博弈中施展拳脚。他们或是通过毁学砸校，直接抵制新资本的介入；或是依据权势抢占新学地盘，不规则办学，于乱中攫取新资本。这就决定了清末广东兴学只能是在这种险象环生的阻力中前行。

鸦片战争以来，“西学东渐”深刻地分化了广东社会各阶层的利益取向。一大批具有改革意识的先行者，不论在政治领域、经济领域，还是在教育领域，他们对近代中国的启蒙是振聋发聩的。但他们的主要精力在关注全国的局势，对广东本土的关注度和影响力十分微弱。特别是他们对广东传统习惯势力基本都取一种包容的态度，加之朝廷政治高压态势一直占据主流，地方官员对新政又多取不作为态度，清末广东的兴学不见优胜于其他地区也就是自然的了。

---

① 张宗麟：《乡村教育经验谈》，张沪编：《张宗麟乡村教育论集》，长沙：湖南教育出版社 1987 年，第 17 页。

参考文献

史料类：

广东省地方史志办公室编：《广东历代方志集成》，其中广州府部（48 册），惠州府部（21 册），潮州府部（47 册），高州府部（15 册），雷州府部（7 册），肇庆府部（51 册），韶州府部（16 册），省部（28 册）。广州：岭南美术出版社 2009 年。

戴璟：嘉靖《广东通志初稿》，广东省地方史志办公室誊印 2003 年。

阮元：道光《广东通志》，续修四库全书，上海古籍出版社影印。

何启、胡礼垣：《新政真诠》，沈云龙主编：《近代中国史料丛刊续辑》261 册，台北：文海出版社 1976 年。

张树声：《张靖达公奏议》，沈云龙主编：《近代中国史料丛刊》222 册，台北：文海出版社 1968 年。

刘坤一：《刘忠诚公遗集》，沈云龙主编：《近代中国史料丛刊》254 册，台北：文海出版社 1968 年。

司马迁：《史记》，北京：中华书局 1982 年第 2 版。

班固：《汉书》，北京：中华书局 1962 年。

范晔：《后汉书》，北京：中华书局 1965 年。

陈寿：《三国志》，北京：中华书局 1982 年。

房玄龄等：《晋书》，北京：中华书局 1974 年。

沈约：《宋书》，北京：中华书局 1974 年。

萧子显：《南齐书》，北京：中华书局 1972 年。

姚思廉：《梁书》，北京：中华书局 1973 年。
李延寿：《南史》，北京：中华书局 1975 年。
姚思廉：《陈书》，北京：中华书局 1972 年。
魏征、令狐德棻：《隋书》，北京：中华书局 1973 年。
刘昫：《旧唐书》，北京：中华书局 1975 年。
宋祁、欧阳修：《新唐书》，北京：中华书局 1975 年。
脱脱等：《宋史》，北京：中华书局 1977 年。
宋濂等：《元史》，北京：中华书局 1976 年。
张廷玉等：《明史》，北京：中华书局 1974 年。
赵尔巽等：《清史稿》，北京：中华书局 1977 年。
《元大德南海志残本》，广州：广东人民出版社 1991 年。
《明太祖实录》，台北："中央研究院历史语言研究所"校印，1962 年。
《明会典》，四库全书本 617 册，上海：上海古籍出版社影印。
民国《佛山忠义乡志》卷九《氏族志》。
李默、林梓宗、杨伟群点校：《岭南史志三种》，广州：广东人民出版社 2011 年。
鲁迅、杨伟群点校：《历代岭南笔记八种》，广州：广东人民出版社 2011 年。
林子雄点校：《清代广东笔记五种》，广州：广东人民出版社 2006 年。
《罗浮山志会编》，续修四库全书本。
胡巧利主编：《广东方志与十三行——十三行资料辑要》，广州：广东人民出版社 2014 年。
《清实录与清档案中的广东少数民族史料汇编》，广州：广东人民出版社 2011 年。
郭棐：《粤大记》，广州：中山大学出版社 2014 年。
黄佐：《广州人物传》，广州：广东高等教育出版社 1991 年。
屈大均：《广东新语》，北京：中华书局 1985 年。

屈大均辑，陈广恩校：《广东文选》，广州：广东人民出版社 2008 年。

陈徽言：《南越游记》，广州：广东高等教育出版社 1990 年。

范端昂著，范志岳校注：《粤中见闻》，广州：广东高等教育出版社 1988 年。

王临亨：《粤剑编》，北京：中华书局 1987 年。

吴道镕等：《广东文征》，广东文献编印委员会编印，香港中文大学出版部，1973 年。

《广东文征续编》第一册，广州：广东文征编印委员会 1986 年。

仇巨川纂，陈宪猷校注：《羊城古钞》，广州：广东人民出版社 2011 年。

黄佛颐编纂，仇江等点注：《广州城坊志》，广州：广东人民出版社 2012 年。

马符録：《西樵志》，济南：齐鲁出版社 1996 年。

谭棣华、曹腾骈、冼剑民编：《广东碑刻集》，广州：广东高等教育出版社 2001 年。

管林主编：《广东历史人物辞典》，广州：广东高等教育出版社 2001 年。

吴榕青：《古代潮州教育碑刻资料集》（未刊稿）。

沈德符：《万历野获编》，北京：文化艺术出版社 1998 年。

谷应泰：《明史纪事本末》，北京：中华书局 1977 年。

黄宗羲：《明儒学案》，北京：中华书局 2008 年。

陈伯陶：《宋东莞遗民录》，上海：上海古籍出版社 2011 年。

翁方纲著，欧广勇、伍庆禄补注：《粤东金石略补注》，广州：广东人民出版社 2012 年。

顾炎武著，严文儒、戴扬本点校：《日知录》，上海：上海古籍出版社 2012 年。

陈献章著，孙通海点校：《陈献章集》，北京：中华书局 1987 年。

湛若水：《湛甘泉先生文集》，《四库全书存目丛书》集部，第 56 ~ 57 册，济南：齐鲁书社 1995 年。

霍韬：《渭厓文集》，《四库全书存目丛书》集部第 68 ~ 69 册，济南：齐鲁书社 1995 年。

霍韬：《石头录》，北京图书馆编：《北京图书馆藏珍本年谱丛刊》第 45 册，北京：北京图书馆出版社 1999 年。

方献夫：《西樵遗稿》，四库全书存目丛书编纂委员会编：《四库全书存目丛书》集部，第 59 册，济南：齐鲁书社 1997 年。

陈椰编校：《薛侃集》，上海：上海古籍出版社 2014 年。

黄佐：《泰泉乡礼》，《景印文渊阁四库全书》第 142 册，台北：台湾商务印书馆股份有限公司 2008 年。

魏校：《庄渠遗书》，《景印文渊阁四库全书》第 1267 册，台北：台湾商务印书馆股份有限公司 2008 年。

庞尚鹏：《百可亭摘稿》，四库全书存目丛书编纂委员会编：《四库全书存目丛书》集部第 129 册，济南：齐鲁书社 1997 年。

庞尚鹏：《庞氏家训》，陈建华、曹淳亮主编：《广州大典》第 61 册，广州：广州出版社 2008 年。

简朝亮编：《朱九江先生集》，续修四库全书本。

陈澧著，黄国声主编：《陈澧集》，上海：上海古籍出版社 2008 年。

夏东元编：《郑观应集》上下册，上海：上海人民出版社 1982 年，1988 年。

姜义华、张荣华编校：《康有为全集》，北京：中国人民大学出版社 2007 年。

张品兴主编：《梁启超全集》，北京：北京出版社 1999 年。

朱有瓛编：《中国近代学制史料》第一、二辑，上海：华东师范大学出版社 1983，1987 年。

陈学恂：《中国近代教育史教学参考资料》，北京：人民教育出版社 1987 年。

《东林书院志》整理委员会整理：《东林书院志》，北京：中华书局 2004 年。

陈谷嘉、邓洪波主编：《中国书院史资料》上中下册，杭州：浙江教育出版社 1998 年。

邓洪波主编：《中国书院学规集成》第三卷，上海：中西书局 2011 年。

夏晓虹编：《追忆康有为》，北京：中国广播电视出版社 1997 年。

夏晓虹编：《追忆梁启超》，北京：中国广播电视出版社 1997 年。

楼宇烈整理：《康南海自编年谱（外二种）》，北京：中华书局 1992 年。

丁文江、赵丰田编：《梁启超年谱长编》，上海：上海人民出版社 2009 年。

夏东元：《郑观应年谱长编》，上海：上海交通大学出版社 2009 年。

吴剑杰：《张之洞年谱长编》，上海：上海交通大学出版社 2009 年

印光任、张汝霖撰，赵春晨校注：《澳门纪略》，澳门：澳门文化司署 1992 年。

广东省立中山图书馆：《旧粤百态》，北京：中国人民大学出版社 2008 年。

《广东教育官报》，《清末官报汇编》第 15、16、17 册，全国图书馆文献缩微复制中心影印。

《两广官报》，《清末官报汇编》，第 42、43、44 册，全国图书馆文献缩微复制中心影印。

《华字日报》

《岭东日报》

《申报》

著作类：

刘伯骥：《广东书院制度沿革》. 商务印书馆 1939 年。

商衍鎏：《清代科举考试述录》，北京：生活 · 读书 · 新知三联书店 1958 年。

政协广东省委员会办公厅、广东省政协文化和文史资料委员会编：《广东文史资料精编》上编第 4 卷，北京：中国文史出版社 2008 年。

罗一星：《明清佛山经济发展与社会变迁》，广州：广东人民出版社1994年。

冯江：《祖先之翼——明清广州府的开垦、聚族而居与宗族祠堂的衍变》，北京：中国建筑工业出版社2010年。

王双怀：《明代华南农业地理研究》，北京：中华书局2002年。

周宏伟：《清代两广农业地理》，长沙：湖南教育出版社1998年。

张纹华：《朱次琦研究》，广州：广东高等教育出版社2012年。

黄明同：《明代心学开篇者陈献章》，上海：上海古籍出版社2013年。

陈来：《宋明理学》，上海：华东师范大学出版社2004年。

汪荣祖：《康有为论》，北京：中华书局2006年。

李绪柏：《清代岭南大儒陈澧》，广州：广东人民出版社2009年。

李绪柏：《清代广东朴学研究》，广州：广东省地图出版社2001年。

科大卫著，卜永坚译：《皇帝和祖宗——华南的国家与宗族》，南京：江苏人民出版社2009年。

程美宝：《地域文化与国家认同》，北京：生活·读书·新知三联书店2006年。

（美）施坚雅主编，叶光庭等译：《中华帝国晚期的城市》，北京：中华书局2000年。

蒋建国：《广州消费文化与社会变迁（1800—1911）》，广州：广东人民出版社2006年。

刘平：《被遗忘的战争——咸丰同治年间广东土客大械斗研究》，北京：商务印书馆2003年。

钱杭：《血缘与地缘之间》，上海：上海社会科学院出版社2001年。

黄海妍：《在城市与乡村之间——清代以来广州合族祠研究》，北京：生活·读书·新知三联书店2008年。

广州越秀区地方志办公室：《广州越秀古书院概观》，广州：中山大学出版社2002年。

夏东元：《郑观应》，广州：广东人民出版社1995年。

黄挺编：《饶宗颐潮汕地方史论集》，汕头：汕头大学出版社1996年。

田正平等主编：《中外教育交流史》，广州：广东教育出版社 2004 年。

夏泉：《明清基督教教会教育与粤港澳社会》，广州：广东人民出版社 2007 年。

金强：《宋代岭南谪宦》，广州：广东人民出版社 2008 年。

颜广文：《古代广东史地考论》，广州：中山大学出版社 2007 年。

顾长声：《从马礼逊到司徒雷登》，上海：上海人民出版社 1985 年。

梁家麟：《广东基督教教育（1807—1953）》，香港：香港宣道出版社 1993 年。

熊月之：《西学东渐与晚清社会》，上海：上海人民出版社 1994 年。

（美）李榭熙著，雷春芳译：《圣经与枪炮：基督教与潮州社会》，北京：社会科学文献出版社 2010 年。

李国钧主编：《中国书院史》，长沙：湖南教育出版社 1998 年。

刘海峰：《中国科举史》，上海：东方出版中心 2004 年。

李兵、林介宇：《科举旧影录》，长沙：湖南大学出版社 2011 年。

吴宣德：《明代进士的地理分布》，香港：香港中文大学出版社 2009 年。

王继平：《晚清人才地理分布研究（1840—1912）》，北京：中国社会科学出版社 2012 年。

张亚群：《科举革废与近代中国高等教育的转型》，武汉：华中师范大学出版社 2005 年。

胡守为：《岭南古史》（修订本），广州：广东人民出版社 2014 年。

司徒尚纪：《广东文化地理》，广州：广东人民出版社 2001 年。

汪廷奎主编：《广东通史·古代上册》，广州：广东人民出版社 1996 年。

黄淑聘：《广东族群与区域文化研究》，广州：广东高等教育出版社 1999 年。

许友根：《唐代状元研究》，长春：吉林人民出版社 2004 年。

王建军：《中国教育史新编》，广州：广东高等教育出版社 2014 年。

王建军、赵倩韵：《湛若水与书院教育》，广州：广州出版社2018年。

王建军：《教育近代化中的梁启超》，太原：山西人民出版社2018年。

王建军：《教育近代化中的康有为》，太原：山西人民出版社2018年。

论文类：

（日）井上彻：《魏校的捣毁淫祠令研究》，《史林》2003年第2期。

（日）井上彻：《明末珠江三角洲的乡绅与宗族》，《中国社会历史评论》第十卷，2009年。

科大卫、刘志伟：《宗族与地方社会的国家认同——明清华南地区宗族发展的意识形态基础》，《历史研究》2000年第3期。

刘志伟：《从乡豪历史到士人记忆》，《历史研究》2006年第6期。

沈登苗：《明清全国进士与人才的时空分布及其相互关系》，《中国文化研究》1999年冬之卷。

李润强：《清代进士的时空分布研究》，《西北师大学报》2005年第1期。

徐文勇：《清季直省学务机构建制及与地方社会的互动》，中山大学博士论文（2009）。

罗国兴：《清末梅州教育研究（1902—1911）》，山东大学硕士论文（2009）。

王建军、慕容勋：《论清代广州书院城市化》，《华东师范大学学报（教育科学版）》2005年第1期。

王建军：《对地方教育史研究的思考》，《华南师范大学学报》2009年第2期。

王建军、崔红丽：《清末广东：文化资本的更新与教育场域的回应》，《华南师范大学学报》2012年第6期。

王建平、王建军：《清末民初澳门华人教育的兴起》，《华南师范大学学报》2011 年第 1 期。

卓进、王建军：《陈白沙传道的语言困境与出路》，《华南师范大学学报》2011 年第 3 期。

王建军：《区域教育史研究的本土化思考》，《河北师范大学学报（教育科学版）》2012 年第 9 期。

王建军：《论清代广州联宗书院的教育功能》，《江西教育学院学报》2013 年第 1 期。

周艳红、王建军：《论清代广东书院的课程理念与教学模式》，《华东师范大学学报（教育科学版）》2015 年第 1 期。

后　记

这本书稿，从 2015 年交稿，现在终于出版了上卷。

值此出版之际，我想，可以告慰我的导师，广东教育史界前辈、华南师范大学教授杨荣春先生和周德昌先生了。撰写一部广东教育史，一直是广东教育史界的学术夙愿。改革开放初期，教育史界进行了近代广州教育史料的整理。20 世纪 90 年代初，周德昌先生就确立了这方面的研究课题。但由于教学工作繁忙，史料的搜集工作繁重，加之两位老先生年事渐高，身体欠佳，终是未能了却心愿。记得有一年春节期间，我和师弟们去给周德昌先生拜年，周先生捧出一摞未成之书稿，嘱托我们一定要继续广东教育史的研究。今天，这个愿望终于见诸实施，这也应该是广东教育史界的一件大事。

深入研究自远古至2000 年的广东教育历程，是一项浩大的学术工程，于是我邀请了深圳大学的熊贤君教授加盟。贤君之前编写了《湖北教育史》，来广东后，又编写了《香港教育史》《深圳教育史》，在教育史研究方面很有功底。他负责下卷的撰写工作，我们两人合作默契、愉快，这是这部书稿能够成功的重要条件。

更为高兴的是，广东高等教育出版社向我们伸出了友谊之手，愿意与我们共同完成《广东教育史》的出版工作。特别是责任编辑庞小娟为此付出了诸多的心血和劳苦，终于使这本书的上卷得以问世。这本书的出版，结束了全国地方教育史研究独缺广东教育史的状况，也结束了广东诸多专门史研究独缺教育史的状况。在此，我们衷心感谢广东高等教育出版社的领导与责任编辑对我们的支持！

这本书的成稿，参考了学术界的很多成果，在此一并致谢。当然，书中也难免还会存在许多的不足，甚至是错误，也衷心地期待各位读者予以批评和指正，以期在后续的研究中充实和完善。

王建军（广东理工学院）

2021 年 9 月